Priv.-Doz. Dr. Christof Gramm
Prof. Dr. Stefan Ulrich Pieper

Grundgesetz

Bürgerkommentar

3. Auflage

Nomos

ZpB Zentralen für politische Bildung

Sonderausgabe für die Zentralen für politische Bildung

Die Deutsche Nationalbibliothek verzeichnet diese Publikation in der Deutschen Nationalbibliografie; detaillierte bibliografische Daten Daten sind im Internet über http://dnb.d-nb.de abrufbar.

ISBN 978-3-8487-1942-6

3. Auflage 2015

Vorwort zur 3. Auflage

Der Staat des Grundgesetzes, das seit dem 23. Mai 1949 gilt, soll die politische Heimstatt aller Bürger sein. Rund 65 Jahre gelebte Verfassung zeigen, dass die meisten Bürgerinnen und Bürger ein inneres Verhältnis zu unserem Staat gewonnen haben.

Die Grundlagen unseres Staates, wie er funktioniert und was ihn auszeichnet, sind im Grundgesetz festgelegt. Einerseits gibt es die Form und den Rahmen vor, innerhalb dessen sich das politische Geschehen abspielt. Andererseits sichert es mit seinen Grundrechten die Rechtsstellung aller Bürger – insbesondere ihre Freiheit und Gleichheit. Schließlich fixiert das Grundgesetz die grundlegenden Verfassungswerte und Bezugspunkte für Staat und Gesellschaft.

Tatsächlich darf das Verfassungsrecht in einer Demokratie nicht alleine die Domäne der Experten sein. Es geht jeden Staatsbürger an. Dieser Bürgerkommentar zum Grundgesetz richtet sich deswegen an alle politisch interessierten Staatsbürger.

Wir sind davon überzeugt, dass ein demokratischer Verfassungsstaat auf Dauer nicht ohne informierte und interessierte Staatsbürger existieren kann. Zur staatsbürgerlichen Grundausstattung gehören nicht nur tagespolitische Interessen und Kenntnisse, sondern dazu gehört auch das Basiswissen über die verfassungsrechtliche Architektur unseres Staates, über die Stellung der Bürger im Staat und über die grundlegenden Werte unseres Staates. Vieles, was in der Politik geschieht, wird erst vor diesem Hintergrund transparent.

Sechs Jahre nach dem ersten Erscheinen des Bürgerkommentars legen wir die dritte aktualisierte und ergänzte Auflage vor. Aus vielen Gesprächen und Einzelreaktionen fühlen wir uns ermutigt, das Experiment des Bürgerkommentars fortzusetzen. Das Grundkonzept der Vorauflagen wurde dabei beibehalten und an einigen Stellen erweitert. Im Kern geht es nach wie vor auch in der dritten Auflage immer um die Frage: „*Was bedeutet und was leistet das Grundgesetz für mich?*“ Diese Perspektive unterscheidet den Bürgerkommentar von anderen Fachkommentaren, die sich in erster Linie an juristische Experten richten. Der Bürgerkommentar wendet sich dagegen an jedermann.

Christof Gramm | Stefan Ulrich Pieper

Inhaltsübersicht

Inhalt

1. Die Verfassung der Bürger: Grundlagen

1.1 Wie funktioniert Recht? - der klassische Ansatz

Das Grundgesetz ist unsere Verfassung. In Art. 20 Abs. 3 GG heißt es: „Die Gesetzgebung ist an die verfassungsmäßige Ordnung, die vollziehende Gewalt und die Rechtsprechung sind an Gesetz und Recht gebunden". Alles Recht muss sich am Grundgesetz orientieren. Tatsächlich haben wir Deutschen hohe Erwartungen an Recht und Verfassung. In einer Zeit, in der die wirtschaftlichen, die sozialen und die technischen Entwicklungen einem rasanten Wandel unterliegen, der tief in die privaten Biographien eingreift, wächst das Bedürfnis nach Berechenbarkeit, Orientierungssicherheit und Kontinuität. Der individuell erlebte „Zukunftsgewissheitsschwund" schlägt in eine tiefe Gewissheitssehnsucht um, die jedenfalls auch das Recht befriedigen soll. Die Schattenseiten von Globalisierung und Eurokrise, Ungewissheit bei der Altersversorgung und nicht zuletzt die Tatsache, dass Kriege im Vorhof von Europa wieder möglich erscheinen, sind nur einige wenige Stichworte. Das Recht erscheint aus dieser Perspektive als ein wichtiger Anker, der in einer unruhigen und zutiefst beunruhigenden Welt Stabilität und persönliche Lebensführungssicherheit gewährleisten soll.

Sicherheit und Verlässlichkeit sind aber nur das eine. Andererseits soll das Recht auch inhaltlich richtig und gerecht sein. Kann das Recht - insbesondere das Verfassungsrecht - diese hohen Erwartungen erfüllen? Und wie funktioniert Recht in unserer modernen, hochkomplexen Gesellschaft aus der Sicht der betroffenen Bürgerinnen und Bürger?

Wer ein Verständnis für die Funktionsweise des Rechts entwickeln will, der tut gut daran, zunächst die Nachbarregionen von Staat, Recht und Verfassung in den Blick zu nehmen. Neben dem staatlichen Recht, das sich in den Gesetzesblättern niederschlägt, gibt es eine Reihe anderer Regelwerke und Normen, zum Beispiel die Gebote der Moral, der Religion(en) oder auch überlieferte Sitten und Bräuche, an denen die Menschen ihr Leben ausrichten und an die „man" sich hält. Solche Gebote tragen zur Stabilität einer Gesellschaft bei und vermitteln damit Orientierungssicherheit. In vielen Gruppen, selbst in der Fan-Gemeinschaft eines Fußball-Vereins, gibt es ungeschriebene, nirgendwo aufgezeichnete, aber hoch effektive Verhaltensregeln. Wer dazu gehören will, muss diese Regeln beherzigen, zum Beispiel den richtigen Fan-Schal tragen und die richtigen Gesänge beherrschen.

Ge- und Verbote entfalten aus ganz unterschiedlichen Gründen Bindungswirkung. Sie können gelten, weil das staatliche Recht es so will. Sie können es aber auch, weil die Religion oder eine bestimmte Moral dies fordern. Schließlich zeigt das Beispiel der ungeschriebenen Gruppenregeln, dass es jenseits von Recht, Religion und Moral auch eine faktische Geltung von Normen gibt. Wer zu einer bestimmten Gruppe gehört und auf Dauer dazu gehören will, der hält sich einfach an die gemeinsamen Spielregeln.

Das Recht und andere Normregionen können sich dabei wechselseitig unterstützen, wenn sie im Wesentlichen die gleichen Gebote und Verbote zum Gegenstand haben. In anderen Fällen unterscheiden sich staatliche und andere Regelwerke deutlich. Einige Religionen haben beispielsweise recht rigide Vorstellungen über das richtige Sexualverhalten. Die Maßstäbe über das religiös gebotene Verhalten sind dabei häufig deutlich enger als diejenigen des Rechts. Das moderne Recht sagt dagegen zu den Grenzen der sexuellen Entfaltung vergleichsweise wenig und überlässt es – abgesehen von den Bestimmungen zum Schutz von Kindern und Jugendlichen – weitgehend dem Einzelnen, wie er sein Sexualleben einrichtet. Dabei ist allerdings niemand verpflichtet, den vollen Entfaltungs- und Freiheitsrahmen, den das staatliche Recht bietet, persönlich auch auszuschöpfen. Beispielsweise gibt das Grundrecht der Kunstfreiheit jedem das Recht, sich als Künstler zu betätigen. Das bedeutet aber selbstverständlich nicht, dass sich deswegen jeder auch tatsächlich als Künstler betätigen muss. Was für die Kunstfreiheit gilt, gilt auch für alle anderen Freiheiten. Jeder kann sich in seinem Leben mit einem „Weniger" an Freiheitsausübung begnügen, als es das Recht eigentlich zulässt.

Manchmal können Recht und Moral oder Religion aber auch in einen scharfen Gegensatz zueinander geraten. Staatliche Gesetze und moralische oder religiöse Gebote können sich inhaltlich widersprechen. Je bunter eine Gesellschaft in weltanschaulicher Hinsicht ist, desto weniger sind andere Normen als Rechtsnormen flächendeckend in der Lage, Verbindlichkeit und Eindeutigkeit in weltanschaulicher Hinsicht herzustellen. Deutschland ist religiös-weltanschaulich betrachtet schon seit geraumer Zeit keine relativ homogene Gesellschaft mehr, so wie dies bis in die 70er Jahre in weiten Teilen noch der Fall war. Nur das staatliche Recht ist für alle Bürgerinnen und Bürger dieses Landes verbindlich. Verbindlichkeit bedeutet, dass es weder auf die innere Übereinstimmung des Einzelnen mit den rechtlichen Ge- und Verboten noch auf die äußere Zustimmung ankommt. Geltendes Recht ist vielmehr stets zu beachten, auch wenn es dem Einzelnen inhaltlich nicht gefallen mag. Genau darin besteht das Alleinstellungsmerkmal des geltenden Rechts.

Das heißt nicht, dass man nicht ganz bewusst gegen die Gebote des Rechts verstoßen kann. Selbstverständlich kann man das Recht ebenso missachten wie die Moral. Verbindlichkeit bedeutet aber, dass der Einzelne sich im Unterschied zu Normen anderer Herkunft nicht einfach durch freien Willensentschluss von den Bindungen des staatlichen Rechts lösen kann. Zwar mag er bei sich denken: ‚Ich weigere mich, das deutsche Steuerrecht zu akzeptieren, und zahle meine Steuern nicht'. Darauf kommt es aus staatlicher Sicht allerdings nicht an. Zur Steuerzahlung bleibt er verpflichtet.

Die Befolgung des Rechts wird vom Bürger nicht nur gefordert, sondern sie kann von staatlichen Stellen im Zweifel auch erzwungen werden. Anders sieht dies bei außerstaatlichen Normen aus. Moral und Religion mögen zwar allgemeingültige, universelle Verbindlichkeit postulieren und den Anspruch erheben, für alle Menschen prinzipiell in gleicher Weise zu gelten. Sie können die Beachtung und die praktische Befolgung dieser Regeln aber nicht gewährleisten, geschweige denn erzwingen. Religions- und Weltanschauungsgemeinschaften aller Art dürfen im freiheitlichen Verfassungsstaat niemanden zwingen, nach ihrer Weise zu leben und zu handeln. Alleine die staatliche Rechtsordnung darf entsprechenden Zwang ausüben. Zwar gibt es auch in Religions- und Weltanschauungsgemeinschaften mitunter einen starken psychologischen Gruppendruck, mit dem die eigenen Mitglieder zu normgerechtem Verhalten gedrängt werden sollen. Dieser Gruppendruck kann für den Einzelnen unter Umständen auch sehr unangenehm, verletzend und mitunter sogar bedrohlich sein, beispielsweise für Aussteiger aus sehr strengen Religionsgemeinschaften oder Weltanschauungsgruppen. Solche Mechanismen kann ein freiheitlicher Staat nicht völlig verhindern. Aber jeder hat die staatlich gewährleistete Freiheit, seine Weltanschauungsgemeinschaft zu verlassen und sich zu verabschieden, ohne dass ihm deswegen ein Schaden zugefügt werden darf.

Bei staatlichem Recht ist das grundlegend anders. Der Staat des Grundgesetzes gewährleistet Rechte und stellt Pflichten auf, die ohne Ansehen der Person und ohne Rücksicht auf seine Zugehörigkeiten zu bestimmten gesellschaftlichen Gruppen oder Gemeinschaften einzuhalten sind. Wer dennoch gegen das Recht verstößt, muss mit Sanktionen rechnen. Bei Gesetzesverstößen ist es allein Sache des Staates, diese zu ahnden und den Rechtsgehorsam für die Zukunft wiederherzustellen. Der Staat beansprucht das Gewaltmonopol: Zur Effektivität, also zur Wirksamkeit des Rechtsstaates gehört die Durchsetzbarkeit der staatlichen Ge- und Verbote. Ohne entsprechendes staatliches Personal und ohne andere Ressourcen wie finanzielle Mittel und Verwaltungsstrukturen funktioniert diese staatliche Gewährleistung nicht.

Durchaus problematisch ist es, wenn der Staat bei der Durchsetzung des Rechts mit zweierlei Maß misst und bestimmte Rechtsverstöße gar nicht mehr effektiv verfolgt. Duldung, Bequemlichkeit und Rückzug des Staates bei Straftaten etwa können einen hohen gesellschaftlichen Preis haben. Denn der Staat büßt dann seine Akzeptanz ein und das Vertrauen der Bürger auf eine gleiche Anwendung des Rechts geht verloren.

Noch dem freundlichsten und sozialverträglichsten Staatsgebilde haftet deswegen immer noch der Restgeschmack von Zwang und Gewalt an. In der Geschichte der Staatsphilosophie steht dafür das Bild vom Leviathan. Der Leviathan ist ursprünglich ein See-Ungeheuer in der christlichen Mythologie. In der Rechts- und Staatsphilosophie steht er seit Thomas Hobbes gleichnamigem Werk für das Bild eines allmächtigen Staates. Ein kleiner Rest dieses Bildes bleibt trotz aller Verrechtlichung und Domestizierung des Staates auch noch im modernen, auf Grundrechte gebauten Verfassungsstaat lebendig. Auch ein noch so humaner Staat kommt nicht ganz ohne Zwang und – rechtlich geordnete – Gewaltausübung aus. Umgekehrt bedeutet dies auch, dass staatlicher Zwang einen Staat noch lange nicht zu einem Unrechtsstaat macht. Die Erzwingbarkeit von Recht beschreibt allerdings nur die eine Seite eines funktionierenden Rechtsstaates.

1.2 Wie funktioniert Recht? - der Beitrag der Bürger

Staatliche Zwangsinstrumente alleine können die Beachtung des Rechts nicht sicherstellen. Jedenfalls ist es eine stark verkürzte Vorstellung, dass die Durchsetzung des Rechts durch staatlichen Zwang schon einen funktionierenden demokratischen Rechtsstaat ausmacht. Tatsächlich stellt die Beachtung und die freiwillige Einhaltung des Rechts durch die Mehrzahl der Bürger gerade in einem freiheitlichen Staat eine wesentliche Voraussetzung für die Geltung des Rechts dar. Freiwillige Leistung von vielen Bürgern meint dabei, dass sie sich jedenfalls im Großen und Ganzen auch ohne äußeren Druck an das Recht halten und in diesem Sinne den Rechtsstaat mit Leben erfüllen. Wie wichtig diese Bürgerleistung ist wird deutlich, wenn die Bürger in großer Zahl ihren Rechtsgehorsam verweigern. Wenn viele Bürger bestimmte Rechtsregeln nicht mehr befolgen, wird das Recht in diesen Bereichen früher oder später hinfällig. Schon rein faktisch stoßen die staatlichen Einrichtungen, die das Recht mit Befehl und Zwang durchzusetzen haben - Verwaltung, Polizei, andere Ordnungskräfte und Justiz - dann schnell an die Grenzen ihrer Leistungskraft. Ein Rechtsstaat kann deswegen tatsächlich nur funktionieren, wenn jedenfalls die ganz überwiegende Zahl der Bürger das Recht im Wesentlichen aus freien Stücken und ohne staatlichen Zwang befolgt. Die Geltung des Rechts hat also nicht nur eine äußerliche, auf den staatlichen Apparat gerichtete Seite, sondern auch eine innere, in den Bürgerinnen und Bürgern selbst liegende Dimension.

Die Akzeptanz und die Beachtung des Rechts liegen dabei letztlich im Interesse aller Bürger. Die Einsicht, dass die Beachtung und Befolgung des Rechts sinnvoll und richtig ist, lässt sich aber nur sehr begrenzt erzwingen. So ist es einfach nicht möglich, neben jede rote Ampel einen Polizisten zu stellen, der jeden Rechtsverstoß umgehend feststellt und ahndet. Wenn die rote Fußgängerampel jedenfalls in der Regel beachtet werden soll, so ist dies nur als eine freiwillige Leistung im wohlverstandenen Selbstinteresse aller möglich. Was für die Fußgängerampel gilt, gilt für letztlich alle Rechtsnormen. Eine bekannte Formel besagt deswegen, dass der moderne Rechtsstaat auch von Voraussetzungen lebt, die er selbst gar nicht garantieren kann. Das soll heißen: Die inneren Voraussetzungen für die Geltung des Rechts – Einsicht, Akzeptanz, freiwillige Befolgung im Alltag durch die Bürgerinnen und Bürger, also das Gefühl einer gewissen persönlichen Verantwortung für die Aufrechterhaltung und Bewahrung des Rechts – haben eine vor dem Recht liegende Qualität. Sie sind eher mit geistigen oder psychologischen Kategorien zu erfassen als mit streng rechtlichen Maßstäben. Dabei spielen Faktoren wie Erziehung und individuelle Sozialisation, die Erfahrungen in der Geschichte, die Einsicht in das wohlverstandene Selbstinteresse sowie Tradition und (Rechts-)Kultur wichtige Rollen. Diese Faktoren kann der Staat aber nur begrenzt beeinflussen, garantieren, und erzwingen kann er sie letztlich nicht. Ohne eine gelebte Rechtskultur der überwiegenden Zahl der Bürgerinnen und Bürger gibt es keinen Rechtsstaat und keine Rechtssicherheit. Dies gilt gerade auch im Staat des Grundgesetzes.

1.3 Was leistet das Recht?

Die Verrechtlichung vieler Lebensbereiche ist ein unausweichliches Schicksal der modernen Welt. Die Kehrseite dieser Verrechtlichung ist die zunehmende Unübersichtlichkeit des Rechts. Trotzdem kann das Recht nur funktionieren, wenn die Bürger als die „Rechtsverbraucher“ wissen, was von ihnen erwartet wird und woran sie sind. Nur so können Handlungssicherheit und Erwartungssicherheit entstehen, und nur so kann das Vertrauen in eine Staats- und Rechtsordnung wachsen.

Während vorhandene Rechtsnormen in den meisten Fällen abstrakte Regeln zur Lösung bekannter, absehbarer oder wiederkehrender Konfliktlagen sind, muss das Recht bei neuartigen Problemlagen häufig erst „nachwachsen“. Gerade bei neuen Fragen oder Problemlagen besteht in der Gesellschaft oft keine Einigkeit. Auch im Staat des Grundgesetzes existieren manchmal tiefgreifende Interessen- und Wertkonflikte. Je bunter, vielfältiger und pluralistischer eine Gesellschaft ist, und je mehr die Bindungswirkung herkömmlicher geistiger Kräfte abnimmt, desto mehr nehmen solche Konflikte zu. Latent vorhandene Überzeugungs- und Wertkonflikte werden zwar nicht täglich ausgetragen. Mitunter kommen sie aber auch in unserer Gesellschaft ganz unvermittelt und heftig zum Ausbruch. Ein Beispiel dafür bot die in ihrer Schärfe überraschende Debatte um die frühkindliche Beschneidung des männlichen Kindes, die im Jahr 2012 durch ein Gerichtsurteil des Landgerichts Köln ausgelöst wurde. Dabei prallten Schutzansprüche (körperliche Unversehrtheit) und religiöse Tradition hart aufeinander.[1]

Bei solchen Konflikten oder fehlendem Konsens in der Bürgerschaft geht das Grundgesetz nicht von einer harmonischen Gesellschaft aus. Aus der Sicht des Grundgesetzes ist Uneinigkeit grundsätzlich kein Defizit, sondern vielmehr Kennzeichen einer freiheitlichen Gesellschaft. Die eigentliche Verfassungs-Kunst in einer modernen freiheitlichen Gesellschaft besteht darin, dass trotz der großen Vielfalt und Gegensätze in der Gesellschaft jeder auf seine Weise glücklich werden kann, ohne dass sich die Menschen deswegen wechselseitig mit ihren gegensätzlichen Vorstellungen über das gute und richtige Leben in die Quere kommen. Freiheitliche Ordnungen müssen dem Einzelnen verschiedene Handlungs- und Lebensoptionen offen halten und gleichzeitig dafür Sorge tragen, dass die widerstreitenden Interessen der Einzelnen sich nicht wechselseitig behindern. Eine wichtige Voraussetzung dafür besteht darin, dass das Recht die richtige persönliche Lebensführung und die Gestaltung der eigenen Glücksoptionen nicht – oder jedenfalls so sparsam wie möglich – vorgibt und die Antwort auf die Frage nach der individuell richtigen Lebensgestaltung dem Einzelnen überlässt.

Aber nicht immer können Staat und Recht grundlegende Fragen ungeregelt lassen: Gelegentlich prallen auch in der freiheitlichsten Gesellschaft gegensätzliche Positionen hart aufeinander, stehen sich unterschiedliche Interessen unversöhnlich gegenüber, so dass sie in der einen oder anderen Richtung durch das Recht zu entscheiden sind. Klassische Konfliktfelder liegen etwa dort, wo die Freiheit des einen die Freiheit eines anderen beeinträchtigt, Maßnahmen zur Sicherheit die individuelle oder gesellschaftliche Freiheit begrenzen oder staatlicher Schutz persönliche Selbstbestimmung begrenzt. Nicht selten stehen sich dabei unterschiedliche Weltanschauungen gegenüber. Im Staat des Grundgesetzes liegt der Ball zur Beilegung dieser Konflikte dabei zunächst regelmäßig im Feld des Gesetzgebers. Seine Spielräume sind allerdings nicht unbeschränkt. Für die Einhaltung der Schranken, die die Verfassung dem Gesetzgeber bei den gesetzlichen Regelungen zieht, kann der Bürger im Zweifel die Gerichte und insbesondere das Bundesverfassungsgericht anrufen. Damit wird der Konflikt zwischen unterschiedlichen Interessen allerdings noch nicht gelöst, sondern nur von einem Austragungsort auf einen anderen verlagert, nämlich vom Gesetzgeber (Parlament) auf die Justiz (insbesondere das Bundesverfassungsgericht). Oft wird der latente Konflikt durch die Schaffung solcher - demokratisch legitimierter - Austragungsorte wesentlich entschärft. Eine wichtige Leistung des demokratischen Verfassungsstaates für die Bürger besteht deswegen auch nicht darin, dass die politische Auseinandersetzung über

1 Amtsgericht Köln, Urteil vom 21.09.2011, Az. 528 Ds 30/11; Landgericht Köln, Urteil vom 07.05.2012, Az. 151 Ns 169/11; zum rechtlichen Streit um die Zulässigkeit der religiös motivierten Zirkumzision jüngst Hörnle, Gutachten C zum 70. Deutschen Juristentag, 2014, C-45 ff.; jetzt § 1631d BGB.

unterschiedliche Interessen und zwischen verschiedenen Weltanschauungen ausgeschaltet oder unterdrückt wird, sondern durch Überführung in demokratische Verfahren und durch Verlagerung an feste Austragungsorte in der Staatsarchitektur des Grundgesetzes. Das Grundgesetz gewährleistet dadurch nicht nur persönliche Freiheit und Sicherheit für die Bürger, sondern es enthält auch den Bauplan für eine „Konfliktlösungs-Maschine“.

1.4 Was sagt Ihnen der Text des Grundgesetzes

Wenn man nur den Textumfang betrachtet, ist das Grundgesetz schmal. Es enthält gerade einmal 146 Artikel und rund 40 „Buchstaben“-Artikel[2] (zum Vergleich: Das Bürgerliche Gesetzbuch umfasst 2385 Paragraphen, zusätzlich zahlreiche „Buchstabenparagraphen“). Damit bildet das Grundgesetz das grundlegende rechtliche Fundament für diesen Staat und seine Bürger. Dennoch ist es für viele Bürger und Bürgerinnen ein Buch mit sieben Siegeln: Alle wissen zwar, dass es für unser Zusammenleben wichtig ist. Und zu Recht genießt das Grundgesetz bei den Bürgern hohes Ansehen. Aber manchmal entsteht doch der Eindruck, dass das Grundgesetz mehr den Juristen als dem Volk „gehört“. Das mag daran liegen, dass Verfassungsfragen in den Medien zumeist durch juristische Experten erklärt werden. Und auch das Juristendeutsch, das sie dabei verwenden, ist häufig abschreckend und wenig verständlich.

Tatsächlich ist die Fachsprache der Verfassungsrechtler nicht einfach zu verstehen. Dabei ist das Grundgesetz nicht nur ein Gesetzbuch für Experten in Sachen Recht, Staat und Politik, sondern es ist die Verfassung Deutschlands, die *alle* in diesem Lande angeht – auch diejenigen Staatsbürger, die sonst mit dem Grundgesetz unmittelbar nicht in Berührung kommen. Wenn sie sich trotzdem einmal mit dem Text des Grundgesetzes befassen, stellen sie zumeist schnell fest, dass der bloße Gesetzestext sich Ihnen nicht ohne Weiteres erschließt. Das Grundgesetz ist durchaus sperrig. Nur auf den ersten Blick scheint der Wortlaut eindeutig zu sein, wie das Beispiel etwa des Art. 8 Abs. 1 GG deutlich macht:

„Alle Deutschen haben das Recht, sich ohne Anmeldung oder Erlaubnis friedlich und ohne Waffen zu versammeln.“

Was heißt denn, „ohne Anmeldung oder Erlaubnis“? Regelmäßig lesen wir in den Zeitungen doch von genehmigten Demonstrationen. Welche Bedeutung hat „ohne Waffen“ – Vermummung oder das Tragen eines Helms als passive Bewaffnung, fällt dies ebenfalls unter das Merkmal „ohne Waffen“?

Was heißt eigentlich „versammeln“ - zählt hierzu auch der Demonstrationszug? Nur *ein* Satz grundrechtlicher Gewährleistung – und schon er wirft bei kurzem Nachdenken eine Reihe von Fragen auf. Das geht nicht nur den einfachen Bürgern so, es geht auch den Juristen nicht anders.

2 Diese Artikel waren nicht von Anfang an Bestandteil des Grundgesetzes, sondern sie sind später in das Grundgesetz eingefügt worden. Der Gesetzgeber hat diese Artikel bewusst nicht in fortlaufender Nummerierung angehängt, sondern er hat sie nach dem Gesichtspunkt des Sachzusammenhangs dort eingestellt, wo sie inhaltlich hingehören. Beispiel: Auf Art. 12 GG (Berufsfreiheit) folgt Art. 12 a GG, der verschiedene Dienstpflichten regelt und damit die Berufsfreiheit einschränkt.

Weil Gesetze und Normen mehrdeutig sein können, häufig auch kompliziert, und weil sie ihre eigene Geschichte haben, es zudem meist viele Urteile von Gerichten zu gesetzlichen Regelungen gibt, braucht selbst der Jurist Arbeitshilfen, um das Recht auszulegen und anzuwenden. Juristische Kommentare bieten solche praktischen Hilfen. Sie sind von Experten verfasst und richten sich an andere Experten. Es handelt sich dabei um eine typisch juristische Literaturgattung. Erörtert werden zum Beispiel die Entstehungsgeschichte des Gesetzes, systematische Zusammenhänge im Gesetzestext, wichtige Gerichtsentscheidungen, Fachmeinungen in der juristischen Literatur, offene Rechtsfragen und, besonders wichtig, die Autoren referieren dabei ihre eigene Rechtsansicht.

Man liest solche Kommentare nicht am Stück, sondern ganz gezielt zu ausgewählten Problemen, um die eigene Meinungsbildung bei der Lösung eines juristischen Problems professionell voranzutreiben. Der Blickwinkel der Kommentarautoren ist dabei meist analytisch bis kritisch von außen auf das auszulegende Gesetz gerichtet.

Dieser Bürgerkommentar für das Grundgesetz (BKG) versteht sich ebenfalls als Kommentar, verfolgt aber eine etwas andere Zielrichtung: Wir möchten nicht den juristischen Experten ansprechen, sondern in erster Linie jedermann. Mit dem Kommentar möchten wir auch nicht den objektiven Blickwinkel von außen einnehmen. Die hier gewählte Perspektive unterscheidet sich damit vom üblichen juristischen Kommentar. Uns geht es nicht um die Meinungsverschiedenheiten der Fachleute, sondern maßgeblicher Blickwinkel ist, was das Grundgesetz in seinen Artikeln *für Sie* als Bürger bedeutet und welche typischen Fragestellungen und Probleme mit den einzelnen Bestimmungen verbunden sind. Die *praktische Bedeutung* für die Bürger und die Frage nach den Auswirkungen auf die *persönliche Rechtsstellung im Staat des Grundgesetzes* prägen damit den BKG.

Bei den Grundrechten im ersten Teil des Grundgesetzes leuchtet dieser bürgerzentrierte Blickwinkel noch leicht ein: Die Grundrechte legen die Rechtsposition der Bürger im Verfassungsstaat in grundsätzlicher Weise fest. Sie betreffen damit die Bürger ganz direkt und unmittelbar.

Aber auch bei den Normen des Grundgesetzes über die Struktur und die Organisation des Staates wird die subjektive Perspektive im BKG durchgehalten. Im Vordergrund der Darstellung steht also beispielsweise nicht die Frage: Wie funktioniert das Bundesverfassungsgericht oder welche Rechte hat der Bundespräsident von Verfassungs wegen gegenüber Bundesregierung und Parlament? Wichtig ist vielmehr: *Was heißt es für Sie* als Bürger dieses Landes, dass in unserer Staatsarchitektur das Bundesverfassungsgericht und der Bundespräsident eingebaut sind?

DIE BÜRGER TEILEN SICH DIE STAATSGEWALT

Die Bürger sind im Übrigen nicht nur passiv durch die Verfassung betroffen, sondern sie wirken auch aktiv an ihrer Veränderung und Weiterentwicklung mit. Das gilt jedenfalls mittelbar durch ihren Einfluss bei den Wahlen in Bund und Ländern. Als Wähler sind sie Teil des Volkes, von dem gemäß Artikel 20 Abs. 2 GG alle Staatsgewalt ausgeht. Als Wähler bestimmen sie die maßgeblichen Mehrheitsverhältnisse in Bundestag und Bundesrat. Bundestag und Bundesrat entscheiden gemeinsam über Änderungen des Grundgesetzes. Mit vollem Recht kann man deswegen sagen, dass die Verfassung allen Bürgerinnen und Bürgern „gehört".

Das heißt allerdings auch: Der Einfluss, den der Einzelne hat, ist für sich genommen nicht besonders groß. Seine Einflussmöglichkeiten als Wähler verdünnen sich in der großen Zahl der wahlberechtigten Personen (bei Bundestagswahlen über 60 Millionen Stimmberechtigte). Allerdings gibt es auch andere Möglichkeiten als die Teilnahme an politischen Wahlen, um auf die Gestaltung des Staates persönlich Einfluss zu nehmen (dazu Kap. 5).

1.5 Freiheit, staatliche Ordnung, Gemeinwohl

Das Grundgesetz ist das grundlegende Rechtsdokument für diesen Staat und für alle Menschen, die in ihm leben. Es regelt – gleich am Anfang des Textes – als erstes die Grundrechte der Bürgerinnen und Bürger im Staat. Die Grundrechte garantieren den Bürgern vor allem Freiheit. Diese Freiheit ist zwar nicht unbegrenzt, aber sie ist *rechtlich fixiert und garantiert*. Man kann diese Freiheit bei den staatlichen Behörden einfordern und notfalls bei den Gerichten einklagen. Damit macht das Grundgesetz alleine schon durch seinen Aufbau klar, dass die Menschen ganz am Anfang stehen. Bei älteren Verfassungstexten war dies durchaus anders, beispielsweise auch bei der sogenannten Weimarer Reichsverfassung vom 31. Juli 1919, bei der die Grundrechte nicht am Anfang standen.

Außerdem regelt das Grundgesetz, wie dieser Staat beschaffen ist und wie er funktioniert (sogenannte Staatsorganisation). Die Rechtsstellung der Bürger einerseits und der Bauplan und die Funktionsbeschreibung für den Staat andererseits bilden gemeinsam die verfassungsrechtlichen Grundlagen für Staat und Gesellschaft.

Erst aus dem *Zusammenspiel von bürgerlicher Freiheitsordnung und staatlicher Grundordnung im Grundgesetz* erwächst das *Gemeinwohl*: Nur beide zusammen, der Staat mit seinen Institutionen und die freiheitliche Gesellschaft der Bürger, sind in der Lage, das Gemeinwohl zu schaffen. Die Gesellschaft der Bürger ist dabei weit zu verstehen. Sie besteht nicht nur aus der Summe der Einzelnen, sondern beispielsweise auch aus Wirtschaftsunternehmen, Gewerkschaften, Vereinen, Gesellschaften aller Art, aus den Religionsgemeinschaften usw.

Der Begriff des Gemeinwohls klingt altmodisch, und leider wurde er gerade in Deutschland vor allem unter der Herrschaft des Nationalsozialismus missbraucht. Der Sache nach ist der Begriff aber auch in einer modernen Verfassung unverzichtbar, denn er zielt auf die *„allen und niemand" gehörenden Güter und Grundlagen unseres Zusammenlebens*, ohne die es keine funktionierende menschliche Gemeinschaft geben kann. Im Unterschied zu rein privaten und höchstpersönlichen Gütern wie Privateigentum oder Gesundheit meint das Gemeinwohl diejenigen Güter, auf die wir alle für ein gutes Leben angewiesen sind, die wir aber alleine und aus eigener Kraft nicht – und schon gar nicht dauerhaft – schaffen und deren Bestand wir nicht garantieren können. Statt Gemeinwohlgütern kann man auch von *öffentlichen Gütern* sprechen, wobei dieser Begriff im verfassungsrechtlichen Sprachgebrauch deutlich weiter zu verstehen ist als in den Wirtschaftswissenschaften.

GEMEINWOHLGÜTER – ÖFFENTLICHE GÜTER

Solche öffentlichen Güter sind beispielsweise Frieden und Sicherheit; eine funktionierende Rechtsordnung mit unbestechlichen Beamten und Richtern; Wohlstand für alle oder doch für möglichst viele; ein gewisses Maß an sozialer Absicherung gegen die Wechselfälle des Lebens (Gesundheit, Altersversorgung); Bildung und Kultur für alle; eine intakte Infrastruktur (insbesondere Verkehrswege und Verkehrssysteme, öffentliche Gebäude, Versorgungsnetze); funktionierende Versorgungsstrukturen für lebensnotwendige Güter; eine leistungsfähige Wirtschaft, aber auch grundlegende gemeinsame Wertüberzeugungen etc.

Das Gemeinwohl und die Lebensqualität des Einzelnen sind zwar keineswegs identisch, sie hängen aber doch eng zusammen: Gemeinwohlgüter garantieren zwar noch kein gutes Leben für den Einzelnen. Sie sind aber eine wichtige kollektive Voraussetzung für ein gutes Leben jedes Einzelnen. Auf eine knappe und vereinfachte Formel gebracht: *Die Freiheit der Bürger in der Gesellschaft plus die Ordnung des Staates ergeben das Gemeinwohl.*

In dieser Kurzformel kommt eine wichtige Grundeinsicht zum Ausdruck: Viele öffentliche Güter entstehen erst aus dem Zusammenwirken von Bürgern und Staat. Der Anteil, den die Bürger bzw. der Staat bei der Bereitstellung des Gesamtprodukts haben, kann dabei sehr unterschiedlich sein.

Selbstverständlich erzeugt das Grundgesetz deswegen nicht unmittelbar die öffentlichen Güter und damit das Gemeinwohl. Viele Zwischenschritte sind erforderlich, damit die öffentliche Güterbereitstellung im Ergebnis gelingt. Die erfolgreiche Herstellung öffentlicher Güter ist in Wahrheit ein hochkomplizierter Vorgang, an dem viele staatliche und private Organisationen und Personen in ganz unterschiedlicher Weise beteiligt sind. Dabei kooperieren viele Institutionen, Organisationen und Personen miteinander. Die Freiheit der Bürger und die Ordnung des Staates im Grundgesetz bilden die rechtlichen Grundlagen für diese Arbeits- und Aufgabenverteilung, die im Ergebnis zur Bereitstellung von Gemeinwohlgütern führt.

BEISPIELE FÜR DIE KOOPERATION VON STAAT UND BÜRGERGESELLSCHAFT BEI DER BEREITSTELLUNG ÖFFENTLICHER GÜTER

- Die Versorgung mit Lebensmitteln ist Sache der Gesellschaft; der Staat beschränkt sich auf die rechtlichen Rahmenbedingungen und auf ihre Überwachung (z.B. lebensmittelrechtliche Vorgaben).
- Für die Freiheit, sich mit einem eigenen Auto durchs Land zu bewegen, sind neben Geld und Führerschein vor allem ein funktionierendes Straßennetz nötig, das der Staat - überwiegend aus Steuermitteln finanziert – bereit stellt.

- Für eine erfolgreiche Berufsausbildung benötigt man entsprechende Bildungseinrichtungen (Schulen – ganz überwiegend staatlich, Betriebe – ganz überwiegend privat, Universitäten – ganz überwiegend staatlich).
- Wer Recht bekommen will, benötigt zuverlässige Gerichte (ganz überwiegend staatlich) und zumeist einen Rechtsanwalt (privat).
- An der Bereitstellung von Sicherheit arbeiten viele staatliche und private Akteure mit, z.B. die Polizei, die Bürgerinnen und Bürger selbst, das private Sicherheitsgewerbe und die Streitkräfte.

Allerdings ist die Freiheit des Einzelnen, die das Grundgesetz mit den Grundrechten garantiert, aus der Sicht des Betroffenen nicht von vornherein und schon gar nicht notwendigerweise auf das Gemeinwohl ausgerichtet. Das Grundgesetz verlangt von den Bürgerinnen und Bürgern keineswegs einen gemeinwohlorientierten Freiheitsgebrauch, sondern jedermann kann seine Freiheit so nutzen, wie er mag. Die Freiheit des Einzelnen steht mit anderen Worten *nicht unter Gemeinwohlvorbehalt*. Freiheit ist vielmehr die *Freiheit, zu tun und zu lassen, was man will* und schließt das Recht zu unvernünftigen, sinnlosen und in begrenztem Umfang sogar zu gemeinwohlschädigenden Verhaltensweisen ein. Dies gilt jedenfalls, solange man sich im Rahmen der Gesetze hält.

So hat beispielsweise jeder grundsätzlich die Freiheit und das Recht, seine Gesundheit durch falsche Ernährung, durch riskante Sportarten, durch Alkoholmissbrauch oder durch Nikotin zu ruinieren, auch wenn er als kranker Mensch dann die von der überwiegenden Zahl der Mitbürger getragenen Krankenkassen belastet.

Die Freiheit des Grundgesetzes steht auch nicht unter anderen Vorbehalten für die persönliche Freiheitsausübung. Das Grundgesetz unterscheidet insbesondere nicht zwischen moralischer oder unmoralischer, zwischen erwünschter oder unerwünschter, zwischen „guter" oder „schlechter" Freiheitsausübung. Aus der Sicht des Verfassungsrechts hat vielmehr jeder die persönliche Freiheit, Egoist oder Altruist, Moralist oder Moralverächter, nur auf sich selbst bezogen oder gemeinwohlorientiert zu leben.

DIE VERFASSUNGSRECHTLICHE FREIHEIT ZUM WEGSCHAUEN

- Niemand ist von Rechts wegen verpflichtet, am Schicksal notleidender Menschen Anteil zu nehmen und etwa bei Katastrophen Geld an die entsprechenden Hilfsorganisationen zu spenden. Wer will, darf wegschauen. Trotzdem ist die auf dem Freiwilligkeitsprinzip beruhende Spendenbereitschaft in unserem Land insgesamt gesehen außerordentlich hoch.
- Auch in anderen Lebensbereichen hat jeder das Recht, sich zu verweigern – etwa, keine Meinung zu haben oder in Ruhe gelassen zu werden.

Dieses Freiheitsverständnis des Grundgesetzes bedeutet allerdings nicht, dass die Verfassung der Art und Weise der Freiheitsausübung der Menschen gleichgültig gegenübersteht. Das Grundgesetz geht vielmehr von Folgendem aus: In der Summe ist die Ordnung der Freiheit mit der Chance für den Einzelnen, seine persönliche Freiheit so oder so zu nutzen, am besten geeignet, um auf Dauer das Gemeinwohl für alle zu erzeugen. Daher gilt die Formel „*Freiheit plus – staatliche – Ordnung gleich Gemeinwohl*" selbst dann, wenn einige ihre Freiheit nicht unbedingt im Sinne des Gemeinwohls gebrauchen.

Diese Formel wird von einem *grundsätzlichen Optimismus* getragen, dass sich das Gemeinwohl auf diese Weise letztlich für alle am besten organisieren lässt. Hinter dieser Formel steckt gerade in Deutschland die historisch gewachsene und erfahrungsgesättigte Überzeugung, dass alle Versuche, das angebliche Gemeinwohl durch den Staat zu erzwingen, zum Scheitern verurteilt sind.

Allerdings bedeutet dies nicht, dass der Staat zur Blindheit oder gar zur Handlungsunfähigkeit verurteilt ist, wenn er Fehlentwicklungen feststellt. Im Gegenteil, es ist die Aufgabe des Staates gegenzusteuern, wenn die freiheitliche „Selbststeuerung" der Gesellschaft nicht oder nicht mehr funktioniert und die Bereitstellung wichtiger Gemeinwohlgüter misslingt. Diese Selbststeuerung versagt etwa dann, wenn die Gesellschaft in ihrer Gesamtheit ihre eigenen Lebensgrundlagen zerstört oder wenn starke Menschen sich auf Kosten schwacher und schutzloser Menschen entfalten. Gegensteuern bedeutet dann, dass der Staat die Freiheit der Bürger durch entsprechende Gesetze einschränkt. Allerdings muss er auch dabei möglichst freiheitsschonend vorgehen und immer beide Seiten im Blick haben.

SCHÄDLICHER FREIHEITSGEBRAUCH UND STAATLICHE GEGENSTEUERUNG

Diesen Zusammenhang kann man am Beispiel der Zerstörung von natürlichen Umwelt- und Klimaqualitäten aufzeigen. Ausgelöst wird die gesamte Umweltproblematik in Wahrheit nicht durch das Verhalten einiger weniger Umweltsünder, sondern letztlich durch die *Summe* des Verhaltens der allermeisten Bürgerinnen und Bürger. Auch wenn es dabei natürlich große Unterschiede gibt – die einen sind große Verschmutzer, die anderen weniger – gilt: Ohne freiheitsbeschränkende Gesetze hätten die Bürger in ihrer Gesamtheit kaum ausreichende Veranlassung, sich besonders umweltfreundlich zu verhalten. Der Gesetzgeber muss deswegen gegensteuern und alle in die Pflicht nehmen. Allerdings hat er dabei viele Möglichkeiten: Er kann bestimmte Verhaltensweisen einfach verbieten, er kann aber beispielsweise auch finanzielle Anreize für umweltfreundliche Verhaltensweisen schaffen und weniger umweltfreundliche Verhaltensweisen durch staatliche Steuern verteuern und dadurch unattraktiv machen.

Andere Beispiele sind die Gurt- und Helmpflicht im Straßenverkehr.

Neuerdings sind sogenannte weiche Formen der staatlichen Steuerung des Verhaltens der Bürger ein ausgiebig und differenziert diskutiertes Thema. Nicht staatlicher Zwang, sondern ein leichter Anstoß (englisch nudge; nudging) in Richtung „vernünftiges" Verhalten soll die Bürger auf den rechten, d.h. staatlich erwünschten Weg bringen, wie sie mit ihrer Freiheit umgehen. Solche Formen der staatlichen Beeinflussung des Verhaltens der Bürger sind allerdings nicht ganz neu. Tatsächlich wirbt der Staat seit Jahrzehnten für vernünftige Verhaltensweisen, etwa bei den Safer-Sex-Kampagnen im Zusammenhang mit Aids oder für eine gesundheitsbewusste Lebensweise und Ernährung.[3] Im Bundeskanzleramt werden jetzt nach britischem Vorbild sogar Psychologen gesucht, die Konzepte entwickeln sollen, wie man die Bürger zu einem bestimmten Verhalten ermuntern und ihnen den richtigen, das heißt staatlich erwünschten Umgang mit ihrer Freiheit schmackhaft machen kann (zum sog. „nudging" s.u. Kap. 3.4).[4] Auch wenn solche Formen des sanften Druckes von ihrer Zielsetzung her im Einzelfall ganz vernünftig sein mögen, beispielsweise die Ermunterung zum Tragen eines Fahrradhelmes, werfen sie doch eine grundsätzliche Frage auf: Kann es wirklich Sache des Staates sein, eine Art Leitbild von der angeblich richtigen Freiheitsausübung zu propagieren und darauf hinzuwirken, dass die Bürger sich in ihrer ganz großen Zahl dann auch so verhalten? Wenn der Staat sich nicht damit begnügt festzulegen, was Recht und was Unrecht ist, sondern verstärkt mit sanften Instrumenten wie ein Erziehungsberechtigter seinen Bürgern gegenüber tritt, kann dies die ursprüngliche Idee von Freiheit beschädigen. Dazu gehört eben nicht nur der vernünftige Gebrauch von Freiheit, sondern auch das Recht, sich - im Rahmen des rechtlich Zulässigen - unvernünftig, wild und unangepasst zu verhalten.

1.6 Wer sind die Bürger?

1.6.1 Die Bürger als Staatsvolk

Die Bürger sind in erster Linie die *Staatsbürger* der Bundesrepublik Deutschland. Alle Staatsbürgerinnen und Staatsbürger zusammen bilden das deutsche *Staatsvolk*. Als deutscher Staatsbürger wird man in der Regel geboren. Einige werden eingebürgert:

Die **Einbürgerungsquote** ist der Anteil aller *tatsächlichen* Einbürgerungen gemessen an der *ausländischen* Bevölkerung in Deutschland, die die rechtlichen Voraussetzungen für eine Einbürgerung erfüllt. Allerdings möchte nicht jeder Ausländer, der lange genug in Deutschland lebt und die rechtlichen Voraussetzungen für eine Einbürgerung erfüllt, auch Deutscher werden. Die Quote liegt in letzter Zeit mit gewissen Schwankungen um die 2% pro Jahr. Im Jahr 2012 gab es zuletzt 112.348 Einbürgerungen (2008: 94.500), im Jahr 2000 waren es mit 186.700 Einbürgerungen noch deutlich mehr.

Direkt am Anfang des Grundgesetzes in der Präambel tritt das Staatsvolk in feierlicher Form rechtlich in Erscheinung. Es nimmt damit die Schlüsselstellung im Prozess der Verfassungsgebung ein.

3 Durch die Bundeszentrale für gesundheitliche Aufklärung, vgl. http://www.bzga.de/.

4 Vgl. FAZ vom 26.8.2014, http://www.faz.net/aktuell/wirtschaft/wirtschaftspolitik/kanzlerin-angela-merkel-sucht-verhaltensforscher-13118345.html

Aus der Präambel:

„Im Bewusstsein seiner Verantwortung vor Gott und den Menschen, von dem Willen beseelt, als gleichberechtigtes Glied in einem vereinten Europa dem Frieden der Welt zu dienen, hat sich das Deutsche Volk kraft seiner verfassungsgebenden Gewalt dieses Grundgesetz gegeben."

Diese Eingangsformel hat weniger rechtlich greifbaren Gehalt als vielmehr programmatischen Charakter. Sie sagt vor allem etwas aus über das *tragende Selbstverständnis*, aus dem heraus das Deutsche Volk sich durch seine verfassungsgebende Gewalt diese Verfassung gegeben hat. Deutlich erkennbar sind dabei der Verantwortungsgedanke vor Gott und den Menschen, die Europabindung und das Friedensziel. Diese grundlegenden Wertorientierungen, die an den kulturellen Raum Europas und an dessen christlich-humanistische Tradition anknüpfen, stehen gewissermaßen vor der Klammer. Das Deutsche Volk ist – und bleibt - dabei der eigentliche Träger aller staatlichen Gewalt. Es ist der eigentliche Ursprung der Macht im Staate. Die im Volk zusammengefassten Bürger sind und bleiben die maßgebliche *politische Größe* des Staates des Grundgesetzes. Diese Kernaussage klang auch 1989 als Grundgefühl bei den zahlreichen Demonstrationen der zu Ende gehenden DDR in dem Ruf mit: *„Wir sind das Volk."* Die Bürger sind also nicht nur dem Recht unterworfen, sie sind auch nicht nur Träger von Freiheitsrechten, sondern als die Gemeinschaft der Bürger sind sie *die* grundlegende politische Größe des Landes.

Auch an anderen Stellen im Grundgesetz wird die fundamentale Stellung der zum Staatsvolk zusammengefassten Bürger als politische Größe immer wieder deutlich:

- Art. 20 Abs. 2 Satz 1: „Alle Staatsgewalt geht vom Volke aus."
- Art. 146: „Dieses Grundgesetz, das nach Vollendung der Einheit und Freiheit Deutschlands für das gesamte deutsche Volk gilt, verliert seine Gültigkeit an dem Tage, an dem eine Verfassung in Kraft tritt, die von dem deutschen Volke in freier Entscheidung beschlossen ist."

Präambel, Art. 20. Abs. 2 und Art. 146 GG machen damit deutlich, dass Verfassung und Staat keinesfalls über dem Staatsvolk stehen, sondern umgekehrt. Diese Bestimmungen besagen in ihrer Gesamtheit damit auch, dass *nur* das Staatsvolk, also kein Parlament, kein Bundesverfassungsgericht, keine Europäische Union und erst recht kein anderer Machthaber sich eine andere Verfassung geben kann als das Grundgesetz. Jeder Staatsstreich auf dem Boden des Grundgesetzes ist somit jedenfalls rechtlich gesehen ausgeschlossen. Dagegen mag man zwar einwenden, dass das banal ist, denn entweder ein Staatsstreich gelingt, dann haben die neuen Machthaber eben die Macht, oder er misslingt, dann gelten die alten Ordnungen weiter. Trotzdem ist Art. 146 GG keineswegs banal, denn an dieser Stelle reflektiert die Verfassung durchaus über sich selbst hinaus. Art. 146 GG macht damit deutlich, dass auch das Grundgesetz radikal offen für die Zukunft ist, indem es die *Möglichkeit* einer ganz anderen Verfassung ausdrücklich einkalkuliert. Andererseits beschreibt der Artikel aber auch den Übergang zu einer ganz neuen Verfassung. Der einzig mögliche *Weg* zu einer neuen Verfassung führt über das Staatsvolk. Das Grundgesetz kann nur durch eine Verfassung abgelöst werden, die vom deutschen Volke in freier Entscheidung beschlossen wird. Alles andere wäre mit dem Grundgesetz unvereinbar.

1.6.2 Die Bürger als Träger von Rechten und Pflichten

Die Bürgerinnen und Bürger werden im Übrigen vom Grundgesetz durchaus in unterschiedlicher Weise wahrgenommen und in verschiedenen Rollen angesprochen. Dabei unterscheidet das Verfassungsrecht manchmal einerseits selbst nach bestimmten Merkmalen; andererseits untersagt es aber auch ganz bewusst bestimmte Unterscheidungsmöglichkeiten.

Tatsächlich sind die Menschen alles andere als gleich, sondern sie unterscheiden sich in vielfältiger Hinsicht, zum Beispiel nach Alter, Aussehen, Herkunft, Gesundheit, Besitz, Bildung usw. Erst dadurch, dass bestimmte, in der Lebenswirklichkeit vorhandene Unterschiede von Rechts wegen *ausgeblendet* werden, werden die Menschen *rechtlich* gesehen zu gleichen Personen mit gleichen Rechten. Auf tatsächlich vorhandene Unterschiede kommt es aus der Sicht des Rechts dann nicht mehr an. Die *Herstellung von Gleichheit* vor dem Recht ist deswegen keine natürliche Vorgabe, sondern eine der Realität gerade *entgegengesetzte* Leistung des Rechts. Trotz aller tatsächlich vorhandenen Ungleichheiten sollen die Menschen vor dem Gesetz als Gleiche behandelt werden.

Allgemein und ohne Unterschied berechtigt das Grundgesetz in erster Linie *Menschen*, vgl. z.B. die Grundrechte in Art. 2 bis 5 GG und vor allem Art. 1 Abs. 1 GG: Wer Mensch ist, hat alleine deswegen *Menschenwürde* und ist Träger von Menschenrechten, und zwar ohne Rücksicht darauf, was er für ein Mensch ist. Damit sind diejenigen Grundrechte erfasst, die allen Menschen im Geltungsbereich des Grundgesetzes in gleicher Weise zukommen: Ob jemand deutscher Staatsbürger ist oder Ausländer oder ob er keine Staatsangehörigkeit besitzt, spielt dafür keine Rolle. Auch auf andere Merkmale kommt es nicht an. Alle anderen denkbaren Differenzierungen – etwa „lebenswertes“ oder „nicht lebenswertes“ Leben – sind unzulässig. Von dem Zeitpunkt an, von dem an jemand als Mensch gelten kann, steht er unter dem Schutz des Grundgesetzes. Dies gilt auch für das noch ungeborene Leben, für geistig behinderte Menschen oder für Menschen, die sich auf Dauer im Koma befinden. Bei der Frage, wann das menschliche Leben genau beginnt und wann es endet, ist das Recht von anderen Wissenschaften abhängig, insbesondere von der Medizin.

An anderer Stelle unterscheidet das Grundgesetz dagegen ausdrücklich und engt den Kreis der Betroffenen ein. So gibt es eine ganze Reihe von Grundrechten, die nur für *Deutsche* gelten (vgl. Kap. 3.2.4). Deutscher Staatsbürger ist in erster Linie, wer die deutsche Staatsangehörigkeit besitzt, Einzelheiten regelt Art. 116 GG. Solche Grundrechte, die nur für Deutsche gelten, sind Art. 8 (Versammlungsfreiheit), Art. 9 (Vereinigungsfreiheit), Art. 11 (Freizügigkeit) und Art. 12 Abs. 1 GG (Berufsfreiheit) sowie das Wahlrecht im Bund und in den Ländern (Art. 38 in Verbindung mit Art. 20 Abs. 2 GG, BVerfGE 83, 50ff.); lediglich bei Kommunalwahlen haben Menschen aus Mitgliedstaaten der EU – die Unionsbürger – das aktive und passive Wahlrecht (Einzelheiten vgl. Kap. 5).

Das Grundgesetz selbst differenziert damit zwischen (allen) Menschen, deutschen Staatsbürgern und Unionsbürgern der EU.

WAS BEDEUTET BVERFGE 90, 286?

Es handelt sich um die gängige Zitierweise der Entscheidungen des Bundesverfassungsgerichts. BVerfG steht für Bundesverfassungsgericht, das „E" am Ende für „Entscheidungssammlung". Es folgt die Band Nr. (hier: 90. Band), sodann folgt die Seitenangabe (hier S. 286).

Jüngere Bundesverfassungsgerichtsentscheidungen finden Sie auch auf der Homepage des BVerfG unter www.Bundesverfassungsgericht.de („Entscheidungen").

An anderer Stelle unterscheidet die Verfassung auch nach anderen Kriterien:

Das Merkmal des Geschlechts spielt bei der Frage der Wehrpflicht eine Rolle, die sich ausdrücklich nur auf Männer erstreckt, vgl. Art. 12a Abs. 1 GG. Frauen dürfen nicht zum Dienst mit der Waffe verpflichtet werden, Art. 12a Abs. 4 GG. Dieser Grundgesetzartikel gilt auch nach der Aussetzung der Wehrpflicht weiter. Auch an einer weiteren Stelle spielt das Geschlecht eine Rolle im Verfassungstext. Art. 3 Abs. 2 GG enthält ein ausdrückliche Verpflichtung des Staates, die tatsächliche Gleichberechtigung von Frauen und Männern zu fördern. Hier ist das Geschlecht ausnahmsweise Anknüpfungspunkt für das Handeln („fördern") des Staates. In anderen Fällen darf der Staat keine unterschiedlichen Rechtsfolgen an das Geschlecht knüpfen.

Das Lebensalter spielt etwa beim Wahlrecht eine Rolle, das die Verfassung erst ab Vollendung des 18. Lebensjahres gewährt, vgl. Art. 38 Abs. 2 GG, oder bei der Wählbarkeit für das Amt des Bundespräsidenten, vgl. Art. 54 Abs. 1 GG.

Beim Zugang zu allen öffentlichen Ämtern (z.B. Beamte, Richter, Soldaten) kommt es auf die Eignung, Befähigung und die fachliche Leistung des Bewerbers an, vgl. Art. 33 Abs. 2 GG.

Darüber hinaus aber dürfen andere Unterscheidungsmerkmale und Wertungen über einen Menschen zu keiner Benachteiligung oder Bevorzugung durch den Staat führen. Art. 3 Abs. 3 GG stellt dies ausdrücklich klar. Außer in den von der Verfassung selbst ausdrücklich genannten Fällen dürfen Geschlecht, Abstammung, Rasse, Sprache, Heimat und Herkunft, Glaube, religiöse oder politische Anschauungen kein Anknüpfungspunkt für Bevorzugung oder Benachteiligung durch den Staat sein. Wegen seiner Behinderung darf niemand benachteiligt werden.

1.7 An wen richtet sich die Verfassung?

In erster Linie richtet sich die Verfassung an den Staat selbst und an seine Institutionen: Nicht die Gesellschaft und die Bürgerinnen und Bürger, sondern der Staat ist der eigentliche Adressat des Grundgesetzes. Besonders deutlich kann man dies bei den Artikeln sehen, die die staatliche Organisation regeln – beispielsweise die Vorschriften über die Grundlagen der Staatsarchitektur in Art. 20 GG (Republik, Demokratie, Sozialstaat, Bundesstaat, Rechtsstaat) oder über die Rechtsprechung in den Art. 92 ff. GG.

BEISPIEL „DEMOKRATISCHE ENTSCHEIDUNG"

- Wahlen in Bund und Ländern müssen bestimmten demokratischen Grundsätzen entsprechen, vgl. Art. 20 Abs. 2 und Art. 38 GG. Das Gleiche gilt für die Entscheidungsfindung innerhalb des Parlaments, das seine Beschlüsse in der Regel mit der einfachen Mehrheit der abgegebenen Stimmen fasst, vgl. etwa Art. 42 Abs. 2 GG.
- Das Grundgesetz sagt aber nichts darüber aus, wie Entscheidungen beispielsweise innerhalb einer Familie organisiert sein sollen. Ob ein Elternteil alleine, beide Eltern gemeinsam oder die ganze Familie „demokratisch" beispielsweise über das gemeinsame Urlaubsziel entscheidet, ist alleine Sache der Bürgerinnen und Bürger, hier also der Familie. Den Staat geht das nichts an.

Auch die Grundrechte sind in erster Linie an den Staat adressiert. Genauer gesagt richten sie sich – vor allem aus der Perspektive des Bürgers – *gegen* den Staat: Grundrechte sind deswegen in erster Linie Schutzrechte für die Bürger vor dem Staat bzw. *Abwehrrechte der Bürger gegen Beeinträchtigungen ihrer Freiheit durch den Staat.* Dass der Einzelne Träger von Grundrechten ist, verpflichtet den Staat dazu, dessen Grundrechte zu beachten. Allgemeiner gesprochen muss der Staat die Freiheit und den Lebensentwurf des Einzelnen respektieren. Sie schützen die Bürger und verpflichten den Staat. Grundrechte gelten allerdings unmittelbar nur im Verhältnis des Staates zu den Bürgern, aber nicht im Verhältnis der Bürger zueinander. Sie verleihen dem Einzelnen damit zwar *Rechte gegen den Staat, aber nicht ohne Weiteres gegen andere Mitbürger*. Das Grundgesetz ist also kein „Bürgerliches Gesetzbuch", welches die Rechtsbeziehungen der Bürger untereinander ordnet, sondern es regelt in erster Linie das *Grundverhältnis zwischen den Bürgern und dem Staat.*

BEISPIEL

Artikel 12 Absatz 1 lautet: „Alle Menschen haben das Recht, Beruf, Arbeitsplatz und Ausbildungsstätte frei zu wählen." Dies bedeutet, dass der Staat niemanden zwingen darf, einen bestimmten Beruf zu ergreifen. Wenn er es dennoch versucht, kann der Bürger diesen Angriff auf seine Freiheit – unter Umständen mithilfe der Gerichte – abwehren.

Daraus folgt aber nicht, dass andere Menschen mir meinen Wunscharbeitsplatz verschaffen müssen: Wenn ich mangels Arbeits- oder Ausbildungsplatz gezwungen bin, eine andere Tätigkeit als meine Wunschtätigkeit auszuüben, verstößt das nicht gegen Art. 12 Abs. 1 GG.

Das Grundgesetz unterscheidet also zwischen dem Staat und seiner Organisation und der Gesellschaft der Bürger. Was für den Staat gilt, gilt nicht auch in gleicher Weise für die Bürgerinnen und Bürger. Auf den ersten Blick mag der Gedanke, dass kein Bürger sich gegenüber einem anderen Bürger auf die Grundrechte berufen kann, sondern nur gegenüber der staatlichen Gewalt, vielleicht befremdlich sein. Auf den zweiten Blick wird deutlich, dass das Grundgesetz dadurch erst einen Raum gesellschaftlicher Freiheit schafft, in dem der Einzelne sich entfalten kann und entfalten soll, so wie er das für richtig hält – und solange er sich an die Gesetze hält. Dies bedarf der Erläuterung.

Die Beschränkung der unmittelbaren Geltung der Grundrechte als Abwehrrechte im Verhältnis Bürger zu Staat hat enorme Konsequenzen. Für den Staat und für die Bürger gelten damit rechtlich ganz *unterschiedliche* Maßstäbe. So darf der Einzelne in seiner Lebensführung durchaus auch „ungerecht" sein. Dem Staat ist das verwehrt. Wenn der Staat beispielsweise etwas verteilt, darf er dies nicht willkürlich tun, sondern immer nur nach Maßgabe des Gleichheitsgedankens. Dies ergibt sich aus dem Rechtsstaatsprinzip und dem allgemeinen Gleichheitssatz des Art. 3 Abs. 1 GG. An diese Regeln ist der Staat überall gebunden. Das heißt bei sozialen Leistungen, dass der Staat nicht ohne sachlichen und rechtlich nachprüfbaren Grund die Einen benachteiligen und die Anderen bevorzugen darf, sondern er muss seine Gaben allen gleichmäßig, das heißt nach gleichen und bindenden Kriterien zukommen lassen. In diesem Sinne muss der Rechtsstaat ein gerechter Staat sein (vgl. Kap. 2.2.9).

Wer dagegen als Privatmann etwas zu verteilen hat, zum Beispiel als Spender, bei einer Schenkung, als privater Stifter oder – in etwas eingeschränktem Umfang – auch bei der Vererbung seines Vermögens, der hat die verfassungsrechtlich verbürgte Freiheit zu unterstützen, wen er will – und wen nicht. Dies gilt selbst dann, wenn dies von anderen als ungerecht, als anstößig oder als politisch unkorrekt empfunden wird. Weil Bürger frei sind, können sie persönlich gerecht oder ungerecht handeln. Entscheidend ist alleine, dass sie sich dabei an die Gesetze halten.

Das Beispiel zeigt: Der Handlungs- und Gestaltungsspielraum des Staates und die Freiheitsspielräume der Bürger sind rechtlich ganz unterschiedlich geordnet. Dies gilt auch, wenn es um Gefährdungspotenziale für die Freiheit geht.

So ist uns allen der Gedanke selbstverständlich, dass der Staat mit seinem Machtapparat die Freiheit gefährden und die Rechte des Einzelnen massiv beschränken kann. Seit einigen Jahren rückt allerdings die Tatsache immer stärker ins öffentliche Bewusstsein, dass die Freiheit der Bürger in bestimmten Bereichen in unserem Land heute weniger durch staatliche, sondern zunehmend auch durch gesellschaftliche Kräfte bzw. durch wirtschaftliche Machtfaktoren bedroht wird. Ein Musterbeispiel dafür ist das Feld des Datenschutzes. Zahlreiche Unternehmen sind in letzter Zeit wegen ihres Umgangs mit personenbezogenen Daten von Mitarbeitern, aber auch von Kunden ins Schussfeld der Kritik geraten. Auch andere Formen der freiwilligen, aber allzu sorglosen Preisgabe von persönlichen Daten im Internet können die Freiheit des Einzelnen bedrohen. Wer seine persönlichen Daten im Internet verbreitet muss wissen: Das Internet vergisst nie. Internetanbieter sammeln nahe zu alle privaten Daten, die ihnen bekannt werden, für ein scharfes und individualisiertes Kundenprofil, um ihre Produkte besser an den Mann zu bringen. Das kann für den Einzelnen von Vorteil sein, aber auch erhebliche Nachteile haben. Nicht jeder möchte, dass private Unternehmen sehr viel über seine persönlichen Präferenzen wissen. Auch bei solchen Bedrohungen der Freiheit ist der Staat des Grundgesetzes gefordert, um den Einzelnen durch wirksame Gesetze und durch entsprechende Kontrollmechanismen vor dem Missbrauch durch Dritte zu schützen.

1.8 Verfassungswerte

Die Verfassung richtet sich zwar in erster Linie an den Staat. Wie schon erwähnt fixiert sie daneben aber auch grundlegende Verfassungswerte. Damit beantwortet sie jedenfalls mittelbar auch grundlegende Fragen, wie wir in diesem Staat *als Bürger* zusammen leben wollen und welche *Grundwerte* uns dabei wichtig sind.

Viele Rechtsbegriffe formulieren deswegen nicht nur Rechte, sondern zugleich auch Wertbegriffe. Wertbegriffe sind Grundaussagen, die wir bei unserem Zusammenleben als besonders wertvoll erachten und hinter denen ein moralischer Konsens steht. Das Bundesverfassungsgericht spricht deshalb davon, dass das Grundgesetz und speziell die Grundrechte eine *objektive Werteordnung* enthalten. Damit bringt es auch zum Ausdruck, dass dieser Grundkonsens auf ganz bestimmten geschichtlich und kulturell gewachsenen Überzeugungen beruht. Die Grundwerte der Verfassung müssen deswegen nicht täglich neu beschlossen werden, sondern sie sind *Wertgrundlagen aus der Erfahrung der älteren Generationen für die Gegenwart und für die überschaubare Zukunft.* Allerdings ist jede neue Generation aufgefordert, sich diese Wertgrundlagen zu Eigen zu machen und sie im Lichte der eigenen Herausforderungen und Erfahrungen weiter zu entwickeln.

Die Aufgabe des Staates ist es, diese Wertgrundlagen glaubwürdig im Staat zu verwirklichen und die Gesetze so auszugestalten, dass sie diesen grundlegenden Wertüberzeugungen entsprechen. Nur so kann der Staat die Bürgerinnen und Bürger von ihrer Richtigkeit überzeugen. Dabei muss er möglichst alle Bürgerinnen und Bürger integrieren, und zwar unabhängig davon, wo sie landsmannschaftlich, geistig und persönlich herkommen.

Als besonders wertvoll sieht das Grundgesetz die Würde des Menschen an, aber auch die Freiheit und die Gleichheit vor dem Gesetz. Insbesondere auf diesen Grundwerten sind unser Staat und unsere Rechtsordnung errichtet. Überall da, wo der Einzelne mit Staat und Recht in Berührung kommt, gilt deswegen die prägende Kraft des Grundgesetzes. Aber auch in seiner Privatsphäre schützt das Grundgesetz den Einzelnen.

Grundwerte sind allerdings wenig konkret. Oft geben sie gerade keine eindeutige Antwort darauf, wie ein bestimmtes Problem zu lösen ist, sondern sie enthalten lediglich Fingerzeige für die Lösung konkreter Problemlagen. Sie müssen deswegen immer in die jeweilige Zeit „übersetzt" und auf konkrete Fragen angewendet werden. Bei aller notwendigen Unschärfe zeigen sie damit doch die Richtung für eine Lösung an. Vor allem sagen sie uns, welche Lösungen mit dem Grundgesetz *überhaupt nicht* zu machen sind. Gesetze beispielsweise, die den Mensch zur Ware oder zum Ersatzteillager für andere machen würden, sind mit der Menschenwürde unvereinbar. Trotzdem kann die Konkretisierung der Grundwerte im Einzelfall erhebliche Schwierigkeiten bereiten. Als aktuelles Beispiel mag die Debatte um die Sterbehilfe dienen.[5] Gegner der Sterbehilfe und vorsichtige Befürworter berufen sich beide gleichermaßen auf die Würde des Menschen. Eindeutig ist aber auch, dass die Anhänger einer rein kommerziellen Sterbehilfe sich nicht auf die Würde des Menschen berufen können. Das Geschäft mit der Not des eigenen Sterbens ist mit der Menschenwürde nicht vereinbar.

1.9 Welchen Wert messen Sie dem Grundgesetz bei?

Ähnlich wie Geldscheine ist selbst der schönste Gesetzestext mit den stärksten Schutzvorkehrungen gegen einen möglichen Missbrauch letztlich immer nur ein Stück bedrucktes Papier. Der Stellenwert einer Verfassung hängt immer auch davon ab, welchen Wert die Bürger *selbst* diesem Gesetz beimessen. Diese Anerkennung und Wertschätzung durch die Staatsbürger kann man nicht von Staats wegen verordnen, vielmehr muss sich eine Verfassung und muss sich ein Staat diese Anerkennung in jeder Generation immer wieder aufs Neue verdienen.

Das Grundgesetz setzt voraus, dass die große Mehrzahl diesen Staat mit seinen Organen und Institutionen, seinen Handlungsformen und Spielregeln und seinen Bürgerrechten und Bürgerpflichten akzeptiert und für ihn *einsteht*. Dieses Einstehen bedeutet *mehr als die bloße Duldung* einer Rechts- und Staatsordnung. Es zielt auf ein im Grunde positives Wertempfinden für den Staat des Grundgesetzes und auf die Handlungsbereitschaft des Einzelnen, sich auch dann persönlich einzusetzen, wenn dazu von Rechts wegen keine Pflicht besteht.

BEISPIEL WAHLEN

Besonders deutlich wird dies am *Wahlrecht*. Bekanntlich gibt es in Deutschland keine Wahlpflicht. Niemand ist verpflichtet, seine Stimme bei politischen Wahlen abzugeben, und schon gar nicht kann er zur Abgabe seiner Stimme gezwungen werden. Die Demokratie kann aber nur funktionieren, wenn eine große Zahl der Bürger bereit ist, von ihrem Wahlrecht tatsächlich Gebrauch zu machen. An diesem Beispiel zeigt sich erneut der bereits erwähnte Grundoptimismus der Verfassung, dass die Ordnung der Freiheit am besten geeignet ist, das Gemeinwohl zu erzeugen – und zwar auch dann, wenn ein erheblicher Prozentsatz der Bürger von seiner Wahlfreiheit keinen Gebrauch macht.

Das Beispiel zeigt einmal mehr, dass das Grundgesetz nicht nur ein Gesetzbuch ist, sondern dass es vor allem in seinen wertbezogenen Aussagen eine Art „bürgerliches Glaubensbekenntnis" über die Grundlagen unseres Zusammenlebens bildet. Andere sprechen weniger pathetisch, aber in der Sache durchaus ähnlich vom *Verfassungskonsens*. Entscheidend dabei ist die Überzeugung der großen Mehrheit, dass das

5 Der Bundestag will diesen Lebenssachverhalt gesetzlich regeln, das Gesetzgebungsvorhaben soll im Herbst 2015 abgeschlossen sein, vgl. http://www.bundestag.de/dokumente/textarchiv/2014/kw46_de_sterbebegleitung/339436

Grundgesetz die *richtigen* Grundlagen für das Zusammenleben der Menschen in diesem Staat enthält.

Auf das Beispiel der politischen Wahlen bezogen heißt dies, dass eine große Zahl von Bürgern davon überzeugt ist, dass es gut und richtig ist, an politischen Wahlen teilzunehmen, obwohl man dazu rechtlich nicht verpflichtet ist: Politisches Desinteresse ist erlaubt.

Diese Überzeugung ist umso wichtiger, je weniger die Gesellschaft der Bürger aus sich heraus tragfähige und miteinander verträgliche Überzeugungen über die Art und Weise des richtigen Miteinanderlebens erzeugen kann. Gemeinsame Grundüberzeugungen über die richtige Art des Zusammenlebens sind in einer großen Gesellschaft nämlich alles andere als selbstverständlich. In einer Gesellschaft, in der die weltanschauliche Vielfalt aus den unterschiedlichsten Gründen zunimmt, wachsen mitunter auch die Gegensätze und die potenziellen Konflikte: Pluralisierung der Weltanschauungen, Säkularisierung und innere Bindungsverluste sind große gesellschaftliche Trends, die dem Grundgesetz als der maßgeblichen Werteordnung für unser Zusammenleben einen immer wichtigeren Stellenwert verleihen. In einer weltanschaulich und religiös bunten und zunehmend vielfältiger werdenden Gesellschaft muss das Verfassungsrecht immer mehr das leisten, was die Moral in Ermangelung einigermaßen einheitlicher Überzeugungen und Wertmaßstäbe in der Gesellschaft nicht mehr leisten kann. Zugespitzt gesagt: Es gibt in unserer Gesellschaft viele verschiedene, durchaus konkurrierende Vorstellungen darüber, was moralisch richtig und gut ist, aber es gibt nur eine Verfassung mit verbindlichen Wertgrundlagen für alle Bürger.

An alle Bürger ohne Ansehen der Person ist deswegen die *Erwartung* gerichtet, dass sie diese Grundlagen bejahen und gegebenenfalls auch bereit sind, dafür einen gewissen Preis zu bezahlen. Dies gilt völlig unabhängig davon, welchem Glauben die Menschen sonst anhängen oder auch nicht: Ob Christ, Jude, Muslim, privatreligiös oder ohne religiöses Bekenntnis spielt aus der Perspektive des Grundgesetzes keine Rolle. Von allen wird in gleicher Weise erwartet, die freiheitliche Grund- und Werteordnung des Grundgesetzes zu akzeptieren, und zwar *gerade auch dann, wenn die Ordnung des Grundgesetzes in Konflikt mit den persönlichen Überzeugungen oder den Überzeugungen einer ganzen Glaubensgemeinschaft gerät.* Staat und Religion sind unter dem Grundgesetz getrennt. Der Staat akzeptiert und garantiert die Religionsfreiheit der Einzelnen und der Religionsgemeinschaften. Die Religionsmitglieder und die Religionsgemeinschaften müssen aber auch akzeptieren, dass der demokratische Staat mit seinen Gesetzen das Zusammenleben aller Bürger in der Gesellschaft verbindlich ordnet – und zwar gerade auch dann, wenn ihnen dies aus ihrem religiösen Selbstverständnis heraus nicht gefällt.

Das Grundgesetz mutet den Bürgerinnen und Bürgern damit eine gewisse *Rollentrennung* zu: Als Mitglieder einer Religions- oder Weltanschauungsgemeinschaft dürfen sie selbstverständlich Überzeugungen haben und dafür eintreten, die weder „staatstragend" sind noch in allem den Leitvorstellungen des Rechts entsprechen. So legen Religionen häufig wesentlich strengere – moralische – Maßstäbe an als das Recht des Staates. Als Staatsbürger wird aber auch von den Mitgliedern solcher Religionsgemeinschaften erwartet, die Freiheitsordnung des Grundgesetzes zu akzeptieren, und zwar auch da, wo das Recht vielleicht mehr oder anderes verlangt, als ihnen persönlich lieb sein mag. Aus der Sicht des Grundgesetzes ist es dagegen das gute Recht jedes Menschen, über seine Lebensführung selbst und frei zu bestimmen.

Die Anerkennung der gleichen staatsbürgerlichen Freiheit aller Bürger wird auch von solchen Bürgerinnen und Bürgern erwartet, die Religionsgemeinschaften angehören, welche die Trennung von Staat und Religion aus ihrer Binnensicht nicht kennen: Die Verfassungsentscheidung für die Trennung von Staat und Religion ist für alle verbindlich. Allerdings ist der Staat verpflichtet, auf die religiösen und weltanschaulichen Überzeugungen seiner Bürger Rücksicht zu nehmen (vgl. Kap. 6). Dies bedeutet allerdings nicht, dass einige Bürger ihre religiösen Überzeugungen anderen Bürgern aufdrängen dürfen. Wohl dürfen Religionsgemeinschaften für ihre Religion werben, aber niemanden zwingen.

NICHT NUR, ABER AUCH VERFASSUNGSPATRIOTISMUS

Andere sprechen bei dem persönlichen Eintreten für die Wertgrundlagen der Verfassung auch von *Verfassungspatriotismus (Dolf Sternberger, Verfassungspatriotismus,* 1982). Verfassungspatriotismus meint die Identifikation der Bürgerinnen und Bürger mit den Grundwerten und den Institutionen der Verfassung (in der Weimarer Reichsverfassung vom 11. August 1919 war von der „staatsbürgerlichen Gesinnung" als Erziehungsziel an den Schulen ausdrücklich die Rede, vgl. Artikel 148 WRV). Dieses Wort ist häufig missverstanden und – zu Unrecht – kritisiert worden, so als solle damit das Ganze einer patriotischen Grundhaltung abgebildet werden. Gewiss kann Patriotismus sich nicht in einem reinen Verfassungspatriotismus erschöpfen. Zum Patriotismus gehört mehr – zum Beispiel die Liebe zu Heimat, zu Sprache und typischen Lebensweisen, zu Kultur, Geschichte und Traditionen, zu bestimmten Persönlichkeiten oder auch zur Küche eines Landes usw.

Aber ein zeitgemäßer deutscher Patriotismus, der heute ohne das Bekenntnis zum Grundgesetz und seinen tragenden Grundwerten auszukommen meint, bleibt fragwürdig und verkennt die Grundlagen unseres bürgerlichen Zusammenlebens im Staat. In diesem Sinne ist *Verfassungspatriotismus notwendiger Bestandteil eines unserer Zeit angemessenen nationalen Selbstbewusstseins.* Deutschland ist heute neben allem anderen, was Land und Leute prägt und ausmacht, gerade *auch* der *Staat des Grundgesetzes.*

Eine *Rechtspflicht* der Bürger zur Verfassungstreue gibt es allerdings – mit Ausnahme für besonders „staatsnahes" Personal (z.B. Beamte, Soldaten) – nicht. Das Bundesverfassungsgericht hat es einmal so formuliert:

„Die Bürger sind nicht gehalten, die Wertsetzungen der Verfassung persönlich zu teilen. Das Grundgesetz baut zwar auf der Erwartung auf, dass die Bürger die allgemeinen Werte der Verfassung akzeptieren und verwirklichen, erzwingt die Werteloyalität aber nicht. Die Bürger sind daher auch frei, grundlegende Wertungen der Verfassung in Frage zu stellen, solange sie dadurch Rechtsgüter anderer nicht gefährden. Die pluralistische Demokratie des Grundgesetzes vertraut auf die Fähigkeit der Gesamtheit der Bürger, sich mit Kritik an der Verfassung auseinanderzusetzen und sie dadurch abzuwehren.“[6]

1.10 Der Preis der Freiheit

Freiheit und Recht gehören unter dem Grundgesetz eng zusammen. Wirksames, das heißt notfalls auch durchsetzbares Recht ist die Voraussetzung von Freiheit.

Das Grundgesetz verleiht aber nicht nur mir persönlich Rechte, sondern auch meinen Mitbürgern und damit uns allen. Deswegen müssen die Rechte aller so aufeinander abgestimmt sein, dass auch alle einigermaßen gut damit leben können: politisch „Linke“ und politisch „Rechte“, Arme und Reiche, Raucher und Nichtraucher, Religiöse und Nichtreligiöse, Alte und Junge, Fleißige und Faule, moralische Rigoristen und moralische Minimalisten usw. In bestimmten Grenzen muss jeder akzeptieren, wie der andere sein Leben lebt und seine Freiheit nutzt, auch wenn mir die Lebensweisen der anderen nicht immer gefallen. Die Freiheitsvorstellung, von der das Grundgesetz ausgeht, ist zwar keineswegs immer die Freiheit des Anderen, sondern in erster Linie meine eigene Freiheit; sie ist aber jedenfalls *auch* die Freiheit des Anderen.

Was damit gemeint ist, lässt sich mit einem Beispiel verdeutlichen. Es geht um eine Art *Tauschgeschäft*: Ich darf meine Freiheit im Rahmen des rechtlich Erlaubten so ausleben, wie ich es für richtig halte, auch wenn es andere nervt oder wenn sie dies sogar von ihrer Warte aus missbilligen. Dafür muss ich es allerdings im Gegenzug aushalten, wenn anderen meine Lebensweise missfällt. Außerdem muss ich ertragen, dass andere ihr Leben im Rahmen des rechtlich Erlaubten nach ihrer Vorstellung leben, selbst wenn ich das für falsch oder sogar für unmoralisch halte. Dies gilt gerade auch dann, wenn diese Lebensweise mit meinen persönlichen und vielleicht sogar tiefreligiösen Überzeugungen nicht vereinbar ist. Für besonders strenggläubige Menschen kann diese Trennung zwischen mir und meinen Überzeugungen und den davon abweichenden Überzeugungen und Lebensweisen der anderen Bürger eine erhebliche Zumutung darstellen. Aber genau diese innere Trennung mutet das Grundgesetz allen Bürgern zu. Niemand darf die Trennung zwischen meiner Freiheit und der Freiheit der anderen, die sich auch gegen meine Überzeugungen richten kann und darf, aufheben. Die Bürger müssen es mit andern Worten aushalten, dass es bei vielen Sachfragen nicht nur eine für alle verbindliche Wahrheit gibt, sondern miteinander konkurrierende und sich teilweise widersprechende Wahrheitsansprüche.

So hat selbstverständlich jeder das Recht, aus religiösen Gründen ein Kopftuch zu tragen. Aber niemand hat das Recht zu verlangen, dass andere dies auch tun.

6 BVerfG, 1. Kammer des Ersten Senats, NJW 2001, S. 2069 (2070)

Man mag auch bestimmte Formen des Zusammenlebens – zum Beispiel satirische bzw. religiöse Karikaturen – persönlich missbilligen. Selbstverständlich darf man seine persönliche Kritik an solchen Karikaturen auch äußern. Zum Freiheitsverständnis des Grundgesetzes gehört aber die Einsicht, dass das Zusammenleben in diesem Staat auf freiheitlicher Grundlage nicht nur mir, sondern auch anderen das Recht gibt, ihr Zusammenleben im Rahmen des rechtlich Zulässigen so zu gestalten, wie sie das wollen. Dies schließt es ein, dass sich Satire und Karikatur auch gegen *meine* Überzeugungen richten dürfen, selbst wenn mich das in meinen Gefühlen verletzen sollte. *Nicht meine persönlichen Überzeugungen und schon gar nicht der Grad meiner persönlichen emotionalen Verletztheit, sondern das, was rechtlich erlaubt ist bildet unter dem Grundgesetz den Maßstab dafür, was geht und was nicht geht.* Wenn andere sich an den Rahmen des rechtlich Zulässigen halten, muss ich die eventuelle Verletzung meiner Gefühle oder meiner Überzeugungen als Preis der Freiheit hinnehmen und akzeptieren.

Umgekehrt hat derjenige, der sich beispielsweise für eine bestimmte Lebensweise oder für bestimmte religiöse Überzeugungen entscheidet, nicht das Recht, von anderen zu verlangen, dass sie dies auch noch begrüßen. Ein Grundrecht, von Anderen nicht kritisiert zu werden, gibt es nicht. Auch schützen religiöse Überzeugungen nicht davor, von anderen, die vielleicht nicht einmal der eigenen Religionsgemeinschaft angehören, kritisiert zu werden. Allerdings muss jede kritische Meinungsäußerung sich an bestimmte Regeln halten. Zum Beispiel darf sie keine unwahren Tatsachenbehauptungen enthalten, und sie darf nicht beleidigend sein.

Was hier vielleicht etwas abstrakt oder abgehoben klingen mag, ist in Wirklichkeit sehr konkret und im Alltag des Miteinanderlebens immer auch konfliktträchtig. In Wahrheit geht es um die *Übung praktischer Toleranz*, die das Grundgesetz uns in den Grenzen des rechtlich Zulässigen als Grundlage des bürgerlichen Miteinanderlebens abverlangt.

Das Grundgesetz nimmt dabei eine durch und durch *realistische* Sicht der Dinge ein. Es geht keineswegs von der Harmonie der Menschen und ihrer Überzeugungen aus. Es verlangt zwar Duldung und Akzeptanz anderer Lebensweisen und verpflichtet uns damit zu einer begrenzten pragmatischen Toleranz. Diese begrenzte Toleranz verlangt uns aber *nicht* auch Kritiklosigkeit oder gar die persönliche Billigung und innere Zustimmung zu allem ab, was andere tatsächlich mit ihrer Freiheit und ihrem Leben anfangen. Die pragmatische Toleranz, die das Grundgesetz den Bürgern abverlangt, bedeutet keinen Zwang zur Harmonie. Ich darf sehr wohl anderer Meinung sein und dies auch artikulieren. Nur so kann die Freiheit für alle gesichert und erhalten werden. Dabei ist es wichtig zu erkennen, dass diese nüchterne Form einer rein pragmatischen Toleranz keinen Betriebsunfall des Rechtsstaates darstellt: *Das Recht lässt die Gegnerschaft der Meinungen nicht nur als notwendiges Übel zu, sondern diese potenzielle Gegnerschaft ist das Lebenselixier der Freiheit* – solange diese Gegnerschaft *friedlich* ausgetragen wird und bestimmte Grenzen dabei nicht überschritten werden. Darin zeigt sich erneut, dass das Grundgesetz keineswegs auf eine harmonische Gesellschaft setzt. Allerdings müssen alle bestimmte Grenzen ihrer Freiheit und die Freiheit der anderen respektieren.

Die Freiheit des Grundgesetzes gibt mit anderen Worten dem Einzelnen kein Recht darauf, die eigenen – moralischen, religiösen oder sonstigen – Vorstellungen über die richtige Lebensweise für andere verbindlich zu machen. Sie gibt dem Einzelnen noch nicht einmal das Recht, von anderen Personen in Ruhe gelassen zu werden. Als Staatsbürger muss ich andere Lebensweisen und Überzeugungen respektieren oder doch zumindest ertragen und die damit vielleicht verbundene Störung und das Infragestellen meiner eigenen Überzeugungen aushalten – immer unter der Voraussetzung, dass sie sich friedlich im Rahmen des rechtlich Erlaubten bewegen.

Der Freiheitskonzeption des Grundgesetzes liegt damit gerade nicht die spießbürgerliche Freiheitsvorstellung des Nachtwächterstaates zugrunde – „Hauptsache ich habe meine ungestörte Ruhe" –, sondern eine dynamische und mitunter auch recht *anstrengende* Freiheit. Sie mutet *allen* Bürgern zu, die rechtlich zulässigen Lebensweisen der anderen zu respektieren und zu ertragen. Dieser *Preis der Freiheit* ist Bestandteil des bürgerlichen *Tauschgeschäfts* im Verfassungsstaat „*Deine Freiheit gegen meine Freiheit*".

Dieses Freiheitskonzept ist anspruchsvoll und anstrengend, vor allem dann, wenn die Gemeinsamkeit der Grundüberzeugungen in vielen Lebensbereichen *nicht* besteht. Moderne freiheitliche Gesellschaften zeichnen sich aber gerade dadurch aus, dass in vielen Lebensfeldern ganz unterschiedliche Vorstellungen über die richtige Lebensweise miteinander konkurrieren. Die Freiheitskonzeption des Grundgesetzes mutet uns zu anzuerkennen, dass wir als Menschen sehr unterschiedlich sind, ganz unterschiedliche Überzeugungen haben, und dass wir das auch noch wechselseitig *friedlich ertragen*. Die gleichen Freiheitsrechte für alle erweisen sich damit in Wahrheit als die Voraussetzung dafür, dass wir die *tatsächlichen* Unterschiede unserer Überzeugungen, Vorlieben, Sichtweisen und Lebensformen überhaupt aushalten und ertragen können.

Wer nicht bereit ist, diesen Preis zu bezahlen, muss mit aller Deutlichkeit wissen, dass er die Grundlagen unseres Zusammenlebens im Staat nicht akzeptiert und dass das Grundgesetz ihm jedenfalls keine geistige Heimat bieten kann. Das Grundgesetz bietet insbesondere Fundamentalisten jeglicher Art keine Heimstatt. Der Begriff bedarf der Klarstellung. Fundamentalist ist nicht schon, wer eine feste Überzeugung gegen die Mehrheit hat, sondern Fundamentalisten unterscheiden nicht zwischen ihren persönlichen Überzeugungen einerseits und der Welt des öffentlichen und politischen Lebens andererseits. Sie wollen alles Private und Öffentliche unter einen einzigen, von ihnen als richtig erkannten Maßstab zwängen, und dies um jeden Preis ohne Rücksicht auf das Recht durchsetzen. Zur Vermeidung von Missverständnissen noch einmal: Selbstverständlich darf jeder für seine politische Überzeugungen und seine Weltanschauung werben und versuchen, dafür in der gesellschaftlichen und politischen Auseinandersetzung eine Mehrheit zu finden. Er muss aber auch akzeptieren, wenn er diese Mehrheit nicht erzielen kann. Und er muss dann damit leben, dass seine privaten Maßstäbe und die Maßstäbe des staatlichen Rechts nicht immer deckungsgleich sind. Das und nichts anderes ist die *Zumutung der Freiheit*, die das Grundgesetz allen Bürgern in gleicher Weise auferlegt.

RECHT UND FREIHEIT

An den engen Zusammenhang von Recht und Freiheit erinnert auch unsere *Nationalhymne* in schöner Deutlichkeit:

„Einigkeit und Recht und Freiheit für das deutsche Vaterland! Danach lasst uns alle streben brüderlich mit Herz und Hand! Einigkeit und Recht und Freiheit sind des Glückes Unterpfand. Blüh im Glanze dieses Glückes, blühe deutsches Vaterland!"

(Dritte Strophe des „Liedes der Deutschen" von August Heinrich Hoffmann von Fallersleben, Insel Helgoland 1841. Die Melodie stammt von Joseph Haydn.)

1.11 Grenzen der Verfassung: Die Kompetenzen der Länder und Europas

Die Verfassung enthält ungeachtet ihrer großen Bedeutung für unsere gesamte Rechtsordnung *keinen abschließenden Regelungsanspruch* für das rechtliche Leben im Staat. Das Grundgesetz erhebt keinen absoluten, alle Lebensbereiche erfassenden Anspruch. Neben dem Grundgesetz und dem Recht des Bundes gibt es andere, für die Bürger wichtige Rechtskreise. In doppelter Hinsicht stößt der Regelungsanspruch der Verfassung an rechtliche Grenzen, die ausdrücklich in der Verfassung selbst angelegt sind. Nach innen gerichtet gilt dies für die Länder; nach außen für die Europäische Union. Beide verfügen über eigene, vom Grundgesetz akzeptierte und gewollte rechtliche Regelungskreise, die sich auf die Rechte der Bürger unmittelbar auswirken.

1.11.1 Föderalismus: Kompetenzen der Länder

Für wichtige Aufgabenfelder besitzt der Bund von Verfassungs wegen überhaupt keine Zuständigkeit, sondern ausschließlich die Länder.

Es gilt der Grundsatz des Art. 30 GG: „Die Ausübung der staatlichen Befugnisse und die Erfüllung der staatlichen Aufgaben ist Sache der Länder, soweit dieses Grundgesetz keine andere Regelung trifft."

Die Verfassung für die *Bundes*republik Deutschland sagt zu den Aufgaben- und Lebensbereichen, für die in erster Linie die Bundes*länder* zuständig sind, wenig oder gar nichts. Dies zu regeln ist Sache der Länder.

Dennoch können die Länder auch in ihren ureigenen Aufgabenbereichen nicht uneingeschränkt tun und lassen was sie wollen. Das Grundgesetz sieht ausdrücklich vor, dass bestimmte Grundprinzipien der Staatsarchitektur auch in den Ländern gelten.

Art. 28 Abs. 1 GG: „Die verfassungsmäßige Ordnung in den Ländern muss den Grundsätzen des republikanischen, demokratischen und sozialen Rechtsstaates im Sinne dieses Grundgesetzes entsprechen… “

Diese so genannte Homogenitätsklausel verpflichtet die Länder auch in den Aufgabenbereichen, wo der Bund keinerlei Zuständigkeiten besitzt. Die Homogenitätsklausel sichert die politische *Ähnlichkeit* der Staatsorganisation aller Länder. Für die Bürger entfaltet sie damit eine gewisse Schutzwirkung, unabhängig davon, in welchem Bundesland sie leben (vgl. Kap. 9).

Aber auch im Hinblick auf die Grundrechte gilt der Homogenitätsgrundsatz. Die Grundrechte gelten im ganzen Bundesgebiet in gleicher Weise. Nicht nur der Bund, sondern auch die Länder müssen sie beachten. Der Grundrechtsstandard für die Bürger ist damit *einheitlich* gewährleistet, unabhängig davon, ob ich in Mecklenburg-Vorpommern oder in Baden-Württemberg lebe. Dazu trägt insbesondere auch das Bundesverfassungsgericht und seine Rechtsprechung bei Verfassungsbeschwerden bei (vgl. Kap. 8).

1.11.2 Europa: Kompetenzen der Europäischen Union

Die Europäische Union ist zwar kein eigener Staat. In ihr haben sich aber die Mitgliedstaaten zu einer Rechtsgemeinschaft mit beschränkten eigenen Rechtssetzungsbefugnissen zusammengeschlossen. In vielen Bereichen, insbesondere in Wirtschaft und Landwirtschaft, wird das Recht auch für die deutschen Staatsbürger längst zu einem großen Teil in Brüssel verabschiedet. Das Grundgesetz erlaubt diese Verlagerung der Rechtsetzung ausdrücklich. Ähnlich wie nach innen gerichtet bei den Ländern sieht das Grundgesetz auch nach außen im Hinblick auf die EU einen gewissen Mindeststandard vor, der dem Schutz der Bürger und der Wahrung ihrer Rechte unter dem Dach der EU dient.

Art. 23 Abs. 1: „Zur Verwirklichung eines vereinten Europas wirkt die Bundesrepublik bei der Entwicklung der Europäischen Union mit, die demokratischen, rechtsstaatlichen, sozialen und föderativen Grundsätzen und dem Grundsatz der Subsidiarität verpflichtet ist und einen diesem Grundgesetz im wesentlichen vergleichbaren Grundrechtsschutz gewährleistet. Der Bund kann hierzu durch Gesetz mit Zustimmung des Bundesrates Hoheitsrechte übertragen. ..“

Die Rechtsetzungsakte der EU gehen dem nationalen Recht vor. Dieser sogenannte Anwendungsvorrang bedeutet aus der Sicht des Bürgers nicht nur, dass europäisches Recht entgegenstehendes deutsches Recht verdrängt. Es bedeutet auch, dass der Bürger sich darauf vor Gericht berufen kann, notfalls bis zum Europäischen Gerichtshof (Einzelheiten vgl. Kap. 13).

1.12 Verfassung und Politik

Nicht nur formal im Hinblick auf die Länder und auf Europa, sondern auch *inhaltlich* unterliegt die Verfassung inneren Begrenzungen. Demokratische Verfassungen haben stets begrenzten Regelungsgehalt für das politische Leben.

Auch dort, wo das Grundgesetz klare Aussagen enthält, darf man es nicht überfordern. Der Text ist schließlich nicht besonders umfangreich. In verhältnismäßig wenigen Sätzen und Wörtern sind die Grundlagen unseres Gemeinwesens festgehalten – aber eben auch nicht mehr. Für die gesetzgeberische Gestaltung, damit auch für politische Auseinandersetzungen und für den demokratischen Prozess lässt das Grundgesetz viel Spielraum. Selbst noch die zentrale Verfassungsnorm besteht gerade einmal aus zwei knappen, aber feierlichen Sätzen: „Die Würde des Menschen ist unantastbar. Sie zu achten und zu schützen ist Verpflichtung aller staatlichen Gewalt." Was das im Einzelfall bei einer umstrittenen Frage heißt, muss häufig erst ermittelt und entschieden werden.

BEISPIELE

- Wie weit darf man bei der Embryonenforschung gehen?
- Wie soll der Schutz des ungeborenen Lebens aussehen?
- Welche Formen der Sterbehilfe sind mit der Menschenwürde vereinbar? usw.

Das Grundgesetz gibt gerade bei den wichtigen und großen Fragen der Zeit häufig *nicht im Detail* vor, wie sie vom Staat, genauer gesagt: vom Gesetzgeber, entschieden werden müssen. Es enthält vor allem *kein lückenloses System zur Lösung aller politischen Probleme*, sondern es legt meistens nur einen äußersten *Rahmen* fest, innerhalb dessen sehr unterschiedliche Lösungen denkbar sind. Das gilt gerade auch dort, wo das Grundgesetz bestimmte *Grundwerte* enthält. Ganz wichtig ist die Einsicht, dass der Charakter des Grundgesetzes als Rechtsrahmen für die politische Gestaltung *keine Schwäche* des Grundgesetzes darstellt, sondern ganz im Gegenteil Ausdruck seiner *Stärke* ist. Er stellt die Bedingung für die Zukunftsfähigkeit der Verfassung und die notwendige Voraussetzung dafür dar, damit der Staat auf *neue* Lebenslagen und Herausforderungen angemessen reagieren kann.

Eine gute Verfassung muss damit immer zweierlei leisten, nämlich *einerseits feste Orientierungspunkte* für Politik und staatliches Handeln markieren und *andererseits flexibel* genug formulieren, um den *neuen* Herausforderungen des Lebens am Horizont der Zukunft gewachsen zu sein. Das Grundgesetz will die Politik deswegen gerade nicht in allen Punkten festlegen oder einzementieren. Es gehört vielmehr zu den Kennzeichen einer freiheitlichen Gesellschaft, dass die Verfassung *keinen totalen Steuerungsanspruch für alle gesellschaftspolitischen Fragen* erhebt, sondern der Politik Spielräume lässt. Das Grundgesetz schafft keinen totalen und schon gar keinen totalitären Rahmen für das politische Leben und für alle Lebensfragen. Freiheit und eine flächendeckende Verfassung, die das öffentliche Leben bis ins kleinste Detail hinein festlegen würde, sind nicht miteinander vereinbar.

Ist ein Spitzensteuersatz von 33% oder 50% richtig, wie sieht die „richtige" Gesundheitsreform aus, soll ein bestimmtes Verhalten strafbar sein oder nicht, brauchen wir eine Geschwindigkeitsbegrenzung auf allen Straßen, wie sind Verträge im Geschäftsleben richtig zu schließen, soll ein konkretes Straßenprojekt verwirklicht werden oder nicht, soll man den Alkoholkonsum vor der Vollendung des 18. Lebensjahres verbieten oder nicht, brauchen wir eine Helmpflicht für Fahrradfahrer– hierzu sagt das Grundgesetz nur wenig.

Zu vielen Fragen sagt das Grundgesetz sogar schlicht gar nichts: *Politik* ist mit anderen Worten *kein Verfassungsvollzug*, sondern die Aufgabe der Politik besteht in erster Linie darin, sachgerechte Lösungen für konkrete Probleme zu entwickeln, die der Gesetzgeber dann mit Mehrheit beschließen muss. Indem die Verfassung vieles offen lässt, eröffnet sie objektiv, aber auch aus der Betroffenheitsperspektive des Einzelnen, überhaupt erst die konkreten Gestaltungsmöglichkeiten für die Politik. Die Verfassung ist also kein statisches Gitternetz für Staat und Gesellschaft, das die Zukunft genau ausmisst und in allen Entwicklungen detailliert vorprogrammiert, sondern sie enthält Leitlinien für den Staat und für „die linke und die rechte" Grenze des politischen Prozesses. Innerhalb dieses Korridors ist viel Raum für die politische Gestaltung, aber auch für den Streit der Parteien um die beste Lösung. Allerdings legt das Grundgesetz wichtige *Verfahrensschritte* für die Entscheidung von politischen und rechtlichen Fragen verbindlich fest, vereinfacht gesagt „wer darf was entscheiden – und wer nicht".

Politische Gestaltung ist in der gelebten Wirklichkeit oft ein mühsames Geschäft, zumal dann, wenn die Regierung von mehreren Parteien gebildet wird. In Deutschland ist die Bildung der Regierung durch mehrere Parteien der Regelfall. Die Koalitionsparteien müssen sich erst einmal untereinander einigen. Das gilt auch in einer „Großen Koalition", bei der die beiden größten Parteien gemeinsam die Regierung bilden. Eine Große Koalition verfügt zwar in der Regel über eine souveräne Mehrheit im Parlament. Aber auch dann muss man sich erst einmal verständigen und auf Lösungen einigen. Sich in einer Regierungskoalition in einer streitigen Sachfrage zu einigen, wird umso schwieriger, je mehr Parteien an einer Regierung beteiligt sind. Und je mehr politische Parteien im Parlament vertreten sind, umso mehr potenzielle Regierungsoptionen können bestehen, was eine Einigung bei unterschiedlichen politischen Auffassungen nicht leicht macht.

Jedenfalls ist die *politische Einigkeit* in umstrittenen Fragen in einer hochkomplexen Welt ein überaus *knappes Gut* – beispielsweise bei großen Reformprojekten wie Gesundheit, Steuern oder Altersversorgung. Diese Einigkeit ist keinesfalls selbstverständlich, sondern sie muss in mühevollen Gesprächen und in zähen Verhandlungen oft erst *hergestellt* werden. Meinungen und Standpunkte sind dabei häufig nicht von vornherein in allen Details klar und eindeutig, sondern sie entwickeln sich meist erst im politischen Streit. Politischer Konsens ist deshalb in der Regel nicht das Ergebnis einer schlichten Abfrage von vorgefertigten Meinungen, sondern im günstigen Fall das Produkt eines mühsamen Prozesses, in dem Problembewusstsein geschaffen wird, Lösungsansätze entwickelt werden und im Austausch der unterschiedlichen Argumente eine Meinungsbildung erfolgt.

Nur dadurch, dass die Verfassung der Politik weite Spielräume eröffnet, ist im Übrigen sicher gestellt, dass man in der Zukunft bestimmte gesetzliche Lösungen auch wieder abändern oder rückgängig machen kann, wenn sich politische Lösungen einmal nicht bewähren. Die Verfassung ist mit anderen Worten kein Gefängnis für die Politik, sondern sie will politisches Handeln im Interesse und für die Bürger und mit Blick auf die aktuellen Herausforderungen der Zeit ermöglichen. Nur so kann sichergestellt werden, dass ein Staatsgebilde nicht verkrustet und dass das Recht nicht in der Vergangenheit erstarrt.

Manche sind allerdings sehr schnell mit der Behauptung bei der Hand, dass ein bestimmtes neues Gesetz verfassungswidrig sei. Vor allem im politischen Meinungskampf wird dieses Argument gerne – und viel zu oft und viel zu voreilig - als vermeintlich schweres Geschütz eingesetzt. So gibt es inzwischen praktisch kein größeres Reformvorhaben in unserem Land mehr, das nicht von dem lautstarken Vorwurf der Verfassungswidrigkeit begleitet wird. Gut organisierte Interessen und Lobbies sorgen rechtzeitig dafür, dass dieses Argument medienwirksam eingesteuert wird, um bestimmte unerwünschte Entwicklungen zu verhindern. Auch dies gehört zum Meinungskampf, dass viele Interessengruppen versuchen, die Verfassung für sich und ihre Interessen zu instrumentalisieren.

Häufig bewahrheitet sich dieser Vorwurf jedoch nicht. Der Verfassung leistet man damit im Übrigen keinen Dienst. Sie wird eher ausgehöhlt und entwertet, wenn man den Vorwurf der Verfassungswidrigkeit zu häufig und letztlich unbegründet im Munde führt. Mehr Respekt vor der Verfassung und mehr Zurückhaltung im politischen Meinungskampf wären insbesondere bei manchen Interessenvertretern – und manchmal auch bei bestimmten Politikern – wünschenswert.

1.13 Meinungsstreit, aber kein Bürgerkrieg der Weltanschauungen

Dass über politisch richtige Lösungen häufig und mitunter sehr heftig gestritten wird, schmälert die Bedeutung des Grundgesetzes als Grundordnung nicht, sondern im Gegenteil: Das Grundgesetz ist auch hier eine realistische Verfassung, die *Streit und Konflikt als den Normalfall des politischen Lebens* einkalkuliert. Sie verleiht als demokratische Verfassung dem Streit der unterschiedlichen Meinungen erst die Form und die Regeln, damit auch schwerwiegende Auseinandersetzungen und Meinungsverschiedenheiten in *friedlichen* Bahnen gelöst und entschieden werden können. Die Verfassung ist mit anderen Worten kein psychosozialer Wohlfühlfaktor für Staatsfeiertage, sondern ein kraftvoller gesellschaftlicher Konfliktregelungsmechanismus mit klaren Verfahrensregeln.

Für den Einzelnen bedeutet dies: Er darf davon ausgehen, dass selbst schwerwiegende politische und weltanschauliche Konflikte vom Streit der Parteien nicht in den Bürgerkrieg der Weltanschauungen umschlagen. Die demokratischen Entscheidungsregeln kanalisieren diesen Streit. Die verfassungsrechtlichen Spielregeln gewährleisten, dass trotz schwerwiegender fachlicher oder moralischer Gegensätze im Ergebnis friedlich entschieden werden kann. Die Verfassungsordnung ist deswegen auch eine Friedensordnung. Selbstverständlich gibt es dabei Sieger und Verlierer, häufig aber auch den politischen Kompromiss. Überhaupt ist der Kompromiss so etwas wie die Handelswährung im politischen Geschäft des Grundgesetzes. Kompromisse zeichnen sich dadurch aus, dass bei einem Streit niemand so ganz gewinnt, aber auch niemand so ganz verliert. Allerdings: Nicht alle wissen den Kompromiss zu schätzen.

Zu den Entscheidungs- und Friedensmechanismen des freiheitlichen Staates gehören aber nicht nur politische und parlamentarische Entscheidungsregeln, sondern auch bürgerrechtliche Instrumente – etwa das Demonstrationsgrundrecht des Art. 8 GG (Versammlungsfreiheit). Dabei kann der Einzelne seinen Unmut im wahrsten Sinne des Wortes demonstrativ zeigen, und sei dies auch als „Wutbürger". Schließlich gehört die Möglichkeit, sich im Wege der Verfassungsbeschwerde an das Bundesverfassungsgericht zu wenden, ebenfalls zu den bürgerrechtlichen Schutzinstrumenten der Verfassung.

Politische Zerreißproben hat es in der Geschichte der Bundesrepublik immer wieder gegeben – zum Beispiel bei der sog. Wiederbewaffnung in den 50er Jahren, bei den Notstandsgesetzen in den 60er Jahren, beim Terrorismus der RAF in den 70er Jahren und beim NATO-Nachrüstungs-Doppelbeschluss zu Beginn der 80er Jahre. Zu einer ernsthaften Infragestellung des Grundgesetzes und seiner Ordnung ist es entgegen anderer Behauptungen dabei aber nie gekommen.

1.14 Das Grundgesetz braucht Auslegung

Was bestimmte Grundgesetzartikel im konkreten Fall bedeuten, ergibt sich oft nicht aus dem zumeist sehr sparsamen Gesetzeswortlaut als solchem, sondern dies ist eine Frage der Auslegung und der Konkretisierung.

Häufig kommt es bei einem bestimmten Problem auch auf *mehrere* Verfassungsartikel an, die überdies über das ganze Grundgesetz verstreut sein können. Dann ist es besonders wichtig, die *inneren Zusammenhänge* und die *Systematik* des Grundgesetzes zu erkennen. Diese inneren Zusammenhänge sind gerade für den juristischen Laien nicht immer eindeutig, weil man sie alleine aus dem unmittelbaren Wortlaut nicht ableiten kann. *Nur über den Wortlaut einzelner Artikel erschließt sich die Verfassung häufig nicht.* Viele Artikel des Grundgesetzes öffnen sich in ihrer vollen Bedeutung erst im Sinnzusammenhang mit anderen Artikeln, die bei manchen Themen kreuz und quer über das ganze Grundgesetz verteilt sind. Ein guter Jurist muss, ähnlich wie ein guter Arzt, eben den ganzen (Rechts-)Körper im Blick haben und möglichst viel über die inneren Zusammenhänge wissen.

Das Verfassungsverständnis wird schließlich dadurch erschwert, dass es eine Reihe von Verfassungsgrundsätzen gibt, die gar nicht ausdrücklich im Verfassungstext enthalten sind, sondern die sich erst im Laufe der Zeit entwickelt haben. Manches wird von der Verfassung auch einfach als selbstverständlich vorausgesetzt. Es kommt also beim Grundgesetz neben dem geschriebenen Text nicht selten auf das *Unsichtbare* an, das man dem Wortlaut nicht unmittelbar entnehmen kann. Solch *ungeschriebenes Verfassungsrecht* hat den gleichen Rang und die gleiche Verbindlichkeit wie ausdrücklich geschriebenes Verfassungsrecht. Ungeschriebenes Verfassungsrecht ist in gleicher Weise verbindlich und von allen staatlichen Institutionen zu beachten.

VERHÄLTNISMÄSSIGKEIT

Das gilt zum Beispiel für den bereits erwähnten, in der Staatspraxis überaus wichtigen Verfassungsgrundsatz der Verhältnismäßigkeit. Er besagt, dass der Staat in die Grundrechte seiner Bürger auch dann, wenn die Verfassung dies im Prinzip zulässt, nicht beliebig intensiv eingreifen kann, sondern immer nur *so schonend wie möglich*. Die Wahl der staatlichen Mittel muss dabei stets geeignet, erforderlich („das mildeste Mittel") und angemessen sein. Der Staat ist verpflichtet, bei allen Maßnahmen, die die Rechte der Bürger unmittelbar beeinträchtigen, möglichst bürgerschonend zu verfahren.

Methodisch wollen wir mit dem bürgerbezogenen Ansatz versuchen, den „Blick aufs Ganze" und auf die Sinnzusammenhänge in der Verfassung zu öffnen. Diese Herangehensweise bestimmt auch die Darstellungsweise, die Sprache und den Aufbau des BKG. Üblicherweise arbeiten juristische Kommentare die einzelnen Artikel des Gesetzes numerisch hintereinander ab. Die inneren Zusammenhänge der Verfassung werden dabei vorausgesetzt, was bei Experten für das Recht ja auch ohne Weiteres möglich ist. Außerdem unterscheiden juristische Fachkommentare deutlich zwischen Grundrechten und dem Staatsorganisationsrecht.

Aus der Sicht des betroffenen Bürgers lässt sich diese Trennung allerdings nicht immer sinnvoll durchhalten. Entscheidend sind für ihn in erster Linie die *einzelnen Lebenssachverhalte* und die Rechtsregeln, die das Grundgesetz bereithält, unabhängig davon, an welcher Stelle des Grundgesetzes sie stehen.

Tatsächlich wird ein einheitlicher Lebenssachverhalt in vielen Fällen sowohl im Grundrechtsteil als auch im Staatsorganisationsteil des Grundgesetzes geregelt. Der Bürgerblick richtet sich dabei stets auf den *Lebensbereich als Ganzes*. Die klassische Unterscheidung von Grundrechten und Staatsorganisationsteil wird hier zugunsten der lebensbereichsbezogenen Betrachtung überwunden. Der Sachzusammenhang bestimmt deswegen beim BKG die Darstellung der einzelnen Grundgesetzartikel, und nicht ihre numerische Reihenfolge. Daraus ergeben sich für die traditionelle verfassungsrechtliche Dogmatik teilweise ungewöhnliche Gliederungsansätze und Querschnitte. Diese Darstellungsweise bedingt auch, dass einige Verfassungsartikel mehrfach genannt werden und dass es gelegentlich auch inhaltliche Überschneidungen gibt.

WAS BEDEUTET QUERSCHNITTSBETRACHTUNG NACH LEBENSSACHVERHALTEN? -EIN BEISPIEL:

Das Grundgesetz enthält zum Lebensbereich Kommunikation und politische Teilhabe nicht nur bei den Grundrechten wesentliche Aussagen, nämlich in den Art. 5 Abs. 1 und 2 (Meinungsfreiheit), Art. 8 (Versammlungsfreiheit), und 17 GG (Petitionsrecht), sondern auch im Staatsorganisationsteil in den Art. 20 Abs. 2 (Demokratieprinzip), Art. 38 (politische Wahlen) und 21 GG (politische Parteien). Erst aus dem Zusammenspiel aller Verfassungsnormen wird klar, welche Möglichkeiten die Verfassung für die politische Teilhabe der Bürger eröffnet. Der Lebensbereich wird hier deswegen einheitlich untersucht.

Hinzu kommt, dass das Verfassungsrecht keine statische, ein für alle Mal feststehende Materie ist, sondern es entwickelt sich ständig weiter. Diese Weiterentwicklung erfolgt keineswegs nur durch die Änderung des geschriebenen Verfassungstextes, sondern häufig im Wege der Auslegung. An der Auslegung des Grundgesetzes arbeiten in unserem Land viele Menschen und Institutionen mit. Um die *richtige* Auslegung des Grundgesetzes ringen insbesondere Justiz, Wissenschaft und Staatspraxis (Gesetzgeber und Ministerien), aber auch die Bürger selbst, etwa über die von den Demoskopen gemessene „öffentliche Meinung", zunehmend über neue Formen der Meinungsbildung im Internet, traditionell durch Demonstrationen und nicht zuletzt durch ihren Einfluss als Wähler. So wird sichergestellt, dass der Staat auf historisch neue Herausforderungen reagieren kann und nicht handlungsunfähig gemacht wird und erstarrt.

Allerdings ist der Einfluss der verschiedenen Grundgesetzinterpreten durchaus von unterschiedlichem Gewicht. Es macht große Unterschiede, je nach dem wer die Verfassung interpretiert. Auch Interpretationsfragen sind Machtfragen. Wer die *Auslegungshoheit* besitzt, der bestimmt in verfassungsrechtlichen Streitfragen letztlich die Richtung. In der Regel hat nur eine Institution die Kraft, einen Streit um die richtige Auslegung des Grundgesetzes verbindlich und abschließend zu entscheiden. Diese Machtstellung kommt in unserem Rechtssystem dem Bundesverfassungsgericht zu. In seltenen Fällen nimmt auch der Bundespräsident eine wichtige Filterfunktion wahr, wenn er ein Gesetz nicht ausfertigt, weil es nach seiner Überzeugung nicht „nach den Vorschriften dieses Grundgesetzes zustande" gekommen ist, vgl. Art. 82 Abs. 1 GG.

In den meisten Fällen wird das Grundgesetz in Streitfällen letztverbindlich vom Bundesverfassungsgericht ausgelegt. Es wird deswegen völlig zu Recht manchmal als der „Hüter der Verfassung" bezeichnet. Manchen Politiker und manche Partei ärgert das mitunter. Den Entscheidungen des Bundesverfassungsgerichts kommt alleine schon aufgrund seiner Machtstellung überragende Bedeutung zu. Auch das ungeschriebene Verfassungsrecht entwickelt das Bundesverfassungsgericht. Der Text des Grundgesetzes, das ungeschriebene Verfassungsrecht und die wichtigen Entscheidungen des Bundesverfassungsgerichts bilden erst zusammengenommen die Essenz unseres Verfassungsrechts. Hinweise werden deswegen im Text auch auf einige wichtige Entscheidungen des Bundesverfassungsgerichts gegeben.

1.15 Kritische Nähe statt Staatsverdrossenheit

Schließlich berücksichtigt der BKG auch die alte Lebensweisheit, dass nicht alles Gold ist, was glänzt. Dieser Grundsatz gilt auch für das Grundgesetz. Die Autoren wollen die Verfassung und die Verfassungswirklichkeit nicht um jeden Preis schön reden. Der BKG enthält deswegen an den Stellen, wo die Autoren dies für erforderlich halten, auch kritische Ausführungen. Es gibt durchaus Lebensbereiche, wo das Grundgesetz bzw. das, was seine maßgeblichen Interpreten in der Staatswirklichkeit daraus gemacht haben, weniger überzeugend geraten ist.

So ist die Verfassung inzwischen in einigen Passagen deutlich in die Jahre gekommen und passt nicht mehr so recht zur Lebenswirklichkeit; an anderen Stellen hat der verfassungsändernde Gesetzgeber dagegen des Guten zu viel getan. Manchmal hat er auch einfach wohlklingende Worte ins Grundgesetz geschrieben, die aber tatsächlich nicht allzu viel zu bedeuten haben. Man spricht dann von bloß *symbolischer Gesetzgebung*. Dieser moderne Trend, der überall in der Gesetzgebung zu beobachten ist, macht bedauerlicherweise auch vor der Verfassung nicht Halt.

Mitunter fehlt es der Verfassung auch an Klarheit und an *Verfassungsehrlichkeit*. An der Verfassungsehrlichkeit kann es mangeln, wenn neue Problemlagen auftreten, die bei Entstehung des Grundgesetzes noch nicht im Horizont des Gesetzgebers gelegen haben. Dass die Verfassung zu einem bestimmten Problem jedenfalls auf den ersten Blick schweigt ist für sich genommen kein Problem der Verfassungsehrlichkeit. Problematisch kann es aber werden, wenn die Interpreten des Grundgesetzes – allen voran das Bundesverfassungsgericht – mit großer, manchmal auch mit allzu großer Spitzfindigkeit Überraschendes entdecken, was die Verfassung angeblich zu einem bestimmten Problem sagt, statt sich einfach darauf zu beschränken, dass die Verfassung dazu schweigt. Wenn das Bundesverfassungsgericht des Guten zu viel tut, überschreitet es seine Aufgabe. Es wandelt sich dann von der Rolle des Gerichts, das die Verfassung auslegt, zum *Ersatz-Verfassungsgesetzgeber*, der selbst Verfassungsrecht setzt. Auslegung und Gesetzgebung sind aber zwei unterschiedliche Dinge, auch wenn die Grenzen zwischen Auslegung und Gesetzgebung im Einzelfall zugegebenermaßen nicht immer scharf zu ziehen sind, sondern fließend sein können.

Der hier gewählte kritische und nüchterne Blick des Bürgers auf Verfassung und auf Verfassungswirklichkeit versteht sich als Ausdruck einer staatsbürgerlichen Grundhaltung, die sich einerseits klar zu dieser Verfassung als der maßgeblichen Grundlage für unser Zusammenleben im Staat bekennt, ohne sie andererseits unkritisch zu überhöhen und vor ihren Schwächen die Augen zu verschließen. Diese kritische Perspektive schließt auch diejenigen ein, die von Berufs wegen mit der Verfassung umgehen und sie interpretieren, also in erster Linie die Verfassungsrichterinnen und Verfassungsrichter.

Diese *kritische Nähe* halten die Autoren für eine angemessene Haltung, um nicht in Politik- und Staatsverdrossenheit zu verfallen. Tatsächlich haben Verdrossenheit, Enttäuschung und Politikmüdigkeit ihre Wurzeln nicht selten in zu hohen Erwartungen an das, was die Politik und insbesondere auch die Verfassung für uns und für den Einzelnen leisten können. Ein falsches und manchmal zu naives Grundverständnis von Demokratie, Politik und Verfassung führt allzu leicht zu überzogenen Erwartungen.

Solch einem Grundverständnis möchten wir nachdrücklich entgegen treten. Statt überzogene Erwartungen zu pflegen, geht es uns darum, einen möglichst *illusionsfreien und realistischen Blick auf Staat, Verfassung und auf die Spielregeln der Macht einzuüben.* Selbstverständlich gibt es auch im Staat des Grundgesetzes gravierende Rechtsverstöße, gravierende Fehlentscheidungen von Amtsträgern, eklatanten Machtmissbrauch und schwerwiegende politische und gesellschaftliche Fehlentwicklungen. Selbstverständlich kommen auch in einer Demokratie mitunter äußerst unangenehme Persönlichkeiten an die Macht, und selbstverständlich gibt es viele Bürgerinnen und Bürger, die von der Politik frustriert sind. Und selbstverständlich kann die Verfassung dies alles nicht verhindern.

Dadurch wird die Verfassung aber noch lange nicht zu einer schlechten Verfassung. Das Grundgesetz rechnet geradezu mit Fehlentwicklungen. Es stellt solchen Fehlentwicklungen eine Art Mechanik der Macht entgegen, um Rechtsverstöße festzustellen und Fehlentwicklungen wieder zu korrigieren. Dieser Prozess der Fehlerkorrektur kann allerdings sehr langwierig und mühsam sein, und häufig sind die erzielten Ergebnisse alles andere als großartig. Gerade deswegen gilt für ein reifes staatsbürgerliches Bewusstsein: Auch als Staatsbürger sollte man eine gewisse *innere Abhärtung* einüben. *Nüchternheit und Wirklichkeitsbezug schützen vor überzogenen Erwartungen* und sind gerade in Bezug auf Staat, Politik und Verfassung nicht die schlechtesten Ratgeber.

Wer sich dagegen verdrossen abwendet, hat schon verloren. Er steigert damit in Wahrheit nur das Übel, an dem er am meisten leidet, nämlich an der vermeintlichen politischen Unvernunft und an der *Fremdbestimmung* der eigenen politischen Existenz durch ungeliebte Politiker – und durch andere Staatsbürger, die ihr Amt als Wähler eben doch wahrnehmen. Selbst noch in der totalen Abwendung von der Welt des Politischen, und sei es nur aus Gleichgültigkeit, zeigt sich damit ein fundamentaler Grundzug der Demokratie: Dass wir nämlich – *ob wir wollen oder nicht* – in der *politischen* Gemeinschaft aller Staatsbürger schicksalhaft miteinander verbunden sind. Deswegen ist das Amt des Staatsbürgers das wichtigste Amt in der Demokratie. Wer dieses Amt *nicht* wahrnimmt, hat sich als Staatsbürger in gewisser Weise aufgegeben, denn er überlässt sein politisches Schicksal den anderen. Das gilt gerade auch für diejenigen, die sich - sei es aus Trägheit, aus Desinteresse oder sogar auf Grund einer vermeintlich höheren Einsicht – an politischen Wahlen nicht beteiligen.

1.16 Von den allgemeinen Grundlagen zu den konkreten Themenfeldern des Grundgesetzes

In diesem 1. Kapitel haben Sie viel abstrakte Kost genossen. Dabei ging es beispielsweise um Themen wie das Verhältnis von Recht, Religion und Ethik, die Konfliktorientierung des Grundgesetzes, die Freiheit des Einzelnen und die durch das Recht gesetzten Grenzen, die Selbstverwirklichung des Einzelnen und das Gemeinwohl, das wechselseitige „Tauschgeschäft" der Freiheit im Staat, die verbindlichen Grundwerte des Grundgesetzes und die Aufgaben des Staates, die Friedensfunktion des Rechts, geschriebenes und ungeschriebenes Verfassungsrecht oder das Verhältnis von Recht und Politik.

Im Folgenden geht es um die konkreten Themenfelder und Lebenssachverhalte des Grundgesetzes. Sie werden dabei feststellen, dass die auf den ersten Blick ziemlich abstrakten Themen des 1. Kapitels in dieser oder jener Form immer wieder im Bürgerkommentar auftauchen und sich wie ein Leitmotiv durch die konkreten Themenfelder hindurch ziehen. Erst in diesen konkreten Feldern wird anschaulich, was beispielsweise die Freiheit unter dem Grundgesetz eigentlich für den Einzelnen bedeutet. Dennoch ist die „Anstrengung des Abstrakten" keinesfalls überflüssig, sondern sie bildet eine wichtige gedankliche Vorstufe, um die Verfassung der Bürger zu durchdringen.

An diesem Aufbau des Bürgerkommentars zeigt sich auch die typisch juristische Denkweise: Das Allgemeine und Grundsätzliche, das vor der Klammer steht, erleichtert die Orientierung bei den Details der einzelnen Themenfelder. Mit Hilfe dieser abstrakten Grundlagen gelingt es, den Verfassungsstoff zu strukturieren und sich darin zurechtzufinden. Wenn der eine oder andere Gedanke Ihnen also im Folgenden bekannt vorkommt, so ist das ganz im Sinne der Autoren – nicht als platte Wiederholung, sondern als Vertiefung und Konkretisierung der grundlegenden Zusammenhänge unserer Verfassung in den einzelnen Themenfeldern des Grundgesetzes.

ALLE KAPITEL FOLGEN DIESEM GRUNDAUFBAU:

1. *Der Verfassungstext*: Entsprechend dem Grundansatz werden die einschlägigen Grundgesetzartikel querschnittartig passend zum jeweiligen Thema zusammengestellt.
2. *Die Leitideen*: Dabei geht es um die Einführung in die jeweilige Thematik.
3. *Die Verfassungswirklichkeit*: Hier wird gezeigt, was das Verfassungsrecht im Leben tatsächlich bedeutet und wie es gelebt wird.
4. *Praktische Bedeutung für die Bürger*: Dieser Aspekt vertieft den Gedanken der Verfassungswirklichkeit und beleuchtet vor allem die Frage, welche konkreten Auswirkungen die jeweiligen Verfassungsbestimmungen für die Bürger haben.
5. *Häufig gestellte Fragen*: Aktuelle Probleme, Reizthemen und Fragen zum Themenkreis werden aufgeworfen und beantwortet.
6. *Texte zur Vertiefung*: Hier finden Sie weiterführende Literaturhinweise.

1.17 Texte zur Vertiefung

Brugger, Winfried/Kirste, Stefan/Anderheiden, Michael (Hrsg.), Gemeinwohl in Deutschland, Europa und in der Welt, 2002.

Dreier, Horst, Der freiheitliche Verfassungsstaat als riskante Ordnung, in: Rechtswissenschaft 2010, S. 11-38.

Gramm, Christof, Schlüsselqualifikationen für Staatsbürger – Politik verstehen, Demokratie bejahen, 2010.

Helfrich, Silke und Heinrich-Böll-Stiftung (Hrsg.), Wem gehört die Welt? Zur Wiederentdeckung der Gemeingüter, 2009

Herzog, Roman, Ziele, Vorbehalte und Grenzen der Staatstätigkeit, in: Josef Isensee/Paul Kirchhof (Hrsg.), Handbuch des Staatsrechts der Bundesrepublik Deutschland, Bd. IV, 3. Aufl. 2006, § 72 (S. 81- 116).

Ipsen, Jörn, Der Staat der Mitte. Verfassungsgeschichte der Bundesrepublik Deutschland, 2009

Isensee, Josef, Gemeinwohl im Verfassungsstaat, in: Josef Isensee/Paul Kirchhof (Hrsg.), Handbuch des Staatsrechts der Bundesrepublik Deutschland, Bd. IV, 3. Aufl. 2006, § 71 (S. 3-79).

Kirchhof, Paul, Die Identität der Verfassung, in: Josef Isensee/Paul Kirchhof (Hrsg.), Handbuch des Staatsrechts der Bundesrepublik Deutschland, Bd. II, 3. Aufl. 2004, § 21 (S. 261-316).

Rath, Christian, Der Schiedsrichterstaat. Die Macht des Bundesverfassungsgerichts, 2013

Rupp, Hans Heinrich, Die Unterscheidung von Staat und Gesellschaft, in: Josef Isensee/Paul Kirchhof (Hrsg.), Handbuch des Staatsrechts der Bundesrepublik Deutschland, Bd. II, 3. Aufl. 2004, § 31 (S. 879-927)

Uhle, Arndt: Innere Integration, in: Josef Isensee/Paul Kirchhof (Hrsg.), Handbuch des Staatsrechts Bd. IV, 3. Aufl. 2006, § 82 (S. 531-587).

2. Vor dem Gesetz: Rechtssicherheit und Gleichheit

2.1 Der Verfassungstext

Art. 1 ...

(3) Die nachfolgenden Grundrechte binden Gesetzgebung, vollziehende Gewalt und Rechtsprechung als unmittelbar geltendes Recht.

Art. 3 (1) Alle Menschen sind vor dem Gesetz gleich.

Art. 19 (1) Soweit nach diesem Grundgesetz ein Grundrecht durch Gesetz oder aufgrund eines Gesetzes eingeschränkt werden kann, muss das Gesetz allgemein und nicht nur für den Einzelfall gelten. Außerdem muss das Gesetz das Grundrecht unter Angabe des Artikels nennen.

(2) In keinem Falle darf ein Grundrecht in seinem Wesensgehalt angetastet werden.

(3) Die Grundrechte gelten auch für inländische juristische Personen, soweit sie ihrem Wesen nach auf diese anwendbar sind.

(4) Wird jemand durch die öffentliche Gewalt in seinen Rechten verletzt, so steht ihm der Rechtsweg offen. Soweit eine andere Zuständigkeit nicht begründet ist, ist der ordentliche Rechtsweg gegeben. ..

Art. 20 ...

(2) Alle Staatsgewalt geht vom Volke aus. Sie wird vom Volke in Wahlen und Abstimmungen und durch besondere Organe der Gesetzgebung, der vollziehenden Gewalt und der Rechtsprechung ausgeübt.

(3) Die Gesetzgebung ist an die verfassungsmäßige Ordnung, die vollziehende Gewalt und die Rechtsprechung sind an Gesetz und Recht gebunden.

(4) Gegen jeden er es unternimmt, diese Ordnung zu beseitigen, haben alle Deutschen das Recht zum Widerstand, wenn andere Abhilfe nicht möglich ist.

Art. 28 (1) Die verfassungsmäßige Ordnung in den Ländern muss den Grundsätzen des republikanischen, demokratischen und sozialen Rechtsstaates im Sinne dieses Grundgesetzes entsprechen. ...

Art. 79 (1) Das Grundgesetz kann nur durch ein Gesetz geändert werden, das den Wortlaut des Grundgesetzes ausdrücklich ändert oder ergänzt. Bei völkerrechtlichen Verträgen, die eine Friedensregelung, die Vorbereitung einer Friedensregelung oder den Abbau einer besatzungsrechtlichen Ordnung zum Gegenstand haben oder der Verteidigung der Bundesrepublik zu dienen bestimmt sind, genügt zur Klarstellung, dass die Bestimmungen des Grundgesetzes dem Abschluss und dem Inkraftsetzen der Verträge nicht entgegenstehen, eine Ergänzung des Wortlautes des Grundgesetzes, die sich auf diese Klarstellung beschränkt.

(2) Ein solches Gesetz bedarf der Zustimmung von zwei Dritteln der Mitglieder des Bundestages und zwei Dritteln der Stimmen des Bundesrates.

(3) Eine Änderung dieses Grundgesetzes, durch welche die Gliederung des Bundes in Länder, die grundsätzliche Mitwirkung der Länder bei der Gesetzgebung oder die in den Artikeln 1 und 20 niedergelegten Grundsätze berührt werden, ist unzulässig.

Art. 80 (1) Durch Gesetz können die Bundesregierung, ein Bundesminister oder die Landesregierungen ermächtigt werden, Rechtsverordnungen zu erlassen. Dabei müssen Inhalt, Zweck und Ausmaß der erteilten Ermächtigung im Gesetze bestimmt werden. Die Rechtsgrundlage ist in der Verordnung anzugeben. ...

Art. 82 (1) Die nach den Vorschriften dieses Grundgesetzes zustande gekommenen Gesetze werden vom Bundespräsidenten nach Gegenzeichnung ausgefertigt und im Bundesgesetzblatte verkündet. Rechtsverordnungen werden von der Stelle, die sie erlässt, ausgefertigt und vorbehaltlich anderweitiger gesetzlicher Regelung im Bundesgesetzblatte verkündet.

(2) Jedes Gesetz und jede Rechtsverordnung soll den Tag des Inkrafttretens bestimmen. Fehlt eine solche Bestimmung, so treten sie mit dem vierzehnten Tage nach Ablauf des Tages in Kraft, an dem das Bundesgesetzblatt ausgegeben worden ist.

Art. 103 ...

(2) Eine Tat kann nur bestraft werden, wenn die Strafbarkeit gesetzlich bestimmt war, bevor die Tat begangen wurde.

Art. 146 Dieses Grundgesetz, das nach Vollendung der Einheit und Freiheit Deutschlands für das gesamte deutsche Volk gilt, verliert seine Gültigkeit an dem Tage, an dem eine Verfassung in Kraft tritt, die von dem deutschen Volke in freier Entscheidung beschlossen worden ist.

2.2 Die Leitideen

Das 2. Kapitel führt in den Bereich des Rechtsstaates. Die Rechtsstaatlichkeit ist das zentrale Architekturprinzip der Verfassung. Sie zielt vor allem auf *Sicherheit und Ordnung*, auf *Frieden* und auf *Freiheit* für die Bürger. Bei näherer Betrachtung ist das Rechtsstaatsprinzip allerdings nicht sehr konturenscharf, sondern eher ein verfassungsrechtliches *Sammelbecken*, in das eine ganze Reihe von Verfassungsgrundsätzen fällt. Die Grundsätze spiegeln sich nur zum Teil im Wortlaut des Verfassungstextes. Zum anderen Teil werden diese Grundsätze von der Verfassung vorausgesetzt bzw. wurden sie von der Rechtsprechung des Bundesverfassungsgerichts entwickelt.

Als verfassungsrechtliche Kernbestimmung für das Rechtsstaatsprinzip gilt Art. 20 Abs. 2 und 3 GG. Ergänzt wird das Rechtsstaatsprinzip durch das allgemeine Gleichheitsgrundrecht des Art. 3 Abs. 1 GG, das den Bürgern einen Schutzanspruch gegen staatliche Willkür vermittelt.

Jedenfalls die folgenden Einzelelemente sind im Rahmen der Rechtsstaatsgarantie zu unterschieden:

2.2.1 Steuerung durch Recht: Nicht nur Gesetzesstaat, sondern Bindung an die Grundrechte

Der Rechtsstaat zielt auf Rechtssicherheit und damit auf die *Berechenbarkeit* von Recht und Staat für die Bürger, indem er die Macht des Staates bändigt und begrenzt. Erreicht wird dieses Ziel durch die strenge Anbindung des Staates und seiner Organe an Gesetz und Recht. Alles staatliche Handeln hat sich daran zu orientieren, beispielsweise auch das der „Geheim"-Dienste. Einen rechtsfreien Raum für einzelne Staatsorgane oder Behörden kennt das Grundgesetz deswegen nicht. Auch die Politik bzw. die Politiker müssen sich grundsätzlich vor dem Recht verantworten und daran messen lassen.

Die rechtsstaatliche Bändigung staatlicher Macht bedeutet, dass das wichtigste Instrument zur Steuerung des Staates das *parlamentarische Gesetz* ist. Nicht der Wille einer oder mehrerer Personen im Staate, sondern in erster Linie der in die Form des Gesetzes gegossene Wille des parlamentarischen Gesetzgebers lenken den Staat. Bindung an das Recht bedeutet, dass der Staat in erster Linie durch das Gesetz gesteuert wird. Nicht immer unproblematisch sind so genannte weiche Formen der staatlichen Steuerung (vgl. oben unter 1.5).

Andere wichtige Steuerungsmittel im Staat sind Finanzen und eigenes staatliches Personal (s.u. 10.2).

Gesetze in diesem Sinne sind auch *Rechtsverordnungen*, die nicht das Parlament selbst, sondern die Regierung mit inhaltlich begrenzter Vollmacht im Auftrag des Gesetzgebers erlässt (vgl. Art. 80 GG). Rechtsverordnungen stehen im Rang unter dem Gesetz. Im Gesetzestext steht dann häufig der Satz: „Einzelheiten regelt der Verordnungsgeber". Rechtsverordnungen konkretisieren die gesetzlichen Vorgaben und machen das Gesetz damit oft erst anwendbar. Rechtsverordnungen können mitunter sehr umfangreich sein. Sie dienen der Entlastung des Gesetzgebers, wenn es um die Detailarbeit geht. Auch wenn sie im Rang unter dem Gesetz stehen, verpflichten sie die Bürger in gleicher Weise wie das Gesetz. Für den Bürger macht es deswegen keinen großen Unterschied, ob eine rechtliche Regelung in einem vom Parlament selbst erlassenen Gesetz steht oder in einer Rechtsverordnung, die beispielsweise der Innenminister auf der Grundlage einer gesetzlichen Ermächtigung erlassen hat.

Die Formulierung Gesetz „und Recht" in Art. 20 Abs. 3 GG zeigt im Übrigen, dass das Grundgesetz nicht nur das Parlamentsgesetz kennt, sondern auch von der Existenz ungeschriebenen Rechts ausgeht.

Die umfassende Rechtsbindung des Staates und aller seiner Organe beschreibt den Rechtsstaat des Grundgesetzes aber nur unzureichend. Es kommt auch darauf an, welche *Qualität* das Recht hat, an das der Rechtsstaat gebunden wird. So entspricht es einer alten Einsicht, dass die Gesetzesbindung alleine noch nicht allzu viel über die Gerechtigkeit eines Staatswesens aussagt. Man kann beispielsweise auch eine Räuberbande oder, etwas moderner gesprochen, ein menschenverachtendes Regime auf der

Grundlage von sehr präzisen Rechtsregeln bzw. Gesetzen perfekt organisieren. Die Pervertierung des Rechts in Gestalt eines formal korrekt zustande gekommenen Gesetzes ist praktisch möglich.

Dies will der Rechtsstaat des Grundgesetzes verhindern. Er versteht sich deswegen nicht als bloßer Gesetzesstaat, sondern zugleich als *inhaltlich* gebundener Staat. Die Verfassung bindet in Art. 1 Abs. 3 GG ausdrücklich und umfassend *alle* staatliche Gewalt an die Grundrechte *„als unmittelbar geltendes Recht"*. Dies gilt nicht nur für diejenigen, die die Gesetze anwenden, also in erster Linie für die Verwaltungen, sondern gerade auch für den Gesetzgeber selbst, der die Gesetze erlässt. Grundrechte sind auch für ihn keine unverbindlichen Absichtserklärungen oder Programmsätze, sondern als geltendes Recht die verbindliche *Richtschnur* für alle Gesetze und alles Verwaltungshandeln im Rechtsstaat. Dadurch soll die Pervertierung des Rechts, das zwar formal korrekt zustande gekommen sein mag, aber menschenverachtende Regelungen enthält, im Ansatz verhindert werden. Zur Einhaltung dieser inhaltlichen Bindung des Rechtsstaates steht dem Bürger der Rechtsweg zu den Gerichten, insbesondere zum Bundesverfassungsgericht offen (Art. 19 Abs. 4 GG).

2.2.2 Vorrang der Verfassung

Das Grundgesetz ist kein Gesetz wie andere Gesetze, beispielsweise das Bürgerliche Gesetzbuch (BGB), das Sozialgesetzbuch (SGB) oder das Strafgesetzbuch (StGB). Als Grundordnung für den Staat genießt es besondere Qualität. Es ist so etwas wie der Bauplan für die gesamte Staats- und Rechtsordnung. Damit das Grundgesetz seine verbindliche Prägekraft für den Staat und für die Bürger in vollem Umfang entfalten kann, hat das Grundgesetz im Unterschied zu den anderen Gesetzen einen eingebauten rechtlichen „Vorfahrtmechanismus". Im Rang steht die Verfassung deswegen an der Spitze aller Gesetze – und geht damit allen anderen Gesetzen vor. Das bedeutet, dass alle anderen Gesetze die Vorgaben der Verfassung beachten und sich danach ausrichten müssen. Sie dürfen nicht im Widerspruch zum Grundgesetz stehen. Bundesgesetze, Landesgesetze, Rechtsverordnungen, Satzungen aller Art usw. müssen sich an der Verfassung orientieren. An der Verfassung ausrichten bedeutet zweierlei:

Einmal heißt es, dass alles andere Recht *nach den Regeln des Grundgesetzes zustande kommen* muss. Die Zuständigkeiten, die Form und das Verfahren nach dem Grundgesetz müssen bei der Gesetzgebung beachtet werden. Andernfalls ist das Gesetz wegen Formmangels fehlerhaft, ohne dass es auf den konkreten Inhalt noch ankommt.

Außerdem müssen die Gesetze aber auch *inhaltlich mit dem Grundgesetz vereinbar* sein, beispielsweise mit den Grundrechten und mit dem „Verfassungsgrundsatz der Verhältnismäßigkeit", vgl. Kap. 2.2.10. Ein Gesetz, das zwar in verfahrensmäßiger Hinsicht korrekt zustande gekommen ist, aber an einem solchen inhaltlichen Mangel leidet, ist ebenfalls fehlerhaft.

Ein Verfassungsverstoß kann also durch einen Form- bzw. Verfahrensfehler *oder* durch einen inhaltlichen Webfehler oder durch beides begründet werden. Nur diejenigen Gesetze, die mit der Verfassung *förmlich und inhaltlich* vereinbar sind, haben

Bestand. Gesetze, die gegen das Grundgesetz verstoßen, sind dagegen unwirksam und nichtig. Dadurch werden die Bürger vor fehlerhaftem Recht geschützt.

Allerdings kann die Unwirksamkeit bei Bundesgesetzen nur das Bundesverfassungsgericht feststellen. *Bis* zu dieser Feststellung durch das Bundesverfassungsgericht bleiben die Gesetze gültig und damit für alle verbindlich. Diese Regelung ist sinnvoll. Sie dient der Rechtsklarheit und der Rechtssicherheit, damit alle auch in der Übergangszeit bis zu einer Entscheidung des Bundesverfassungsgerichts wissen, woran sie sind (Einzelheiten vgl. Kap. 8).

Der besondere Vorrang der Verfassung wird schließlich an den Regeln über die Änderung des Grundgesetzes sichtbar. Zwar kann der Gesetzgeber selbstverständlich auch die Verfassung ändern und den Gegebenheiten der Zeit anpassen. Seit seinem Inkrafttreten am 23. Mai 1949 wurde das Grundgesetz inzwischen über 50-mal und zum Teil tiefgreifend geändert. Dabei gelten allerdings einige wichtige Besonderheiten.

Im Unterschied zu den „normalen" Gesetzen, bei denen die einfache Mehrheit für das Zustandekommen und für jede Änderung genügt, können *Bundestag und Bundesrat* das Grundgesetz stets nur *gemeinsam* und nur mit *Zweidrittelmehrheit* ändern, Art. 79 Abs. 2 GG. Die Verfassungsmütter und Verfassungsväter wollten es dem Gesetzgeber bei einer Verfassungsänderung damit nicht zu leicht machen. Sie haben das Erfordernis der Zweidrittelmehrheit in Bundestag und Bundesrat eingeführt, um die Bürger vor unüberlegten und vorschnellen Verfassungsänderungen zu bewahren. Die Verfassung soll dadurch vor kurzfristigen, aus aktuellem Anlass entstandenen Empörungswellen geschützt werden. Gelassenheit gehört nicht gerade zu den Tugenden, die man dem deutschen Nationalcharakter nachsagt. Auch deswegen soll sich nicht jede öffentliche, womöglich in den Medien hochgespielte Erregung gleich in einer Verfassungsänderung niederschlagen.

2.2.3 „Ewigkeitsgarantie"

Nach Art. 79 Abs. 3 GG sind einige besonders wichtige Bestimmungen des Grundgesetzes einer Änderung vollständig entzogen. Man nennt diese Bestimmung deswegen Ewigkeitsgarantie. Umfasst von dieser Garantie sind die in den Artikeln 1 und 20 GG niedergelegten Grundsätze, also insbesondere Menschenwürde und die prägenden Grundsätze unserer Staatsarchitektur Republik, Bundesstaat, Demokratie, Rechtsstaat und Sozialstaat. Eine Verfassungsänderung, die *eindeutig* gegen die Menschenwürde verstößt, ist schlechterdings unzulässig. Auf diese Weise soll verhindert werden, dass das Grundgesetz im Kern seine freiheitliche und demokratische Grundausrichtung verliert und zu anderen Zwecken missbraucht wird. Das Bundesverfassungsgericht legt Art. 79 Abs. 3 GG zurückhaltend aus (BVerfGE 30, 1/24; 84, 90/121; 109, 279/310). Die Ewigkeitsgarantie bedeutet allerdings nicht, dass das deutsche Volk sich nicht eine neue Verfassung geben könnte. Unter den Voraussetzungen des Art. 146 GG kann das Volk sich eine neue Verfassung geben (dazu oben 1.5).

2.2.4 Friedensfunktion: Das staatliche Gewaltmonopol und der Schutz der Bürger

Das staatliche Gewaltmonopol ist kein ausdrücklich geschriebenes, sondern ein gedanklich vorausgesetztes Element des Rechtsstaatsprinzips. Dabei geht es um die Frage, wer für die Beachtung und Einhaltung des Rechts zuständig ist und wer dies notfalls erzwingen darf. Staatliches Gewaltmonopol bedeutet, dass nur der Staat die Bürger *zwingen* darf, das Recht einzuhalten. So hat beispielsweise die Polizei für den Einsatz von Zwangsmitteln ein Monopol. Ihre Zwangsmittel reichen von dem relativ milden Mittel des Festhaltens bis hin zum unter Umständen tödlichen Schusswaffengebrauch. Staatliches Gewaltmonopol meint aber auch, dass nur der Staat das Recht hat, Verstöße gegen das Gesetz zu ahnden, etwa durch Bußgelder oder durch Strafen.

Aus der Sicht der Bürger bedeutet das staatliche Gewaltmonopol, dass sie nicht selbst die Einhaltung des Rechts erzwingen und dass sie sich ihr Recht nicht einfach mit Gewalt nehmen dürfen, sondern dass sie ihr ursprüngliches und natürliches Recht, sich selbst unter Einsatz von Gewalt vor rechtswidrigen Angriffen zu schützen, jedenfalls im Regelfall an den Staat abgetreten haben. Dies gilt ebenso bei der Strafverfolgung. Mit dem staatlichen Gewaltmonopol haben die Bürger auch die Strafgewalt an die staatlichen Gerichte abgegeben. Es ist alleine Sache des Staates, Verbrechen zu ahnden.

Im modernen Staat europäischer Prägung sind die Bürger im Interesse des Friedens für alle – im deutlichen Unterschied zu den USA - grundsätzlich entwaffnet. Sie haben mit dem Staat im Normalfall einen Tausch abgeschlossen: Die Bürger verzichten bei der Durchsetzung ihrer Rechte auf die Anwendung von Gewalt und – jedenfalls in Deutschland – ganz überwiegend auch auf Waffenbesitz. Dafür sorgt der Staat im Gegenzug mit seinen rechtlichen Mitteln und mit seinem eigenen Personal – in erster Linie sind das Beamte, aber auch Richter – für den Schutz der Bürger (dazu ausführlich Kap. 7). Er überwacht die Beachtung des Rechts, die Durchsetzung der Rechte der Bürger und erhält damit den Frieden in der Gesellschaft.

Nur in eng begrenzten Ausnahmesituationen dürfen die Bürger ihre Rechtsgüter, insbesondere Leben, Leib, Freiheit, Ehre und Eigentum, selbst mit Gewalt verteidigen, nämlich dann, wenn sie unmittelbar durch einen rechtswidrigen Angriff bedroht werden und staatliche Hilfe nicht rechtzeitig erlangt werden kann. Das (Straf-)Gesetz spricht in solchen Fällen von Notwehr, Nothilfe und Notstand. In diesen Fällen ist das staatliche Gewaltmonopol außer Kraft gesetzt, aber nur so lange, bis staatliche Hilfe erlangt werden kann.

2.2.5 Gewaltenteilung

Einen textlich deutlichen Hinweis auf den klassischen Gewaltenteilungsgrundsatz enthält Art. 20 Abs. 2 GG. Danach ist zwischen den Funktionen Gesetzgebung, Ausführung der Gesetze (Verwaltung) und Rechtsprechung auch in organisatorischer Hinsicht zu unterscheiden. Der Gewaltenteilungsgrundsatz wird im Grundgesetz insbesondere in den Bestimmungen über die Gesetzgebung des Bundes (Art. 70 ff., vgl. Kap.

9), über die Ausführung der Bundesgesetze durch die Bundesverwaltung (Art. 83 ff., vgl. Kap. 9) und über die Rechtsprechung (Art. 92 ff., Unabhängigkeit neutraler Richter, vgl. Kap. 8) näher konkretisiert. Eine besondere Rolle nimmt dabei die Bundesregierung ein (vgl. Art. 62 ff., vgl. Kap. 10). Gewaltenteilung bedeutet die Absage an *eine* allumfassende, zentralisierte und absolute Gewalt im Staat. Sie beruht auf der elementaren Erfahrung, dass ein Zuviel an Machtzusammenballung immer gefährlich ist, weil Macht missbraucht werden kann. Die Gewaltenteilung dient der vorbeugenden Ausbalancierung und der wechselseitigen Kontrolle der Macht im Staat. Als grundlegendes staatliches Architekturprinzip dient sie auch dem Schutz der Bürger, damit diese nicht einer einzigen Zentralmacht ausgeliefert sind. Von großer praktischer Bedeutung für die Bürger ist insbesondere die Unabhängigkeit der Justiz.

Der Gewaltenteilungsgedanke wird im Grundgesetz aber nicht immer streng durchgehalten. So haben beispielsweise nicht nur Bundestag und Bundesrat, sondern auch die Bundesregierung das Recht zur Gesetzesinitiative, vgl. Art. 76 Abs. 1 GG. Tatsächlich werden die allermeisten Gesetze von der Bundesregierung als eigener Gesetzentwurf erarbeitet bzw. als „Formulierungshilfe" für Gesetzentwürfe des Parlaments zugeliefert. Allerdings ist jeder Staatsgewalt einschließlich der Regierung ein Kernbereich eigener Gestaltungsmöglichkeiten garantiert.

2.2.6 Vorbehalt des Gesetzes: Kein Eingriff in Rechte der Bürger ohne gesetzliche Grundlage

Der Rechtsstaat hat nicht nur eine ordnende, sondern vor allem auch eine freiheitsschützende Funktion. Diese Funktion kann er nur erfüllen, wenn er die Bürger vor staatlichen Eingriffen in ihre Freiheit und in ihre Rechte schützt. Der Rechtsstaat leistet diesen Schutz, indem er den Bürgern das Versprechen gibt: *Kein Eingriff in die Rechte der Bürger ohne gesetzliche Grundlage.* Eingriffe, die lediglich auf der persönlichen Willkür eines Amtsträgers beruhen, haben keine rechtliche Grundlage und sind deswegen von vornherein rechtswidrig. Jede rechtmäßige staatliche Maßnahme, die die Bürger in ihren Rechten beeinträchtigt, muss auf ein Parlamentsgesetz oder jedenfalls auf eine Rechtsverordnung oder eine Satzung zurück zu führen sein. Kein Eingriff ohne gesetzliche Grundlage: Verfassungsjuristen nennen dies den Vorbehalt des Gesetzes. Bei den Grundrechten findet sich häufig sogar die ausdrückliche Formulierung: In dieses Recht darf nur durch oder aufgrund eines Gesetzes eingegriffen werden, vgl. etwa Art. 2 Abs. 2 GG.

Damit wird zugleich die Freiheitskonzeption des Rechtsstaates deutlich: Freiheit im Rechtsstaat ist in erster Linie gesetzmäßige Freiheit. Dies bedeutet, dass die Freiheit hier von vornherein nicht eine unbeschränkte, wilde und natürliche Freiheit ist, sondern dass die Freiheitsspielräume der Bürgerinnen und Bürger durch das Gesetz festgelegt und geordnet werden, als *rechtlich verfasste Freiheit im Rahmen der Gesetze.* Ob dieser gesetzliche Rahmen großzügiger oder enger gezogen werden soll, dies ist eine Frage der konkreten rechtlichen Gestaltung durch Politik und Parlamente, nicht in erster Linie eine Frage des Rechtsstaates. *Auch harte und eingriffsintensive Maßnahmen, die die Bürger ganz erheblich in ihren Rechten einschränken, sind mit dem*

Rechtsstaatsprinzip vereinbar, wenn sie auf einer gesetzlichen Grundlage beruhen und die Grundrechte sowie den Verfassungsgrundsatz der Verhältnismäßigkeit beachten.

Insbesondere in Notlagen kennt das Recht mitunter erstaunlich harte Mittel. So erlaubt beispielsweise § 30 Infektionsschutzgesetz, dass Personen mit bestimmten übertragbaren Krankheiten zwangsweise in einem abgeschlossenen Krankenhaus „abgesondert" werden können; die Landespolizeigesetze lassen unter Umständen sogar einen tödlichen Schuss auf einen Täter zu, wenn nur so das Leben einer Geisel gerettet werden kann. Das Grundgesetz lässt es in Art. 2 Abs. 2 Satz 3 sogar ausdrücklich zu, dass der Staat unter bestimmten Voraussetzungen auch in das Recht auf Leben und körperliche Unversehrtheit eingreifen darf. Der Rechtsstaat wird deswegen nicht zu einem Unrechtsstaat. Allerdings schützt der Rechtsstaat nicht unbedingt vor Härten.

In einem weiten Sinne gilt der Vorbehalt des Gesetzes immer dann, wenn es um „wesentliche" Dinge geht. Was wesentlich ist, bestimmt sich nach der Intensität des Eingriffs in die Grundrechte. So hat das Bundesverfassungsgericht beispielsweise entschieden, dass der Gesetzgeber die Einführung des Sexualkundeunterrichts als Pflichtfach an Schulen *selbst durch Gesetz* anordnen muss, weil dadurch die Rechte der Schüler und der Eltern als Erziehungsberechtigte kraftvoll betroffen sind (BVerfGE 47, 46/81). Demzufolge kann diese Entscheidung nicht einfach einer anderen Instanz überlassen werden, etwa dem zuständigen Minister.

2.2.7 Transparenz

Damit das staatliche Personal und vor allem die Bürgerinnen und Bürger wissen, woran sie sind, müssen Gesetze und Rechtsverordnungen *allgemein bekannt* sein. Die Bürger müssen jedenfalls in zumutbarer Weise von den Gesetzen Kenntnis nehmen können, um sich über ihre Rechte und Pflichten zu informieren. Im Rechtsstaat gibt es deswegen keine Geheimgesetze, sondern die Gesetze können frühestens dann wirksam werden, wenn sie im Bundesgesetzblatt verkündet sind und jeder die Chance hat, von ihnen Kenntnis zu nehmen.

Viele Gesetze enthalten eine ausdrückliche Klausel, wann sie in Kraft treten. Einzelheiten regelt Art. 82 GG. Viele Gesetze sind im Internet verfügbar (vgl. www.bundesrecht.juris.de). Dies gilt auch für das Bundesgesetzblatt.

2.2.8 Bestimmtheit, Rückwirkungsverbot und Vertrauensschutz

Damit die Bürger wissen können, woran sie sind, müssen Gesetze nicht nur öffentlich bekannt, sondern auch inhaltlich hinreichend klar, widerspruchsfrei und bestimmt sein. Ein Gesetz, das in sich widersprüchlich ist oder nur aus wolkigen Floskeln besteht, würde gegen das Rechtsstaatsprinzip verstoßen, auch wenn es ansonsten formal korrekt zustande gekommen ist.

Generalklauseln und gesetzliche Vorschriften, die der Verwaltung bei der Anwendung des Rechts in bestimmten Grenzen gewisse Beurteilungsspielräume und ein eigenes Ermessen einräumen, sind allerdings zulässig. Schon aus Kapazitätsgründen kann der Gesetzgeber nicht alles selbst bis ins letzte Detail entscheiden. Es ist deswegen unter rechtsstaatlichen Maßstäben nicht zu beanstanden, wenn der Gesetzgeber der Verwaltung bei der Ausführung der Gesetze gewisse inhaltlich begrenzte Beurteilungs- und Ermessensspielräume einräumt. Dabei gilt allerdings der „je-desto-Grundsatz“: Je stärker einzelne Gesetze in die Rechte der Bürger eingreifen, desto präziser müssen die Voraussetzungen des Eingriffs im Gesetz selbst bestimmt sein. Gerade bei schwerwiegenden Eingriffen in die Rechte der Bürger darf der Gesetzgeber es sich nicht zu einfach machen, sondern er muss die Eingriffsvoraussetzungen und das Maß des erlaubten Eingriffs selbst festlegen. Das rechtsstaatliche Bestimmtheitsgebot nimmt den Gesetzgeber selbst in die Pflicht, um die Bürger vor willkürlichen Verwaltungsentscheidungen zu schützen.

Eine ausdrückliche Ausprägung des Bestimmtheitsgedankens im Verfassungstext enthält Art. 103 Abs. 2 GG mit dem Verfassungsgrundsatz *„keine Strafe ohne Gesetz“*. Das bedeutet: Was strafbares Verhalten ist, muss *vorher* gesetzlich feststehen. Das bedeutet: *Rückwirkende Strafgesetze sind unzulässig.* Eine solche Rückwirkung wäre unredlich, weil es nicht möglich ist, im Nachhinein sein eigenes Verhalten zu ändern und an die Rechtslage anzupassen.

Auch sonst sind rückwirkende Gesetze, die die Bürger nachteilig belasten, in der Regel unzulässig. Das rechtsstaatliche Rückwirkungsverbot untersagt es, an bereits abgeschlossene Handlungen nachträglich negative Rechtsfolgen (z. B. Strafe, Ordnungswidrigkeit, Steuer, Gebühr etc.) zu knüpfen. Bestimmtheitsgrundsatz und Rückwirkungsverbot schützen damit das Vertrauen der Bürger in den Bestand und die Redlichkeit der Rechtsordnung.

Andererseits können die Bürger sich aber nicht darauf verlassen, dass die Rechtslage in Zukunft immer so bleibt, wie sie heute ist. Wenn der Gesetzgeber beispielsweise die Berechnungsgrundlage für die Wertermittlung von Eigenheimen im Erbfall so zum Nachteil der Erben verändert, dass diese nach der neuen Rechtslage deutlich mehr Erbschaftssteuer bezahlen müssen, können sich die Erben nicht darauf berufen, dass sie seit Jahrzehnten auf die alte Rechtslage und ihre Erbschaftssteuerfreiheit vertraut haben. Entscheidend ist vielmehr die gesetzlich vorgeschriebene Wertermittlungsmethode im Zeitpunkt des Erbfalles. Solche gesetzliche Änderungen können im Einzelfall durchaus als ungerecht empfunden werden. („Warum muss ich so viel Steuern bezahlen und mein Nachbar, der vor zwei Jahren geerbt hat, nicht?“). Andernfalls wäre aber die Rechtslage auf Dauer und unabänderlich zementiert, was kaum sehr demokratisch ist. Gesetze müssen abänderbar sein. Für die Zukunft gibt es deswegen nur einen sehr eingeschränkten Vertrauensschutz.

2.2.9 Gleiches Recht für alle

Das Rechtsstaatsprinzip verlangt auch, dass Recht gleiches Recht für alle sein muss. Dies bedeutet, dass gleiche Sachverhalte gleich zu behandeln und mit der gleichen Rechtsfolge zu belegen sind. Der Rechtsstaatsgedanke zielt damit auf einheitliche rechtliche Maßstäbe und auf die gleichmäßige Anwendung des Rechts für alle (Rechtsanwendungsgleichheit). Art. 3 Abs. 1 GG bringt dies in klassischer Weise zum Ausdruck: „*Alle Menschen sind vor dem Gesetz gleich*". Dies ist Grundrecht.

Unzulässig ist damit die willkürliche Ungleichbehandlung von gleichgelagerten Fällen. Insbesondere staatliche Leistungen dürfen nicht willkürlich vergeben werden, sondern gleichmäßig für alle, die die gesetzlichen Voraussetzungen der Leistung erfüllen. Auch staatliche Belastungen müssen alle grundsätzlich in gleicher Weise treffen. Die Ungleichbehandlung von gleich oder ähnlich gelagerten Fällen ist rechtlich nur dann zulässig, wenn sich in den Vergleichsfällen selbst sachlich überzeugende, vernünftige Gründe für die Ungleichbehandlung finden lassen. Insofern kommt es bei der Frage, ob eine bestimmte Regelung einen Verstoß gegen den rechtsstaatlichen und grundrechtlichen Gleichheitsgrundsatz darstellt, entscheidend auf die Ähnlichkeit oder eben auf die Unterschiedlichkeit der zu vergleichenden Lebenssachverhalte an.

Das Rechtsstaatsprinzip zielt damit durchaus auf schematische Gleichheit ohne Ansehen der Person. So erstreckt sich beispielsweise der Sicherheitsauftrag des Staates für seine Bürger prinzipiell auf alle Bürger in gleicher Weise – und nicht nur auf die besonders zahlungskräftigen.

Unvereinbar mit dem Prinzip „gleiches Recht für alle" sind auch sogenannte Einzelfallgesetze. Gesetze müssen immer so abstrakt formuliert und gefasst sein, dass sie jedenfalls theoretisch auf eine Vielzahl von gleichgelagerten Einzelfällen zutreffen können. Dies schließt es allerdings nicht aus, dass Gesetze in extremen Fällen im Ergebnis nur wenige Personen betreffen, weil der zugrunde liegende Sachverhalt tatsächlich nur bei wenigen Personen vorliegt.

2.2.10 Verfassungsgrundsatz der Verhältnismäßigkeit der Mittel

Ein weiteres, ungeschriebenes Gestaltungsprinzip für das gesamte Recht stellt der Verfassungsgrundsatz der Verhältnismäßigkeit dar. Damit wird die mögliche Härte des staatlichen Zugriffs auf den Einzelnen gemildert. Es geht beim Verfassungsgrundsatz der Verhältnismäßigkeit um die Mittel-Zweck-Relation der im Gesetz vorgesehenen, den Bürger belastenden Mittel. Der Verhältnismäßigkeitsgrundsatz besagt, dass die Mittel dem Zweck der gesetzlichen Regelung angemessen sein müssen und die Rechte der Bürger in dieser Mittel-Zweck-Relation so gut als möglich zu schonen sind. Konkret bedeutet dieses Schonungsgebot dreierlei:

Die gesetzlichen Mittel, die das Gesetz selbst zur Erreichung eines bestimmten Zwecks zulässt, müssen zunächst überhaupt einmal *geeignet* sein, um diesen Zweck auch tatsächlich zu erreichen. Ein völlig ungeeignetes Mittel ist verfassungswidrig.

Zweitens muss das im Gesetz selbst vorgesehene Mittel auch *erforderlich* sein, um diesen Zweck zu erreichen. Erforderlich bedeutet hier, dass es kein milderes, ebenso erfolgversprechendes Mittel geben darf, salopp gesagt: Es ist verboten, mit Kanonen auf Spatzen zu schießen.

Drittens geht es um die Angemessenheit des Mittels. Ein geeignetes und erforderliches Mittel kann dennoch gegen den Verfassungsgrundsatz der Verhältnismäßigkeit verstoßen, wenn es für den Einzelnen auf Grund seiner persönlichen Disposition unzumutbar ist. An dieser Stelle rücken der Einzelfall und die konkrete Betroffenheit des

Bürgers wieder ins Blickfeld des Rechts. Die Härten des für alle in gleicher Weise geltenden Rechts müssen auch in besonderen Lagen für den Einzelnen zumutbar bleiben. Das Recht darf deswegen nicht gegen das sogenannte Übermaßverbot verstoßen. Ob dies der Fall ist oder nicht, wird im Wege einer Abwägung zwischen dem Zweck des Gesetzes und den Belangen des Einzelnen ermittelt. Wenn die Belange des Einzelnen überwiegen, muss das Gesetz insoweit nachgebessert werden – charakteristisch sind beispielsweise besondere Ausnahmeregelungen im Gesetz – oder es müssen Übergangsregelungen für Härtefälle geschaffen werden.

Der Verfassungsgrundsatz der Verhältnismäßigkeit, insbesondere in seiner Ausprägung des Zumutbarkeitsgedankens, stellt damit einen Ausgleich zum Prinzip der schematischen Gleichheit des gleichen Rechts für alle dar und mildert die damit verbundenen Härten ab. Der Gesetzgeber wird dadurch gezwungen, genauer hinzuschauen. Aus Bürgersicht ist dieser Grundsatz deswegen besonders freundlich, eben weil der Einzelne in seiner Individualität hier ein Stück weit in den Horizont des Rechts rückt. Damit bildet der Verfassungsgrundsatz der Verhältnismäßigkeit für die Bürger im Gegensatz zur schematischen Kälte des Rechtsstaatsprinzips eine Art Wärmepol.

2.2.11 Rechtsschutz

Auch ein umfassender und lückenloser Rechtsschutz der Bürger gegen rechtswidrige staatliche Akte durch unabhängige Gerichte zählt zu den rechtsstaatlichen Kerngarantien (Art. 19 Abs. 4 GG). Was nützen die besten rechtlichen Garantien für die Bürger, wenn niemand ihre Einhaltung überprüfen kann? Ergänzt wird dieser Anspruch auf Rechtsschutz durch die staatliche Bereitstellung einer Gerichtsbarkeit für Streitigkeiten im privaten Bereich. Dabei geht es nicht um staatliche Eingriffe in die Rechte der Bürger, sondern hier liegen Bürger mit anderen Bürgern im Streit, beispielsweise über die Erfüllung oder Nichterfüllung von Verträgen. Man nennt dies Justizgewährleistungsanspruch. Zu erwähnen ist schließlich auch die Verfassungsgerichtsbarkeit und dabei aus Bürgersicht insbesondere die Möglichkeit der Verfassungsbeschwerde (vgl. Kap. 8).

2.3 Die Verfassungswirklichkeit

Das hohe Gut des Rechtsstaates kommt in der Wirklichkeit des Staatslebens leider nicht überall auch auf hohem Niveau an. Es gibt inzwischen unübersehbare Tendenzen, die den Rechtsstaat schwächen.

2.3.1 Überforderung des Rechtsstaates

Der Rechtsstaat wird von manchen mit hohen Gerechtigkeitsansprüchen in Verbindung gebracht, die in der Verfassungswirklichkeit nicht immer eingelöst werden können. Charakteristisch erscheint etwa der viel zitierte Satz der Bürgerrechtlerin Bärbel Bohley: „*Wir haben Gerechtigkeit erwartet und den Rechtsstaat bekommen.*“ Wer die Enttäuschung über den Staat des Grundgesetzes teilt, die aus diesem Satz spricht, muss sich im Gegenzug allerdings auch die kritische Frage gefallen lassen, ob er vielleicht des Guten zu viel erhofft hat. Tatsächlich wird das Maß an Gerechtigkeit, das der Rechtsstaat zu leisten im Stande ist, gemessen an absoluten Gerechtigkeitsvorstellungen häufig nur unbefriedigend sein.

DER ALLTAG DES RECHTSSTAATES SIEHT ÖFTER SO AUS:

- Die gesetzliche Regelungen sind nicht eindeutig , die Rechtslage ist in vielen Feldern des Lebens undurchsichtig. Ohne den Rat von Experten ist der Laie hilflos, und selbst Experten haben ihre Mühe.
- Gerichtsverfahren kosten Nerven, Geld und vor allem Zeit.
- Verwaltungsentscheidungen dauern mitunter ebenfalls sehr lange und sind mit erheblichem bürokratischem Aufwand für die Bürger verbunden.
- Bei der Gesetzgebung steht am Ende von mühsamen politischen Meinungsbildungsprozessen häufig ein von vielen doch nur als unbefriedigend empfundener Kompromiss.
- Die zur Verfügung stehenden Haushaltsmittel des Staates sind begrenzt und fließen, wenn überhaupt, oft nicht so üppig wie gewünscht oder gar nicht.

Es wäre grundfalsch, diese Alltagsseite des Rechtsstaates zu leugnen oder sie schön zu reden. Ebenso verkehrt wäre es allerdings, diese Nachteile voller Empörung und Betroffenheit zu beklagen und sich dann enttäuscht von Recht, Politik und Staat abzuwenden. Damit alleine gerät man leicht in die Verdrossenheitsfalle. Im Privatleben wie auch für die öffentliche Existenz als Staatsbürger gilt: *Wer seinen Blick vor allem auf das richtet, was nicht optimal funktioniert, übersieht leicht die guten Seiten. Nur ein nüchterner und wirklichkeitsnaher Blick, der die Nachteile, aber ebenso die trotzdem vorhandenen Vorteile klar erkennt, kann hier vor Enttäuschungen bewahren.*

2.3.2 Zu viel des Guten: Überregulierung, symbolische Gesetzgebung und Expertendeutsch

Die Verrechtlichung möglichst aller Lebensbereiche ist ein unentrinnbares Schicksal unserer Zeit. In den letzten Jahrzehnten sind große neue Rechtsgebiete entstanden – zum Beispiel Umweltrecht, Datenschutzrecht, Telekommunikationsrecht usw. Auch sonst stehen die Zeichen im Rechtsstaat auf Verfeinerung und auf Rechtsvermehrung. Dadurch expandiert die Menge der Gesetze und Verordnungen. Normenflut, Detailwut, hohe Komplexität und die Entstehung von ganz neuen Feldern des Rechts sind der Preis dieser Entwicklung. Entgegen einer verbreiteten Meinung hat diese Entwicklung ihre Wurzeln häufig aber nicht in der vermeintlichen Ignoranz der Ministerialbürokraten, sondern viel mehr in konkreten Wünschen von politischen Parteien und von gesellschaftlich gut organisierten Interessen.

Der Wachstumsprozess der Rechtsordnung vollzieht sich in doppelter Hinsicht – sowohl quantitativ durch die Vermehrung der Gesetze und Verordnungen als auch qualitativ durch die Erhöhung der so genannten Regelungsdichte und durch die Detailfreudigkeit des Gesetzgebers. Schon rein äußerlich kann man dies am Umfang des Bundesgesetzblattes ablesen, das – mit gewissen Schwankungen – von Jahrzehnt zu Jahrzehnt umfangreicher geworden ist.

Dabei sind es oft nicht nur die gut organisierten Interessen bestimmter Gruppen der Gesellschaft, sondern gerade auch *rechtsstaatliche* Argumente, die im Ergebnis zu neuen rechtlichen Regelungsschüben und zu einer Überdehnung des Rechtsstoffes führen. Denn dadurch wachsen auch Komplexität und Unübersichtlichkeit im Recht, und genau dies kann die Rechtssicherheit und zuletzt die Freiheit der Bürger beeinträchtigen. Die Vermehrung der Staatsaufgaben und die Tendenz des Gesetz- und Verordnungsgebers zur Überregulierung nehmen mitunter freiheitsfeindliche Ausmaße an. Man kann deswegen von der *Dialektik des Rechtsstaates* sprechen. Sie besteht heute darin, dass er des Guten mitunter zu viel tut – und genau dadurch sein ureigenes Ziel „Recht und Freiheit" verfehlt.

Staatsbürger müssen wissen, dass es Umschlagspunkte gibt, wenn wir des Guten zuviel tun und die Freiheit letztlich aushebeln. Am Ende einer ursprünglich positiven Entwicklung steht dann nicht *mehr* Freiheit, sondern entweder ein Rechtsirrgarten, in dem man sich schon einmal verlaufen kann und den keiner mehr so richtig ernst nimmt, oder, schlimmstenfalls, ein Gefängnis aus lauter Rechtsnormen, in das wir uns in guter Absicht selbst hineinmanövriert haben. Wer seine Kindheit und Jugend in den 60er bzw. 70er Jahren verbracht hat, ahnt, wie sehr die Zahl der Ge- und Verbote seitdem zugenommen hat.

Nicht zuletzt die europarechtliche Überlagerung des nationalen deutschen Rechts trägt ihren Teil zur Unübersichtlichkeit und Regelungsfreudigkeit des Rechtsstaates bei (vgl. dazu Kap.13).

Hinzu kommt die Tendenz zur „Herrschaft der Experten". Der Rechtsstaat wird wesentlich von juristischen Experten gestaltet und ausgebaut. Viele Gesetze werden außer für einen kleinen Kreis von Fachleuten immer unlesbarer. Die große Unübersichtlichkeit hat nicht erst mit der Gesundheitsreform Einzug gehalten. Auch das Steuerrecht ist traditionell eine völlig unübersichtliche Materie. Die Vorstellung, dass Gesetze allgemeinverständlich sein sollten, erscheint heute wie eine romantische Erinnerung aus vormoderner Zeit – gut gemeint, aber an der Verfassungswirklichkeit vorbei.

Das Problem ist lange erkannt. Der Wunsch nach dem „simplify your life" existiert auch bei Juristen in Bezug auf das Recht. Vereinfachung, Eindämmung der Normenflut, substanzielle Rechtsbereinigung, Entbürokratisierung, Abbau von Staatsaufgaben oder die Einrichtung eines Normenkontrollrates usw. stehen für diesen Wunsch. Seit den 70/80er Jahren hat noch jede Bundesregierung mehr oder weniger ernsthaft versucht, den Rechtsstoff einzugrenzen und zu reduzieren, ohne dass die Aufblähung des Rechtsstaates dadurch grundsätzlich gebremst werden konnte.

Dies liegt keineswegs nur an der angeblichen Unfähigkeit des Gesetzgebers und der Ministerialbürokratie, die die allermeisten Gesetz entwirft, sondern zumindest auch daran, dass in Wahrheit viele Bürger von der Komplexität und Undurchsichtigkeit des Rechts profitieren. Dies betrifft keineswegs nur die Rechtsexperten selbst, also die

Juristen. Ein Beispiel: Neue verpflichtende Genehmigungs-, Prüf-, Zertifizierungs- oder Begutachtungsverfahren- oder auch nur neue komplizierte Dokumentationspflichten – schaffen häufig auch neue berufliche Möglichkeiten. Sie sind damit alles andere als interessenneutral. Was für die einen gut klingen mag, hat für andere zumeist empfindliche Nachteile. Wo blieben zum Beispiel die Steuerberater, wenn tatsächlich jeder seine Steuerklärung ohne fremde Hilfe nur auf einem Bierdeckel abgeben könnte? (dazu Kap. 2.3.4).

2.3.3 Abnehmende Steuerungskraft des Gesetzes, Verwischung von Staat und Gesellschaft

Mit der immer weiter greifenden Verrechtlichung des Lebens verliert das Gesetz als wichtigstes Steuerungsinstrument des Rechtsstaates paradoxerweise an Bedeutung. Aus vielfältigen Gründen ist der Staat immer weniger im Stande, seine Ziele mit dem Steuerungsinstrument eindeutiger Gesetze zu erreichen. Das zeigt sich zunächst an einer deutlichen Tendenz zu eher symbolischen Gesetzen, bei denen wohlklingende Worte und Programmsätze die Gesetzblätter füllen, die aber letztlich nichts wirklich entscheiden oder lösen, getreu dem Grundsatz: Hauptsache, es sieht gut aus. Selbst in der Verfassung macht sich diese Tendenz inzwischen bemerkbar (vgl. Kap. 12.3). Hinzu kommen „weiche" Formen der staatlichen Steuerung durch staatliche Appelle, Aufklärungsmaßnahmen oder Hinweise und Warnungen, durch informelle Absprachen, freiwillige Vereinbarungen, Selbstverpflichtungserklärungen der Wirtschaft usw. Mit klassisch rechtsstaatlicher Steuerung haben diese häufig als Kooperation von Staat und Gesellschaft begrüßten Erscheinungsformen nicht mehr viel zu tun.

Auch in organisatorischer Hinsicht spiegelt sich diese Entwicklung. So laufen manche Erscheinungsformen der Privatisierung in der Verfassungswirklichkeit nicht darauf hinaus, dass der Staat sich aus seinen Aufgaben zurück zieht und diese privaten Unternehmen überlässt. In vielen Fällen bildet der Staat gemeinsam mit einem oder mehreren Privatunternehmen ein sogenanntes „gemischtwirtschaftliches Unternehmen", auch „ppp" (public private partnership) oder auf deutsch „öpp" (öffentliche-private Partnerschaft) genannt. Zunehmend wird erwogen, selbst inhaltliche Polizei- und Ordnungsaufgaben an Private zu veräußern, etwa bei der Luftverkehrsverwaltung („Fluglotsen"). Die klaren Grenzen zwischen öffentlich und privat, zwischen Staat und Gesellschaft, zwischen Ordnung des Gesetzes und privater Freiheit verwischen sich dadurch immer mehr. Es entstehen schwer beherrschbare Zwitterwesen mit erheblichen Eigeninteressen, in denen die Durchsetzung des staatlichen und demokratisch legitimierten Willens immer schwieriger wird. Wenn der Staat beispielsweise seine gesetzlichen Aufgaben durch ein Unternehmen erfüllt, das ihm nur noch zu 51% oder sogar 25,1% gehört, ist das etwas grundlegend anderes als die Erfüllung der staatlichen Aufgaben durch eine staatliche Behörde. Die nichtstaatlichen Mitgesellschafter eines solchen öffentlich-privaten Partnerschaftsunternehmens werden Ihre eigenen Interessen gegen die staatlichen Interessen innerhalb des Unternehmens zu verteidigen wissen.

Ein funktionierender Rechtsstaat ist aber auf klare rechtliche Regeln und Grenzen zwischen staatlicher Organisation und privater Freiheit angewiesen. Die Herrschaft des Gesetzes wird sonst leicht durch die Herrschaft privater Interessen überlagert und schlimmstenfalls unterlaufen.

2.3.4 Die Macht unsichtbarer Gewalten

Wachsende Unübersichtlichkeit gefährdet den Rechtsstaat auch an anderer Stelle, nämlich bei der Gewaltenteilung. Die Idee der Gewaltenteilung gehört zu den wirklich großen Errungenschaften des modernen Staates. Nicht diese Idee ist problematisch, wohl aber die Tatsache, dass es sehr einflussreiche Kräfte und Kreise gibt, die auf das Staatsleben auf allen erdenklichen Wegen massiv Einfluss zu nehmen suchen, um ihre Interessen durchzusetzen, ohne dass diese Kräfte in der Verfassung auftauchen.

Nicht von Staatsgewalten ist hier die Rede, sondern von gut organisierten gesellschaftlichen Kräften. Verbände und finanzstarke organisierte Interessen wollen in keineswegs immer sehr transparenter Weise auf den Gang der Politik und der Gesetzgebung Einfluss nehmen. Auch die Massenmedien verfolgen durchaus eigene Interessen. Gutachten aller Art, Öffentlichkeits- und Pressearbeit, unmittelbarer persönlicher Einfluss auf einzelne Abgeordnete und Politiker, „Politikberatung", eigene angeblich „wissenschaftliche" Forschungsergebnisse, Pressekampagnen usw. sind nur einige Beispiele aus dem Spektrum der Möglichkeiten, mit denen organisierte Interessen sich Geltung verschaffen. In neueren Rechtsgebieten kann es vorkommen, dass finanzstarke Privatunternehmen bei komplexen rechtlichen Fragen mehr oder weniger alle in Betracht kommenden Rechtsgutachter mit beträchtlichen Honoraren für sich gewinnen. Die staatliche Seite, die traditionell auch wesentlich schlechter zahlt, hat dann mitunter Schwierigkeiten, überhaupt geeignete Gegengutachter zu finden. Die Waffengleichheit zwischen staatlichen Stellen und organisierten gesellschaftlichen Interessen droht zu kippen, wenn den entsprechend Kräften enorme finanzielle Summen zur Verfügung stehen.

Auch von zweiter Seite ist der Rechtsstaat für den Bürger *unsichtbaren* Einflüssen ausgesetzt. In beachtlichem Umfang bedienen sich Parlamente, Regierungen, Ministerien und andere Behörden sogenannter Berater: Unternehmensberater, Politikberater, Rechtsanwälte, Verbands- und Unternehmensvertreter in Ministerien. Gremien aller Art und eigens geschaffene Kommissionen üben einen informellen und im Einzelnen schwer messbaren Einfluss auf die Politik- und Rechtsgestaltung aus (vgl. im Übrigen unter 5.). Politik und Verwaltung entlasten sich dadurch mitunter von unangenehmen Entscheidungen. Andererseits liefern sie sich unter Umständen aber auch an ihre Berater aus und können leicht in Abhängigkeiten geraten, die die Neutralität der Amtsführung gefährden. Hinzu kommen erhebliche finanzielle Kosten. Das kritische Wort von der Beraterrepublik weist zu Recht auf einen wunden Punkt im Spiel um Macht, Einfluss und – natürlich auch – um Geld.

Auf der Strecke zu bleiben drohen demgegenüber schwach oder kaum organisierte und allgemeine Interessen, die mehr oder weniger alle angehen. Das, was die Mehrheit vernünftig und richtig findet, wird deswegen noch lange nicht Gesetz. Sonderinteressen und gut organisierte Minderheiten können politisch große Schlagkraft entfalten und sich erfolgreicher durchsetzen als allgemeine Interessen. Dies ist seit langem bekannt und wird oft beklagt. Dennoch gelingt die wirksame Begrenzung des Einflusses von Sonderinteressen nicht immer.

2.3.5 Schutz oder Freiheit

Soll der Rechtsstaat die Bürger in erster Linie schützen oder soll er vor allem die Freiheitsausübung der Bürger garantieren? Was zunächst abstrakt klingt, ist sehr konkret und praktisch. Es geht um die Frage, wo die Eigenverantwortung des Einzelnen für sein Leben endet und die Verantwortung des Staates beginnt oder, umgekehrt betrachtet, wie viele Freiheitsbeschränkungen und Schutzverpflichtungen der Rechtsstaat seinen Bürgern zumuten darf oder muss. Jede gesetzliche Schutzvorschrift stellt zugleich einen Eingriff in die Freiheit der Bürger dar. Anders herum formuliert: Jede rechtsverbindliche Schutzmaßnahme, und sei sie noch so gut gemeint und sinnvoll, ist auf der anderen Seite immer auch staatlicher Zwang, der den Bürgern ein Stück Freiheit entzieht und ihnen die Möglichkeit zur eigenverantwortlichen Selbstbestimmung nimmt. Was bei rechtlich verbindlichen Schutzmaßnahmen für Kinder und Jugendliche Sinn macht, ist bei erwachsenen Bürgern ein Problem. Eigenverantwortung und staatlicher Zwang passen nun einmal nicht wirklich gut zusammen. Das gilt selbst noch für die vernünftigsten Maßnahmen. Dabei liegt das eigentliche Problem darin, dass die Schutzmöglichkeiten gegen alle möglichen Risiken, die das eigene Leben und die eigene Gesundheit bedrohen, jedenfalls theoretisch nahezu grenzenlos sind. Rauchen, der Genuss von Alkohol, von fetthaltiger Nahrung, von zuckerhaltigen Snacks und Getränken, riskante Sportarten, Bewegungsarmut, finanzielle, kommunikative und intellektuelle Verelendung etwa durch übermäßigen Konsum von Computerspielen, mangelnde geistige Anstrengung usw. sind nur ein paar Risiken, gegen die man nach der Logik eines patriarchalischen Staatsverständnisses mit den Mitteln des Rechts etwas unternehmen könnte (beispielsweise durch einen verpflichtender Vegie-Day pro Woche in allen Kantinen) - selbstverständlich und ausnahmslos zum Besten der Menschen. Der patriarchalische, der schützende Staat ist ein durch und durch fürsorglicher Staat, dem das Wohl seiner Bürger am Herzen liegt. Er funktioniert nach der Logik: Was *vernünftig* und richtig ist, das muss auch *rechtlich verbindlich* für alle sein. Aus der Perspektive eines freiheitlichen Rechtsstaates macht es aber einen grundlegenden Unterschied, ob es dem Einzelnen frei steht, sich für oder gegen vernünftige Verhaltensweisen zu entscheiden, oder ob der Staat die Vernunft – oder was einige dafür halten – verordnet. Problematisch bleibt es deswegen insbesondere, wenn gesetzliche Freiheitsbeschränkungen weniger von der Abgrenzung der Freiheitssphäre des einen von der Freiheitssphäre des anderen getragen sind, sondern wenn diese *ausschließlich* dem Schutz des Einzelnen vor sich selbst dienen, ihn zu einer vernünftigen Lebensführung verpflichten sollen. Das Subtile an dieser Entwicklung besteht darin, dass die Vorzeichen, unter denen das Handeln des Staates dabei steht, stets das gute Leben bzw. das Glück der Bürgerinnen und Bürger ist. Tatsächlich gibt es diese unübersehbare Tendenzen einer staatlichen Inpflichtnahme zu einem guten Leben, bei dem die

Bürger „vor sich selbst" geschützt werden sollen. Solche wohlfahrtsstaatliche Tendenzen mögen im Einzelfall ganz vernünftig und sein, aber in ihrer Summe können sie eine selbst freiheitsgefährdende Entwicklung des Rechtsstaates hin zu einer paternalistischen bzw. edukatorischen Bevormundung durch den Staat bedeuten.

2.4 Praktische Bedeutung für die Bürger

2.4.1 Die Leistung des Rechtsstaates: Rechtssicherheit und Freiheit

Trotz mancher kritischen Entwicklungen dürfen die Leistungen des Rechtsstaates für die Bürger keinesfalls übersehen werden. Die Idee des Rechtstaates ist unmittelbar bürgergerichtet. Die Bürger profitieren davon in Form von Rechtssicherheit, damit der Berechenbarkeit des Lebens im Staat und der Zuverlässigkeit der staatlichen Einrichtungen. Vor allem schützt der an die Grundrechte gebundene Rechtsstaat die Freiheit und die Rechte der Bürger vor staatlichen Übergriffen, aber auch vor Eingriffen durch andere Mitglieder der Gesellschaft. Freiheit und Rechtsstaat gehören deswegen unabdingbar zusammen. Zwar muss nicht jeder Rechtsstaat unbedingt ein freiheitlicher Staat sein, aber eindeutig ist auch: Ohne Rechtsstaatlichkeit kann es keine Freiheit im Staate geben, sondern nur Willkürherrschaft. Mit der Idee der Anbindung des Rechtsstaates an die Grundrechte in Art. 1 Abs. 3 GG gilt die Formel aber auch in ihrer Umkehrung, dass es nämlich einen Rechtsstaat ohne Freiheit nicht geben kann.

Da alle vor dem Gesetz gleich sind, schützt der Staat die Rechte der Bürger gleichmäßig. Ebenso nimmt er die Bürger auch in ihrer Gesamtheit in die Pflicht. Gleiches Recht heißt nicht nur gleiche Vorteile, sondern auch gleiche Nachteile für alle. Der Rechtsstaat ist deswegen grundsätzlich privilegienfeindlich. Das Recht gilt grundsätzlich für alle in gleicher Weise, wobei der Verfassungsgrundsatz der Verhältnismäßigkeit mit Rücksicht auf bestimmte Fallgruppen (Härtefälle) zu gewissen Differenzierungen zwingen kann

Die Bürger haben darum auch einen Anspruch darauf, dass das Recht nicht nur vom Staat, sondern auch von allen anderen Bürgerinnen und Bürgern beachtet wird. Sicherheit bedeutet im Rechtsstaat immer die Sicherheit des Rechts. Solche Sicherheit kann es nur geben, wenn das Recht jedenfalls von der weit überwiegenden Zahl der Bürger beachtet und wenn seine Einhaltung bei Rechtsverstößen durch staatliche Organe auch durchgesetzt und notfalls erzwungen wird.

Nur so kann in einer Gesellschaft das notwendige *Vertrauen* in den Bestand der Rechtsordnung entstehen, ohne das selbst ein Gang zum Bäcker unter ungünstigen Umständen zum lebensgefährlichen Risiko werden kann. Vertrauen ist nicht nur das Gegenteil von Angst und damit das Schmiermittel jeder menschlichen Gemeinschaft, sondern es handelt sich dabei gesamtgesellschaftlich gesehen um ein wichtiges öffentliches Gut. Im Großen und Ganzen muss ich mich darauf verlassen können, dass das Recht von allen respektiert wird. Davon profitieren alle, nicht nur bei alltäglichen Rechtsgeschäften wie beispielsweise dem friedlichen und gefahrlosen Brötchenkauf, sondern auch in allen anderen Lebensbereichen: Im Straßenverkehr kann ich mich nur sicher bewegen, wenn ich darauf vertrauen darf, dass nicht nur ich, sondern dass auch alle anderen sich an die Verkehrsregeln halten.

Der Rechtsstaat begründet wesentlich das Vertrauen der Bürger in den Staat und in die Verlässlichkeit seiner Institutionen. Nahezu sämtliche Einzelausprägungen des Rechtsstaates gewinnen ihre Bedeutung in diesem Licht: Ob Rückwirkungsverbot, Verhältnismäßigkeitsgrundsatz oder staatliches Gewaltmonopol – alle zielen sie auf eine Ordnung des Rechts, die sowohl der Willkür staatlicher Organe als auch der Willkür des Einzelnen Grenzen setzt und das Vertrauen der Bürger in die Rechtsordnung stärkt.

Auch der Vorrang der Verfassung und der Vorbehalt des Gesetzes dienen der Berechenbarkeit und Freiheitlichkeit des Staates. Die erschwerte Abänderbarkeit des Grundgesetzes durch eine Zweidrittelmehrheit soll die Bürger vor voreiligen Änderungen bewahren. Eine Zweidrittelmehrheit muss sich in der Sache immer erst einmal einig sein.

Bei der Ewigkeitsgarantie des Art. 79 Abs. 3 GG steht der Schutzzweck für die Bürger ebenfalls ganz im Vordergrund, nämlich die Substanz der Verfassung auch in stürmischen Zeiten möglichst unverfälscht zu bewahren. Allerdings kommt es auch bei der verfassungsrechtlichen Konstruktion der Ewigkeitsgarantie entscheidend darauf an, dass sich die nachfolgenden Generationen diese Grundwerte und Grundlagen der Verfassung jeweils neu zu eigen machen. Grundlegende Überzeugungen und Werthaltungen kann man nicht - und schon gar nicht durch das Recht - erzwingen, sondern sie müssen von Innen heraus wachsen.

Als weitere Lebensbedingung neben der Privilegienfeindlichkeit des Rechtsstaates kommt hinzu, dass die Bürger sich auf die staatlichen Institutionen nicht nur auf dem Papier, sondern auch in der Verfassungswirklichkeit verlassen können.

Der Rechtsstaat ist deswegen, wenn er funktionieren soll, nicht nur privilegienfeindlich, sondern auch korruptionsfeindlich. Das heißt vor allem, dass der staatliche Apparat der Beamten, Richter, Angestellten und Soldaten zuverlässig dafür sorgen muss, dass die vom Gesetz angeordneten Rechtsfolgen auch tatsächlich immer dann eintreten und durchgesetzt werden, wenn die Voraussetzungen des Gesetzes vorliegen – und nicht gegen ein zusätzliches Entgelt oder Leistungen anderer Art an die Amtsträger (vgl. speziell zum Personal des Staates Kap.10). Der Bürger muss sich darauf verlassen dürfen, dass es mit rechten Dingen zugeht und dass er sein Recht bekommt - ohne Integrität der Amtsführung kein Vertrauen in den Rechtsstaat.

Auch wenn es in der Verfassungswirklichkeit durchaus problematische Entwicklungen zu verzeichnen gibt, steht die Rechtsstaatlichkeit in Deutschland insgesamt gesehen außer Frage. Das heißt ausdrücklich nicht, dass es in Einzelfällen nicht zu Fehlentwicklungen und zu Rechtsverstößen seitens des Staates und seiner Amtsträger kommen kann. Auch im besten Rechtsstaat passieren - unter Umständen auch gravierende – Fehler, wie beispielsweise im Zusammenhang mit dem Nationalsozialistischen Untergrund NSU. Entscheidend ist deswegen nicht die Frage, ob Fehler im Rechtsstaat passieren, sondern *wie* der Rechtsstaat mit solchen Fehlern selbst umgeht. Weil auch im Rechtsstaat immer etwas schief gehen kann, braucht ein funktionsfähiger Rechtsstaat seine eigenen „Reparaturwerkstätten“. Der Rechtsstaat des Grundgesetzes hält zahlreiche solche Einrichtungen zur Aufklärung und „Selbstreinigung“ bereit: Parlamentarische Untersuchungsausschüsse (in letzter Zeit beispielsweise NSU und NSA), staatsanwaltschaftliche Ermittlungen oder behördeninterne Maßnahmen der Korruptionsbekämpfung und natürlich die Justiz stehen beispielhaft für solche Verfahren und Institutionen. Der Rechtsstaat kalkuliert damit eigene Fehlentwicklungen ein und baut Korrekturmechanismen in die Staatsarchitektur ein. Daran zeigt sich einmal mehr, dass das Grundgesetz eine lebensnahe Verfassung ist, die die Wirklichkeit und die Menschen nicht idealisiert. Aus der Sicht der Bürger zielen solche Korrekturmechanismen auf die Wiederherstellung des Vertrauens in den Rechtsstaat und in die staatlichen Institutionen. Selbst wenn beispielsweise in einem Untersuchungsausschuss Behörden- und Staatsversagen aufgedeckt und damit öffentlich werden, ist dies nicht das Ende des Rechtsstaates, sondern Voraussetzung für eine effektive Fehlerkorrektur.

2.4.2 Der Preis des Rechtsstaates: Die Bürgerpflicht zur Beachtung des Rechts

Die wichtigste Leistung des Rechtsstaates heißt „Rechtssicherheit und Freiheit in den Bahnen des Rechts für alle". Diese Leistung hat allerdings wiederum ihren Preis. Die bürgergerichtete Kehrseite des Rechtsstaates ist die Bürgerpflicht, die Gesetze zu beachten und das Recht zu befolgen. Das schließt die Bürgerpflicht zum Frieden mit ein. Einen deutlichen Hinweis auf diese Grundpflicht der Bürger enthält Art. 8 Abs. 1 GG, der das Versammlungsrecht ausdrücklich unter den Vorbehalt „friedlich und ohne Waffen" stellt.

Diese Bürgerpflicht lässt sich letztlich nicht in jedem Fall erzwingen, sondern die Bürger müssen bereit sein, die Gesetze jedenfalls im Großen und Ganzen aus eigenen Stücken zu befolgen, wenn der Rechtsstaat funktionieren soll (vgl. dazu oben 1.2). Denn tatsächlich kann der Staat die Einhaltung des Rechts nur sehr eingeschränkt erzwingen. Schon aus Kapazitätsgründen ist es faktisch nicht möglich, jedes staatliche Ge- oder Verbot genau zu kontrollieren und durchzusetzen: Es ist ausgeschlossen, neben jedes Verkehrsschild und neben jede Ampel einen Beamten zu stellen.

Bei den meisten Bürgern beruht die Einhaltung des Rechts nicht auf der Angst vor Sanktionen, sondern letztlich auf ihrer gesellschaftlichen und individuellen Sozialisation. Zu einem entwickelten Rechtsbewusstsein der Bürger im Rechtsstaat gehört die Einsicht, dass wir in der Summe alle besser fahren, wenn wir das Recht befolgen. Dies gilt selbst dann, wenn wir genau wissen, dass wir im Einzelfall nicht nur Vorteile davon haben und dass es immer eine gewisse Anzahl von Trittbrettfahrern gibt, die das Recht missachten, wenn keiner so genau hinschaut – etwa bei der Steuererklärung, im Straßenverkehr oder bei der Entsorgung von lästigem Müll.

Die Bürgerpflicht zur Beachtung des Rechts gilt vor allem auch unabhängig davon, ob dem Einzelnen das eine oder andere Gesetz persönlich missfällt oder ob er es billigt. Diese Bürgerpflicht steht im Verfassungsstaat nicht unter dem inneren Vorbehalt der persönlichen Anerkennung. Ein Rechtsstaat, in dem die Beachtung und die rechtliche Geltung der Gesetze dem Belieben des Einzelnen anheim gestellt wäre, ist keiner.

Allerdings gehört es zur Ausprägung des freiheitlichen Rechtsstaates selbst, dass diese Pflicht nicht in jedem Fall ganz strikt gilt. In Ausnahmefällen, wenn es der Einzelne mit seinem Gewissen nicht vereinbaren kann, das Recht zu befolgen, entbindet das Recht den Einzelnen unter Umständen sogar von seiner Bürgerpflicht zum Rechtsgehorsam (vgl. dazu Kap. 6).

Das Grundgesetz enthält über den Fall der Gewissensnot hinaus noch eine weitere, allerdings wenig begriffsscharfe Entbindung von der Bürgerpflicht zum Rechtsgehorsam. Im äußersten Fall, wenn das Recht missbraucht und zum Unrecht wird, entfällt die Pflicht zum Rechtsgehorsam. Dieser Gedanke ist im Grundgesetz ebenfalls ausdrücklich unter dem Stichwort des Widerstandsrechtes verankert (Art. 20 Abs. 4 GG). Wann dieser Umschlagspunkt, wo Recht zu Unrecht wird, allerdings genau erreicht ist, lässt sich abstrakt nur schwer bestimmen. Die Formulierung des Grundgesetzes macht jedenfalls deutlich, dass es sich dabei um eine sehr grundsätzliche Infragestellung der staatlichen Rechtsordnung handeln muss – und nicht nur um partielle Rechtsverstöße. Außerdem darf es keine andere Abhilfe geben, das heißt: Voraussetzung für die Wahrnehmung des Widerstandsrechts ist, dass der Staat selbst handlungsunfähig ist.

2.4.3 Das Grundrecht auf Gleichheit vor dem Gesetz

Die Verpflichtung des Staates, wesentlich gleiche Sachverhalte gleich und wesentlich ungleiche Sachverhalte ungleich zu behandeln, bedeutet aus der Perspektive der Bürger, dass sie grundlose und damit willkürliche Ungleichbehandlungen nicht dulden müssen. Art. 3 Abs. 1 GG verlangt vielmehr sachliche Gründe, die eine Ungleichbehandlung rechtfertigen. Dafür müssen die ähnlichen, aber eben doch nicht in allen Punkten gleichgelagerten Lebenssachverhalte miteinander verglichen werden. Worin unterscheiden sie sich? Rechtfertigen die Unterschiede, dass beide Sachverhalte mit unterschiedlichen Rechtsfolgen belegt werden? Art. 3 Abs. 2 und 3 GG legt dabei fest, auf welche Unterscheidungsmerkmale der Staat gerade nicht abstellen darf.

Es gibt jedoch auch „Ungerechtigkeiten“, gegen die Art. 3 Abs. 1 GG keine Hilfe bietet. So vermittelt Art. 3 Abs. 1 GG keinen Anspruch auf Gleichbehandlung, wenn der Staat eine rechtswidrige Entscheidung getroffen hat, die einen Bürger begünstigt. Auch wenn es mitunter schmerzlich ist: Es gibt im Rechtsstaat keine Gleichheit im Unrecht. Wenn die Baubehörde einen ungenehmigten „Schwarzbau“ eines Nachbarn duldet, vermittelt mir das nicht das Recht, ebenfalls einen Schwarzbau zu errichten. Anders liegt der Fall aber, wenn sich die Baubehörde entschließt, gegen mehrere Schwarzbauer vorzugehen und die Beseitigung anordnet. Hier muss die Behörde im Hinblick auf Art. 3 Abs. 1 GG in gleicher Weise gegen alle vorgehen.

Rechtliche Gleichheit zielt auch auf die Gleichheit der Chancen, so weit diese mit den eingeschränkten Mitteln des Rechts überhaupt hergestellt werden kann. Chancengleichheit dient dem Schutz des Schwächeren. Wie weit dieser Schutz allerdings geht, dies zu konkretisieren ist Sache des Gesetzgebers, der dabei über sehr große Gestaltungsspielräume verfügt.

Die praktische Wirkung des Art. 3 Abs. 1 GG für den Bürger darf allerdings nicht zu kraftvoll eingeschätzt werden. Häufig ist Art. 3 Abs. 1 GG ein stumpfes Schwert. Vieles, was vom Rechtsempfinden des Bürger zunächst als ungerecht wahrgenommen wird, hält der verfassungsrechtlichen Prüfung dennoch Stand. Dies gilt zum Beispiel auch für die unterschiedliche Besoldung im öffentlichen Dienst im Bund und in den Ländern. Hier bestehen für die gleiche Tätigkeit mitunter erhebliche Besoldungsunterschiede. Allerdings erlaubt das Grundgesetz (Art. 74 Abs. 1 Nr. 27) Bund und Ländern, dass sie die Besoldung ihrer Beamten und Richter jeweils in eigener Zuständigkeit festlegen. So kann es dazu kommen, dass ein Lehrer in Baden-Württemberg mehr verdient als in Nordrhein-Westfalen. Gerade im Bundesstaat richtet sich die Gleichbehandlungsverpflichtung immer nur an denselben Hoheitsträger, weshalb die gesetzlichen Regeln in Bayern andere als in Berlin sein können, soweit es sich um Landesrecht handelt.

Auch wenn solche ausdrücklichen verfassungsrechtlichen Regelungen fehlen, kann es zu erheblichen Ungleichbehandlungen kommen, die trotzdem mit dem allgemeinen Gleichheitsgrundsatz vereinbar sind. Grund dafür ist, dass es bei der Rechtsprüfung nicht in erster Linie darum geht, was an zwei Lebenssachverhalten gleich ist, als vielmehr darum, wodurch sich diese beiden Sachverhalte unterscheiden. Auf diese *Unterschiede* kommt es an. Tatsächlich lassen sich häufig sachliche Gründe dafür finden, warum der eine Fall so und der andere Fall anders zu behandeln ist. Dem Rechtsempfinden leuchtet das allerdings nicht immer ohne Weiteres ein. Die Erwartungsenttäuschung der Bürger ist deswegen beim Gleichbehandlungsgrundsatz häufig groß.

2.5 Häufig gestellte Fragen

Die Freiheitlichkeit des Rechtsstaates ist sehr abstrakt. Was nutzt mir diese Freiheit, wenn ich keinen Arbeitsplatz habe, wenn das Geld für meine Familie vorn und hinten nicht reicht oder wenn die Rente zu schmal ist?

Der Rechtsstaat kann keine Arbeitsplätze schaffen und zuteilen. Er kann auf die Zuteilung von Lebenschancen nur sehr begrenzt Einfluss nehmen. Seine Zielrichtung besteht nicht in erster Linie in der gezielten Mehrung des Glücks der Bürgerinnen und Bürger, sondern – gewissermaßen auf einer Stufe davor – in der Gewährleistung der Kontinuität der rechtlich fixierten Lebensbedingungen im Staat. Damit kann der Rechtsstaat zwar Sicherheit und Verlässlichkeit für die Lebensführung aller Bürger schaffen, aber nicht unbedingt Glück und Wohlstand, und schon gar nicht gleichen Wohlstand für alle. Der Rechtsstaat zielt auf die Freiheit der Menschen, sich im Rahmen der Gesetze zu entfalten. Dem Starken fällt dies naturgemäß leichter als dem Schwachen. Die Ungleichheit der Menschen bei ihren unterschiedlichen Ausgangssituation im Leben, bei ihren Begabungen und Fähigkeiten, bei ihrem Glück und Unglück kann der Rechtsstaat dagegen nicht ausgleichen. Das Prinzip „gleiches Recht für alle – gleiche Freiheit für alle" bedeutet, dass der Rechtsstaat die Menschen da abholen muss, wo sie im Leben stehen und sie alle den gleichen rechtlichen Lebensbedingungen unterwirft.

Dies bedeutet allerdings nicht, dass der Rechtsstaat für Härten blind wäre. Im rechtsstaatlichen Verfassungsgrundsatz der Verhältnismäßigkeit selbst ist der Blick auf den Einzelfall vorgegeben. Der Gesetzgeber ist danach verpflichtet, der Strenge des

Gesetzes nach Möglichkeit die unzumutbaren Härten zu nehmen. Was das im Einzelnen heißt, muss von Fall zu Fall entschieden werden.

Eine zweite Korrektur der Härte des Gesetzes ergibt sich aus der Menschenwürde und dem Sozialstaatsgedanken. Zwar vermitteln auch die Menschenwürde und das Sozialstaatsprinzip keinen Rechtsanspruch auf einen Arbeitsplatz. Der Staat ist jedoch zur Gewährleistung des Existenzminimums unter Einschluss einer gewissen Gesundheitsfürsorge verpflichtet (vgl. Kap. 3).

Muss der Staat angesichts der modernen Gefahren durch den internationalen Terrorismus, durch weltweit operierende Wirtschaftsverbrecher und durch hervorragend organisierte kriminelle Vereinigungen nicht scharfe Überwachungs- und Ermittlungsmöglichkeiten haben, beispielsweise durch die Einführung biometrischer Methoden in Ausweispapieren, durch die Video-Überwachung öffentlicher Plätze, durch die heimliche Online-Untersuchung von Computern usw.?

Die Frage berührt den Kern des Rechtsstaatsgedankens. Stets geht es dabei um die Frage: Wie viel Eingriff ist genug, wie viel Schutz ist nötig? Wie viel Eingriffe in die Freiheitsrechte der Bürger dürfen sein, ohne dass die Freiheitlichkeit des Rechtsstaats selbst in Frage gestellt wird. Ein Rechtsstaat muss sich eben nicht nur bei den Zwecken, sondern auch bei den Mitteln, die er zum Schutz von Freiheit, Leben und anderen Gütern einsetzt, als Rechtsstaat beweisen. Eindeutig ist, dass solche Mittel immer nur durch Gesetz eingeführt werden dürfen (Vorbehalt des Gesetzes). Alle Mittel, derer sich der Staat in rechtmäßiger Weise bedient und mit denen er in die Rechte der Bürgerinnen und Bürger eingreifen kann, müssen im Übrigen dem Verfassungsgrundsatz der Verhältnismäßigkeit entsprechen.

Ob die hier in Rede stehenden Mittel angemessen sind, lässt sich abstrakt allerdings nur schwer sagen. Dafür kommt es maßgeblich auf das Ausmaß der Gefahr an, die bekämpft werden soll. Dabei gilt der „Je-desto-Grundsatz“: Je größer und je greifbarer bzw. konkreter die Gefahren sind, desto eher werden auch einschneidende Maßnahmen zulässig sein (vgl. dazu auch Kap. 7.1).

Unter Verhältnismäßigkeitsgesichtspunkten geht es letztlich immer darum, ein Gleichgewicht zwischen der Schwere der Gefahr einerseits und den staatlichen Eingriffsbefugnissen andererseits zu finden. Wo genau dieses Gleichgewicht liegt, lässt sich abstrakt wiederum nur schwer bestimmen. Die Frage der Angemessenheit oder Unangemessenheit bestimmter staatlicher Instrumente wird deswegen in der Praxis immer umstritten bleiben.

In einigen Städten versucht eine sogenannte Scharia-Polizei für Ordnung zu sorgen, indem sie die Leute anhält, beispielsweise keinen Alkohol zu trinken. Was soll daran, vor allem bei Jugendlichen, verkehrt sein?

Die selbsternannte Scharia-Polizei stellt im Kern das Gewaltmonopol des Staates in Frage. Im Rechtsstaat ist es alleine Sache des Staates, für die öffentliche Sicherheit und Ordnung zu sorgen. Das gilt auch im öffentlichen Raum. Nur der Staat darf in die Freiheit der Bürger eingreifen, wenn ein Gesetz ihn dazu ermächtigt. In sehr begrenztem Umfang können private Unternehmen mit hoheitlichen Ordnungsaufgaben beliehen werden, beispielsweise im öffentlichen Straßenverkehr („Knöllchen“ verteilen).

Im Übrigen haben gesellschaftliche Gruppen und Religionsgemeinschaften keine hoheitlichen Rechte, um die öffentliche Ordnung sicher zu stellen. Schon gar nicht sind sie befugt, ihre eigenen weltanschaulichen oder religiösen Wertmaßstäbe an die Stelle der rechtsstaatlichen Freiheitsordnung zu setzen und sich als Polizei aufzuspielen. Der Alkoholkonsum ist in Deutschland grundsätzlich erlaubt und damit Teil des verfassungsrechtlich gewährleisteten Freiheitsangebotes. Jeder entscheidet selbst, ob er Alkohol trinken möchte oder nicht. Wem unsere Gesetze zu lax sind, mag dies missbilligen. Gleichwohl hat er das Recht und die Freiheit des anderen zu respektieren, wie umgekehrt auch der begeisterte Wein-Freund es aushalten muss, dass einige den Alkoholkonsum ablehnen und schlechthin für verwerflich halten. Nur für Jugendliche gelten andere Maßstäbe (Jugendschutz). Aber auch hier ist es alleine Sache des Staates, die Einhaltung der Gesetze durchzusetzen und notfalls zu erzwingen. Weltanschauungspolizeien jeglicher Art sind mit dem Grundgesetz nicht zu machen. Das Beispiel verdeutlicht damit den Grundgedanken des Tauschgeschäfts der Freiheit, wobei dieser Tausch genau genommen in einem wechselseitigen Verzicht besteht: Ich verzichte darauf, dem anderen mein Weltbild und meine Lebensweise zu oktroyieren, umgekehrt darf der andere mir nicht seine Vorstellungen oktroyieren, und beide Seiten müssen die Lebensweise des anderen ertragen.

Sollten Gewaltverbrecher nicht viel härter bestraft werden? Und warum dauert die lebenslängliche Freiheitsstrafe nicht wirklich lebenslänglich, sondern nur 15 Jahre?

Das Verhältnismäßigkeitsprinzip verlangt in seiner Ausprägung als Übermaßverbot, dass Art und Maß der Strafe in einem angemessenen Verhältnis zur Schuld und zur Schwere der Tat stehen müssen. Dies gilt auch für lebenslange Freiheitsstrafen bei Mord. Eine lebenslange Freiheitsstrafe, die jedenfalls einem lebensjüngeren Täter überhaupt keine Chance mehr lässt, je wieder aus der Haft entlassen zu werden und in Freiheit zu leben, ist nach der Rechtsprechung des Bundesverfassungsgerichts unverhältnismäßig. Sie verstößt deswegen gegen das Rechtsstaatsprinzip (BVerfGE 45, 187). Die Möglichkeit der Begnadigung alleine ist nicht ausreichend. Auch dem lebenslänglich verurteilten Täter muss die Chance gegeben sein, wieder in Freiheit zu gelangen.

Ziviler Ungehorsam: Ist ein Rechtsbruch aus Protest rechtlich zulässig, beispielsweise durch illegale Demonstrationen in Form von Sitzblockaden oder als Steuerverweigerung aus Protest gegen Atomstrom?

Die Bürgerpflicht zum Rechtsgehorsam besteht auch dann, wenn der Einzelne politische Entscheidungen und damit auch Entscheidungen des Gesetzgebers ganz entschieden missbilligt, weil er sie moralisch für verwerflich hält. Eine illegale Demonstration bleibt selbst bei moralisch noch so hochstehenden Motiven rechtswidrig. Ziviler Ungehorsam schützt auch nicht vor Strafe. Wer den Rechtsbruch gezielt herbeiführt, muss die Rechtsfolge einer Strafe in Kauf nehmen. Dies gilt jedenfalls uneingeschränkt beim Einsatz unfriedlicher Mittel.

Protest können die Bürger im System der demokratischen Teilhabe auf andere Weise friedlich äußern. Außerdem kann jeder sich für andere Mehrheiten in der Politik einsetzen (vgl. im Einzelnen Kap. 5). Recht großzügig mit der Pflicht zum Rechtsgehorsam geht das Bundesverfassungsgericht um. Es hat die bloße friedliche Sitzblockade nicht als Nötigung und damit nicht als strafbare Handlung angesehen (BVerfGE 73, 206/246f.; 87, 399/406).

Der Staat muss seine Bürger schützen. Warum gibt es nach der Gurtpflicht für Autofahrer und der Helmpflicht für Motorradfahrer nicht längst eine Helmpflicht für Fahrradfahrer oder Skiläufer?

Es mag durchaus sein, dass der Gesetzgeber sich in Zukunft für die Einführung einer solchen Helmpflicht entschließt. Die politischen Argumente dafür liegen insbesondere seit der Verbreitung des E-Bikes gerade auch unter älteren Mitbürgern bzw. für die hohen Unfallzahlen beim Skilaufen auf der Hand. Eine (Schutz-)Pflicht des Gesetzgebers zur Einführung der Helmpflicht für Radfahrer oder Skiläufer gibt es aber nicht. Hier geht es tatsächlich um die Abwägung von „Freiheit gegen Schutz". Die Helmpflicht beschränkt die Freiheit, auch ohne Helm zu radeln oder Ski zu fahren. Problematisch ist es jedenfalls, wenn eine solche Beschränkung alleine auf den Gedanken des „Schutzes vor sich selbst" gestellt würde. Eine andere Frage ist es, ob die Helmpflicht auch zum Schutz Dritter sinnvoll ist. Darüber mögen sich die Experten streiten.

Kindergartengebühren werden gestaffelt je nach Einkommen erhoben. Verstößt es nicht gegen das Gleichheitsgebot des Art. 3 Abs. 1 GG, wenn der Höchstsatz mehr als das doppelte beträgt als der niedrigste Satz? Können die Eltern eines Kindes, die den Höchstsatz zahlen, sich dagegen mit Aussicht auf Erfolg wehren?

Man könnte einen Verstoß gegen das Gleichheitsgebot damit begründen, dass der gleiche Sachverhalt – die Betreuung von Kindern im Kindergarten – mit ungleichen Rechtsfolgen belegt wird, nämlich unterschiedlich hohen Gebühren. In der Tat liegt hier eine Ungleichbehandlung vor. Das Bundesverfassungsgericht sieht diese Ungleichbehandlung jedoch als verfassungsrechtlich zulässig an, weil es einen sachlich gerechtfertigten Grund für die Differenzierung bei der Gebühr gibt (BVerfGE 97, 332/344). Diesen sachlichen Grund sieht es in der unterschiedlichen Finanzkraft der Eltern beim Einkommen und dadurch begründet in den unterschiedlichen Lebens- und Bildungschancen der Kinder. Kindergärten sind Bestandteil des Bildungssystems. Eine an sozialen Gesichtspunkten orientierte Gebührenstaffelung ist zulässig, wenn sie der Herstellung von Chancengleichheit durch den Staat dient.

Darf der Staat Steuersünder in Deutschland, die ihr Geld am Fiskus vorbei bei ausländischen Banken untergebracht haben, auf Grund von gestohlenen Bankkundendaten verfolgen, die er zuvor eingekauft hat?

Auch wenn der Staat sich bei der Steuerhinterziehung im Ausland in einem Ermittlungsnotstand befindet, weil er an die Bankkundendaten nicht herankommt, stellen sich in den Fällen der entwendeten „Steuer-CDs" rechtsstaatliche und rechtsethische Fragen. Der Staat profitiert dabei nicht nur unmittelbar vom rechtswidrigen Handeln Dritter in ihrem jeweiligen Land, sondern er unterstützt dieses Handeln auch noch durch finanzielle Anreize zum Datendiebstahl. Grundsätzlich gefragt: Wie weit darf der Rechtsstaat gehen, wenn er sich mit dem Unrecht einlässt? Tatsächlich steckt der Staat hier in einem Dilemma. Steuerhinterziehung ist kein Kavaliersdelikt. Eine Rechtsordnung, die die Unehrlichkeit – den Trittbrettfahrer - prämiert und den Ehrlichen als dumm dastehen lässt, ist auch nicht wirklich gerecht. Dennoch bleibt hier für viele ein „Geschmäckle". Der Riss geht dabei nicht nur durch die Bevölkerung, sondern interessanterweise auch durch die staatliche Behördenlandschaft. So haben die für die Staatskassen zuständigen Finanzminister in der Regel keine Probleme mit dem Ankauf von gestohlenen Bankkundendaten. Ganz anders bewerten das dagegen die in erster Linie auf die Reinheit des Rechtsstaates bedachten Justizminister der Länder. Eine befriedende Lösung kann das Recht hier kaum anbieten, sondern allenfalls so oder so entscheiden. Für beide Positionen – Effektivität des Steuerstaates gegen Reinheit des Rechtsstaates - gibt es durchaus brauchbare Argumente (s.u. ausführlich Kap. 11.5).

2.6 Texte zur Vertiefung

Böckenförde, Ernst-Wolfgang: Entstehung und Wandel des Rechtsstaatsbegriffs (1969), in: ders., Recht, Staat, Freiheit, 1991, S. 143-169.

Burgi, Martin: Privatisierung, in: Josef Isensee/Paul Kirchhof (Hrsg.), Handbuch des Staatsrechts der Bundesrepublik Deutschland, Bd. IV, 3. Aufl. 2006, § 75 (S. 205-241).

Di Fabio, Udo: Gewaltenteilung, in: Josef Isensee/Paul Kirchhof (Hrsg.), Handbuch des Staatsrechts der Bundesrepublik Deutschland, Bd. II, 3. Aufl. 2004, § 27 (S. 613-658).

Isensee, Josef: Staatsaufgaben, in: Josef Isensee/Paul Kirchhof (Hrsg.), Handbuch des Staatsrechts der Bundesrepublik Deutschland, Bd. IV, 3. Aufl. 2006, § 73 (S. 117-160).

Kirchhof, Paul: Das Gesetz der Hydra – Gebt den Bürgern ihren Staat zurück!, 2006.

Kirchhof, Paul: Allgemeiner Gleichheitssatz, in: Josef Isensee/Paul Kirchhof (Hrsg.), Handbuch des Staatsrechts der Bundesrepublik Deutschland, Bd. IV, 3. Aufl. 2010, § 181 (S. 697 - 838).

Sachs, Michael: Auswirkungen des Allgemeinen Gleichheitssatzes auf die Teilrechtsordnungen, in: Josef Isensee/Paul Kirchhof (Hrsg.), Handbuch des Staatsrechts der Bundesrepublik Deutschland, Bd. IV, 3. Aufl. 2010, § 183 (S. 935- 1012).

Sobota, Katharina: Das Prinzip Rechtsstaat, 1997.

Schmidt-Aßmann, Eberhard: Der Rechtsstaat, in: Josef Isensee/Paul Kirchhof (Hrsg.), Handbuch des Staatsrechts Bd. II, 3. Aufl. 2004, S. 541-612.

Schulze-Fielitz, Helmuth: Kommentierung Artikel 20 (Rechtsstaat), in: Horst Dreier (Hrsg.), Grundgesetz Kommentar Bd. II, 2. Aufl. 2006, S. 170-277.

Wahl, Rainer: Der Vorrang der Verfassung und die Selbständigkeit des Gesetzesrechts, in: NVwZ 1984, S. 401-409.

3. Der Schutz der Person und ihrer Privatsphäre

3.1 Verfassungstext

Art. 1 (1) Die Würde des Menschen ist unantastbar. Sie zu achten und zu schützen ist Verpflichtung aller staatlichen Gewalt.

(2) Das Deutsche Volk bekennt sich darum zu unverletzlichen und unveräußerlichen Menschenrechten als Grundlage jeder menschlichen Gemeinschaft, des Friedens und der Gerechtigkeit in der Welt.

(3) Die nachfolgenden Grundrechte binden Gesetzgebung, vollziehende Gewalt und Rechtsprechung als unmittelbar geltendes Recht.

Art. 2 (1) Jeder hat das Recht auf die freie Entfaltung seiner Persönlichkeit, soweit er nicht die Rechte anderer verletzt und nicht gegen die verfassungsmäßige Ordnung oder das Sittengesetz verstößt.

(2) Jeder hat das Recht auf Leben und körperliche Unversehrtheit. Die Freiheit der Person ist unverletzlich. In diese Rechte darf nur aufgrund eines Gesetzes eingegriffen werden.

Art. 6 (1) Ehe und Familie stehen unter dem besonderen Schutze der staatlichen Ordnung.

(2) Pflege und Erziehung der Kinder sind das natürliche Recht der Eltern und die zuvörderst ihnen obliegende Pflicht. Über ihre Betätigung wacht die staatliche Gemeinschaft.

(3) Gegen den Willen der Erziehungsberechtigten dürfen Kinder nur aufgrund eines Gesetzes von der Familie getrennt werden, wenn die Erziehungsberechtigten versagen oder wenn die Kinder aus anderen Gründen zu verwahrlosen drohen.

(4) Jede Mutter hat Anspruch auf den Schutz und die Fürsorge der Gemeinschaft.

(5) Den unehelichen Kindern sind durch die Gesetzgebung die gleichen Bedingungen für ihre leibliche und seelische Entwicklung und ihre Stellung in der Gesellschaft zu schaffen wie den ehelichen Kindern.

Art. 10 (1) Das Briefgeheimnis sowie das Post- und Fernmeldegeheimnis sind unverletzlich.

(2) Beschränkungen dürfen nur aufgrund eines Gesetzes angeordnet werden. Dient die Beschränkung dem Schutze der freiheitlichen demokratischen Grundordnung oder des Bestandes oder der Sicherung des Bundes oder eines Landes, so kann das Gesetz bestimmen, daß sie dem Betroffenen nicht mitgeteilt wird und daß an die Stelle des Rechtsweges die Nachprüfung durch von der Volksvertretung bestellte Organe und Hilfsorgane tritt.

Art. 11 (1) Alle Deutschen genießen Freizügigkeit im ganzen Bundesgebiet.

(2) Dieses Recht darf nur durch Gesetz oder aufgrund eines Gesetzes und nur für die Fälle eingeschränkt werden, in denen eine ausreichende Lebensgrundlage nicht vorhanden ist und der Allgemeinheit daraus besondere Lasten entstehen würden oder in denen es zur Abwehr einer drohenden Gefahr für den Bestand oder die freiheitliche demokratische Grundordnung des Bundes oder eines Landes, zur Bekämpfung von Seuchengefahr, Naturkatastrophen oder besonders schweren Unglücksfällen, zum Schutze der Jugend vor Verwahrlosung oder um strafbaren Handlungen vorzubeugen, erforderlich ist.

Art. 13 (1) Die Wohnung ist unverletzlich.

(2) Durchsuchungen dürfen nur durch den Richter, bei Gefahr im Verzuge auch durch die in den Gesetzen vorgesehenen anderen Organe angeordnet und nur in der dort vorgeschriebenen Form durchgeführt werden.

(3) Begründen bestimmte Tatsachen den Verdacht, daß jemand eine durch Gesetz einzeln bestimmte besonders schwere Straftat begangen hat, so dürfen zur Verfolgung der Tat aufgrund richterlicher Anordnung technische Mittel zur akustischen Überwachung von Wohnungen, in denen der Beschuldigte sich vermutlich aufhält, eingesetzt werden, wenn die Erforschung des Sachverhalts auf andere Weise unverhältnismäßig erschwert oder aussichtslos wäre. Die Maßnahme ist zu befristen. Die Anordnung erfolgt durch einen mit drei Richtern besetzten Spruchkörper. Bei Gefahr im Verzuge kann sie auch durch einen einzelnen Richter getroffen werden.

(4) Zur Abwehr dringender Gefahren für die öffentliche Sicherheit, insbesondere einer gemeinen Gefahr oder einer Lebensgefahr, dürfen technische Mittel zur Überwachung von Wohnungen nur aufgrund richterlicher Anordnung eingesetzt werden. Bei Gefahr im Verzuge kann die Maßnahme auch durch eine andere gesetzlich bestimmte Stelle angeordnet werden; eine richterliche Entscheidung ist unverzüglich nachzuholen.

(5) Sind technische Mittel ausschließlich zum Schutze der bei einem Einsatz in Wohnungen tätigen Personen vorgesehen, kann die Maßnahme durch eine gesetzlich bestimmte Stelle angeordnet werden. Eine anderweitige Verwertung der hierbei erlangten Erkenntnisse ist nur zum Zwecke der Strafverfolgung oder der Gefahrenabwehr und nur zulässig, wenn zuvor die Rechtmäßigkeit der Maßnahme richterlich festgestellt ist; bei Gefahr im Verzuge ist die richterliche Entscheidung unverzüglich nachzuholen.

(6) Die Bundesregierung unterrichtet den Bundestag jährlich über den nach Absatz 3 sowie über den im Zuständigkeitsbereich des Bundes nach Absatz 4 und, soweit richterlich überprüfungsbedürftig, nach Absatz 5 erfolgten Einsatz technischer Mittel. Ein vom Bundestag gewähltes Gremium übt auf der Grundlage dieses Berichts die parlamentarische Kontrolle aus. Die Länder gewährleisten eine gleichwertige parlamentarische Kontrolle.

(7) Eingriffe und Beschränkungen dürfen im übrigen nur zur Abwehr einer gemeinen Gefahr oder einer Lebensgefahr für einzelne Personen, aufgrund eines Gesetzes auch zur Verhütung dringender Gefahren für die öffentliche Sicherheit und Ordnung, insbesondere zur Behebung der Raumnot, zur Bekämpfung von Seuchengefahr oder zum Schutze gefährdeter Jugendlicher vorgenommen werden.

Art. 16 (1) Die deutsche Staatsangehörigkeit darf nicht entzogen werden. Der Verlust der Staatsangehörigkeit darf nur aufgrund eines Gesetzes und gegen den Willen des Betroffenen nur dann eintreten, wenn der Betroffene dadurch nicht staatenlos wird.

(2) Kein Deutscher darf an das Ausland ausgeliefert werden. Durch Gesetz kann eine abweichende Regelung für Auslieferungen an einen Mitgliedstaat der Europäischen Union oder an einen internationalen Gerichtshof getroffen werden, soweit rechtsstaatliche Grundsätze gewahrt sind.

Art. 16a (1) Politisch Verfolgte genießen Asylrecht.

(2) Auf Absatz 1 kann sich nicht berufen, wer aus einem Mitgliedstaat der Europäischen Gemeinschaften oder aus einem anderen Drittstaat einreist, in dem die Anwendung des Abkommens über die Rechtsstellung der Flüchtlinge und der Konvention zum Schutze der Menschenrechte und Grundfreiheiten sichergestellt ist. Die Staaten außerhalb der Europäischen Gemeinschaften, auf die die Voraussetzungen des Satzes 1 zutreffen, werden durch Gesetz, das der Zustimmung des Bundesrates bedarf, bestimmt. In den Fällen des Satzes 1 können aufenthaltsbeendende Maßnahmen unabhängig von einem hiergegen eingelegten Rechtsbehelf vollzogen werden.

(3) Durch Gesetz, das der Zustimmung des Bundesrates bedarf, können Staaten bestimmt werden, bei denen aufgrund der Rechtslage, der Rechtsanwendung und der allgemeinen politischen Verhältnisse gewährleistet erscheint, daß dort weder politische Verfolgung noch unmenschliche oder erniedrigende Bestrafung oder Behandlung stattfindet. Es wird vermutet, daß ein Ausländer aus einem solchen Staat nicht verfolgt wird, solange er nicht Tatsachen vorträgt, die die Annahme begründen, daß er entgegen dieser Vermutung politisch verfolgt wird.

(4) Die Vollziehung aufenthaltsbeendender Maßnahmen wird in den Fällen des Absatzes 3 und in anderen Fällen, die offensichtlich unbegründet sind oder als offensichtlich unbegründet gelten, durch das Gericht nur ausgesetzt, wenn ernstliche Zweifel an der Rechtmäßigkeit der Maßnahme bestehen; der Prüfungsumfang kann eingeschränkt werden und verspätetes Vorbringen unberücksichtigt bleiben. Das Nähere ist durch Gesetz zu bestimmen.

(5) Die Absätze 1 bis 4 stehen völkerrechtlichen Verträgen von Mitgliedstaaten der Europäischen Gemeinschaften untereinander und mit dritten Staaten nicht entgegen, die unter Beachtung der Verpflichtungen aus dem Abkommen über die Rechtsstellung der Flüchtlinge und der Konvention zum Schutze der Menschenrechte und Grundfreiheiten, deren Anwendung in den Vertragsstaaten sichergestellt sein muß, Zuständigkeitsregelungen für die Prüfung von Asylbegehren einschließlich der gegenseitigen Anerkennung von Asylentscheidungen treffen.

Art. 20 (1) Die Bundesrepublik Deutschland ist ein demokratischer und sozialer Bundesstaat.

(2) Alle Staatsgewalt geht vom Volke aus. Sie wird vom Volke in Wahlen und Abstimmungen und durch besondere Organe der Gesetzgebung, der vollziehenden Gewalt und der Rechtsprechung ausgeübt.

(3) Die Gesetzgebung ist an die verfassungsmäßige Ordnung, die vollziehende Gewalt und die Rechtsprechung sind an Gesetz und Recht gebunden.

(4) Gegen jeden, der es unternimmt, diese Ordnung zu beseitigen, haben alle Deutschen das Recht zum Widerstand, wenn andere Abhilfe nicht möglich ist.

Art. 102 Die Todesstrafe ist abgeschafft.

Art. 104 (1) Die Freiheit der Person kann nur aufgrund eines förmlichen Gesetzes und nur unter Beachtung der darin vorgeschriebenen Formen beschränkt werden. Festgehaltene Personen dürfen weder seelisch noch körperlich mißhandelt werden.

(2) Über die Zulässigkeit und Fortdauer einer Freiheitsentziehung hat nur der Richter zu entscheiden. Bei jeder nicht auf richterlicher Anordnung beruhenden Freiheitsentziehung ist unverzüglich eine richterliche Entscheidung herbeizuführen. Die Polizei darf aus eigener Machtvollkommenheit niemanden länger als bis zum Ende des Tages nach dem Ergreifen in eigenem Gewahrsam halten. Das Nähere ist gesetzlich zu regeln.

(3) Jeder wegen des Verdachtes einer strafbaren Handlung vorläufig Festgenommene ist spätestens am Tage nach der Festnahme dem Richter vorzuführen, der ihm die Gründe der Festnahme mitzuteilen, ihn zu vernehmen und ihm Gelegenheit zu Einwendungen zu geben hat. Der Richter hat unverzüglich entweder einen mit Gründen versehenen schriftlichen Haftbefehl zu erlassen oder die Freilassung anzuordnen.

(4) Von jeder richterlichen Entscheidung über die Anordnung oder Fortdauer einer Freiheitsentziehung ist unverzüglich ein Angehöriger des Festgehaltenen oder eine Person seines Vertrauens zu benachrichtigen.

3.2 Die Leitideen

3.2.1 Freiheit vor staatlichen Eingriffen

Grundrechte *betreffen* die Bürger direkt. Neben dem Anspruch des Einzelnen auf gleiche Behandlung (vgl. Kap. 2) garantieren Grundrechte den Bürgern vor allem Freiheit (vgl. Kap. 1.2.). Freiheit hieß – vor dem Hintergrund der historischen Erfahrungen – Freiheit vor dem Staat. Denn in der Vergangenheit war es vor allem der Staat, der den Menschen in den Herrschafts- und Machtverhältnissen fesselte, ihn nicht nach seiner „façon selig werden ließ“, sondern mit Vorschriften, Verpflichtungen und willkürlichen Maßnahmen gängelte. Heute ist es für uns zwar selbstverständlich, sich frei zu bewegen, den Wohnort zu wechseln, die Berufe zu ergreifen, die wir möchten – zu machen, was wir wollen. Wir müssen uns keine Sorgen machen, wenn ein Polizist an der Haustür klingelt. Aber letztlich reicht ein Blick in die täglichen Nachrichten, um das Bewusstsein dafür zu schärfen, dass dies auch anders sein kann: Viele Staaten garantieren ihren Bürgern keine persönliche Freiheit, willkürliche Verhaftungen sind an der Tagesordnung, in Gefängnissen wird gefoltert.

Die persönliche Freiheit ist im Grundrechtsteil des Grundgesetzes in verschiedenen Facetten garantiert. Die Staatsrechtswissenschaft beschreibt die von den einzelnen Grundrechten geschützten und damit gewährleisteten menschlichen Handlungen und Lebenssphären als Schutzbereiche. Diese reichen von generellen Garantien wie der allgemeinen Handlungsfreiheit (Art. 2 Abs. 1 GG) über den Schutz bestimmter – politisch relevanter – Tätigkeiten wie der Meinungs- und Versammlungsfreiheit (Art. 5 und Art. 8 GG) oder der wirtschaftlichen Betätigung (Art. 12 und Art. 14 GG) bis hin zu ganz speziellen Aspekten wie dem Schutz der Wohnung (Art. 12 GG) oder der Freizügigkeit (Art. 11 GG).

Jedes Grundrecht hat seinen eigenen Stellenwert; sie haben grundsätzlich keine unterschiedliche Wertigkeit. Allerdings ergibt sich aus den geschützten Lebensbereichen der verschiedenen Grundrechte ein Verhältnis der Spezialität. Das Recht auf freie Entfaltung der Persönlichkeit (Art. 2 Abs. 1 GG) etwa umfasst angesichts seines umfassenden Anspruchs eigentlich auch das Recht, eine Religion auszuüben. Aber Art. 4 GG befasst sich speziell mit diesem Lebenssachverhalt. Der Schutz richtet sich dann nach den besonderen Voraussetzungen, die in dem speziellen Grundrecht enthalten sind, im Beispielsfall eben nach Art. 4 GG (vgl. Kap. 3.2.9)

Die Freiheit der Person wird vom Grundgesetz nicht nur gleich am Anfang des Verfassungstextes und damit an prominenter Stelle genannt. Ganz verschiedene Aspekte der persönlichen Freiheit werden auch in anderen Grundrechtsvorschriften besonders erwähnt und garantiert: die Menschenwürde in Art. 1 Abs. 1 GG, das Recht auf Leben und körperliche Unversehrtheit sowie die Freiheit der Person in Art. 2 Abs. 2 (sowie Art. 102 – Abschaffung der Todesstrafe, Art. 104 – Freiheitsentziehungen nur aufgrund gesetzlicher Grundlage), das allgemeine Persönlichkeitsrecht in Art. 2 Abs. 1, die Privatsphäre in unterschiedlichen Ausprägungen als Post- und Briefgeheimnis in Art. 10 und als Unverletzlichkeit der Wohnung in Art. 13 und die innerstaatliche Bewegungsfreiheit in Art. 11 GG. Und der Freiheit der Person dient auch der Schutz gegen eine Ausbürgerung und Auslieferung in Art. 16 GG, die sich aus historischer Erfahrung gegen eine Ausgrenzung und Entrechtung von Individuen oder Angehörigen gesellschaftlicher Gruppen richtet. Die nähere Lebenssphäre – die Ehe und Familie – schließlich wird in Art. 6 GG geschützt.

Mit der Freiheit der Person schützt das Grundgesetz den Menschen individuell, garantiert die unmittelbare körperliche Existenz, aber auch die Selbstverwirklichung.

Dazu schützt das Grundgesetz auch die unmittelbare persönliche Privatsphäre des Einzelnen.

3.2.2 Menschenwürdegarantie

An erster Stelle steht im Grundgesetz die Menschenwürde (Art. 1 Abs. 1 GG). Art. 1 Abs. 1 GG ist sowohl ein oberstes Konstitutionsprinzip als auch ein Grundrecht (vgl. BVerfGE 61, 126, 137; Dederer, JöR 57, 2009; Pieroth/Schlink, Grundrechte, Rdnr. 350). Das Grundgesetz selbst bestimmt nicht, was es unter Menschenwürde versteht. Daher fällt es schwer, die Menschenwürde positiv zu bestimmen. Das Bundesverfassungsgericht hat die Menschenwürde verschiedentlich definiert, so z. B. als freie Selbstgestaltung des Menschen oder als allgemeinen Eigenwert, der den Menschen kraft seines Personenseins zukommt. Wird staatliches Handeln am Maßstab der Menschenwürde beurteilt, so geschieht dies meist nach der so genannten Objektformel: Die Menschenwürde ist dann verletzt, wenn der Mensch nicht mehr Zweck, sondern nur noch Mittel, also Objekt der staatlichen Tätigkeit ist. Der Mensch wird zum Objekt staatlicher Gewalt namentlich dann, wenn die Behandlung durch die öffentliche Gewalt die Achtung vermissen lässt, die jedem Menschen um seiner selbst willen zukommt. In seiner Entscheidung zum Luftsicherheitsgesetz vom 15.2.2006 hat das Bundesverfassungsgericht den Menschenwürdeschutz zusammengefasst (BVerfGE 115, 118, 153):

„Art. 1 Abs. 1 GG schützt den einzelnen Menschen nicht nur vor Erniedrigung, Brandmarkung, Verfolgung, Ächtung und ähnlichen Handlungen durch Dritte oder durch den Staat selbst (vgl. BVerfGE 1, 97, 104; 107, 275, 284; 109, 279, 312). Ausgehend von der Vorstellung des Grundgesetzgebers, dass es zum Wesen des Menschen gehört, in Freiheit sich selbst zu bestimmen und sich frei zu entfalten, und dass der Einzelne verlangen kann, in der Gemeinschaft grundsätzlich als gleichberechtigtes Glied mit Eigenwert anerkannt zu werden (vgl. BVerfGE 45, 187, 227 f.), schließt es die Verpflichtung zur Achtung und zum Schutz der Menschenwürde vielmehr generell aus, den Menschen zum bloßen Objekt des Staates zu machen (vgl. BVerfGE 27, 1, 6; 45, 187, 228; 96, 375, 399). Schlechthin verboten ist damit jede Behandlung des Menschen durch die öffentliche Gewalt, die dessen Subjektqualität, seinen Status als Rechtssubjekt, grundsätzlich in Frage stellt (vgl. BVerfGE 30, 1, 26; 87, 209, 228; 96, 375, 399), indem sie die Achtung des Wertes vermissen lässt, der jedem Menschen um seiner selbst willen, kraft seines Personseins, zukommt (vgl. BVerfGE 30, 1, 26; 109, 279, 312 f.).“

Die Menschenwürde und die Grundrechte an den Anfang des Grundgesetzes zu stellen, ist in der deutschen Verfassungsgeschichte begründet. Die Verfassungseltern reagierten damit auf die bisher beispielslose Missachtung des Menschen durch den nationalsozialistischen Staat. Nie wieder sollten Erniedrigung, Folterungen, Ächtung und Verfolgung, Ausgrenzung und Verfolgung, staatlicher Terror und Zwangsarbeit durch den Staat möglich sein. Eine solche Behandlung des Individuums wie durch das nationalsozialistische Unrechtssystem zu verhindern, prägt in hohem Maße die Garantie der Menschenwürde. Die besondere Achtung der Menschenwürde ist auch im internationalen Kontext zu sehen: So bekennt sich die Charta der Vereinten Nationen vom 26. Juni 1945 in ihrer Präambel zur Menschenwürde und zum Wert des Menschen und deklariert dies auch in Art. 1 Ziff. 3 zu einem der zentralen Ziele der Vereinten Nationen. In Folge dessen verkündete die Generalversammlung der Vereinten Nationen am 10. Dezember 1948 die „Allgemeine Erklärung der Menschrechte", die ebenfalls ein Bekenntnis zur Achtung der Menschenwürde enthält. Der besondere Rang des Art. 1 GG wird zudem dadurch betont, dass die Menschenwürdegarantie nicht geändert werden darf (Unabänderbarkeit gem. Art. 79 Abs. 3 GG). Würde das Parlament Art. 1 oder Art. 20 GG ändern, würde dies „verfassungswidriges Verfassungsrecht" (vgl. dazu BVerfGE 109, 279, 382 ff. – abw. Meinung) darstellen.

Zudem wirkt die Garantie der Menschenwürde nicht nur im Verhältnis zum Staat, sondern ist auch unter Privaten zu beachten: Art. 1 Abs. 1 GG enthält eine absolute Feststellung, die sich gegen staatliche Gewalt, aber auch gegen jeden Privaten wendet. Dementsprechend ist menschenwürdewidriges Handeln durch Private unmittelbar verboten (vgl. 3.2.8 am Ende sowie 3.3.2.3).

Trotzdem entfaltet das Menschenwürdepostulat in der Verfassungswirklichkeit nur in wenigen Fällen praktische Relevanz: Weil Art. 1 Abs. 3 GG von den „nachfolgenden Grundrechten" spricht, wird die Vorschrift vereinzelt dahin ausgelegt, der Einzelne könne keine Ansprüche daraus ableiten. Das Bundesverfassungsgericht fasst Art. 1 Abs. 1 GG aber als Grundrecht auf; allerdings lassen sich in der Praxis die meisten staatlichen Handlungen eher an spezielleren Grundrechten messen. Das Bundesverfassungsgericht sah bisher die Verletzung der Menschenwürde als gegeben an, wenn

- Eingriffe in die physische oder psychische Integrität des Menschen, z. B. bei Folterung oder körperlicher Strafe vorlagen. Das Recht auf eine menschenwürdige Existenz ist etwa verletzt, wenn die Zelle eines Gefangenen immer wieder mit Fäkalien aus einem defekten Abflussrohr verunreinigt wird,
- das existenzielle Lebensminimum nicht gewährleistet ist (s.u.3.2.10),
- die personale Identität oder die persönliche Ehre verletzt wird, oder
- die elementare Gleichheit nicht eingehalten wird.

Dabei erstreckt sich der Schutz der Menschenwürde für jedermann über die gesamte Existenz vom ungeborenen Leben bis hin zum sog. „postmortalen Persönlichkeitsschutz" (vgl. dazu BVerfG, 1 BvR 1168/04 vom 22.8.2006, Absatz-Nr. 24 f., http://www.bverfg.de/entscheidungen/rk20060822_1bvr116804.html = BVerfG NJW 2006, 3409; BGH, Urteil vom 5. Oktober 2006, 1 ZR 277/03). „Postmortaler Persönlichkeitsschutz" bedeutet Schutz der persönlichen Sphäre über den Tod hinaus. Angehörige könnten etwa gegen eine Zeitung vorgehen, die Fotos von dem Toten veröffentlichen will.

Eingriffe in die Menschenwürde sind auch bei Einwilligung des Betroffenen nicht zulässig. Sie lassen sich verfassungsrechtlich nicht rechtfertigen: Art. 1 Abs. 1 GG ist nicht mit einem Gesetzesvorbehalt (vgl. Kap. 2.2.6) ausgestattet, d.h. in dieser Vorschrift wird nicht auf die Möglichkeit hingewiesen, Beschränkungen aufgrund eines Gesetzes vorzunehmen. Außerdem schließen dies seine Stellung an der Spitze der Verfassung und sein Unabänderlichkeit gem. Art. 79 Abs. 3 GG aus.

3.2.3 Schutz des Lebens und der körperlichen Unversehrtheit

Für die Freiheit der Person ist der Schutz des Lebens und der körperlichen Unversehrtheit gem. Art. 2 Abs. 2 GG elementar. Namentlich ist das Recht auf Leben letztlich die Grundvoraussetzung einer Grundrechtsausübung überhaupt – ohne Leben kein Grundrecht. Die Gewährleistung des Art. 2 Abs. 2 GG gab es zuvor weder in der Paulskirchenverfassung von 1848/49 noch in der Weimarer Reichsverfassung von 1919, den Vorläufern des Grundgesetzes. Auch dieses Grundrecht ist eine weitere Reaktion auf die nationalsozialistischen Verbrechen. Wenn das Bundesverfassungsgericht zwischen den Grundrechten grundsätzlich keine Hierarchie anerkennt, so hat es doch das Recht auf Leben und körperliche Unversehrtheit als einen „Höchstwert" im Gefüge des Grundgesetzes bezeichnet (BVerfGE 39, 1, 42; 46, 160,164; 49, 24, 53). Dabei betont das Bundesverfassungsgericht den engen Zusammenhang von Lebensschutz und Menschenwürdegarantie:
„Das menschliche Leben ist die vitale Basis der Menschenwürde als tragendem Konstitutionsprinzip und oberstem Verfassungswert (vgl. BVerfGE 39, 1, 42; 72, 105, 115; 109, 279, 311). Jeder Mensch besitzt als Person diese Würde, ohne Rücksicht auf seine Eigenschaften, seinen körperlichen oder geistigen Zustand, seine Leistungen und seinen sozialen Status (vgl. BVerfGE 87, 209, 228; 96, 375, 399). Sie kann keinem Menschen genommen werden. Verletzbar ist aber der Achtungsanspruch, der sich aus ihr ergibt (vgl. BVerfGE 87, 209, 228). Das gilt unabhängig auch von der voraussichtlichen Dauer des individuellen menschlichen Lebens (vgl. BVerfGE 30, 173, 194 zum Anspruch des Menschen auf Achtung seiner Würde selbst nach dem Tod)."(BVerfG vom 15.2.2006, BVerfGE 115, 118, 152)
Art. 2 Abs. 2 S. 1 GG schützt natürliche Personen („jeder"). Dabei gewährleistet das Recht auf Leben die biologisch-physische Existenz gem. Art. 2 Abs. 2 Satz 1 GG als Freiheitsrecht, also als Schutz vor Eingriffen des Staates. Das Leben ist vom Zeitpunkt seines Entstehens an bis zum Eintritt des Todes unabhängig von den Lebensumständen des Einzelnen, seiner körperlichen und seelischen Befindlichkeit, gegen staatliche Eingriffe geschützt. Damit ist jedes menschliche Leben als solches gleich wertvoll.

WANN BEGINNT – WANN ENDET DAS LEBEN?

Keine Einigkeit besteht zu der Frage, zu welchem Zeitpunkt der Schutz des Lebens beginnt. Dabei ist unumstritten, dass der Schutz des Art. 2 Abs. 2 S. 1 GG das Neugeborene nach Vollendung der Geburt erfasst. Auch schon während des Geburtsvorganges ist der grundrechtliche Schutz gewährt. Problematisch ist allein der Fall des sog. nascituri, also des noch ungeborenen Lebens. Jedenfalls ist spätestens ab dem 14. Tag nach der Empfängnis (Nidation) aus der Schutzfunktion des Grundrechts auf Leben die Verpflichtung des Staates herzuleiten, dass er auch das ungeborene Leben zu schützen hat. Streitig ist aber, ob der Lebensschutz bereits früher, nämlich mit der Befruchtung der Eizelle einsetzt.

Das menschliche Leben endet nach herrschender Meinung mit dem Erlöschen aller Gehirnströme (vgl. nur Lang, in: Epping/Hillgruber, Grundgesetz, 2. Aufl. 2013, Art. 2 Rn 60 mit weiteren Nachweisen; eine höchstrichterliche Entscheidung steht aus; aktuell: Stellungnahme des Deutschen Ethikrates, Hirntod und Entscheidung zur Organspende, BT-Drs. 18/4256 vom 24.2.2015).

Die körperliche Unversehrtheit betrifft die körperliche und seelische Gesundheit (BVerfGE 56, 54, 73 ff.). Der Schutz richtet sich gegen Einwirkungen auf den Ablauf körperlicher Funktionen, auf die Gesundheit, das Zufügen von Schmerzen und gegen Einwirkungen auf die äußerliche körperliche Erscheinung. Psychologische Einwirkungen unterfallen nur dann dem Schutz, wenn sie ein Mindestmaß an physiologischen Folgen haben.

3.2.4 Das Recht auf Freiheit der Person im engeren Sinn (Art. 2 Abs. 2 S. 2 GG, Art. 104 GG)

Die Freiheit der Person im engeren Sinne soll vor staatlichem Zwang, willkürlicher Verhaftung und staatlichen Maßnahmen gegen die persönliche Freiheit schützen. Hierunter sind vor allem die Haft, die Unterbringung in einer geschlossenen Anstalt und der polizeiliche Gewahrsam zu verstehen. Erfasst ist auch der Wehrarrest.

Die Garantie hat eine lange Tradition. Sie geht auf den habeas corpus act von 1679 zurück. Art. 2 Abs. 2 S. 2 GG steht in Zusammenspiel mit Art. 104 GG. Beide Vorschriften sichern die körperliche Bewegungsfreiheit für natürliche Personen, obwohl Art. 2 Abs. 2 S. 2 GG nur allgemein von „Freiheit" spricht. Jeder darf demnach jeden Ort aufsuchen oder verlassen, solange er nicht gegen andere Vorschriften verstößt. Die Bewegungsfreiheit ist von vornherein durch solche allgemeine Normen beschränkt, die nicht speziell gegen die Freiheit der Person gerichtet sind: Die Staatsgrenze ist beispielsweise ein nach der allgemeinen Rechtsordnung vorgegebenes Hindernis (BVerfGE 94, 166, 198 f.). Art. 2 Abs. 2 S. 2 GG sichert hingegen nicht das Recht, einen bestimmten Ort nicht aufzusuchen. Deshalb kann sich der Einzelne nicht unter Berufung auf die Freiheit der Person gegen die Anordnung wehren, als Zeuge vor Gericht zu erscheinen (Vorladung). Art. 104 GG stellt über Art. 2 Abs. 2 S. 2 GG hinausgehend verfahrensrechtliche Anforderungen auf: So kann die Freiheit der Person nur aufgrund eines förmlichen Gesetzes und der darin vorgesehenen Voraussetzungen beschränkt werden. Eine Inhaftierung bedarf einer richterlichen Kontrolle (Art. 104 Abs. 2 S. 1 – 3, Abs. 3). Im Fall der richterlichen Entscheidung ist ein Angehöriger oder ein sonstiger Vertrauter des Festgehaltenen beizuziehen (Art. 104 Abs. 4 GG). Die Polizei darf niemanden eigenmächtig länger als bis zum Endes Tages nach dem Ergreifen festhalten (Art. 104 Abs. 2 S. 3 GG).

Art. 104 Abs. 1 S. 2 GG verbietet körperliche und seelische Misshandlungen festgehaltener Personen, ohne dass hiermit eine eigenständige grundrechtliche Verbürgung aufgestellt wird; denn auch Gefangene genießen den vollen Grundrechtsschutz des Art. 2 Abs. 2 S. 1 GG. Die Norm verstärkt den Schutz von Gefangenen. Sie hat zur

Folge, dass der Staat nachweisen muss, dass er sich der Verpflichtung entsprechend verhält.

Beschränkungen der Freiheit der Person bedürfen – unabhängig davon, worin ihre Notwendigkeit gründet – besonders gewichtiger Gründe. Das BVerfG:

„Die Freiheit der Person darf nur aus besonders gewichtigen Gründen eingeschränkt werden (vgl. BVerfGE 22, 180, 219; 29, 312, 316; 35, 185, 190; 45, 187, 223; stRspr). Zu diesen Gründen zählt die Durchsetzung des staatlichen Strafanspruchs nach den Regeln des Strafrechts und des Strafverfahrensrechts. Den gesetzlich geregelten Einzeltatbeständen kommt dabei auch eine freiheitsgewährleistende Funktion zu, da sie nicht nur den Eingriff in ein grundrechtlich geschütztes Interesse erlauben, sondern zugleich die äußerste Grenze zulässiger Grundrechtseinschränkungen bestimmen (vgl. BVerfGE 70, 297, 307; 75, 329, 341; 126, 170, 195; 130, 372, 391). Das gilt auch für die Unterbringung eines schuldunfähigen oder erheblich vermindert schuldfähigen Straftäters, von dem infolge seines Zustandes erhebliche rechtswidrige Taten zu erwarten sind, in einem psychiatrischen Krankenhaus gemäß § 63 StGB (vgl. BVerfGE 70, 297, 30).(…) Der Grundsatz der Verhältnismäßigkeit beherrscht Anordnung und Fortdauer der Unterbringung in einem psychiatrischen Krankenhaus. Das Spannungsverhältnis zwischen dem Freiheitsanspruch des betroffenen Einzelnen und dem Sicherungsbedürfnis der Allgemeinheit vor zu erwartenden erheblichen Rechtsgutverletzungen verlangt nach gerechtem und vertretbarem Ausgleich. Dieser lässt sich für die Entscheidung über die Aussetzung der Maßregelvollstreckung nur dadurch bewirken, dass die Sicherungsbelange der Allgemeinheit und der Freiheitsanspruch des Untergebrachten als wechselseitiges Korrektiv gesehen und im Einzelfall gegeneinander abgewogen werden (vgl. BVerfGE 70, 297, 311). Der Grundsatz der Verhältnismäßigkeit ist in die Prüfung der Aussetzungsreife der Maßregel nach § STGB § 67d Abs. STGB § 67D Absatz 2 StGB einzubeziehen (integrative Betrachtung). Die darauf aufbauende Gesamtwürdigung hat die von dem Täter ausgehenden Gefahren zur Schwere des mit der Maßregel verbundenen Eingriffs ins Verhältnis zu setzen (vgl. BVerfGE 70, 297, 312 f.). " (BVerfG, Beschluss vom 26.11.2014 – 2 BvR 713/12)

Besondere Sensibilität verlangt angesichts des hohen Gutes der Freiheit der Person die Verhängung der so genannten Sicherungsverwahrung. Sie hat in jüngerer Zeit besondere Aufmerksamkeit erweckt. Unter Sicherungsverwahrung versteht man eine Maßregel der Besserung und Sicherung, wenn ein Täter *nach* Verbüßung einer Freiheitsstrafe in staatlichem Gewahrsam verbleiben soll, weil er die Bevölkerung weiter gefährdet (vgl. §§ 66 ff. StPO, §§ 106 JGG). Die Anordnung steht unter besonders strengen Voraussetzungen und ist nur im Zusammenhang mit der Verurteilung von schwerwiegenden Verbrechen etwa wegen sexuellen Missbrauchs möglich. Die Anordnung ist dem Richter vorbehalten. Das staatliche Sicherungsinteresse für die Bevölkerung muss regelmäßig erneut überprüft werden (vgl. zu den besonderen Umständen der Sicherungsverwahrung und den aus dem hohen Rang des Freiheitsrechts folgenden besonderen Anforderungen an das regelmäßige Überprüfungsverfahren des Fortbestands des Sicherungsinteresses BVerfGE 117, 71, 102 f.). Mit einer Entscheidung vom 17. Dezember 2009 (Case of M. v. Germany, *Application no. 19359/04*, http://cmiskp.echr.coe.int/tkp197/ view.asp?action=*html&documen-*

tId=860012&portal=hbkm&source=externalbydocnumber&tabl) hat der Europäische Gerichtshof für Menschenrechte (EGMR) beanstandet, dass der deutsche Gesetzgeber die ursprünglich einmal vorgesehene Höchstfrist von 10 Jahren Sicherungsverwahrung auch für solche Straftäter aufgehoben hat, die ihre Tat schon vor dem Zeitpunkt der Gesetzesänderung begangen hatten. Der EGMR sieht darin einen Verstoß gegen das Rückwirkungsverbot der Europäischen Menschenrechtskonvention (EMRK), weil Altfälle ohne vorherige weitere Prüfung in Sicherungsverwahrung bleiben können.

Infolge der Rechtsprechung des EuGMR hat das BVerfG inzwischen verfassungsrechtliche Mindestanforderungen an die Sicherungsverwahrung formuliert:
„3. a) Der in der Sicherungsverwahrung liegende schwerwiegende Eingriff in das Freiheitsgrundrecht (Art. GG Artikel 2 GG Artikel 2 Absatz II 2 GG) ist nur nach Maßgabe strikter Verhältnismäßigkeitsprüfung und unter Wahrung strenger Anforderungen an die zu Grunde liegenden Entscheidungen und die Ausgestaltung des Vollzugs zu rechtfertigen. Dabei sind auch die Wertungen des Art 7 Absatz I EMRK zu berücksichtigen.
b) Die Sicherungsverwahrung ist nur zu rechtfertigen, wenn der Gesetzgeber bei ihrer Konzeption dem besonderen Charakter des in ihr liegenden Eingriffs hinreichend Rechnung und dafür Sorge trägt, dass über den unabdingbaren Entzug der „äußeren" Freiheit hinaus weitere Belastungen vermieden werden. Dem muss durch einen freiheitsorientierten und therapiegerichteten Vollzug Rechnung getragen werden, der den allein präventiven Charakter der Maßregel sowohl gegenüber dem Untergebrachten als auch gegenüber der Allgemeinheit deutlich macht. Die Freiheitsentziehung ist – in deutlichem Abstand zum Strafvollzug („Abstandsgebot", vgl. BVerfGE 109, 133, 166 = NJW 2004, 739) – so auszugestalten, dass die Perspektive der Wiedererlangung der Freiheit sichtbar die Praxis der Unterbringung bestimmt.
c) Das verfassungsrechtliche Abstandsgebot ist für alle staatliche Gewalt verbindlich und richtet sich zunächst an den Gesetzgeber, dem aufgegeben ist, ein entsprechendes Gesamtkonzept der Sicherungsverwahrung zu entwickeln und normativ festzuschreiben. Die zentrale Bedeutung, die diesem Konzept für die Verwirklichung des Freiheitsgrundrechts des Untergebrachten zukommt, gebietet eine gesetzliche Regelungsdichte, die keine maßgeblichen Fragen der Entscheidungsmacht von Exekutive oder Judikative überlässt, sondern deren Handeln in allen wesentlichen Bereichen determiniert." (BVerfG, Urt. v. 4. 5. 2011 – 2 BvR 2365/09, 740/10, 2333/08, 1152/10, 571/10, BVerfGE 128, 326, Ls 3).
Inzwischen hat der Bundesgesetzgeber gesetzliche Regelungen neu geschaffen, die das Recht der Sicherungsverwahrung reformiert haben (Gesetz zur bundesrechtlichen Umsetzung des Abstandsgebotes im Recht der Sicherungsverwahrung, BGBl. 2012 I S. 2425). Kern der Neuregelung ist § 66c StGB, wonach

- dem Untergebrachten eine individuelle, intensive Betreuung anzubieten ist, die seine Mitwirkungsbereitschaft fördert und seine Gefährlichkeit mindert, so dass die Sicherungsverwahrung möglichst bald zur Bewährung ausgesetzt oder für erledigt erklärt werden kann (Individualisierungs-, Intensivierungs- und Motivierungsgebot),

- die Sicherungsverwahrung vom Strafvollzug räumlich getrennt sein muss (Trennungsgebot),
- die Unterbringung den Untergebrachten möglichst wenig belasten darf (Minimierungsgebot) und
- auch in der Sicherungsverwahrung Vollzugsöffnungen und Entlassungsvorbereitungen zu treffen sind, sofern Sicherheitsbelange nicht entgegenstehen.

Zudem ist bereits während eines vorherigen Strafvollzugs dem Gefangenen eine Betreuung mit dem Ziel anzubieten, die eine spätere Sicherungsverwahrung entbehrlich zu machen.

3.2.5 Die Freizügigkeit (Art. 11 GG)

Art. 11 Abs. 1 GG verbürgt das Recht, unbehindert von der deutschen Staatsgewalt an jedem Ort innerhalb des Bundesgebietes Aufenthalt und Wohnsitz zu nehmen. Wohnsitz ist eine ständige Niederlassung, an dem man sich nicht nur vorübergehend aufhalten will, sondern den man zu einem ständigen Schwerpunkt seiner Lebensverhältnisse machen möchte. Auch Zweitwohnungen und Geschäftsräume werden geschützt, weil dem Begriff des Wohnsitzes eine weite Bedeutung gegeben wird. Aufenthalt ist dagegen das vorübergehende oder längerfristige Verweilen an einem Ort, ohne einen Wohnsitz zu begründen. Art. 11 GG schützt vor allem die Möglichkeit des Ortswechsels, d.h. das Recht zur Begründung und Beendigung von Aufenthalt oder Wohnsitz. Der Grund für den Ortswechsel ist unerheblich. Einreise (Zuzug zwecks Aufenthalt) und Einwanderung (Zuzug zwecks Wohnsitznahme) aus dem Ausland werden überwiegend – trotz des insoweit problematischen Wortlautes (Freizügigkeit im ganzen Bundesgebiet) – zum Schutzbereich gezählt. Ausreise und Auswanderung werden demgegenüber nicht von Art. 11 GG geschützt, sondern von Art. 2 Abs. 1 GG. In gewissem Umfang fällt auch die Mitnahme der persönlichen Habe in den Schutzbereich.

Art. 11 GG ist ein sog. Deutschengrundrecht; Ausländer können sich hinsichtlich der Freizügigkeit aber auf Art. 2 Abs. 1 GG, die allgemeine Handlungsfreiheit, berufen. Art. 11 GG gilt auch für juristische Personen (Art. 19 Abs. 3 GG).

WER KANN SICH AUF GRUNDRECHTE BERUFEN?

- Das Grundgesetz unterscheidet zwischen Grundrechten, auf die sich jeder, d. h. jeder Mensch, berufen kann und Grundrechten, auf die sich allein Deutsche berufen können (so genannte Deutschengrundrechte).
- Zudem kennt das Recht auch die Fiktion der juristischen Person, die allein durch die Verleihung entsteht, zum Beispiel Verein, Gesellschaft mit beschränkter Haftung oder Aktiengesellschaft. Auch diese können wie einzelne Personen Träger von Rechten und Pflichten sein. Grundrechte können auch für juristische Personen gelten.

- Art. 19 Abs. 3 GG sieht vor, dass sich außer natürlichen Personen auch inländische juristische Personen auf Grundrechte berufen können, soweit diese ihrem Wesen nach anwendbar sind. Das Grundgesetz erkennt an, dass die Bildung und Betätigung juristischer Personen Ausdruck der freien Entfaltung natürlicher Personen ist. Es erstreckt den grundrechtlichen Schutz auf die menschliche Betätigung, die in Organisationsformen erfolgt, die das Recht zur Verfügung stellt. Dass eine wesensmäßige Anwendbarkeit der Grundrechte auf juristische Personen nicht immer möglich ist, zeigt sich bei bestimmten Grundrechten: Das gilt etwa für Art. 2 Abs. 2 GG – Recht auf Leben – sowie Art. 6 GG – Schutz von Ehe und Familie.

Auf Wirtschaftsunternehmen als juristische Personen ist Art. 11 GG insofern anwendbar, als er die freie Wahl des Unternehmenssitzes betrifft. Dass Art. 11 GG kein Recht gewährt, den erwählten Beruf an jedem Ort auszuüben, erweist sich für Wirtschaftsunternehmen, bei denen Sitzwahl und Berufsausübung nicht selten zusammenfallen, als problematisch. Art. 11 GG ist auch einschlägig, wenn eine spezifische Residenzpflicht – also die Abhängigkeit des Wohnortes vom Ort des Berufs – vorgesehen ist.

3.2.6 Unverletzlichkeit der Wohnung (Art. 13 GG)

Für die Privatsphäre des Einzelnen und seine Selbstverwirklichung sind die eigenen vier Wände bedeutsam. Als Wohnung schützt Art. 13 Abs. 1 GG jeden Raum, den der Einzelne der allgemeinen Zugänglichkeit entzieht und zum Ort seines Lebens und Wirkens bestimmt. Art. 13 GG soll dem Einzelnen einen elementaren Lebensraum gewährleisten, eine „räumliche Privatsphäre“ in der er einen Anspruch darauf hat „in Ruhe gelassen zu werden“ (BVerfGE 65, 1, 40.). Dem Wohnungsbegriff unterfallen nicht nur Wohnräume im engeren Sinn (etwa Hotelzimmer), sondern auch Nebenräume wie Keller, Garage, Treppenhaus, Innenhof, Dachboden, ebenso Zelte, Campingwagen und Hausboote. Das BVerfG hat auch Betriebs- und Geschäftsräume in den Schutzbereich einbezogen (BVerfGE 32, 54, 71 ff.; sehr weitgehend 97, 228, 265 – Sportstadion als Wohnung). Art. 13 GG schirmt den Bewohner unabhängig von seiner Staatsangehörigkeit ab. Bei Geschäftsräumen ist dies der Inhaber. Außerdem verpflichtet Art. 13 GG den Gesetzgeber, rechtliche Regeln für den Schutz der Privatsphäre vorzusehen.

Art. 13 GG bietet keinen absoluten Schutz. Das einfache Betreten verletzt nicht notwendigerweise das Grundrecht, z. B. wenn es sich um für die Öffentlichkeit regelmäßig zugängliche Geschäftsräume handelt. In diesen Fällen kommt es auf einen entgegenstehenden Willen des Inhabers an. Durchsuchungen – also das ziel- und zweckgerichtete Suchen staatlicher Organe nach Personen oder Sachen oder zur Ermittlung eines Sachverhalts, um etwas aufzuspüren, was der Inhaber der Wohnung von sich aus nicht offen legen oder herausgeben will – sind nur unter besonderen Voraussetzungen erlaubt. Art. 13 Abs. 2 GG beinhaltet für Durchsuchungen einen qualifizierten Gesetzesvorbehalt: Es bedarf eines förmlichen Gesetzes, das die Anordnung der Durchsuchung durch einen Richter vorsehen muss. Die Durchsuchung darf nur in der gesetzlich vorgeschriebenen Form durchgeführt werden. Nur bei Gefahr in Verzug dürfen andere Organe zur Anordnung ermächtigt werden.

WAS BEDEUTET „LAUSCHANGRIFF"?

Mit dem Gesetz vom 26. März 1998, mit dem das Grundgesetz geändert wurde, sind spezielle Gesetzesvorbehalte in Art. 13 GG aufgenommen worden, die unter dem Stichwort „Lauschangriff" seinerzeit intensiv diskutiert wurden. Diese umfassen vor allem technische Möglichkeiten zur Überwachung der Privatsphäre, etwa durch Überwachungsgeräte („Wanzen"; Richtmikrophone). Die Sicherheitsbehörden hielten diese Möglichkeiten insbesondere zu Bekämpfung organisierter Kriminalität für dringend erforderlich.

Art. 13 Abs. 3 GG enthält nunmehr die verfassungsrechtliche Rechtfertigung für die Überwachung von Wohnraum mit technischen Hilfsmitteln zum Zweck der Strafverfolgung („großer Lauschangriff"). Welche Straftaten „besonders schwer" im Sinne dieser Vorschrift sind, ergibt sich aus der Strafprozessordnung (§ 100 c Abs. 1 Nr. 3 StPO). Das Merkmal „Unverhältnismäßigkeit" nimmt Bezug auf die in §§ 100 c und 100 d StPO aufgestellten Verhältnismäßigkeitsanforderungen. Zudem ist grundsätzlich eine vorherige richterliche Anordnung erforderlich. Nach Auffassung des Bundesverfassungsgerichts darf die Überwachung nur angeordnet werden, wenn der Verdacht einer besonders schweren Straftat besteht (BVerfGE 109, 279): Von der besonderen Schwere einer Straftat im Sinne des Artikel 13 Abs. 3 GG sei nur auszugehen, wenn eine Freiheitsstrafe von mehr als fünf Jahren vorgesehen ist. Das Bundesverfassungsgericht hat den Schutz der Privatsphäre in dieser Entscheidung noch dadurch verschärft, dass Gespräche zwischen Familienangehörigen nur noch dann abgehört werden dürfen, wenn alle Beteiligten verdächtig sind und das Gespräch strafrechtlich relevanten Inhalt hat. Sind diese Voraussetzungen nicht erfüllt, ist eine akustische Wohnraumüberwachung auszusetzen, d.h. eine Aufnahme muss abgeschaltet werden. Automatisierte Mitschnitte sind daher unzulässig. Das hat zur Folge, dass die Überwachungsmaßnahme durch einen Beamten erfolgen muss.

Vertiefende Hinweise: Roggan (Hrsg.): Lauschen im Rechtsstaat – Zu den Konsequenzen des Urteils des Bundesverfassungsgerichts zum großen Lauschangriff, 2004.

Für den Menschen des 21. Jahrhunderts gehört neben den eigenen vier Wänden auch der Computer zur unverzichtbaren Privatsphäre (vgl. zur speziellen Problematik von „Online-Durchsuchung" unten Kap. 3.3.2.1.).

Art. 13 Abs. 4 GG regelt zudem die Rechtfertigung der Überwachung von Wohnraum mit technischen Hilfsmitteln zum Zweck der Gefahrenabwehr („kleiner Lauschangriff"). Während im Rahmen von Absatz 3 nur die akustische Wohnraumüberwachung zulässig ist, erlaubt Absatz 4 den Einsatz akustischer und optischer Hilfsmittel. Auch für die Überwachung aus repressiven Gründen ist grundsätzlich eine richterliche Anordnung erforderlich. Bei Gefahr in Verzug genügt hier eine nachträgliche richterliche Entscheidung.

3.2.7 Der Schutz von Ehe und Familie (Art. 6 GG)

Zur individuellen Lebenssphäre gehören in besonderem Maße Ehe und Familie, der engste persönliche Bereich, den unsere Gesellschaft kennt. Der Familienkreis wird durch Art. 6 GG in seinen fünf Absätzen geschützt. Neben dem unmittelbaren Schutz von Ehe und Familie in Absatz 1 zählt hierzu das Elternrecht in den Absätzen 2 und 3.

Mit der Liberalisierung gesellschaftlicher Vorstellungen und dem Aufkommen neuer Lebensentwürfe hat Art. 6 GG in der jüngeren Zeit Aktualität erlangt. Namentlich die Abgrenzung gleichgeschlechtlicher Partnerschaften von Ehe und Familie ist weniger verfassungsrechtlich als gesellschaftlich umstritten (s. Lebenspartnerschaftsgesetz). Zudem steht die staatliche Förderung von Ehe und Familie im Streit (Ehegatten- oder Familiensplitting).

Obwohl seinem Wortlaut nach als Schutzauftrag formuliert, beinhaltet Art. 6 Abs. 1 GG auch eine klassisch abwehrrechtliche Dimension und eine Institutgarantie.

3.2.7.1 Schutz von Ehe und Familie (Absatz 1) als Abwehrrecht

Als Ehe wird das auf Dauer angelegte Zusammenleben von Mann und Frau in einer umfassenden, grundsätzlich unauflösbaren Lebensgemeinschaft begriffen. Diesem Ehebegriff liegt das Bild der „verweltlichten“ bürgerlich-rechtlichen Ehe zugrunde, die in der rechtlich vorgesehenen Form geschlossen wird. Als Konsequenz fallen unter diesen Begriff sowohl die in Scheidung befindliche Ehe, die sog. hinkende Ehe, als auch die sog. Scheinehe (str.), nicht aber die geschiedene Ehe und die sog. wilde Ehe.

Geschützt werden die Eheschließungsfreiheit, das eheliche Zusammenleben sowie die freie Entscheidung zur Scheidung. Art. 6 Abs. 1 GG enthält zusätzlich einen besonderen Gleichheitssatz. Jedenfalls wird Art. 6 Abs. 1 GG im Rahmen von Art. 3 Abs. 1 GG mitberücksichtigt. Dabei kommt Art. 6 Abs. 1 GG als wertentscheidende Grundsatznorm zum Tragen.

Unter dem Begriff der Familie versteht man das Beziehungsverhältnis zwischen den Eltern und den Kindern, gleichgültig ob minder- oder volljährige, eheliche oder nichteheliche, Stief- oder Adoptivkinder. Kurz gesagt: Familie ist dort, wo Kinder sind. Das gilt auch für eingetragene Lebenspartnerschaften: „Leben eingetragene Lebenspartner mit dem leiblichen oder angenommenen Kind eines Lebenspartners in sozial-familiärer Gemeinschaft, bilden sie mit diesem eine durch Art. 6 Abs. 1 GG geschützte Familie im Sinne des Grundgesetzes. Bei der rechtlichen Ausgestaltung der Familie ist der Gesetzgeber verfassungsrechtlich nicht ohne Weiteres verpflichtet, denjenigen, die tatsächlich soziale Elternfunktion wahrnehmen, allein deswegen eine Adoptionsmöglichkeit zu schaffen“ (BVerfGE 133, 59, Ls 3). Der Schutzbereich von Art. 6 Abs. 1 GG umfasst die Familiengründung sowie alle Bereiche der Familie. Träger dieses Grundrechts sind alle natürlichen Personen.

Nicht jede ehe- oder familienbezogene gesetzliche Regelung stellt bereits einen Eingriff dar. Vielmehr sind Ehe und Familie der kulturpolitischen Tradition ebenso unterworfen wie dem gesellschaftlichen Wandel. Damit Ehe und Familie daher überhaupt als rechtliches Gebilde greifbar werden, bedarf es *definierender* Regeln, also einer einfachgesetzlichen Ausgestaltung. Hierzu gehören grundsätzlich alle Normen des Erb- und Familienrechts im Bürgerlichen Gesetzbuch (z.B. § 1357 Abs. 1 BGB).

Keine Definition, sondern Eingriffe liegen vor, wenn Vorschriften aus anderen Rechtsgebieten die Freiheit des Einzelnen beschränken. Dies trifft z.B. zu, wenn in einem Arbeitsvertrag eine Zölibatsklausel vorgesehen ist.

Ehe und Familie sind vorbehaltlos geschützt, d.h. Einschränkungen aufgrund von Gesetzen sind nicht vorgesehen. Daher ist ein Eingriff (statt einer nur definierenden Regel) nur zulässig, wenn die Maßnahme mit kollidierendem Verfassungsrecht, also anderen Grundrechten, legitimiert ist. Dabei unterstehen alle Eingriffe dem Verhältnismäßigkeitsprinzip.

3.2.7.2 Elternrecht (Absätze 2 und 3) als Abwehrrecht

In engem Zusammenhang mit dem Schutz von Ehe und Familie steht die Gewährleistung des sog. Elternrechts. Diesem kommt eine freiheitssichernde Funktion zu und beschränkt als grundrechtlich begründete Pflicht für Private deren Freiheit.

Das Elternrecht umfasst die Pflege und Erziehung des Kindes und gleichzeitig die Pflicht, dessen Wohle zu dienen. Damit bezieht es sich auf die geistige, seelische und körperliche Entwicklung des Kindes. Art. 6 Abs. 2 GG gewährleistet den Eltern die eigenverantwortliche Entscheidung für die Inhalte und die Art der Erziehung. Mit zunehmendem Alter des Kindes ist dessen Selbstbestimmungsrecht aus Art. 2 Abs. 1 GG zu beachten. Mit der Volljährigkeit endet das Elternrecht. Allerdings gilt das Elternrecht nicht uneingeschränkt, es ist nach der Rechtsprechung des Bundesverfassungsgerichts eine „treuhänderische Freiheit“. Eine Erziehung, die das Kindeswohl missachtet, ist nicht vom Elternrecht geschützt. Träger dieses Grundrechts sind die Eltern einschließlich der Adoptiv- und Pflegeeltern.

Eingriffe können in derselben Form erfolgen wie in die Freiheit der Ehe und Familie. Vor allem staatliche Regelungen, die der Vorstellungen der Eltern widersprechen, können Eingriffsqualität besitzen. Das Elternrecht unterliegt auch der gesetzlichen Ausgestaltung, was dann aber im Grundsatz keinen Eingriff bedeutet. Dies trifft etwa auf die Schulpflicht zu, die in den einschlägigen Gesetzen der Länder vorgesehen ist.

Verfassungsmäßige Rechtfertigung eines Eingriffs in das Elternrecht ist zum einen das in Art. 6 Abs. 2 S. 2 GG vorgesehene Wächteramt des Staates, zum anderen kollidierende Grundrechte.

Problematisch ist regelmäßig die vom Staat auferlegte Schulpflicht, die aus der Schulhoheit nach Art. 7 GG resultiert, sowie das Nebeneinander von elterlichem Erziehungsrecht und schulischer Erziehungsaufgabe. Stärkster Eingriff ist die Trennung des Kindes von den Eltern nach Absatz 3. Dieser steht unter einem sog. qualifizierten Gesetzesvorbehalt, wonach die Trennung nur aufgrund eines dem Wohle des Kindes dienenden Gesetzes möglich ist.

3.2.7.3 Art. 6 GG als Leistungsrecht

Art. 6 GG räumt darüber hinaus in seinem Absatz 4 der Mutter einen Anspruch auf Schutz und Fürsorge der Gemeinschaft ein. Dafür wie der Staat diesen sog. Leistungsanspruch erfüllt, hat der Gesetzgeber einen weiten Gestaltungsspielraum. Absatz 5 beinhaltet den Auftrag an den Gesetzgeber für die Gleichbehandlung des nichtehelichen Kindes mit den ehelichen Kindern zu sorgen, der überwiegend in einen unmittelbaren Anspruch des Kindes auf Gleichberechtigung umgeschlagen ist.

3.2.7.4 Art. 6 GG als Institutsgarantie

Ehe ist die rechtlich konstituierte Form des Zusammenlebens von Mann und Frau und ist insoweit ein zivilrechtliches Institut. Es bedarf der Ausgestaltung. Hierbei ist der Gesetzgeber weitgehend frei. Er ist auch nicht gehalten, andere Lebensgemeinschaften anders auszugestalten. Bei der Ausgestaltung muss er allerdings Strukturmerkmale beachten. Die Garantie von Ehe und Familie als Institute nach Art. 6 GG wirkt im Sinne einer sog. Schranken-Schranke insofern, als ihr Kern vom Wandel der Lebensverhältnisse unberührt bleiben muss.

3.2.8 Das Brief-, Post- und Fernmeldegeheimnis (Art. 10 GG)

Als Jedermanngrundrecht enthält Art. 10 Abs. 1 GG Brief-, Post- und das Fernmeldegeheimnis. Geschützt wird die Vertraulichkeit individueller Kommunikation, soweit die Kommunikation schriftlich oder fernmeldetechnisch übertragen wird.

Das Briefgeheimnis schützt den Briefverkehr davor, dass der Staat vom Inhalt eines Briefes Kenntnis nimmt. Briefe sind individuelle schriftliche Mitteilungen. Dem Schutz unterliegen nicht nur der Inhalt, sondern auch die mit der Beförderung zusammenhängenden Daten.

Das Postgeheimnis erfasst den gesamten durch die Post vermittelten Verkehr von der Einlieferung der Sendung bis zur Ablieferung an den Empfänger. Das Postgeheimnis erstreckt sich auf den Inhalt der Sendung und alle Daten des Postverkehrs (etwa die Tatsache der Postnutzung als solche, Häufigkeit und Umstände der Beförderung, Absender- und Empfängerangaben). Nach der Privatisierung der staatlichen Post und dem Auftreten privater Beförderer stellt sich die Frage nach dem jeweiligen Anwendungsbereich von Post- und Briefgeheimnis. Da die Schutzrichtung beider Grundrechte identisch ist – nämlich Schutz der Vertraulichkeit der Mitteilung –, kommt es vom Ergebnis her betrachtet auf eine trennscharfe Abgrenzung nicht an. Da das Postgeheimnis dem Briefgeheimnis vorgeht, kommt letzteres nur bei Briefen außerhalb des Postbereichs zum Tragen. Selbständige Bedeutung hat das Briefgeheimnis daher nur, wenn die Beförderung nicht durch die Post vorgenommen wird oder – bei Postbenutzung – für die Zeiträume vor Einlieferung und nach Ausscheiden aus dem Postbereich. Unverschlossene Sendungen fallen nicht unter das Briefgeheimnis, da erst durch deren Verschließen ein Interesse an der Geheimhaltung des Inhalts anzuerkennen ist.

Das Fernmeldegeheimnis schützt die gesamte Kommunikation mittels elektromagnetischer Wellen. Dies umfasst etwa den Telefon-, Telegramm- und Telexverkehr, ferner Teletext, Telefax und E-Mails. Nicht erfasst werden Internetangebote und Rundfunk-/Fernsehsendungen, die an die Öffentlichkeit gerichtet sind. Auf den öffentlichen Charakter des Übertragungsweges kommt es indes nicht an. Aber auch privater Amateurfunk oder das Haustelefon sind geschützt. Der Grundrechtsschutz erstreckt sich auch auf die Verbindungsdaten, die mit dem Kommunikationsvorgang anfallen (BVerfGE 100, 313).

Solange die verschiedenen Kommunikationseinrichtungen (fast) ausschließlich staatlich betrieben wurden, stellte sich die Frage danach, gegen wen sich der Grundrechtsschutz richtete, letztlich nicht. Post- und Fernmeldewesen waren staatlich, folglich war auch der Staat durch Art. 10 GG verpflichtet. Mit der Privatisierung hat sich das zwar nicht völlig verändert – noch immer richtet sich Art. 10 GG gegen eine staatliche Kenntnisnahme. Aber Art. 10 GG entfaltet nunmehr auch gegenüber privaten Post- und Telekommunikationsanbietern Wirkung. Die missbräuchlichen Zugriffe auf Verbindungsdaten bei der Telekom, die im Mai 2008 bekannt wurden, zeigen die Notwendigkeit dieser Wirkung.

DIE DIMENSIONEN DER GRUNDRECHTE – ABWEHR, WERTORDNUNG, DRITTWIRKUNG

Grundrechte richten sich in erster Linie gegen den Staat: Der Bürger kann sich unter Berufung auf Grundrechte gegen staatliche Maßnahmen wenden und deren Unterlassung verlangen. Man spricht vom abwehrrechtlichen Charakter der Grundrechte. Als „Kehrseite“ dieses Anspruches des Bürgers ist der Staat verpflichtet, auch ohne dass es der Bürger konkret verlangt, die Grundrechte zu beachten und zu schützen. Das Bundesverfassungsgericht spricht davon, dass in den Grundrechten eine objektiven Werteordnung niedergelegt ist (BVerfGE 6, 32, 40 (Elfes); 7, 198,205 (Lüth); 25, 256, 263 (Blinkfüer); 39, 1, 41 (Schwangerschaftsabbruch)). Gegenüber anderen Bürgern kann sich der Einzelne grundsätzlich nicht auf Grundrechte berufen. Man spricht staatsrechtlich von Drittwirkung. Allerdings entfalten Grundrechte auch in solchen privatrechtlichen Rechtsverhältnissen Wirkung, wenn die in den Grundrechten konkretisierten Wertentscheidungen so grundsätzlicher Natur sind, dass sie allgemein zu beachten sind: Spätestens in einer zivilrechtlichen Streitigkeit entscheidet ein staatliches Gericht. Die staatlichen Gerichte sind aber gemäß Art. 1 Abs. 3 GG an Grundrechte gebunden. Zumindest im Rahmen ihrer Entscheidung müssen somit die Grundrechte in den zivilrechtlichen Streit zwischen den Privaten Eingang finden (mittelbare Drittwirkung).

Im Rahmen des privaten Rechtsverhältnisses haben private Kommunikationsdienstleister die Garantien des Art. 10 GG zu beachten. Zudem muss der Gesetzgeber für die Vertraulichkeit gem. Art. 10 GG notwendigen rechtlichen Rahmenbedingungen Sorge tragen.

Art. 10 GG wird verletzt, wenn vom Inhalt Kenntnis genommen wird, die Daten erfasst oder weitergegeben werden.

3.2.9 Allgemeine Handlungsfreiheit

Menschenwürde und Freiheit sind eng miteinander verknüpft. Sie ergänzen sich, die Menschenwürde konkretisiert sich in der Freiheit des Einzelnen und in der allgemeinen Handlungsfreiheit (vgl. Kap. 4.2.1). Denn eine menschenwürdige, menschliche Existenz kann der Einzelnen nur führen, wenn er sich frei entfalten kann. So gewährleistet Art. 2 Abs. 1 GG das Recht auf freie Entfaltung der Persönlichkeit und die allgemeine Handlungsfreiheit: Jeder kann grundsätzlich tun und lassen, was er will (St. Rspr. BVerfGE 6, 32, 36; 74, 129, 151; 75, 108, 154 f.; 80, 137, 152 f.).

Diese Auffassung ist indes nicht unumstritten. In der Verfassungsrechtswissenschaft wird z.T. vertreten, der allgemeine Geltungsanspruch des Art. 2 Abs. 1 GG sei begrenzt: Das Grundrecht schütze nicht etwa die allgemeine Handlungsfreiheit in einem umfassenden Sinn, sondern stelle lediglich einen Auffangtatbestand dar, d.h. es schütze nur solche Betätigungen, die konstituierende Elemente der Persönlichkeit darstellen, die nicht den Schutz spezieller Grundrechte gefunden haben. Dabei soll sich die Grenzziehung zwischen Tätigkeiten, die für eine Persönlichkeitsentfaltung gewichtig sind und in den Schutzbereich des Art. 2 Abs. 1 GG fallen, danach bestimmen, inwieweit die fragliche Tätigkeit den Schutzgütern der übrigen, benannten Freiheitsrechte gleichkommt.

Nach der herrschenden Meinung erstreckt sich die Garantie des Art. 2 Abs. 1 GG allerdings auf jede beliebige Handlung. So wird auch das Taubenfüttern im Park oder das freie Reiten im Wald geschützt. Dieser Schutz entfiele hingegen, wenn man diese Handlungen nicht für konstituierend oder wertvoll für die Persönlichkeit des Einzelnen hält.

Lesenswert: Dieter Grimm, Abweichende Meinung, BVerfGE 80, 137, 164, 166 f., 169.

Dem Grundgesetz liegt das freie (und gleiche) Individuum als Menschenbild zugrunde. Hieraus folgt, dass Freiheit die Regel, staatliche Intervention die Ausnahme ist. Das BVerfG hat dies prägnant ausgedrückt: „Was nicht verboten ist, ist erlaubt" (BVerfGE 84, 372, 380). Das Grundgesetz ist wertneutral. Mit seinen verschiedenen, sehr spezifischen Grundrechten werden bestimmte menschliche Tätigkeiten ausdrücklich geschützt. Es nimmt aber keine Bewertung menschlichen Handelns vor (vgl. Kap. 1.2). Die Freiheit des Individuums liegt dem Staat voraus, sie ist prinzipiell unbegrenzt, die Staatsgewalt aber prinzipiell begrenzt. Die Staatsrechtswissenschaft hat hierfür den Begriff des rechtsstaatlichen Verteilungsprinzip geprägt: Handlungen der Staatsgewalt mit freiheitsbegrenzender Tendenz bedürfen fortwährender Rechtfertigung.

Die enge Verknüpfung von Art. 2 Abs. 1 GG und Art. 1 Abs. 1 GG wird auch daran deutlich, dass man das allgemeine Persönlichkeitsrecht – das im Grundgesetz nicht genannt ist – aus dem Zusammenspiel der beiden Vorschriften als besondere Ausformung der allgemeinen Handlungsfreiheit abgeleitet hat. Inzwischen hat es einen weitgehend selbstständigen grundrechtlichen Charakter. Die Reichweite des allgemeinen Persönlichkeitsrechts erschließt sich letztlich vor allem aus einer Vielzahl konkreter Verbürgungen, welche die Rechtsprechung im Einzelnen ausgeformt hat. Es lässt sich in ein Recht auf

- Selbstbestimmung
- Selbstbewahrung und
- Selbstdarstellung

systematisieren. Zum allgemeinen Persönlichkeitsrecht gehört auch das Recht auf informationelle Selbstbestimmung. Jeder soll grundsätzlich selbst entscheiden, wann und innerhalb welcher Grenzen er persönliche Lebenssachverhalte offenbart. Die informationelle Selbstbestimmung „schützt ... generell vor der Erhebung und Verarbeitung personenbezogener Daten". Sie ist nicht nur auf die automatisierte Datenverarbeitung anwendbar, sondern erfasst zugleich die herkömmlichen Methoden der Datenerfassung, -sammlung und -speicherung. Auch die Weiterverwendung von Daten – etwa in Verbunddateien zur Terrorbekämpfung – fällt in den Schutzbereich der informationellen Selbstbestimmung (vgl. BVerfGE 133, 277). Auf die Art der Daten kommt es nicht an, weil angesichts der modernen Methoden der Datenverarbeitung selbst vermeintlich belanglose Daten einen neuen Stellenwert bekommen können.

DATENSCHUTZ:

Das Recht auf informationelle Selbstbestimmung ist die verfassungsrechtliche Grundlage für das einfachgesetzliche Regime des Datenschutzes, auch wenn datenschützende Regeln nicht erst infolge der Rechtsprechung des Bundesverfassungsgerichts zur informationellen Selbstbestimmung (Volkszählungsurteil, BVerfGE 65, 1) erlassen wurden. Eine der ältesten Datenschutzregeln ist das Beichtgeheimnis, das seit 1215 schriftlich im Kirchenrecht niedergelegt ist. Ausgehend von US-amerikanischen Debatten um den Datenschutz in den sechziger Jahren des vorigen Jahrhunderts wurden auch in Europa Gesetze erlassen, die sich mit dem Schutz der persönlichen Daten befassten. Nachdem es zunächst auf Landesebene Datenschutzbestimmungen gab (das erste Gesetz 1970 in Hessen), trat 1977 das Bundesdatenschutzgesetz in Kraft (aktuell: Bundesdatenschutzgesetz in der Fassung der Bekanntmachung vom 14. Januar 2003, BGBl. I S. 66, zuletzt geändert durch Artikel 1 des Gesetzes vom 14. August 2009 – BGBl. I S. 2814 – BDSG). Seit 1995 legt die Richtlinie 95/46/EG (Datenschutzrichtlinie) Mindeststandards fest.

Datenschutzgesetze regeln den Umgang mit personenbezogenen Daten unabhängig davon, wie diese Daten technisch verarbeitet werden. Gem. § 1 Abs. 1 BDSG ist es dessen Zweck, den Einzelnen davor zu schützen, dass er durch den Umgang mit seinen personenbezogenen Daten in seinem Persönlichkeitsrecht beeinträchtigt wird.

§ 1 und 2 BDSG lauten:

§ 1 Zweck und Anwendungsbereich des Gesetzes

(1) Zweck dieses Gesetzes ist es, den Einzelnen davor zu schützen, dass er durch den Umgang mit seinen personenbezogenen Daten in seinem Persönlichkeitsrecht beeinträchtigt wird.

(2) Dieses Gesetz gilt für die Erhebung, Verarbeitung und Nutzung personenbezogener Daten durch

1. öffentliche Stellen des Bundes,
2. öffentliche Stellen der Länder, soweit der Datenschutz nicht durch Landesgesetz geregelt ist und soweit sie

a) Bundesrecht ausführen oder

b) als Organe der Rechtspflege tätig werden und es sich nicht um Verwaltungsangelegenheiten handelt,

3. nicht-öffentliche Stellen, soweit sie die Daten unter Einsatz von Datenverarbeitungsanlagen verarbeiten, nutzen oder dafür erheben oder die Daten in oder aus nicht automatisierten Dateien verarbeiten, nutzen oder dafür erheben, es sei denn, die Erhebung, Verarbeitung oder Nutzung der Daten erfolgt ausschließlich für persönliche oder familiäre Tätigkeiten.

(3) Soweit andere Rechtsvorschriften des Bundes auf personenbezogene Daten einschließlich deren Veröffentlichung anzuwenden sind, gehen sie den Vorschriften dieses Gesetzes vor. Die Verpflichtung zur Wahrung gesetzlicher Geheimhaltungspflichten oder von Berufs- oder besonderen Amtsgeheimnissen, die nicht auf gesetzlichen Vorschriften beruhen, bleibt unberührt.

(4) Die Vorschriften dieses Gesetzes gehen denen des Verwaltungsverfahrensgesetzes vor, soweit bei der Ermittlung des Sachverhalts personenbezogene Daten verarbeitet werden.

(5) Dieses Gesetz findet keine Anwendung, sofern eine in einem anderen Mitgliedstaat der Europäischen Union oder in einem anderen Vertragsstaat des Abkommens über den Europäischen Wirtschaftsraum belegene verantwortliche Stelle personenbezogene Daten im Inland erhebt, verarbeitet oder nutzt, es sei denn, dies erfolgt durch eine Niederlassung im Inland. Dieses Gesetz findet Anwendung, sofern eine verantwortliche Stelle, die nicht in einem Mitgliedstaat der Europäischen Union oder in einem anderen Vertragsstaat des Abkommens über den Europäischen Wirtschaftsraum belegen ist, personenbezogene Daten im Inland erhebt, verarbeitet oder nutzt. Soweit die verantwortliche Stelle nach diesem Gesetz zu nennen ist, sind auch Angaben über im Inland ansässige Vertreter zu machen. Die Sätze 2 und 3 gelten nicht, sofern Datenträger nur zum Zweck des Transits durch das Inland eingesetzt werden. § 38 Abs. 1 Satz 1 bleibt unberührt.

§ 2 Öffentliche und nicht-öffentliche Stellen

(1) Öffentliche Stellen des Bundes sind die Behörden, die Organe der Rechtspflege und andere öffentlich-rechtlich organisierte Einrichtungen des Bundes, der bundesunmittelbaren Körperschaften, Anstalten und Stiftungen des öffentlichen Rechts sowie deren Vereinigungen ungeachtet ihrer Rechtsform. Als öffentliche Stellen gelten die aus dem Sondervermögen Deutsche Bundespost durch Gesetz hervorgegangenen Unternehmen, solange ihnen ein ausschließliches Recht nach dem Postgesetz zusteht.

(2) Öffentliche Stellen der Länder sind die Behörden, die Organe der Rechtspflege und andere öffentlich-rechtlich organisierte Einrichtungen eines Landes, einer Gemeinde, eines Gemeindeverbandes und sonstiger der Aufsicht des Landes unterstehender juristischer Personen des öffentlichen Rechts sowie deren Vereinigungen ungeachtet ihrer Rechtsform.

(3) Vereinigungen des privaten Rechts von öffentlichen Stellen des Bundes und der Länder, die Aufgaben der öffentlichen Verwaltung wahrnehmen, gelten ungeachtet der Beteiligung nicht-öffentlicher Stellen als öffentliche Stellen des Bundes, wenn

1. sie über den Bereich eines Landes hinaus tätig werden oder
2. dem Bund die absolute Mehrheit der Anteile gehört oder die absolute Mehrheit der Stimmen zusteht.

Andernfalls gelten sie als öffentliche Stellen der Länder.
(4) Nicht-öffentliche Stellen sind natürliche und juristische Personen, Gesellschaften und andere Personenvereinigungen des privaten Rechts, soweit sie nicht unter die Absätze 1 bis 3 fallen. Nimmt eine nicht-öffentliche Stelle hoheitliche Aufgaben der öffentlichen Verwaltung wahr, ist sie insoweit öffentliche Stelle im Sinne dieses Gesetzes

---

Das BDSG gilt also sowohl für die Staatsgewalt wie auch für Private, wenn sie Daten sammeln, verwalten oder weitergeben. Soweit öffentliche Stellen des Bundes Daten verwalten, wird dies vom Bundesbeauftragten für den Datenschutz und die Informationsfreiheit kontrolliert (§ 24 BDSG).

Für die Kontrolle der Einhaltung der Datenschutzbestimmungen durch Private – namentlich der Privatwirtschaft – sind die zuständigen Stellen der Länder zuständig, insbesondere die Landesdatenschutzbeauftragten (§ 38 BDSG).

Während das Grundgesetz den Datenschutz nicht explizit regelt, sondern im Rahmen des allgemeinen Persönlichkeitsrechts, kennen viele Landesverfassungen entsprechende Grundrechte, die den Datenschutz zum Gegenstand haben.

Ebenfalls aus dem allgemeinen Persönlichkeitsrecht hat das Bundesverfassungsgericht ein Grundrecht auf Gewährleistung der Vertraulichkeit und Integrität informationstechnischer Systeme abgeleitet. Dieses Grundrecht schützt den Bürger vor staatlichen Eingriffen („Online-Durchsuchungen"), die allein oder in ihren technischen Vernetzungen Einblicke in personenbezogene Daten des Betroffenen in einem Umfang und in einer Vielfalt ermöglichen, die dem Staat wesentliche Teile der Lebensgestaltung einer Person eröffnen oder gar ein aussagekräftiges Bild der Persönlichkeit bieten.

BVERFG, ENTSCHEIDUNG VOM 28.2.2008:

„Diese Ausprägung des allgemeinen Persönlichkeitsrechts schützt vor Eingriffen in informationstechnische Systeme, soweit der Schutz nicht durch andere Grundrechte, wie insbesondere Art. 10 oder Art. 13 GG, sowie durch das Recht auf informationelle Selbstbestimmung gewährleistet ist (1). Vorliegend sind die Eingriffe verfassungsrechtlich nicht gerechtfertigt: § 5 Abs. 2 Nr. 11 Satz 1 Alt. 2 VSG genügt nicht dem Gebot der Normenklarheit (2 a), die Anforderungen des Verhältnismäßigkeitsgrundsatzes sind nicht gewahrt (2 b) und die Norm enthält keine hinreichenden Vorkehrungen zum Schutz des Kernbereichs privater Lebensgestaltung (2 c). Die angegriffene Norm ist nichtig (2 d). Einer zusätzlichen Prüfung anhand anderer Grundrechte bedarf es nicht (2 e).

1. § 5 Abs. 2 Nr. 11 Satz 1 Alt. 2 VSG ermächtigt zu Eingriffen in das allgemeine Persönlichkeitsrecht in seiner besonderen Ausprägung als Grundrecht auf Gewährleistung der Vertraulichkeit und Integrität informationstechnischer Systeme; sie tritt zu den anderen Konkretisierungen dieses Grundrechts, wie dem Recht auf informationelle Selbstbestimmung, sowie zu den Freiheitsgewährleistungen der Art. 10 und Art. 13 GG hinzu, soweit diese keinen oder keinen hinreichenden Schutz gewähren.

a) Das allgemeine Persönlichkeitsrecht gewährleistet Elemente der Persönlichkeit, die nicht Gegenstand der besonderen Freiheitsgarantien des Grundgesetzes sind, diesen aber in ihrer konstituierenden Bedeutung für die Persönlichkeit nicht nachstehen (vgl. BVerfGE 99, 185, 193; 114, 339, 346). Einer solchen lückenschließenden Gewährleistung bedarf es insbesondere, um neuartigen Gefährdungen zu begegnen, zu denen es im Zuge des wissenschaftlich-technischen Fortschritts und gewandelter Lebensverhältnisse kommen kann (vgl. BVerfGE 54, 148, 153; 65, 1, 41; BVerfG, Beschluss vom 13. Juni 2007 – 1 BvR 1550/03 u.a. –, NJW 2007, S. 2464, 2465). Die Zuordnung eines konkreten Rechtsschutzbegehrens zu den verschiedenen Aspekten des Persönlichkeitsrechts richtet sich vor allem nach der Art der Persönlichkeitsgefährdung (vgl. BVerfGE 101, 361, 380; 106, 28, 39)."

(BVerfG, 1 BvR 370/07 vom 27.2.2008, Absatz-Nr. 167 ff, http://www.bverfg.de/entscheidungen/rs20080227_1bvr037007.html = BVerfGE 120, 274)

Art. 2 Abs. 1 GG gewährleistet das Recht auf freie Entfaltung der Persönlichkeit und die allgemeine Handlungsfreiheit und damit insgesamt das Recht des Einzelnen zu tun und zu lassen, was er will. Trotz einer Diskussion um diese Aussage ist der Allgemeingutcharakter des umfassenden, alle Lebensbereiche umfassenden Schutzanspruches des Art. 2 Abs. 1 GG letztlich nicht fraglich. Geschützt ist damit das freie Belieben, also jede Form menschlichen Handelns, auch ohne Bezug zu einem spezifischen Gewicht für die Persönlichkeitsentfaltung. Selbst die Entscheidung über das eigene Leben – die Selbsttötung – wird der allgemeinen Handlungsfreiheit zugeordnet. Dem Grundgesetz liegt das freie (und gleiche) Individuum als Menschenbild zugrunde. Hieraus folgt, dass Freiheit die Regel, staatliche Intervention die Ausnahme ist.

3.2.10 Das Sozialstaatsprinzip und der grundrechtliche Anspruch auf ein Existenzminimum

Während die Grundrechte – wenn auch nicht ausschließlich, so doch in erster Linie – klassische abwehrrechtliche Funktionen haben, enthält das Sozialstaatsprinzip einen Gestaltungsauftrag. Das Sozialstaatsprinzip ist verfassungsrechtlich weniger konturiert als alle anderen Prinzipien, wie etwa das Rechtsstaatsprinzip (vgl. Kap. 2). Es ist in Art. 20 und 28 GG niedergelegt und kommt in der adjektivischen Formulierung des „sozialen Bundesstaates" bzw. des „sozialen Rechtsstaates" zum Ausdruck. Das Sozialstaatsprinzip ist nach ganz überwiegender Meinung nicht lediglich unverbindlicher Programmsatz, sondern gilt unmittelbar und ist verbindlich. Die textliche Unbestimmtheit der Sozialstaatsklausel wird auch, nicht wie bei den übrigen Grundprinzipien, dadurch aufgefangen, dass sie durch weitere Bestimmungen im Rahmen der Gesamtverfassung näher konkretisiert und ausgefüllt wird. Einen unmittelbar sozialen Bezug haben etwa die Gemeinwohlklausel des Art. 14 GG, die verschiedenen Regelungen des Art. 6 GG oder die verschiedenen Kompetenzen im Rahmen des Art. 74 GG, die dem Bund die Gesetzgebungszuständigkeit für bestimmte sozial relevante Materien – etwa Sozialversicherung (Art. 74 Abs. 1 Nr. 12, vgl. auch Art. 87 Abs. 2 GG), Sozialhilfe (Art. 74 Abs. 1 Nr. 7 GG), Arbeitsrecht und Arbeitsschutz (Art. 74 Abs. 1 Nr. 12 GG) oder Ausbildungsförderung (Art. 74 Abs. 1 Nr. 13 GG) – zuweisen. Gleichwohl lassen sich aus dem sozialen Staatsziel – seinem Charakter als Prinzip entsprechend – nicht ohne Weiteres konkrete Inhalte erschließen. Auch wenn das Sozialstaatsprinzip keine subjektiven öffentliche Rechte vermittelt, sondern allenfalls im Zusammenspiel mit grundrechtlichen Gewährleistungen, so zählt es als Verfassungsnorm zur objektiven Rechtsordnung. Der Staat – das ist die Aussage des Art. 20 GG – hat sozial zu sein, *ohne* dass die Art und Weise der sozialen Ausgestaltung von vornherein vorgegeben wäre. In der Verpflichtung auf den Sozialstaat kommt die soziale Verantwortung zum Ausdruck, die dem Staat von der Verfassung auferlegt ist.

Wenn das Grundgesetz von einem sozialen Staat ausgeht, so ist hierin ein beständiger Auftrag enthalten, soziale Verhältnisse herzustellen, zu erhalten oder zu sichern. Das Sozialstaatsprinzip „begründet die Pflicht des Staates, für eine gerechte Sozialordnung zu sorgen“ (BVerfGE 97, 169, 185). Als Ermächtigungsnorm ist das Sozialstaatsprinzip damit Gestaltungsauftrag an diejenigen Verfassungsorgane, die für die Umsetzung gesellschaftspolitischer Zielvorstellungen zuständig sind. Allerdings muss sich dieser Auftrag immer auch an dem messen lassen, was tatsächlich und finanziell möglich ist.

Das Urteil des Bundesverfassungsgericht in Sachen „Hartz IV“ vom 9. Februar 2010 hat demgegenüber eine beachtenswerte Neuerung gebracht: Aus Art. 1 Abs. 1 GG in Verbindung mit Art. 20 Abs. 1 GG ergibt sich nach dieser jüngsten Rechtsprechung ein Grundrecht auf Gewährleistung eines menschenwürdigen Existenzminimums. Art. 1 Abs. 1 GG begründet diesen Anspruch. Das Sozialstaatsgebot des Art. 20 Abs. 1 GG verpflichtet den Gesetzgeber, jedem ein menschenwürdiges Existenzminimum zu sichern, wobei dem Gesetzgeber ein Gestaltungsspielraum bei den unausweichlichen Wertungen zukommt, die mit der Bestimmung der Höhe des Existenzminimums verbunden sind. Dieses Grundrecht aus Art. 1 Abs. 1 GG hat als Gewährleistungsrecht in seiner Verbindung mit Art. 20 Abs. 1 GG neben dem absolut wirkenden Anspruch aus Art. 1 Abs. 1 GG auf Achtung der Würde jedes Einzelnen eigenständige Bedeutung (Quelle: BVerfG, 1 BvL 1, 3, 4/09 vom 9.2.2010, http://www.bverfg.de/entscheidungen/ls20100209_1bvl000109.html = BVerfGE 125, 175).

Das Bundesverfassungsgericht formuliert das so:

„Art. 1 Abs. 1 GG erklärt die Würde des Menschen für unantastbar und verpflichtet alle staatliche Gewalt, sie zu achten und zu schützen (vgl. BVerfGE 1, 97 [104]; 115, 118 [152]). Als Grundrecht ist die Norm nicht nur Abwehrrecht gegen Eingriffe des Staates. Der Staat muss die Menschenwürde auch positiv schützen (vgl. BVerfGE 107, 275 [284]; 109, 279 [310]). Wenn einem Menschen die zur Gewährleistung eines menschenwürdigen Daseins notwendigen materiellen Mittel fehlen, weil er sie weder aus seiner Erwerbstätigkeit, noch aus eigenem Vermögen noch durch Zuwendungen Dritter erhalten kann, ist der Staat im Rahmen seines Auftrages zum Schutz der Menschenwürde und in Ausfüllung seines sozialstaatlichen Gestaltungsauftrages verpflichtet, dafür Sorge zu tragen, dass die materiellen Voraussetzungen dafür dem Hilfebedürftigen zur Verfügung stehen. Dieser objektiven Verpflichtung aus Art. 1 Abs. 1 GG korrespondiert ein Leistungsanspruch des Grundrechtsträgers, da das Grundrecht die Würde jedes individuellen Menschen schützt (vgl. BVerfGE 87, 209 [228]) und sie in solchen Notlagen nur durch materielle Unterstützung gesichert werden kann." (BVerfGE 125, 175, 222 f.)

Und im Urteil zum Asylbewerberleistungsgesetz führt das Gericht aus:

„Art. 1 Abs. 1 GG in Verbindung mit dem Sozialstaatsprinzip des Art. 20 Abs. 1 GG garantiert ein Grundrecht auf Gewährleistung eines menschenwürdigen Existenzminimums (vgl. BVerfGE 125, 175). Art. 1 Abs. 1 GG begründet diesen Anspruch als Menschenrecht. Er umfasst sowohl die physische Existenz des Menschen als auch die Sicherung der Möglichkeit zur Pflege zwischenmenschlicher Beziehungen und ein Mindestmaß an Teilhabe am gesellschaftlichen, kulturellen und politischen Leben. Das Grundrecht steht deutschen und ausländischen Staatsangehörigen, die sich in der Bundesrepublik Deutschland aufhalten, gleichermaßen zu." (BVerfGE 132, 134, Ls 2)

3.3 Die Verfassungswirklichkeit

3.3.1 Keine absolute Freiheit

Der Blick in den Grundrechtsteil täuscht. Kaum eine der dort niedergelegten Freiheiten kann einen absoluten Schutz beanspruchen. Dies liegt zum einen daran, dass die Freiheit des einen die Einschränkung des anderen zur Folge hat.

Beispiel: Wer in geschlossenen Räumen raucht, beansprucht für sich die allgemeine Handlungsfreiheit. Zugleich schränkt er aber die Freiheit der Nichtraucher ein und gefährdet auch ihre Gesundheit. Und die Raucher beeinträchtigen etwa die Mitarbeiter in den Gaststätten, die sich letztlich nicht der Beeinträchtigung entziehen können – es sei denn, sie geben ihren Arbeitsplatz auf (vgl. insgesamt zur Raucherproblematik BVerfG, 1 BvR 3262/07 vom 30.7.2008, http://www.bverfg.de/entscheidungen/rs20080730_1bvr326207.html)

Zum anderen erlauben die meisten Grundrechte selbst eine Einschränkung der gewährleisteten Freiheit. Der allgemeine Gesetzesvorbehalt (vgl. Kap. 2.2.6) wird in den Grundrechten konkretisiert: Der Normtext der Grundrechte erlaubt oft Beschränkungen durch oder aufgrund eines Gesetzes. Neben dem schon beschriebenen Schutz vor willkürlichen staatlichen Maßnahmen enthalten die Grundrechte durch die verschiedenen Gesetzesvorbehalte auch ein „Programm". So bleibt es dem Gesetzgeber vorbehalten, die widerstreitenden Interessen, die sich auf Grundrechte stützen können, auszugleichen. Das Programm der Grundrechte lässt sich – zugegebener Maße verkürzt – wie folgt beschreiben: Je allgemeiner die Gewährleistung der Freiheit, umso einfacher ist auch die gesetzliche Einschränkungsmöglichkeit.

Beispiel: Nach Art. 2 Abs. 1 hat jeder das Recht auf die freie Entfaltung seiner Persönlichkeit, *soweit er nicht die Rechte anderer verletzt und nicht gegen die verfassungsmäßige Ordnung oder das Sittengesetz verstößt.*

Das Merkmal „verfassungsmäßige Ordnung" umfasst nach Auffassung des Bundesverfassungsgerichts (BVerfGE 6, 32, 37 ff.; 80, 137, 153) die gesamte verfassungsmäßige Rechtsordnung, also jedes formell und materiell verfassungsgemäßes Gesetz. Ein solcher schlichter Gesetzesvorbehalt kann vom Gesetzgeber relativ einfach ausgestaltet werden: Der weite Schutzbereich wird durch recht weit reichende Einschränkungsmöglichkeiten ausgeglichen.

An der Beschränkung „Rechte anderer" wird zugleich auch der Ausgleichsauftrag an den Gesetzgeber deutlich. Während sich die Raucher auf die allgemeine Handlungsfreiheit gemäß Art. 2 Abs. 1 GG berufen können, können Nichtraucher für sich Art. 2 Abs. 2 GG, den Anspruch auf körperliche Unversehrtheit geltend machen. Da das Recht auf körperliche Unversehrtheit wie gezeigt (s.o.) neben dem Abwehranspruch gegen den Staat auch einen staatlichen Schutzauftrag beinhaltet, kann der Gesetzgeber für seine Antirauchergesetzgebung als Rechtfertigung das Ziel ins Feld führen, Nichtraucher vor den gesundheitlichen Gefahren des passiven Rauchens und damit die Rechte anderer zu schützen.

3.3.2 Neue Fragen

Die klassischen Gefährdungen der persönlichen Freiheit durch die Staatsgewalt sind weitgehend gebannt. Wir müssen uns nicht vor willkürlichen Verhaftungen fürchten, flächendeckende Bespitzelungen durch deutsche staatliche Organe bis in den privaten Bereich gibt es nicht mehr oder nur dann, wenn der Verdacht schwerwiegender Straftaten besteht. Und selbst in diesen Fällen hat das Bundesverfassungsgericht die Überwachung von eng gefassten Voraussetzungen abhängig gemacht.

Gleichwohl sind neue Fragestellungen und Probleme in der Zukunft zu bewältigen.

3.3.2.1 Privatsphäre und technischer Fortschritt

Dazu gehört etwa die zunehmende Videoüberwachung auf privaten und öffentlichen Plätzen.

Beispiel: Stadt R. ließ 2005 über den Resten der ehemaligen mittelalterlichen Synagoge ein Bodenrelief herstellen, das den Grundriss der ehemaligen Synagoge andeutet und als Begegnungsstätte für die Bevölkerung konzipiert ist. Im Bereich des Kunstwerks kam es später zu mehreren Vorfällen, aufgrund derer R. eine – bereits vor der Übergabe erwogene – Videoüberwachung des Ortes für erforderlich hielt. Die Polizei lehnte eine Videoüberwachung auf polizeirechtlicher Grundlage ab. R. beabsichtigte daraufhin eine Überwachung in eigener Zuständigkeit mit vier Überwachungskameras. Hiergegen erhob ein Bürger vorbeugend Klage vor den Verwaltungsgerichten und letztlich Verfassungsbeschwerde.

Das durch die Videoüberwachung gewonnene Bildmaterial hat den Zweck, belastende polizeiliche Maßnahmen gegen Personen vorzubereiten, die sich auf dem überwachten Gelände in einer Weise verhalten, die unerwünscht ist. Die offene Videoüberwachung eines öffentlichen Ortes kann und soll zugleich abschreckend wirken und insofern das Verhalten der Betroffenen lenken. Das aufgezeichnete Bildmaterial kann abgerufen, aufbereitet und ausgewertet und mit anderen Daten verknüpft werden. So kann eine Vielzahl von Informationen über bestimmte identifizierbare Betroffene gewonnen werden, die sich im Extremfall zu Profilen des Verhaltens der betroffenen Personen in dem überwachten Raum verdichten lassen.

Das Bundesverfassungsgericht hat sich bereits mit dem oben geschilderten Fall befasst:

Die gegen das letztinstanzliche Urteil erhobene Verfassungsbeschwerde hatte Erfolg, soweit sich der Beschwerdeführer u. a. gegen die Verletzung seiner Grundrechte aus Art. 2 Abs. 1 in Verbindung mit Art. 1 Abs. 1 GG und aus Art. 3 Abs. 1 GG gewandt hat. Das BVerfG führte aus, dass eine Videoüberwachung eine ausreichende gesetzliche Grundlage benötigt.

„a) Die geplante Videoüberwachung greift in das allgemeine Persönlichkeitsrecht des Beschwerdeführers in seiner Ausprägung als Recht der informationellen Selbstbestimmung ein. Dieses Recht umfasst die Befugnis des Einzelnen, grundsätzlich selbst zu entscheiden, wann und innerhalb welcher Grenzen persönliche Lebenssachverhalte offenbart werden, und daher grundsätzlich selbst über die Preisgabe und Verwendung persönlicher Daten zu bestimmen (vgl. BVerfGE 65, 1, 42 f.; 67, 100, 143).

Der Eingriff in das Grundrecht entfällt nicht dadurch, dass lediglich Verhaltensweisen im öffentlichen Raum erhoben werden.

Das allgemeine Persönlichkeitsrecht gewährleistet nicht allein den Schutz der Privat- und Intimsphäre, sondern trägt in Gestalt des Rechts auf informationelle Selbstbestimmung auch den informationellen Schutzinteressen des Einzelnen, der sich in die Öffentlichkeit begibt, Rechnung (vgl. BVerfGE 65, 1, 45).

Von einer einen Eingriff ausschließenden Einwilligung in die Informationserhebung kann selbst dann nicht generell ausgegangen werden, wenn die Betroffenen aufgrund einer entsprechenden Beschilderung wissen, dass sie im räumlichen Bereich der Begegnungsstätte gefilmt werden. Das Unterlassen eines ausdrücklichen Protests kann nicht stets mit einer Einverständniserklärung gleichgesetzt werden (vgl. VGH Baden-Württemberg, Urteil vom 21. Juli 2003 – 1 S 377/02 -, NVwZ 2004, S. 498, 500; Verfassungsgerichtshof des Freistaates Sachsen, Urteil vom 10. Juli 2003 – Vf. 43-II-00 -, S. 86 des Umdrucks).

b) Das Recht auf informationelle Selbstbestimmung ist der Einschränkung im überwiegenden Allgemeininteresse zugänglich. Diese bedarf jedoch einer gesetzlichen Grundlage, die dem rechtsstaatlichen Gebot der Normenklarheit entspricht und verhältnismäßig ist (vgl. BVerfGE 65, 1, 43 f.). Daran fehlt es hier.“

BVerfG, 1 BvR 2368/06 vom 23.2.2007, Absatz-Nr. 39 ff., http://www.bverfg.de/entscheidungen/rk20070223_1bvr236806.html

Aktuell wurde – insbesondere im Hinblick auf die Terrorbekämpfung – das staatliche Ausspähen privater Computer, die sog. Online-Durchsuchung, diskutiert. Sie könnte das Recht auf Unverletzlichkeit der Wohnung (Art. 13 GG) und das Fernmeldegeheimnis (Art. 10 GG) verletzen. Denn viele private und die Intimsphäre betreffende Informationen, die früher schriftlich, in Briefen, Tagebüchern oder sonstigen Texten in der Wohnung verwahrt wurden, finden sich heute auf den Computern. Und auch die Kommunikation läuft heute vielfach über E-Mails. Das Grundrecht der Unverletzlichkeit der Wohnung kann aber nur unter den Voraussetzungen des Art. 13 Abs. 2 bis 7 GG eingeschränkt werden. Die Online-Durchsuchung ist dort indes nicht geregelt. Fraglich war auch, ob mit der Online-Durchsuchung nicht das Recht auf informationelle Selbstbestimmung verletzt ist, weil der Einzelne nicht mehr erkennen kann, ob und wie der Staat mit Daten verfährt, die eine Online-Durchsuchung erbringt.

Das Bundesverfassungsgericht hat in seiner Entscheidung vom 28.2 2008 (vgl. Kap. 3.2.8.) ein Grundrecht auf Gewährleistung der Vertraulichkeit und Integrität informationstechnischer Systeme anlässlich einer nordrhein-westfälischen Regelung zur Online-Durchsuchung entwickelt. Der BGH hatte es zuvor in Ermangelung einer Rechtsgrundlage für rechtswidrig gehalten, dass Bundessicherheitsbehörden Online-Durchsuchungen durchführen.

Seit dem 11. September 2001 hat es eine ganze Reihe von Änderungen der Sicherheitsgesetze gegeben. Weitere Datenerfassungen sind geplant – etwa die Speicherung und Auswertung der Mautdaten oder die Verlängerung der Aufbewahrungsfristen der Telekommunikationsverbindungsdaten. Mit letzterer Maßnahme steht eine neue Qualität der Datenspeicherung in Rede. Denn erstmals werden anlasslos sämtliche Verbindungsdaten flächendeckend gespeichert und sollen länger als sechs Monate aufgezeichnet bleiben. Auch wenn der Staat die privaten Kommunikationsunternehmen verpflichtet und nicht selbst die Speicherung vornimmt, hat es eine so weit reichende und umfassende Datensammlung bisher nicht gegeben.

Jede der bisherigen und geplanten Datensammlungen mag für sich selbst genommen den Anforderungen des Grundrechts auf informationelle Selbstbestimmung genügen – es ist aber zweifelhaft, ob sie in der Summe nicht eine Qualität erreichen, die das verfassungsrechtlich Zulässige überschreitet. Zudem fehlt eine breite gesellschaftliche Debatte über die Frage, wie weit die Beobachtung und die datentechnische Erfassung gehen sollen.

Aus den jüngsten Entscheidungen des Bundesverfassungsgerichts zu diesen Fragen lässt sich ablesen, dass die Grundrechte zwar keinen absoluten Schutz bieten. Allerdings erfordern staatliche Eingriffe in den Schutzbereich dieser, die der Protektion der Privatsphäre dienenden Grundrechte, eine besondere Rechtfertigung. Sie ist nur zur Abwehr und Verfolgung schwerster Straftaten gegeben; notwendig sind auch besondere Sicherungen, wie eine richterliche Ermächtigung. Auch der Europäische Gerichtshof gibt dem Datenschutz einen hohen Stellenwert.

- BVerfG, 1 BvR 256/08 vom 11.3.2008, http://www.bverfg.de/entscheidungen/rs20080311_1bvr025608.html – Eilantrag gegen Vorratsdatenspeicherung = BVerfGE 125, 260.
- BVerfG, 1 BvR 370/07 vom 27.2.2008, http://www.bverfg.de/entscheidungen/rs20080227_1bvr037007.html – Online-Durchsuchung = BVerfGE 120, 274.
- BVerfG, 1 BvR 2074/05 vom 11.3.2008, http://www.bverfg.de/entscheidungen/rs20080311_1bvr207405.html – KFZ-Kennzeichenerfassung = BVerfGE 120, 378.
- BVerfGE 133, 277 – Antiterrordateigesetz
- BVerfGE 130, 151 – Zuordnung dynamischer IP-Adressen
- Urteil des EuGH vom 10. Februar 2009, Rs. C-301/06 – Irland/EP und Rat der EU.
- Urteil des EuGH vom 8. April 2014, verb. Rs C-293/12 und C-594/12, Digital Rights Ireland und Seitlinger u.a., http://curia.europa.eu/jcms/upload/docs/application/pdf/2014-04/cp140054de.pdf (= NJW 2014, 2169; betrifft Vorratsdatenspeicherung)

Über die Zulässigkeit der sog. Vorratsdatenspeicherung hatte das Bundesverfassungsgericht bereits am 2. März 2010 entschieden. Die Entscheidung hat ebenfalls den Datenschutz der Bürger im weiteren Sinne zum Gegenstand, obwohl im Kern Art. 10 GG steht: Zur Umsetzung der Richtlinie 2006/24/EG des Europäischen Parlaments und des Rates über die Vorratsdatenspeicherung, die die Mitgliedsstaaten verpflichtet, Verbindungsdaten für mindestens sechs Monate und höchstens zwei Jahre zu speichern und für die Verfolgung von schweren Straftaten bereitzuhalten, hatte der Gesetzgeber die §§ 113a und 113b des Telekommunikationsgesetzes (TKG) eingeführt und § 100g Abs. 1 Satz 1 der Strafprozessordnung (StPO) dem folgend geändert: § 113a f TKG verpflichtete Telekommunikationsanbieter zur Speicherung von Daten über Telefonverbindungen, E-Mail-Verkehr und Internetverbindungen. Gespeichert werden musste, wer, wann, mit wem, wie lange und von wo aus kommuniziert hat oder zu kommunizieren versucht hat. Die Daten mussten sechs Monate lang gespeichert und anschließend gelöscht werden. § 113b TKG regelte die Zwecke, für die die gemäß § 113a TKG gesammelten Daten verwendet werden durften (Verfolgung von Straftaten, Abwehr von erheblichen Gefahren für die öffentliche Sicherheit, Erfüllung nachrichtendienstlicher Aufgaben, Auskunft über den Anschlussinhaber). § 100g Abs. 1 Satz 1 StPO konkretisierte die Nutzung der nach § 113a TKG erhobenen Daten für die Strafverfolgung.

Mit seinem Urteil hat das BVerfG die deutschen Umsetzungsregeln im Wesentlichen wegen eines Verstoßes gegen Art. 10 GG für nichtig erklärt und die sofortige Löschung der vorhandenen Daten angeordnet.

Eine Vorratsdatenspeicherung sein nur dann verfassungsgemäß, wenn folgende Grenzen eingehalten würden:

- Eine anlasslose Speicherung von Daten müsse die Ausnahme bleiben. Es gehöre zur unveräußerlichen verfassungsrechtlichen Identität der Bundesrepublik

Deutschland, dass die Freiheitswahrnehmung der Bürger nicht total erfasst und registriert werden dürfe.

- Die Sicherung der anlasslos gesammelten Daten müsse dem Grunde nach klar und verbindlich vorgegeben werden. Die Einhaltung der vorgegebenen Standards müsse durch eine staatliche Stelle kontrolliert werden.
- Die anlasslos gesammelten Daten dürften nur für den Schutz überragend wichtiger Rechtsgüter verwendet werden: Zur Strafverfolgung dürften sie daher nur eingesetzt werden, wenn im Einzelfall der Verdacht einer schwerwiegenden Straftat bestehe. Der Gesetzgeber müsse die Straftatbestände im Einzelnen festlegen, zu deren Verfolgung die Daten eingesetzt werden dürften. Zur Gefahrenabwehr und für nachrichtendienstliche Zwecke dürften die Daten nur eingesetzt werden, wenn es um Abwehr einer durch bestimmte Tatsachen hinreichend belegten konkreten Gefahr für Leib, Leben oder Freiheit einer Person, für den Bestand oder die Sicherheit des Staates oder zur Abwehr einer gemeinen Gefahr gehe.
- Telekommunikationsverbindungen, die auf besondere Vertraulichkeit angewiesen seien (z.B. telefonische Beratungsdienste für seelische oder soziale Notlagen), müssten generell von der Datenübermittlung ausgenommen werden.
- Die Verwendung der anlasslos erhobenen Daten ohne Kenntnis des Betroffenen sei nur dann zulässig, wenn der Zweck, dem der Datenabruf diene, andernfalls gefährdet wäre. In jedem Fall sei der Betroffene nachträglich zu benachrichtigen.
- Übermittlung und Nutzung der gespeicherten Daten müsse grundsätzlich unter Richtervorbehalt gestellt werden.
- Verletzungen des Telekommunikationsgeheimnisses seien vom Gesetzgeber wirksam (zivilrechtlich und ggf. auch strafrechtlich) zu sanktionieren.

Auch der Europäische Gerichtshof (EuGH) in Luxemburg hat 2014 zur Vorratsdatenspeicherung ein Urteil gefällt. Er hat entschieden, dass die europäische Richtlinie über die Vorratsdatenspeicherung (EU-Richtlinie 2006/24 EG vom 15. März 2006) mit der europäischen Grundrechtecharta unvereinbar ist (s.o., Entscheidung vom 8.4.2014, Az. C-293/12, C- 594/12, NJW 2014, 2169). Der EuGH ist der Auffassung, die nach der Richtlinie vorgeschriebene Vorratsspeicherung von Telekommunikationsverkehrsdaten sei zur Bekämpfung schwerer Kriminalität und somit letztlich zum Schutz der öffentlichen Sicherheit zwar geeignet. Der durch die Richtlinie möglich gemachte Eingriff in die Grundrechte auf Achtung des Privatlebens und auf Schutz personenbezogener Daten sei allerdings so schwer, dass er auf das absolut Notwendige beschränkt werden müsse. Die hierfür notwendigen Beschränkungen der Vorratsdatenspeicherung habe der Richtliniengeber nicht normiert. Der EuGH ist damit im Wesentlichen der Auffassung, die Richtlinie sei unionsrechtswidrig, weil sie nicht konkret regele, welche Behörde wann Zugang zu den Daten habe und diese nutzen dürfe. Zudem enthalte die Richtlinie wederVoraussetzungen und Beschränkungen noch sehe sie eine vorherige Kontrolle durch ein Gericht oder eine unabhängige Verwaltungsstelle vor. Auch der personelle und sachliche Anwendungsbereich der Richtlinie sei zu groß (sämtliche Personen, elektronische Kommunikationsmittel und Verkehrsdaten, ohne Differenzierung, Einschränkung oder Ausnahme). Ein Schutz vor Missbrauchsrisiken fehle, zudem verbiete die Richtlinie nicht die Speicherung der Daten im EU-Ausland. Die Speicherfrist, die nach der Richtlinie zwischen sechs und 24 Monaten betragen darf, unterscheide nicht zwischen den betroffenen Personen und differenziere auch nicht danach, welche Daten für die Kriminalitätsbekämpfung erforderlich sind.

Besonderer Aufmerksamkeit erfreut sich in der jüngsten Zeit das Internet und insbesondere die Nutzung sozialer Netze. Es gehört inzwischen zum Allgemeingut, dass das Netz niemals etwas vergisst. Zugleich nimmt die Sensibilität vor allem junger Leute im Hinblick auf ihre Daten ab. Freiwillig werden Daten, Fotos, persönliche und zum Teil sogar intime Details usw. ins Internet oder in spezielle soziale Netze eingespeist, ohne die Gefahren zu erkennen, die damit verbunden sind (zu den Gefahren vgl. die Hinweise des Bundesamtes für die Sicherheit in der Informationstechnik, https://www.bsi-fuer-buerger.de/cln_165/BSIFB/DE/Home/home_node.html). Selbst geschlossene Netzwerke sind vor dem Zugriff unbefugter Dritter nicht absolut sicher (vgl. etwa Spiegel-online, http://www.spiegel.de/netzwelt/web/0,1518,675395,00 .html). Soweit die Daten freiwillig im Internet „publiziert" werden, lassen sich kaum rechtliche Grenzen ziehen. Etwas anderes gilt natürlich dann, wenn etwa Daten oder Fotos von anderen ohne deren Zustimmung ins Netz gestellt werden. Dann kann der Betroffene einen Anspruch auf Beseitigung, gestützt auf sein allgemeines Persönlichkeitsrecht, geltend machen – auch wenn dies faktisch allerdings nur mit großen Schwierigkeiten umzusetzen ist (zur verfassungsrechtlichen Dimension s.u.).

3.3.2.2 Menschenwürde und technischer Fortschritt

Der Schutz der Menschenwürde und das Bekenntnis zu den Menschenrechten als zentraler Norm der Verfassung stehen an der Spitze unseres Grundgesetzes und bestimmen die Freiheit des Individuums. In der verfassungsrechtlichen Praxis hat Art. 1 Abs. 1 GG dennoch bislang dagegen eine eher untergeordnete Rolle gespielt.

Dies ändert sich mit den verschärften Bedrohungsszenarien seit Beginn des neuen Jahrtausends. Angesichts dessen werden zumindest rhetorisch rechtsstaatliche Garantien zur Diskussion gestellt. So wird etwa unter Hinweis auf die USA an ein Sonderrecht für gefangene Terroristen gedacht und letztlich stellt auch eine Rückkehr der Folter kein Tabu dar.

In Deutschland kontrovers diskutiert wurde der Fall Daschner: Gegen Wolfgang Daschner, den ehemaligen Vize-Präsidenten der Polizei in Frankfurt am Main, wurde vor dem Landgericht in Frankfurt am Main ein Strafverfahren wegen Verleitung eines Untergebenen zu einer Nötigung im Amt geführt. Das Verfahren, das in der Presse und auch in der Öffentlichkeit einiges Aufsehen erregte, hatte das Verhalten des Angeklagten Daschner und eines Polizeikollegen, der wegen Nötigung im Amt angeklagt war, im Entführungsfall des 11-jährigen Jakob von Metzler zum Gegenstand. Der 27-jährige Magnus Gäfgen entführte Ende September 2002 den ihm bekannten Jakob mit dem Ziel, Lösegeld in Höhe von 1 Million Euro von der wohlhabenden Familie von Metzler zu erpressen. Magnus Gäfgen tötete Jakob unmittelbar nach der Entführung. Gäfgen wurde beim Abholen des Lösegeldes am 30. September polizeilich beobachtet, und anschließend mit dem Ziel observiert, den Aufenthaltsort seines Entführungsopfers ausfindig zu machen. Denn die Polizei ging davon aus, dass der Junge noch am Leben sei. Nachdem die Oberservierung keine Hinweise erbracht hatte, wurde Gäfgen noch am Nachmittag des 30. September festgenommen. Die polizeilichen Vernehmungen zum Aufenthaltsort des Jakob gestalteten sich schwierig. Gäfgen wich Fragen nach dem Verbleib des Kindes aus. Nach einiger Zeit gab er wahrheitswidrig an, dass sich der Junge unter Bewachung befinde. Genauere Angaben machte er nicht. In dieser Situation ordnete Herr Daschner an, unmittelbaren Zwang gegenüber Gäfgen anzuwenden. Er begründete dies mit dem seiner Ansicht nach gegebenen übergesetzlichen Notstand. Herrn Gäfgen wurde die Zufügung von Schmerzen unter ärztlicher Aufsicht ohne Verletzungen angedroht, um ihn dazu zu bringen, Einzelheiten zu nennen, um das Leben des Kindes zu retten. Hiervon ließ sich der Beschuldigte Gäfgen beeindrucken und nannte den Ort, an dem er Jakob versteckt hatte. Er ließ allerdings offen, ob der Junge noch am Leben war. Durch Urteil vom 20. Dezember 2004 verwarnte das Landgericht Frankfurt am Main den Angeklagten Daschner wegen der Verleitung eines Untergebenen zu einer Nötigung im Amt und behielt eine Geldstrafe von 90 Tagessätzen zu je 120 Euro vor (§ 59 StGB).

Das Landgericht Frankfurt am Main hat klargestellt, dass die Menschenwürde unverletzlich ist und dass es „der Anfang vom Ende“ sei, wenn der Staat in Ermittlungs- bzw. Strafverfahren auf die Anwendung von Gewalt zurückgreift, um eine Aussage zu erhalten. Das Gericht hat mit dem Urteil ein klares Signal gesetzt. Andererseits hat es die verständliche und auch nachvollziehbare Konfliktsituation des Herrn Daschner bei der Strafzumessung berücksichtigt und im Ergebnis ein mildes Urteil gefällt. Es hat somit eine klare Grenzziehung vorgenommen: Es hat den Tatbestand der Nötigung bzw. der Verleitung eines Untergebenen zu einer Straftat bejaht, die Augen bei der Schuldfrage aber nicht vor der schwierigen Situation und vor den moralisch gut begründbaren Absichten der Angeklagten verschlossen.

Die Politik fordert seit den Anschlägen des 11. Septembers 2001, dass zur Abwehr solcher verheerenden Anschläge als ultima ratio auch unbeteiligtes Leben geopfert werden könne. Anlass für die Diskussion ist die vom Bundesverfassungsgericht für verfassungswidrig erklärte Norm des § 14 Abs. 3 Luftsicherheitsgesetz, die eine Ermächtigung enthielt, ein entführtes Flugzeug abzuschießen, in dem neben den Entführern und der Besatzung auch unbeteiligte Passagiere sitzen. Die zugrunde liegende Fallgestaltung unterscheidet sich von bisherigen polizeilichen Gefahrensituationen. Anerkannt, wenn auch nicht unumstritten und z.T. ausdrücklich in den Polizeigesetzen geregelt ist die Zulässigkeit des sog. polizeilichen oder finalen Rettungsschusses. Auch hier werden der Staat, bzw. seine Amtsträger ermächtigt, zu töten. Allerdings darf nur in das Leben des Täters, also desjenigen eingegriffen werden, der das Leben eines anderen Menschen unmittelbar bedroht.

Demgegenüber wird in der politischen Diskussion das „Bürgeropfer“ gefordert. Der Unbeteiligte werde ja nicht einfach vom Staat getötet, um andere Unbeteiligte zu schützen. Vielmehr könne der Staat das Opfer seiner Bürger einfordern, wenn es um den Bestand des gesamten Gemeinwesens gehe.

Das Bundesverfassungsgericht hatte ausgeführt:

„Die Ermächtigung der Streitkräfte, gemäß § 14 Abs. 3 des Luftsicherheitsgesetzes durch unmittelbare Einwirkung mit Waffengewalt ein Luftfahrzeug abzuschießen, das gegen das Leben von Menschen eingesetzt werden soll, ist mit dem Recht auf Leben nach Art. 2 Abs. 2 Satz 1 GG in Verbindung mit der Menschenwürdegarantie des Art. 1 Abs. 1 GG nicht vereinbar, soweit davon tatunbeteiligte Menschen an Bord des Luftfahrzeugs betroffen werden." (Leitsatz 3)

„aa) Das durch Art. 2 Abs. 2 Satz 1 GG gewährleistete Grundrecht auf Leben steht gemäß Art. 2 Abs. 2 Satz 3 GG unter dem Vorbehalt des Gesetzes (vgl. auch oben unter C I). Das einschränkende Gesetz muss aber seinerseits im Lichte dieses Grundrechts und der damit eng verknüpften Menschenwürdegarantie des Art. 1 Abs. 1 GG gesehen werden. Das menschliche Leben ist die vitale Basis der Menschenwürde als tragendem Konstitutionsprinzip und oberstem Verfassungswert (vgl. BVerfGE 39, 1, 42; 72, 105, 115; 109, 279, 311). Jeder Mensch besitzt als Person diese Würde, ohne Rücksicht auf seine Eigenschaften, seinen körperlichen oder geistigen Zustand, seine Leistungen und seinen sozialen Status (vgl. BVerfGE 87, 209, 228; 96, 375, 399). Sie kann keinem Menschen genommen werden. Verletzbar ist aber der Achtungsanspruch, der sich aus ihr ergibt (vgl. BVerfGE 87, 209, 228). Das gilt unabhängig auch von der voraussichtlichen Dauer des individuellen menschlichen Lebens (vgl. BVerfGE 30, 173, 194 zum Anspruch des Menschen auf Achtung seiner Würde selbst nach dem Tod).

Dem Staat ist es im Hinblick auf dieses Verhältnis von Lebensrecht und Menschenwürde einerseits untersagt, durch eigene Maßnahmen unter Verstoß gegen das Verbot der Missachtung der menschlichen Würde in das Grundrecht auf Leben einzugreifen. Andererseits ist er auch gehalten, jedes menschliche Leben zu schützen. Diese Schutzpflicht gebietet es dem Staat und seinen Organen, sich schützend und fördernd vor das Leben jedes Einzelnen zu stellen; das heißt vor allem, es auch vor rechtswidrigen An- und Eingriffen von Seiten Dritter zu bewahren (vgl. BVerfGE 39, 1, 42; 46, 160, 164; 56, 54, 73). Ihren Grund hat auch diese Schutzpflicht in Art. 1 Abs. 1 Satz 2 GG, der den Staat ausdrücklich zur Achtung und zum Schutz der Menschenwürde verpflichtet (vgl. BVerfGE 46, 160, 164; 49, 89, 142; 88, 203, 251).

Was diese Verpflichtung für das staatliche Handeln konkret bedeutet, lässt sich nicht ein für allemal abschließend bestimmen (vgl. BVerfGE 45, 187, 229; 96, 375, 399 f.). Art. 1 Abs. 1 GG schützt den einzelnen Menschen nicht nur vor Erniedrigung, Brandmarkung, Verfolgung, Ächtung und ähnlichen Handlungen durch Dritte oder durch den Staat selbst (vgl. BVerfGE 1, 97, 104; 107, 275, 284; 109, 279, 312). Ausgehend von der Vorstellung des Grundgesetzgebers, dass es zum Wesen des Menschen gehört, in Freiheit sich selbst zu bestimmen und sich frei zu entfalten, und dass der Einzelne verlangen kann, in der Gemeinschaft grundsätzlich als gleichberechtigtes Glied mit Eigenwert anerkannt zu werden (vgl. BVerfGE 45, 187, 227 f.), schließt es die Verpflichtung zur Achtung und zum Schutz der Menschenwürde vielmehr generell aus, den Menschen zum bloßen Objekt des Staates zu machen (vgl. BVerfGE 27, 1, 6; 45, 187, 228; 96, 375, 399). Schlechthin verboten ist damit jede Behandlung des Menschen durch die öffentliche Gewalt, die dessen Subjektqualität, seinen Status als Rechtssubjekt, grundsätzlich in Frage stellt (vgl. BVerfGE 30, 1, 26; 87, 209, 228; 96, 375, 399), indem sie die Achtung des Wertes vermissen lässt, der jedem Menschen um seiner selbst willen, kraft seines Personseins, zukommt (vgl. BVerfGE 30, 1, 26; 109, 279, 312 f.). Wann eine solche Behandlung vorliegt, ist im Einzelfall mit Blick auf die spezifische Situation zu konkretisieren, in der es zum Konfliktfall kommen kann (vgl. BVerfGE 30, 1, 25; 109, 279, 311)."

Das Bundesverfassungsgericht befasst sich dann mit der Unsicherheit, die eine Lageeinschätzung in der Luft mit sich bringt und kommt zu dem Schluss:

„ccc) Auch wenn sich im Bereich der Gefahrenabwehr Prognoseunsicherheiten vielfach nicht gänzlich vermeiden lassen, ist es unter der Geltung des Art. 1 Abs. 1 GG schlechterdings unvorstellbar, auf der Grundlage einer gesetzlichen Ermächtigung unschuldige Menschen, die sich wie die Besatzung und die Passagiere eines entführten Luftfahrzeugs in einer für sie hoffnungslosen Lage befinden, gegebenenfalls sogar unter Inkaufnahme solcher Unwägbarkeiten vorsätzlich zu töten. Dabei ist hier nicht zu entscheiden, wie ein gleichwohl vorgenommener Abschuss und eine auf ihn bezogene Anordnung strafrechtlich zu beurteilen wären (vgl. dazu und zu vergleichbaren Fallkonstellationen etwa OGHSt 1, 321, 331 ff., 335 ff.; 2, 117, 120 ff.; Roxin, Strafrecht, Allgemeiner Teil, Bd. I, 3. Aufl. 1997, S. 888 f.; Erb, in: Münchener Kommentar zum Strafgesetzbuch, Bd. 1, 2003, § 34 Rn. 117 ff.; Rudolphi, in: Systematischer Kommentar zum Strafgesetzbuch, Bd. I, Allgemeiner Teil, Vor § 19 Rn. 8, Stand: April 2003; Kühl, Strafgesetzbuch, 25. Aufl. 2004, Vor § 32 Rn. 31; Tröndle/Fischer, Strafgesetzbuch, 52. Aufl. 2004, Vor § 32 Rn. 15, § 34 Rn. 23; Hilgendorf, in: Blaschke/Förster/Lumpp/ Schmidt, Sicherheit statt Freiheit?, 2005, S. 107, 130). Für die verfassungsrechtliche Beurteilung ist allein entscheidend, dass der Gesetzgeber nicht durch Schaffung einer gesetzlichen Eingriffsbefugnis zu Maßnahmen der in § 14 Abs. 3 LuftSiG geregelten Art gegenüber unbeteiligten, unschuldigen Menschen ermächtigen, solche Maßnahmen nicht auf diese Weise als rechtmäßig qualifizieren und damit erlauben darf. Sie sind als Streitkräfteeinsätze nichtkriegerischer Art mit dem Recht auf Leben und der Verpflichtung des Staates zur Achtung und zum Schutz der menschlichen Würde nicht zu vereinbaren." BVerfG, 1 BvR 357/05 vom 15.2.2006, Absatz-Nr. 118 ff., http://www.bverfg.de/entscheidungen/rs20060215_1bvr035705.html = BVerfGE 115, 118, 157)

Die Ausführungen des Bundesverfassungsgerichts am Ende verdeutlichen, dass das Recht solche Dilemmata nicht ignoriert. Sie sind dem Strafrecht schon seit langem bekannt. Beide Handlungsalternativen, vor denen der Handelnde steht, sind rechtswidrig. Egal wie er sich entscheidet, gefährdet oder verletzt er ein Rechtsgut, das im Verhältnis zum anderen gleichwertig ist. Das Strafrecht bewältigt diese Situation, indem es den „Täter" entschuldigt: Er verletzt zwar das Recht, dies ist ihm aber nicht vorwerfbar, weil er keine Handlungsalternative hatte, in der er keine Rechtsverletzung begangen hätte. Indem das Bundesverfassungsgericht das Strafrecht und seine Lösungsansätze in Bezug nimmt, weist es zumindest insoweit einen Weg, als ein politischer Entscheidungsträger dann entschuldigt handelt, wenn er in einer Gefährdungssituation – egal wie er handelt – unbeteiligtes Leben opfern muss.

Eine weitere, letztlich neue Frage berührt die Menschenwürde, nämlich die eines „Selbstbestimmten Sterbens“ oder Sterbens in „Würde“. Mit dem medizinischen Fortschritt ist es möglich, Menschen nach Unfällen, schweren Krankheiten oder aber im Alter länger am Leben zu erhalten. Im Wesentlichen steht derjenige Fragekomplex im Vordergrund der Auseinandersetzung, der sich mit der Fortführung lebenserhaltender medizinisch-technischer Maßnahmen befasst. Die Schutzpflicht des Staates aus Art. 2 Abs. 2 GG für das Leben verpflichtet dazu, alles zu tun, um Menschen am Leben zu erhalten. Und gerade in Deutschland ist das Thema „Sterbehilfe“ historisch belastet und es schwingt die Sorge mit, dass gesetzliche Regelungen missbraucht werden könnten.

Aber wie sieht es aus, wenn der Einzelne in freier Selbstbestimmung lebenserhaltende Maßnahmen für den Fall ablehnt, dass er einen Unfall hatte oder entsprechendes in einer Patientenverfügung festgelegt hat? Wer entscheidet, wenn der Wachkomapatient keine Aussicht auf Heilung hat und seine Angehörigen die Lebenserhaltung nicht mehr wünschen? Besteht nicht neben dem Recht auf Leben auch ein Recht auf Sterben? Die Grundrechte geben auf diese Frage kaum schlüssige Antworten. Aber zumindest zeichnet sich eine Tendenz ab, wie die Fallkonstellationen rechtlich beurteilt werden:

Die Patientenautonomie gewinnt zunehmend an Bedeutung (vgl. Taupitz, Gutachten für den 63. Deutschen Juristentag 2000; Otto, Gutachten für den 56. Deutschen Juristentag 1986; jeweils m. N., und die Sitzungsberichte der jeweiligen Tagungen des Deutschen Juristentages). Und die sog. „indirekte Sterbehilfe“ – die ärztlich gebotene schmerzlindernde Medikation beim tödlich Kranken – wird nach der Rechtsprechung des Bundesgerichtshofs (BGHSt 42, 301, 305; vgl. auch BGHSt 37, 376; 40, 257) und einem nahezu einhelligen Grundkonsens im Schrifttum (Kutzer NStZ 1994, 110, 114 f. m. N.) rechtlich nicht dadurch unzulässig, dass sie als unbeabsichtigte, aber unvermeidbare Nebenfolge den Todeseintritt beschleunigen kann.

Die Verpflichtung zum Lebensschutz streitet mit der freien Selbstbestimmung des Einzelnen. Selbst wenn jemand in einer Patientenverfügung oder Betreuungsvollmacht selbst festgelegt, wie in einem solchen Fall verfahren werden soll, bleiben immer Zweifelsfragen. Denn nicht immer wird die Entscheidung eindeutig sein und alle Situationen erfassen.

Die Patientenverfügung ist eine Willenserklärung zur medizinischen Behandlung im Falle der Einwilligungsunfähigkeit. Zur Patientenverfügung gibt es seit dem 1. September 2009 mit dem Inkrafttreten des Dritten Gesetzes zur Änderung des Betreuungsrechts eine gesetzliche Normierung, die Wirksamkeit und Reichweite der Patientenverfügung bestimmt. (vgl. mit weiteren Informationen Bundesministerium der Justiz http://www.bmj.bund.de/enid/aae8282705f045fd369143a83153d21c,0/Familienrecht/Patientenautonomie_ox.html)

Die Vorsorgevollmacht ermächtigt einen Dritten, an der Stelle des einwilligungsunfähigen Patienten zu entscheiden – z. B. in Fällen, die die Patientenverfügung nicht erfasst.

Noch schwieriger liegt der Fall, wenn keine Vollmacht des Betroffenen vorliegt. Kommt es dann auf den vermeintlichen Willen des Betroffenen an, wenn er sich nicht äußern kann? Oder wie steht es mit dem Elternrecht, wenn Kinder todkrank sind. In diesen Fällen wird regelmäßig gerichtlich ein Betreuer bestellt, der das Wohl des Patienten vertritt. Das ändert indes nichts an der grundsätzlichen ethischen Konfliktlage, wer und wie in solchen Lebenssituationen entschieden werden soll.

Ähnlich komplexe Fragen wirft die Stammzellenforschung auf. Auch wenn sich der Gesetzgeber einfachgesetzlich zunächst auf das Embryonenschutzgesetz (Embryonenschutzgesetz vom 13. Dezember 1990 (BGBl. I S. 2746), geändert durch Artikel 22 des Gesetzes vom 23. Oktober 2001 (BGBl. I S. 2702) geeinigt hat und 2008 ein neues Stammzellengesetz erließ, so stehen hinter diesem Gesetz bis heute widerstreitende, ganz unterschiedliche Interessen. Grundrechtlich treffen in der Stammzellenforschung die Wissenschafts- und Forschungsfreiheit (Art. 5 Abs. 3 GG) mit dem Schutz des Lebens und der Menschenwürde zusammen. Aus der Perspektive der Wissenschaft ist das Verbot des Forschens mit embryonalen Stammzellen ein Eingriff in die grundrechtliche Wissenschaftsfreiheit. Stammzellforschung stellt einen „ernsthaften und planmäßigen Versuch zur Ermittlung der Wahrheit“ dar, also das, was das Bundesverfassungsgericht unter Wissenschaft versteht (BVerfGE 35,79,113). Aus staatlicher Sicht handelt es sich dagegen um eine Frage der sog. Schutzpflichtenseite der Grundrechte. Dem Menschenwürdeschutz ist der Staat schon aus dem unmittelbaren Wortlaut des Art. 1 GG heraus verpflichtet. Und das Leben stellt nach der Rechtsprechung des Bundesverfassungsgerichts einen grundrechtlichen Höchstwert dar, den der Staat zu schützen hat. Aus dieser Perspektive geht es um das Problem, wann der Lebensschutz beginnt und darum, ob der Embryo im Zeitpunkt, der für die Stammzellengewinnung maßgeblich ist, bereits Träger von Grundrechten ist und ob in der Gewinnung und Verwendung der embryonalen Stammzellen ein Eingriff in dieses Recht liegt.

Der Text des Grundgesetzes gibt keine Antwort darauf, ab wann Leben beginnt, sondern schreibt nur vor, dass Leben zu schützen ist. Der Embryo genießt nach den Entscheidungen des Bundesverfassungsgerichts zum Schwangerschaftsabbruch (BVerfGE 39, 14, 41; 88, 203, 251 ff.) einen objektiv-rechtlichen Menschenwürde- und Lebensschutz. D.h., der Staat ist zum Schutz verpflichtet, aber weder der Embryo noch seine Eltern können diesen Schutz selbst geltend machen. Das Gericht hat unentschieden gelassenen, inwieweit diese Rechte für den Embryo selbst subjektiv-rechtlich garantiert sind; zudem ist offen, ob der Lebensschutz bereits von der Verschmelzung von Ei- und Samenzelle an demjenigen entspricht, den der geborene Menschen in Anspruch nehmen kann. Das Bundesverfassungsgericht hat lediglich festgestellt, dass der Embryo Menschenwürde- und Lebensschutz „jedenfalls“ von der Einnistung in die Gebärmutter an genießt (BVerfGE 88, 203,251).

Dies zeigt sehr deutlich, dass die Verfassung nicht in der Lage ist, alle Grundfragen der Gesellschaft zu beantworten (vgl. Kap. 1.9). Das reale Leben kennt viele Ungewissheiten, die sich auch mit dem Recht nicht abschließend beantworten lassen.

3.3.2.3 Abwehr gegen gesellschaftliche und private Mächte?

Heute ist es nicht mehr allein der Staat, der die Freiheit des Menschen bedroht oder einengt. Gesellschaftliche und vor allem wirtschaftliche Mächte können Positionen erreichen, die mit staatlicher Herrschaft durchaus vergleichbar sind. Anders als im Bürger-Staat-Verhältnis greifen die Grundrechte in dem grundsätzlich privaten Verhältnis der Bürger in der Gesellschaft untereinander nicht unmittelbar Platz. Bürger untereinander stehen auf der gleichen Stufe, sie begegnen sich auf Augenhöhe und gehen frei und unbeeinflusst mit einander Rechtsbeziehungen (Verträge) ein. Schon bisher hat das Bundesverfassungsgericht die Linie verfolgt, dass die Grundrechte im prinzipiell gleich geordneten privaten Verhältnis nur mittelbar Wirkung entfalten. Allerdings ist diese Wirkung insbesondere dort wichtig, wo in den Beziehungen der Bürger, die sie miteinander eingehen oder gar aufgrund ihrer Lebenssituation eingehen müssen, ein ungleiches Kräfteverhältnis herrscht.

In einem Fall, in dem sich ein Mitarbeiter selbst vertraglich dazu verpflichtete, bei Ausscheiden nicht bei der Konkurrenz tätig zu werden, entschied das Bundesverfassungsgericht zu dieser – von den Zivilgerichten als zulässig beurteilten – privatrechtlichen Vereinbarung:

„Diese weitreichende berufliche Beschränkung findet ihre rechtliche Grundlage allerdings nicht primär in staatlichem Handeln. Vielmehr hat der Beschwerdeführer selbst einer entsprechenden Verpflichtung vertraglich zugestimmt. Eine solche rechtsgeschäftliche Selbstbindung führt zwar zu einer Beschränkung beruflicher Mobilität, ist aber zugleich Ausübung individueller Freiheit.

Berufliche Tätigkeit, für die Art. 12 Abs. 1 GG den erforderlichen Freiraum gewährleistet, dient nicht nur der personalen Entfaltung des arbeitenden Menschen in der Gesellschaft (vgl. BVerfGE 50, 290, 362), den meisten Bürgern gewährleistet sie vor allem die Möglichkeit, sich eine wirtschaftliche Grundlage ihrer Existenz zu schaffen. Dazu ist es regelmäßig erforderlich, Bindungen auf Zeit oder auf Dauer einzugehen. Im Rahmen des Zivilrechts geschieht das typischerweise durch Verträge, in denen sich beide Vertragsteile wechselseitig in ihrer beruflichen Handlungsfreiheit beschränken, und zwar im Austausch mit der ausbedungenen Gegenleistung. Auf der Grundlage der Privatautonomie, die Strukturelement einer freiheitlichen Gesellschaftsordnung ist, gestalten die Vertragspartner ihre Rechtsbeziehungen eigenverantwortlich. Sie bestimmen selbst, wie ihre gegenläufigen Interessen angemessen auszugleichen sind, und verfügen damit zugleich über ihre grundrechtlich geschützten Positionen ohne staatlichen Zwang. Der Staat hat die im Rahmen der Privatautonomie getroffenen Regelungen grundsätzlich zu respektieren. Von diesem Ansatz gehen die angegriffenen Entscheidungen zutreffend aus.

3. Die Feststellung und Beachtung des Vertragsinhalts reicht jedoch nicht aus, um die Verurteilung zur Wettbewerbsunterlassung zu rechtfertigen. Privatautonomie besteht nur im Rahmen der geltenden Gesetze, und diese sind ihrerseits an die Grundrechte gebunden. Das Grundgesetz will keine wertneutrale Ordnung sein, sondern hat in seinem Grundrechtsabschnitt objektive Grundentscheidungen getroffen, die für alle Bereiche des

Rechts, also auch für das Zivilrecht, gelten. Keine bürgerlichrechtliche Vorschrift darf in Widerspruch zu den Prinzipien stehen, die in den Grundrechten zum Ausdruck kommen. Das gilt vor allem für diejenigen Vorschriften des Privatrechts, die zwingendes Recht enthalten und damit der Privatautonomie Schranken setzen (vgl. BVerfGE 7, 198, 205 f.; st. Rspr.).

Solche Schranken sind unentbehrlich, weil Privatautonomie auf dem Prinzip der Selbstbestimmung beruht, also voraussetzt, daß auch die Bedingungen freier Selbstbestimmung tatsächlich gegeben sind. Hat einer der Vertragsteile ein so starkes Übergewicht, daß er vertragliche Regelungen faktisch einseitig setzen kann, bewirkt dies für den anderen Vertragsteil Fremdbestimmung. Wo es an einem annähernden Kräftegleichgewicht der Beteiligten fehlt, ist mit den Mitteln des Vertragsrechts allein kein sachgerechter Ausgleich der Interessen zu gewährleisten. Wenn bei einer solchen Sachlage über grundrechtlich verbürgte Positionen verfügt wird, müssen staatliche Regelungen ausgleichend eingreifen, um den Grundrechtsschutz zu sichern (vgl. Hesse, Verfassungsrecht und Privatrecht, 1988, S. 37 f.; Badura, Arbeit als Beruf [Art. 12 Abs. 1 GG], in: Festschrift für Wilhelm Herschel, 1982, S. 21 [34]). Gesetzliche Vorschriften, die sozialem und wirtschaftlichem Ungleichgewicht entgegenwirken, verwirklichen hier die objektiven Grundentscheidungen des Grundrechtsabschnitts und damit zugleich das grundgesetzliche Sozialstaatsprinzip (Art. 20 Abs. 1, Art. 28 Abs. 1 GG).

Der Verfassung läßt sich nicht unmittelbar entnehmen, wann Ungleichgewichtslagen so schwer wiegen, daß die Vertragsfreiheit durch zwingendes Gesetzesrecht begrenzt oder ergänzt werden muß. Auch lassen sich die Merkmale, an denen etwa erforderliche Schutzvorschriften ansetzen können, nur typisierend erfassen. Dem Gesetzgeber steht dabei ein besonders weiter Beurteilungs- und Gestaltungsraum zur Verfügung. Allerdings darf er offensichtlichen Fehlentwicklungen nicht tatenlos zusehen. Er muß dann aber beachten, daß jede Begrenzung der Vertragsfreiheit zum Schutze des einen Teils gleichzeitig in die Freiheit des anderen Teils eingreift. Wird die Zulässigkeit von Vertragsklauseln mit Rücksicht auf die Berufsfreiheit der für einen Unternehmer tätigen Vertragspartner eingeschränkt, bewirkt das einen Eingriff in die Freiheit der Berufsausübung des Unternehmers. Der Gesetzgeber muß diesen konkurrierenden Grundrechtspositionen ausgewogen Rechnung tragen. Auch insoweit besitzt er eine weite Gestaltungsfreiheit." (BVerfGE 81, 242, 254 f.)

Diese verfassungsrechtlichen Funktionen – die Grundrechte als objektive Wertordnung und die damit einhergehende Schutzpflicht des Staates, die durch den Erlass ausgleichender Regelungen konkretisiert wird, – werden dann wichtiger, wenn der Staat viele bisherige Tätigkeitsfelder aufgibt und privatisiert. Dies gilt vor allem in der sog. Daseinsvorsorge wie bei der flächendeckenden Versorgung mit Infrastrukturleistungen wie Elektrizität und Gas sowie Telekommunikation. Auch die verkehrsinfrastrukturelle Versorgung fällt hierunter. Der Bürger ist unmittelbar betroffen, wenn der Staat etwa zunächst die Energieversorgung ganz Privaten überlässt und sich in Anbetracht oligopolähnlicher Strukturen im Energiesektor (vier große Energieversorgungsunternehmen erzeugen ca. 75 % des Stroms) kein Wettbewerb einstellt und der Verbraucher mit steigenden Preisen konfrontiert ist. Auch wenn der Staat einen großen Gestaltungsspielraum hat, wie er den Bürger gegenüber solcher wirtschaftlicher Macht schützt, etwa durch eine Preisaufsicht, die Einrichtung einer Regulierung, eine Zerschlagung der Oligopole oder ähnliche Maßnahmen, so kann der Bürger doch verlangen, dass der Staat tätig wird.

Auch die zunehmenden technischen Möglichkeiten von Firmen aller Branchen, Daten von Kunden, Verbrauchern, Internetnutzern, aber auch Arbeitnehmern zu sammeln, zu speichern, zu analysieren und weiter zu geben (verkaufen) werfen datenschutzrechtliche Fragen auf. Wir müssen uns klar darüber sein: Unendlich viele unserer täglichen Lebensäußerungen lassen sich erfassen, ob wir mit einer Kreditkarte bezahlen, im Internet bestellen, welche Begriffe wir „googeln", wann, mit wem und von wo aus wir mobil kommunizieren. Das alles lässt sich erfassen und wird sicher auch erfasst. Dies eröffnet zahllose Möglichkeiten auch eines Datenmissbrauches: Wie etwa 2008, als es Verbraucherschützern gelang, innerhalb von zwei Tagen persönliche Daten von sechs Millionen Bundesbürgern zu kaufen, darunter vier Millionen mit Kontodaten (Quelle: http://www.tagesschau.de/inland/datenschutz110.html). Oder beispielsweise die Datenmissbrauchsfälle bei der Deutschen Bahn, die Anfang 2009 bekannt wurden. Neuestes Beispiel ist die visuelle Datenerfassung, die Google durchführt. Nicht nur bei Google Earth lassen sich im Netzt Gebäude und Grundstücke ansehen. Mit der Aufnahme von Gebäuden, Straßen, Plätzen, die dann im Netz frei zugänglich gemacht werden, wird die Privatsphäre des Einzeln in stärkerem Maße tangiert: Denn ein Wohnort ist tatsächlich nur demjenigen zugänglich, der sich dorthin begibt; das Abbild im Internet kann jeder zur Kenntnis nehmen. Dies ist ein quantitativer, aber auch qualitativer Unterschied. All diese Beispiele verdeutlichen, dass sich auch die Hauptschutzrichtung des Datenschutzes (vgl. Kap. 3.2.9.) verändern muss, die sich herkömmlich gegen staatliche Datensammlungen richtete. Angesichts weit reichender Fälle von Datenmissbrauch in privaten Lebenszusammenhängen wird es nötig, den bereits bestehenden Datenschutz in Ausgestaltung der staatlichen Schutzpflicht zu verstärken.

Mit der Entwicklung des Internets und der Ausweitung der dort angebotenen Dienste sowie der Weiterentwicklung der technischen Möglichkeiten, das Verhalten der Internetnutzer zu beobachten, zu speichern und zu analysieren, ist es in geringerem Umfang der Staat, der die Rechtspositionen von Bürgern beeinträchtigt. Große Internetanbieter werden in zunehmenden Maße zu einer Bedrohung des Einzelnen, der seine Privatsphäre kaum noch schützen kann, weil er nicht absieht, welchen Weg seine Daten und Informationen über ihn im Netz nehmen und wer Zugriff darauf bekommt. Letztlich geht es dabei darum, wie der Grundrechtsschutz der Bürger untereinander gewahrt werden kann. Losgelöst vom technischen Fortschritt ist dies kein neues Problem, sondern eines, das im Bürger-Bürger-Verhältnis schon immer virulent war.

DAS RECHT AUF VERGESSEN

Informationen, die einmal im Internet sind, verbleiben dort auf ewig. Suchmaschinen fördern sie immer wieder zu Tage. Hiergegen richtet sich ein Urteil des Europäischen Gerichtshofes (EuGH) in Luxemburg aus dem Jahr 2014:2010 erhob der spanische Staatsbürger González bei der spanischen Datenschutzagentur eine Beschwerde gegen eine spanische Tageszeitung sowie gegen Google Spain und Google Inc. Er machte geltend, dass die Suchmaschine des Google-Konzerns bei der Eingabe seines Namens den Internetnutzern Hinweise auf zwei Seiten der genannten Tageszeitung anzeigen würde. Auf diesen Seiten sei die Versteigerung seines Grundstücks angekündigt, und zwar im Zusammenhang mit einer wegen Forderungen der Sozialversicherung erfolgten Pfändung. Herr González beantragte die Löschung, da die Pfändung seit Jahren vollständig erledigt sei und damit keine Erwähnung mehr verdiene.

Soweit sich die Beschwerde gegen Google richtete, wurde dieser stattgegeben. Dagegen erhob Google Klage bei dem spanischen Gericht Audiencia National, welches die Frage, wie die Richtlinie zum Schutz natürlicher Personen bei der Verarbeitung personenbezogener Daten und zum freien Datenverkehr (EU-Richtlinie 1995/46 EG vom 24. Oktober 1995; im Folgenden: EU-Datenschutzrichtlinie) im Kontext neuer Technologien auszulegen sei.

Auf Vorabentscheidungsersuchen der spanischen Audiencia National hat der EuGH entschieden, dass die EU-Datenschutzrichtlinie und die Charta der Grundrechte der Europäischen Union (Grundrechte-Charta) dahingehend auszulegen sind, dass Suchmaschinenbetreiber für die Verarbeitung personenbezogener Daten, die auf Internetseiten Dritter veröffentlicht sind, im Sinne der EU-Datenschutzrichtlinie verantwortlich sind und der Betroffene unter bestimmten Voraussetzungen die Löschung aus der Ergebnisliste der Suchmaschine verlangen kann.

Der EuGH ist der Auffassung, dass die kontinuierliche Durchforstung des Internets durch den Suchmaschinenbetreiber auch eine Verarbeitung personenbezogener Daten darstelle, für die der Betreiber im Rahmen seiner Tätigkeit auch verantwortlich sei. Daher habe der Betreiber der Suchmaschine dafür Sorge zu tragen, dass seine Tätigkeit den Anforderungen der EU-Datenschutzrichtlinie entspricht. Demnach können nun Suchmaschinenbetreiber wie Google auf Antrag dazu verpflichtet werden, Verweise auf Webseiten mit sensiblen persönlichen Daten, die mit der EU-Datenschutzrichtlinie unvereinbar sind, aus ihren Ergebnislisten zu streichen. Dies gilt unabhängig davon, ob die Information auf der Webseite auch gelöscht wird oder die Veröffentlichung dort rechtmäßig ist.

Der EuGH weist ausdrücklich darauf hin, dass die Tätigkeit einer Suchmaschine die Grundrechte auf Achtung des Privatlebens und Schutz personenbezogener Daten nach Art. 7 und 8 der Grundrechte-Charta erheblich beeinträchtigen könne. Die Wirkung des Eingriffs in die Rechte der betroffenen Person werde durch die bedeutende Rolle des Internets und der Suchmaschinen in der modernen Gesellschaft noch gesteigert. Aufgrund der Schwere des Eingriffs könne dieser nicht allein durch die wirtschaftlichen Interessen der Suchmaschinenbetreiber gerechtfertigt werden. Es sei ein angemessener Ausgleich zwischen dem berechtigten Interesse der Internetnutzer auf Information und des Rechts auf Achtung des Privatlebens sowie des Rechts auf Schutz personenbezogener Daten herzustellen.

Das Urteil stellt einen Meilenstein im europäischen Datenschutz dar: Denn der EuGH hat entgegen seiner bisherigen Rechtsprechung erstmals aus der EU-Datenschutzrichtlinie das sog. Recht auf Vergessen abgeleitet.

Entscheidung des Gerichtshofes der Europäischen Union vom 13.5.2014, Az. C-131/12, http://curia.europa.eu/jcms/upload/docs/application/pdf/2014-05/cp140070de.pdf; EuGH NJW 2014, 2257.

Zur Vertiefung: Silke Jandt EuGH stärkt den Schutz der Persönlichkeitsrechte gegenüber Suchmaschinen, Multimedia und Recht 2014, 358242.

Boehme-Neßler, Volker, Das Recht auf Vergessenwerden – Ein neues Internet-Grundrecht im Europäischen Recht, NVwZ 2014, 825

In Bezug auf die Berufs- und Berufswahlfreiheit hat das Bundesverfassungsgericht ausgeführt, es bedürfe „staatlicher Unterstützung, oft auch staatlicher Einrichtungen, um etwa die verfassungsrechtlich gewährleistete Freiheit realisieren zu können“ (BVerfGE 33, 303, 331 f.). Die sozialstaatliche Gestaltungsaufgabe bezieht sich auf die Herstellung und Sicherstellung der individuellen Freiheit und der Gewährleistung der Gleichordnung der Bürger. Es besteht damit eine enge Wechselbeziehung zwischen grundrechtlicher Freiheit und sozialem Staatsziel, nicht allein im Bürger-Staat-Verhältnis. Freiheitssichernd tätig werden muss der Staat auch im Bürger-Bürger-Verhältnis. Seine Ausgleichspflicht besteht auch hier. Staatliche Freiheitssicherung ist mit anwachsenden sozialen Ungleichgewichten in gesellschaftlichen Verhältnissen notwendig. Dabei kann das Maß staatlicher Intervention von den in Rede stehenden Gemeinwohlbelangen abhängig sein, die von den Verhältnissen der Bürger untereinander berührt sind. Und es kann berücksichtigt werden, dass die Ausübung wirtschaftlicher und gesellschaftlicher Macht unter Umständen die gleiche Wirkung wie physische Gewalt hat, die durch das Gewaltmonopol des Staates ausgeschlossen wird. Faktisches Ungleichgewicht – das ist auch das Verhältnis des Einzelnen gegenüber den Großen im Internet.

Es gibt schon viele solcher Beispiele: Wer eine monopolartige oder -ähnliche Stellungen innehat, vermag Vertragsbedingungen einseitig zu diktieren, insbesondere wenn der Vertragspartner auf den Abschluss angewiesen ist. Besteht eine Notwendigkeit zu privater Vorsorge, ist derjenige dem Versicherungsgeber kraft dessen überlegenen Wissens weitgehend ausgeliefert, wenn er nicht in der Lage ist oder die Möglichkeit hat, die Vertragsbedingungen zu übersehen oder die Sicherheit seiner Beiträge in Bezug auf die Länge der Vertragslaufzeit zu beurteilen. Wickelt der Arbeitgeber seinen Lohnzahlungsverkehr nur im Überweisungswege ab, ist der Arbeitnehmer darauf angewiesen, ein Gehaltskonto zu eröffnen. Angesichts zunehmender Relevanz der Kommunikation („Kommunikationsgesellschaft“) muss der Staat im Rahmen der Privatisierung zuvor von ihm allein angebotener Dienstleistungen nunmehr Rahmenbedingungen sicherstellen, die eine ausreichende, angemessene Versorgung gewährleisten.

Das Sozialstaatsprinzip erfüllt in vielen Fällen ungleich verteilter gesellschaftlicher wie wirtschaftlicher Macht oftmals dieselbe Funktion, die dem Gewaltmonopol im Hinblick auf die physische Gewalt zukommt: Die Mindestbedingungen für ein Leben des Bürgers frei von wirtschaftlichem Druck, gesellschaftlicher Macht und strukturell ungleichen Verhältnissen sind zu gewährleisten. Besteht nach dem Sozialstaatsprinzip in solchen oder ähnlichen Fällen eine Verpflichtung des Gesetzgebers, entsprechende gesetzliche Rahmenbedingungen zu schaffen, die das eigentlich freie, durch Selbstbestimmung geprägte Verhältnis der Bürger untereinander regeln, so ist er zugleich auch gehalten, die Einhaltung des Rahmens dieser Rechtsordnungen sicherzustellen. Denn die Gefahr besteht, dass trotz vorhandener Vorschriften die tatsächlichen Machtverhältnisse dafür sorgen, dass die Regelungen nicht beachtet werden. Zwar mag es grundsätzlich dem freien Belieben des Einzelnen offen stehen, inwieweit er sich im Einzelfall für ihn nachteiligen Vertragsregelungen unterwirft. Aber oft handelt es sich um standardisierte Massengeschäfte, so dass es um möglicherweise strukturelle Benachteiligungen geht, die breite Bevölkerungskreise treffen. Zudem ist der Einzelne nicht selten auf die Inanspruchnahme des privaten Angebots angewiesen und kann nicht ausweichen: Ohne Bankverbindung ist eine Teilnahme am Wirtschaftsverkehr kaum möglich – genau wie eine private Vermögensbildung.

Gleichwohl muss man festhalten: Die Wirkkraft des Sozialstaatsprinzips ist begrenzt. Es ist eben nur ein „Gestaltungsauftrag" und kann nur politisch geltend gemacht werden. Es vermittelt anders als die Grundrechte keine Möglichkeit, irgendetwas vom Staat etwa gerichtlich einzufordern. Es ist ein Tiger ohne Zähne, aber immerhin eine stete Mahnung an die Politik, soziale, ausgeglichene Lebensverhältnisse herzustellen oder zu erhalten.

3.3.2.4 Gesellschaftlicher Wandel der familiären Strukturen

Die Wirkkraft der Grundrechte ist wie die Gesellschaft selbst einem Wandel unterworfen. Deutlich wird dies am gesellschaftlichen Bild von Ehe und Familie. Seit den siebziger Jahren sind die tradierten Vorstellungen von Ehe und Familie auf dem Rückzug. Wurden 1970 nur ca. 15 % der Ehen in Westdeutschland geschieden, so waren es 2003 ca. 43 % (Quelle: http://www.bpb.de/wissen/NHXRDM,0,Entwicklung_der_Scheidungsrate.html). Das Bild der „Patchwork-Familie", in der Eltern und Kinder zusammenleben, die nicht leiblich miteinander verwandt sind, hat Einzug gehalten. Die gesellschaftliche und rechtliche Wirkkraft des Ehebegriffs des Art. 6 GG nimmt ab. Früher galt das sog. Abstandsgebot, nach dem der Gesetzgeber die Ehe gegenüber anderen Formen des Zusammenlebens zu privilegieren hatte. Dies hat das Bundesverfassungsgericht stark eingeschränkt (BVerfGE 105, 313). Der Bundesgesetzgeber hatte der gesellschaftlichen Entwicklung zuvor Rechnung getragen, indem er gleichgeschlechtlichen Lebensgemeinschaften mit dem Lebenspartnergesetz eine rechtliche Plattform zur gegenseitigen Bindung gegeben hat. 2009 hat das Bundesverfassungsgericht zudem entschieden, dass eine Ungleichbehandlung von Ehen und eingetragenen Lebenspartnerschaften bei Zusatzversorgungen für Hinterbliebene mit Art. 3 Abs. 1 GG nicht vereinbar sei (BVerfG, 1 BvR 1164/07 vom 7.7.2009, http://www.bverfg.de/entscheidungen/rs20090707_1bvr1164 07.html= BVerfGE 124, 199). Die Entscheidung hat weit reichende Auswirkungen auf alle rechtlichen Regelungen, die Ehen und Lebenspartnerschaften betreffen (vgl. Wissenschaftliche Dienste des Bundestages, Infobrief WD 3 – 429/09).

Der Ehe als verfassungsrechtlich vorgegebenes Leitbild für die Gesellschaft haben sich andere Formen des Zusammenlebens zugesellt. Der Bürger ist davon insoweit betroffen, als er in seiner privaten Lebensgestaltung freier geworden ist. Eine „Ehe ohne Trauschein" ist weniger stigmatisiert als es noch früher der Fall war.

3.4 Häufig gestellte Fragen

Medienberichten zufolge will die Bundesregierung das sog. Nudging einführen (vgl. etwa http://www.welt.de/wirtschaft/article138326984/Merkel-will-die-Deutschen-durch-Nudging-erziehen.html., abgerufen am 31.5.2015) Ist das mit dem grundgesetzlichen Konzept von Freiheit vereinbar?

Unter Nudging versteht die Verhaltensökonomie alle Maßnahmen, die darauf zielen, das Verhalten von Menschen in vorhersagbarer Weise zu verändern, ohne irgendwelche Optionen auszuschließen oder wirtschaftlichen Anreize stark zu verändern; ein libertärer Paternalismus soll autoritäre staatliche Handlungsformen (Ver- und Gebote) ersetzen, indem das Verhalten der Bürger durch Anreize gesteuert wirden (Thaler/Sunstein, Nudge. Wie man kluge Entscheidungen anstößt, 2009, S. 15 und passim). Namentlich in den USA und in Großbritannien werden in Gesetze Kniffe und kaum merkliche Anreize eingebaut, um die Bürger durch kleine „Stupser" dazu zu bringen, sich besser zu verhalten. Das „Schubsen", das „Anstoßen" besteht darin, dass die möglichen Handlungs- und Entscheidungsoptionen so präsentiert werden, dass sich die Bürger quasi von alleine für das „Richtige" entscheiden. Das solche Konzepte der Verhaltensbeeinflussung funktionieren, nutzt vor allem die Wirtschaft: Süßigkeiten in Geschäften auf der Augenhöhe von Kindern zu präsentieren, ist etwa ein solches Beispiel.

Verfassungsrechtlich gewendet ist Nudging eine Form staatlicher Verhaltenssteuerung und nicht grundsätzlich neu. Je nach dem, wie staatliche Verhaltenssteuerung – auch in Form von Nudging – auftritt, etwa offen als gesetzliche Norm vom Parlament verabschiedet, erkennbar und transparent, oder als verdeckt, gar versteckte Form der Beeinflussung, die der Einzelne nicht mehr wahrnehmen kann, trifft sie auf unterschiedlich enge Grenzen, die man an folgenden Markierungen festmachen kann:

- Trifft es zu, dass staatliches Handeln grundsätzlich der Rechtfertigung bedarf, menschliches Handeln sich demgegenüber nicht legitimieren muss, ist der Einzelne auch frei, sich falsch und unvernünftig zu verhalten oder gar gegen die eigenen Interessen zu handeln. Jedes verdeckte Nudging, das dem Adressaten nicht bewusst ist oder werden kann, das ihn beeinflussen soll, ohne das er es merkt, macht ihn letztlich zum bloßen Objekt staatlichen Handelns. Dies wäre unzulässig, weil dies eine Behandlung des Menschen durch die öffentliche Gewalt wäre, „die dessen

Subjektqualität, seinen Status als Rechtssubjekt, grundsätzlich in Frage stellt (vgl. BVerfGE 30, 1, 26; 87, 209, 228; 96, 375, 399), indem sie die Achtung des Wertes vermissen lässt, der jedem Menschen um seiner selbst willen, kraft seines Personseins, zukommt (vgl. BVerfGE 30, 1, 26; 109, 279, 312 f.)." (BVerfGE 115, 118, 153). Und das Bundesverfassungsgericht hat prägnant festgestellt: „Was nicht verboten ist, ist erlaubt" (BVerfGE 84, 372, 380).

- Offenes, erkennbares Nudging ist an den Maßstäben zu messen, die die Verfassung für staatliches Handeln vorschreibt, insbesondere Grundrechtskonformität und Wahrung des Gesetzesvorbehalts.

Literaturhinweise:

S.o. Kap. 3.2.9.

Kuhlmann, „Nudging": Der sanfte staatliche Schubs in die „richtige" Richtung . In: Legal Tribune Online, 20.01.2015, http://www.lto.de/persistent/a_id/14423/ (abgerufen am: 30.05.2015)

Thaler/Sunstein, Nudge. Improving Decisions About Health, Wealth and Happiness. 2008.

Thaler/Sunstein, Nudge. Wie man kluge Entscheidungen anstößt, 2009

Verfassungsblog.de, Choice Architecture in Democracies: Exploring the Legitimacy of Nudging, Conference, Humboldt-University Berlin, Jan 12-14th 2015, http://www.verfassungsblog.de/choice%e2%80%90architectures/

Warum kann man Straftäter, die schwerste Verbrechen begangen haben – etwa Mord, Kindesmissbrauch o. vergleichbare Taten – nicht einfach auf Dauer wegschließen?

Das Menschenbild des Grundgesetzes verbietet eine solche Behandlung von Tätern selbst schwerster Straftaten. Das Bundesverfassungsgericht hat dies 2010 erneut in einem Fall, in dem ein Straftäter an die Türkei ausgeliefert werden sollte, wo ihm eine lebenslange Freiheitsstrafe drohte, bestätigt:

„Nach der Rechtsprechung des Bundesverfassungsgerichts gehört es zu den Voraussetzungen eines menschenwürdigen Strafvollzugs, dass dem zu lebenslanger Freiheitsstrafe Verurteilten grundsätzlich eine Chance verbleibt, je wieder der Freiheit teilhaftig zu werden (BVerfGE 45, 187, 229 und Leitsatz 3 Satz 1; 113, 154, 164). Es ist danach mit der Menschenwürde (Art. 1 Abs. 1 GG) unvereinbar, wenn ein Verurteilter in der Strafhaft ungeachtet seiner persönlichen Entwicklung jegliche Hoffnung, seine Freiheit wiederzuerlangen, aufgeben muss (vgl. BVerfGE 45, 187, 245). Dies gilt auch im Falle einer Verurteilung zu lebenslanger Freiheitsstrafe und der Feststellung der besonderen Schwere der Schuld, wenngleich im Einzelfall – verfassungsrechtlich unbedenklich – lebenslange Freiheitsstrafen tatsächlich auch bis zum Lebensende vollstreckt werden können (vgl. BVerfGE 64, 261, 272). Fallgestaltungen, die es strikt verwehrten, dem innerlich gewandelten, für die Allgemeinheit ungefährlich gewordenen Gefangenen auch nach sehr langer Strafverbüßung, selbst im hohen Lebensalter, die Wiedergewinnung der Freiheit zu gewähren, und ihn damit auch von vornherein zum Versterben in der Haft verurteilten, sind dem Strafvollzug unter der Herrschaft des Grundgesetzes allerdings grundsätzlich fremd (vgl. BVerfGE 64, 261, 272; 113,

154, 164; zu den besonderen Umständen der Sicherungsverwahrung und den aus dem hohen Rang des Freiheitsrechts folgenden besonderen Anforderungen an das regelmäßige Überprüfungsverfahren des Fortbestands des Sicherungsinteresses, vgl. BVerfGE 117, 71, 102 f.)

Für den Strafvollzug im Geltungsbereich des Grundgesetzes genügt nach der Rechtsprechung des Bundesverfassungsgerichts das Institut der Begnadigung allein nicht, um die verfassungsrechtlich unaufgebbare Aussicht auf Wiedererlangung der Freiheit in einer Weise abzusichern, die rechtsstaatlichen Anforderungen entspricht. Vielmehr folgt aus dem Rechtsstaatsprinzip für die Strafvollstreckung in Deutschland das Erfordernis einer gerichtlich kontrollierbaren und kontrollierten Entlassungspraxis. Die Voraussetzungen, unter denen die Vollstreckung einer lebenslangen Freiheitsstrafe ausgesetzt werden kann, und das dabei anzuwendende Verfahren sind gesetzlich zu regeln (vgl. BVerfGE 45, 187, 243 ff. und Leitsatz 3 Satz 2).“ (BVerfG, 2 BvR 2299/09 vom 16.1.2010, Absatz-Nr. 21 f., http://www.bverfg.de/entscheidungen/rk20100116_2bvr229909.html)

Wieso ist es nicht erlaubt, alten oder todkranken Menschen dabei zu helfen, ihrem Leben ein Ende zu bereiten?

Die Frage zielt auf die Sterbehilfe, oft auch bezeichnet als „Hilfe im Sterben“, „Sterbebeistand“ oder „Sterbebegleitung“. Allgemein versteht man hierunter die Unterstützung Sterbender durch Pflege, schmerzlindernde Behandlung sowie menschliche Zuwendung. In diesem Sinne ist sie gesellschaftlich unbestritten. In einem engeren Sinne ist Sterbehilfe aber auch das Töten oder Sterbenlassen eines sterbenden, schwer kranken oder leidenden Menschen aufgrund seines eigenen, ausdrücklichen oder mutmaßlichen Verlangens oder Interesses. Sterbehilfe bzw- begleitung wird gerade zurzeit (2015) wieder gesellschaftlich diskutiert und ist Gegenstand einer Debatte im Bundestag. Sie ist Folge einer immer älter werdenden Gesellschaft, in der alte Menschen oder solche, die sterbenskrank sind, den Wunsch verspüren, selbstbestimmt ihrem Leben ein Ende zu setzen. Die Diskussion ist auch durch Entwicklungen im europäischen Ausland bedingt – etwa in der Schweiz oder in Belgien –, wo die Sterbehilfe gesetzlich geregelt ist.

Verschiedene Sachverhalte in Bezug auf die Beendigung des Lebens werden dabei unterschieden (vgl. hierzu und zum Folgenden Deutsches Referenzzentrum für Ethik in den Biowissenschaften, Sterbehilfe, Stand: Januar 2015, http://www.drze.de/im-blickpunkt/sterbehilfe):

1. „Sterbenlassen“ / „Passive Sterbehilfe“: Verzicht auf lebensverlängernde Maßnahmen (unter Beibehaltung von „Grundpflege“ und schmerzlindernder Behandlung),
2. „Indirekte Sterbehilfe“ / „Indirekte aktive Sterbehilfe“: Schmerzlindernde Behandlung unter Inkaufnahme eines (nicht intendierten) Lebensverkürzungsrisikos,
3. „Beihilfe zur Selbsttötung“ / „Freitodbegleitung“ / „Assistierter Suizid“: Hilfeleistung zur Selbsttötung z.B. durch Beschaffung und Bereitstellung des tödlichen Medikaments,

4. „Aktive Sterbehilfe“ / „Direkte aktive Sterbehilfe“ / „Tötung auf Verlangen“: Absichtliche und aktive Beschleunigung oder Herbeiführung des Todeseintritts: im Gegensatz zur indirekten Sterbehilfe ist der Tod nicht nur in Kauf genommen, sondern beabsichtigt, im Gegensatz zur Beihilfe zur Selbsttötung liegt die letztentscheidende Tatherrschaft nicht beim Betroffenen selbst, sondern bei einem Dritten.

Sterbehilfe unterliegt im Grundsatz einem staatlichen Verbot; dieses findet seine Begründung im Grundrechtlich gebotenen Schutz des Lebens gem. Art. 2 Abs. 2 S. 1 GG: Denn nach der Rechtsprechung des Bundesverfassungsgericht enthält die Garantie nicht nur ein Abwehrgrundrecht, das es dem Staat und seinen Organen verbietet, über das Leben seiner Bürger zu verfügen. Art. 2 Abs. 1 S. 1 GG hat auch eine objektivrechtliche Seite, die den Staat zum Schutz des Lebens verpflichtet (grundrechtliche Schutzpflicht). Das bedeutet: Dem Staat ist es nicht nur verboten, selbst in das Leben einzugreifen, sondern er muss auch Eingriffe in das Leben durch die Bürger untereinander verhindern. Maßgeblich für die Ausgestaltung dieser staatlichen Schutzpflicht für das Leben ist das Strafrecht, das die Tötung unter Strafe stellt.

Dementsprechend können nach der Rechtsprechung des Bundesgerichtshofes die verschiedenen Varianten der Sterbehilfe strafrechtlich relevant sein (BGH NJW 2010, 2963):

1. Sterbehilfe durch Unterlassen, Begrenzen oder Beenden einer begonnenen medizinischen Behandlung (Behandlungsabbruch) ist gerechtfertigt, wenn dies dem tatsächlichen oder mutmaßlichen Patientenwillen entspricht (§ 1901a BGB) und dazu dient, einem ohne Behandlung zum Tode führenden Krankheitsprozess seinen Lauf zu lassen.
2. Ein Behandlungsabbruch kann sowohl durch Unterlassen als auch durch aktives Tun vorgenommen werden.
3. Gezielte Eingriffe in das Leben eines Menschen, die nicht in einem Zusammenhang mit dem Abbruch einer medizinischen Behandlung stehen, sind einer Rechtfertigung durch Einwilligung nicht zugänglich.

Demzufolge ist die aktive Sterbehilfe strafbar, sie ist regelmäßig Tötung auf Verlangen (§ 216 StGB). Der Suizid ist nach deutschem Recht kein Straftatbestand, weshalb auch die Beihilfe zum Suizid straflos ist. Zurzeit wird allerdings darüber diskutiert, ob die kommerzialisierte Suizidhilfe verboten und unter Strafe gestellt werden soll. In den übrigen Fällen gilt die geschildert Linie der Rechtsprechung, auch wenn nach wie vor Unsicherheiten bestehen.

Seit 2014 wird in Deutschland eine Debatte über eine gesetzliche Neureglung der Sterbehilfe geführt. Allerdings geht es nicht um die Legalisierung der aktiven Sterbehilfe. Debattiert wird, ob derzeit erlaubte Beihilfehandlungen zum Suizid, etwa durch das Bereitstellen von Medikamenten, künftig gesetzlich verboten werden sollen. Auch die sogenannte organisierte Sterbehilfe soll einer rechtlichen Regelungen zugeführt werden. Auch das ärztliche Standesrecht, das zum Teil in Deutschland uneinheitlich in den Ländern in dieser Frage ausgestaltet ist, soll vereinheitlicht werden. Am 13. November 2014 fand im Bundestag im Rahmen einer sogenannten Sondierungsdebatte eine erste generelle Diskussion der Fragen statt. In der zweiten Jahreshälfte 2015 will der Bundestag über eine Gesetzesreform entscheiden.

Weiterführende Literatur:

Augsberg, Ino, Grundfälle zu Art. 2 Abs. 2 1 GG, JuS 2011, 28 ff. und 128 ff.

Deutsches Referenzzentrum für Ethik in den Biowissenschaften, Sterbehilfe, Stand: Januar 2015; http://www.drze.de/im-blickpunkt/sterbehilfe (lesenwert mit umfangreichen HInwiesen auch zur Lage im europäischen und außereuropäischen Ausland);

Zur Debatte im Bundestag:

http://www.bundestag.de/dokumente/textarchiv/2014/kw46_de_sterbebegleitung/339436

Kann der Staat eine Impfflicht einführen, um so Krankheiten, die hochansteckend sind und viele Menschen bedrohen, vorzubeugen?

Eine von staatlichen Gesundheitsbehörden angeordnete (Zwangs-)Impfung, die durch Injektion eines Impfstoffes erfolgt, greift in den Schutzbereich des Grundrechts auf körperliche Unversehrtheit, Art. 2 Abs. 2 S. 1 GG ein. Die Anordnung einer Impfung („Schluckimpfung") kann daneben auch einen Eingriff in Art. 2 Abs. 1 GG darstellen. Die grundrechtlichen Gewährleistungen stehen unter Gesetzesvorbehalt. Es bedürfte daher einer gesetzlichen Grundlage. Das Infektionsschutzgesetz (IfSG) sieht indes nur Impfempfehlungen, aber keine Impfpflichten vor. Eine Zwangsimpfung wäre daher mangels gesetzlich ausreichender Grundlage wohl nicht gerechtfertigt und daher verfassungswidrig.

Vertiefende Literatur: Dan Bastian Trapp: Impfzwang – Verfassungsrechtliche Grenzen staatlicher Gesundheitsvorsorgemaßnahmen, DVBl. 2015, 11.

Warum können Homosexuelle keine Ehe schließen?

Die Ehe ist, so wird Art. 6 GG interpretiert, die auf lebenslange Dauer angelegte Verbindung von Mann und Frau.

„... kann die Ehe nur mit einem Partner des jeweils anderen Geschlechts geschlossen werden, da ihr als Wesensmerkmal die Verschiedengeschlechtlichkeit der Partner innewohnt (vgl. BVerfGE 10, 59, 66) und sich nur hierauf das Recht der Eheschließungsfreiheit bezieht." (BVerfGE 105, 313, 342)

Gleichgeschlechtlichen Paaren steht das Institut der Lebenspartnerschaft zur Verfügung, das indes nicht verfassungsrechtlich, sondern nur einfachgesetzlich gewährleistet ist.

Sind Familien in Deutschland nicht gegenüber „Singlehaushalten" benachteiligt?

Art. 6 Abs. 1 GG verpflichtet den Staat zu besonderem Schutz von Ehe und Familie. Allerdings sagt diese Schutzpflicht nichts darüber aus, wie genau der Gesetzgeber diesen Schutz im Familienrecht, im Steuerrecht und Sozialrecht ausgestaltet. Der Gesetzgeber trägt aber dem gesellschaftlichen Wandel Rechnung. So ändert sich zunehmend das verfassungsrechtliche und rechtliche Verständnis von Familie. Familie soll da sein, wo Kinder sind. Diese rücken in den Vordergrund. Das neue Unterhaltsrecht, das auch der Rechtsprechung des Bundesverfassungsgerichts Rechnung trägt und zum 1.1.2008 in Kraft getreten ist (BGBl. I 2007, S. 3189), wird die Kinder unterhaltsrechtrechtlich an die erste Stelle rücken. (zur Reform http://www.bmj. bund.de/enid/3ac4947 04a3a8581317127c8a9feebcc,0/Familienrecht/Unterhaltsrecht_pw.html).

Immer wieder werden in jüngerer Zeit Fälle bekannt, in denen (neugeborene) Kinder von Ihren Eltern vernachlässigt werden. Könnte dies nicht durch mehr Möglichkeiten für anonyme Geburten verhindert werden?

Babyklappen oder die Möglichkeit zur anonymen Geburt gibt es in Deutschland bereits länger, ohne dass dies gesetzlich geregelt wäre. Frauen soll so eine Alternative zur Aussetzung oder Tötung ihres Neugeborenen geboten werden. Allerdings ist diese Praxis rechtlich nicht unbedenklich, da das Grundrecht des Kindes auf Kenntnis der eigenen Abstammung (Art. 2 Abs. 1 i. V. m. Art. 1 Abs. 1 GG) und das Recht auf Beziehung zu seinen leiblichen Eltern (Art. 6 Abs. 2 GG) verletzt werden kann. Andererseits können die Möglichkeiten zur anonymen Geburt das Leben und die körperliche Unversehrtheit der Neugeborenen schützen (vgl. wissenschaftliche Dienste des Bundestages m.w.N. Nr. 08/10 (24. Februar 2010 http://www.bundestag.de/dokumente/analysen/2010/anonyme_kindesabgabe.pdf.)

Warum steht nicht jedermann ein Grundeinkommen zu, auch wenn er nicht arbeitet?

Die Forderung nach einem bedingungslosem Grundeinkommen beruht auf dem Modell, dass jeder Bürger vom Staat eine gesetzlich festgelegte und gleiche finanzielle Zuwendung erhält, die zur Existenzsicherung ausreicht und für die er keine Gegenleistung erbringen muss.

Das Grundgesetz stellt vor allem auf die Freiheit des Einzelnen vor dem Staat und auf seine Eigenverantwortung ab. Der Staat des Grundgesetzes ist kein fürsorgender Wohlfahrtsstaat, der den Bürger umsorgt und auf eine staatlich definierte Wohlfahrt zielt. Auch das Sozialstaatsprinzip gebietet nur die Gewährleistung des Existenzminimums.

„...den in Art. 20 Abs. 1 GG verankerten Sozialstaatsgrundsatz. Dieser enthält zwar einen Gestaltungsauftrag an den Gesetzgeber (vgl. schon BVerfGE 1, 97, 105). Angesichts seiner Weite und Unbestimmtheit läßt sich daraus jedoch regelmäßig kein Gebot entnehmen, soziale Leistungen in einem bestimmten Umfang zu gewähren. Zwingend ist lediglich, daß der Staat die Mindestvoraussetzungen für ein menschenwürdiges Dasein seiner Bürger schafft. Diese Mindestvoraussetzungen werden durch die Kindergeldkürzung ersichtlich nicht beeinträchtigt, da diese nur Familien trifft, denen – wie die Bundesregierung in ihrer Stellungnahme näher dargelegt hat – ein beträchtlich über dem Durchschnitt liegendes Einkommen zur Verfügung steht. Soweit es nicht um die genannten Mindestvoraussetzungen geht, steht es in der Entscheidung des Gesetzgebers, in welchem Umfang soziale Hilfe unter Berücksichtigung der vorhandenen Mittel und anderer gleichrangiger Staatsaufgaben gewährt werden kann und soll (BVerfGE 40, 121, 133). Dabei steht ihm ein weiter Gestaltungsraum zu (vgl. BVerfGE 59, 231, 263 m.w.N.).“ (BVerfGE 82, 60, 79 f.)

Ein Grundeinkommen geht aber über dieses Modell weit hinaus. Ein Anspruch auf ein solches Grundeinkommen kann dem Sozialstaatsprinzip nicht entnommen werden. Denn es stellt nur einen sozialstaatlichen Rahmen auf und beinhaltet einen Gestaltungsauftrag. Diesen auf die Einführung eines bedingungslosen Grundeinkommens hin zu konkretisieren, ist verfassungsrechtlich kaum begründbar. Das schließt nicht aus, dass die Einführung eines bedingungslosen Grundeinkommens verfassungsrechtlich zulässig erscheint, soweit dies politisch gewollt wäre. Damit wäre aber fraglos ein Umbau unseres gesamten staatlichen Finanzsystems verbunden, denn ein bedingungsloses Grundeinkommen müsste auch finanziert werden. Je nach Ausgestaltung liegen die prognostizierten Kosten weit über der Summe, die heute jährlich für Sozialausgaben getätigt werden. Ein Umbau des Steuersystems wäre notwendig. Unklar ist zudem, ob die erhofften Einsparungen durch den Abbau der Sozialbürokratie tatsächlich einträten.

(Weiterführende spezielle Hinweise finden sich unter http://www.wdr.de/themen/politik/1/grundeinkommen/index.jhtml?rubrikenstyle=politik&rubrikenstyle=politik; vgl. auch Götz Werner, Einkommen für alle, 2007; Wolfgang Engler, Bürger ohne Arbeit. Für eine radikale Neugestaltung der Gesellschaft, Berlin 2005.)

Wenn das Bundesverfassungsgericht nunmehr eine Grundrecht auf ein Existenzminimum aus der Taufe gehoben hat (vgl. Kap. 3.2.10) – warum hat es nicht dieses Existenzminimum selbst in Euro und Cent festgelegt?

Zum einen liegt darin eine gewisse richterliche Zurückhaltung. Zum anderen unterliegt das, was der Mensch als Existenzminimum benötigt, den gesellschaftlichen Umständen, ist aber auch von den persönlichen Umständen oder vom Alter abhängig. Nach Auffassung des Gerichts gibt Art. 1 Abs. 1 GG keine konkrete Höhe des Anspruchs vor. Diese hängt vielmehr von den gesellschaftlichen Anschauungen über das für ein menschenwürdiges Dasein Erforderliche, der konkreten Lebenssituation des Hilfebedürftigen sowie den jeweiligen wirtschaftlichen und technischen Gegebenheiten ab und sei danach vom Gesetzgeber konkret zu bestimmen. Das Sozialstaatsgebot des Art. 20 Abs. 1 GG verpflichte den Gesetzgeber, die soziale Wirklichkeit zeit- und realitätsgerecht für die Gewährleistung des menschenwürdigen Existenzminimums zu erfassen. Deshalb bedürfe das Existenzminimum der Konkretisierung und stetigen Aktualisierung durch den Gesetzgeber. Dieser müsse die zu erbringenden Leistungen an dem jeweiligen Entwicklungsstand des Gemeinwesens und den bestehenden Lebensbedingungen ausrichten. Dabei – so das BVerfG – steht dem Gesetzgeber ein Gestaltungsspielraum zu. Immerhin hat das Bundesverfassungsgericht gewisse Rahmenbedingungen festgeschrieben. Das Grundrecht auf Gewährleistung eines menschenwürdigen Existenzminimums aus Art. 1 Abs. 1 GG i. V. m. dem Sozialstaatsprinzip des Art. 20 Abs. 1 GG sichere jedem Hilfsbedürftigen diejenigen materiellen Voraussetzungen zu, die für seine physische Existenz – Nahrung, Kleidung, Hausrat, Unterkunft, Heizung, Hygiene und Gesundheit –, für die Sicherung der Möglichkeiten zur Pflege zwischenmenschlicher Beziehungen und für ein Mindestmaß an Teilhabe am gesellschaftlichen, kulturellen und politischen Leben unerlässlich sind.

Das Bundesverfassungsgericht legt auch verfahrensrechtliche Anforderungen fest: Zur Konkretisierung des Anspruchs hat der Gesetzgeber alle existenznotwendigen Aufwendungen folgerichtig in einem transparenten und sachgerechten Verfahren nach dem tatsächlichen Bedarf, also realitätsgerecht, zu bemessen. Hierzu hat er zunächst die Bedarfsarten sowie die dafür aufzuwendenden Kosten zu ermitteln und auf dieser Basis die Höhe des Gesamtbedarfs zu bestimmen. Das Grundgesetz schreibt dafür keine bestimmte Methode vor. Abweichungen von der gewählten Methode bedürfen allerdings der sachlichen Rechtfertigung. Schätzungen „ins Blaue hinein" laufen einem Verfahren realitätsgerechter Ermittlung zuwider und verstoßen deshalb gegen Art. 1 Abs. 1 GG i. V. m. dem Sozialstaatsprinzip des Art. 20 Abs. 1 GG.

Infolge dieser Grundsätze kam das Bundesverfassungsgericht in seiner Entscheidung zu dem Ergebnis, dass der Gesetzgeber insbesondere bei der Berechnung der Regelsätze für Kinder den kinder- und altersspezifischen Bedarf zu betrachten hat. Kinder seien keine kleinen Erwachsenen, deren Bedarf mit prozentualen Abschlägen auf den Regelbedarf eines Erwachsenen festlegen könne. Der Bedarf habe sich an kindlichen Entwicklungsphasen auszurichten und an dem, was für die Persönlichkeitsentfaltung des Kindes erforderlich sei. Dabei seien insbesondere etwa die Bedarfe für notwendige Schulmaterialien (Schulbücher, Schulhefte, Taschenrechner) mit in die Berechnung einzubeziehen.

3.5 Texte zur Vertiefung

3.5.1 Allgemeines

Callies, Christian, Sicherheit im freiheitlichen Rechtsstaat – Eine verfassungsrechtliche Gratwanderung mit staatstheoretischem Kompass, Zeitschrift für Rechtspolitik, 2002, S. 1.

Di Fabio, Udo, Sicherheit in Freiheit, Neue Juristische Wochenschrift, 2008, S. 421.

Dreier, Horst, Grenzen des Tötungsverbotes, Juristenzeitung 2007, S. 261 und S. 317.

Enders, Christoph, Der Staat in Not, Die Öffentliche Verwaltung 2007, 1039.

Epping, Volker, Grundrechte, 5. Aufl. 2012, S. 45 ff. (Leben, Körperliche Unversehrtheit; 227 ff. (Ehe, Familie, Schule), 279 ff. (Allgemeines Persönlichkeitsrecht); 324 ff. (Freiheit der Person); 298 ff. (Privatsphäre); 407 ff. (Justizgrundrechte).

Hager, Johannes, Grundrechte im Privatrecht, Juristen-Zeitung, 1994, S. 373.*Hömig, Dieter,* Die Menschenwürdegarantie des Grundgesetzes in der Rechtsprechung der Bundesrepublik Deutschland, Europäische Grundrechtszeitung 2007, S. 633.

Hufen, Friedhelm, Die Menschenwürde, Artikel 1 Abs. 1 GG, JuS 2010, 1.

Kalscheuer, Fiete, Menschenwürde als Recht im Unrecht. Zur Ergänzungsfunktion der Menschenwürde im Recht bei Kant, Der Staat, Vol. 52 (2013) S. 401.

Kersten, Jens, Biotechnologie in der Bundesrepublik Deutschland, Jura 2007, S. 667.
Kreß, Hartmut, Ein neuer starrer Stichtag? – Offene Fragen bei der Reform des Stammzellgesetzes, Zeitschrift für Rechtspolitik 2008, S. 53.
Schäuble, Wolfgang, Aktuelle Sicherheitspolitik im Lichte des Verfassungsrechts, Zeitschrift für Rechtspolitik, 2007, S. 210.
Schmitt Glaeser, Walter, Schutz der Privatsphäre (§ 129), Josef Isensee/Paul Kirchhof (Hg.), Handbuch des Staatsrechts Bd. 6, 1989, S. 41.

3.5.2 Zur Diskussion um die Opferung Unschuldiger

Baldus, Manfred, Streitkräfteeinsatz zur Gefahrenabwehr im Luftraum. Sind die neuen Luftsicherheitsgesetzlichen Befugnisse der Bundeswehr kompetenz- und grundrechtswidrig?, in: Neue Zeitschrift für Verwaltungsrecht 2004, S. 1278.
Depenheuer, Otto, Selbstbehauptung des Staates, 2007.
Gramm, Christof, Der wehrlose Verfassungsstaat?, in: DVBl. 2006, S. 653.
Hartleb, Thorsten, Der neue § 14 III LuftSiG und das Grundrecht auf Leben. In: Neue Juristische Wochenschrift, 2005, S. 1397.
Hecker, Wolfgang, Die Entscheidung des Bundesverfassungsgerichts zum Luftsicherheitsgesetz. in: Kritische Justiz, 2006, S. 179.
Isensee, Josef, Leben gegen Leben, in: Pawlik/Laczyk (Hg.), Festschrift für Günther Jakobs, 2007, S. 264.
Ladiges, Manuel, Die Bekämpfung nicht-staatlicher Angreifer im Luftraum unter besonderer Berücksichtigung des § 14 Abs. LuftSiG und der strafrechtlichen Beurteilung der Tötung von Unbeteiligten, 2007.
Meyer, Anton, Wirksamer Schutz des Luftverkehrs durch ein Luftsicherheitsgesetz? in: Zeitschrift für Rechtspolitik, 2004, S. 203.
Mitsch, Wolfgang, Luftsicherheitsgesetz – Die Antwort des Rechts auf den 11. September 2001. in: Juristische Rundschau 2005, S. 274.
Sinn, Arndt, Tötung Unschuldiger aufgrund § 14 III Luftsicherheitsgesetz-rechtmäßig?, in: Neue Zeitschrift für Strafrecht 2004, S. 585.

3.5.3 Zum Folterverbot

Herbert, Georg, Folter und andere Würdeverletzungen – Absoluter oder relativer Schutz der Menschenwürde?, EuGRZ 2014, 661.
Beestermöller, Gerhard/Brunkhorst, Hauke (Hg.), Rückkehr der Folter, 2006.
Gebauer, Peer, Zur Grundlage des absoluten Folterverbots, Neue Zeitschrift für Verwaltungsrecht 2004, S. 1405.
Herzberg, Rolf Dietrich, Folter und Menschenwürde, Juristenzeitung 2005, S. 321.
Wittreck, Fabian, Menschenwürde und Folterverbot, Die öffentliche Verwaltung, 2003, S. 873.

3.5.4 Zum Datenschutz

Luch, Anika/ Schulz, Sönke, Die digitale Dimension der Grundrechte – Die Bedeutung der speziellen Grundrechte im Internet, MMR 2013, 88

Spindler, Gerald, Datenschutz- und Persönlichkeitsrechte im Internet, GRUR-Beilage 2014, 101

Gaycen, Sandro/Kurz, Constance, 1984.exe – Gesellschaftliche, politische und juristische Aspekte moderner Überwachungstechnologien, 2008.

Sekretariat der Deutschen Bischofskonferenz (Hrsg), Zeugenaussage, Zeugnisverweigerungsrecht und Schweigepflicht. Ein juristischer Leitfaden für Seelsorger zum Schutz des Beicht- und Seelsorgegeheimnisses, 2008

Bull, Hans Peter, Zweifelsfragen um die informationelle Selbstbestimmung – Datenschutz als Datenaskese, NJW 2006, Nr. 23

Schaar, Peter, Das Ende der Privatsphäre. Der Weg in die Überwachungsgesellschaft, München 2007.

Simitis, Spiros (Hrsg.), Bundesdatenschutzgesetz, 6. Auflage 2006.

Britz, Gabriele, Europäisierung des grundrechtlichen Datenschutzes?, EuGRZ 2009, 1.

Engelien-Schulz, Thomas, Zu den Prinzipien und Grundsätzen des bereichsspezifischen und allgemeinen Datenschutzrechts, Verwaltungsrundschau 2009, 366, https://www.bsi.bund.de

Wissenschaftliche Dienste des Bundestages, http://www.bundestag.de/dokumente/analysen/2009/ vorratsdatenspeicherungs-richtlinie.pdf

Bundesbeauftrager für Datenschutz, Bewertung der Vorratsdatenspeicherung, http://www.bfdi.bund.de /cln_007/nn_533578/ DE/Schwerpunkte/Vorratsdaten/Artikel/Vorratsdatenspeicherung.html

4. Entfaltung in Gesellschaft und Wirtschaft

4.1 Der Verfassungstext

Art. 2 (1) Jeder hat das Recht auf die freie Entfaltung seiner Persönlichkeit, soweit er nicht die Rechte anderer verletzt und nicht gegen die verfassungsmäßige Ordnung oder das Sittengesetz verstößt.

(2) ...

Art. 9 (1) Alle Deutschen haben das Recht, Vereine und Gesellschaften zu bilden.

(2) Vereinigungen, deren Zwecke oder deren Tätigkeit den Strafgesetzen zuwiderlaufen oder die sich gegen die verfassungsmäßige Ordnung oder gegen den Gedanken der Völkerverständigung richten, sind verboten.

(3) Das Recht, zur Wahrung und Förderung der Arbeits- und Wirtschaftsbedingungen Vereinigungen zu bilden, ist für jedermann und für alle Berufe gewährleistet. Abreden, die dieses Recht einschränken oder zu behindern suchen, sind nichtig, hierauf gerichtete Maßnahmen sind rechtswidrig. Maßnahmen nach den Artikeln 12a, 35 Abs. 2 und 3, Artikel 87a Abs. 4 und Artikel 91 dürfen sich nicht gegen Arbeitskämpfe richten, die zur Wahrung und Förderung der Arbeits- und Wirtschaftsbedingungen von Vereinigungen im Sinne des Satzes 1 geführt werden.

Art. 11 (1) Alle Deutschen genießen Freizügigkeit im ganzen Bundesgebiet.

(2) Dieses Recht darf nur durch Gesetz oder aufgrund eines Gesetzes und nur für die Fälle eingeschränkt werden, in denen eine ausreichende Lebensgrundlage nicht vorhanden ist und der Allgemeinheit daraus besondere Lasten entstehen würden oder in denen es zur Abwehr einer drohenden Gefahr für den Bestand oder die freiheitliche demokratische Grundordnung des Bundes oder eines Landes, zur Bekämpfung von Seuchengefahr, Naturkatastrophen oder besonders schweren Unglücksfällen, zum Schutze der Jugend vor Verwahrlosung oder um strafbaren Handlungen vorzubeugen, erforderlich ist.

Art. 12 (1) Alle Deutschen haben das Recht, Beruf, Arbeitsplatz und Ausbildungsstätte frei zu wählen. Die Berufsausübung kann durch Gesetz oder aufgrund eines Gesetzes geregelt werden.

(2) Niemand darf zu einer bestimmten Arbeit gezwungen werden, außer im Rahmen einer herkömmlichen allgemeinen, für alle gleichen öffentlichen Dienstleistungspflicht.

(3) Zwangsarbeit ist nur bei einer gerichtlich angeordneten Freiheitsentziehung zulässig.

Art. 14 (1) Das Eigentum und das Erbrecht werden gewährleistet. Inhalt und Schranken werden durch die Gesetze bestimmt.

(2) Eigentum verpflichtet. Sein Gebrauch soll zugleich dem Wohle der Allgemeinheit dienen.

(3) Eine Enteignung ist nur zum Wohle der Allgemeinheit zulässig. Sie darf nur durch Gesetz oder aufgrund eines Gesetzes erfolgen, das Art und Ausmaß der Entschädigung regelt. Die Entschädigung ist unter gerechter Abwägung der Interessen der Allgemeinheit und der Beteiligten zu bestimmen. Wegen der Höhe der Entschädigung steht im Streitfalle der Rechtsweg vor den ordentlichen Gerichten offen.

Art. 15 Grund und Boden, Naturschätze und Produktionsmittel können zum Zwecke der Vergesellschaftung durch ein Gesetz, das Art und Ausmaß der Entschädigung regelt, in Gemeineigentum oder in andere Formen der Gemeinwirtschaft überführt werden. Für die Entschädigung gilt Artikel 14 Abs. 3 Satz 3 und 4 entsprechend.

– ferner verfügt der Bund über zahlreiche Gesetzgebungskompetenzen zur Gestaltung der gesellschaftlichen und wirtschaftlichen Rahmenbedingungen, vgl. etwa Art. 73 Abs. 1 Nr. 5 und insbesondere Art. 74 Abs. 1 Nr. 1 (bürgerliches Recht), Nr. 3 (Vereinsrecht), Nr. 11 (Recht der Wirtschaft), Nr. 12 (Arbeitsrecht); ferner die Nr. 14 –19 oder Nr. 20 (Recht der Lebensmittel). Auch zahlreiche Gesetzgebungsgegenstände, die auf den ersten Blick eine andere Stoßrichtung haben, sind für die Entfaltungsfreiheit der Bürger von großer Bedeutung. Der Bund kann auf dieser verfassungsrechtlichen Grundlage durch entsprechende gesetzliche Regelungen die Freiheit der Bürger einschränken. Dies gilt beispielsweise für die Gesetzgebungskompetenzen, die den Bereich des Natur- und Umweltschutzes betreffen, vgl. Art. 73 Abs. 1 Nr. 24 und 28 – 32 (Abfallwirtschaft, Luftreinhaltung und Lärmbekämpfung, Jagdwesen, Naturschutz und Landschaftspflege, Raumordnung, Wasserhaushalt).

4.2 Die Leitideen

4.2.1 Die Mutter aller Grundrechte: Allgemeine Handlungsfreiheit, Art. 2 Abs. 1 GG

Die Entfaltung des Einzelnen kann sich grundsätzlich auf die reine Privatsphäre beschränken und auf den weitgehenden Rückzug aus allen öffentlichen Bezügen zielen, kurz auf das Recht, von der restlichen Welt und von seinen Mitmenschen so weit als möglich in Ruhe gelassen zu werden. Zur Privatsphäre wird hier auch das „Familiengrundrecht“ des Art. 6 GG gezählt (vgl. Kap. 3). Wer es sich leisten kann und wer dies mag, hat das Recht, in seiner ganz eigenen Welt für sich zu leben – sofern er sich nur an die Gesetze hält. Damit ist allerdings nur die ruhige Seite der Freiheit beschrieben.

Entfaltungsfreiheit zielt indes bei den allermeisten Menschen jedenfalls *auch* auf die Welt und auf die Menschen *jenseits* der eigenen Privatsphäre, also auf die eine oder andere Weise der Selbstdarstellung und der Selbstentfaltung in der Gesellschaft und in der mehr oder weniger weit gefassten *Öffentlichkeit*. Hier steht die dynamische, in die Gesellschaft drängende Perspektive von Freiheit im Vordergrund. Entfaltungsfreiheit ist immer *auch* öffentlichkeits- und gesellschaftsgerichtete Handlungsfreiheit. Sie richtet sich auf Kontakt, Umgang und Austausch mit anderen Bürgern und mit anderen

Gemeinschaften, Vereinigungen und Institutionen aller Art und erfasst das bürgerliche Leben in seiner ganzen Breite.

Den Grundgedanken der Gewährleistung der persönlichen Entfaltungsfreiheit in Gesellschaft und Wirtschaft enthält die „Mutter aller Grundrechte“, die so genannte allgemeine Handlungsfreiheit des Art. 2 Abs. 1 GG. Dieses Recht meint die Freiheit, ohne Beeinträchtigung durch den Staat zu tun und zu lassen, was man will. Das Grundrecht ist sehr umfassend formuliert und auf keinen besonderen Lebensbereich beschränkt. Es gilt immer und überall.

Leitidee der allgemeinen Handlungsfreiheit ist letztlich der *Selbstbestimmungsgedanke*: Jeder hat das Recht, sich so zu entfalten, wie er das möchte – ob als Individualist oder auch in Gemeinschaft mit anderen zusammen. Diese Freiheit meint die Freiheit von *staatlichem* Zwang. Sie schließt andere *faktische* Zwänge, die von unseren Mitmenschen – beispielsweise von Eltern, Familienmitgliedern, Ehe- und Lebenspartnern, Vorgesetzten und Kollegen, Nachbarn und „Lieblingsfeinden“ – ausgehen können, selbstverständlich nicht aus. Rechtlich garantierte Freiheit und persönlich empfundene Freiheit sind deswegen zwei unterschiedliche Dinge. Wer rechtlich betrachtet frei ist, kann sich auf Grund anderer Zwänge trotzdem zutiefst unfrei fühlen.

Große Felder der Entfaltungsfreiheit betreffen alle Facetten des Lebens im Alltag, in der Wirtschafts- und in der Arbeitswelt sowie in der Freizeit, ob alleine oder mit anderen zusammen, zum Beispiel das Recht, sein Äußeres nach Belieben zu gestalten, die Freiheit zum Reiten im Walde, die Freiheit zum Alkoholkonsum, die Freiheit zur Selbstgefährdung durch gefährliche Sportarten oder, noch über das eigene Leben hinaus, die Freiheit zur Beisetzung außerhalb eines Friedhofes in einem Friedwald oder auf See

Die meisten anderen Entfaltungsgrundrechte der Verfassung lassen sich als Ausformungen und Spezialisierungen der allgemeinen Handlungsfreiheit für besondere Lebensbereiche begreifen. Solche Grundrechte gehen juristisch gesehen als *speziellere* Freiheitsgewährleistungen der allgemeinen Handlungsfreiheit vor, beispielsweise gilt speziell für die Berufsfreiheit Art. 12 GG, der den Art. 2 Abs. 1 GG insoweit verdrängt. Der Grundgedanke der Entfaltungsfreiheit aus Art. 2 Abs. 1 GG bleibt dabei aber bestehen. Er wird in Art. 12 GG etwa für das Berufsleben, also die Berufswahl und die Berufsausübung, konkretisiert. Umgekehrt gilt: Wenn sich im Grundgesetz kein spezielles Grundrecht für einen bestimmten Lebensbereich findet, gilt immer noch die Gewährleistung der allgemeinen Handlungsfreiheit. Art. 2 Abs. 1 GG wird deswegen häufig auch als *Auffanggrundrecht* bezeichnet.

Die Bezeichnung als Auffanggrundrecht bedeutet jedoch keine geringere Wertigkeit der allgemeinen Handlungsfreiheit, sondern damit wird lediglich zum Ausdruck gebracht, dass *speziellere* Grundrechte der allgemeinen Handlungsfreiheit systematisch betrachtet vorgehen. Weiter bedeutet es, dass die Bürger sich im konkreten Einzelfall *immer* auf die Generalklausel des Art. 2 Abs. 1 GG berufen können, wenn kein spezielleres Grundrecht zur Verfügung steht.

BEISPIEL

Art. 11 GG schützt das Recht, sich innerhalb des Bundesgebietes frei zu bewegen. Art. 11 GG geht deswegen als spezielleres Grundrecht für die Frage der Freizügigkeit der allgemeinen Handlungsfreiheit aus Art. 2 Abs. 1 GG vor.

Nicht geschützt von Art. 11 GG wird dagegen das Recht zur Ausreise aus dem Bundesgebiet. Freizügigkeit meint nur das Recht, sich innerhalb des Bundesgebietes frei zu bewegen. Da es kein spezielles Ausreisegrundrecht gibt, wird das Recht zur Ausreise vom Auffanggrundrecht des Art. 2 Abs. 1 GG umfasst.

Auffanggrundrecht bedeutet demnach in letzter Konsequenz, dass die Handlungsfreiheit des Einzelnen *umfassend* geschützt ist. Sie gilt für *alle* Menschen in gleicher Weise, insbesondere auch für Bürgerinnen und Bürger ohne die deutsche Staatsangehörigkeit. Aus der Sicht des Bürgers betrachtet bedeutet dies: Zunächst gilt grundsätzlich die Freiheitsvermutung. Dieses Grundprinzip bezeichnet man auch als rechtsstaatliches Verteilungsprinzip: Die öffentliche Gewalt wird durch die Freiheitssphäre des Einzelnen begrenzt; soll Freiheit verkürzt werden, liegt die Rechtfertigungslast für die Notwendigkeit der Verkürzung beim Staat.

4.2.2 Beschränkungen: gesetzlich geordnete Handlungsfreiheit

Freiheit und Entfaltung zu ermöglichen ist das eine notwendige Element jedes Grundrechts, diese Freiheit rechtlich zu begrenzen das andere. Dies wird besonders anschaulich bei der allgemeinen Handlungsfreiheit. Die freie Entfaltung der Persönlichkeit ist nämlich ausdrücklich nur insoweit zulässig, als sie *nicht die Rechte anderer* verletzt und *nicht gegen die verfassungsmäßige Ordnung* oder das *Sittengesetz* verstößt. Dieser Gesetzesvorbehalt zeigt, dass die Entfaltungsfreiheit des Art. 2 Abs. 1 GG zwar grundsätzlich weit reicht, dass sie aber von vornherein keine ungeordnete, keine grenzenlose oder anarchische Freiheit meint, sondern *nur im Rahmen des gesetzlich Erlaubten* besteht. Es ist nämlich Sache des *Gesetzgebers*, die in Art. 2 Abs. 1 GG genannten drei Freiheitsschranken – die Rechte anderer, die verfassungsmäßige Ordnung und das Sittengesetz – näher zu bestimmen und zu konkretisieren. Der Verfassungstext macht mit dieser dreifachen Schrankenziehung für die Freiheit des Einzelnen deutlich, dass das Leitbild von persönlicher Freiheit im Grundgesetz nicht die Freiheit des Stärkeren ist. Allerdings ist es Sache des Gesetzgebers, diese Freiheitsschranken auf einen konkreten Lebensbereich zu beziehen und zu „übersetzen", was dies jeweils heißen soll. Dabei muss er die Freiheitsansprüche des einen mit den Freiheitsansprüchen der anderen versöhnen und zu einem praktisch lebbaren Ausgleich bringen.

So gewährleistet die allgemeine Handlungsfreiheit in Ermangelung eines speziellen Grundrechts auch das Recht, am Straßenverkehr teilzunehmen und sich dort frei zu bewegen. Dieses Recht besteht aber nicht uneingeschränkt, sondern es wird wiederum durch zahlreiche Rechtspflichten und Gebote eingeschränkt: Wer beispielsweise ein Auto fährt, braucht eine Fahrerlaubnis und einen entsprechenden Führerschein, ein verkehrstüchtiges und zum Verkehr zugelassenes Fahrzeug, er muss die Straßenverkehrsregeln kennen und sich daran halten, insbesondere an das Gebot der gegenseitigen Rücksichtnahme. Nur so kann das Gesetz die freie Entfaltung des einen mit der freien Entfaltung der anderen und den berechtigten Schutzansprüchen Dritter kompatibel machen. Allgemeine Handlungsfreiheit ist mithin stets gesetzlich geordnete Freiheit, damit *alle* ihre Freiheit ausüben können und sich nicht gegenseitig schädigen.

Ein Gesetz, das den Freiheitsspielraum des Einzelnen einschränkt, das aber im Übrigen nicht gegen das Grundgesetz und insbesondere nicht gegen den Verfassungsgrundsatz der Verhältnismäßigkeit verstößt, stellt eine verfassungsrechtlich zulässige Freiheitsbeschränkung dar. Anders herum gewendet bedeutet dies: Art. 2 Abs. 1 GG gewährt den Bürgern das Grundrecht, dass sie nur dann eine Freiheitsbeschränkung bzw. einen Nachteil hinnehmen müssen, wenn dieser Nachteil auf einem Gesetz beruht, das seinerseits in Übereinstimmung mit den Bestimmungen des Grundgesetzes zustande gekommen ist (sog. formelle Verfassungsmäßigkeit) und das nicht gegen die inhaltlichen Maßstäbe des Grundgesetzes verstößt (sog. materielle Verfassungsmäßigkeit, insbesondere Verfassungsgrundsatz der Verhältnismäßigkeit). Man kann Art. 2 Abs. 1 deswegen auch als das Recht lesen, zu tun und zu lassen was man will – *soweit man sich dabei im Rahmen des rechtlich Zulässigen bewegt.*

Der Gesetzesvorbehalt bei Art. 2 Abs. 1 GG gibt dem Gesetzgeber weitreichende Möglichkeiten, die allgemeine Handlungsfreiheit einzuschränken. Die im Gesetzestext genannten drei Einschränkungsgründe werden in der Praxis selten im Einzelnen unterschieden. Letztlich bedeuten diese drei zulässigen Beschränkungsgründe nicht mehr und nicht weniger, als dass der Gesetzgeber das *Verfassungsgebot der Verhältnismäßigkeit* zu beachten hat. Dieses besagt, dass jede Freiheitsbeschränkung der allgemeinen Handlungsfreiheit zulässig ist, solange sie nur zur Erreichung eines vernünftigen Zweckes geeignet, erforderlich und angemessen ist (vgl. Kap. 2.2.10).

Der Unterschied von Art. 2 Abs. 1 GG zu den anderen, speziellen Grundrechten besteht darin, dass der Gesetzgeber dort zum Teil anderen, nämlich *strengeren Bindungen* unterliegt, unter welchen Voraussetzungen er die Freiheit des Einzelnen einschränken kann. So kann er beispielsweise die Freizügigkeit innerhalb des Bundesgebietes für Deutsche nur unter den engen Voraussetzungen des Art. 11 Abs. 2 GG einschränken, beispielsweise zur Bekämpfung von Seuchengefahren. Anders ist dies dagegen für Bürgerinnen und Bürger in unserem Lande, die keine Deutschen sind. Sie können sich von vornherein nicht auf Art. 11 GG berufen, sondern nur auf das Auffangrundrecht des Art. 2 Abs. 1 GG. In Bezug auf diese Gruppe hat der Gesetzgeber deswegen sehr viel weiter gehende Spielräume, um das Recht auf Freizügigkeit innerhalb Deutschlands zu beschränken. Im Ergebnis bedeutet dies: Für Personen, die keine deutschen Staatsbürger sind, beispielsweise für Asylanten, kann der Gesetzgeber unter bestimmten Voraussetzungen vorsehen, dass sie nur an bestimmten Orten innerhalb Deutschlands wohnen bzw. sich aufhalten dürfen, für deutsche Staatsbürger kann er dies nur unter den engen Voraussetzungen des Art. 11 Abs. 2 GG.

Unter die große Überschrift „Entfaltung des Menschen" gehören zwar auch seine

- politischen (in diese Richtung zielt in besonderer Weise beispielsweise Art. 8 GG – Versammlungsfreiheit) und seine
- kulturellen Entfaltungsmöglichkeiten in Religion/Weltanschauung, Kunst und Wissenschaft (vgl. Art. 4 und Art. 5 Abs. 3 GG).

Diese Komplexe stellen allerdings aus der Sicht des Grundgesetzes selbständige Themenkomplexe mit spezifischen Besonderheiten dar. Sie werden deswegen auch in eigenständigen Kapiteln abgehandelt (Kap. 5. und 6.).

Wichtige Regelungen über die Grenzen der Entfaltungsfreiheit enthalten insbesondere auch diejenigen Bestimmungen, die auf die Sicherheit der Bürgerinnen und Bürger zielen (vgl. dazu Kap. 7).

4.2.3 Entfaltung in Gemeinschaft mit anderen: Vereinigungsfreiheit, Art. 9 GG

Sport ist bekanntlich im Verein erst richtig schön. Auch andere Freiheiten kann man nur mit anderen gemeinsam ausüben, zum Beispiel eine Ehe schließen und eine Familie gründen. Dieser *soziale* Aspekt der Freiheitsentfaltung wird unter anderem in Art. 9 GG besonders deutlich: Alleine kann man keinen Verein gründen, sondern immer nur mit anderen zusammen. Art. 9 Abs. 1 GG schützt dabei die allgemeine Vereinigungsfreiheit als Individualrecht *und* als kollektives Freiheitsrecht der Vereinigung selbst (vgl. Art. 19 Abs. 3 GG), zum Beispiel bei der Mitgliederwerbung für einen Verein.

Der Begriff des Vereins wird in § 2 Abs. 1 VereinsG umschrieben als „*Vereinigung, zu der sich eine Mehrheit natürlicher oder juristischer Personen für eine längere Zeit zu einem gemeinsamen Zweck freiwillig zusammengeschlossen und einer organisierten Willensbildung unterworfen hat*". Aber nicht nur rechtlich strukturierte und gut organisierte Formen der Vereinigung, sondern auch lockere Formen des Zusammenschlusses mehrerer Personen werden von Art. 9 Abs. 1 GG umfasst, so dass der Schutz von der bloß schwach organisierten spontanen Bürgerinitiative bis hin zum straff geführten Spitzenverband eines Wirtschaftszweiges reicht. Ebenso sind Handels- und Kapitalgesellschaften geschützt.

Vereinigungsfreiheit bedeutet für den Einzelnen: Gründung, Beitritt und Austritt sind frei von staatlichem Zwang. Staatlich verordnete Zwangsmitgliedschaften in privaten Vereinigungen sind deswegen unzulässig. Lediglich bei öffentlich-rechtlichen Körperschaften, wie beispielsweise Ärztekammern, Handwerkskammern oder den verfassten Studentenschaften, sind auch Zwangsmitgliedschaften zulässig.

Auf die *Zwecke*, die eine Vereinigung verfolgt, kommt es aus der Sicht des Art. 9 Abs. 1 GG dagegen *nicht* an. Die Verfolgung politischer, kultureller, sportlicher, geselliger, wohltätiger, wirtschaftlicher oder sonstiger Zwecke ist gleichermaßen zulässig. Insbesondere findet keine staatliche Kontrolle statt, ob die verfolgten Zwecke sinnvoll bzw. erwünscht oder unerwünscht sind. Die Vereinigungsfreiheit ist vielmehr zweckneutral garantiert. Selbstverständlich können Vereinigungen auch unsinnige Ziele verfolgen.

Verboten sind lediglich solche Vereinigungen, die strafbare Zwecke verfolgen oder die sich gegen die Verfassung oder gegen die Völkerverständigung richten, vgl. Art. 9 Abs. 2 GG. Gegen solche Vereinigungen können die Polizeibehörden durch ein Verbot vorgehen. So hat die Bundesregierung im September 2014 die Aktivitäten der Terrororganisation „Islamischer Staat" in Deutschland verboten. Dieses Verbot umfasst jegliche Beteiligung an der Organisation, etwa über soziale Medien oder bei Demonstrationen sowie die Anwerbung von Geldern oder Kämpfern.

Verfassungsrechtlich zulässig sind allerdings reine Ordnungsgesetze, die lediglich einen verbindlichen rechtlichen Rahmen für eine *bestimmte* Rechtsform einer Vereinigung (z.B. eingetragener Verein oder GmbH) bereit stellen, z.B. die Eintragungspflicht im Vereins- und Handelsregister oder Mindestkapitalvorschriften.

REINE ORDNUNGSGESETZE SIND ZULÄSSIG

Dies bedeutet: Wer beispielsweise gemeinsam mit einigen anderen eine GmbH gründen will, kann dies nur nach den gesetzlichen Regeln für die GmbH tun. Dagegen ist es ihm nicht möglich, eine eigene, davon abweichende Rechtskonstruktion zu wählen und diese unter Berufung auf sein vermeintliches Grundrecht aus Art. 9 Abs. 1 GG als GmbH zu bezeichnen. Die Ordnungsregelung zur GmbH-Gründung verstoßen nicht gegen das Grundrecht der Vereinigungsfreiheit, denn sie richtet sich nicht gegen einen konkreten Zweck der Vereinigung.

Speziell für die Arbeitswelt enthält Art. 9 Abs. 3 GG das Recht, zur Wahrung und Förderung der Arbeits- und Wirtschaftsbedingungen Vereinigungen zu bilden. Man spricht hierbei von der *Koalitionsfreiheit*. Arbeitgeberverbände und Arbeitnehmerverbände (Gewerkschaften) sind die wichtigsten Koalitionen. Die Koalitionsfreiheit schützt das Recht, derartige Vereinigungen zu gründen, ihnen beizutreten und sie wieder zu verlassen. Darüber hinaus gewährleistet Art. 9 Abs. 3 GG auch, dass die Koalitionäre die Arbeitsbedingungen und die Tarife unter sich aushandeln und gegebenenfalls mit den Mitteln des Arbeitskampfes durchsetzen (Tariffreiheit). Der Staat darf sich in diese Angelegenheiten nicht einmischen, und zwar ausdrücklich noch nicht einmal in Notstandslagen. Insofern enthält Art. 9 Abs. 3 GG auch eine wichtige Aussage für die so genannte Wirtschaftsverfassung des Grundgesetzes (vgl. dazu Kap. 4.1.6).

4.2.4 Entfaltung im Wirtschaftsleben: Berufsfreiheit, Art. 12 GG

Das Grundgesetz widmet der Berufsfreiheit ein spezielles Grundrecht. Nicht nur als wirtschaftliche Lebensgrundlage, sondern auch für die Ausformung der eigenen Persönlichkeit und für die Verwirklichung des persönlichen Lebensentwurfs spielen Arbeit und Beruf für viele Menschen eine zentrale Rolle. Art. 12 Abs. 1 GG garantiert die Berufsfreiheit als einheitlichen Lebensvorgang, beginnend mit der freien Wahl des

Berufs, der Ausbildungsstätte und schließlich des Arbeitsplatzes. Geschützt wird aber auch die berufliche bzw. die wirtschaftliche Betätigung als solche, also die Berufsausübung selbst.

Ausbildungsstätte sind neben den betrieblichen Ausbildungsstätten insbesondere bestimmte Schulen (Gymnasium, sonstige weiterführende Bildungseinrichtungen, Hochschulen).

Beruf ist weit zu verstehen im Sinne einer erlaubten und auf eine gewisse Dauer angelegten Erwerbsarbeit. Es gibt unzählige Berufe. Darunter fallen gleichermaßen selbständige und unselbständige Tätigkeiten, traditionelle Berufe und neu entstehende Berufsbilder. Auch neu entstehende Berufe werden geschützt. Das Grundrecht schützt deswegen auch die Freiheit, einen ganz neuen Beruf, den es in dieser Form bislang noch gar nicht gibt, zu (er-)finden und ihn auszuüben.

Ein wichtiges Indiz für das Vorliegen eines selbständigen Berufsbildes liegt dann vor, wenn dafür eine spezielle Ausbildung erforderlich ist und eine klare Abgrenzung zu anderen Berufstätigkeiten möglich ist. Dabei handelt es sich allerdings nur um ein Kriterium. Es gibt traditionelle und renommierte Berufe, für die keine bestimmte Ausbildung erforderlich ist, zum Beispiel als Journalist oder als Unternehmensberater. Kein eigenständiger Beruf im rechtlichen Sinne liegt dagegen vor, wenn es sich lediglich um eine von mehreren Möglichkeiten der Ausübung desselben Berufs handelt.

Da es sich bei Art. 12 Abs. 1 GG um ein „Deutschengrundrecht“ handelt, können Ausländer sich insoweit nur auf das weniger schutzintensive Auffangrundrecht des Art. 2 Abs. 1 GG berufen. *Arbeitszwang und Zwangsarbeiten* sind allerdings grundsätzlich für alle Menschen verboten, vgl. Art. 12 Abs. 2 und 3 GG.

4.2.5 Grenzen der Berufsfreiheit

Die Freiheit der Berufswahl ist in zweifacher Hinsicht von vornherein *eingeschränkt*:

Das Grundrecht auf Berufsfreiheit garantiert *weder ein Recht auf Arbeit noch auf eine bestimmte Berufsausbildung*. Die allermeisten Ausbildungs- und Arbeitsplätze stellt die *private Wirtschaft* bereit. Ein Anspruch auf die Bereitstellung der gewünschten Ausbildungsstätte oder auf Arbeitsbeschaffung durch den Staat besteht jedoch nicht. Die Berufsfreiheit ist vielmehr in erster Linie ein Abwehrrecht gegen staatliche Eingriffe in die eigene Lebens- bzw. Berufsplanung. Der Staat darf den Bürgern deswegen auch nicht bestimmte Ausbildungsplätze zuweisen, weil beispielsweise Bäcker fehlen.

Soweit der *Staat selbst* Ausbildungs- und Arbeitsplätze bereit stellt, hat er das gleiche Zugangsrecht für alle Bürger auf den Grundprinzipien der Chancengleichheit und des Leistungsprinzips zu gewährleisten (speziell zum Zugang zum öffentlichen Dienst vgl. Kap. 10).

Zweitens wird die freie Wahl des Berufs dadurch eingeschränkt, dass die Rechtsordnung in den Berufsordnungen eine große Zahl von *Berufsbildern* rechtsverbindlich festlegt. Dies hat zur Folge: Wer bestimmte Tätigkeiten ausüben möchte, kann dies zumeist nur im Rahmen eines rechtlich fixierten Berufsbildes tun. Die Voraussetzungen zur Ausübung dieses Berufs muss er dann erst erwerben.

Wer Zähne heilen und „reparieren" möchte, kann dies nur als Zahnarzt und nicht (mehr) als Dentist oder als Arzt für Allgemeinmedizin tun. Wer Brot backen und verkaufen möchte, kann dies nur als gelernter Bäcker, nicht aber als Koch oder als studierter Lebensmitteltechniker oder Ernährungswissenschaftler und schon gar nicht ohne berufsbefähigenden Abschluss.

Da es in Deutschland sehr viele rechtlich fixierte Berufsbilder gibt, sind der Möglichkeit, ein Berufsbild nach eigenen Vorstellungen zu entwickeln, wenn auch nicht rechtlich, so doch faktisch enge Grenzen gesetzt.

Die Existenz solcher rechtsverbindlicher Berufsbilder weist zugleich auf eine weitere Einschränkung hin: Im Rahmen von bestehenden Berufsbildern ist es dem Gesetzgeber unbenommen, die *persönlichen Voraussetzungen* für die Ausübung eines bestimmten Berufs zu regeln. Der Gesetzgeber selbst – und nur der Gesetzgeber (vgl. Kap. 2.2.6, Vorbehalt des Gesetzes) – darf und muss, jedenfalls in den wesentlichen Grundzügen, festlegen, welche Fähigkeiten und Kenntnisse jemand für die Ausübung eines bestimmten Berufs haben und was er sinnvollerweise können muss. Zu solchen persönlichen Zugangsvoraussetzungen zu einem bestimmten Beruf gehören zum Beispiel die Mindestausbildungsdauer, das Verfahren der Anerkennung/Prüfung, das Höchstalter für die Berufsausübung etc. Ergänzende Regelungen darf der Gesetzgeber den berufsständischen Organisationen überlassen, wenn er sie per Gesetz ausdrücklich dazu ermächtigt, zum Beispiel durch das Satzungsrecht der Ärztekammern, entsprechende Regelungen zu treffen. Bei allen Regelungen über die persönlichen Zugangsvoraussetzungen zu einem bestimmten Beruf hat der Gesetzgeber den Verfassungsgrundsatz der Verhältnismäßigkeit zu beachten.

Außerdem darf der Gesetzgeber auch festlegen, welche konkreten Anforderungen *bei der Ausübung* eines erlernten Berufs zu beachten sind, zum Beispiel Vorschriften über Hygiene, Arbeitsschutz, Ladenschlusszeiten, Buchführung, Werbeverbote, usw. Solche Berufsausübungsregelungen, die die Berufsfreiheit in zulässiger Weise beschränken, gibt es in großer Zahl. Stets muss der Gesetzgeber auch dabei den Verfassungsgrundsatz der Verhältnismäßigkeit beachten, d.h. Berufsausübungsregelungen müssen grundsätzlich zweckmäßig und geeignet (keine überflüssige Maßnahme), erforderlich (keine weniger einschneidende, in gleicher Weise geeignete Maßnahme) und angemessen (keine übermäßig belastende Maßnahme – Abwägung) sein. In der Praxis sind die Anforderungen an solche die Berufsausübung beschränkenden Regelungen allerdings nicht allzu hoch. Letztlich reicht es aus, wenn sich „vernünftige Gründe des Gemeinwohls" für eine solche Regelung finden lassen. Solche vernünftigen Gründe lassen sich sehr häufig finden.

Strenger sind die verfassungsrechtlichen Anforderungen allerdings dann, wenn der Gesetzgeber über die Festlegung von Berufsbildern, von den *persönlichen* Zugangsvoraussetzungen zu diesem Beruf (Befähigungsnachweise, gesundheitliche Anforderungen) und von entsprechenden Berufsausübungsregelungen hinaus den *Zugang* zu einem bestimmten Beruf einschränken will. Dabei geht es um solche Beschränkungen, die weder etwas mit der Ausformung des konkreten Berufsbildes noch mit der konkreten Person zu tun haben. Solche *objektiven Berufsbeschränkungen* sind beispielsweise staatliche Bedarfsprüfungen, bestimmte Höchstgrenzen, oder gar ein totales Verbot, einen bestimmten Beruf zu ergreifen. Diese Maßnahmen schränken die Berufsfreiheit besonders empfindlich ein, weil der Einzelne dann keine Chance mehr hat, diese Hürde aus eigener Kraft zu überwinden: Fehlende Kenntnisse kann der Einzelne im Prinzip erwerben, aber gegen eine Höchstgrenze (Kontingentierung) oder gar gegen ein absolutes Berufsverbot ist er aus sich heraus machtlos. Das Bundesverfassungsgericht stellt deswegen für solche Berufsbeschränkungen besonders strenge Anforderungen auf. Nur dann, wenn ein *„überragend wichtiges Gemeinschaftsgut"* auf dem Spiel steht, darf der Gesetzgeber zu solchen objektiven Berufszulassungsbeschränkungen greifen.

STRENGE ANFORDERUNGEN FÜR OBJEKTIVE BESCHRÄNKUNGEN DER BERUFSFREIHEIT

Dieser für den Einzelnen einschneidende Schutz besonders wichtiger Wirtschaftszweige kann beispielsweise in Betracht kommen, wenn es um die Gesundheit der Bevölkerung oder die Volksernährung geht. Eine Bedarfsprüfung für Apotheken hat das BVerfG allerdings bereits in einer seiner frühen Entscheidungen als unzulässigen Eingriff in die Berufsfreiheit angesehen (BVerfGE 7, 377). Gemeinschaftsgüter, die das Bundesverfassungsgericht als überragend wichtig angesehen hat, sind etwa eine funktionstüchtige Rechtspflege (BVerfGE 93, 213/236), der Schutz vor ungeeigneten Rechtsberatern (BVerfGE 75, 246/267), die Leistungsfähigkeit des öffentlichen Verkehrs (BVerfGE 11, 168/184) oder der schnelle Aufbau einer effektiven Verwaltung in den neuen Bundesländern (BVerfGE 84, 133/151).

4.2.6 Die wirtschaftliche Basis der Freiheit: Eigentum und Erbrecht, Art. 14 GG

Als Voraussetzung einer effektiven und vor allem eigenverantwortlichen Entfaltungsfreiheit werden auch das Privateigentum und das Erbrecht garantiert. Gemeinsam mit der Berufsfreiheit wird damit die wirtschaftliche Basis dieser persönlichen Entfaltung verfassungsrechtlich abgesichert.

Geschützt werden bestehende konkrete Eigentumsgüter, etwa bewegliche und unbewegliche Sachen, aber auch Geld, Wertpapiere, Aktien, Rechte und geistige Eigentumsgüter wie Urheberrechte und Patente, nicht aber das Vermögen als Ganzes und auch nicht bloße Erwerbschancen und Gewinnerwartungen.

Im Kern bedeutet die Gewährleistung des Eigentums *Privatnützigkeit* und *Verfügungsfreiheit*. § 903 des Bürgerlichen Gesetzbuchs erfüllt eine Art Leitbildfunktion. Danach kann der Grundeigentümer mit dem Grundstück nach Belieben verfahren und andere von jeder Einwirkung ausschließen.

Bei sorgfältiger Lektüre des Art. 14 GG wird allerdings sofort deutlich, dass die Gewährleistung des Artikels bereits in sich spannungsreich ist. In ihm geht es keineswegs nur um die individuelle, lediglich auf den persönlichen Nutzen des Einzelnen bezogene Dimension des Privateigentums, sondern neben den Individualinteressen spielen auch die Interessen der Allgemeinheit eine wesentliche Rolle (vgl. BVerfGE 102, 1, 15). Die Sätze „*Eigentum verpflichtet. Sein Gebrauch soll zugleich dem Wohle der Allgemeinheit dienen.*“ verleihen dieser Gemeinschaftsbindung Ausdruck.

Was dies im Hinblick auf konkrete Eigentumspositionen heißt, ist damit freilich noch keineswegs gesagt. Wiederum ist es Sache des Gesetzgebers, diese beiden Pole – Sicherung der wirtschaftlichen Lebensführungsfreiheit des Einzelnen einerseits und Gemeinschaftsbindung des Eigentums andererseits – bei bestimmten Eigentumspositionen zu konkretisieren und so zu optimieren, dass die beiden Pole nicht auf der Strecke bleiben, sondern angemessen zur Geltung kommen. Art. 14 GG spricht insoweit von der Inhalts- und Schrankenbestimmung des Eigentums. Dabei hat der Gesetzgeber erhebliche Spielräume.

Keinesfalls darf er allerdings so weit gehen, dass die Inhalts- und Schrankenbestimmung in eine Enteignung umschlägt. Seine Befugnis zur Inhalts- und Schrankenbestimmung reicht dabei allerdings umso weiter, je mehr das Eigentum einen sozialen Bezug aufweist. So darf der Staat Eigentumspositionen zwar nicht völlig entziehen, wohl aber in erheblichem Umfang mit Steuern und Abgaben belegen (BVerfGE 30, 250, 271).

BEISPIEL

Am Beispiel der *Baufreiheit* auf einem eigenen Grundstück bedeutet dies: Das Grundrecht aus Art. 14 GG schützt nicht eine naturrechtliche, unbeschränkte Freiheit, so zu bauen, wie man das möchte, sondern von vornherein nur die Baufreiheit, wie sie durch baurechtliche und andere gesetzliche Vorschriften gewährt wird. Dazu gehören nicht nur die Baugesetze und das Bauordnungsrecht, sondern auch der Bebauungsplan, der unter Umständen nur eine ganz bestimmte Weise der Bebauung zulässt und teilweise ganz erhebliche Beschränkungen vorsieht oder die Bebaubarkeit eines Grundstückes sogar gänzlich ausschließt. Die aus dem Eigentum folgende Baufreiheit kann weiter durch denkmalschutzrechtliche Vorschriften und einem entsprechenden Veränderungsverbot eingeschränkt sein. Allerdings müssen solche die Eigentumsfreiheit beschränkenden Vorschriften selbst dem Verfassungsgrundsatz der Verhältnismäßigkeit entsprechen.

Das *Erbrecht* sichert schließlich den Schutz des Eigentums vor staatlichem Zugriff über den Tod hinaus. Aus der Sicht des Erblassers schützt das Erbrecht die Testierfreiheit, also das Recht durch Testament festzulegen, wem das Vermögen nach dem eigenen Tode zufallen soll (BVerfGE 99, 342, 350). Diese Testierfreiheit besteht allerdings wiederum nur mit dem Inhalt und den Schranken, die das Gesetz festlegt. Danach haben besonders enge Verwandte einen Anspruch auf den sogenannten gesetzlichen Pflichtteil. Pflichtteilsberechtigte kann der Erblasser in der Regel nicht von ihrem Pflichtteilsanspruch ausschließen. Das Erbrecht, hier in der Form der Testierfreiheit, ist insoweit von vornherein inhaltlich beschränkt.

Eine *Enteignung* liegt dagegen vor, wenn Eigentumsrechte vollständig oder jedenfalls so weitgehend entzogen werden, dass von der ursprünglichen Nutzungsbefugnis nichts mehr übrig bleibt (BVerfGE 58, 300). Enteignungen sind nur zum Wohle der

Allgemeinheit, nur als letztes Mittel und nur dann zulässig, wenn sie eine Entschädigungsregelung enthalten.

Als Sonderregelung zu Art. 14 ist Art. 15 GG zu nennen, der eine Ermächtigung – aber keine Verpflichtung – zur Vergesellschaftung des Eigentums an Grund und Boden, Naturschätzen und Produktionsmitteln enthält. Eine praktische Bedeutung in der Staatswirklichkeit entfaltete Art. 15 GG bislang allerdings nicht.

4.2.7 Grundelemente der Wirtschaftsverfassung des Grundgesetzes

Grundrechte beschreiben nicht nur Rechte des Einzelnen, sondern ihnen kommt darüber hinaus auch eine objektive Bedeutung zu. Insbesondere die Art. 9 Abs. 1 und 3, Art. 12 und 14 GG enthalten als Elemente objektiver Ordnung punktuelle Aussagen über unsere Wirtschaftsverfassung. Zwar hat das Bundesverfassungsgericht immer wieder betont, dass das Grundgesetz *wirtschaftspolitisch neutral* sei (vgl. BVerfGE 50, 290/336). Richtig daran ist, dass unsere geltende Wirtschaftsordnung – die soziale Marktwirtschaft – von Verfassungs wegen nicht in all ihren heutigen Ausprägungen so vorgegeben ist. Das Grundgesetz überlässt die Wirtschaftspolitik und damit auch die Ausgestaltung der Wirtschaftsform in weiten Teilen dem Gesetzgeber. Historisch spiegelt sich insbesondere in der weitreichenden Möglichkeit der Sozialisierung in Art. 15 GG, dass man bei Schaffung des Grundgesetzes keine Festlegung auf eine bestimmte Wirtschaftsform wollte. Zu gegensätzlich waren die widerstreitenden Auffassungen der Mütter und Väter des Grundgesetzes im Parlamentarischen Rat, als dass man sich auf ein bestimmtes wirtschaftliches Leitbild hätte einigen können. Traditionell wird dieser Grundgesetzartikel als rechtliches Tor zu einer stärker sozialistischen Wirtschaftsverfassung verstanden.

Allerdings sind diese Spielräume nicht unbegrenzt. Die Formel von der wirtschaftpolitischen Neutralität trifft bei Lichte betrachtet nur im Sinne einer deutlich *eingeschränkten* Neutralität zu: Eine Gesellschaft, die ihren Bürgern persönliche Berufs- und private Eigentumsfreiheit garantiert, prägt auch die Wirtschaft eines Landes. Eine strenge Zentralverwaltungs- oder Planwirtschaft ist mit der Bedingung persönlicher Freiheit schlechterdings nicht vereinbar. Art. 2 Abs. 1 GG gewährleistet jedenfalls die Privatautonomie und als Bestandteil davon auch die Vertragsfreiheit. Durch Art. 12 und Art. 14 GG wird für den Einzelnen auch das Recht gewährleist, sein Vermögen durch Arbeit zu mehren. Schließlich kann es keine Berufsfreiheit ohne ein gewisses Maß an Wettbewerb und Konkurrenz geben. Das Grundgesetz legt deswegen insbesondere mit den wirtschaftsnahen Grundrechten den Grundstein für eine leistungsfreundliche und wettbewerbsorientierte Wirtschaftsordnung. Ferner garantiert die Verfassung eine ausgeprägte Staatsferne bei der Selbstorganisation der Tarifpartner „Kapital“ einerseits und „Arbeit“ andererseits. Schließlich wirkt aber auch das Sozialstaatsprinzip prägend.

Weitere Festlegungen lassen sich dem Grundgesetz allerdings nicht entnehmen. Weder die soziale Markwirtschaft noch eine radikale Wettbewerbswirtschaft sind von Verfassungs wegen zwingend vorgegeben. Die Verfassung verlangt weder die möglichst weitgehende Schonung vor Wettbewerb und Konkurrenz noch das Gegenteil, nämlich eine radikale Wettbewerbsordnung. Sie lässt innerhalb dieses Spektrums zahlreiche Gestaltungsmöglichkeiten zu. Wie häufig kommt es hier auf den Gesetzgeber – und damit auf die Kunst der richtigen politischen Gestaltung – an (vgl. dazu allgemein bereits Kap. 1.9), und auch insoweit gilt: Die Gestaltungsspielräume des Gesetzgebers sind im Bereich des gesamten Wirtschaftslebens groß, und selbst offensichtliche wirtschaftspolitische Unvernunft stellt noch nicht unbedingt einen Verfassungsbruch dar. Auch die besten verfassungsrechtlichen Bindungen können nicht immer verhindern, dass der Gesetzgeber unvernünftige Entscheidungen trifft.

4.3 Die Verfassungswirklichkeit

Die Freiheitsspielräume für die Entfaltung des Einzelnen werden zwar durch die Grundrechte vorgeformt. Die Verfassung lässt dem Gesetzgeber aber insbesondere in den Bereichen der allgemeinen Handlungsfreiheit, der Berufsfreiheit und der Eigentumsfreiheit weitreichende Spielräume.

Hinzu kommt, dass die effektive Wahrnehmung vieler konkreter Freiheiten der Ausgestaltung durch den Gesetzgeber bedarf. Gerade in einer hochkomplexen Gesellschaft muss der Gesetzgeber häufig erst die Voraussetzungen dafür schaffen, damit wirtschaftliche Entfaltung überhaupt möglich ist. Denn gerade im Bereich des wirtschaftlichen Handelns, von den alltäglichen Geschäften bis hin zu hochkomplexen Aktivitäten eines großen Wirtschaftsunternehmens, ist der Einzelne in besonderer Weise auf die Bereitstellung von rechtlichen Handlungsformen durch den Gesetzgeber angewiesen, zum Beispiel auch auf das Vertragsrecht oder das Gesellschafts- und Handelsrecht, das Wettbewerbsrecht usw. Ein zuverlässiger rechtlicher Rahmen macht wirtschaftliches Handeln erst berechenbar und damit faktisch erst möglich.

Entscheidend für das Bild in der staatlichen Wirklichkeit ist deswegen auf wirtschaftlichem Gebiet, was das einfache Gesetz bestimmt. Die Verfassung gibt hier relativ wenig vor. Letztlich beschränken sich die verfassungsrechtlichen Maßgaben bei freiheitsbeschränkenden Maßnahmen im Wesentlichen auf Verhältnismäßigkeitsüberlegungen, dass entsprechende Freiheitsbeschränkungen also nicht unverhältnismäßig sein dürfen.

Seine weitreichenden Regelungs- und Gestaltungsspielräume hat der Gesetzgeber gerade auf wirtschaftlichem Felde intensiv genutzt. Als Beispiel sei nur auf das Recht der Berufe verwiesen. Dieses Rechtsgebiet ist gerade in Deutschland sehr stark differenziert und ausgesprochen detailfreudig geregelt. Die Vielzahl der Gesetzgebungskompetenzen des Bundes, die teilweise direkt und teilweise mittelbar das gesellschaftliche und wirtschaftliche Leben berühren, verleihen im Übrigen einen Eindruck davon, wie viele gesetzliche Regelungen es auf diesem Felde gibt. Hinzu kommen zahlreiche europarechtliche Vorgaben und Überlagerungen (vgl. Kap. 13).

Deutlich zurückgenommener sind die Gestaltungs- und Freiheitsbeschränkungsmöglichkeiten des Gesetzgebers dagegen im Bereich des Art. 9 GG. Dies gilt in besondere Weise für die staatsfern ausgestaltete Koalitionsfreiheit in Art. 9 Abs. 3 GG. Aber auch das klassische Vereinigungsgrundrecht des Art. 9 Abs. 1 GG kann der Gesetzgeber nur unter engen Voraussetzungen beschränken. In der Verfassungswirklichkeit besteht dabei eine gewisse Konkurrenz zum Recht der *politischen Parteien einerseits*, die nicht dem rechtlichen Regime des Art. 9 Abs. 1 GG, sondern dem erhöhten Schutz des Art. 21 GG unterliegen (vgl. dazu Kap. 5). Andererseits besteht eine Konkurrenz zu den Religions- und Weltanschauungsgemeinschaften, die unter den besonderen Schutz des Art. 4 GG fallen (vgl. dazu Kap. 6).

4.4 Praktische Bedeutung für die Bürger

Die Bürgerbetroffenheit durch das Grundgesetz bei der Entfaltung in Gesellschaft und Wirtschaft stellt sich damit im Ergebnis durchaus differenziert dar. Die Verfassung unterscheidet erkennbar zwischen *unterschiedlichen Wertigkeiten von Freiheit*, indem sie für die Beschränkungsmöglichkeit durch den Gesetzgeber bei der Vereinigungsfreiheit *hohe* und bei den wirtschaftlichen und sonstigen Freiheiten vergleichsweise *niedrige* Hürden aufstellt.

Für die Vereinigungsfreiheit des Art. 9 Abs. 1 GG gilt: Der Stellenwert, den die Verfassung der persönlichen Freiheitsentfaltung bei gesellschaftlichem und bürgerschaftlichem Engagement in Gemeinschaft mit anderen einräumt, ist hoch. Wegen des strengen Gesetzesvorbehalts in Art. 9 Abs. 2 GG handelt es sich um ein effektives, aus der Sicht des Einzelnen gesehen ausgesprochen bürgerfreundliches Grundrecht. Dem bürgerschaftlichen Engagement jedweder Art wird damit von Verfassungs wegen ein weiter Rahmen eingeräumt. Letztlich können die Bürger von ihrer Freiheit auf diesem Felde einen sehr weitreichenden Gebrauch machen und dabei beliebige Zwecke verfolgen, bis an die Grenze des Verstoßes gegen die Strafgesetze. Gewiss schränkt der gesetzliche Formenzwang, der beispielsweise für die Gründung eines eingetragenen Vereins gilt, die Handlungsmöglichkeiten der Bürger faktisch ein Stück weit ein. Andererseits besteht aber kein rechtlicher Zwang, eine bestimmte Rechtsform für die Verfolgung bestimmter Zwecke zu wählen. Auch rechtlich schwach organisierte Formen der Vereinigung werden von Art. 9 Abs. 1 GG geschützt. Wem die Gründung eines e.V. zu mühsam ist, der kann sich deswegen auch als lockere Interessengemeinschaft zusammen tun. Verfassungsrechtlich gesehen genießt deswegen die Mitwirkung in einem rechtlich nicht organisierten „Debattierclub" den gleichen Schutz wie die Mitgliedschaft in einem entsprechenden e.V. oder einer Gesellschaft.

Im Unterschied dazu stellt sich diese Bewertung des Stellenwertes persönlicher Freiheit auf dem Feld der wirtschaftlichen und der allgemeinen Entfaltungsfreiheit anders dar.

Zunächst muss festgestellt werden, dass ein großer Teil insbesondere der Zivilrechtsordnung eine *Bereitstellungsfunktion* für die individuelle Freiheitsausübung hat. Diese Gesetze ermöglichen und erleichtern es den Bürgern, miteinander in rechtliche Beziehungen einzutreten. Zivilrecht ist deswegen in weiten Teilen eine Art Serviceleistung des Staates für die Bürgerinnen und Bürger.

Davon zu unterscheiden sind freiheitsbeschränkende Maßnahmen, die den Bürgern ein bestimmtes Verhalten ge- oder verbieten. Diese Freiheiten sind bei Lichte betrachtet nicht viel mehr als die „Freiheit nach Maßgabe des einfachen Rechts". Das soll heißen, dass die verfassungsrechtlich verbürgte Freiheit (allgemeine Handlungsfreiheit, Berufsfreiheit, Eigentumsfreiheit) letztlich immer nur so weit reicht, wie der einfache Gesetzgeber dies zulässt. Er ist es, der letztlich die Reichweite der persönlichen Freiheit bestimmt, ohne dass die Verfassung ihm dabei allzu große Fesseln anlegen würde.

Beleg dafür ist die erwähnte hohe gesetzliche Regelungsdichte im Bereich der Wirtschaft in der Verfassungswirklichkeit. Die Freiheit des Einzelnen wird dadurch stark beschränkt. Aus verfassungsrechtlicher Sicht liegt die entscheidende Ursache jedoch in der Tatsache, dass die Gesetzesvorbehalte in den jeweiligen Grundrechten hier nicht sonderlich streng ausgestaltet sind. Art. 2 Abs. 1 GG wie auch die anderen Wirtschaftsgrundrechte bieten damit in Wahrheit keinen effektiven Schutz gegen staatlichen Regelungswahn, gegen große Kontrolldichte und gegen den überregulierten Rechtsstaat (vgl. Kap. 2.3.2). Letztlich gewährt die allgemeine Handlungsfreiheit bei nüchterner Betrachtung für den Einzelnen sogar nicht mehr und nicht weniger als die Freiheit vor ungesetzlichem Zwang, d.h. vor staatlichem Zwang, der nicht auf einer ausreichenden gesetzlichen Grundlage beruht, die allerdings dem Verfassungsgrundsatz der Verhältnismäßigkeit entsprechen muss.

Wie gezeigt hat der Gesetzgeber auch bei der Regulierung des Berufsrechts sehr viele Möglichkeiten, den Zugang zum und die Ausübung des Berufs durch eine Unzahl rechtlicher Regularien einzuschränken bzw. auszugestalten, sofern sich dafür nur vernünftige Gründe finden lassen. In der Verfassungswirklichkeit lassen sich solche Gründe sehr häufig finden, zugespitzt formuliert gilt der Grundsatz: Irgendein brauchbarer Grund für die konkrete Einschränkung der Berufsausübungsfreiheit findet sich im Zweifel immer. Dagegen hilft die Berufung auf das Grundrecht der Berufsfreiheit kaum. Nur bei der Beschränkung des objektiven Berufszugangs (Stichwort Berufsverbot oder objektive Bedarfsprüfung) gewährt Art. 12 einen intensiveren Schutz vor staatlichen Eingriffen.

Bei der Ausgestaltung des Eigentums und des Erbrechts hat der Gesetzgeber ebenfalls große Freiheiten. So gibt es gegen eine hohe Besteuerung des Grundeigentums bislang praktisch kaum einen wirksamen Schutz, ebenso wenig gegen hohe Erbschaftssteuern. Jedenfalls gibt es keinen Rechtsgrundsatz, wonach das, was schon einmal besteuert war, auch in der Zukunft steuerfrei bleibt. Exakte Prozentsätze, mit denen das Einkommen, das Eigentum bzw. das Erbe höchstens besteuert werden dürfen, lassen sich als Grenzwert allerdings kaum angeben. Die Bemessungssätze dürfen allerdings nicht so hoch sein, dass es dadurch faktisch zu einem Entzug des Rechts kommt. Wo diese Bemessungsgrenze dann genau liegt, darüber kann man trefflich streiten. Eindeutig ist jedenfalls, dass die Politik hier große Spielräume hat – und zwar in beiderlei Richtung, nach oben und nach unten.

Die Bilanz für die Entfaltungsfreiheit des Einzelnen im Berufs- und Wirtschaftsleben sowie bei der allgemeinen Handlungsfreiheit fällt deswegen im Ergebnis durchaus ernüchternd aus. Man sollte sich als Bürger von den wirtschaftsnahen Grund- und Freiheitsrechten sowie von der allgemeinen Handlungsfreiheit deswegen nicht allzu viel an praktischer Wirkung erhoffen. Zugespitzt formuliert ist davor zu warnen, die steuernde Wirkung der Grundrechte auf diesen Feldern zu überschätzen.

Die Bilanz für den Bürger wäre allerdings unvollständig, ohne auf die große Bedeutung der Rechtsprechung des Bundesverfassungsgerichts für die Freiheit des Einzelnen hinzuweisen (vgl. dazu auch Kap. 8). Gerade weil die Verfassung dem Gesetzgeber im Bereich der wirtschaftlichen Entfaltung so große Spielräume belässt, kommt es häufig auf die Grenzziehung durch das Bundesverfassungsgericht an. Das Bundesverfassungsgericht erweist sich hier in der Tat oft als Hüter der Freiheit der Bürger. Dies gilt nicht nur im Einzelfall, sondern viele freiheitsschützende Grundsätze, die das Bundesverfassungsgericht in seiner Rechtsprechung entwickelt, schlagen auf den Gesetzgeber bei zukünftigen Gesetzen als unbedingt zu beachtende Vorgabe zurück.

4.5 Häufig gestellte Fragen

Warum dürfen Vereinigungen mit verfassungsfeindlichen Zielen, zum Beispiel rechtsextremistische Gruppierungen mit rassistischem und gewaltverherrlichendem Gedankengut, überhaupt aktiv sein?

Art. 9 Abs. 2 GG verbietet zwar ausdrücklich verfassungsfeindliche Vereinigungen. Eine staatliche Prüfung der Zwecke, die eine Vereinigung verfolgt, auf ihre Verfassungsmäßigkeit ist jedoch keine Voraussetzung für ihre Gründung. Dies gilt insbesondere dann, wenn es sich bei der betreffenden Gruppe nur um eine lose Form der Organisation handelt: Man muss keinen eingetragenen Verein gründen, um den Schutz des Art. 9 Abs. 1 GG in Anspruch zu nehmen. Dies stellt die zuständigen Behörden vor die Schwierigkeit, dass sie Vereinigungen mit verfassungsfeindlichen Zielen erst einmal identifizieren und ausfindig machen müssen. Erst dann können sie sie durch eine entsprechende Polizeiverfügung verbieten.

Darf der Gesetzgeber einen gesetzlichen Mindestlohn vorschreiben?

Art. 9 Abs. 3 GG sichert den Tarifpartnern das Recht zu, die Höhe der Löhne und damit auch die Mindestlöhne selbst ohne staatliche Einflussnahme festzulegen. Die gesetzliche Festlegung eines bestimmten Mindestlohnes stellt einen erheblichen Eingriff in die Freiheit der Tarifpartner darstellen. Dieser Eingriff des Gesetzgebers in die Tariffreiheit ist jedenfalls nicht ohne Weiteres zulässig. Erforderlich sind vielmehr sachliche Gründe, die ihrerseits aus der Verfassung abgeleitet sein müssen. In Betracht kommt hier insbesondere das Sozialstaatsprinzip, wenn der Markt versagt bzw. wenn die Tarifpartner es aus eigener Kraft nicht schaffen, ein noch hinnehmbares Lohnniveau zu vereinbaren. Mit dieser Maßgabe ist ein gesetzlicher Mindestlohn zulässig. Wie hoch genau der Lohn allerdings sein muss, lässt sich aus der Verfassung schwerlich ableiten. Insoweit hat der Gesetzgeber eine deutlichen Spielraum.

Darf der Gesetzgeber den Zugang zu staatlichen Hochschulen beschränken: Wenn man ein Studienfach mit einem strengen Numerus Clausus studieren möchte, obwohl man diesen Notendurchschnitt nicht erreicht, kann man dann trotzdem unter Berufung auf das Grundrecht der Berufsfreiheit einen Studienplatz erhalten?

Wenn die Nachfrage nach staatlichen Studienplätzen größer ist als ihr Angebot, darf der Staat den Zugang nach sachgerechten Kriterien beschränken. Der Staat ist insbesondere nicht verpflichtet, jedem seinen Wunschstudienplatz anzubieten und diesen notfalls bereit zu stellen. Hierin liegt kein Verstoß gegen die Berufsfreiheit.

Allerdings muss der Staat bei der Verteilung der knappen Studienplätze gerecht vorgehen und den aus Art. 3 Abs. 1 GG abgeleiteten Grundsatz auf das gleiche Zugangsrecht für alle berücksichtigen. Die Einführung eines Numerus Clausus ist hiernach grundsätzlich zulässig. Allerdings muss der Staat dann auch wirklich *alle* tatsächlich vorhandenen Studienplätze vergeben (Gebot der Kapazitätserschöpfung).

Manchen Studienplatzbewerbern, die den erforderlichen Numerus Clausus nicht erreichen, gelingt es, sich auf einen Studienplatz einzuklagen, weil die vorhandenen Studienplatzkapazitäten nicht erschöpfend vergeben wurden, zum Beispiel weil sie falsch berechnet worden sind.

Wäre eine Bemessung der Einkommensteuer mit einem Spitzensteuersatz in Höhe von 50% und mehr verfassungsrechtlich zulässig?

Die Spielräume des Gesetzgebers zur Festsetzung der Besteuerung sind groß. Der sogenannte Halbteilungsgrundsatz, wonach der Staat allenfalls auf die Hälfte des zu besteuernden Einkommens zugreifen darf, hat sich nicht durchgesetzt. Aus Art. 2 Abs. 1 und aus Art. 14 GG folgt laut Bundesverfassungsgericht, dass dem Steuerpflichtigen ein Kernbestand des Erfolgs eigener Betätigung im privatwirtschaftlichen Bereich als Ausdruck der grundsätzlichen Privatnützigkeit des Erworbenen erhalten wird.

Speziell für die *Vermögenssteuer* hat das Gericht allerdings entschieden, dass sie nur so bemessen sein darf, *„dass sie in ihrem Zusammenwirken mit den sonstigen Steuerbelastungen die Substanz des Vermögens, den Vermögensstamm, unberührt lässt und aus den üblicherweise zu erwartenden, möglichen Erträgen bezahlt werden kann.“* (BVerfGE 93, 121, 138). Diese Leitlinie ist insofern deutlich bürgerfreundlich, als sie einen Entzug der Vermögensposition – zum Beispiel Grundeigentum – durch hohe Besteuerung ausschließt.

Wie hoch darf der Gesetzgeber die Erbschaftssteuer bei der Vererbung eines normalen Einfamilienhauses höchstens festsetzen?

Die zuletzt genannten Grundsätze zur Besteuerung des Vermögens gelten nicht für die Weitergabe des Vermögens im Erbwege. Dabei ist zu bedenken, dass der Erwerb von Vermögen im Erbwege gerade nicht auf eigener Leistung beruht. Von daher hat der Gesetzgeber hier von vornherein größere Spielräume als bei der Vermögenssteuer, um der verfassungsrechtlichen Sozialbindung des Eigentums Rechnung zu tragen. Allerdings hat das Bundesverfassungsgericht entschieden, dass der Gesetzgeber unterschiedliche Vermögensarten nicht einheitlich besteuern muss. Beim Erwerb von Wohnungseigentum und Grundvermögen aufgrund Erbschaft hat es ausgeführt, dass es gewichtige Gemeinwohlgründe für *„Verschonungsbestimmungen“* gibt, nach denen bebaute Grundstücke für die Berechnung der Erbschaftssteuer deutlich unter ihrem Verkehrswert angesetzt werden (BVerfG v. 7. November 2006, – 1 BvL 10/02 – als Beispiel ist von einer Bemessung mit 50% des Verkehrswertes die Rede). Allerdings hat das Bundesverfassungsgericht auch festgestellt, dass die Berechnungsgrundlagen für die Wertermittlung von Immobilien einheitlich ausgestaltet sein müssen.

Darf der Gesetzgeber für die Zukunft die Renten kürzen?

Grundsätzlich gilt: Da der Rentenanspruch aufgrund eigener Leistungen erworben wurde, nämlich der Einzahlung in die Rentenversicherungskassen, nimmt er am Grundrechtsschutz des Eigentums aus Art. 14 GG teil. Art. 14 schützt nicht nur dingliche Gegenstände, sondern auch aufgrund eigener Leistung erworbene Anwartschaften wie den Rentenanspruch.

Allerdings ist nicht zu übersehen, dass die Rente heute zu einem großen und zunehmend wachsenden Anteil nicht mehr durch die Beiträge der sozialabgabepflichtigen Arbeitnehmer und Arbeitgeber finanziert wird, sondern zunehmend *auch* durch Mittel der Allgemeinheit, nämlich durch Steuern. Der steuerfinanzierte Anteil der Rente wird in der Zukunft wegen der demographischen Entwicklung wahrscheinlich sogar eher noch wachsen. Vor diesem Hintergrund ist es jedenfalls unsicher, ob der Rentenanspruch gegen Kürzungen rechtlich auch in der Zukunft völlig immunisiert ist. Daran ändert auch eine (einfach)gesetzliche Garantieklausel prinzipiell nichts: Gesetze kann man bekanntlich ändern.

Ist ein ordnungsgemäß beschlossener Streik unzulässig, weil er zu wirtschaftlichen Nachteilen oder sogar zu einem Versorgungsengpass für die Bevölkerung führen kann?

Nein, auf wirtschaftlich nachteilige Folgen kommt es für die Frage nach der Rechtmäßigkeit eines Streiks nicht an. Als Druckmittel des einen auf den anderen Tarifpartner sind diese nachteiligen Folgen in gewisser Weise sogar der Sinn eines Streiks. Die Tarifautonomie und die damit gewährleistete Staatsferne für die Tarifpartner schließt es ein, dass der Staat auch bei wirtschaftlich nachteiligen Entwicklungen nicht in einen Tarifstreit eingreifen darf.

Dürfte der Gesetzgeber zur Bekämpfung der Finanzkrise eine Höchstgrenze für die Entlohnung von Bankmanagern/Finanzdienstleistern etc. einführen?

Eine wesentliche Legitimation des Staates besteht darin, wichtige Gemeinschaftsgüter zu garantieren, auf deren Existenz wir alle für ein gelingendes Leben angewiesen sind, die wir aber als Einzelne nicht bereitstellen können. Dazu gehört beispielsweise nicht nur die innere und äußere Sicherheit, sondern auch ein funktionierendes Finanzsystem. Hier hat das Gewinnstreben einiger zu katastrophalen Folgen für viele geführt. Es bleibt die Aufgabe des Staates dafür zu sorgen, dass die desaströse Formel „*öffentliche Güter ruinieren – Kosten auf andere verlagern – selbst davon profitieren*“ nicht aufgeht. Der Korrekturauftrag des Staates lautet, dass solche Systeme nicht zur Zerstörung der entsprechenden öffentlichen Güter führen.

Man kann durchaus der Auffassung sein, dass die Krise jedenfalls auch durch ein völlig ungebremstes Streben nach Geld ausgelöst wurde. Eine Beschränkung dieses Strebens durch die Einführung gesetzlicher Verdienstobergrenzen stellt allerdings einen schwerwiegenden Eingriff in die Freiheit dar. Für die Einführung einer absoluten Verdienstobergrenze müssen ganz besonders wichtige Gründe vorliegen. Dabei müsste der Gesetzgeber insbesondere den Verfassungsgrundsatz der Verhältnismäßigkeit beachten. Eine solche absoluten Verdienstobergrenze wäre wohl nur dann verhältnismäßig, wenn dieser Grenzbetrag hinreichend hoch liegt. Wo eine solche Grenze genau liegen könnte, lässt sich allerdings schwer sagen.

4.6 Texte zur Vertiefung

Böckenförde, Ernst-Wolfgang: Eigentum, Sozialbindung des Eigentums, Enteignung, in: Staat Gesellschaft Freiheit, 1976, S. 318-335.

Breuer, Rüdiger: Freiheit des Berufs/ Staatliche Berufsregelungen, in: Josef Isensee/Paul Kirchhof (Hrsg.), Handbuch des Staatsrechts der Bundesrepublik Deutschland, Bd. IV, 3. Aufl. 2010, §§ 171, 172 (S. 63 - 262).

Leisner, Walter: Eigentum, Erbrecht, in: Josef Isensee/Paul Kirchhof (Hrsg.), Handbuch des Staatsrechts der Bundesrepublik Deutschland, Bd. IV, 3. Aufl. 2010, §§ 173, 174 (S. 301 - 392).

Michael, Lothar: Die „nachhaltige" Gefahr als Eingriffsschwelle für Vereins- und Parteiverbote, in: Peter Häberle u.a. (Hg.), Festschrift für D. T. Tsatsos, 2003, S. 383-407.

Papier, Hans-Jürgen: Wirtschaftsordnung und Grundgesetz, in: Aus Politik und Zeitgeschehen 13/2007 v. 26 März 2007, S. 3-9.

Schäfer-Gümbel, Thorsten (Hrsg.): Eigentum verpflichtet – 14 mal Artikel 14(2) Grundgesetz, 2015.

Scholz, Rupert: Koalitionsfreiheit, in: Josef Isensee/Paul Kirchhof (Hrsg.), Handbuch des Staatsrechts der Bundesrepublik Deutschland, Bd. VIII, 3. Aufl. 2010, § 175 (S. 409 - 490).

Stern, Klaus, Das Staatsrecht der Bundesrepublik Deutschland, Band IV/1, 2006, darin insbesondere der von *Klaus Stern* bearbeitete Abschnitt über die allgemeine Handlungsfreiheit (S. 871-993) und der von *Johannes Dietlein* bearbeitet Abschnitt über die wirtschaftliche Entfaltungsfreiheit, S. 1765-2345.

5. Kommunikation und politische Teilhabe

5.1 Der Verfassungstext

Art. 5 (1) [1]Jeder hat das Recht, seine Meinung in Wort, Schrift und Bild frei zu äußern und zu verbreiten und sich aus allgemein zugänglichen Quellen ungehindert zu unterrichten. [2]Die Pressefreiheit und die Freiheit der Berichterstattung durch Rundfunk und Film werden gewährleistet. [3]Eine Zensur findet nicht statt.

(2) Diese Rechte finden ihre Schranken in den Vorschriften der allgemeinen Gesetze, den gesetzlichen Bestimmungen zum Schutze der Jugend und in dem Recht der persönlichen Ehre.

(3) [1]Kunst und Wissenschaft, Forschung und Lehre sind frei. [2]Die Freiheit der Lehre entbindet nicht von der Treue zur Verfassung.

Art. 8 (1) Alle Deutschen haben das Recht, sich ohne Anmeldung oder Erlaubnis friedlich und ohne Waffen zu versammeln.

(2) Für Versammlungen unter freiem Himmel kann dieses Recht durch Gesetz oder aufgrund eines Gesetzes beschränkt werden.

Art. 17 Jedermann hat das Recht, sich einzeln oder in Gemeinschaft mit anderen schriftlich mit Bitten oder Beschwerden an die zuständigen Stellen und an die Volksvertretung zu wenden.

Art. 20 (1) Die Bundesrepublik Deutschland ist ein demokratischer und sozialer Bundesstaat.

(2) [1]Alle Staatsgewalt geht vom Volke aus. [2]Sie wird vom Volke in Wahlen und Abstimmungen und durch besondere Organe der Gesetzgebung, der vollziehenden Gewalt und der Rechtsprechung ausgeübt.

(3) Die Gesetzgebung ist an die verfassungsmäßige Ordnung, die vollziehende Gewalt und die Rechtsprechung sind an Gesetz und Recht gebunden.

(4) Gegen jeden, der es unternimmt, diese Ordnung zu beseitigen, haben alle Deutschen das Recht zum Widerstand, wenn andere Abhilfe nicht möglich ist.

Art. 21 (1) [1]Die Parteien wirken bei der politischen Willensbildung des Volkes mit. [2]Ihre Gründung ist frei. [3]Ihre innere Ordnung muß demokratischen Grundsätzen entsprechen. [4]Sie müssen über die Herkunft und Verwendung ihrer Mittel sowie über ihr Vermögen öffentlich Rechenschaft geben.

(2) [1]Parteien, die nach ihren Zielen oder nach dem Verhalten ihrer Anhänger darauf ausgehen, die freiheitliche demokratische Grundordnung zu beeinträchtigen oder zu beseitigen oder den Bestand der Bundesrepublik Deutschland zu gefährden, sind verfassungswidrig. [2]Über die Frage der Verfassungswidrigkeit entscheidet das Bundesverfassungsgericht.

(3) Das Nähere regeln Bundesgesetze.

Art. 38 (1) [1]Die Abgeordneten des Deutschen Bundestages werden in allgemeiner, unmittelbarer, freier, gleicher und geheimer Wahl gewählt. [2]Sie sind Vertreter des ganzen Volkes, an Aufträge und Weisungen nicht gebunden und nur ihrem Gewissen unterworfen.

(2) Wahlberechtigt ist, wer das achtzehnte Lebensjahr vollendet hat; wählbar ist, wer das Alter erreicht hat, mit dem die Volljährigkeit eintritt.
(3) Das Nähere bestimmt ein Bundesgesetz.

5.2 Die Leitideen

Der grundrechtliche Schutz der Meinungsfreiheit, Art. 5 Abs. 1 GG, und auch die Variante, dieses Grundrecht gemeinsam auszuüben, Art. 8 GG, sind auf den ersten Blick keine politischen Rechte und stehen auch nicht in unmittelbarem Zusammenhang mit der politischen Teilhabe des Bürgers an staatlichen Entscheidungen. Diese Grundrechte sind vielmehr für das Miteinander in allen Lebensbereichen bedeutsam. In der verfassungsrechtlichen Rechtsprechung werden aber weder Meinungs- noch Versammlungsfreiheit als zweckfreie Garantien verstanden. Das Verfassungsgericht bezieht sie vielmehr auf die Bildung der öffentlichen Meinung und versteht sie in erster Linie als *politische* Verbürgungen: Kommunikation dient in der repräsentativen Demokratie der Kommunikation der Bürger untereinander. Im diesem Diskussionsprozess soll eine *öffentliche Meinung* zu politischen Themen gebildet werden. Kommunikationsfreiheit in einem umfassenden Sinne ist somit Voraussetzung für politische Teilhabe. Meinungs- und Versammlungsfreiheit entfalten damit eine demokratische Funktion und ergänzen die staatsorganisatorischen Regelungen über die politische Beteiligung des Bürgers an der staatlichen Entscheidungsfindung, also in erster Linie Art. 20 und Art. 38 GG.

5.2.1 Politische Teilhabe – Alle Staatsgewalt geht vom Volke aus

Art. 20 Abs. 1 GG bestimmt, dass die Bundesrepublik ein demokratischer Bundesstaat ist. Auch wenn das Grundgesetz keine ausdrückliche Bestimmung dessen enthält, was Demokratie bedeuten soll, hebt es auf die allgemeine Bedeutung des Demokratiebegriffes ab: Herrschaft des Volkes.

Das demokratische Prinzip des Grundgesetzes wird grundlegend in Art. 20 Absatz 2 Satz 1 GG ausgestaltet: Alle Staatsgewalt geht vom Volk aus. Staatsgewalt ist die ursprüngliche und prinzipiell uneingeschränkte Herrschaftsmacht des Staates. In der Demokratie muss diese Herrschaftsmacht auf das Volk zurückgeführt werden (Volkssouveränität). Mit der Vorschrift wird die Einheit derjenigen, die Staatsgewalt einerseits ausüben, und derjenigen, die ihr unterworfen sind, gefordert. Indem die Staatsgewalt als vom Volke ausgehend beschrieben wird, soll der Gegensatz von Staat und Bürger überwunden werden. Der Staat des Grundgesetzes soll nach der Absicht des Art. 20 Abs. 2 GG ein Staat der Bürger sein. Der Bürger ist nicht mehr bloßes Objekt der Staatsgewalt, sondern ist an ihr beteiligt.

Der Träger der Staatsgewalt – das Volk – ist aber nur im beschränkten Umfang in der Lage, diese Staatsgewalt selbst auszuüben. Im idealen Fall würde dies bedeuten, dass jede staatliche Entscheidung unmittelbar durch die Bürger gefällt wird. In einer Gesellschaft mit 80 Millionen Bürgern kann der Einzelne nicht zu jeder Personal- und

Sachentscheidung selbst beitragen. Allerdings zeigt ein Blick in die Schweiz, dass zumindest grundlegende Fragen selbst in modernen Staaten durch Abstimmungen von den Bürgern selbst getroffen werden können. Demgegenüber haben sich die Schöpfer des Grundgesetzes für eine repräsentative Demokratie entschieden: Der Bürger übt die Staatsgewalt in *Wahlen und Abstimmungen aus und durch besondere Organe der Gesetzgebung, der vollziehenden Gewalt und der Rechtsprechung* (Art. 20 Abs. 2 S. 2 GG). Dieser Anspruch hat zwei Folgerungen:

5.2.1.1 Nur Wahlen

Erstens wird die Beteiligung des Einzelnen an der Ausübung der Staatsgewalt durch Wahlen und Abstimmungen umgesetzt. Wahlen im Sinne des Art. 20 Abs. 2 S. 2 GG sind Personalentscheidungen, Abstimmungen Sachentscheidungen. Art. 20 Abs. 2 GG konstituiert so eine repräsentative Demokratie, in der die politische Teilhabe institutionalisiert über die Wahlen von Volksvertretern erfolgt. Diese sollen – idealtypisch – als „Vertreter des ganzen Volkes“ (Art. 38 Abs. 1 S. 2 GG) wirken.

Die repräsentative Demokratie des Grundgesetzes setzt fast ausschließlich auf Wahlen. Auch wenn Art. 20 Abs. 2 GG von Abstimmungen spricht, so sind Sachentscheidungen des Bürgers im Grundgesetz selbst nur im Fall der kaum relevanten Neugliederung des Bundesgebietes in Art. 29 Abs. 2 GG vorgesehen. So genannte Plebiszite, die eine unmittelbare Beteiligung der Bürger an der Gesetzgebung vorsehen, werden davon nicht erfasst.

PLEBISZITÄRE ELEMENTE

Anders als das Grundgesetz kennen alle Landesverfassungen die Möglichkeit von unmittelbarer Beteiligung des Volkes an der Gesetzgebung in den Formen von Volksbefragungen, Volksbegehren und Volksentscheiden, wie zum Beispiel die Verfassung des Landes Nordrhein-Westfalen vom 28. Juni 1950, zuletzt geändert durch Gesetz vom 25. =Oktober 2011 (GVBl. S. 499):

„*Artikel 2.* Das Volk bekundet seinen Willen durch Wahl, Volksbegehren und Volksentscheid.

Artikel 67a. (1) Volksinitiativen können darauf gerichtet sein, den Landtag im Rahmen seiner Entscheidungszuständigkeit mit bestimmten Gegenständen der politischen Willensbildung zu befassen. Einer Initiative kann auch ein mit Gründen versehener Gesetzentwurf zugrunde liegen.

(2) Volksinitiativen müssen von mindestens 0,5 vom Hundert der Stimmberechtigten unterzeichnet sein. Artikel 31 Abs. 1. und Abs. 2 Satz 1 über das Wahlrecht findet auf das Stimmrecht entsprechende Anwendung.

(3) Das Nähere wird durch Gesetz geregelt.

Artikel 68. (1) Volksbegehren können darauf gerichtet werden, Gesetze zu erlassen, zu ändern oder aufzuheben. Dem Volksbegehren muß ein ausgearbeiteter und mit Gründen versehener Gesetzentwurf zugrunde liegen. Ein Volksbegehren ist nur auf Gebieten zulässig, die der Gesetzgebungsgewalt des Landes unterliegen. über Finanzfragen, Abgabengesetze und Besoldungsordnungen ist ein Volksbegehren nicht zulässig. Über die Zulässigkeit entscheidet die Landesregierung. Gegen die Entscheidung ist die Anrufung des Verfassungsgerichtshofes zulässig. Das Volksbegehren ist nur rechtswirksam, wenn es von mindestens 8 vom Hundert der Stimmberechtigten gestellt ist.

(2) Das Volksbegehren ist von der Landesregierung unter Darlegung ihres Standpunktes unverzüglich dem Landtag zu unterbreiten. Entspricht der Landtag dem Volksbegehren nicht, so ist binnen zehn Wochen ein Volksentscheid herbeizuführen. Entspricht der Landtag dem Volksbegehren, so unterbleibt der Volksentscheid.

(3) Auch die Landesregierung hat das Recht, ein von ihr eingebrachtes, vom Landtag jedoch abgelehntes Gesetz zum Volksentscheid zu stellen. Wird das Gesetz durch den Volksentscheid angenommen, so kann die Landesregierung den Landtag auflösen; wird es durch den Volksentscheid abgelehnt, so muß die Landesregierung zurücktreten.

(4) Die Abstimmung kann nur bejahend oder verneinend sein. Es entscheidet die Mehrheit der abgegebenen Stimmen, sofern diese Mehrheit mindestens 15 vom Hundert der Stimmberechtigten beträgt.

(5) Die Vorschriften des Artikels 31 Abs. 1 bis 3 über das Wahlrecht und Wahlverfahren finden auf das Stimmrecht und das Abstimmungsverfahren entsprechende Anwendung. Das Nähere wird durch Gesetz geregelt.

Artikel 69. (1) Die Verfassung kann nur durch ein Gesetz geändert werden, das den Wortlaut der Verfassung ausdrücklich ändert oder ergänzt. Änderungen der Verfassung, die den Grundsätzen des republikanischen, demokratischen und sozialen Rechtsstaates im Sinne des Grundgesetzes für die Bundesrepublik Deutschland widersprechen, sind unzulässig.

(2) Für eine Verfassungsänderung bedarf es der Zustimmung einer Mehrheit von zwei Dritteln der gesetzlichen Mitgliederzahl des Landtags.

(3) Kommt die Mehrheit gemäß Absatz 2 nicht zustande, so kann sowohl der Landtag als auch die Regierung die Zustimmung zu der begehrten Änderung der Verfassung durch Volksentscheid einholen."

Selbst die Landesverfassung kann durch Volksentscheid aufgrund eines Volksbegehrens nach Artikel 68 geändert werden. Das Gesetz ist angenommen, wenn mindestens die Mehrheit der Stimmberechtigten sich an dem Volksentscheid beteiligt und mindestens zwei Drittel der Abstimmenden dem Gesetzentwurf zustimmen.

Bestrebungen, die politische Teilhabe des Bürgers auf Bundesebene durch Einfügung von sog. plebiszitären Elementen in das Grundgesetz aufzunehmen, haben bislang keine politische Mehrheit gefunden: Der 14. Bundestag befasste sich im Jahre 2002 auf Initiative der Koalitionsfraktionen mit der Einführung plebiszitärer Elemente auf Bundesebene (vgl. Entwurf eines Gesetzes zur Einführung von Volksinitiative, Volksbegehren und Volksentscheid in das Grundgesetz, BT- Drs. 14/8503 vom 12.3.2002). Der Entwurf scheiterte am 7. Juni 2002 an der mangelnden Zustimmung der CDU/CSU-Fraktion. Trotz der Forderungen verschiedener politischer Parteien und gesellschaftlicher Gruppen gibt es zurzeit keine politische Mehrheit zur Einführung von plebiszitären Elementen auf Bundesebene.

So nimmt der Bundesbürger in der repräsentativen Demokratie in erster Linie durch die periodisch stattfindende Wahlen an den politischen Entscheidungen teil: Er bestimmt seine Repräsentanten, die dann im Parlament die grundlegenden Sachentscheidungen in Form von Gesetzen zu treffen haben. Außerhalb von Wahlen bleibt ihm nur die Alternative, sich in Parteien zu engagieren, um effektiv mitwirken zu können.

Das Bundesverfassungsgericht hat zu den Wahlen in der repräsentativen Staatsform ausgeführt: „Für die vom Grundgesetz verfasste Staatsordnung ist eine durch Wahlen und Abstimmungen betätigte Selbstbestimmung des Volkes nach dem Mehrheitsprinzip konstitutiv. Sie wirkt in einem Raum öffentlicher freier Meinungsbildung und im organisierten Wettbewerb politischer Kräfte im Verhältnis zwischen verantwortlicher Regierung und parlamentarischer Opposition. Die Ausübung öffentlicher Gewalt unterliegt dem Mehrheitsprinzip mit regulärer Bildung von verantwortlicher Regierung und einer unbehinderten Opposition, die die Chance auf Regierungsübernahme hat. Insbesondere in der Wahl der Repräsentativversammlung des Volkes oder bei der Wahl von Spitzenämtern der Regierung müssen ein personell oder sachlich generalisierter Mehrheitswille artikuliert und aus der Wahl heraus politische Richtungsentscheidungen herbeigeführt werden können.“ (BVerfGE 123, 267, 341 f.).

Allerdings bewirkt das derzeitige repräsentative System nur ein Monopol für die zur ver-bindlichen Entscheidung berufenen Organe. Es gibt kein Monopol der Entscheidungs*findung* für diese Organe oder die Parteien. Vielmehr setzt das Grundgesetz voraus, dass politische Entscheidungen auf eine Meinungsbildung in der Bevölkerung zurückgeführt werden können: „Soweit im öffentlichen Raum verbindliche Entscheidungen für die Bürger getroffen werden, insbesondere über Eingriffe in Grundrechte, müssen diese Entscheidungen auf einen frei gebildeten Mehrheitswillen des Volkes zurückreichen. Die vom Grundgesetz verfasste Ordnung geht vom Eigenwert und der Würde des zur Freiheit befähigten Menschen aus. Diese Ordnung ist rechtsstaatliche Herrschaft auf der Grundlage der Selbstbestimmung des Volkes nach dem Willen der jeweiligen Mehrheit in Freiheit und Gleichheit (vgl. BVerfGE 2, 1 [12]).“

5.2.1.1.1 Der Abgeordnete als Repräsentant des Bürgers

Politische Teilhabe und Mitwirkung des Bürgers an der Staatsgewalt erfolgen im Wesentlichen also durch diejenigen Rechtssetzungsorgane, deren Mitglieder vom Bürger gewählt werden. Das sind die Mitglieder des Bundestages, der Landtage und die Volksvertretungen auf kommunaler Ebene (Gemeinde-, Stadt- und Kreistage). Daneben gibt es auch bei vielen Selbstverwaltungskörperschaften (etwa den berufsständischen Kammern oder den Sozialversicherungsträgern) Vertretungsorgane, deren Mitglieder gewählt werden (z. B. Sozialwahlen). Das Grundgesetz regelt nur – sieht man von Art. 28 GG einmal ab – die Wahl und die Zusammensetzung des Bundestages und zwar in Art. 38 GG. Die Vorschrift ist die grundlegende Norm für unser Wahlrecht, ohne dass mit der Regelung das Wahlsystem im Detail festgelegt wird. Die Vorschrift gilt als grundrechtsgleiches Recht, dessen Verletzung mit der Verfassungsbeschwerde gerügt werden kann (Art. 93 Abs. 1 Nr. 4 a GG).

5.2.1.1.2 Wahlrechtsgrundsätze und Wahlsystem

Art. 38 Abs. 1 S. 1 GG legt zunächst die so genannten Wahlrechtsgrundsätze nieder. Sie sind die Grundlage dafür, dass jeder Wahlberechtigte ein gleiches Wahlrecht besitzt:

- Die Wahl muss „allgemein" sein, das Wahlrecht jedem Staatsbürger unabhängig von weiteren Voraussetzungen zustehen. Art. 38 Abs. 2 GG schränkt die Allgemeinheit der Wahl indes ein: Wahlberechtigt und wählbar ist man gem. Art. 38 Abs. 2 GG ab 18 Jahren.
- „Unmittelbar" ist eine Wahl nur dann, wenn die Wähler die Kandidatinnen und Kandidaten direkt wählen, d.h. ohne die Zwischenschaltung von Wahlmännern (wie z. B. bei der Wahl des Präsidenten in den USA)
- Die Wahl muss „frei" sein, d.h. auf die Wähler darf von keiner Seite Druck ausgeübt werden.
- Jeder Stimme muss für die Zusammensetzung des Bundestages das gleiche Gewicht zukommen („gleich"). Das ist dann nicht der Fall, wenn die Stimmen bestimmter Gruppen bei einer Wahl ein größeres Gewicht haben, wie es z.B. beim preußischen Drei-Klassenwahlrecht der Fall war: Das Gewicht einer Stimme bemaß sich nach der direkten Steuerkraft des Bürgers und teilte die Wahlbürger in drei Klassen ein: 1908 umfasste die erste Klasse der am höchsten Besteuerten nur vier Prozent der Wähler, durfte aber ebenso viele Wahlmänner stellen wie die dritte Klasse mit rund 82 Prozent der Wahlberechtigten.
- „Geheim" ist die Wahl nur dann, wenn niemand erfährt, wer wie gewählt hat, es sei denn, die Wählenden geben dies selbst bekannt.

Das Grundgesetz ordnet über die Wahlgrundsätze hinaus für das Wahlsystem selbst nichts an. Dies geschieht durch das Bundeswahlgesetz. Es gilt der Grundsatz der personalisierten Verhältniswahl: Die Sitzverteilung für die an einer Wahl teilnehmenden Parteien entspricht dem Anteil der auf sie entfallenen Stimmen, es wird die Personenwahl im Wahlkreis (Erststimme) nach den Grundsätzen der Mehrheitswahl mit der Verhältniswahl nach Landeslisten der Parteien (Zweitstimme) kombiniert. Den nach Grundsätzen der Verhältniswahl zu bestimmenden Sitzen liegt eine Berechung zugrunde, nach der Wählerstimmen in zwei Verteilungsstufen mit je zwei Rechenschritten in Mandate umgerechnet werden. Den Berechnungen liegt das Verfahren „Sainte-Laguë/Schepers" zugrunde. Bei der Sitzverteilung werden nur Parteien berücksichtigt, die mindestens fünf Prozent der abgegebenen Zweitstimmen erhalten oder in mindestens drei Wahlkreisen ein Direktmandat errungen haben. (zum Wahlsystem und zur Sitzverteilung im BT vgl. Kap. 5.3.2; Bundeszentrale für politische Bildung, Dossier Bundestagswahlen, http://bpb.de/politik/wahlen/bundestagswahlen/163311/das-neue- Wahlrecht).

5.2.1.1.3 Das freie Mandat

Gem. Art. 38 Abs. 1 S. 2 GG besteht der Grundsatz des so genannten freien Mandats: Abgeordnete sollen Vertreter des gesamten Volkes und deshalb nicht an Aufträge und Weisungen gebunden sein. Art. 38 Abs. 1 S. 2 GG schützt den Bestand, aber auch die tatsächliche Ausübung des Abgeordnetenmandats. Abgeordnete können sich auf die Wahl unmittelbar vom Wähler berufen und damit auf die direkte demokratische Legitimation durch die Wähler. Abgeordnete sind Inhaber eines öffentlichen Amtes, Träger eines freien Mandats und mit allen anderen Abgeordneten des Bundestages Vertreter des ganzen Volkes. Mitglieder des Bundestages haben einen repräsentativen Status inne. Sie üben ihr Mandat in Unabhängigkeit und frei von jeder Bindung an Aufträge und Weisungen aus. Sie sind nur ihrem Gewissen unterworfen (vgl. BVerfGE 40, 296, 314, 316; 56, 396, 405; 76, 256, 341; 112, 118, 134; BVerfG, 2 BvE 1/06 vom 4.7.2007, Absatz-Nr. 208, http://www.bverfg.de/entscheidungen/es20070704_2bve000106.html = BVerfGE 118, 227).

Zwar gibt es für Abgeordnete kein imperatives Mandat, sie sind nur ihrem Gewissen unterworfen und an Weisungen und Aufträge nicht gebunden, anderseits Vertreter des ganzen Volkes (Art. 38 Abs. 1 GG). Demzufolge muss auch die Entscheidung im Parlament eine Rückkopplung zum Bürger haben. Das Bundesverfassungsgericht hat dementsprechend – zwar im Hinblick auf die Transparenzregelungen für Abgeordnete, aber durchaus verallgemeinerungsfähig – ausgeführt:

a) „Der Status des Abgeordneten wird zuvörderst durch die im Wahlakt liegende Willensbetätigung jedes einzelnen Bürgers als Ursprung der Staatsgewalt in der Demokratie bestimmt (Art. 20 Abs. 1, Abs. 2 Satz 1, Art. 38 Abs. 1 GG). Der Akt der Stimmabgabe bei Wahlen erfordert nicht nur Freiheit von Zwang und unzulässigem Druck, sondern auch, dass die Wähler Zugang zu den Informationen haben, die für ihre Entscheidung von Bedeutung sein können. Vielfältige Regelungen des Grundgesetzes (vgl. insbesondere Art. 5 Abs. 1, Art. 21 Abs. 1 Satz 4, Art. 42 Abs. 1, Art. 44 Abs. 1 Satz 1 GG) sind Ausprägungen des Grundsatzes der Öffentlichkeit politischer Herrschaft. Die parlamentarische Demokratie basiert auf dem Vertrauen des Volkes; Vertrauen ohne Transparenz, die erlaubt, zu verfolgen, was politisch geschieht, ist nicht möglich (BVerfGE 40, 296 [327]). Dementsprechend schließt das freie Mandat die Rückkoppelung zwischen Parlamentariern und Wahlvolk nicht aus, sondern ganz bewusst ein und schafft durch den Zwang zur Rechtfertigung Verantwortlichkeit (BVerfGE 112, 118 [134]); in der Formulierung der Antragsteller zu 7) und 9): Der Wähler muss wissen, wen er wählt.

b) Die Rückkoppelung zwischen Abgeordneten und Wählern hat über die gesamte Wahlperiode von regelmäßig vier Jahren (Art. 39 Abs. 1 GG) und damit zugleich für den Fall, dass sich der Abgeordnete zur Wiederwahl stellt, wirksam zu bleiben. Demgemäß dürfen Regeln, die zulässigerweise darauf abzielen, den Wählern anderweit nicht zugängliche Informationen zu verschaffen, für den Abgeordneten verpflichtend ausgestaltet sein. Andernfalls könnte er sich der Kontrolle der Öffentlichkeit unschwer entziehen (zur vergleichbaren Diätenfestsetzung BVerfGE 40, 296 [327]).“ (BVerfGE 118, 227, 352).

c) Probleme ergeben sich durch die Zugehörigkeit von Abgeordneten zu Parteien (BVerfGE 40, 296). Gem. Art. 21 GG wirken die Parteien an der politischen Willensbildung des Volkes mit. Die Zugehörigkeit eines Abgeordneten zu einer Partei hat allerdings nicht zur Folge, dass er an Weisungen seiner Partei gebunden wäre. Der Begriff „Fraktionszwang" bzw. „Fraktionsdisziplin" bedeutet insofern nur, dass Abgeordnete faktisch in ihre Partei- und Fraktionszugehörigkeit eingebunden sind. Eine rechtliche Bindung ist dagegen nicht möglich und würde gegen Art. 38 Abs. 1 S. 2 GG verstoßen. Abgeordnete sind also nicht parteigebunden, sondern arbeiten lediglich parteibezogen (Verbot des imperativen Mandats).

Verbunden mit dem Grundsatz des freien Mandats ist der Anspruch auf angemessene Entschädigung (Art. 48 Abs. 3 GG). Viele Einzelheiten werden durch das Abgeordnetengesetz geregelt. Zudem hat der Bundestag als Anlage zu seiner Geschäftsordnung Verhaltensregeln verabschiedet, die die Transparenz der Tätigkeiten und Einkünfte sicherstellen sollen, damit der Bürger die Unabhängigkeit von Abgeordneten nachvollziehen kann. Einen besonderen Stellenwert haben in jüngster Zeit die Frage nach Nebentätigkeiten von Abgeordneten und ihre Altersversorgung gespielt.

5.2.1.1.4 Parteien

Politische Parteien werden im Grundgesetz nur in Art. 21 GG erwähnt. Nach dem Wortlaut der Bestimmung „wirken" sie „bei der politischen Willensbildung mit". Damit integriert das Grundgesetz die Parteien in die verfassungsrechtliche Ordnung und nimmt – anders als noch die Weimarer Reichsverfassung, die die Existenz von Parteien noch ignorierte – damit die politische Realität zur Kenntnis. Denn tatsächlich benötigt eine staatliche Gemeinschaft Parteien zur Bildung, Formulierung und Umsetzung politischer Interessen und Ziele. In den Parteien werden – in Form von Parteiprogrammen – längerfristige Ziele artikuliert. Und nicht zuletzt findet hier die Auswahl des politischen Personals statt. In den Parteien – an der „Basis" – formieren sich Auffassungen und Meinungen der Bevölkerung und werden so der institutionalisierten Willensbildung in Regierung und Parlament vermittelt. In der Opposition üben Parteien Kritik an der Regierungspolitik und entwickeln alternative Konzepte zur Regierungspolitik.

Aus dem Gesetz über die politischen Parteien (Parteiengesetz) in der Fassung der Bekanntmachung vom 31. Januar 1994 (BGBl. I S. 149), zuletzt geändert durch Artikel 1 des Gesetzes vom 23. August 2011 (BGBl. I S. 1748):

§ 1 Verfassungsrechtliche Stellung und Aufgaben der Parteien

(1) Die Parteien sind ein verfassungsrechtlich notwendiger Bestandteil der freiheitlichen demokratischen Grundordnung. Sie erfüllen mit ihrer freien, dauernden Mitwirkung an der politischen Willensbildung des Volkes eine ihnen nach dem Grundgesetz obliegende und von ihm verbürgte öffentliche Aufgabe.

(2) Die Parteien wirken an der Bildung des politischen Willens des Volkes auf allen Gebieten des öffentlichen Lebens mit, indem sie insbesondere auf die Gestaltung der öffentlichen Meinung Einfluss nehmen, die politische Bildung anregen und vertiefen, die aktive Teilnahme der Bürger am politischen Leben fördern, zur Übernahme öffentlicher Verantwortung befähigte Bürger heranbilden, sich durch Aufstellung von Bewerbern an den Wahlen in Bund, Ländern und Gemeinden beteiligen, auf die politische Entwicklung in Parlament und Regierung Einfluss nehmen, die von ihnen erarbeiteten politischen Ziele in den Prozess der staatlichen Willensbildung einführen und für eine ständige lebendige Verbindung zwischen dem Volk und den Staatsorganen sorgen.

(3) Die Parteien legen ihre Ziele in politischen Programmen nieder.

(4) Die Parteien verwenden ihre Mittel ausschließlich für die ihnen nach dem Grundgesetz und diesem Gesetz obliegenden Aufgaben.

§ 2 Begriff der Partei

(1) Parteien sind Vereinigungen von Bürgern, die dauernd oder für längere Zeit für den Bereich des Bundes oder eines Landes auf die politische Willensbildung Einfluss nehmen und an der Vertretung des Volkes im Deutschen Bundestag oder einem Landtag mitwirken wollen, wenn sie nach dem Gesamtbild der tatsächlichen Verhältnisse, insbesondere nach Umfang und Festigkeit ihrer Organisation, nach der Zahl ihrer Mitglieder und nach ihrem Hervortreten in der Öffentlichkeit eine ausreichende Gewähr für die Ernsthaftigkeit dieser Zielsetzung bieten. Mitglieder einer Partei können nur natürliche Personen sein.

(2) Eine Vereinigung verliert ihre Rechtsstellung als Partei, wenn sie sechs Jahre lang weder an einer Bundestagswahl noch an einer Landtagswahl mit eigenen Wahlvorschlägen teilgenommen hat.

(3) Politische Vereinigungen sind nicht Parteien, wenn

1. ihre Mitglieder oder die Mitglieder ihres Vorstandes in der Mehrheit Ausländer sind oder

2. ihr Sitz oder ihre Geschäftsleitung sich außerhalb des Geltungsbereichs dieses Gesetzes befindet.

Art. 21 GG stellt für Parteien lediglich eine rechtliche Rahmenordnung auf. Insbesondere verlangt Art. 21 GG eine demokratische Organisation der Partei (innere Parteienfreiheit) und verlangt, dass die Parteien über die Herkunft ihrer Mittel Auskunft geben. Die Einzelheiten werden durch das Parteiengesetz geregelt.

Der verfassungsrechtliche Status der Parteien ist weiter durch die äußere Parteienfreiheit gekennzeichnet. Äußere Parteienfreiheit bedeutet, dass Gründung, Bestand einer Partei sowie Mitgliedschaft frei sind. Kein Ministerium, sondern nur das Bundesverfassungsgericht ist befugt, eine Partei zu verbieten, wenn sie verfassungsfeindliche Ziele verfolgt (Art. 21 Abs. 2 GG). Man spricht vom sog. Parteienprivileg.

Art. 21 Abs. 2 GG ermöglicht ein Parteienverbot in zwei Fällen:

- Beeinträchtigung oder Beseitigung der freiheitlichen demokratischen Grundordnung: Nach der Rechtsprechung des BVerfG gehören hierzu mindestens: Achtung und Anerkennung der Menschenrechte des Grundgesetzes, der Volkssouveränität, der Gewaltenteilung, des Wahlrechts und der Wahlgrundsätze, der Verantwortlichkeit der Regierung, der Gesetzmäßigkeit der Verwaltung, der Unabhängigkeit der Gerichte, des Mehrparteienprinzips, der Chancengleichheit der Parteien und der Opposition. Ein Verbot setzt insbesondere eine aktiv-kämpferische, aggressive Haltung gegenüber der freiheitlichen demokratischen Grundordnung voraus, ein bloßes Nicht-Anerkennen ihrer Prinzipien reicht nicht aus
- Gefährdung des Bestands der Bundesrepublik Deutschland: Dies ist dann der Fall, wenn die territoriale Unversehrtheit und die politische Unabhängigkeit gefährdet werden. Auch hier muss im Programm und Verhalten der Partei eine aktiv-kämpferische, aggressive Haltung gegenüber der bestehenden Ordnung zum Ausdruck kommen.

In der Geschichte der Bundesrepublik sind bisher erst fünf Parteiverbotsverfahren eingeleitet worden. In nur zwei Fällen haben sie im Ergebnis zu Parteiverboten geführt, nämlich im Fall der Sozialistischen Reichspartei (SRP) – einer extremen Rechtspartei – (23. Oktober 1953 – BVerfGE 2,1) und im Fall der Kommunistischen Partei Deutschlands (KPD – 17. August 1956 – BVerfGE 5, 85). Ein Ende sechziger Jahre eingeleitet Verfahren gegen die NPD wurde nicht zu Ende geführt, weil die NPD keine weiteren politischen Erfolge hatte. Ein Mitte der neunziger Jahre gegen die rechtsextreme Partei Freiheitliche Deutsche Arbeiterpartei (FAP) eingeleitetes Verfahren scheiterte, weil das Bundesverfassungsgericht der FAP keine Parteieigenschaft zuerkannte (BVerfGE 91, 276). Die FAP wurde daraufhin nach vereinsrechtlichen Vorschriften verboten.

2001 leiteten Bundestag, Bundesrat und Bundesregierung gemeinsam ein Parteiverbotsverfahren gegen die NPD ein. Es scheiterte an (vermeintlichen) Verfahrensfehler der Antragsteller; das Bundesverfassungsgericht ging davon aus, dass nicht nur die Verbotsentscheidung selbst eine Zwei-Drittel-Mehrheit im Senat erfordere (vgl. § 15 Abs. 4 S. 1 BVerfGG), sondern diese Mehrheit während des gesamten Verfahrens für die Weiterführung gegeben sein müsste; aufgrund eines Minderheitenvotums von drei Richtern wurde das Verbotsverfahren im Jahr 2003 eingestellt. Eine materielle Entscheidung – Verfassungswidrig- oder Verfassungsmäßigkeit der NPD – wurde nicht getroffen.

Zudem gilt der Grundsatz der Gleichheit der politischen Parteien, der formal kleinen und großen Parteien die gleichen Chancen einräumt. Alle Parteien müssen an der staatlichen Parteienfinanzierung partizipieren und dieselben Möglichkeiten etwa zur Wahlwerbung in Rundfunk und Fernsehen haben.

5.2.1.2 Legitimation staatlicher Entscheidungen

Um die in Art. 20 Abs. 2 S. 1 GG ausgesprochene Forderung zu erfüllen, muss die Ausübung staatlicher Macht legitimiert sein, d.h. in einer ununterbrochenen demokratischen Legitimationskette auf das Volk rückführbar sein. Entscheidend ist der Zurechnungszusammenhang zwischen Volk und staatlicher Herrschaft (BVerfGE 83, 60, 71 f.). Maßgeblich für diesen Zurechnungszusammenhang ist Art. 20 Abs. 2 S. 2 GG. In Wahlen werden aber unmittelbar nur die Abgeordneten des Deutschen Bundestages legitimiert.

Über die Wahlen hinaus bedeutet politische Teilhabe aber auch, dass *jede* Entscheidung in der Demokratie letztlich auf ein Votum des Souveräns, also das Volk, rückführbar sein muss. Man bezeichnet dies als demokratische Legitimation. Ihrer bedürfen nicht nur die Abgeordneten des Parlaments.

Auch Sachentscheidungen müssen legitimiert sein: Im Falle der von einem Parlament verabschiedeten Gesetze ist dies einfach. Sie sind demokratisch legitimiert, weil die Abgeordneten, die sie verabschiedet haben, gewählt sind. Dies gilt für alle Bundes- und Landesgesetze, aber auch für andere Vorschriften, die von gewählten Rechtsetzungsorganen erlassen worden sind, etwa Kommunalparlamenten.

Einer demokratischen Legitimation bedürfen aber auch alle anderen Sachentscheidungen: Das gilt etwa auch für die Einzelentscheidungen der Verwaltung, sei es das „Knöllchen“ oder die Baugenehmigung, aber auch für die Urteile eines Gerichtes.

Grundlegend sind für die demokratische Legitimation die Vorschriften der Verfassung über die jeweiligen Organe, die ja selbst durch eine verfassungsgebende bzw. verfassungsändernde Sachentscheidung festgelegt wurde: Etwa Art. 20 Abs. 2 S. 2 GG, der feststellt, dass es verschiedene Organe gibt oder verschiedene Normen, die die Zusammensetzung der Organe und ihre Kompetenzen festlegen. Die demokratische Legitimation der „besonderen Organe“ wird dadurch vermittelt, dass sie vom Parlament direkt eingesetzt werden oder am Ende einer Legitimationskette stehen, die beim Parlament beginnt: So wird der Bundeskanzler vom Bundestag gewählt (Art. 63 GG) und ist ihm verantwortlich. Die Bundesminister werden vom Bundespräsidenten ernannt (Art. 64 GG) und sind ebenfalls dem Bundestag verantwortlich (Regierungsverantwortlichkeit, Art. 65 S. 2 GG). Die weitere personelle Legitimation der Exekutive unterhalb der Regierung leitet sich ferner aus der Regierungsverantwortlichkeit ab, weil die Verwaltung der Regierung hierarchisch untergeordnet ist.

Die personelle demokratische Legitimation der Richter wird aus den Bestimmungen der Art. 92, 93, 95, 97, 98 GG hergeleitet. Sachliche demokratische Legitimation vermittelt die Bindung der Verwaltung und Rechtsprechung an Gesetz und Recht (Art. 20 Abs. 3 GG). Aber auch einfachgesetzliche Regelungen können sachliche wie personelle Legitimation vermitteln, weil diese selbst vom Parlament verabschiedet wurden. Die Verfassung erkennt also an, dass Macht ausgeübt wird. Sie wird aber verfassungsrechtlich eingehegt, indem staatliche Machtausübung durch dazu legitimierte Organe erfolgt: Staatliche Macht ist nirgendwo selbstherrliche originäre Macht, sondern immer vom Parlament und damit letztlich vom Volk abgeleitet.

Für Verwaltungsentscheidungen kommt es hierbei einerseits sachlich darauf an, dass sich die Entscheidungen auf eine gesetzliche Grundlage zurückführen lassen. Zum anderen ist die Funktionsteilung innerhalb der Exekutive in die für die politische Gestaltung zuständige, parlamentarisch verantwortliche Regierung und die zum Gesetzesvollzug verpflichtete Verwaltung zu berücksichtigen (BVerfGE 83, 60, 71; 93, 37, 67): Die handelnden Amtsträger sind dann ausreichend legitimiert, wenn sich ihre

Bestellung auf das Parlament zurückführen lässt und ihr Handeln sachlich-inhaltliche Legitimation erfährt: „Dies setzt voraus, dass die Amtsträger im Auftrag und nach Weisung der Regierung handeln und die Regierung damit in die Lage versetzen, die Sachverantwortung gegenüber Volk und Parlament zu übernehmen" (BVerfGE 9, 268, 281 f.; 93, 37, 67).

Art. 20 Abs. 2 GG stellt so eine gewaltenhemmende Ordnung auf, die nicht durch einen „aus dem Demokratieprinzip fälschlich abgeleiteten Gewaltenmonismus in Form eines allumfassenden Parlamentsvorbehalts unterlaufen werden" (BVerfGE 49, 89, 125; 68, 1, 87) darf, sondern darauf abzielt, „dass staatliche Entscheidungen möglichst richtig, das heißt von Organen getroffen werden, die nach ihrer Organisation, Zusammensetzung, Funktion und Verfahrensweise über die besten Voraussetzungen verfügen" (BVerfGE 68, 1, 86).

Politische Teilhabe bedeutet auch, dass durch das demokratischen Verfahren, in dem ein Gesetz zustande kommt, der Einzelne zumindest durch seine Wahlentscheidung und dem daran anknüpfenden grundgesetzlichen Legitimationszusammenhang am Gestehungsprozess der Vorschriften und damit auch einer etwaigen Beschränkung seiner Rechte beteiligt wird. Nach der Rechtsprechung des Bundesverfassungsgerichts reicht eine mittelbare Rückführbarkeit der Legitimation auf das Volk aus. Es gilt das „Prinzip der individuellen Berufung der Amtswalter durch das Volk oder durch volksgewählte Organe" (vgl. BVerfGE 83, 60, 73; 93, 37, 67): Organe und Amtswalter bedürfen zur Ausübung von Staatsgewalt einer Legitimation, die auf die Gesamtheit der Staatsbürger, das Volk, zurückgeht, jedoch nicht durch unmittelbare Volkswahl erfolgen muss (BVerfGE 93, 37, 67 f.). Die Legitimation der Amtswalter wird im Detail nach den in der Verfassung bzw. gesetzlich vorgesehenen Regelungen vermittelt. Damit erfordert das demokratische Prinzip nicht, dass jedem Amtswalter selbst unmittelbar demokratische Legitimation durch Direktwahl vermittelt wird. Vielmehr reicht eine unmittelbare personelle Legitimation – also Wahl des Parlaments und Wahl durch das Parlament – der zentralen Führungs- und Kontrollinstanzen aus (BVerfGE 47, 253, 275; 52, 112, 120, 130; 77, 1, 40).

5.2.2 Kommunikationsfreiheit

Voraussetzung für die vom Grundgesetz konstituierte Mitwirkung des Bürgers am politischen Prozess und für verantwortlich vorgenommene Wahlen ist eine freie Kommunikation. Sie ist für den Austausch und Widerstreit der politischen Meinungen wesentliche Voraussetzung. Dies gilt auch für die Teilhabeprozess selbst, die Wahlen (Art. 38 Abs. 1 S. 1GG), und die Rückkopplung der „Transmitter der politischen Meinungen", die Parteien (Art. 21 GG) und die Abgeordneten (Art. 38 GG). Politische Meinungen und demokratische Entscheidungsprozesse sind auf freien, ungelenkten und unbeeinflussten Meinungsaustausch angewiesen.

5.2.2.1 Schutz der Kommunikation

Das Grundgesetz schützt in Art. 5 Abs. 1 GG verschiedene Facetten der Kommunikation. Genannt werden so klassische Grundrechte wie die Meinungs-, Informations-,

Presse-, Rundfunk- und Filmfreiheit. In Absatz 3 wird zudem die Freiheit der Kunst sowie die Wissenschafts- und Lehrfreiheit garantiert (dazu Kap. 6). Kunst und Wissenschaft mögen nicht immer kommunikative Züge haben, sind aber normalerweise darauf angelegt. Nach der Rechtsprechung des Bundesverfassungsgerichts erfolgt dieser grundrechtliche Schutz zumindest der Kommunikationsfreiheit nicht völlig zweckfrei, sondern im Hinblick auf den Menschen als gesellschaftliches und politisches Wesen. Die in Art. 5 GG geschützten Kommunikationsgrundrechte werden damit vor allem politisch und gesellschaftlich verstanden. Sie stehen nach Auffassung des Bundesverfassungsgerichts in enger Verknüpfung mit den politischen Teilhaberechten, die das Grundgesetz dem Bürger verleiht. Dies gilt auch für die Versammlungsfreiheit, für die das Bundesverfassungsgericht vor allem die politische Dimension in den Vordergrund stellt, nämlich die gemeinsame politische Meinungskundgabe.

Während der kommunikative Charakter der Presse-, Rundfunk- und Filmfreiheit, aber auch der Lehrfreiheit aus sich selbst heraus verständlich ist, sind die in Absatz 3 garantierte Freiheit von Kunst, Wissenschaft und Forschung nicht ohne weiteres kommunikativ geprägt. Sie könnten auch ohne kommunikative Elemente ausgeübt werden. Gleichwohl entspricht es der Lebenswirklichkeit, dass Künstler und Forscher immer auch auf ihre Umwelt Einfluss nehmen wollen (vgl. Kap. 6.2.7)

Insbesondere die Presse hat eine freiheitssichernde Funktion. In einem demokratisch rechtsstaatlichen Gemeinwesen ist die Pressefreiheit besonders wichtig. Ohne ihre Wächterfunktion blieben der Öffentlichkeit viele Missstände verborgen. Trotzdem wird immer wieder versucht, die Recherchen der Medien zu behindern oder gar unmöglich zu machen.

Die junge Bundesrepublik wurde von der sog. „Spiegelaffäre" erschüttert, die die Pressefreiheit in besonderem Maße auf den Prüfstand brachte. Im Herbst 1962 veröffentlichte „Der Spiegel" einen Artikel mit dem Titel „Bedingt abwehrbereit", der die Verteidigungsstrategie der Bundeswehr unter Verteidigungsminister Franz Josef Strauß in Frage stellte. Im Rahmen eines Ermittlungsverfahrens wegen Landesverrates wurden die Redaktionsräume in Hamburg durchsucht und Haftbefehle gegen den Autor des Artikels – Conrad Ahlers – und der Herausgeber des Spiegels – Rudolf Augstein – erlassen. Auf Betreiben von Verteidigungsminister Strauß wurde Conrad Ahlers im Urlaub in Spanien verhaftet, Augstein stellte sich. Beide kamen in Untersuchungshaft. Die Maßnahmen gegen den Spiegel führten zu landesweiten Protesten. Bundeskanzler Adenauer verteidigte die Maßnahmen gegen den Spiegel im Bundestag mit der Aussage, „es gebe einen Abgrund von Landesverrat". Nach und nach wurde bekannt, dass die Ermittlungen maßgeblich durch Strauß persönlich vorangetrieben worden waren, was er abgestritten hatte. In der durch die Spiegelaffäre ausgelösten Regierungskrise verließen die FDP-Minister die Bundesregierung, Strauß trat schließlich zurück und Adenauer musste eine neue Regierung bilden. Augstein wurde als letzter Beschuldigter nach 103 Tagen Untersuchungshaft entlassen. 1965 entschied der BGH, dass für einen vorsätzlichen Landesverrat keine Beweise vorlägen und die Verfahren wurden eingestellt. Der Spiegel wandte sich mit einer Verfassungsbeschwerde wegen Verletzung der Pressefreiheit gegen die Maßnahmen. Das Bundesverfassungsgericht wies die Verfassungsbeschwerde zwar zurück. Es handelte sich um eine sog. Vierer-Entscheidung, bei der es keine Mehrheit gab (BVerfGE 20, 162). Dennoch enthält das Urteil bis heute gültige, grundlegende Aussagen zur Pressefreiheit. Zudem hat die „Spiegelaffäre" die Bedeutung der Pressefreiheit ins allgemeine Bewusstsein gerückt.

Auch heute gibt es immer wieder Versuche, zumindest die Quellen von Journalisten zu ermitteln, wenn Informationen aus dem staatlichen Binnenbereich bekannt werden. Das Bundesverfassungsgericht musste sich 2007 mit der Durchsuchung der Redaktionsräume des politischen Magazins „Cicero" befassen.

„1. Durchsuchungen und Beschlagnahmen in einem Ermittlungsverfahren gegen Presseangehörige sind verfassungsrechtlich unzulässig, wenn sie ausschließlich oder vorwiegend dem Zweck dienen, die Person des Informanten zu ermitteln (Bestätigung von BVerfGE 20, 162, 191 f., 217).

2. Die bloße Veröffentlichung eines Dienstgeheimnisses im Sinne des § 353 b StGB durch einen Journalisten reicht im Hinblick auf Art. 5 Abs. 1 Satz 2 GG nicht aus, um einen den strafprozessualen Ermächtigungen zur Durchsuchung und Beschlagnahme genügenden Verdacht der Beihilfe des Journalisten zum Geheimnisverrat zu begründen. ...

Die Pressefreiheit umfasst auch den Schutz vor dem Eindringen des Staates in die Vertraulichkeit der Redaktionsarbeit sowie in die Vertrauenssphäre zwischen den Medien und ihren Informanten.

Die Freiheit der Medien ist konstituierend für die freiheitliche demokratische Grundordnung (vgl. BVerfGE 7, 198, 208; 77, 65, 74; stRspr). Eine freie Presse und ein freier Rundfunk sind daher von besonderer Bedeutung für den freiheitlichen Staat (vgl. BVerfGE 20, 162, 174; 50, 234, 239 f.; 77, 65, 74). Dementsprechend gewährleistet Art. 5 Abs. 1 Satz 2 GG den im Bereich von Presse und Rundfunk tätigen Personen und Organisationen Freiheitsrechte und schützt darüber hinaus in seiner objektiv-rechtlichen Bedeutung auch die institutionelle Eigenständigkeit der Presse und des Rundfunks (vgl. BVerfGE 10, 118, 121; 66, 116, 133; 77, 65, 74 ff.). Die Gewährleistungsbereiche der Presse- und Rundfunkfreiheit schließen diejenigen Voraussetzungen und Hilfstätigkeiten mit ein, ohne welche die Medien ihre Funktion nicht in angemessener Weise erfüllen können. Geschützt sind namentlich die Geheimhaltung der Informationsquellen und das Vertrauensverhältnis zwischen Presse beziehungsweise Rundfunk und den Informanten (vgl. BVerfGE 100, 313, 365 m.w.N.). Dieser Schutz ist unentbehrlich, weil die Presse auf private Mitteilungen nicht verzichten kann, diese Informationsquelle aber nur dann ergiebig fließt, wenn sich der Informant grundsätzlich auf die Wahrung des Redaktionsgeheimnisses verlassen kann (vgl. BVerfGE 20, 162, 176, 187; 36, 193, 204). ...

Eine Durchsuchung in Presseräumen stellt wegen der damit verbundenen Störung der redaktionellen Arbeit und der Möglichkeit einer einschüchternden Wirkung eine Beeinträchtigung der Pressefreiheit dar (vgl. zuletzt BVerfG, 1. Kammer des Ersten Senats, Beschluss vom 1. Februar 2005 – 1 BvR 2019/03 -, NJW 2005, S. 965). Auch können potentielle Informanten durch die begründete Befürchtung, bei einer Durchsuchung könnte ihre

Identität festgestellt werden, davon abgehalten werden, Informationen zu liefern, die sie nur im Vertrauen auf die Wahrung ihrer Anonymität herauszugeben bereit sind. Überdies liegt in der Verschaffung staatlichen Wissens über die im Bereich journalistischer Recherche hergestellten Kontakte ein Eingriff in das Redaktionsgeheimnis, dem neben dem Vertrauensverhältnis der Medien zu ihren Informanten eigenständige Bedeutung zukommt (vgl. BVerfGE 66, 116,133 ff.; 107, 299, 331)."

BVerfG, 1 BvR 538/06 vom 27.2.2007, Absatz-Nr. 42 ff.

http://www.bverfg.de/entscheidungen/rs20070227_1bvr053806.html = BVerfGE 117, 244

5.2.2.2 Grenzen

Die Kommunikationsfreiheiten werden – wie die meisten anderen Grundrechte auch – nicht grenzenlos gewährleistet. Vielmehr kann ihre Ausübung durch „allgemeine Gesetze beschränkt werden (Art. 5 Abs. 2 GG). In der Spiegelentscheidung hat das Bundesverfassungsgericht die Bedeutung dieser Beschränkung exemplarisch für die Pressefreiheit näher erläutert:

„Die Pressefreiheit birgt die Möglichkeit in sich, mit anderen, vom Grundgesetz geschützten Werten in Konflikt zu geraten; es kann sich dabei um Rechte und Interessen Einzelner, der Verbände und Gruppen, aber auch der Gemeinschaft selbst handeln. Für die Regelung solcher Konflikte verweist das Grundgesetz auf die allgemeine Rechtsordnung, unter der auch die Presse steht. Rechtsgüter anderer wie der Allgemeinheit, die der Pressefreiheit im Rang mindestens gleichkommen, müssen auch von ihr geachtet werden. Die in gewisser Hinsicht bevorzugte Stellung der Presseangehörigen ist ihnen um ihrer Aufgabe willen und nur im Rahmen dieser Aufgabe eingeräumt. Es handelt sich nicht um persönliche Privilegien; Befreiungen von allgemein geltenden Rechtsnormen müssen nach Art und Reichweite stets von der Sache her sich rechtfertigen lassen.

Die Verweisung auf die allgemeine Rechtsordnung kommt in Art. 5 Abs. 2 GG zum Ausdruck, wonach die Pressefreiheit ihre Schranken in den allgemeinen Gesetzen findet. Das Bundesverfassungsgericht hat sich in der Entscheidung vom 15. Januar 1958 (BVerfGE 7, 198 [208 ff.]) über das Verhältnis der Meinungsfreiheit zu den allgemeinen Gesetzen geäußert. Danach wird zwar die Meinungsfreiheit durch die allgemeinen Gesetze begrenzt; diese selbst sind aber stets im Blick auf die Meinungsfreiheit auszulegen und daher in ihrer diese beschränkenden Wirkung gegebenenfalls selbst wieder einzuschränken. Diese Grundsätze gelten sinngemäß auch für die Pressefreiheit; sie gewinnen hier sogar besondere Bedeutung, da Äußerungen in der Presse in der Regel zur Bildung der öffentlichen Meinung beitragen wollen, also zunächst die Vermutung der Zulässigkeit für sich haben, auch wenn sie die Rechtssphäre anderer berühren (a.a.O.Seite 212). Der Sinn dieses Urteils, angewandt auf die Pressefreiheit, liegt also darin, diese vor einer Relativierung durch die allgemeinen Gesetze – und die sie anwendenden Gerichte – zu bewahren und durch den Zwang, die Auslegung der allgemeinen Gesetze stets an dem Grundwert der Pressefreiheit zu orientieren, ihr den angemessenen Raum zu sichern und jede Einengung der Pressefreiheit zu verhindern, die nicht von der Rücksicht auf mindestens gleichwertige Rechtsgüter unbedingt geboten ist. Die objektiv-rechtliche, institutionelle Seite der Pressefreiheit, ihre Auswirkung als Wertmaßstab und Auslegungsgrundsatz für die allgemeine Rechtsordnung, tritt hier besonders hervor." (BVerfGE 20, 162, 176f.)

Eine zentrale Stellung innerhalb der Kommunikationsgrundrechte hat die Meinungsfreiheit, Art. 5 Abs. 1 S. 1 GG. Dabei ist nicht leicht zu bestimmen, was eine Meinungsäußerung ausmacht:
„Art. 5 Abs. 1 Satz 1 GG gewährleistet jedermann das Recht, seine Meinung frei zu äußern und zu verbreiten. Meinungen sind durch die subjektive Beziehung des Einzelnen zum Inhalt seiner Aussage geprägt (vgl. BVerfGE 7, 198 [210]). Für sie ist das Element der Stellungnahme und des Dafürhaltens kennzeichnend (vgl. BVerfGE 7, 198 [210]; 61, 1 [8]; 90, 241 [247]). Insofern lassen sie sich auch nicht als wahr oder unwahr erweisen. Sie genießen den Schutz des Grundrechts, ohne dass es darauf ankommt, ob die Äußerung begründet oder grundlos, emotional oder rational ist, als wertvoll oder wertlos, gefährlich oder harmlos eingeschätzt wird (vgl. BVerfGE 90, 241 [247]). Die Bürger sind dabei rechtlich auch nicht gehalten, die der Verfassung zugrunde liegenden Wertsetzungen persönlich zu teilen. Das Grundgesetz baut zwar auf der Erwartung auf, dass die Bürger die allgemeinen Werte der Verfassung akzeptieren und verwirklichen, erzwingt die Werteloyalität aber nicht (vgl. BVerfG, Beschlüsse der 1. Kammer des Ersten Senats vom 24. März 2001 -- 1 BvQ 13/01 --, NJW 2001, S. 2069 [2070] und vom 15. September 2008 -- 1 BvR 1565/05 --, NJW 2009, S. 908 [909])." (BVerfG 124, 300, 320)
Allgemeine Gesetze sind solche Rechtsnormen, die nicht gegen eine bestimmte Ansicht gerichtet sind, sondern deren Regelungsgehalt „meinungsneutral" ist.

„Allgemein sind Gesetze, die sich nicht gegen das Grundrecht an sich oder gegen die Äußerung einer bestimmten Meinung richten, sondern dem Schutz eines schlechthin, ohne Rücksicht auf eine bestimmte Meinung, zu schützenden Rechtsguts dienen" (vgl. BVerfGE 7, 198, 209 f.; 97, 125, 146; 113, 63, 78).

5.2.2.3 Versammlungsfreiheit

Wie dem Grundrecht der Meinungsfreiheit spricht das Bundesverfassungsgericht der Versammlungsfreiheit einen besonderen Rang zu und betont seine demokratische Funktion, legt es damit aber verengend aus: Der verfassungsrechtlichen Versammlungsbegriff sei auf Veranstaltungen zu begrenzen, die durch eine gemeinschaftliche, auf Kommunikation angelegte Entfaltung mehrerer Personen gekennzeichnet sind (BVerfGE 69, 315, 343; BVerfG, 1. Kammer des Ersten Senats, DVBl 2001, S. 901 f.).

Mit den Worten des Bundesverfassungsgerichts klingt dies so:

„Das Grundrecht der Versammlungsfreiheit erhält seine besondere verfassungsrechtliche Bedeutung in der freiheitlichen demokratischen Ordnung des Grundgesetzes wegen des Bezugs auf den Prozess der öffentlichen Meinungsbildung. Namentlich in Demokratien mit parlamentarischem Repräsentativsystem und geringen plebiszitären Mitwirkungsrechten hat die Freiheit kollektiver Meinungskundgabe die Bedeutung eines grundlegenden Funktionselements. Das Grundrecht gewährleistet insbesondere Minderheitenschutz und verschafft auch denen Möglichkeiten zur Äußerung in einer größeren Öffentlichkeit, denen der direkte Zugang zu den Medien versperrt ist (vgl. BVerfGE 69, 315, 346 f.). Dementsprechend sind Versammlungen im Sinne des Art. 8 GG örtliche Zusammenkünfte mehrerer Personen zwecks gemeinschaftlicher Erörterung und Kundgebung mit dem Ziel der Teilhabe an der öffentlichen Meinungsbildung." (BVerfG, 1 BvQ 28/01 vom 12.7.2001, Absatz-Nr. 16, http://www.bverfg.de/entscheidungen/qk20010712_1bvq002801.html= BVerfG NJW 2001, 2459)

5.2.2.4 Die Funktion der Versammlungsfreiheit in der repräsentativen Demokratie

Wir haben oben gesehen: Das Grundgesetz hegt die „Verfassungserwartung", dass die Abgeordnete Vertreter des ganzen Volkes sind und sich auch in Sachfragen mit dem Wahlvolk rückkoppeln. Idealtypisch erfordert das eine beständige Orientierung des Abgeordneten an der Meinungsbildung in der Bevölkerung – nicht im Sinne eines imperativen Mandats, aber doch insoweit, als Abgeordnete die unterschiedlichen Interessen wahrnehmen und bei ihrer Arbeit im Parlament berücksichtigen. Auch wenn dies in der Lebenswirklich wahrscheinlich nicht im geschilderten Maße erfolgt, so wird dieser Befund durch die Rechtsprechung des Bundesverfassungsgerichts zur Meinungsbildung und Demonstrationsfreiheit immerhin unterfüttert:

„In der verfassungsgerichtlichen Rechtsprechung, (...), wird die Meinungsfreiheit seit langem zu den unentbehrlichen und grundlegenden Funktionselementen eines demokratischen Gemeinwesens gezählt. Sie gilt als unmittelbarster Ausdruck der menschlichen Persönlichkeit und als eines der vornehmsten Menschenrechte überhaupt, welches für eine freiheitliche demokratische Staatsordnung konstituierend ist; denn sie erst ermöglicht die ständige geistige Auseinandersetzung und den Kampf der Meinungen als Lebenselement dieser Staatsform (vgl. BVerfGE 7, 198 [208]; 12, 113 [125]; 20, 56 [97]; 42, 163 [169]). Wird die Versammlungsfreiheit als Freiheit zur kollektiven Meinungskundgabe verstanden, kann für sie nichts grundsätzlich anderes gelten. (...) Die grundsätzliche Bedeutung der Versammlungsfreiheit wird insbesondere erkennbar, wenn die Eigenart des Willensbildungsprozesses im demokratischen Gemeinwesen berücksichtigt wird. Über die freiheitliche demokratische Ordnung heißt es im KPD-Urteil, sie gehe davon aus, daß die bestehenden, historisch gewordenen staatlichen und gesellschaftlichen Verhältnisse verbesserungsfähig und verbesserungsbedürftig seien; damit werde eine nie endende Aufgabe gestellt, die durch stets erneute Willensentscheidung gelöst werden müsse (BVerfGE 5, 85 [197]).

Der Weg zur Bildung dieser Willensentscheidungen wird als ein Prozeß von „trial and error" beschrieben, der durch ständige geistige Auseinandersetzung, gegenseitige Kontrolle und Kritik die beste Gewähr für eine (relativ) richtige politische Linie als Resultante und Ausgleich zwischen den im Staat wirksamen politischen Kräften gebe (a.a.O. [135]; vgl. auch BVerfGE 12, 113 [125]). An diese Erwägungen knüpft das spätere Urteil zur Parteienfinanzierung an und betont, in einer Demokratie müsse die Willensbildung vom Volk zu den Staatsorganen und nicht umgekehrt verlaufen; das Recht des Bürgers auf Teilhabe an der politischen Willensbildung äußere sich nicht nur in der Stimmabgabe bei Wahlen, sondern auch in der Einflußnahme auf den ständigen Prozeß der politischen Meinungsbildung, die sich in einem demokratischen Staatswesen frei, offen, unreglementiert und grundsätzlich „staatsfrei" vollziehen müsse (BVerfGE 20, 56 [98 f.]).

An diesem Prozeß sind die Bürger in unterschiedlichem Maße beteiligt. Große Verbände, finanzstarke Geldgeber oder Massenmedien können beträchtliche Einflüsse ausüben, während sich der Staatsbürger eher als ohnmächtig erlebt. In einer Gesellschaft, in welcher der direkte Zugang zu den Medien und die Chance, sich durch sie zu äußern, auf wenige beschränkt ist, verbleibt dem Einzelnen neben seiner organisierten Mitwirkung in Parteien und Verbänden im allgemeinen nur eine kollektive Einflußnahme durch Inanspruchnahme der Versammlungsfreiheit für Demonstrationen. Die ungehinderte Ausübung des Freiheitsrechts wirkt nicht nur dem Bewußtsein politischer Ohnmacht und gefährlichen Tendenzen zur Staatsverdrossenheit entgegen. Sie liegt letztlich auch deshalb im wohlverstandenen Gemeinwohlinteresse, weil sich im Kräfteparallelogramm der politischen Willensbildung im allgemeinen erst dann eine relativ richtige Resultante herausbilden kann, wenn alle Vektoren einigermaßen kräftig entwickelt sind. Nach alledem werden Versammlungen in der Literatur zutreffend als wesentliches Element demokratischer Offenheit bezeichnet: "Sie bieten... die Möglichkeit zur öffentlichen Einflußnahme auf den politischen Prozeß, zur Entwicklung pluralistischer Initiativen und Alternativen oder auch zu Kritik und Protest...; sie enthalten ein Stück ursprünglich-ungebändigter unmittelbarer Demokratie, das geeignet ist, den politischen Betrieb vor Erstarrung in geschäftiger Routine zu bewahren" (Hesse, aao, S. 157; übereinstimmend Blumenwitz, a.a.O. [132 f.]). Namentlich in Demokratien mit parlamentarischem Repräsentativsystem und geringen plebiszitären Mitwirkungsrechten hat die Versammlungsfreiheit die Bedeutung eines grundlegenden und unentbehrlichen Funktionselementes. Hier gilt – selbst bei Entscheidungen mit schwerwiegenden, nach einem Machtwechsel nicht einfach umkehrbaren Folgen für jedermann – grundsätzlich das Mehrheitsprinzip. Andererseits ist hier der Einfluß selbst der Wählermehrheit zwischen den Wahlen recht begrenzt; die Staatsgewalt wird durch besondere Organe ausgeübt und durch einen überlegenen bürokratischen Apparat verwaltet. Schon generell gewinnen die von diesen Organen auf der Grundlage des Mehrheitsprinzips getroffenen Entscheidungen an Legitimation, je effektiver Minderheitenschutz gewährleistet ist; die Akzeptanz dieser Ent-scheidungen wird davon beeinflußt, ob zuvor die Minderheit auf die Meinungsbildung und Willensbildung hinreichend Einfluß nehmen konnte (vgl. BVerfGE 5, 85 [198 f.]). Demonstrativer Protest kann insbesondere notwendig werden, wenn die Repräsentativorgane mögliche Mißstände und Fehlentwicklungen nicht oder nicht rechtzeitig erkennen oder aus Rücksichtnahme auf andere Interessen hinnehmen (vgl. auch BVerfGE 28, 191 [202]). In der Literatur wird die stabilisierende

Funktion der Versammlungsfreiheit für das repräsentative System zutreffend dahin beschrieben, sie gestatte Unzufriedenen, Unmut und Kritik öffentlich vorzubringen und abzuarbeiten, und fungiere als notwendige Bedingung eines politischen Frühwarnsystems, das Störpotentiale anzeige, Integrationsdefizite sichtbar und damit auch Kurskorrekturen der offiziellen Politik möglich mache (Blanke/Sterzel, a.a.O. [69])." (BVerfGE 69, 315, 344 ff. – Brokdorf).

Demonstrationen können also die Funktion der Rückkopplung der politischen Meinungsbildung an den Bürgerwillen haben. Das Bundesverfassungsgericht erkennt die repräsentative Entscheidung nach dem Mehrheitsprinzip an, betont aber auch, dass die auf der Grundlage des Mehrheitsprinzips getroffenen Entscheidungen an Legitimation und Akzeptanz gewinnen, wenn die Minderheit auf die Meinungsbildung und Willensbildung hinreichend Einfluß nehmen konnte (vgl. BVerfGE 5, 85, 198f.). Diese im Minderheit – Mehrheits-Axiom gründende Argumentation kann man auch insoweit verallgemeinern, als man sie auf die Akzeptanz und Legitimation von parlamentarischen Entscheidungen bei den Bürgerinnen und Bürgern überträgt: Herstellung von Akzeptanz und Legitimation durch Bürgerbeteilung und Teilhabe auch außerhalb der Teilnahme an Wahlakten.

5.2.2.5 Schutz „unpolitischer" Kommunikation

Auch wenn der grundrechtliche Schutz der Kommunikation auf die öffentliche Meinungsbildung eingeengt ist, so heißt dies nicht, dass Kommunikation jenseits dieses Zweckes grundrechtlich nicht geschützt wäre. Der grundrechtliche Schutz bemisst sich nach Art. 2 Abs. 1 GG (s.o. Kap. 3). Gleichwohl setzt an der Einengung auch die Kritik an: In einer Kommunikationsgesellschaft, in der wir zu Beginn des 21. Jahrhunderts leben, kommt der Kommunikation auch als Selbstzweck besondere Bedeutung zu. Die klassischen, in Art. 5 Abs. 1 GG geschützten Grundrechte der Meinungs-, Informations-, Presse- sowie Rundfunk- und Filmfreiheit wie auch Art. 8 GG müssen heute in engem Zusammenhang mit dem Recht auf informationelle Selbstbestimmung sowie dem Post- und Fernmeldegeheimnis gesehen werden. Hierbei spielen mobile Kommunikation, unbeschränkter Datenverkehr und Internet einerseits, aber auch zunehmende Privatisierung und Globalisierung eine Rolle. Nicht mehr allein der Staat stellt die potentielle Bedrohung dar, vor der die abwehrrechtliche Dimension der Grundrechte schützen soll. Auch gesellschaftliche und private Mächte erlangen damit ein Potential, das im kommunikativen Bereich grundrechtsgefährdend wirken kann (vgl. auch Kap. 3.3.2.3).

Das nahezu klassische Beispiel für solche Konstellationen ist der Sachverhalt, der der Blinkfüer-Entscheidung des Bundesverfassungsgerichts (E 25, 256) zugrunde lag: Blinkfüer war eine Hamburger Wochenzeitung. Sie druckte in ihrer Fernsehbeilage auch das DDR-Fernsehprogramm ab. Zwei Konkurrenz-Verlage, die in Hamburg den Zeitschriftenmarkt beherrschten, forderten nach dem Mauerbau 1961 die Hamburger Zeitungshändler auf, keine Zeitungen mehr zu verkaufen, die „ostzonale Rundfunk- und Fernsehprogramme" enthielten. Die Aufforderung war mit der Ankündigung verbunden, anderenfalls die Geschäftsbeziehungen zu diesen Händlern abzubrechen. Nachdem der BGH eine zivilrechtliche Klage des Herausgebers von Blinkfüer gegen die zwei Verlage abgewiesen hatte, erhob dieser erfolgreich Verfassungsbeschwerde vor dem Bundesverfassungsgericht, das das BGH-Urteil aufhob. Die marktbeherrschende Stellung wurde im Meinungskampf benutzt, um den Boykottaufruf zu verstärken. Ein solcher Boykottaufruf sei dann nicht mehr von Art. 5 Abs. 1 GG geschützt, wenn er sich nicht nur auf Argumente stützt, sondern zusätzlich wirtschaftlicher Druck ausgeübt wird. Ohne die Entscheidung des Bundesverfassungsgerichts hätte die Zeitschrift Blinkfüer ihre grundrechtlich verbürgte Pressefreiheit nicht verwirklichen können, wenn die Zeitungshändler dem Boykottaufruf, der mit der Drohung eines Abbruchs der Geschäftsbeziehungen verschärft war, nachgekommen wären.

5.2.2.6 Grundrechte als objektive Werte

Neben der Charakterisierung von Grundrechten als Abwehrrechte des Bürgers gegen den Staat hat das Bundesverfassungsgericht seit der schon erwähnten Lüth-Entscheidung (BVerfGE 7, 198, 205) den Grundrechten einen objektiven Gehalt zugewiesen (vgl. Kap. 3.2). Die Grundrechte stellen auch objektive Werte dar: Unabhängig von einer individuellen Rechtsposition des Einzelnen gelten die Grundrechte für den Staat, er garantiert für ihre Wahrung auch dort, wo keine unmittelbare Bürger-Staat-Beziehung vorliegt. Und der Schutz der Grundrechte ist objektive Staatsaufgabe; der Staat ist Garant für die grundrechtlichen Schutzgüter. Die Grundrechte verpflichten damit zu einem Schutz gegenüber Beeinträchtigungen auch durch Private.

So hat das Bundesverfassungsgericht (BVerfGE 97, 169, 175 f.) aus Art. 12 Abs. 1 GG eine Schutzpflicht zugunsten des Arbeitnehmers angenommen, der durch die Kündigungsschutzregelungen Rechnung getragen worden sei. Und nach der „Handelsvertreter-Entscheidung" des Bundesverfassungsgerichts (BVerfGE 81, 242, 255) kommt der Rechtsordnung die Funktion der Balancierung solcher Ungleichgewichte dann zu, wenn sie für einen Partner im grundsätzlich gleichgeordneten Verhältnis Privater zueinander „Fremdbestimmung" bedeuten. Bedeutsam ist die Schutzpflicht in Bezug auf das Leben gem. Art. 2 Abs. 2 S. 1 GG (BVerfGE 39, 1, 46; 88, 203, 252 ff., 261 – Schwangerschaftsabbruch I und II; vgl. Kap. 3.3.2.3).

Das Bundesverfassungsgericht räumt aber dem Gesetzgeber grundsätzlich im Hinblick auf die Erfüllung seiner objektiven Schutzpflicht einen weiten Einschätzungs-, Wertungs- und Gestaltungsspielraum ein, um konkurrierende öffentliche und private Interessen in Einklang zu bringen. D.h., der Gesetzgeber ist weitgehend frei, auf welche Weise und mit welchen Regelungen er die staatliche Schutzpflicht verwirklicht.

5.2.3 Petitionen

Politische Teilhabe kann auch durch unmittelbare Eingaben an das Parlament oder an die zuständigen Stellen erfolgen (Art. 17 GG). Das Grundgesetz spricht von Bitten und Beschwerden und erstreckt sich damit auf jedes Anliegen, das der Bürger haben kann. Damit soll sichergestellt werden, dass sich jeder mit einem Anliegen außerhalb formeller Verwaltungs- oder gerichtlicher Verfahren an den Staat wenden kann und dieser auch verpflichtet ist, dieses Anliegen zur Kenntnis zu nehmen. Dabei ist das Petitionsrecht weder auf politische Themen begrenzt, sondern kann für jedes Anliegen genutzt werden, noch kann es nur von Einzelnen genutzt werden. Auch Sammelpetitionen sind zulässig. Es ist nicht auf eigene Anliegen beschränkt, sondern kann sich auch fremde oder allgemeine Angelegenheiten beziehen. Für den Bundestag sind Petitionen Anlass, über die zugrunde liegenden Fälle bei der Verwaltung Informationen einzuholen. Mittelbar erschließt das Petitionsrecht damit auch eine parlamentarische Kontrolle.

Petitionen an die „zuständigen Stellen" sind hinsichtlich ihres Gegenstandes natürlicherweise auf die jeweilige sachliche Zuständigkeit beschränkt.

Zur Behandlung von Petitionen hat der Deutsche Bundestag einen eigenen Ausschuss (Art. 45c GG).

HINWEISE DES PETITIONSAUSSCHUSSES FÜR DAS EINREICHEN EINER PETITION (QUELLE: HTTP://WWW.BUNDESTAG.DE/AUSSCHUESSE/A02/ HINWEISE.HTML) (STAND 2015):

1. Jedermann hat das Recht, sich einzeln oder in Gemeinschaft mit anderen schriftlich mit Bitten oder Beschwerden an den Deutschen Bundestag zu wenden. Das ist eines der verfassungsrechtlich verbrieften Grundrechte in der Bundesrepublik Deutschland. In der Sprache des Parlamentes heißt jemand, der von diesem Recht Gebrauch macht „Petent" und die von ihm oder ihr beim Deutschen Bundestag eingereichte Bitte oder Beschwerde ist eine „Petition". Zuständiger Parlamentsausschuss für die Behandlung von Petitionen ist im Deutschen Bundestag der „Petitionsausschuss".
2. Eine Petition muss schriftlich eingereicht werden und Namen und Adresse des Petenten enthalten. Wird eine Petition gemeinschaftlich mit anderen (Interessengruppe, Bürgerinitiative, Verein oder ähnliches) eingereicht, ist ein Ansprechpartner zu benennen. Eine in Papierform eingereichte Petition muss ansonsten keine besonderen Formvorschriften erfüllen, jedoch vom Petenten handschriftlich unterschrieben werden. Um Ihnen das Abfassen einer solchen Petition zu erleichtern, können Sie sich ein Formular öffnen, dieses ausfüllen, unterschreiben und auf dem Postwege an den Petitionsauschuss des Deutschen Bundestages senden. Wollen Sie Ihre Petition elektronisch an den Petitionsausschuss senden, so können Sie auch diesen Weg wählen, wenn Sie das hierfür zur Verfügung gestellte Online-Formular benutzen. Zur abschließenden Bestätigung Ihrer Petition müssen Sie statt der sonst erforderlichen handschriftlichen Unterschrift am Schluss der Petition nur Ihren Vor- und Familiennamen in das Unterschriftkästchen eintragen.

3. Parlamentarisch beraten werden Bitten zur Gesetzgebung des Bundes und Beschwerden über die Tätigkeit von Bundesbehörden. Petitionen, die nicht in die verfassungsmäßige Zuständigkeit des Bundes fallen, werden an den Petitionsausschuss des jeweiligen Landesparlaments abgegeben, soweit die Landeszuständigkeit gegeben ist. Entscheidungen von Gerichten kann der Petitionsausschuss aufgrund der von der Verfassung geregelten Unabhängigkeit der Gerichte nicht überprüfen.
4. Zu jeder Petition wird eine Akte mit einer Petitions-Nummer angelegt. Die Daten werden unter Beachtung des Datenschutzes elektronisch erfasst. Der Absender der Petition (Petent) erhält eine Eingangsbestätigung.
5. Der Petitionsausschuss bittet das zuständige Bundesministerium oder die zuständige Aufsichtsbehörde des Bundes um Stellungnahme zu dem Anliegen des Petenten.
6. Die Stellungnahme des Bundesministeriums oder der Aufsichtsbehörde wird vom Ausschussdienst geprüft.
7. Kann die Petition nach der Stellungnahme erfolgreich abgeschlossen werden, wird dies dem Petenten mitgeteilt. Der Petitionsausschuss beschließt, den Abschluss des Verfahrens zu empfehlen. Der Deutsche Bundestag beschließt entsprechend dieser Empfehlung.
8. Ergibt die Prüfung des Ausschussdienstes unter Berücksichtigung der Stellungnahme, dass die Petition keinen Erfolg haben wird, gibt es zwei Möglichkeiten:
   a) Dem Petenten wird diese Bewertung durch den Ausschussdienst unmittelbar mitgeteilt. Widerspricht der Petent nicht binnen sechs Wochen dieser Bewertung, wird das Petitionsverfahren abgeschlossen. Petitionsausschuss und Deutscher Bundestag beschließen entsprechend.
   b) Widerspricht der Petent der Bewertung des Ausschussdienstes, erstellt dieser für die parlamentarische Beratung eine Beschlussempfehlung mit Begründung, die von mindestens zwei berichterstattenden Abgeordneten, die der Koalition und der Opposition angehören, geprüft wird. Der Petitionsausschuss berät die Petition und verabschiedet eine Empfehlung, über die der Deutsche Bundestag beschließt. Der Petent wird dann abschließend über das Ergebnis der Beratungen zu seiner Petition informiert.
9. Ergibt die Beratung im Petitionsausschuss, dass die Petition insgesamt oder teilweise begründet ist, fasst der Deutsche Bundestag auf Empfehlung des Petitionsausschusses einen entsprechenden Beschluss, der der Bundesregierung übermittelt wird. Dabei sind unterschiedlich weitreichende Beschlüsse möglich, mit denen die Bundesregierung aufgefordert wird, im Sinne der Petition tätig zu werden.
10. Die Bundesregierung ist wegen des Grundsatzes der Gewaltenteilung nicht verpflichtet, dem Beschluss des Deutschen Bundestages zu folgen. In diesem Fall muss sie jedoch ihre abweichende Haltung gegenüber dem Petitionsausschuss begründen. Wenn Sie eine Petition einreichen wollen, nehmen Sie sich bitte Zeit, um einige persönliche Angaben zu machen und Ihr Anliegen präzise zu formulieren. Wenn Sie Anlagen beifügen möchten, sollten dies Fotokopien und keine Originaldokumente sein. Sie sind gebeten, diese in jedem Falle auf dem Postweg zu versenden. Zweckmäßiger-

weise kündigen Sie die zusätzliche Versendung von Anlagen im Falle der elektronisch abgesandten Petition an und senden diese Anlagen auf dem Postweg erst ab, nachdem Sie die Eingangsbestätigung mit dem Aktenzeichen der Petition erhalten haben. Bei der Versendung Ihrer Anlagen benennen Sie bitte dieses Aktenzeichen Ihrer Petition.

Neuerdings gibt es auch die Möglichkeit, über das Internet Petitionen beim Bundestag einzureichen. Im Wesentlichen gleicht dieser Weg den oben geschilderten Grundsätzen, nur das die Petition über das Internetportal des Budnestages eingereicht wird: https://epetitionen.bundestag.de/epet/startseite.html. Auch besteht die Möglichkeit, diese Petitionen zu verfolgen und öffentlich zu diskutieren.

5.3 Die Lebenswirklichkeit

5.3.1 Politische Kommunikation

Im täglichen Leben des Bürgers spielen die Kommunikationsgrundrechte nur selten eine bewusste Rolle, obwohl wir beständig mit unseren Mitmenschen kommunizieren und in jedem Gespräch Meinungen kund tun. Nur im Konfliktfall kommt die Meinungsfreiheit zum Tragen, etwa im Falle einer Beleidigung oder einer Tatsachenbehauptung, die sich als unzutreffend erweist. Auch wenn ein solcher Konflikt zunächst durch die einfachgesetzlichen Vorschriften des Zivil- und Strafrechts (Beleidigung, üble Nachrede) zu beurteilen ist, spielt die Meinungsfreiheit bei der Anwendung dieser Normen eine wichtige Rolle. Selbst wenn es zum Alltagswissen jedes Menschen gehört, dass die Beleidigung eines Mitmenschen nicht durch die Meinungsfreiheit gedeckt ist, gehört es zur regelmäßigen Verteidigung, sich auf sie zu berufen. Auch im politischen Streit sind nicht alle Meinungsäußerungen erlaubt, sondern müssen den Ehr- und Achtungsanspruch der Mitmenschen wahren.

Ein bekanntes Beispiel ist das Tucholsky-Zitat „Soldaten sind Mörder" („Der bewachte Kriegsschauplatz", Die *Weltbühne* Nr. 31, vom 4. August 1931). Der Redakteur der Weltbühne, Carl von Ossietzky, wurde wegen Beleidigung der Reichswehr angeklagt, aber freigesprochen, weil nur Personen beleidigungsfähig seien. Auch in der öffentlichen Diskussion um die Bundeswehr und Deutschlands militärische Rolle tauchte das Zitat immer wieder auf und wurde namentlich von Pazifisten verwendet. Strafverfahren endeten immer wieder mit Freisprüchen, sofern das Zitat nicht auf konkrete Personen zielte. Aufgrund von Verurteilungen befasste sich auch das Bundesverfassungsgericht 1995 mit dem Fall. Es führte aus (BVerfGE 90, 269, 289 f., 291 f.):

„Diese Verfassungsnorm gibt jedem das Recht, seine Meinung in Wort, Schrift und Bild frei zu äußern und zu verbreiten. Meinungen sind im Unterschied zu Tatsachenbehauptungen durch die subjektive Einstellung des sich Äußernden zum Gegenstand der Äußerung gekennzeichnet (vgl. zuletzt BVerfGE 90, 241 [247 ff.]). Sie enthalten sein Urteil über Sachverhalte, Ideen oder Personen. Auf diese persönliche Stellungnahme bezieht sich der Grundrechtsschutz. Er besteht deswegen unabhängig davon, ob die Äußerung rational oder emotional, begründet oder grundlos ist und ob sie von anderen für nützlich oder schädlich, wertvoll oder wertlos gehalten wird (vgl. BVerfGE 30, 336 [347]; 33, 1 [14]; 61, 1 [7]). Der Schutz bezieht sich nicht nur auf den Inhalt der Äußerung, sondern auch auf ihre Form. Daß eine Aussage polemisch oder verletzend formuliert ist, entzieht sie nicht schon dem Schutzbereich des Grundrechts (vgl. BVerfGE 54, 129 [138 f.]; 61, 1 [7 f.]). Geschützt ist ferner die Wahl des Ortes und der Zeit einer Äußerung. Der sich Äußernde hat nicht nur das Recht, überhaupt seine Meinung kundzutun. Er darf dafür auch diejenigen Umstände wählen, von denen er sich die größte Verbreitung oder die stärkste Wirkung seiner Meinungskundgabe verspricht. Bei den Äußerungen, aufgrund deren die Beschwerdeführer wegen Beleidigung bestraft worden sind, handelt es sich um Meinungen in diesem Sinn, die stets vom Schutz des Grundrechts umfaßt sind. Die Beschwerdeführer haben mit ihren Äußerungen, Soldaten seien Mörder oder potentielle Mörder, nicht von bestimmten Soldaten behauptet, diese hätten in der Vergangenheit einen Mord begangen. Sie haben vielmehr ein Urteil über Soldaten und über den Soldatenberuf zum Ausdruck gebracht, der unter Umständen zum Töten anderer Menschen zwingt. Vom Vorliegen eines Werturteils, nicht einer Tatsachenbehauptung, sind auch die Strafgerichte ausgegangen."

Bei der Interpretation der Beleidigungsparagraphen (§§ 185 ff. StGB)

„fällt ins Gewicht, daß die Meinungsfreiheit schlechthin konstituierend für die freiheitlich-demokratische Ordnung ist... Auf der Stufe der Anwendung von §§ 185 ff. StGB im Einzelfall verlangt Art. 5 Abs. 1 Satz 1 GG eine Gewichtung der Beeinträchtigung, die der persönlichen Ehre auf der einen und der Meinungsfreiheit auf der anderen Seite droht, bei der alle wesentlichen Umstände zu berücksichtigen sind ...Das Ergebnis dieser Abwägung läßt sich wegen ihres Fallbezugs nicht generell und abstrakt vorwegnehmen. Doch ist in der Rechtsprechung eine Reihe von Gesichtspunkten entwickelt worden, die Kriterien für die konkrete Abwägung vorgeben." (vgl. auch aktuell zur Bedeutung der Meinungsfreiheit bei der Auslegung des Beleidigungsparagraphen BVerfG, 1 BvR 2272/04 vom 12.5.2009, http://www.bverfg.de/entscheidungen/rk20090512_1bvr227204.html)

Der Fall verdeutlicht die besondere Stellung der Grundrechte, die die Rechtsstellung des Bürger unmittelbar und ohne Einschränkungen schützen sollen (Art. 1 Abs. 3 GG!!). Auch wenn oft bemängelt wird, die Berücksichtigung der Grundrechte im alltäglichen Leben banalisiere sie, zeigt das obige Beispiel, dass ohne umfassenden Geltungsanspruch die Grundrechte oft leerliefen.

Aber die Beschränkung der Kommunikationsgrundrechte auf den politischen Prozess wirkt sich noch anders aus. Wer eine Skater-Parade veranstalten will oder einen Volkstriathlon, kann sich nicht auf die Versammlungsfreiheit berufen. Denn der gemeinsam mit anderen betriebene Sport reicht als innere Verbindung für eine Versammlung im Sinne des Art. 8 GG, der ja eine kollektive Meinungsäußerung voraussetzt, nicht aus. Und weil – etwa – einer Sportveranstaltung diese verfassungsrechtliche „Weihe" fehlt, müssen die Veranstalter für viele Kosten aufkommen.

So wurde etwa die Loveparade in Berlin von ihren Veranstaltern immer als politische Demonstration deklariert. Deshalb brauchten die Veranstalter nicht für die Kosten der Müllentsorgung, für die Polizei- und Rettungsdiensteinsätze aufzukommen. 2001 entschied das Landgericht Berlin, dass die Loveparade keine politische Aussage habe und daher keine Demonstration im Sinne des Art. 8 GG sei.

5.3.2 Die Teilhabe der Bürger an der politischen Willensbildung

Abnehmende Beteiligung an Bundes-, Landes- und Kommunalwahlen werden als Ausdruck einer tief greifenden Politik- oder Politikerverdrossenheit gesehen. Dies hat – wenn die Aussage so stimmen sollte – vielfältige Gründe. Richtig ist, dass die Beteiligung des Einzelnen an politischen Entscheidungsprozessen außerhalb der alle vier Jahre notwendigen Wahlteilnahme eher aufwändig ist. Denn da das Grundgesetz keine unmittelbaren plebiszitären Elemente – direkte Demokratie – vorsieht, ist die Beteiligung des Bürgers an konkreten politischen Sachentscheidungen ausgeschlossen. Dies gilt selbst für so grundlegende Entscheidungen wie Deutschlands Weg in die Europäische Union oder Auslandseinsätze der Bundeswehr. Auf solche Sachentscheidungen kann er nur einwirken, wenn er in Parteien mitarbeitet oder versucht, durch Eingaben oder andere „außerparlamentarische Aktivitäten" Einfluss zu gewinnen.

Die Parteiendemokratie ist der wesentliche Faktor, in dem gesellschaftliche Interessen, Vorstellungen und Änderungsvorhaben in den politischen Prozess umgesetzt werden. Auch wenn sich dieses System im Grundsatz bewährt hat, spiegelt die Parteienlandschaft die stärkere Pluralisierung der Gesellschaft wieder. Bis in die siebziger Jahre hinein war die Bundesrepublik durch eine Drei-Parteienlandschaft geprägt, durch CDU/CSU, FDP und SPD. Aus der zunächst außerparlamentarischen ökologisch orientierten Protestbewegung entstanden „Die Grünen" (nach der Wiedervereinigung Zusammenschluss zu Bündnis 90/Die Grünen), die sich als Partei formierten und schließlich auch in Landtage und letztlich in den Bundestag einziehen konnten. Nach der Wiedervereinigung bildete sich vornehmlich im Osten der Republik als Nachfolgerin der SED die PDS. Nach Umbenennung in „Die Linke" bildet sie die fünfte politische Partei, die heute im Bundestag vertreten ist.

Direktmandate und Landeslisten in der 18. Legislaturperiode			
Fraktion	**Direktmandate**	**Landeslisten**	**gesamt**
CDU/CSU	236	75	311
SPD	58	135	193
Die Linke	4	60	64
BÜNDNIS 90/DIE GRÜNEN	1	62	63
Bundestag gesamt	**299**	**332**	**631**
29 Ausgleichsmandate (CDU 13, SPD 10, Die Linke 4, Bündnis 90/Die Grünen 2, CSU 0)			

Quelle: Deutscher Bundestag, http://www.bundestag.de/bundestag/plenum/sitzverteilung_18wp; Stand 2015

Für den Einzelnen bedeutet die durch die grundgesetzlich bewirkte Parteiendemokratie, dass es sehr schwierig ist, sich außerhalb der Parteien politisch zu betätigen. Um Veränderungen zu erreichen, muss sich der Einzelne letztlich in Parteien engagieren. Auch hier wird er sich nur sehr eingeschränkt mit seinen Vorstellungen verwirklichen können. Die Parteien sind regelmäßig in Orts-, Kreis-, Stadt- und Landesverbänden hierarchisch organisiert und man muss für seine Vorstellungen innerparteiliche Mehrheiten finden. Noch schwerer ist der Versuch, ohne Rückkoppelung an eine Partei Veränderungen anzustoßen. Der Bürger wird sich daher – und dies mag zumindest ein Grund für die Politikverdrossenheit sein –, anders als es das Grundgesetz in Art. 20 Abs. 2 GG postuliert, nur selten als Inhaber der Staatsgewalt, als Souverän fühlen. Verbreitet ist wohl eher ein Gefühl der Ohnmacht und Abhängigkeit. Art. 20 Abs. 2 GG konstruiert in der Ausübung der Staatsgewalt durch Wahlen zwar einen fundamentalen Vorgang im Verfassungsleben des Volkes, reduziert ihn aber sofort auf die Beschaffung der notwendigen Legitimation ohne die Möglichkeit zur konkreten Mitwirkung auf Sachentscheidungen zwischen den Wahlen. Denn das freie Mandat des Abgeordneten (Art. 38 GG) bindet ihn weder an Weisungen seiner Wähler noch an Aufträge. Die realpolitisch starke Bindung an die Parteien, denen die Abgeordneten angehören, beeinträchtigt nicht selten – letztlich aber oft auch zu unrecht – das Ansehen der Abgeordneten und ihrer Arbeit im Bundestag, insbesondere wenn der Bürger nicht zu erkennen vermag, dass in seinem Interesse gehandelt wird.

Ein stärkeres politisches Engagement der Bürger könnte möglicherweise durch die Einführung von mehr plebiszitären Elementen erreicht werden. Das Grundgesetz ist hierfür im Grundsatz offen, wenn es in Art. 20 Abs. 2 GG von „Wahlen und Abstimmungen" spricht. Hierfür wäre indes eine Verfassungsänderung notwendig, zu der sich die Parteien im Bundestag bislang nicht durchringen konnten.

5.4 Häufig gestellte Fragen

Warum ist ein Fußballspiel oder die Loveparade keine Versammlung?

Eine Versammlung muss einen Zweck aufweisen, der die Teilnehmer innerlich verbindet und sie so „als Ausdruck gemeinschaftlicher, auf Kommunikation angelegter Entfaltung" (BVerfGE 69, 315, 342 f.) zu dem gemeinsamen Handeln motivieren. Zudem muss die Zusammenkunft auf die Teilhabe an der öffentlichen Meinungsbildung gerichtet sein. Dieses Merkmal fehlt bei Sportveranstaltungen und sonstigen Veranstaltungen wie z.B. der Loveparade.

Warum benötigt man für eine Versammlung eine Genehmigung, obwohl davon in Art. 8 GG nichts steht? Schließt dies nicht Spontanversammlungen oder einen Flashmob aus?

Gemäß Art. 8 Abs. 2 GG steht die Versammlungsfreiheit unter einem Gesetzesvorbehalt, der es dem Gesetzgeber erlaubt, das Grundrecht der Versammlungsfreiheit „für Versammlungen unter freiem Himmel" durch oder aufgrund eines Gesetzes zu beschränken. Dies hat er z.B. mit Versammlungsgesetzen getan und für Versammlungen eine Anmelde- und Genehmigungspflicht eingeführt. Denn gerade Versammlungen unter freiem Himmel betreffen auch die Mitmenschen. So müssen die erforderlichen Vorkehrungen bei großen Demonstrationen getroffen werden: Straßen müssen gesperrt, der Verkehr umgeleitet werden. Bei politisch umstrittenen Themen können Gegendemonstrationen stattfinden, die ebenfalls durch Art. 8 GG geschützt sind. Durch die Anmeldung werden die Behörden in die Lage versetzt die verschiedenen, oft auch grundrechtlich unterfütterten Interessen miteinander in Einklang zu bringen. Anmelde- und Genehmigungspflicht dienen auch dazu, dass sichergestellt werden kann, dass die Versammlung „friedlich und ohne Waffen“ durchgeführt wird. Denn nur eine solche Demonstration ist grundrechtlich geschützt.

Die Anmelde- und Genehmigungspflicht darf aber nicht dazu führen, dass spontane Versammlungen ausgeschlossen sind. Die fehlende Genehmigung einer Spontanversammlung reicht für ein Verbot nicht aus.

Verstößt die 5%-Klausel nicht gegen die Wahlrechtsgrundsätze?

Die 5%-Klausel beeinträchtigt den sog. Erfolgswert der Stimme, weil Parteien, die nicht 5 % der abgegebenen Stimmen erhalten oder drei Direktmandate errungen haben (vgl. 6 Abs. 6 BWahlG), bei der Verteilung der Sitze im Bundestag unberücksichtigt bleiben. Das Bundesverfassungsgericht hat diese Einschränkung als zulässig eingestuft und mit der Funktionsfähigkeit des Parlaments begründet (BVerfGE 1, 208, 248 ff.; 51, 222, 237 f.; 95, 408, 419 f.). Etwas anderes gilt indes auf der Kommunalebene: Das Bundesverfassungsgericht hat am 13. Februar 2008 auf den Antrag der Partei Bündnis 90/Die Grünen, Landesverband Schleswig-Holstein, entschieden, dass die 5%-Sperrklausel im schleswig-holsteinischen Kommunalwahlgesetz verfassungswidrig sei. Die Gründe, die die 5 %-Klausel auf Bundes- und Landesebene rechtfertigen, gälten nicht für die Kommunalvertretungen (BVerfG, 2 BvK 1/07 vom 13.2.2008, http://www. bverfg.de /entscheidungen/ks20080213_2bvk000107.html; zur Verfassungswidrigkeit der 3%-Klausel bei Europawahlen vgl. BVerfG, Urteil v. 26. Februar 2014, - 2 BvE 2/13 u.a., 2 BvR 2220/13 u.a., http://www.bundesverfassungsgericht.de/SharedDocs/Entscheidungen/DE/2014/02/es20140226_2bve000213.html).

Warum kann man erst mit 18 Jahren wählen?

Art. 38 Abs. 2 S. 1 GG sieht diese Altersgrenze vor. Durch eine Verfassungsänderung könnte das Wahlalter sicher herabgesetzt werden. Zu bedenken ist indes, dass die Teilnahme an der Wahl eine gewisse Einsichtsfähigkeit und das entsprechende Interesse erfordert.

Literaturhinweis zum Kinderwahlrecht: „16 Jahre wäre weniger verfassungswidrig“, Legal Tribune online, Interview mit Prof. Dr. Michael Quaas vom 15.7.2014, http://www.lto.de/recht/hintergruende/h/wahlrecht-kinder-wahlpruefungsbeschwerde/

Was spricht für, was gegen die Einführung eines Familienwahlrechts?

Beim Familienwahlrecht sollen nicht allein die Stimmen der volljährigen Bevölkerung bei Wahlen zählen, sondern auch die Stimmen von Kindern unter 18 Jahren, die bis jetzt noch nicht wählen dürfen. Eine Familie mit zwei minderjährigen Kindern hätten bei Wahlen zum Bundestag nicht nur zwei, sondern vier Stimmen. Das Familienwahlrecht soll zu einer familien- und kinderfreundlichen Politik führen. Diskutiert werden zwei Modelle eines Familienwahlrechts: Ein Elternwahlrecht als direktes, eigenes Recht der Eltern, bei dem Erziehenden für jedes Kind eine zusätzliche Stimme zukommt. Bei dem zweiten Modell erhält jeder Mensch von Geburt an ein allgemeines Wahlrecht, das nur stellvertretend durch die Eltern ausgeübt wird, bis die Kinder alt genug sind, selber ihr Wahlrecht auszuüben. Es wird als Kinderwahlrecht bezeichnet. Hier üben die Eltern das Wahlrecht ihres Kindes treuhänderisch aus. Sie müssen es im Sinne der Kinder, an ihrem Wohl orientiert ausüben. Um ein solches Familienwahlrecht einzuführen, müsste Artikel 38 Absatz 2 GG geändert werden.

Gegen ein Familienwahlrecht sprechen der Grundsatz der Höchstpersönlichkeit bzw. die Prinzipien der unmittelbaren, freien und geheimen Wahl. Denn es ist zweifelhaft, ob das Wahlrecht eine Stellvertretung bzw. Auftrag zulässt. Die Befürworter wenden dagegen ein, dass es bereits heute im Wahlrecht Stellvertreterregelungen gibt, die den Grundsatz der Höchstpersönlichkeit durchbrechen wie die Briefwahl oder die Wahlhelfer bei alten oder behinderten Menschen. Zudem sei der Grundsatz der Höchstpersönlichkeit nicht im Grundgesetz verankert ist. Ein Antrag im Bundestag auf Einführung eines Familienwahlrechts (vgl. http://dip.bundestag.de/btd/15/015/1501544.pdf) wurde im 15. Deutschen Bundestag abgelehnt.

Könnte man nicht durch die Einführung eines Mehrheitswahlrechts für klare Verhältnisse in den Parlamenten sorgen?

- Bei einer Mehrheitswahl unterscheidet man grundsätzlich zwei unterschiedliche Systeme:
  Bei der Mehrheitswahl in Einpersonenwahlkreisen kann pro Wahlkreis jeweils nur ein Bewerber gewählt werden. Jeder Wähler hat genau eine Entscheidungsmöglichkeit. Durch die Anzahl der Stimmen, die auf die Bewerber entfällt, ergibt sich eine Reihung. Bei einer Wahl mit relativer Mehrheit (einfache, relative Mehrheitswahl) gilt derjenige als Wahlsieger, welche die meisten Stimmen auf sich vereinigen kann. Ist eine absolute Mehrheit erforderlich (absolutes Mehrheitswahlrecht), muss der Gewählte mindestens die Hälfte aller abgegebenen Stimmen auf sich vereinigen. Ist dies im ersten Wahlgang nicht der Fall, werden in weiteren Wahlgängen schlechter gereihte Alternativen sukzessive ausgeschlossen bzw. es findet eine Stichwahl statt. Bei der Mehrheitswahl in Mehrpersonenwahlkreisen werden pro Wahlkreis mehrere Personen gewählt. Jeder Wähler hat eine oder mehrere Stimmen, die er in manchen Fällen auch kumulieren kann. Durch die Anzahl der Stimmen, die auf die Bewerber entfällt, ergibt sich wiederum eine Reihung. Gewählt ist die wählbare Zahl von Bewerbern, die die meisten Stimmen auf sich vereint.
- Wahlsystem und Grundgesetz
  Das Grundgesetz bestimmt das Wahlsystem nicht selbst. Dies festzulegen ist vielmehr Sache des einfachen Gesetzgebers, der nach der Rechtsprechung des Bundesverfassungsgerichts grundsätzlich frei zwischen Mehrheits- und der Verhält-

niswahlrecht entscheiden kann. Der Spielraum des Gesetzgebers wird allerdings von Art. 21 und 38 GG begrenzt. Er ist danach verpflichtet,

1. das ausgewählte Wahlsystem ungeachtet verschiedener Ausgestaltungsmöglichkeiten in seinen Grundelementen folgerichtig zu gestalten,
2. keine strukturwidrigen Elemente einzuführen (BVerfGE 6, 104, 111),
3. die Wahlrechtsgrundsätze des Art. 38 GG zu gewährleisten, d.h. er muss vor allem die Gleichheit der Wahl innerhalb des jeweiligen Wahlsystems sicherstellen (BVerfGE 95, 335, 354).

- Mehrheitswahl und Grundsatz der Gleichheit der Wahl
  Der Grundsatz der Gleichheit der Wahl gebietet, dass alle Staatsbürger das aktive und passive Wahlrecht möglichst in formal gleicher Weise ausüben können. Er ist im Sinne einer strengen und formalen Gleichheit zu verstehen (BVerfGE 51, 222, 234; 78, 350, 357 f.; 82, 322, 337; 85, 264, 315). Die Stimme eines jeden Wahlberechtigten muss daher grundsätzlich den gleichen Zählwert und die gleiche rechtliche Erfolgschance haben.
  Entscheidet der Gesetzgeber sich für ein Mehrheitswahlsystem, genügt er der Forderung nach gleichem Zähl- und Erfolgswert dann, wenn er die Wahlkreise – und damit die Gruppe der jeweils Abstimmungsberechtigten – möglichst gleich groß gestaltet. Denn dann nehmen alle Wähler mit annähernd gleichem Stimmgewicht an der Wahl teil (BVerfGE 95, 335, 353.). Hingegen bedeutet Wahlgleichheit bei der Verhältniswahl, dass jeder Wähler mit seiner Stimme den gleichen Einfluss auf die Zusammensetzung der Vertretung haben muss (BVerfGE 1, 208, 246 f.; 16, 130, 139; 95, 335, 353).
- Mehrheitswahl und Grundsatz der Chancengleichheit
  Der Grundsatz der Chancengleichheit der Wahlbewerber findet für die Parteien seine Grundlage in Art. 21 Abs. 1 GG und folgt im Übrigen auch aus dem vom Grundgesetz gewollten freien und offenen Prozess der Meinungs- und Willensbildung des Volkes. Es ist prägender Bestandteil der demokratischen Grundordnung und gilt auch für Wahlen und Abstimmungen in den Ländern (BVerfGE 1, 208, 227; 6, 367, 375; 60, 53, 61; 66, 107, 114).
  Die Einführung eines Mehrheitswahlsystems greift in das Recht kleiner Parteien auf Chancengleichheit ein. Denn es begünstigt strukturell ein Zwei-Parteiensystem und mindert damit die Wahlchancen kleinerer Parteien. Wollte der Gesetzgeber ein Mehrheitswahlrecht einführen, müsste er hinreichend konkrete und gewichtige Gesichtspunkte – v.a. der Funktionsfähigkeit der Volksvertretung und der Regierung – anführen, um diesen Eingriff zu rechtfertigen. Denkbar wäre dies etwa dann, wenn eine stabile Regierung auf Dauer nur noch durch Bildung einer „großen Koalition“ sichergestellt werden könnte, die klare Richtungsentscheidungen aufgrund der in ihr gebündelten sehr unterschiedlichen politischen Meinungen dauerhaft nicht mehr treffen kann.

Leidet die Demokratie daran, dass die Wahlbeteiligung bei Bundes-, Landtags- und Kommunalwahlen abnimmt?

Einen ganz einheitlichen Trend über alle Wahlen kann man nicht verzeichnen. Während bei der Bundestagswahl 2009 die Wahlbeteiligung bundesweit den niedrigsten Stand hatte (70,8 %), stieg sie bei der Wahl 2013 wieder auf 71, 5 % (http://www.bundeswahlleiter.de/de/bundestagswahlen/BTW_BUND_13/ergebnisse/bundesergebnisse/index.html) Bei der letzten Europawahl lag sie indes nur bei durchschnittlich 48 % in Deutschland (http://www.bundeswahlleiter.de/de/europawahlen/EU_BUND_14/ergebnisse/bundesergebnisse/index.html). Bei Landtagswahlen und Kommunalwahlen ist sie teilweise noch niedriger. Die Wahlforschung hat keine eindeutigen Antworten auf die Frage, warum die Wahlbeteiligung sinkt bzw. auf niedrigem Niveau stagniert. Als Gründe werden u.a. genannt:

- Eine abnehmende Wahlbeteiligung sei Zeichen einer reifen Demokratie mit einem eher hohen Grad an gesellschaftlichem Konsens. Es fehle am Aktivierungspotential, niedrige Wahlbeteiligungen etwa als ein Ergebnis eines Normalisierungsprozesses gewertet werden.
- Im Rückgang der Wahlbeteiligung könne aber auch ein Signal für vielfältig motivierte politische Unzufriedenheit gesehen werden. Die Zahl der Nichtwähler in unteren Einkommensschichten sei überproportional hoch.
- Viele großen Kontroversen, die die Bevölkerung in früheren Jahren elektrisiert hätten wie Wiederbewaffnung in den 1950er Jahren, die Notstandsgesetzgebung oder die neue Ostpolitik in den 1960er/1970er Jahren, die Nato-Nachrüstung oder Atomausstieg später, gäbe es heute nicht mehr. Kontroverse Themen mobilisierten aber wieder mehr Menschen wählen zu gehen.

Auch Wahlen mit niedrigen Beteiligungen vermitteln den Gewählten demokratische Legitimation. Nicht die Legitimation leidet, allenfalls die Repräsentation, weil die Abgeordneten nicht mehr eine großen teil der Bevölkerung vertreten. Da es keine Wahlpflicht gibt, macht derjenige, der nicht wählt, von seiner Freiheit Gebrauch.

Literaturhinweise:

Güllner, Manfred, Nichtwähler in Deutschland, 2013 (http://library.fes.de/pdf-files/dialog/10076.pdf)

Vehrkamp, Robert, Bundestagswahl 2013 – warum die niedrige Wahlbeteiligung der Demokratie schadet (http://www.bertelsmann-stiftung.de/fileadmin/files/user_upload/EINWURF_2-13.pdf)

Es gibt kein freies Mandat – wie Art. 38 GG es vorsieht. Unsere Abgeordneten sind nur ihrer Partei verpflichtet!

Man unterscheidet zwischen freiem und imperativem Mandat. Beim freien Mandat ist der Abgeordnete in seiner Entscheidungsfindung, in seinen parlamentarischem Verhalten und insbesondere seinen Abstimmungsverhalten frei. Er ist – so formuliert es ja auch Art. 38 Abs. 1 S. 2 GG – an keinerlei Aufträge oder Weisungen gebunden und ist nur seinem Gewissen unterworfen. Beim imperativen Mandat hingegen muss sich der Mandatierte an die Vorgabe halten, die ihm gegeben werden. Art. 38 Abs. 1

Satz 2 GG erteilt dem imperativen Mandat eine Absage. Auch seiner eigenen Partei gegenüber ist der Abgeordnete des Bundestages frei. Eine rechtlich bindende Partei- oder Fraktionsdisziplin ist damit von Verfassungs wegen ausgeschlossen. D.h. natürlich nicht, dass es keine Bindungen gäbe. Mit dem freien Mandat sind auch Pflichten verbunden.

Das Bundesverfassungsgericht hat das in seiner Entscheidung vom 4.7.2007 so ausgedrückt:

„Mit dem repräsentativen Status des Abgeordneten gemäß Art. 38 Abs. 1 GG selbst sind folglich nicht nur Rechte, sondern auch Pflichten verbunden, deren Reichweite durch das Gebot, die Repräsentations- und Funktionsfähigkeit des Parlaments zu wahren, bestimmt und begrenzt wird (vgl. BVerfGE 76, 256, 341 f.). In Übereinstimmung damit verpflichtet § 13 Abs. 2 Satz 1 GO-BT die Mitglieder des Deutschen Bundestages, an dessen Arbeiten teilzunehmen. Das Mandat aus eigenem Entschluss nicht wahrzunehmen, ist mit dem Repräsentationsprinzip unvereinbar (vgl. BVerfGE 56, 396, 405). Die Pflichtenstellung umfasst auch, dass jeder einzelne Abgeordnete in einer Weise und einem Umfang an den parlamentarischen Aufgaben teilnimmt, die deren Erfüllung gewährleistet. Nur der Umstand, dass die Abgeordneten bei pflichtgemäßer Wahrnehmung ihres Mandats auch zeitlich in einem Umfang in Anspruch genommen sind, der es in der Regel unmöglich macht, daneben den Lebensunterhalt anderweitig zu bestreiten, rechtfertigt den Anspruch, dass ihnen ein voller Lebensunterhalt aus Steuermitteln, die die Bürger aufbringen, finanziert wird (vgl. BVerfGE 32, 157, 164)."

Über die Freiheit des Mandats kommt das Bundesverfassungsgericht zu dem Schluss:

„Er entscheidet in freier Eigenverantwortlichkeit über die Form der Wahrnehmung seines Mandats. Auch wenn der Abgeordnete, wie es in BVerfGE 40, 296 (312) heißt, theoretisch die Freiheit hat, seine Aktivitäten im Plenum, in Fraktion und Ausschüssen sowie im Wahlkreis „bis über die Grenze der Vernachlässigung seiner Aufgabe hinaus einzuschränken", er sich dies doch „aus den verschiedensten Gründen in der Praxis nicht leisten" kann, so steht er doch unter dem Gebot, dass die parlamentarische Demokratie einer höchst komplizierten Wirtschafts- und Industriegesellschaft vom Abgeordneten mehr als nur eine ehrenamtliche Nebentätigkeit, vielmehr den ganzen Menschen verlangt, der allenfalls unter günstigen Umständen neben seiner Abgeordnetentätigkeit noch versuchen kann, seinem Beruf nachzugehen (vgl. BVerfGE 40, 296, 313). Die Freiheit des Abgeordneten gewährleistet nicht eine Freiheit von Pflichten, sondern lediglich die Freiheit in der inhaltlichen Wahrnehmung dieser Pflichten. Nicht das „Ob", sondern nur das „Wie" der Repräsentation steht im freien Ermessen des Abgeordneten (so zutreffend H. H. Klein, in: Maunz/Dürig, GG, Art. 48 Rn. 34)."

Die Einbindung der Abgeordneten in ihre Parteien und Fraktionen erkennt das Bundesverfassungsgericht grundsätzlich an:

„cc) Soweit die Antragsteller die Unabhängigkeit der Abgeordneten von den politischen Parteien ins Feld führen, ist daran zu erinnern, dass die politische Einbindung des Abgeordneten in Partei und Fraktion verfassungsrechtlich erlaubt und gewollt ist. Das Grundgesetz weist den Parteien eine besondere Rolle im Prozess der politischen Willensbildung zu (Art. 21 Abs. 1 GG), weil ohne die Formung des politischen Prozesses durch geeignete freie Organisationen eine stabile Demokratie in großen Gemeinschaften nicht gelingen kann (vgl. BVerfGE 102, 224, 239; 112, 118, 135). Das besondere Spannungsverhältnis, das in der Doppelstellung des Abgeordneten als Vertreter des gesamten Volkes und zugleich als Exponenten einer konkreten Parteiorganisation liegt und in Art. 21 und Art. 38 GG erkennbar wird (vgl. BVerfGE 2, 1, 72 f.), darf bei der Bestimmung des verfassungsrechtlichen Leitbildes des Abgeordneten nicht unberücksichtigt bleiben. Die Fraktionen nehmen im parlamentarischen Raum unabdingbare Koordinierungsaufgaben wahr, bündeln die Vielfalt der Meinungen zur politischen Stimme und spitzen Themen auf politische Entscheidbarkeit hin zu. Wenn der einzelne Abgeordnete im Parlament politischen Einfluss von Gewicht ausüben, wenn er gestalten will, bedarf er der abgestimmten Unterstützung (vgl. BVerfGE 102, 224, 239 f.; 112, 118, 135; 114, 121, 150). Eine gewisse Bindekraft der Fraktionen im Verhältnis zum einzelnen Abgeordneten ist daher in einer repräsentativen Demokratie nicht nur zulässig, sondern notwendig (vgl. BVerfGE 10, 4, 14). Andererseits erfordert die Freiheit des Mandats, dass der Abgeordnete seine Gewissensentscheidung im Konfliktfall auch gegen seine Fraktion behaupten kann und diese so genötigt wird, in ihrem internen Willensbildungsprozess seinen Standpunkt ernst zu nehmen. Daher haben Regelungen vor Art. 38 Abs. 1 GG keinen Bestand, die die Abhängigkeit des Abgeordneten von der politischen Gruppe, der er angehört, übermäßig verstärken. Hierher gehört etwa die systematische Ausdehnung von Funktionszulagen (vgl. BVerfGE 102, 224, 240 f.)." (BVerfG, 2 BvE 1/06 vom 4.7.2007, Absatz-Nr. 218, http://www.bverfg.de/entscheidungen/es20070704_2bve000106.html.)

Kann man nicht auf Bundesebene mehr direkte Demokratie verwirklichen?

Auch wenn Art. 20 Abs. 2 GG von Wahlen und Abstimmungen spricht, sieht nur Art. 29 GG eine Volksabstimmung vor. Eine Einführung von Volksbefragung, Volksbegehren und Volksabstimmung auf Bundesebene bedürfte einer Verfassungsänderung.

Erhalten unsere Abgeordneten nicht zu viel Geld?

Nach Art. 48 Abs. 3 GG haben Abgeordnete Anspruch auf eine angemessene, ihre Unabhängigkeit sichernde Entschädigung. Da das Mandat den Abgeordneten in einer Weise in Anspruch nimmt, die normalerweise keine Nebentätigkeit oder weitere Beschäftigung zulässt, muss die Entschädigung den vollen Lebensunterhalt decken. Im Bundestag sollen alle gesellschaftlichen Gruppen vertreten sein. Abgeordnete sollen Fachwissen, berufliches Wissen und Lebenserfahrungen mitbringen. Darum muss die Entschädigung auch so bemessen sein, dass auch Vertreter einkommensstarker Berufe bei einer Wahl in den Bundestag nicht mit zu großen Einkommensverlusten zu rechnen haben. Denn das würde dazu führen, dass sich Menschen aus diesen Bevölkerungsgruppen nicht oder in nur geringer Zahl für eine Wahl zur Verfügung stellen würden. Noch jüngst hat das Bundesverfassungsgericht im Rahmen eines Organstreitverfahrens bestätigt, die Tätigkeit als Abgeordneter sei ein „Fulltime-Job", der letztlich keine in beschränktem Maße andere berufliche Tätigkeiten als Unternehmer oder Freiberufler zulasse. Die Veröffentlichungspflichten, die sich aus dem Abgeordnetengesetz und den Verhaltensregeln des Bundestages ergäben, seien daher verfassungsgemäß, weil sie die erforderliche Transparenz gewährleisteten (BVerfG, 2 BvE 1/06 u.a. vom 4.7.2007, http://www.bverfg.de/entscheidungen/es20070704_2bve000106.html).

Die Entschädigung der Abgeordneten wird ergänzt durch eine Amtsausstattung, die den Aufwand des Abgeordneten, der durch das Mandat entsteht decken soll (etwa Wahlkreisbüro, Mitarbeiter usw.). Die Höhe der Diät orientiert sich an der Besoldung eines Richters an obersten Gerichtshöfen (R 6) und beträgt z. Zt. € 9082/monatlich und ist steuerpflichtig; zum 1. Juli eines jeden Jahres wird sie ggf. angepasst. Zusätzlich erhalten die Abgeordneten eine steuerfreie Kostenpauschale, die derzeit € 4267,06 monatlich beträgt. Sie soll die Aufwendungen der Abgeordneten ersetzen, die ihnen durch die Ausübung des Mandats entstehen (Kosten für Wahlkreisbüros, für Fahrten im Wahlkreis und für die Wahlkreisbetreuung; Zweitwohnung in Berlin; Quelle: http://www.bundestag.de/mdb/mdb_diaeten/1333.html; dort auch Details zur Entschädigung und Versorgung).

Warum bezeichnet man die Presse als „Vierte Gewalt"?

Die Pressefreiheit schützt die Medien und ihre Arbeit. Nicht erst unter dem Grundgesetz haben die Massenmedien einen nachhaltigen Einfluss auf die öffentliche Meinungsbildung erlangt. Eine freie Presse begleitet die Politik kritisch, stellt ihre Vorhaben und Ziele infrage, zeigt Alternativen, weist Missstände nach und deckt Skandale auf. Durch diese Funktionen trägt die Presse zu einer Kontrolle der Staatsgewalten bei. Ihr Gewicht ist aber in manchen Fällen so stark, dass sie eine der Staatsgewalt gleichrangige Macht haben. Eine zu starke Presse- und Medienkonzentration gefährdet die Meinungsvielfalt. Dem wirkt eine vielfältige, plurale Medienlandschaft entgegen.

Warum ist die sog. „Auschwitzlüge" keine Meinungsäußerung und nicht von Art. 5 Abs. 1 GG geschützt?

Das Leugnen des Holocaust wird durch §§ 130, 185, 189 und 194 StGB unter Strafe gestellt (sogenannte Auschwitzlüge). Das Bundesverfassungsgericht hat sich hierzu wie folgt geäußert (BVerfGE 90, 241, 247 f.):

„Gegenstand des grundrechtlichen Schutzes aus Art. 5 Abs. 1 Satz 1 GG sind Meinungen. Auf sie bezieht sich die Freiheit der Äußerung und Verbreitung. Meinungen sind durch die subjektive Beziehung des Einzelnen zum Inhalt seiner Aussage geprägt (vgl. BVerfGE 33, 1, 14). Für sie ist das Element der Stellungnahme und des Dafürhaltens kennzeichnend (vgl. BVerfGE 7, 198, 210; 61, 1, 8). Insofern lassen sie sich auch nicht als wahr oder unwahr erweisen. Sie genießen den Schutz des Grundrechts, ohne dass es darauf ankommt, ob die Äußerung begründet oder grundlos, emotional oder rational ist, als wertvoll oder wertlos, gefährlich oder harmlos eingeschätzt wird (vgl. BVerfGE 33, 1, 14 f.). Der Schutz des Grundrechts erstreckt sich auch auf die Form der Aussage. Eine Meinungsäußerung verliert den grundrechtlichen Schutz nicht dadurch, daß sie scharf oder verletzend formuliert ist (vgl. BVerfGE 54, 129, 136 ff.; 61, 1, 7). In dieser Hinsicht kann die Frage nur sein, ob und inwieweit sich nach Maßgabe von Art. 5 Abs. 2 GG Grenzen der Meinungsfreiheit ergeben.

Tatsachenbehauptungen sind dagegen im strengen Sinn keine Meinungsäußerungen. Im Unterschied zu diesen steht bei ihnen die objektive Beziehung zwischen der Äußerung und der Realität im Vordergrund. Insofern sind sie auch einer Überprüfung auf ihren Wahrheitsgehalt zugänglich. Tatsachenbehauptungen fallen deswegen aber nicht von vornherein aus dem Schutzbereich von Art. 5 Abs. 1 Satz 1 GG heraus. Da sich Meinungen in der Regel auf tatsächliche Annahmen stützen oder zu tatsächlichen Verhältnissen Stellung beziehen, sind sie durch das Grundrecht jedenfalls insoweit geschützt, als sie Voraussetzung für die Bildung von Meinungen sind, welche Art. 5 Abs. 1 GG in seiner Gesamtheit gewährleistet (vgl. BVerfGE 61, 1, 8).

Infolgedessen endet der Schutz von Tatsachenbehauptungen erst dort, wo sie zu der verfassungsrechtlich vorausgesetzten Meinungsbildung nichts beitragen können. Unter diesem Gesichtspunkt ist unrichtige Information kein schützenswertes Gut. Das Bundesverfassungsgericht geht deswegen in ständiger Rechtsprechung davon aus, dass die bewusst oder erwiesen unwahre Tatsachenbehauptung nicht vom Schutz der Meinungsfreiheit umfasst wird (vgl. BVerfGE 54, 208, 219; 61, 1, 8). Allerdings dürfen die Anforderungen an die Wahrheitspflicht nicht so bemessen werden, dass darunter die Funktion der Meinungsfreiheit leidet und auch zulässige Äußerungen aus Furcht vor Sanktionen unterlassen werden (vgl. BVerfGE 54, 208, 219 f.; 61, 1, 8; 85, 1, 22).

Die Abgrenzung von Meinungsäußerungen und Tatsachenbehauptungen kann freilich schwierig sein, weil beide häufig miteinander verbunden werden und erst gemeinsam den Sinn einer Äußerung ausmachen. In diesem Fall ist eine Trennung der tatsächlichen und der wertenden Bestandteile nur zulässig, wenn dadurch der Sinn der Äußerung nicht verfälscht wird. Wo das nicht möglich ist, muss die Äußerung im Interesse eines wirksamen Grundrechtsschutzes insgesamt als Meinungsäußerung angesehen und in den Schutzbereich der Meinungsfreiheit einbezogen werden, weil andernfalls eine wesentliche Verkürzung des Grundrechtsschutzes drohte (vgl. BVerfGE 61, 1, 9; 85, 1, 15 f.).

Zusammenfassend ist festzustellen, dass das Leugnen von (historischen) Tatsachen keine Meinungsäußerung darstellt und die Behauptung unwahrer Tatsachen nicht in den Schutzbereich der Meinungsfreiheit fällt (vgl. zu Fragen der Meinungsfreiheit und den versammlungsrechtlichen Auswirkung eines Verstoßes gegen § 130 StGB BVerfG, 1 BvR 2150/08 vom 4.11.2009, http://www.bverfg.de/entscheidungen/rs20091104_1bvr215008.html = BVerfGE 120,300)

5.5 Texte zur Vertiefung

Bauer, Hartmut, Partizipation durch Petition, DÖV 2014, 453

Bull, Hans Peter, Freiheit und Grenzen des politischen Meinungskampfes, in: Festschrift 50 Jahre BVerfG Bd. II, 2001, S. 163.

Bundestag, „Von der Untertanenbitte zum politischen Bürgerrecht" – Einführung in das Petitionsrecht, *http://www.bundestag.de/bundestag/ausschuesse18/a02/dokumente/petitionsrecht_einfuehrung/260544*

Gerner, Thomas, Das Petitionsrecht nach Artikel 17 des Grundgesetzes – – Eine Analyse der Tragweite des Petitionsrechtes unter Berücksichtigung des zunehmenden Einflusses moderner Kommunikationsmittel, NZS 2012, 847

Grimm, Dieter, Die Meinungsfreiheit in der Rechtsprechung des Bundesverfassungsgerichts, Neue Juristische Wochenschrift 1995, S. 1697.

Höfling, Wolfram/Augsberg, Steffen, Versammlungsfreiheit, Versammlungrechtsprechung und Versammlungsgesetzgebung, Zeitschrift für Gesetzgebung, 2006, S. 151.

Kersten, Jens, Schwarmdemokratie – Veränderungen des Demokratieverständnisses durch Soziale Medien, JuS 2014, 673

Klein, Hans Hugo, Status des Abgeordneten, in: Josef Isensee/Paul Kirchhof (Hrsg.), Handbuch des Staatsrechts der Bundesrepublik Deutschland, Bd. 3, 3. Aufl. 2005, § 51.

Klöpfer, Michael, Öffentliche Meinung, Massenmedien, in: Josef Isensee/Paul Kirchhof (Hrsg.), Handbuch des Staatsrechts der Bundesrepublik Deutschland, Bd. 3, 3. Aufl. 2005, § 42.

Kunig, Philip, Parteien, in: Josef Isensee/Paul Kirchhof (Hrsg.), Handbuch des Staatsrechts der Bundesrepublik Deutschland, Bd. 3, 3. Aufl. 2005, § 40.

Langenfeld, Christine, Das Petitionsrecht, in: Josef Isensee/Paul Kirchhof (Hrsg.), Handbuch des Staatsrechts der Bundesrepublik Deutschland, Bd. 3, 3. Aufl. 2005, § 39.

Leisner, Walter, „Straßendemokratie" – Aufstand oder Widerstand? Hoffnung oder Gefahr?, NVwZ 2015, 31.*Mader, Oliver,* Bürgerinitiative, Petitionsrecht, Beschwerde zum Bürgerbeauftragen – Unionsrechtliche Formen direktdemokratischer Partizipation und ihre gerichtliche Durchsetzbarkeit, EuR 2013, 348

Meyer, H. Demokratische Wahl und Wahlsystem; Wahlgrundsätze, Wahlverfahren, Wahlprüfung, in: Josef Isensee/Paul Kirchhof (Hrsg.), Handbuch des Staatsrechts der Bundesrepublik Deutschland, Bd. 3, 3. Aufl. 2005, § 45 und § 46.

Schmitt Glaeser, Walter, Die grundrechtliche Freiheit des Bürger zur Mitwirkung an der Willensbildung, in: Josef Isensee/Paul Kirchhof (Hrsg.), Handbuch des Staatsrechts der Bundesrepublik Deutschland, Bd. 3, 3. Aufl. 2005, § 38.

Stamm, Katja, Das Bundesverfassungsgericht und die Meinungsfreiheit, Aus Politik und Zeitgeschichte (B 37-38/2001).

6. Kultur: Entfaltung in Religion, Bildung, Kunst und Wissenschaft

6.1 Der Verfassungstext

Art. 4 (1) Die Freiheit des Glaubens, des Gewissens und die Freiheit des religiösen und weltanschaulichen Bekenntnisses sind unverletzlich.
(2) Die ungestörte Religionsausübung wird gewährleistet.
(Zu Art. 4 Abs. 3 vgl. Kap. 7.2.)

Art. 5 ...
(3) Kunst und Wissenschaft, Forschung und Lehre sind frei. Die Freiheit der Lehre entbindet nicht von der Treue zur Verfassung.

Art. 7 (1) Das gesamte Schulwesen steht unter der Aufsicht des Staates.
(2) Die Erziehungsberechtigten haben das Recht, über die Teilnahme des Kindes am Religionsunterricht zu bestimmen.
(3) Der Religionsunterricht ist in den öffentlichen Schulen mit Ausnahme der bekenntnisfreien Schulen ordentliches Lehrfach. Unbeschadet des staatlichen Aufsichtsrechtes wird der Religionsunterricht in Übereinstimmung mit den Grundsätzen der Religionsgemeinschaften erteilt. Kein Lehrer darf gegen seinen Willen verpflichtet werden, Religionsunterricht zu erteilen.
(4) Das Recht zur Errichtung von privaten Schulen wird gewährleistet. Private Schulen als Ersatz für öffentliche Schulen bedürfen der Genehmigung des Staates und unterstehen den Landesgesetzen. Die Genehmigung ist zu erteilen, wenn die privaten Schulen in ihren Lehrzielen und Einrichtungen sowie in der wissenschaftlichen Ausbildung ihrer Lehrkräfte nicht hinter den öffentlichen Schulen zurückstehen und eine Sonderung der Schüler nach den Besitzverhältnissen der Eltern nicht gefördert wird. Die Genehmigung ist zu versagen, wenn die wirtschaftliche und rechtliche Stellung der Lehrkräfte nicht genügend gesichert ist.
(5) Eine private Volksschule ist nur zuzulassen, wenn die Unterrichtsverwaltung ein besonderes pädagogisches Interesse anerkennt oder, auf Antrag von Erziehungsberechtigten, wenn sie als Gemeinschaftsschule, als Bekenntnis- oder Weltanschauungsschule errichtet werden soll und eine öffentliche Volksschule dieser Art in der Gemeinde nicht besteht.
(6) Vorschulen bleiben aufgehoben.

Art. 22 (1) Die Hauptstadt der Bundesrepublik Deutschland ist Berlin. Die Repräsentation des Gesamtstaates in der Hauptstadt ist Aufgabe des Bundes. Das Nähere wird durch Bundesgesetz geregelt.
(2) Die Bundesflagge ist schwarz-rot-gold.

Art. 73 (1) Der Bund hat die ausschließliche Gesetzgebung über:
...
5 a. den Schutz deutschen Kulturgutes gegen Abwanderung ins Ausland;
...

Art. 74 (1) Die konkurrierende Gesetzgebung erstreckt sich auf folgende Gebiete:

...

33. die Hochschulzulassung und die Hochschulabschlüsse

...

Art. 91b (1) Bund und Länder können aufgrund von Vereinbarungen in Fällen überregionaler Bedeutung zusammenwirken bei der Förderung von:
1. Einrichtungen und Vorhaben der wissenschaftlichen Forschung außerhalb von Hochschulen;
2. Vorhaben der Wissenschaft und Forschung an Hochschulen;
3. Forschungsbauten an Hochschulen einschließlich Großgeräten.

Vereinbarungen nach Satz 1 Nr. 2 bedürfen der Zustimmung aller Länder.

(2) Bund und Länder können aufgrund von Vereinbarungen zur Feststellung der Leistungsfähigkeit des Bildungswesens im internationalen Vergleich und bei diesbezüglichen Berichten und Empfehlungen zusammenwirken.

(3) Die Kostentragung wird in der Vereinbarung geregelt.

– ferner auch Art. 140 GG in Verbindung mit 136, 137, 138, 139 und 141 der Deutschen Verfassung vom 11. August 1919 (Weimarer Reichsverfassung – WRV). Die genannten Artikel der WRV sind Bestandteil des Grundgesetzes. Sie betreffen die Religionsfreiheit und die Stellung der Religionsgemeinschaften (der Verfassungstext spricht von Religionsgesellschaften). Sie bilden neben Art. 4 GG die verfassungsrechtliche Grundlage für das Recht im Verhältnis von Staat zu Kirche und umgekehrt, so genanntes Staatskirchenrecht.

Art. 136 WRV

(1) Die bürgerlichen und staatsbürgerlichen Rechte und Pflichten werden durch die Ausübung der Religionsfreiheit weder bedingt noch beschränkt.

(2) Der Genuss bürgerlicher und staatsbürgerlicher Rechte sowie die Zulassung zu öffentlichen Ämtern sind unabhängig von dem religiösen Bekenntnis.

(3) Niemand ist verpflichtet, seine religiöse Überzeugung zu offenbaren. Die Behörden haben nur soweit das Recht, nach der Zugehörigkeit zu einer Religionsgesellschaft zu fragen, als davon Rechte und Pflichten abhängen oder eine gesetzlich angeordnete statistische Erhebung dies erfordert.

(4) Niemand darf zu einer kirchlichen Handlung oder Feierlichkeit oder zur Teilnahme an religiösen Übungen oder zur Benutzung einer religiösen Eidesformel gezwungen werden.

Art. 137 WRV

(1) Es besteht keine Staatskirche.

(2) Die Freiheit der Vereinigung zu Religionsgesellschaften wird gewährleistet.

(3) Jede Religionsgesellschaft ordnet und verwaltet ihre Angelegenheiten selbständig innerhalb der Schranken des für alle geltenden Gesetzes. Sie verleiht ihre Ämter ohne Mitwirkung des Staates oder der bürgerlichen Gemeinde.

...

(7) Den Religionsgesellschaften werden die Vereinigungen gleichgestellt, die sich die gemeinschaftliche Pflege einer Weltanschauung zur Aufgabe machen.

...

Art. 139 WRV

Der Sonntag und die staatlich anerkannten Feiertage bleiben als Tage der Arbeitsruhe und der seelischen Erhebung gesetzlich geschützt.

6.2 Die Leitideen

6.2.1 Schöpferische Entfaltung und das Streben nach Wahrheit

Das Grundgesetz räumt der kulturellen Entfaltung des Menschen einen hohen Stellenwert ein. Wichtige Voraussetzungen dafür haben Sie bereits in anderem Zusammenhang kennen gelernt. So gewährleistet die Meinungs- und Informationsfreiheit aus Art. 5 Abs. 1 GG nicht nur die Teilnahme am politischen Leben, sondern sie stellt zugleich eine wesentliche Voraussetzung für die freie kulturelle Entfaltung des Menschen und für seine Teilnahme am kulturellen Leben nach eigenen Vorstellungen dar. Die Vereinigungsfreiheit des Art. 9 GG sichert – je nach Vereinigungszweck – unter anderem auch die kulturelle Entfaltung der Menschen. Und selbstverständlich umfasst die „Mutter aller Grundrechte", die allgemeine Handlungsfreiheit aus Art. 2 Abs. 1 GG, auch kulturelle Betätigungen.

Allerdings begnügt sich das Grundgesetz nicht mit diesen Freiheitsrechten. Vielmehr formt das Grundgesetz die kulturelle Entfaltung des Menschen vergleichsweise sorgfältig und mit Liebe zum Detail aus. Es räumt ihr damit besondere Wertschätzung und einen hohen Stellenwert ein. So nennt das Grundgesetz ausdrücklich einige speziell auf die kulturelle Entfaltung gemünzte „ *Kulturgrundrechte*". Diese Grundrechte sowie die anderen Kulturkompetenzen der Verfassung betreffen insbesondere Religion, Kunst, Wissenschaft und Forschung sowie Bildung.

Diese Lebensbereiche unterscheiden sich untereinander zwar in ihren Grundausrichtungen, und sie folgen darin jeweils ihren eigenen Regeln. Es gibt aber auch übergreifende Gemeinsamkeiten, die es rechtfertigen, zusammenfassend von den Kultur-Grundrechten zu sprechen. Ihren gemeinsamen Nenner kann man im inneren Bezug des Menschen zum „Schönen, Guten und Wahren" erkennen – und, so müsste man wohl im Hinblick auf die Religion ergänzen, zum Göttlichen. Diese innere Beziehung ist insbesondere bei Religion und Kunst höchstpersönlicher Natur. Dabei geht es um den persönlichen Glauben, um innere Haltungen und Überzeugungen, um das ästhetische Empfinden und um schöpferische Tätigkeiten. Bei der Wissenschaft steht die Suche nach Erkenntnis und Wahrheit und nach dem, was zu wissen der Einzelne für wichtig hält, im Vordergrund.

Auch in einer weiteren Hinsicht zeigt sich die Gemeinsamkeit der „Kulturgrundrechte": Mit juristischen Kategorien sind diese Innenwelten nur schwer zu fassen. Man kann sie nur, mehr oder weniger von außen betrachtet, umschreiben Dies führt manchmal zu begrifflichen Schwerfälligkeiten, und nicht selten wirkt die Sprache der Juristen bei der Umschreibung dieser Innenwelten deswegen etwas hilflos und steif.

Die Kulturgrundrechte und ihr Stellenwert im Verfassungstext lassen Rückschlüsse auf das Menschenbild des Grundgesetzes zu: Die Verfassung sieht den Menschen keineswegs nur ausschnitthaft als mehr oder weniger abstrakte Person mit einer eigenen Würde (was immer das konkret heißt), als politisches Wesen, das an der Staatsgewalt teil hat oder als homo oeconomicus, der arbeitet und am Wirtschaftsleben teilnimmt, sondern in einer sehr viel breiteren Rollenvielfalt, die zahlreiche Lebensbereiche erfasst. Dazu gehört gerade auch die Grundrolle als Kulturwesen.

6.2.2 Der besondere Verfassungsrang

Die Verfassung erweist dem Wertempfinden der Menschen und ihrem Streben nach Wahrheit auf den unterschiedlichen Lebensfeldern dadurch ihren Respekt, dass sie diesem Wertempfinden und Wahrheitsstreben jeweils eigene Grundrechte widmet. Art. 4 GG (Glaubens-, Gewissens- und Bekenntnisfreiheit) und Art. 5 Abs. 3 GG (Kunst- und Wissenschaftsfreiheit) umgeben das Streben des Menschen nach religiöser, nach ästhetischer und nach wissenschaftlicher Wahrheit mit einem hohen rechtlichen Schutzwall. Im Unterschied zu den meisten anderen Grundrechten enthalten diese Grundrechte nämlich *keinen* geschriebenen Gesetzesvorbehalt.

Ein im Verfassungstext geschriebener Gesetzesvorbehalt ist eine Freiheits-Beschränkungsklausel, die eine ausdrückliche verfassungsrechtliche Ermächtigung an den Gesetzgeber enthält, ein Grundrecht einzuschränken: *„In dieses Grundrecht kann durch oder aufgrund eines Gesetzes eingegriffen werden.“* (vgl. Kap. 2.2.6). Die meisten Grundrechte sind mit solch einer Freiheits-Beschränkungsklausel umgeben. Das Fehlen einer entsprechenden Klausel bei den Kultur-Grundrechten ist eine hervorstechende Besonderheit, denn selbst in das so wichtige Grundrecht auf Leben und körperliche Unversehrtheit darf ausdrücklich *„aufgrund eines Gesetzes eingegriffen werden“*, vgl. Art. 2 Abs. 2 Satz 3 GG. Der besondere *Rang* der in den Art. 4 und 5 Abs. 3 GG gewährleisteten Grundfreiheiten zeigt sich darin, dass sie eine solche Einschränkung gerade *nicht* enthalten.

Außerdem gelten sie nicht nur für Deutsche, sondern für alle Menschen im Geltungsbereich des Grundgesetzes.

6.2.3 Grenzen der Freiheit

Dieser besondere Rang der Freiheitsrechte bedeutet allerdings nicht, dass der Gesetzgeber in keinem Fall beispielsweise in das Recht der Religionsfreiheit eingreifen darf. Auch Freiheits-Grundrechte *ohne* geschriebenen Gesetzesvorbehalt haben Grenzen. Die *Anforderungen* an den Gesetzgeber sind in diesem Fall jedoch deutlich strenger als bei anderen Grundrechten mit einem geschriebenen Gesetzesvorbehalt. Es genügt demnach nicht, wenn er für eine entsprechende Freiheitsbeschränkung sachliche Gründe anführen kann, sondern diese Gründe müssen ihrerseits eine *besondere Qualität* haben. Eine Beschränkung der Grundrechte *ohne* ausdrückliche gesetzliche Freiheits-Beschränkungsklausel ist deswegen immer nur dann zulässig, wenn sich die Gründe dafür *aus der Verfassung selbst* ableiten lassen (so genanntes *kollidierendes Verfassungsrecht*) und wenn diese Gründe im Ergebnis *schwerer wiegen* als etwa die Religionsfreiheit. Nur dann, wenn der Gesetzgeber sich auf andere, *selbst mit Verfassungsrang* ausgestattete Rechtsgüter berufen kann und diese Rechtsgüter schwerer wiegen als die Freiheit, ist ein Eingriff in diese Grundfreiheiten zulässig.

VERFASSUNGSGÜTER

Solche anderen Güter mit Verfassungsrang können in erster Linie die *Grundrechte anderer Personen* sein, aber auch *sonstige Verfassungsgüter*. Sonstige Verfassungsgüter sind beispielsweise der Schutz der Tiere (vgl. Art. 20a GG) oder die Funktionsfähigkeit und Einsatzbereitschaft der Streitkräfte (vgl. Art. 87a Abs. 1 GG).

Im Übrigen gilt – wie bei jedem anderen Eingriff in ein Grundrecht auch – der Verfassungsgrundsatz der Verhältnismäßigkeit.

Im Ergebnis bedeutet dies, dass es für den Gesetzgeber deutlich schwieriger ist, das Grundrecht der Kunstfreiheit einzuschränken als beispielsweise die Berufsfreiheit aus Art. 12 GG. Umgekehrt heißt dies für den Bürger auch, dass er in den Lebensbereichen Religion, Kunst und Wissenschaft in der Regel weitergehende Freiheitsspielräume in Anspruch nehmen kann als bei anderen Grundrechten.

BEISPIEL

Der Beruf des Malers ist als Handwerk ein Lehrberuf mit entsprechenden berufsrechtlichen Beschränkungen. Wer diesen Beruf selbständig ausüben möchte, muss dafür gewisse berufsrechtliche Voraussetzungen erfüllen und seinen Meister machen. Als Künstler kann dagegen jeder als Maler tätig sein, ohne dass es dafür irgendwelcher berufsbefähigender oder sonstiger Prüfungen und Nachweise bedarf.

Vergleicht man sämtliche Grundrechte untereinander, so kommt in dieser Grundentscheidung des Verfassungsgebers eine unterschiedliche Wertigkeit der einzelnen Grundfreiheiten zum Ausdruck. Die Kulturgrundrechte genießen eine deutlich hervorgehobene Qualität.

6.2.4 Kulturgrundrechte sind Rechte für jedermann

Um sich auf das Grundrecht der Religionsfreiheit, der Kunstfreiheit oder der Wissenschaftsfreiheit zu berufen, muss man keineswegs ein professioneller Künstler, Wissenschaftler oder Religionsdiener sein. Geschützt wird vielmehr das Verhalten von jedermann, der von religiösen Überzeugungen getragen ist, oder der sich hauptsächlich oder nur gelegentlich als Künstler oder als Wissenschaftler betätigt. Der Hobbykünstler und der Heimatforscher aus Gelegenheit sind damit in gleicher Weise geschützt wie der professionelle Maler oder der berühmte Universitätsprofessor.

Ausschlaggebend ist dabei nur, dass die entsprechenden Überzeugungen und Betätigungen von einer gewissen, im Zweifel auch durch Dritte nachvollziehbaren Ernsthaftigkeit getragen werden. Im Übrigen kommt es auf die konkreten Inhalte nicht an. Der Staat hat sich deswegen auch jedes Werturteils über die „Qualität" von Religion, Kunst und Wissenschaft zu enthalten. Jede Religion, jede Kunst und jede Wissenschaft verdienen den gleichen verfassungsrechtlichen Schutz. Keine Rolle spielt es deswegen, ob ein (Hobby-) Künstler gute oder schlechte Kunst produziert oder ob ein Wissenschaftler wertvolle oder eher überflüssige Erkenntnisse gewinnt. Schlechte Kunst wird durch Art. 5 Abs. 3 GG ebenso geschützt wie seltsame religiöse Überzeugungen durch Art. 4 GG oder nutzlose wissenschaftliche Erkenntnisse durch Art. 5 Abs. 3 GG. Innerhalb dieses Spektrums bestehen große Freiheiten – bis an die Grenze der Grundrechte Dritter oder sonstiger Verfassungsgüter.

6.2.5 Die Freiheit, nein zu sagen

Jede verfassungsrechtlich garantierte Freiheit, etwas zu tun, schließt als Kehrseite die Freiheit ein, etwas zu unterlassen. Ein ursprünglicher Formulierungsvorschlag für die allgemeine Handlungsfreiheit des Art. 2 Abs. 1 GG (vgl. Kap. 4) bringt diesen Zusammenhang klar auf den Punkt. Er lautete: Jeder ist frei und *„darf tun und lassen“* (!), was andere nicht verletzt. Anders formuliert hat die Freiheit immer eine *aktive*, auf das Tun gerichtete, und eine *passive*, auf das Unterlassen gerichtete Seite. Beide Seiten, positive und negative Freiheit, ergeben erst zusammen das volle Bild der persönlichen Freiheit.

Die Bedeutung der „negativen“ Freiheit, verstanden als die Freiheit, etwas nicht zu tun und nicht zu einem bestimmten Tun gezwungen zu werden, wird besonders deutlich bei der Religionsfreiheit. Wo jeder das Recht hat, sich zu einer religiösen Überzeugung oder Weltanschauung seiner Wahl zu bekennen und danach zu leben, hat jeder auch das Recht, *keine* religiösen oder weltanschaulichen Überzeugungen zu haben und dies *für sich selbst* abzulehnen. Dies bedeutet für den Staat, dass er niemanden zu einem bestimmten religiösen Bekenntnis oder zu einer bestimmten Weltanschauung zwingen darf. Auch bei anderen Rechten greift die negative Dimension der Freiheit, etwa das Recht, keine Meinung zu haben oder keinen Beruf zu wählen. Diese negative Dimension kann man deswegen auch als das Recht umschreiben, in Ruhe gelassen zu werden.

KEIN ZWANG ZU WELTANSCHAULICHEN BEKENNTNISSEN

Exemplarisch deutlich wird dies etwa in Art. 136 Abs. 4 WRV, wonach niemand zu einer kirchlichen Handlung gezwungen werden darf, oder an der Eidesformel für den Bundespräsidenten und für die Mitglieder der Bundesregierung, die *wahlweise* mit *oder ohne* religiöse Beteuerung gesprochen werden kann, vgl. Art. 56 GG.

6.2.6 Insbesondere die Religionsfreiheit, Art. 4 GG

Die Freiheit des Glaubens und des Gewissens, die Freiheit des religiösen und weltanschaulichen Bekenntnisses sowie die Gewährleistung der ungestörten Religionsausübung (Art. 4 Abs. 1 und 2 GG) werden zusammenfassend als Religions- und Weltanschauungsfreiheit bezeichnet. Sie betrifft nicht nur die persönlichen Überzeugungen, sondern sie reicht weit in die praktische Lebensführung des Einzelnen und umfasst gleichermaßen Denken, Reden und Handeln. Geschützt wird, dass jeder sein Leben und sein Verhalten umfassend nach seinen religiösen bzw. weltanschaulichen Überzeugungen ausrichten kann, so wie es ihm sein Glaube bzw. seine weltanschaulichen Überzeugungen vorgeben.

Diese Glaubensinhalte können, aber müssen sich nicht mit den großen Religionsgemeinschaften decken. Auch höchstpersönliche Überzeugungen werden geschützt, solange der Einzelne sie nur für sich selbst als verbindlich und verpflichtend erlebt. Wenn jemand beispielsweise eine Bibelpassage für sich persönlich ganz anders versteht als die offiziellen Kirchen dies tun, so wird sein Glaube trotzdem vom Schutz des Art. 4 Abs. 1 GG umfasst.

Daneben werden aber auch naturreligiös oder eher privatreligiös gefärbte Überzeugungen von Art. 4 GG geschützt, und zwar auch dann, wenn andere dies belächeln mögen oder sogar für „falsch" halten. Grundrechte sind nie nur Schutzmechanismus für die Überzeugungen der Mehrheit. Auch absolute Minderheitspositionen werden geschützt. Grundrechtlich gewährleistete Freiheit ist nie nur die Freiheit der Mehreit oder des herrschenden Geistes einer Zeit, sondern immer auch die Freiheit, sich selbst in Gegensatz zur Mehrheit und zum Zeitgeist zu stellen. Dabei kommt es in letzter Konsequenz noch nicht einmal darauf an, dass eine bestimmte Gruppe diesen Glauben teilt. Art. 4 GG schützt den Glauben von großen und bekannten Religionsgemeinschaften und den höchstpersönlichen Privatglauben gleichermaßen.

Geschützt sind auch Entscheidungen, die das Gewissen dem Einzelnen vorgeben. Eine *Gewissensentscheidung* ist eine höchstpersönliche Entscheidung, die sich an ethischen Maßstäben von Gut und Böse orientiert, die der Einzelne für sich als verbindlich erachtet. Hierbei gilt wiederum: Der Staat darf nicht zwischen einer „guten" Ethik und einer „schlechten" Ethik und dementsprechend zwischen einer guten oder einer schlechten Gewissensentscheidung unterscheiden, sondern er ist auch hier zur Neutralität verpflichtet.

Die Religionsfreiheit wird insbesondere durch die Rechte anderer begrenzt. Bei allem Respekt, den die Verfassung dem persönlichen Glauben entgegen bringt, verleiht er keine Ermächtigung zur Beeinträchtigung der Rechtsgüter Dritter. Wer beispielsweise auf Grund seiner Religion glaubt, andere Menschen töten zu müssen, kann sich dafür nicht auf das Grundrecht der Religionsfreiheit berufen. Niemand darf anderen seine religiösen Überzeugungen aufzwingen. Allerdings dürfen Eltern im Rahmen ihres Erziehungsrechts aus Art. 6 Abs. 2 GG ihren Kindern eine religiöse Erziehung zukommen lassen – oder, als Ausfluss ihrer negativen Religionsfreiheit, dies ablehnen und ihre Kinder religionsneutral oder sogar religionsfeindlich erziehen.

6.2.7 Insbesondere die Kunstfreiheit, Art. 5 Abs. 3 GG

Wo die Grenze zwischen Kunst und Nichtkunst aus rechtlicher Sicht exakt verläuft, lässt sich schwer sagen. So viel steht allerdings fest: Kunst darf viel, solange sie nur die Rechte anderer nicht verletzt. Sie darf missfallen, sie darf anstößig sein, sie darf satirisch und boshaft sein, sie darf geschmacklos, politisch unkorrekt und abstoßend sein. Der Staat enthält sich auch hier eines Urteils darüber, was gute und was schlechte

Kunst ist, vielmehr steht alle Kunst gleichermaßen unter dem Schutz der Verfassung. Auch „Minderheitskunst“, die von den allermeisten abgelehnt wird und sich dezidiert gegen die Mehrheitsauffassungen richtet, wird vom Schutz des Grundrechts umfasst.

Besondere Schwierigkeiten bereitet es – auch dem Bundesverfassungsgericht – festzulegen, wann im Einzelfall von Kunst gesprochen werden kann.

„Unabhängig von der vom Bundesverfassungsgericht wiederholt hervorgehobenen Schwierigkeit, den Begriff der Kunst abschließend zu definieren (vgl. BVerfGE 30, 173, 188 f.; 67, 213, 224 ff.), stellt der Roman „Esra“ nach der zutreffenden Auffassung der angegriffenen Entscheidungen ein Kunstwerk dar, nämlich eine freie schöpferische Gestaltung, in der Eindrücke, Erfahrungen und Erlebnisse des Künstlers durch das Medium einer bestimmten Formensprache, hier des Romans, zur Anschauung gebracht werden (vgl. BVerfGE 30, 173, 188 f.; 67, 213, 226; 75, 369, 377). Auch wenn wesentlicher Gegenstand des Rechtsstreits, der zu der vorliegenden Verfassungsbeschwerde geführt hat, das Ausmaß ist, in dem der Autor in seinem Werk existierende Personen schildert, ist jedenfalls der Anspruch des Autors deutlich, diese Wirklichkeit künstlerisch zu gestalten.“

BVerfG, 1 BvR 1783/05 vom 13.6.2007, Absatz-Nr. 59, http://www.bverfg.de/entscheidungen/rs20070613_1bvr178305.html = BVerfGE 119, 1, 20

Unterschieden werden der Werk- und der Wirkbereich eines Kunstwerkes. Während der Werkbereich das künstlerische Schaffen schützt, zielt der Wirkbereich auf das, was ein Kunstwerk bei denjenigen hervorruft, die dem Kunstwerk begegnen. Zum Wirkbereich zählt auch die Verbreitung des Kunstwerkes. Er erfasst damit alle diejenigen (Verlage, Galerien, Händler), die damit befasst sind. Geschützt wird also nicht nur das Erschaffen eines Kunstwerks, sondern auch dessen praktische Verbreitung. Darin spiegelt sich anschaulich die soziale Dimension der Grundrechte, dass sie nicht nur für den Einzelnen in seinem abgeschlossenen Kämmerlein gelten, sondern dass der Einzelne seine Freiheit auch mit anderen teilen kann.

„Dieser „Wirkbereich“ ist der Boden, auf dem die Freiheitsgarantie des Art. 5 Abs. 3 Satz 1 GG bisher vor allem Wirkung entfaltet hat (vgl. BVerfGE 30, 173, 189; 36, 321, 331; 67, 213, 224; 81, 278, 292).“ (BVerfG, 1 BvR 1783/05 vom 13.6.2007, Absatz-Nr. 63, http://www.bverfg.de/entscheidungen/rs20070613_1bvr178305.html) = BVerfGE 119, 1,21.

Auch wenn es natürlich viele Künstler mit politischem Anspruch gibt, wird der Kunstfreiheit von der Verfassung her keine politische Funktion beigemessen.

Das Wesentliche an der Kunst ist die schöpferische Gestaltung, in der sich die Persönlichkeit des Künstlers spiegelt. Ein wichtiges Indiz für das Vorliegen von Kunst liegt darin, dass ein Kunstwerk verschiedene Interpretationen zulässt.

Auch Pornografie, Straßentheater, Satire und Kabarett oder provozierende Aktionen in der Öffentlichkeit können Kunst sein. Kunstfreiheit bedeutet praktisch, dass der Staat nicht auf Methoden, Inhalte und Tendenzen der künstlerischen Tätigkeit einwirken darf. Nicht nur die Verbreitung des Kunstwerks in der Öffentlichkeit, sondern auch dessen Deutung und Interpretation durch den Künstler selbst sind Bestandteile der Kunstfreiheit.

Die Kunstfreiheit stößt insbesondere bei den Persönlichkeitsrechten Dritter an ihre Grenzen. Die gezielte Herabwürdigung von konkreten Personen überschreitet die Grenzen der Kunstfreiheit. Das gilt auch für bereits verstorbene Personen (Vgl. BVerfG 30, 173 – Mephisto; 119, 1 – Esra). Allerdings müssen Persönlichkeiten des öffentlichen Lebens in Kabarett und Satire regelmäßig mehr ertragen als Normalbürger. Eine Person des öffentlichen Lebens muss Spott in künstlerischer Form und Satire ertragen, wobei auch dabei der Grundsatz gilt: Je stärker jemand eine Person des öffentlichen Lebens ist, desto mehr muss er im Zweifel aushalten.

Auch der Jugendschutz genießt Verfassungsrang und kann die Kunstfreiheit im Einzelfall beschränken. Erforderlich ist dabei in jedem Fall eine Abwägung zwischen Kunstfreiheit und Jugendschutz (BVerfGE 83, 130).

6.2.8 Insbesondere die Wissenschaftsfreiheit, Art. 5 Abs. 3 GG

Jedermann hat das Recht, zu forschen und die Ergebnisse seiner Forschung der Öffentlichkeit zu präsentieren. Die freie Wahl des Forschungsgegenstandes, des „leitenden Erkenntnisinteresses" sowie der Forschungsmethoden ist von der Wissenschaftsfreiheit ebenso umfasst wie die Form der Veröffentlichung der Ergebnisse. Die Freiheit der Lehre erfasst dabei einen Teilaspekt der Verbreitung von wissenschaftlichen Erkenntnissen an den Hochschulen. Die akademische Lehre ist nicht zu verwechseln mit dem Unterricht an Schulen, der nicht unter den Schutz des Art. 5 Abs. 3 GG fällt. Der Staat bzw. der Gesetzgeber darf deswegen für den Schulunterricht sowohl die Inhalte als auch die Unterrichtsmethoden vorgeben.

Unter den Wissenschaftsbegriff fallen alle Forschungstätigkeiten, die unter Einsatz von wissenschaftlichen Methoden auf den Gewinn von Erkenntnis gerichtet sind. Ein wissenschaftlicher Scharlatan ist deswegen leichter zu erkennen als ein künstlerischer Scharlatan, da es bei der Kunst letztlich kaum greifbare Kriterien zur Abgrenzung von Kunst und Nichtkunst gibt. Allerdings sind bei der Wissenschaftsfreiheit ähnlich wie bei der Kunstfreiheit auch eher seltsame Methoden und absolute Minderheitsmeinungen geschützt. Wenn bei der Forschung keine verwertbaren Erkenntnisse herauskommen, ist der wissenschaftliche Weg zur Erkenntnisgewinnung dennoch geschützt.

Entscheidend ist auch bei der Wissenschaftsfreiheit die Staatsferne. Die Wissenschaftsfreiheit wird frei von gesellschaftlichen Nützlichkeitserwägungen und von politischen Zweckmäßigkeitswünschen garantiert (BVerfGE 47, 327, 370). Dies bedeutet vor allem, dass der Staat auf den Prozess der wissenschaftlichen Erkenntnisgewinnung keinen Einfluss nehmen darf, und zwar auch dann nicht, wenn diese Wissenschaft an einer staatlichen Universität betrieben und mit staatlichen Steuergeldern finanziert wird. Dieses Verbot gilt für den einzelnen Wissenschaftler an einer Universität, aber auch für Forscher in der Industrie oder als Privatmann gleichermaßen. Allerdings enthält die Freiheit von Forschung und Lehre kein Verbot der Bewertung der wissenschaftlichen Qualität oder ein Verbot, an entsprechende Bewertungen positive oder negative Folgen bei der Vergabe von Steuergeldern zu knüpfen (vgl. BVerfGE 111, 333 (359)). Die Bewertung von Forschungsleistungen darf allerdings ihrerseits nicht willkürlich sein, sondern muss selbst wissenschaftlichen Maßstäben entsprechen. Einer Bewertung seiner eigenen Forschungsleistungen durch wissenschaftliche Gremien kann sich deswegen niemand unter Berufung auf seine Forschungsfreiheit entziehen. Was für alle Grundrechte gilt, gilt auch für die Forschungsfreiheit: Das Grundrecht immunisiert nicht gegen Kritik. Jeder, der seine Freiheit so oder so gebraucht, muss es sich gefallen lassen, dass anderen dies missfällt.

In organisatorischer Hinsicht sichert die Wissenschaftsfreiheit den Universitäten und dort insbesondere den Professoren als Gruppe gewisse Mehrheitsrechte, wenn es im Rahmen der universitären Selbstverwaltung um die Inhalte von Forschung und Lehre geht.

Die Forschungsfreiheit stößt wiederum dort an ihre Grenzen, wo die Rechte Dritter beginnen bzw. wo ihr andere Verfassungsgüter im Wege stehen.

Die Freiheit der Lehre steht zusätzlich unter dem Vorbehalt der Treue zur Verfassung. Diese Treuepflicht bezieht sich auf die freiheitliche demokratische Grundordnung. Dies sind im Wesentlichen die Grundrechte und die tragenden Verfassungsprinzipien, insbesondere Rechtsstaat und parlamentarische Demokratie. Wissenschaftliche Kritik und begründete andere Meinungen werden dadurch aber nicht ausgeschlossen, wohl aber Agitation und Propaganda unter dem Deckmantel der Wissenschaftsfreiheit.

6.2.9 Insbesondere das Schulwesen, Art. 7 GG

Beim Schulwesen treffen das Erziehungsrecht der Eltern (vgl. Art. 6 Abs. 2, Art. 7 Abs. 2 GG) und damit auch ihre weltanschaulichen bzw. religiösen Grundüberzeugungen einerseits und der Erziehungsauftrag des Staates (Art. 7 Abs. 1 GG) andererseits aufeinander. Beide Rechtspositionen müssen miteinander zum Ausgleich gebracht werden. Die Verfassung nimmt diesen Ausgleich vereinfacht gesagt in der Weise vor, dass der *Staat über die Bildungsinhalte* und die *Eltern über die Schule* entscheiden können. Die konkrete Ausgestaltung des Schulwesens liegt im Übrigen weitgehend in der Kompetenz der Länder und nicht in der des Bundes (vgl. Kap. 9).

Kinder haben das Recht, aber auch die Pflicht zum Schulbesuch. Grundsätzlich ist es Sache der Eltern zu entscheiden, welche von mehreren in Betracht kommenden Schulen ihr Kind besuchen soll. Art. 7 enthält keine Festlegung der Schulformen. Bekenntnis- (Konfessions-) Schulen, bekenntnisfreie Schulen und Gemeinschaftsschulen sind gleichermaßen zulässig. Art. 7 Abs. 4 GG garantiert auch das Recht, Privatschulen zu errichten. Die Verfassung will kein staatliches Schulmonopol, sondern sie garantiert damit einen gewissen Pluralismus beim Schulangebot. Neben den staatlichen Schulen gibt es zahlreiche kirchliche Schulen, aber auch Schulen freier Träger wie beispielsweise die Waldorfschulen. Allerdings gibt es kein Recht der Eltern darauf, dass vor Ort ein bestimmter Schultyp auch tatsächlich angeboten wird.

Das Wahlrecht der Eltern darf der Staat nicht mehr als nötig einschränken. Die Verfassung sieht dabei ausdrücklich vor, dass eine Sonderung der Schüler nach den

Besitzverhältnissen der Eltern verboten ist. Der Staat muss deswegen auch private Schulen finanziell unterstützen, denn ein kostendeckendes Schulgeld könnte nur von vermögenden Eltern bezahlt werden (vgl. BVerfGE 90, 128). Die staatliche finanzielle Unterstützung von Privatschulen fällt je nach Bundesland etwas unterschiedlich aus und liegt im Durchschnitt etwa bei 84 Prozent (Statistisches Bundesamt für 2009). Den Rest müssen Privatschulen auf andere Weise erwirtschaften, etwa durch Spenden, durch ein schlechteres Gehaltsgefüge der Mitarbeiter oder durch Schulgeld.

Sache des Staates ist es dagegen, die Schulen – einschließlich der Privatschulen – zu beaufsichtigen und den Unterrichtsstoff und die Lehrmethoden festzulegen, z.B. auch die Einführung eines Sexualkundeunterrichts. Dabei gilt vor allem das Gebot der Toleranz und des Respekts gegenüber dem Nächsten. Für Eltern und Kinder sind diese Bildungsinhalte verpflichtend. Eine Abmeldung vom Unterricht, weil die Inhalte beispielsweise nicht mit den religiösen Grundüberzeugungen einer Familie übereinstimmen, ist grundsätzlich nicht möglich. Insoweit geht der staatliche Erziehungsauftrag in der Regel vor. Nur in absoluten Grenzfällen, wenn eine Schülerin oder ein Schüler in einen schweren Gewissenskonflikt gestürzt wird, kann eine Abmeldung bei einzelnen Fächern unter Umständen ausnahmsweise in Betracht kommen.

Der Erziehungsauftrag des Staates tritt nur beim Religionsunterricht in den Hintergrund. Der konfessionsgebundene Religionsunterricht ist zwar grundsätzlich ordentliches Lehrfach, das vom Staat bezahlt *und beaufsichtigt* wird (Ausnahme: Bremen, Berlin, vgl. Art. 141 GG; für die neuen Länder ist der rechtliche Status des Religionsunterrichts als ordentliches Lehrfach umstritten). Die Eltern und Kinder haben einen Anspruch auf Erteilung des Religionsunterrichts. Dabei haben allerdings die Religionsgemeinschaften das Recht, über die Inhalte des Unterrichts und darüber zu entscheiden, ob auch konfessionsfremde Kinder daran teilnehmen dürfen. Allerdings beaufsichtigt der Staat den Religionsunterricht im Hinblick darauf, dass er sich nicht in Widerspruch zu grundlegenden Verfassungswerten setzt.

Obwohl der Religionsunterricht ordentliches Lehrfach ist, können die Erziehungsberechtigten über die Teilnahme ihrer Kinder am Religionsunterricht selbst entscheiden und diese ggf. abmelden. Ab dem 14. Lebensjahr können Kinder sich selbständig vom Religionsunterricht abmelden, ohne dass es einer Zustimmung ihrer Eltern bedarf. Dieses Recht gilt allerdings nicht für wertneutrale Fächer wie beispielsweise den Ethikunterricht, der in einigen Ländern Pflichtfach bei Nichtteilnahme am Religionsunterricht ist.

Außerhalb des Religionsunterrichts darf niemand zur Teilnahme am Schulgebet gezwungen und bei Nichtteilnahme auch nicht in eine Außenseiterposition gedrängt werden (BVerfGE 52, 223, 245). Wer von seiner negativen Religionsfreiheit Gebrauch macht und mit Religion nichts zu tun haben möchte, darf deswegen keine Nachteile erleiden.

6.2.10 Der Kulturstaat

Der Staat des Grundgesetzes versteht sich als ein Kulturstaat. Dies bedeutet, dass er nicht im weltanschaulichen Nirgendwo begründet ist, sondern auf einer bestimmten

Kultur *bewusst aufbaut.* Dazu zählen nicht nur „Land und Leute", sondern ebenso geistige, z.B. auch religiöse Wurzeln sowie insbesondere das in der Verfassung niedergelegte Grundverständnis über die Grund- und Menschenrechte.

Kulturstaat bedeutet weiter, dass er ein der Kultur des Landes verpflichteter Staat ist. Zwar enthält das Grundgesetz keine ausdrückliches „Staatsziel Kulturstaat" (vgl. Kap. 12). Dennoch fördert und pflegt der Staat des Grundgesetzes die freie und pluralistische Kultur seiner Bürger in vielfältiger Weise. Die Kulturhoheit im engeren Sinne liegt im Grundgesetz allerdings bei den Ländern (vgl. Kap. 9). Das Grundgesetz enthält deswegen abgesehen von den Kultur-Grundrechten nur wenige Bestimmungen.

Diese werden im Verfassungstext nur punktuell sichtbar. Zu nennen sind einige Gesetzgebungskompetenzen wie der Schutz vor Abwanderung deutschen Kulturguts und die Frage der Hochschulzulassung und der Hochschulabschlüsse, ferner die Möglichkeit der finanziellen Förderung von Wissenschaft und Forschung durch den Bund, den Schutz der Sonn- und Feiertage und die Bestimmungen für das Staatskirchenrecht. Auch die Aufgabe des Bundes zur Repräsentation des Gesamtstaates in der Hauptstadt gehört in den kulturstaatlichen Zusammenhang des Grundgesetzes.

Auch die Möglichkeiten der gemeinsamen Förderung von Wissenschaft und Forschung durch Bund und Länder, vgl. etwa Art. 91b GG, kann man in einem weiteren Sinne als kulturstaatliche Aktivität begreifen.

6.2.11 Die besondere Stellung der Kirchen

Die kulturstaatliche Zielsetzung des Grundgesetzes wird auch deutlich an der besonderen Stellung, die es den Kirchen und den sonstigen Religionsgemeinschaften einräumt. Gesetzgebungstechnisch geschieht dies durch eine Verweisung in Art. 140 GG auf die so genannten Kirchenartikel der Weimarer Reichsverfassung (WRV) vom 31. Juli 1919. Die in Art. 140 GG aufgeführten Artikel der WRV werden dadurch zum Bestandteil des Grundgesetzes. Diese Artikel gelten in vollem Umfang und in gleicher Weise wie die anderen Artikel des Grundgesetzes.

Erfasst die Religionsfreiheit in Art. 4 GG die *individuelle* Seite der Freiheitsentfaltung, so geht es in den Kirchenartikeln insbesondere um die *gemeinschaftliche* Ausübung von Freiheit und um die *organisatorischen* Voraussetzungen dafür. Dies gilt nicht nur innerhalb der Kirchen und Religionsgemeinschaften, sondern auch nach außen für das Wirken der Religionsgemeinschaften in der Welt. Das vielfältige karitative Engagement der Kirchen wird dadurch zusätzlich zu der in Art. 4 GG gewährleisteten Religionsfreiheit verfassungsrechtlich abgesichert, z.B. auch kirchliche Sammelaktionen zu wohltätigen Zwecken.

Art. 137 Abs. 2 WRV bringt dies so zum Ausdruck: „*Die Freiheit der Vereinigung zu Religionsgesellschaften wird gewährleistet.*" Diese Gewähr wie auch die anderen Bestimmungen der Kirchenartikel gelten allerdings nicht nur für die christlichen Kirchen, sondern für alle, auch für neuartige Religionsgemeinschaften. Dies ergibt sich zwangsläufig aus der Pflicht des Staates zur Neutralität. Der Staat darf keine Religionsgemeinschaft privilegieren, sondern er muss alle Religionsgemeinschaften gleich behandeln. Gewährt er beispielsweise den Kirchen bestimmte Rechte, muss er diese

Rechte auch anderen Religionsgemeinschaften anbieten – wenn diese es wünschen. Zwingen kann er sie dazu nicht.

In die inneren Angelegenheiten der Religionsgemeinschaften darf der Staat sich nicht einmischen. Die Zugangsmöglichkeit der Religionsgemeinschaften zu ihren Mitgliedern, auch im „inneren" staatlichen Bereich (Krankenhäuser, Strafanstalten, Streitkräfte), wird ausdrücklich gewährleistet.

Den Religions- und Weltanschauungsgemeinschaften kann unter bestimmten Voraussetzungen auch ein besonderer Rechtsstatus (Körperschaft des öffentlichen Rechts) verliehen werden. Damit einher gehen kann ein eigenes Steuererhebungs- und ein eigenes, den Besonderheiten der Religionsgemeinschaft angepasstes Arbeitsrecht.

Allerdings darf der Staat trotz der grundsätzlichen Trennung von Staat und Kirche, vgl. Art. 137 Abs. 1 WRV, die Religionsgemeinschaften finanziell unterstützen und fördern. Insbesondere verbietet es das Trennungsgebot dem Staat nicht, den Religionsgemeinschaften, traditionell vor allem den großen christlichen Konfessionen, öffentliche Wirkungsmöglichkeiten einzuräumen und diese zu erleichtern. Es ist dem Staat nicht verwehrt, die religiösen Orientierungen und die inneren Bindungen seiner Bürgerinnen und Bürger an bestimmte Werte auf diese mittelbare Weise zu fördern. Auch dabei ist er wiederum zur Neutralität verpflichtet. Praktisch bedeutet dies, dass er an den Gleichheitssatz gebunden ist, d.h. er muss seine Förderungsmaßnahmen prinzipiell allen Religionsgemeinschaften, die das wollen, in gleicher Weise zugute kommen lassen.

6.3 Die Verfassungswirklichkeit

Als Kulturstaat fördert der Staat in vielfältiger Weise kulturstaatliche Zwecke. Im Rahmen seiner beschränkten Kompetenzen unternimmt dies auch der Bund, beispielsweise bei einigen Museen, wenngleich der Schwerpunkt hier eindeutig bei den Ländern liegt. Viele Rechtsmaterien befassen sich mit dem Kulturschutz und der Erhaltung unseres kulturellen Erbes, so zum Beispiel der Denkmalschutz.

Herausforderungen für die Gesellschaft als Ganze bestehen heute insbesondere im Bereich der Religions- und der Weltanschauungsfreiheit. Von seinen Ursprüngen her ist das Grundgesetz einschließlich seiner Regelungen aus der Weimarer Reichsverfassung noch ganz auf eine stark durch die christlichen Kirchen geprägte Gesellschaft zugeschnitten. Heute wird die Entwicklung dagegen durch einen Rückgang der in der Gesellschaft lange Zeit mehr oder weniger selbstverständlichen Vorrangstellung der christlichen Kirchen geprägt.

Zum einen nimmt die Zahl der Menschen zu, die überhaupt keiner Kirche und keiner Religion mehr angehören. Zum anderen nimmt aber auch die Zahl der Angehörigen anderer Religionsgemeinschaften zu. Dies gilt insbesondere für Muslime. Sichtbar wird dies an der zunehmenden Zahl der Moscheen, die in vielen Städten zum Stadtbild gehören. Daneben treten neue, fremde Religionen und Sekten auf, die der Gesellschaft der Bundesrepublik Deutschland teilweise konflikt- und kollisionsträchtig begegnen. Auch die vielfältigen privatreligiösen Überzeugungen werden bunter.

Was dies für die Gesellschaft der Bürgerinnen und Bürger als Ganzes bedeutet, ist derzeit nur schwer absehbar. So viel wird allerdings bereits deutlich: In einer weltanschaulich bunteren Gesellschaft wird es immer schwieriger, einen gesellschaftlichen Konsens in grundlegenden Wertfragen und bei wichtigen Fragen des Zusammenlebens zu finden.

Tatsächlich fördern tiefe religiöse Überzeugungen nicht immer den gesellschaftlichen Grundkonsens und den gesellschaftlichen Frieden. So werden beispielsweise Sexualmoral, Homosexualität und Abtreibung innerhalb der Gesellschaft sehr unterschiedlich bewertet. Auch sonst birgt die Religionsfreiheit im praktischen Leben durchaus Konfliktpotenzial, beispielsweise bei der Frage religiöser Symbole im öffentlichen Raum (Läuten der Kirchenglocken und Ruf des Muezzin; Kleidungsstücke als Ausdruck eines religiösen Bekenntnisses). Gerade dort, wo die religiös und weltanschaulich geprägten Grundüberzeugungen weit auseinanderklaffen und religiöse Lebensformen, die früher mehr oder weniger unhinterfragt gelebt wurden, in der Breite der Bevölkerung nicht mehr als selbstverständlich wahrgenommen werden, kommt dem staatlichen Recht die Aufgabe zu, eine verbindliche Handlungsgrundlage und einen Orientierungsrahmen für alle zu schaffen. Auch in anderer Hinsicht können religiöse Überzeugungen den gesellschaftlichen Grundkonsens infrage stellen. Nicht alle sind bereit, einerseits die Grenzen ihrer Freiheit und andererseits die Zumutungen der erlaubten Freiheitsausübung durch Dritte zu akzeptieren. Wahr ist leider auch, dass Religion mitunter ausgesprochen menschenfeindlich bis tödlich sein kann. *„Es gibt ein inhumanes Potenzial in der Religion, die Tendenz, sich um eines Größeren und Anderen willen über die Gebote der Menschlichkeit hinwegzusetzen.“*[1] Das Kraftpotenzial jeder Religion liegt letztlich in der besonderen Spannungslage zwischen der greifbaren *irdischen* Welt mit ihren Spielregeln einerseits und der tiefen *religiösen Gewissheit*, die sich auch *gegen* diese wirkliche Welt richten kann, andererseits. Vor allem aber ist der Wahrheitsanspruch des Religiösen potenziell *radikal*. Je radikaler der Anspruch der Religion, desto stärker hat sich die ganze wirkliche Welt allem Religiösen unterzuordnen.

Besonders scharf wird dieser Gegensatz, wenn es eine legitime Trennung des Weltlichen und des Religiösen aus der Binnensicht der Religion nicht gibt bzw. gar nicht geben *kann*. Dann kann es auch keine Trennung von Staat und Religion – und erst recht nicht von bürgerlicher bzw. freiheitlicher Gesellschaft und Religion geben. Ein eigener, legitimer weltlicher Freiheitsraum *neben* der Religion existiert aus einer solchen Binnensicht nicht. Der Staat ist aus dieser Perspektive überhaupt nur als *totalitärer* Gottesstaat *denkbar*. Wo weltliche Freiheit aber von vornherein gedanklich ausgeschlossen ist, weil es eine Welt mit eigenen Entfaltungsräumen *neben* dem – und je nach freiem Entschluss auch *gegen* das – göttliche Gebot schlechterdings nicht geben darf, ist es nur ein kleiner Schritt zur Bejahung von Gewalt im Namen der Religion.

Demgegenüber geht das Grundgesetz von der Trennung der weltlichen Rechtsordnung und der Welt des Religiösen aus. Freiheit kann anstrengend sein, und die Verfassung der Freiheit des Grundgesetzes verlangt auch, die Freiheitsausübungen anderer in gewissem Umfang auszuhalten. Auch die negative Freiheitsdimension gilt nicht ab-

1 *Jan Roß*, Die Verteidigung des Menschen. Warum Gott gebraucht wird, Berlin 2012, S. 55.

solut. Sie reicht keinesfalls so weit, vor allen als belästigend empfundenen Freiheitsentfaltungen anderer Menschen in Ruhe gelassen zu werden. Insoweit gilt nichts anderes als für die positive Religionsfreiheit: Beide Freiheitsdimensionen müssen im Staat des Grundgesetzes zum Ausgleich gebracht werden.

So werden religiöse Überzeugungen mitunter eingesetzt, um grundrechtlich geschützt Freiheiten anderer Bürger zurückzudrängen, zum Beispiel die Satirefreiheit. Erinnert sei in diesem Zusammenhang nur an den sogenannten Karikaturenstreit (satirische Darstellungen des Propheten). In den Schulen ist zu beobachten, dass einige Bürger unter Berufung auf die Religions- und Weltanschauungsfreiheit bestimmte, ihnen missliebige Lehrinhalte zurückdrängen wollen.

Die Rücksichtnahme auf besondere religiöse oder weltanschauliche Befindlichkeiten stellt zweifellos ein hohes Gut dar. Problematisch kann diese Rücksichtnahme allerdings dann werden, wenn grundlegende verfassungsrechtliche Freiheitsrechte aus falsch verstandener Rücksicht infrage gestellt und letztlich nicht mehr wahrgenommen werden.

In Zukunft wird es entscheidend darauf ankommen, dass alle Bürgerinnen und Bürger erkennen, wo ihre grundrechtliche Freiheit endet, nämlich da, wo die Freiheit der anderen Bürger anfängt. Diese Grenzziehung kann im Einzelfall schwierig sein und verlangt vom Einzelnen vielleicht viel Toleranz, und sie wird gerade dann nie völlig konfliktfrei ablaufen, wenn tiefsitzende persönliche Überzeugungen ins Spiel kommen. Aber das Freiheitskonzept des Grundgesetzes verlangt allen Bürgerinnen und Bürgern ab, dass sie die Zumutung der *erlaubten* Freiheitsausübung der anderen ertragen müssen, zum Beispiel auch als verletzend empfundene Karikaturen. Niemand hat das Recht, die eigenen religiösen Gebote – beispielsweise ein Bilderverbot – für andere verbindlich zu machen. Dabei sind gerade die Kulturgrundrechte in besonderer Weise auf eine Kultur der wechselseitigen Toleranz angewiesen. Nur so kann die Gesellschaft der Bürgerinnen und Bürger die weltanschaulichen Unterschiede ertragen, die es in einer Gesellschaft mit unterschiedlichen Traditionen, Milieus, Herkünften, Religionen und Grundwerten zwangsläufig gibt (vgl. dazu grundsätzlich Kap. 1.7).

GRUNDGESETZ UND „PARALLELGESELLSCHAFTEN"

Dieser gedankliche Grundansatz erhellt insbesondere auch die *Reichweite des staatlichen Erziehungsauftrag an den Schulen.* Zum Erziehungsauftrag des Staates gehört es gerade auch zu verhindern, dass sich in der Gesellschaft so genannte Parallelgesellschaften bilden. Jeder mag seine persönlichen Überzeugungen pflegen. Als *Staatsbürger* ist er gleichwohl auf gewisse unverzichtbare Grundregeln des Miteinanders in der Gesellschaft wie Friedlichkeit, Toleranz oder Achtung und Respekt vor dem anderen festgelegt. Für Parallelgesellschaften, die diese Werte als *staatsbürgerliche* Orientierungswerte ablehnen, ist insoweit kein Raum. Diesen Erziehungsauftrag darf der Staat sich nicht aus der Hand nehmen lassen. Auch bei Privatschulen hat er darüber zu wachen, dass diese Grundregeln des Miteinanders in der Gesellschaft eingehalten und vermittelt werden.

6.4 Praktische Bedeutung für die Bürger

Auch wenn nicht jeder religiös, Künstler oder Wissenschaftler ist, gilt: Die Grundrechte in den Bereichen Religion, Kunst, Wissenschaft und Bildung betreffen die Bürger in hohem Maße. Gemeinsam mit der Meinungs- und Informationsfreiheit sowie den kulturstaatlichen Bestimmungen runden sie die kulturellen Entfaltungsmöglichkeiten der Bürger ab. Dies gilt nicht nur aktiv, sondern natürlich auch passiv: Jeder hat auch das Recht, sich *nicht* für Religion, Kunst oder Wissenschaft zu interessieren

Geschützt werden gerade auch vom Empfinden der Mehrheit abweichende Überzeugungen. So kommt die Religionsfreiheit auch denjenigen Menschen zugute, die einer religiösen oder weltanschaulichen Minderheit angehören und die beispielsweise besonders rigorose moralische Maßstäbe für richtig halten.

Die Grenze zu einem möglichen Missbrauch der Religionsfreiheit ist dabei fließend und nicht immer einfach zu ziehen. Von außen betrachtet ist es mitunter sehr schwer zu erkennen, ob jemand von tiefer Gewissensnot geplagt oder doch nur von gut getarnten persönlichen Nützlichkeitserwägungen geleitet wird. Manche vorgebliche Gewissensentscheidung mag ganz anderen Motiven entspringen. Das Problem dabei ist zumeist: Das Gewissen ist eine Art „black box". Die Möglichkeiten der Gewissenserforschung sind stark eingeschränkt, und von außen betrachtet sieht man einer solchen Entscheidung ihre Ernsthaftigkeit nicht an. Gleichgültig ist dabei auch, wie die inneren Gewissensüberzeugungen zustande gekommen sind und welchen unter Umständen obskuren Inhalt sie haben.

Aus Respekt vor der religiösen und weltanschaulichen Grundbefähigung des Menschen nimmt das Grundgesetz diese Risiken durchaus in Kauf. Es gilt deswegen der Grundsatz: Im Zweifel für die Freiheit. Nur dann, wenn der Missbrauch offensichtlich ist, entfällt der Schutz des Art. 4 GG. Wenn zum Beispiel ein reines Wirtschaftsunternehmen mit einer aggressiven Expansionsstrategie für „weltliche" Produkte sich als Religionsgemeinschaft tarnt, wird dies vom Schutz der Religionsfreiheit nicht mehr umfasst.

Im Übrigen genießt die Religionsfreiheit starken Schutz. Deutlich wird dies am hohen Rang, den die Gewissensfreiheit genießt. Dies zeigt sich unter anderem auch daran, dass sie ohne Einschränkung für jedermann gilt. Sie gilt gerade auch für Personen mit sehr feinen bzw. strengen Maßstäben für Gut und Böse. Das Gewissen als der Ort, wo das Absolute zu uns spricht, ist bei den Menschen sehr unterschiedlich ausgeprägt. Auch darauf nimmt das Grundgesetz Rücksicht, indem es nicht etwa nur das „Durchschnittsgewissen" eines moralisch empfindenden Menschen unter seinen Schutz stellt, sondern das Gewissen jedes Einzelnen.

Auch Staatsdiener genießen den Schutz der Gewissensfreiheit. So verdient die Gewissensentscheidung eines Soldaten, einen bestimmten Befehl nicht auszuführen, grundsätzlich den gleichen Schutz wie die Gewissensentscheidung jedes anderen Bürgers.

Schließlich sichert die verfassungsrechtliche Stellung der Kirchen und Religionsgemeinschaften wichtige kollektive Voraussetzungen für die individuelle Freiheitsausübung. Innerhalb der Kirchen bzw. der anderen Religionsgemeinschaften kann der Einzelne seine Freiheit leichter leben als alleine auf sich selbst gestellt. Die Gemeinschaftsdimension der Freiheitsausübung wird gerade bei den Kirchenartikeln besonders anschaulich.

Diese Grundüberlegungen gelten allerdings nicht nur für die Religionsfreiheit, sondern entsprechend auch für Kunst und Wissenschaft. Die Kunstfreiheit ist missbrauchsanfällig, gerade weil es keine klaren Kriterien dafür gibt, wo Kunst endet und in Scharlatanerie, Unfug oder einfach nur Spaß übergeht. In einer bunten Gesellschaft existiert immer weniger ein eindeutiger Konsens darüber, was Kunst ist und was nicht. Der Staat enthält sich insoweit eines eigenen Urteils und stellt im Zweifelsfall hilfsweise auf die „maßgeblichen Kreise" ab. Vereinfacht gesagt bedeutet dies: *Kunst ist, was Künstler für Kunst halten.*

Auch wenn die Wissenschaftlichkeit der Wissenschaft eher der Nachprüfbarkeit von außen unterliegt als die Kunst, gilt im Zweifelsfall hier letztlich auch nichts anderes: *Wissenschaft ist, was Wissenschaftler für Wissenschaft halten.* Auch die Wissenschaft darf allerdings nicht alles, was sie theoretisch könnte. Schranken werden hier insbesondere durch die Menschenwürde und neuerdings etwa auch durch die verfassungsrechtlich anerkannten Rechte der Tiere (vgl. Art. 20a GG, dazu Kap. 11) gezogen.

Im Ergebnis kann man damit festhalten, dass die kulturelle Entfaltung der Bürgerinnen und Bürger unter dem Grundgesetz einen besonders hohen Rang genießt. Dies fügt sich harmonisch in die oben in ähnlicher Weise für die gesellschaftliche Entfaltung des Menschen in Vereinigung mit anderen (vgl. Art. 9 Abs. GG, Kap. 4.1.3 und 4.4) getroffene Wertung ein, der das Grundgesetz ebenfalls einen hohen Stellenwert einräumt. Anders herum betrachtet schützt das Grundgesetz die Freiheit der Bürgerinnen und Bürger bei ihrer gesellschaftlichen und noch stärker bei ihrer kulturellen Freiheit deutlich intensiver als bei ihrer wirtschaftlichen und beruflichen Entfaltung im Arbeitsleben.

6.5 Häufig gestellte Fragen

Bei der traditionellen Methode des Schächtens werden Tiere ohne Betäubung geschlachtet. Müsste man das Schächten im Hinblick auf den Verfassungsrang des Tierschutzes nicht verbieten?

Grundsätzlich ist das Schächten verboten. Die Berufsausübung eines Metzgers, die aus Art. 12 Abs. 1 GG geschützt ist, wird dadurch beschränkt. Ein warmblütiges Tier darf er nur töten, wenn es vor Beginn des Blutentzuges betäubt worden ist (vgl. § 4a Tierschutzgesetz). Darin findet die Grundwertung des verfassungsrechtlichen Tierschutzes in Art. 20a GG ihren konkreten Ausdruck.

Es gibt allerdings Fälle, in denen das Verbot des Schächtens mit religiösen Grundüberzeugungen kollidieren kann. Dies gilt allerdings streng genommen nur dann, wenn Religionsgemeinschaften ihren Mitgliedern *verbindlich* vorschreiben, dass sie *nur solche* Tiere *verzehren* dürfen, die im Wege des traditionellen Schächtens geschlachtet worden sind.

Diesem Konflikt zwischen der Religionsfreiheit aus Art. 4 GG einerseits und dem Tierschutz andererseits trägt das Tierschutzgesetz in der Weise Rechnung, dass die

Behörden bei Angehörigen solcher Religionsgemeinschaften eine Ausnahmegenehmigung erteilen dürfen bzw. müssen. Das Schächten ist dann erlaubt. Der Gesetzgeber hat der Religionsfreiheit in diesem Fall den Vorrang eingeräumt. Diese Entscheidung des Gesetzgebers ist verfassungsrechtlich nicht zu beanstanden (vgl. BVerfGE 104, 337).

Ist es zulässig, junge Mädchen zu beschneiden, wenn die eigene Religion dies gebietet?

Nein. Die Religionsfreiheit stößt hier an die eindeutigen Grenzen des Rechtes Dritter, in diesem Fall des betroffenen Mädchens und ihrer Menschenwürde. Eine Beschneidung ist eine Körperverletzung, die mit der Menschenwürde aus Art. 1 Abs. 1 GG keinesfalls vereinbar ist. Kein noch so strenges religiöses Gebot kann deswegen unter dem Grundgesetz eine Beschneidung von Mädchen oder Frauen rechtfertigen. Entsprechendes gilt beispielsweise auch für ein religiös begründetes Züchtigungsrechte des Ehemanns gegenüber seiner Ehefrau. Es ist unter dem Grundgesetz ebenso unzulässig wie ein religiös begründeter Zwang, eine bestimmte Person zu heiraten (was vereinzelte Fehlentscheidungen durch die Justiz leider nicht immer ausschließt).

Ist es zulässig, männliche Kinder durch das Entfernen der Vorhaut zu beschneiden?

Tatsächlich stellt auch die Beschneidung des männlichen Kindes eine Körperverletzung dar. Allerdings können die Eltern hierfür ihre Einwilligung erteilen, wenn Die Beschneidung nach den Regeln der ärztlichen Kunst vorgenommen wird (§ 1631 d BGB). Der Gesetzgeber hat sich hierfür mit folgender Begründung entschieden: „Jüdisches und muslimisches religiöses Leben muss weiterhin in Deutschland möglich sein. Die Beschneidung von Jungen hat für Juden und Muslime eine zentrale religiöse Bedeutung." Im Spannungsfeld von Kindeswohl und Religionsfreiheit hat sich die religiöse Tradition durchgesetzt. Der Gesetzgeber wollte damit auch verhindern, dass Deutschland sich isoliert. Tatsächlich ist kein Land der Welt bekannt, in dem die Beschneidung aus religiösen Gründen verboten wäre.

Im Bundesland L sieht das Schulgesetz vor, dass diejenigen Kinder, die nicht am evangelischen bzw. katholischen Religionsunterricht teilnehmen, am neutralen Ethikunterricht teilzunehmen haben. An einer Schule mit einem hohem Anteil von Kindern islamischen Glauben, fordern die Eltern, dass ihre Kinder nicht länger am Ethikunterricht teilnehmen, sondern ebenfalls – islamischen – Religionsunterricht erhalten.

Der Staat ist grundsätzlich verpflichtet, Religionsunterricht als ordentliches Schulfach vorzuhalten, vgl. Art. 7 Abs. 3 GG. Die Verfassungspflicht zur religiösen bzw. weltanschaulichen Neutralität verpflichtet ihn dabei, nicht nur den christlichen konfessionsgebundenen Religionsunterricht als ordentliches Schulfach einzuführen, sondern im Prinzip bekenntnisgebundenen Religionsunterricht für alle Religionen. Voraussetzung ist, dass über einen signifikanten Zeitraum eine ausreichende Zahl von Schülerinnen und Schülern zusammen kommt und dies auch wünscht. Unter diesen Voraussetzungen besteht ein Recht auf islamischen Religionsunterricht als ordentliches Schulfach. Der Staat muss sich dann um die Einstellung entsprechender Lehrkräfte bemühen. Den Inhalt des Religionsunterrichts darf er nicht bestimmen, wohl aber ist er zur Aufsicht verpflichtet. Dabei hat er insbesondere sicherzustellen, dass die

Inhalte des Religionsunterrichts nicht gegen grundlegende Wertungen des Grundgesetzes verstoßen wie beispielsweise das Toleranzgebot.

Dürfen Eltern, die den Schulunterricht für ihre Kinder mit ihrem religiösen Gewissen nicht vereinbaren können, ihre Kinder selbst zu Hause unterrichten oder können sie sie wenigstens von einzelnen Fächern bzw. Lehrinhalten abmelden (z.B. Sexualkunde, Schwimmunterricht)?

Bei den so genannten totalen Schulverweigerern kollidieren staatlicher Erziehungsauftrag und Elternrecht bzw. die Religionsfreiheit der Eltern und Kinder miteinander. Die totale Schulverweigerung ist in Deutschland unzulässig, denn sie löst diesen Konflikt einseitig zulasten des staatlichen Erziehungsauftrages auf. Der Staat hat aber ein legitimes, verfassungsrechtlich abgesichertes Interesse daran, dass Kinder im Schulalter nicht nur durch ihre Eltern, sondern auch durch die staatliche Gemeinschaft erzogen und dabei auch an die Grundwerte unserer Verfassungsordnung wie gelebte Toleranz, soziale Kompetenz, Respekt vor dem anderen und Bereitschaft zur Kooperation mit Andersdenkenden herangeführt werden. Das Bundesverfassungsgericht hat dies so formuliert: *„Die Allgemeinheit hat ein berechtigtes Interesse daran, der Entstehung von religiös oder weltanschaulich motivierten „Parallelgesellschaften" entgegenzuwirken und Minderheiten zu integrieren."* (BVerfG 2 BvR 1693/04 v. 31.5.2006, www.bverfg.de/entscheidungen).

Allenfalls bei schwerwiegenden religiösen Gewissenskonflikten kann die Abmeldung von einzelnen Fächern unter engen Voraussetzungen zulässig sein. Beim Sexualkundeunterricht ist dies allerdings unzulässig, denn hier geht es – ähnlich wie bei der von bestimmten religiösen Kreisen mitunter infrage gestellten Evolutionstheorie – um die Vermittlung von Wissen. Dagegen kann sich niemand unter Berufung auf sein religiöses Gewissen verwahren. Eine Immunisierung gegen anerkannte Bildungsinhalte unter Berufung auf die Religionsfreiheit ist in der Schule unzulässig. Die Religionsfreiheit gibt jedenfalls in der Schule kein Recht, nicht zu wissen. Entsprechendes gilt auch für die Lektüre von Büchern, wie beispielsweise „Harry Potter" im Schulunterricht. Auch insoweit ist vor falscher Toleranz zu warnen. Jedenfalls bis zur Pubertät müssen muslimische Mädchen auch am gemischten Schwimmunterricht teilnehmen, wobei es ihnen frei steht, einen sogenannten Burkini zu tragen. Die Pflicht zum Schulunterricht und die damit verbundene Gemeinschaft gehen dem Erziehungsrecht der Eltern und deren Religionsfreiheit vor: So hat das Bundesverwaltungsgericht in einem Grundsatzurteil vom 11. September 2013 bestätigt: „Das Grundrecht der Glaubensfreiheit vermittelt grundsätzlich keinen Anspruch darauf, im Rahmen der Schule nicht mit Verhaltensgewohnheiten Dritter – einschließlich solcher auf dem Gebiet der Bekleidung – konfrontiert zu werden, die außerhalb der Schule an vielen Orten bzw. zu bestimmten Jahreszeiten im Alltag verbreitet sind. Die Schulpflicht steht nicht unter dem Vorbehalt, dass die Unterrichtsgestaltung die gesellschaftliche Realität in solchen Abschnitten ausblendet, die im Lichte individueller religiöser Vorstellungen als anstößig empfunden werden mögen."

Kann man als Schüler verlangen, dass das Kreuz im Klassenzimmer verschwindet? Kann man als Bürger verlangen, dass fromme Menschen auf dem Marktplatz keine Mahngebete und kein öffentlichen Predigten abhalten?

Beim Kreuz im Klassenraum treffen positive Religionsfreiheit und negative Religionsfreiheit, verstanden als das Recht, von religiösen Symbolen verschont zu bleiben, aufeinander. Die Auflösung dieses Konflikts wird durchaus unterschiedlich vorgenommen. Die einen betonen mehr die negative Freiheit – mit der Folge, dass das Kreuz bei einem Widerspruch durch eine Schülerin oder einen Schüler verschwinden muss (so BVerfGE 93, 1/22 ff.; auch der Europäische Gerichtshof für Menschenrechte EGMR in Straßburg hat in seinem Urteil vom 3. November 2009 die Beseitigung des Kreuzes im Klassenzimmer einer italienischen Schule verlangt, weil dieses religiöse Symbol gegen das Erziehungsrecht der Eltern und gegen die Religionsfreiheit verstoße). Das Kopftuch bei muslimischen Lehrerinnen darf der Staat auch im normalen Unterricht des weltlichen Fächerkanons nach einer Entscheidung des Bundesverfassungsgerichts vom 27. Januar 2015 (BVerfG 1 BvR 471/10, 1 BvR 1181/10) jetzt nicht mehr pauschal untersagen. Die in den Landeschulgesetzen verankerten Kopftuchverbote laufen danach auf eine unzulässige Privilegierung zugunsten christlich-abendländischer Bildungs- und Kulturwerte hinaus. Sie sind deswegen mit der staatlichen Neutralität nicht vereinbar. Im Unterschied zum Kruzifix im Klassenzimmer bedeute das Tragen eines Kopftuches durch Lehrerinnen keine Identifizierung des Staates mit einem bestimmten Glauben dar. Erst dann, wenn der Schulfrieden konkret gefährdet sei, komme als letzte Maßnahme ein entsprechendes Verbot in Betracht.

Für Mitarbeiterinnen in kirchlichen Betrieben (z.B. Krankenschwestern) hat das Bundesarbeitsgericht entschieden, dass Mitarbeiterinnen und Mitarbeiter bei kirchlichen Unternehmen sich religiös in der Regel mindestens neutral zu verhalten haben. Das Kopftuch als Ausdruck des religiösen Bekenntnisses dürfen kirchliche Arbeitgeber deswegen untersagen.

Die Kündigung der geschiedenen Mitarbeiterin eines katholischen Krankenhauses ist hingegen mit der Religionsfreiheit vereinbar, da die Religionsfreiheit nicht nur dem Einzelnen, sondern auch den Religionsgemeinschaften bzw. Kirchen die freie Entfaltung ihrer Tätigkeit im Rahmen ihres religiösen Selbstverständnisses zubilligt: „Das kirchliche Selbstbestimmungsrecht umfasst alle Maßnahmen, die der Sicherstellung der religiösen Dimension des Wirkens im Sinne kirchlichen Selbstverständnisses und der Wahrung der unmittelbaren Beziehung der Tätigkeit zum kirchlichen Grundauftrag dienen. Die Formulierung des kirchlichen Proprium obliegt allein den Kirchen und ist als elementarer Bestandteil der korporativen Religionsfreiheit durch Art. 4 Abs. 1 und 2 GG verfassungsrechtlich geschützt." (BVerfG Beschluss vom 22. Oktober 2014 – 2 BvR 661/12).

Demgegenüber ist das Beten auf dem Marktplatz anders zu beurteilen, weil im Unterschied zum Klassenraum hier niemand gezwungen ist, sich auf dem Marktplatz aufzuhalten. Wer sich hier dennoch in seiner negativen Religionsfreiheit beeinträchtigt fühlt, der kann ausweichen und sich entfernen. Dies ist ihm auch zumutbar, jedenfalls wenn die Gebete und Predigten zeitlich nicht überhand nehmen oder einen ungestörten Besuch des Marktplatzes faktisch unmöglich machen.

Könnte der Gesetzgeber in Deutschland die Errichtung von Minaretten oder das Tragen der Burka verbieten?

Ein Verbot von Minaretten wäre mit der Religionsfreiheit im Grundgesetz nicht vereinbar. Jedenfalls würde ein generelles Verbot einen unverhältnismäßigen Eingriff in die Religionsfreiheit darstellen. Auch das staatliche Neutralitätsgebot würde verletzt, wenn die Errichtung von charakteristischen Sakralbauten im öffentlichen Raum einer bestimmten Religionsgemeinschaft verboten würde, andere Religionsgemeinschaften aber insoweit keinen vergleichbaren Beschränkungen unterliegen.

Nicht ohne Weiteres zu beantworten ist dagegen die Frage nach der Zulässigkeit eines gesetzlichen Burka-Verbots im öffentlichen Raum, so wie dies beispielsweise in Frankreich der Fall ist. Unklar ist schon, ob es sich dabei wirklich um ein religiöses Kleidungsstück handelt. Selbst wenn man aber einmal unterstellt, dass das Tragen der Burka eine durch Artikel 4 Grundgesetz geschützte religiöse Handlung darstellt, stellt sich immer noch die Frage, ob die Religionsfreiheit hier nicht durch andere Verfassungswerte zurückgedrängt wird. So spricht manches dafür, dass zu unserem Grundverständnis der Menschenwürde auch das offene Zeigen des Gesichts gehört.

Kann man Satanismus als Religion verbieten?

Grundsätzlich nein. Die Religionsfreiheit schützt religiöse Überzeugungen zunächst ohne inhaltliche Bewertung von deren Glaubensinhalten. Etwas anders gilt nur dann, wenn diese Religion ihrerseits zu Handlungen aufruft, die die Rechte Dritter oder grundlegende Verfassungsgüter nicht achten. Religiöse Überzeugungen oder Gewissensentscheidungen, die beispielsweise zur Vernichtung anderer Menschen aufrufen, genießen im Ergebnis keinen Schutz. Im Übrigen haben auch Angehörige mehr oder weniger obskurer Religionsgemeinschaften das gleiche Recht auf Achtung ihrer Religiosität wie Mitglieder anderer Religionsgemeinschaften.

Wäre es nicht besser, wenn angesichts von immer weniger Christen der Religionsunterricht als ordentliches Lehrfach an den Schulen abgeschafft und ein verpflichtender Ethik- und Humanismusunterricht für alle eingeführt würde?

In den meisten Bundesländern ist der Staat verpflichtet, den konfessionell geprägten Religionsunterricht als ordentliches Unterrichtsfach anzubieten. Eine Abschaffung des Religionsunterrichts ist deswegen unzulässig. Umstritten ist diese Rechtslage beispielsweise in Brandenburg, wo ein verpflichtendes Unterrichtsfach „LER" – Lebenskunde, Ethik, Religion – für alle eingeführt werden sollte.

Rechtlich zulässig ist dagegen ein verpflichtender Ethikunterricht für diejenigen, die nicht zum Religionsunterricht gehen. Dies zu entscheiden ist Sache des Landesgesetzgebers.

Zulässig ist sogar, dass der Staat einen verpflichtenden Ethikunterricht ohne Abmeldemöglichkeit für alle einschließlich derjenigen, die zum Religionsunterricht gehen, einführt. Das Bundesverfassungsgericht hat dies mit Beschluss vom 15. März 2007 (1 BvR 2780/06 – bezogen auf das Land Berlin) ausdrücklich bestätigt und mit der Erwägung begründet, dass der Gesetzgeber auf diesem Wege der Entstehung von religiös oder weltanschaulich motivierten Parallelgesellschaften entgegenwirken kann: „Die Fähigkeit aller Schüler zu Toleranz und Dialog ist eine Grundvoraussetzung für die spätere Teilnahme nicht nur am demokratischen Willensbildungsprozess, sondern auch für ein gedeihliches Zusammenleben in wechselseitigem Respekt auch vor den Glaubensüberzeugungen und Weltanschauungen.... Angestrebt wird mithin, dass sich die Schüler auch unterschiedlicher Religionszugehörigkeit und Weltanschauung untereinander über Wertfragen austauschen."

Könnte der Gesetzgeber die Öffnung der Geschäfte an allen Sonntagen gestatten?

Art. 140 Grundgesetz in Verbindung mit Art. 139 WRV stellen den Sonntag als Tag der Arbeitsruhe unter den Schutz des Grundgesetzes. Das Bundesverfassungsgericht hat betont, dass der Sonntag aus der Perspektive des Grundgesetzes nicht nur eine religiöse Dimension für Gläubige enthält, sondern daneben auch eine ganz weltliche Dimension für alle Bürger jenseits der Religionsausübung als Tag der Rekreation und als Tag des Miteinanders. Auch diese weltliche Funktion des Sonntags sei vom Schutz der Verfassung umfasst. Demgegenüber genüge ein bloß wirtschaftliches Umsatzinteresse und ein alltägliches Erwerbsinteresse („Shopping-Interesse") potenzieller Käufer nicht, um Ausnahmen von der unmittelbar im Grundgesetz geschützten Sonn- und Feiertagsruhe zu rechtfertigen. Die Ladenöffnung an den vier Adventssonntagen im Berliner Ladenöffnungsgesetz hat das Bundesverfassungsgericht deswegen für verfassungswidrig erklärt (Urteil v. 1. Dezember 2009, 1 BvR 2857/07 und 1 BvR 2858/07).

Ein Aktionskünstler inszeniert auf einem öffentlichen Platz mit einer Schauspielgruppe eine stilisierte Folterung. Den Darstellern, die unter anderem mit Schweineblut bespritzt werden, werden dabei symbolisch unterschiedliche Qualen zugefügt, während die Wärter rufen: Wir geben alles im Kampf gegen den Terrorismus. Der Aktionskünstler und seine Gruppe möchten damit auf die Zustände in Guantanamo aufmerksam machen. Kann man diese Veranstaltung verbieten?

Grundsätzlich nein. Auch bewusst schockierende Kunst mit politischen Aussagen ist Kunst. Dazu gehört auch die „Wirkmöglichkeit" in der Öffentlichkeit. Das Bundesverfassungsgericht hat ausdrücklich anerkannt, dass Kunst in der Form des politischen Straßentheaters vom Schutz des Art. 5 Abs. 3 GG umfasst wird. Für den Charakter als Kunst spricht dabei insbesondere, wenn das Kunstwerk einen offenen Interpretationsraum eröffnet, also verschiedene Sichtweisen und Interpretationen ermöglicht (in Anlehnung an BVerfGE 67, 213 ff. – Anachronistischer Zug).

Auch so genannte Schock-Werbung kann den grundrechtlichen Schutz der Kunstfreiheit genießen (angedeutet bei BVerfGE 102, 347, 369; das Gericht hat die Schock-Werbung eines Bekleidungsunternehmens bereits als zulässige Form der Meinungsäußerung gewertet).

Als Abschlussarbeit an einer Kunsthochschule legt eine Studentin die Plastik einer Moschee vor, bei der die Minarette stilisierte Raketen darstellen. Verschiedene Gruppen von Muslimen sind empört und verlangen, dass dieses Werk von der Hochschule nicht als Kunstwerk anerkannt und verboten wird.

Der Kunstcharakter steht im vorliegenden Beispiel außer Frage. Ein Verbot bzw. die Nichtanerkennung als Kunst alleine deswegen, weil sich eine ganze Religionsgruppe angegriffen fühlt, ist nicht möglich. Die Beschränkung der Kunstfreiheit kommt allenfalls dann in Betracht, wenn dadurch die Grundrechte Dritter beeinträchtigt werden oder sonstige Verfassungsgüter dem entgegen stehen. Auch dann bedarf es noch einer Abwägung, was im konkreten Einzelfall schwerer wiegt: die Kunstfreiheit oder die Grundrechte Dritter.

Hier werden keine Grundrechte Dritter berührt. Weder wird den Muslimen die Ausübung ihrer Religionsfreiheit unmöglich gemacht noch wird sie erschwert. Das provozierend-kritische Element, das in der Darstellung einer Moschee mit Raketentürmen liegt, ist Ausdruck einer künstlerischen Wertung, die niemand teilen muss und die jeder auch nachdrücklich ablehnen und kritisieren darf. Gleichwohl ist er im freiheitlichen Verfassungsstaat des Grundgesetzes verpflichtet, diese künstlerische Provokation als Ausdruck der persönlichen Freiheit des Künstlers auszuhalten, so wie etwa auch viele Christen damit leben müssen, dass Christus am Kreuz immer wieder zum Gegenstand der Satire gemacht wird. Bekannt war etwa die Karikatur eines Kruzifixes aus Blech mit dem aus einer Werbung entlehnten Untertitel „Ich war eine Blechdose" in einer Satirezeitschrift (vgl. zu diesem „Preis der Freiheit" allgemein auch Kap. 1.7). Die Tatsache, dass Einzelne oder auch eine große Gruppe sich beleidigt fühlen, begründet noch keine Verletzung ihrer Grundrechte.

Können Spray-Künstler, die ihre gesprühten Kunstwerke regelmäßig ungefragt an fremden Hauswänden und Mauern aufbringen, sich dabei auf ihre Kunstfreiheit aus Art. 5 Abs. 3 GG berufen oder machen sie sich dadurch wegen Sachbeschädigung strafbar?

Spray-Kunst ist allgemein als Kunst anerkannt. Der Kunstcharakter entfällt auch nicht deswegen, weil der Sprayer sich ohne zu fragen des Eigentums eines Dritten bedient, im konkreten Fall von Hauswänden und Mauern. Bei den Sprayer-Fällen kollidieren damit regelmäßig zwei Grundrechtspositionen miteinander, nämlich die Kunstfreiheit einerseits und das Eigentumsgrundrecht der Wand- und Mauereigentümer anderseits. Die Kunstfreiheit stößt dort an ihre Grenzen, wo die Grundrechte Dritter, hier: das fremde Eigentum, „anfangen" (vgl. zum „Sprayer von Zürich" BVerfG, NJW 1984, 1293). Allgemein gesprochen bedeutet dies: Ein Künstler hat nicht das Recht, zur Verwirklichung seiner persönlichen (Kunst-) Freiheit ungefragt auf Grundrechtsgüter Dritter zurück zu greifen. Tut er dies dennoch, macht er sich unter Umständen strafbar. In der Strafe liegt dann keine Verletzung seiner Kunstfreiheit.

Sollte man die Forschung mit Tieren (Tierversuche, tierverbrauchende Experimente) um dies Tierschutzes Willen nicht verbieten?

Hier stehen, ähnlich wie beim Schächten, das Grundrecht ohne geschriebene Freiheitsbeschränkung aus Art. 5 Abs. 3 – Wissenschaftsfreiheit – und das Verfassungsgut des Tierschutzes – Art. 20a GG – miteinander in Konflikt. Ein generelles und ausnahmsloses Verbot von Tierversuchen wäre mit der Wissenschaftsfreiheit nicht vereinbar. Der Gesetzgeber hat diesen Konflikt in der Weise aufgelöst, dass Tierversuche unter bestimmten Voraussetzungen – in der Regel nur nach Prüfung und nach Genehmigung durch die zuständigen Behörden – zulässig sind, Einzelheiten enthalten die §§ 7-9a Tierschutzgesetz. Dies ist verfassungsrechtlich nicht zu beanstanden.

Kann man so genannte Grundlagenforschung verbieten, auf deren Grundlage unter Umständen auch Massenvernichtungswaffen entwickelt werden können?

Nein. Die Forschung ist frei, bedeutet auch: Die Ergebnisse der Forschung sind nicht staatlich eingrenzbar und nicht von vornherein in eine bestimmte Zweckrichtung festlegbar. Dies gilt erst recht für die nicht anwendungsorientierte so genannte Grundlagenforschung.

Schüler eines Gymnasiums untersuchen in einer Stadt deren Geschichte im Nationalsozialismus. Sie sammeln Zeugnisse und Unterlagen, die auch belastendes Material enthalten. Darüber berichtet die örtliche Zeitung. Dies ist einigen Familien, deren Mitglieder damals in das Zeitgeschehen verstrickt waren, ein Dorn im Auge. Können sie verlangen, dass die Schüler ihre Nachforschungen einstellen?

Nein. Die Forschungsfreiheit verleiht auch „Hobbyforschern" das Recht, mit wissenschaftlich anerkannten Methoden nach der Wahrheit zu suchen und beispielsweise nach Schriftdokumenten in Archiven und bei Privatleuten zu forschen. Diese Freiheit schließt das Recht ein, die gewonnenen Erkenntnisse zu publizieren und sie der Öffentlichkeit zugänglich zu machen, auch wenn dies einigen Personen nicht gefallen mag.

Die betroffenen Familien können aber unter Umständen verlangen, dass bei der Darstellung der Forschungsergebnisse in der Öffentlichkeit das Persönlichkeitsrecht von Lebenden und bereits verstorbenen Personen (so genannter postmortaler Persönlichkeitsschutz) angemessen berücksichtigt wird, beispielsweise durch die Anonymisierung von privaten Aussagen und Dokumenten. Im Einzelnen hängt dies von einer Abwägung ab.

6.6 Texte zur Vertiefung

Frhr. Von Campenhausen, Axel: Religionsfreiheit, in: Josef Isensee/Paul Kirchhof (Hrsg.), Handbuch des Staatsrechts der Bundesrepublik Deutschland, Bd. VII, 3. Aufl. 2009, § 157 (S.)

Frhr. von Campenhausen, Axel/de Wall, Heinrich: Staatskirchenrecht, 4. Aufl. 2000.

Classen, Claus D.: Religionsrecht, 2006.

Glaser, Hermann: Deutsche Kultur 1945 – 2000, 2001.

Schnell, Heidrun: Religionsfreiheit – Dilemma der Moderne?, in: Roland Herpich, Andreas Goetze und Patrick R. Schnabel (Hrsg.), Macht. Religion. Politik., 2015, S. 186 ff.

Sommermann, Karl-Peter/Huster, Stefan: Kultur im Verfassungsstaat, in: VVDStRL 65 (2006)

Steiner, Udo: Kultur, in: Josef Isensee/Paul Kirchhof (Hrsg.), Handbuch des Staatsrechts der Bundesrepublik Deutschland, Bd. IV, 3. Aufl. 2006, § 86 (S. 701- 725)

7. Die Sicherheit der Bürger

Nicht nur die Freiheit, sondern auch die Sicherheit ist ein zentrales verfassungsrechtliches Thema. Allerdings fällt dies nicht sofort ins Auge. Der Sicherheitsarchitektur des Grundgesetzes liegt die Unterscheidung zwischen innerer und äußerer Sicherheit zwar nicht ausdrücklich, aber der Sache nach zugrunde. Innere Sicherheit steht dabei für den inneren Frieden und die öffentliche Sicherheit in unserem Land. Die äußere Sicherheit betrifft dagegen den Frieden und die Sicherheit im Verhältnis zu anderen Staaten. In letzter Konsequenz kann die Gefährdung der äußeren Sicherheit zum Kriege führen. Das Grundgesetz spricht in diesem Zusammenhang zumeist von Verteidigung. Seit einigen Jahren wird es allerdings immer schwieriger, die gedankliche Linie zwischen innerer und äußerer Sicherheit trennscharf zu identifizieren. Insbesondere beim internationalen Terrorismus gibt es Bedrohungslagen, die in beide Aufgabenfelder hineinspielen bzw. die sich nicht eindeutig nur dem einen oder anderen Bereich zuordnen lassen. Man kann es auch so sagen: Es wird immer schwieriger, die Grenze zwischen terroristischer Bedrohungslage und kriegerischer Auseinandersetzung sauber zu ziehen. Hinzu kommt, dass auch der traditionelle Krieg mit klar erkennbaren kriegführenden Parteien sein Gesicht verändert. Kriegführende Parteien bleiben heute oft unsichtbar. Sie treten häufig als „Irreguläre" auf und sind von der Zivilbevölkerung oft schwer oder gar nicht zu unterscheiden. Man spricht deswegen auch von asymmetrischen und hybriden Konflikten.

Gleichwohl folgt das Grundgesetz dem Schema von innerer und äußerer Sicherheit. Die verfassungsrechtliche Betrachtung darf sich über diese Vorgabe nicht einfach mit dem Hinweis auf eine seit dem 11. September 2001 komplizierter gewordene Wirklichkeit hinwegsetzen, sondern sie muss diese Unterscheidung ernst nehmen. Dies gilt gerade auch in organisatorischer Hinsicht. Für die innere Sicherheit sind die Polizei sowie andere Sicherheitskräfte (zum Beispiel Verfassungsschutz, Katastrophenschutz etc.) zuständig, für die äußere Sicherheit die Bundeswehr sowie für die Beschaffung von außen- und sicherheitspolitisch bedeutsamen Erkenntnissen der „Auslandsgeheimdienst" BND (Bundesnachrichtendienst).

7.1 Innere Sicherheit

7.1.1 Der Verfassungstext

Neben den erwähnten ungeschriebenen Voraussetzungen, den Grundrechten (insbesondere Art. 2, 8, 10 und 13) und dem Rechtsstaatsprinzip (Art. 20 Abs. 3 GG, Verfassungsgrundsatz der Verhältnismäßigkeit) enthält das Grundgesetz folgende organisationsrechtliche Bestimmungen, die für den Lebensbereich der inneren Sicherheit von Bedeutung sind:

Art. 33 (4) Die Ausübung hoheitsrechtlicher Befugnisse ist als ständige Aufgabe in der Regel Angehörigen des öffentlichen Dienstes zu übertragen, die in einem öffentlich-rechtlichen Dienst- und Treueverhältnis stehen.

Art. 73 (1) Der Bund hat die ausschließliche Gesetzgebung über:

...

9a. die Abwehr von Gefahren des internationalen Terrorismus durch das Bundeskriminalpolizeiamt in Fällen, in denen eine länderübergreifende Gefahr vorliegt, die Zuständigkeit einer Landespolizeibehörde nicht erkennbar ist oder die oberste Landesbehörde um eine Übernahme ersucht;

10. die Zusammenarbeit des Bundes und der Länder

a) in der Kriminalpolizei,

b) zum Schutze der freiheitlichen demokratischen Grundordnung, des Bestandes und der Sicherheit des Bundes oder eines Landes (Verfassungsschutz) und

c) zum Schutze gegen Bestrebungen im Bundesgebiet, die durch Anwendung von Gewalt oder darauf gerichtete Vorbereitungshandlungen auswärtige Belange der Bundesrepublik Deutschland gefährden,

sowie die Einrichtung eines Bundeskriminalpolizeiamtes und die internationale Verbrechensbekämpfung;...

12. das Waffen und das Sprengstoffrecht;...

Art. 87 (1) ... Durch Bundesgesetz können Bundesgrenzschutzbehörden, Zentralstellen für das polizeiliche Auskunfts- und Nachrichtenwesen, für die Kriminalpolizei und zur Sammlung von Unterlagen für Zwecke des Verfassungsschutzes und des Schutzes gegen Bestrebungen im Bundesgebiet, die durch Anwendung von Gewalt oder darauf gerichtete Vorbereitungshandlungen auswärtige Belange der Bundesrepublik Deutschland gefährden, eingerichtet werden.

Art. 87d (1) Die Luftverkehrsverwaltung wird in bundeseigener Verwaltung geführt. Über die öffentlich-rechtliche oder privat-rechtliche Organisationsform wird durch Bundesgesetz entschieden.

(2) Durch Bundesgesetz, das der Zustimmung des Bundesrates bedarf, können Aufgaben der Luftverkehrsverwaltung den Ländern als Auftragsverwaltung übertragen werden.

7.1.2 Die Leitideen

7.1.2.1 Staatsaufgabe und Menschenrecht auf Sicherheit

Die innere Sicherheit ist ein Kernthema für die Bürger. Innere bzw. öffentliche Sicherheit ist eine existenznotwendige Voraussetzung für ein Leben in Frieden und Freiheit und damit eines der wichtigsten öffentlichen Güter überhaupt, das der Staat für alle bereit stellt. Diese zentrale Staatsaufgabe zielt auf den Schutz der Bürger, so wie dies in Art. 1 Abs. 1 GG in Bezug auf die Menschenwürde ausdrücklich formuliert wird: „*Sie zu achten und zu schützen ist die Verpflichtung aller staatlichen Gewalt.*" Die einzelnen Aufgaben aus dem großen Feld der inneren Sicherheit sind dabei überaus vielfältig. Sie zielen bei allen Unterschieden im Einzelnen stets auf die Einhaltung der Rechtsordnung und auf die Beseitigung von Gefahren für die öffentliche Sicherheit. Dabei handelt es sich um eine rechtsstaatliche Selbstverständlichkeit, die deswegen auch nicht ausdrücklich im Grundgesetz steht. Dies bedeutet aber keineswegs, dass der Sicherheits- und Schutzauftrag des Staates keinen Verfassungsrang hätte: Wenn das Grundgesetz einfach nur vom Rechtsstaat spricht, ist diese Kernaufgabe des Staates immer mitgedacht (vgl. bereits Kap. 2).

Eine deutlichere Sprache als die Verfassung sprechen die Polizeigesetze der Länder. Danach hat die Polizei die Aufgabe, *Gefahren* für die öffentliche Sicherheit und Ordnung abzuwehren. Unter der Polizei werden dabei nicht nur uniformierte Sicherheitskräfte verstanden. In einem weiten Sinne bedeutet Polizei Gefahrenabwehr. Dafür sind im Prinzip alle Ordnungsbehörden zuständig, die der Sache nach Aufgaben der Gefahrenabwehr wahrnehmen. Auch der immer wichtiger werdende Gedanke der *Prävention* und damit die Sicherheitsvorsorge kommen im Gesetzestext zum Ausdruck. Dabei geht es nicht nur um die Abwehr einer zeitlich unmittelbar bevorstehenden Gefahr, sondern um langfristig wirksames vorbeugendes Handeln des Staates, damit bestimmte Gefahrenlagen sich nicht realisieren und am besten gar nicht erst eintreten.

BEISPIEL

§ 1 Abs. 1 Polizeigesetz NRW lautet *„Die Polizei hat die Aufgabe, Gefahren für die öffentliche Sicherheit abzuwehren (Gefahrenabwehr). Sie hat im Rahmen dieser Aufgabe Straftaten zu verhüten sowie für die Verfolgung künftiger Straftaten vorzusorgen (vorbeugende Bekämpfung von Straftaten) und die erforderlichen Vorbereitungen für die Hilfeleistung und das Handeln in Gefahrenfällen zu treffen."*

Der Schutz des Einzelnen, aber auch der Schutz des Staates als Ordnungs- und Friedensmacht sind Aufgaben, von denen der Staat letztlich seine entscheidende Rechtfertigung herleitet. Diese Aufgabe hat Verfassungsrang (BVerfGE 49, 24/56f.). Auf die „Herstellung" des öffentlichen Gutes innere Sicherheit haben die Bürger ein Recht, auch wenn sie dieses Recht nur eingeschränkt einklagen können.

Ein ausdrückliches Grundrecht auf Sicherheit sucht man im Verfassungstext allerdings vergeblich. Trotzdem sprechen Verfassungsrechtler von einem solchen Grundrecht. Damit meinen sie einerseits, dass der Staat verpflichtet ist, seine Schutzmöglichkeiten zugunsten der Bürger auch tatsächlich einzusetzen. Diese so genannte staatliche Schutzpflicht, sich „schützend und fördernd" insbesondere vor das Leben und die Gesundheit seiner Bürger zu stellen, wird aus den Grundrechten abgeleitet. Auch andere Schutzgüter wie das Eigentum werden davon umfasst.

Allerdings betont das Bundesverfassungsgericht in diesem Zusammenhang auch, dass der Staat und insbesondere der Gesetzgeber einen weiten Einschätzungs- und Beurteilungsspielraum hat, *wie* er den Schutz im konkreten Fall angemessen gewährleistet. Häufig gibt es nämlich nicht nur die eine richtige Lösung. Gerade bei besonders schwierigen und bei moralisch heiklen Fragen sind unterschiedliche Lösungen denkbar, beispielsweise beim richtigen Konzept für den Schutz des ungeborenen Lebens. Der teilweise erbitterte gesellschaftliche Streit über die richtige Lösung – etwa von Abtreibungsbefürwortern und von strikten Abtreibungsgegnern – kann nur auf der Ebene des Rechts durch ein gesetzliches Schutzkonzept verbindlich entschieden werden.

Bei der Wahl seiner Mittel und Methoden, mit denen der Staat diesem Schutzauftrag nachkommt, ist er allerdings nicht frei. Auch bei noch so großen Gefahren bleibt der Staat uneingeschränkt Rechtsstaat. Das bedeutet, dass staatliche Behörden immer nur solche Mittel und Befugnisse einsetzen dürfen, die die Gesetze ihnen an die Hand geben. Diese Bindung an das Gesetz gilt insbesondere dann, wenn der Staat zur Erfüllung seines Schutzauftrages in die Rechte von Bürgern eingreifen muss. Erlaubt sind grundsätzlich nur gesetzliche Mittel, die außerdem im Gesetz selbst hinreichend klar bestimmt sein müssen (vgl. Kap. 2.2.6). Es ist deswegen Sache des Gesetzgebers, das jeweils angemessene Schutzniveau und die dafür erforderlichen Maßnahmen festzulegen, etwa beim Betrieb von Atomkraftwerken, im Umgang mit schädlichen Emissionen, bei der Festlegung von Sicherheitsstandards von technischen Geräten oder im Straßenverkehr. So dienen viele technische Vorschriften der Aufrechterhaltung eines bestimmten Sicherheitsstandards und damit letztlich dem Schutz der Bürgerinnen und Bürger.

7.1.2.2 Nur wenige Bundeszuständigkeiten

Der Verfassungstext zum Themenkomplex innere Sicherheit ist allerdings für sich genommen wenig aussagekräftig, gerade weil vieles als selbstverständlich vorausgesetzt wird. Der Wortlaut des Grundgesetzes alleine zeigt keineswegs die ganze verfassungsrechtliche Dimension der „Staatsaufgabe Sicherheit“.

Aber auch aus einem weiteren Grund findet sich im Grundgesetz zu diesem Themenkomplex nur wenig. Weil Deutschland ein Bundesstaat ist, sind die Zuständigkeiten für bestimmte Sachaufgaben immer zwischen Bund und Ländern aufgeteilt. Dabei gilt die verfassungsrechtliche Verteilungsregel, dass die Länder zuständig sind, soweit nicht das Grundgesetz bestimmte Zuständigkeiten ausdrücklich dem Bund zuweist, vgl. Art. 30 GG (vgl. Kap. 9). Zu den Aufgaben, die ausschließlich in den Zuständigkeitsbereich der Länder fallen und wo der Bund demnach keine Verantwortlichkeit hat, sagt das Grundgesetz gerade nichts.

Auf dem Feld der inneren Sicherheit liegt der Schwerpunkt der Zuständigkeiten aber eindeutig bei den Ländern. Dies gilt sowohl für die Gesetzgebung als auch für die Ausführung der Gesetze, konkret also für die Polizeibehörden. Dem Bund weist das Grundgesetz nur wenige Sicherheitsaufgaben und Zuständigkeiten mit zentralstaatlicher Bedeutung zu. Die meisten Polizeibeamten sind deswegen Landesbeamte. Auf Bundesebene gibt es die Bundespolizei – vormals Bundesgrenzschutz – und das Bundeskriminalamt mit begrenzten Spezialaufgaben. Der Verfassungstext spricht bei der Bundespolizei immer noch vom Bundesgrenzschutz.

7.1.3 Die Verfassungswirklichkeit

Sicherheit ist heute ein sehr komplexes öffentliches Gut geworden. Die Bereitstellung von Sicherheit durch den Staat erfordert gut ausgebildetes und zuverlässiges Personal mit ganz unterschiedlichen Fähigkeiten sowie eine hochmoderne technische Ausstattung. Das Spektrum der Einzelaufgaben im großen Feld der öffentlichen Sicherheit ist dabei denkbar breit. Für viele Aufgaben braucht man Spezialisten.

Gefahrenabwehr umfasst heute nicht nur die Gefahrenbekämpfung, die Verhinderung von Straftaten, die Strafverfolgung und die Gefahrenabwehr in besonderen Lagen, etwa beim Katastrophenschutz, sondern zunehmend auch Aspekte der *Gefahrenvorsorge*. Insbesondere brandgefährliche Bedrohungen und mögliche Täter gilt es möglichst früh zu erkennen. Um schwerste Verbrechen zu verhindern, setzt die polizeiliche Tätigkeit deswegen zeitlich gesehen der Tendenz nach immer früher an. Dabei gilt die Faustregel: Je größer die Gefahren sind, die uns drohen, desto lauter wird der Ruf nach möglichst früh greifenden staatlichen Eingriffsinstrumenten. Prävention bzw. Vorsorge sind der große Sicherheitstrend der Zeit. Der Begriff der Prävention darf aber nicht darüber hinwegtäuschen, dass auch solche Maßnahmen nicht unerheblich in die Rechte der betroffenen Bürger eingreifen können, beispielsweise Maßnahmen zur zuverlässigen Identifizierung von Personen durch Kameras auf öffentlichen Plätzen bzw. Bahnhöfen oder der Einsatz von Körperscannern („Nacktscanner") auf Flughäfen.

Damit die staatlichen Sicherheitsbehörden erfolgreich sein können, ist die effektive Zusammenarbeit aller Sicherheitsbehörden unumgänglich. Die Vielfalt der Aufgaben ist im Rechts- und Bundesstaat auf unterschiedliche Behörden verteilt. Wie bereits erwähnt, sind in erster Linie die Länder zuständig. Polizeibehörden des Bundes sind in der Hauptsache das Bundeskriminalamt und die Bundespolizei. Weiter zu nennen sind die Sicherheitsdienste Verfassungsschutz, der Bundesnachrichtendienst (BND) und als Sonderfall für die Bundeswehr der Militärische Abschirmdienst (MAD). Der Bundesverfassungsschutz hat die Aufgabe, die freiheitliche demokratische Grundordnung und den Bestand und die Sicherheit des Bundes und der Länder zu schützen. Sein Betätigungsfeld ist also Deutschland im Innern. Der Verfassungsschutz beobachtet und berichtet beispielsweise über rechts- oder linksextremistische Bestrebungen zur Zerstörung unserer verfassungsmäßigen Ordnung. Dabei darf er auch so genannte nachrichtendienstliche Mittel einsetzen. Auch die Länder unterhalten Verfassungsschutzbehörden. Wie wichtig für die Bürger eine gute Zusammenarbeit von Polizei- und Verfassungsschutzbehörden in Bund und Ländern tatsächlich ist, zeigt sich insbesondere dann, wenn diese Zusammenarbeit nicht funktioniert. Trauriges Anschauungsmaterial dafür förderte der Untersuchungsausschuss zum „Nationalsozialistischen Untergrund" NSU und seinen Morden in der 17. Wahlperiode zutage. In seinem Abschlussbericht[1] hat der Untersuchungsausschuss NSU den Behörden massives Versagen vorgeworfen.

Demgegenüber arbeitet der BND als klassischer „Auslandsgeheimdienst" im Ausland und beschafft dort für die Sicherheit der Bundesrepublik Deutschland relevante Informationen. Die aufklärende Arbeit des BND im Ausland ist im Zusammenhang mit der Affäre um die Aktivitäten der US-amerikanischen NSA in Deutschland in den Focus gerückt. Insbesondere im NSA-Untersuchungsausschuss in der 18. Wahlperiode wird bezweifelt, dass die Rechtsgrundlagen des BND für die Auslandsaufklärung ausreichen, soweit es um die Sammlung von personenbezogenen Daten geht.

1 Deutscher Bundestag (Hrsg.): Beschlussempfehlung und Bericht des 2. Untersuchungsausschusses nach Artikel 44 des Grundgesetzes, in: Bundestagsdrucksache. Nr. 17/14600, Bundesanzeiger Verlagsgesellschaft mbH, Köln 22. August 2013.

Der Aufgabenradius des MAD ist demgegenüber eng begrenzt. Er sammelt und wertet Informationen nur im Bereich der Bundeswehr aus und schützt sie insbesondere vor „Innentätern", also Angehörigen der Bundeswehr, die der Bundeswehr beispielsweise als Extremisten oder als Spione Schaden können.

Beim Katastrophenschutz verfügt der Bund nur über marginale Zuständigkeiten, aber mit dem Technischen Hilfswerk über wichtige, auch bei Katastrophen außerhalb Deutschlands gefragte Fähigkeiten. In erster Linie sind hier wiederum die Länder zuständig. Für den Katastrophenschutz vor Ort sind in der Regel die Feuerwehren zuständig.

Für eine effektive Gefahrenabwehr ist es ferner erforderlich, dass die unterschiedlichen Sicherheitsbehörden ihre Erkenntnisse untereinander austauschen. Dieser Informationsaustausch betrifft sowohl Behörden im Verhältnis von Bund zu Ländern als auch der Länder untereinander. Kriminalität und Terrorismus machen vor den Grenzen der Bundesländer ebenso wenig halt wie vor den Grenzen anderer Staaten. Gerade im Sicherheitssektor gibt es deswegen in jüngerer Zeit neuartige Formen der Zusammenarbeit aller betroffenen Sicherheitsbehörden von Bund und Ländern (Polizeien und Verfassungsschutzbehörden), bei denen diese Behörden auf der Grundlage bestehender gesetzlicher Befugnisse ihre Informationen austauschen (Beispiel:GETZ – Gemeinsames Extremismus-und Terrorismusabwehrzentrum).

Zunehmende Bedeutung erhält heute auch die internationale Kooperation der nationalen Sicherheitsbehörden auf europäischer Ebene. EUROPOL stellt einen Versuch dar, einen gemeinsamen Datenaustausch der Mitgliedstaaten der EU sicher zu stellen. EUROPOL besitzt aber keine eigenen Zugriffsbefugnisse. Die EU verfügt im Übrigen weder über eine eigene Polizei noch über Organe der Strafjustiz.

Ein wichtiger Trend in der Verfassungswirklichkeit lässt sich schlagwortartig so beschreiben: Zusätzlich zur organisierten Kriminalität hat der Staat es zunehmend auch mit Terrorismus, Weltanschauungs- und Hasstätern zu tun. Heute wird mehr und mehr deutlich, dass neben den herkömmlichen Erscheinungsformen von – der auch organisierten – Kriminalität weltanschaulich eingefärbte Erscheinungsformen der Kriminalität an Bedeutung gewinnen. Insbesondere international agierende Terroristen mit teilweise islamistischem Hintergrund, denen ihr eigenes Leben nicht viel gilt, stellen einen enormen Bedrohungsfaktor dar. Seit der letzten Auflage des BKG ist als neue Bedrohung insbesondere die Terrororganisation IS (Islamischer Staat) hinzugekommen. Gegenüber solchen Terroristen versagt die Abschreckungswirkung der Strafdrohung des Gesetzes. Wer zu allem entschlossen ist, ist schwer aufzuhalten. Diese Form des Terrorismus nimmt – im Unterschied beispielsweise zum Terrorismus der Roten Armee Fraktion RAF in der Bundesrepublik der 70er Jahre – teilweise die Züge eines Kampfes gegen die Bevölkerung an.

Hinzu kommt, dass Terror im Prinzip „billig" ist. Jeder, der dies will, kann vergleichsweise leicht beispielsweise an Informationen über hochwirksame Explosivmittel gelangen. Man muss auch kein besonders großartiger Experte sein, um mit wenig Geld und mit aus dem Internet gewonnenen Kenntnissen eine Bombe mit entsetzlichen, unter Umständen kriegsähnlichen Folgen zu basteln. Besonders gefährlich sind unauffällige potenzielle Täter, sog. Schläfer, aber auch Psychopathen und Hasstäter, die im Prinzip unauffällig leben oder nur im Internet und in dubiosen Spielen ihre zerstörerischen Phantasien ausleben und vom einen auf den anderen Tag aktiv werden können. Solche Täter sind im Vorhinein schwer auszumachen. Dies stellt die Sicherheitsbehörden vor große Herausforderungen. Hinzu kommt, dass Ziele leicht zu finden sind, wenn es nur um Terror geht. Vor allem Anschläge auf sogenannte weiche Ziele (z.B. U-Bahn, Sportveranstaltungen, Volksfeste etc.) verbreiten Angst und Schrecken. Bislang wurde Deutschland hiervon zum Glück verschont.

Auf dem Feld der inneren Sicherheit findet in bestimmten, von der Verfassung ausdrücklich benannten extremen Gefahrenlagen auch eine Zusammenarbeit der Polizeikräfte mit den Streitkräften statt. Insbesondere bei drohenden schweren Katastrophen durch terroristische Anschläge kann die Unterstützung der Polizei mit militärischen Mitteln durch die Streitkräfte erforderlich werden. Dies gilt vor allem in der Luft und auf der See. Mit dem Luftsicherheitsgesetz vom Januar 2005 hat der Gesetzgeber eine Grundlage für die Unterstützung der Polizei durch Jagdflugzeuge bei drohenden, besonders schweren Unglücksfällen geschaffen. Teile des Gesetzes hat das Bundesverfassungsgericht allerdings für verfassungswidrig erklärt. Lange war auch umstritten, ob die Streitkräfte bei der Bekämpfung einer schweren Katastrophe notfalls überhaupt militärische Waffen einsetzen dürfen. Nach zähem Ringen hat das Bundesverfassungsgericht am 3. Juli 2012 beschlossen,[2] dass unter engen Voraussetzungen zur Unterstützung der Polizei durch die Streitkräfte auch militärische Mittle eingesetzt werden können.

Ein Seesicherheitsgesetz für entsprechende Unterstützungsleistungen insbesondere durch die Marine war nach „nine eleven" zwar längere Zeit im Gespräch, wurde aber nie realisiert.

Sicherheit wird aber nicht nur durch staatliches Personal, sondern etwa auch durch private Sicherheitsunternehmen bereitgestellt, so beim Objekt- und Transportschutz, beim Personenschutz oder beim Ordnungsdienst für Großveranstaltungen. Dafür müssen die Kunden zahlen. Das gewerbliche Sicherheitspersonal verfügt allerdings über deutlich weniger Befugnisse als die staatlichen Polizeikräfte: Es verfügt nicht über Polizeibefugnisse, sondern nur über die sogenannten Jedermannsrechte (Notwehr, Nothilfe, Notstand, vorläufige Festnahme). Für die Bürger bedeutet dies: Im öffentlichen Raum müssen Sie sich in der Regel keine Kontrollen durch privates Personal gefallen lassen. Dazu sind nur staatliche Kräfte befugt, die sich entsprechend ausweisen können.

Insbesondere wegen der hohen Personalkosten für staatliches Personal wird in einigen Bereichen allerdings versucht, das staatliche Personal zu verringern und durch privates Personal zu ersetzen. Tatsächlich lässt das Grundgesetz die Privatisierung von Sicherheitsaufgaben in beschränktem Umfange zu. Privatisierungsmaßnahmen gibt es beispielsweise bei der Personenkontrolle an Flughäfen und in begrenztem Umfang in Strafvollzugsanstalten. Diskutiert wird die Privatisierung der Gerichtsvollzieher.

Die Kosten für privates Personal mögen vielleicht geringer sein, es besteht aber auch die Gefahr, dass es schlechter ausgebildet ist und ein größerer Wechsel beim Personal stattfindet. Immer geht es dabei auch um die folgenden Fragen: *Wie viel Staat brau-*

2 BVerfG, Beschluss vom 3. 7. 2012, – 2 PBvU 1/11 -, http://www.bundesverfassungsgericht.de/SharedDocs/Entscheidungen/DE/2012/07/up20120703_2pbvu000111.html.

chen wir, wie viel ist uns zuverlässiges und gut ausgebildetes staatliches Personal wert und wo liegen die verfassungsrechtlichen Grenzen zulässiger Privatisierungsmaßnahmen? Diese Fragen kann man nicht pauschal beantworten, sondern es kommt ganz auf den Einzelfall an. Als Faustregel gilt dabei der Grundsatz: Je intensiver die Eingriffsbefugnisse in die Rechtssphäre der Bürger sind, desto eher bleiben diese Befugnisse staatlichem Personal vorbehalten. Sie dürfen dementsprechend nicht auf Private übertragen werden. Insbesondere in den Kernbereichen des staatlichen Gewaltmonopols kommt die Privatisierung von Staatsaufgaben nicht in Betracht. Dahinter steht der Gedanke, dass der Schutz der Bürgerinnen und Bürger vor unsachgemäßen Übergriffen in ihre Rechte so am ehesten gewährleistet werden kann.

7.1.4 Praktische Bedeutung für die Bürger

7.1.4.1 Zwei widerstreitende Grundbedürfnisse

Die Bürgerbetroffenheit beim Lebensbereich innere Sicherheit ist hoch. Sicherheit ist ein ganz fundamentales öffentliches Gut, auf dessen möglichst zuverlässige Bereitstellung wir alle existenziell angewiesen sind. Bei der inneren Sicherheit zeigt sich allerdings eine gewisse Zwiespältigkeit der verfassungsrechtlichen Regelungen. Diese Zwiespältigkeit ergibt sich nur auf den ersten Blick aus einem – vermeintlichen – Gegensatz von Staat, der auf die Gewährung von Sicherheit zielt, und Bürgern, die vor allem auf ihre Freiheit bedacht sind. Auf den zweiten Blick greift der angebliche Gegensatz vom Staat als „Zwangsapparat" und von den in erster Linie „freiheitshungrigen" Bürgerinnen und Bürgern zu kurz. In Wahrheit ist in den Bürgern selbst aufgrund widerstreitender Bedürfnisse ein innerer Grundkonflikt angelegt, der auch auf die Ebene des Verfassungsrechts durchschlägt: Die Bedürfnisse nach einem möglichst hohen Maß an Sicherheit einerseits und einem möglichst hohen Maß an Bürgerfreiheit andererseits stehen in vielen Situationen in Konkurrenz zueinander.

Aus Sicht des Bürgers geht es in allen Fällen einerseits immer um Schutz und Sicherheit von Leben, Gesundheit, Freiheit und Eigentum durch den Staat. Diesen Schutz soll der Staat zuverlässig, effektiv und möglichst kostengünstig leisten. Besondere Gebühren soll der Staat für seinen „Sicherheitsservice" nicht erheben, sondern die Polizei und ihre Leistungen sollen aus der großen Tasche für alle, also aus Steuermitteln, finanziert werden. Dies alles verlangt tendenziell nach einem starken, gut ausgerüsteten Staat mit weitreichenden Handlungsmitteln und Methoden.

Andererseits wollen die Bürger aber möglichst wenig in ihren Freiheitsrechten beeinträchtigt werden und möglichst wenig zahlen. Insbesondere wollen sie in ihrer Privatsphäre vor staatlichen Eingriffen geschützt sein. Möglichst große Sicherheit durch den Staat einerseits und möglichst große Freiheit von staatlichen Eingriffen andererseits müssen deswegen in der Praxis stets in eine Balance gebracht werden, damit die Freiheit der Bürger – der jeweiligen Gefahr angemessen – so schonend wie möglich beeinträchtigt wird.

Die Grundrechte und der Verfassungsgrundsatz der Verhältnismäßigkeit liefern den entscheidenden Maßstab für die Beurteilung der Frage, ob der Staat mit seinen Mitteln und Methoden zu weit geht oder nicht. Selbstverständlich darf der Staat in die Freiheit der Bürger immer nur mit rechtsstaatlichen Mitteln eingreifen. Das Rechtsstaatsprinzip entfaltet dadurch eine wichtige Freiheitsfunktion für die Bürger: Im Rechtsstaat gilt eben nicht der Grundsatz, dass der Zweck jedes Mittel heiligt, sondern es dürfen nur diejenigen Mittel zum Einsatz kommen, die das Gesetz gestattet und die mit dem Grundgesetz vereinbar sind. Außerdem darf von mehreren zur Verfügung stehenden Mitteln immer nur das mildeste Mittel eingesetzt werden (vgl. Kap. 2.2.10).

Weiter spielt das aus Art. 2 Abs. 1 abgeleitete Grundrecht auf informationelle Selbstbestimmung (Datenschutz) eine große Rolle. Das Grundgesetz will keinen Schnüffelstaat. Ein unbeschränkter, jederzeitiger und verdachtloser Zugriff des Staates auf persönliche Daten ist mit dem so genannten Grundrecht auf informationelle Selbstbestimmung schlechterdings nicht vereinbar. Die Juristen und Datenschützer sprechen von „personenbezogenen Daten“. Dies sind letztlich alle Daten, die einer konkreten Person zugeordnet sind und die Auskunft über deren Identität und Lebensweise geben. Solche personenbezogenen Daten dürfen nur zu den gesetzlich bestimmten Zwecken erhoben und verarbeitet werden, Gebot der Zweckbindung und Verbot der Zweckentfremdung (BVerfGE 65, 1/143ff.). Die Möglichkeiten des Gesetzgebers zur Erweiterung der staatlichen Handlungsmöglichkeiten und Befugnisse, um bereits im Vorfeld von möglichen Straftaten Informationen über einzelne Personen zu sammeln und auszuwerten, sind deswegen begrenzt. Hier zeigt sich einmal mehr, dass der Rechtsstaat nicht alles tun darf, was theoretisch und vielleicht sogar wissenschaftlich sinnvoll möglich wäre. Dadurch entfaltet der Rechtsstaat seine freiheitssichernde Wirkung für alle.

7.1.4.2 Organisationsgrundsätze

Dem Schutz des Bürgers dienen aber nicht nur die Grundrechte und das Rechtsstaatsprinzip, sondern auch die auf den ersten Blick sehr abstrakten *organisatorischen* Aussagen des Grundgesetzes.

Die grundsätzliche organisatorische Trennung von Polizeibehörden und Nachrichtendiensten wird vom Verfassungstext klar zum Ausdruck gebracht. Solche Dienste sind beim Bund, wie oben bereits erwähnt, das Bundesamt für Verfassungsschutz (verfassungsrechtliche Grundlage: Art. 87 Abs. 1), für die Auslandsaufklärung der Bundesnachrichtendienst (verfassungsrechtliche Grundlage Art. 87 Abs. 3 i.V.m. Art. 73 Abs. 1 Nr. 1) und der Militärische Abschirmdienst (verfassungsrechtliche Grundlage ist Art. 87a GG). Einzelheiten regeln Verfassungsschutzgesetz, BND-Gesetz und MAD-Gesetz.

Die Trennung von Polizeibehörden und Nachrichtendiensten hat eine wichtige freiheitssichernde Funktion für die Bürger. Die Nachrichtendienste verfügen allesamt nicht über Polizeibefugnisse (so genanntes Trennungsprinzip).[3] Einer Geheimpolizei, bei der die Ermittlungstätigkeit mit heimlichen Methoden und polizeiliche Zugriffsbefugnisse in einer Behörde gebündelt sind, erteilt das Grundgesetz vor dem Hintergrund der historischen Erfahrungen in Deutschland mit Gestapo und Stasi eine klare Absage. Die Dienste dürfen lediglich Daten beschaffen und auswerten, haben aber

3 Urteil vom 24. April 2013, 1 BvR 1215/07, http://www.bundesverfassungsgericht.de/SharedDocs/Entscheidungen/DE/2013/04/rs20130424_1bvr121507.html.

selbst keine darüber hinaus gehenden (Zwangs-) Befugnisse. Es gilt der Grundsatz: Wer sich im Staat heimlicher Methoden bedienen und viel wissen darf, der soll nicht auch noch selbst handeln dürfen. Die Dienste sind lediglich Informationsquelle für andere. Entscheidend ist deswegen, an welche Behörden die Nachrichtendienste ihr Wissen weitergeben bzw. weitergeben müssen, damit diese aktiv werden können.

Ein mitunter behauptetes generelles Verbot der Zusammenarbeit von Diensten mit Polizeibehörden lässt sich dem Text des Grundgesetzes allerdings nicht entnehmen. Kooperation von Polizeibehörden und Diensten ist vielmehr auf gesetzlicher Grundlage zulässig (BVerfGE 100, 366 ff.).

Auch die verfassungsmäßige Gewichtung der Verteilung der Polizeibehörden in Bund und Ländern hat eine gewisse Schonungsfunktion für die Bürger. Das Grundgesetz verteilt auch hier die Macht der Polizei ganz bewusst auf die Länder und den Bund, wobei der Bund vergleichsweise über wenige Polizeikräfte und Befugnisse verfügt. Damit beugt das Grundgesetz der Zentralisierung und Kumulierung von Polizeimacht vor. Im Wesentlichen teilen sich die 16 Länder die Polizeimacht. Bis auf die zentralen Polizeibehörden, die das Grundgesetz ausdrücklich zulässt, und die Bundespolizei, soll es keine Polizeimacht im Bund geben. Der Bund hat mit dem Bundeskriminalamt (BKA) eine polizeiliche Zentralstelle für das ganze Bundesgebiet geschaffen. Insbesondere bei der Bekämpfung des internationalen Terrorismus mit länderübergreifender Gefahr ist das BKA zuständig. Die im Bundespolizeigesetz geregelten Aufgaben der Bundespolizei sind sachlich begrenzt (insbesondere auf Grenzschutz, Bahnpolizei, Schutz von Bundesorganen, Luft- und Seesicherheit). Eine Besonderheit stellt die „Luftpolizei“ (Fluglotsen) dar, die von der Deutschen Flugsicherungs-GmbH DFS wahrgenommen wird, vgl. Art. 87d GG, und die der Sache nach eine „Spezialpolizei“ zur Verkehrsregelung im Luftraum ist.

Es liegt allerdings in der Struktur eines solchen föderalen Systems, dass es gelegentlich zu Defiziten bei der Kommunikation und beim Datenaustausch untereinander kommen kann. Aber Effektivität ist nicht alles. Das Grundgesetz ist erst recht keine Verfassung, die den Staat in erster Linie unter Effizienzkriterien (verstanden als die Wirtschaftlichkeit des Handelns) sieht. Vielmehr misst es dem bundesstaatlichen Aspekt eine hohe Bedeutung bei: Der Aufteilung der Zuständigkeiten kommt gerade bei der Polizei eine wichtige Funktion zu, nämlich die der Gewaltenteilung. In dieser Verteilungsregel liegt aus der Sicht des Einzelnen eine freiheitssichernde Funktion, weil die Gefahr des Missbrauchs des staatlichen Machtinstrumentariums der Polizei dadurch zwar nicht in jedem Fall ausgeschlossen, aber doch zumindest eingedämmt wird.

Schließlich leisten auch die Strafjustiz und der Strafvollzug einen Beitrag zur inneren Sicherheit. Ihre Aufgabe ist es, den Bruch des Rechts im Einzelfall durch die Bestrafung der Täter zu sanktionieren. Damit entfalten sie eine gewisse Abschreckungswirkung und untermauern die Ernsthaftigkeit des Rechts und seines Geltungsanspruchs, von jedermann befolgt zu werden.

7.1.5 Häufig gestellte Fragen

Kann der Staat nicht viel Geld sparen, wenn er statt teuren Polizisten verstärkt „Schwarze Sheriffs" von privaten Sicherheitsunternehmen einsetzt, z.B. in U-Bahnen und Bahnhöfen, in Fußgängerzonen oder bei der Verkehrsraumüberwachung?

Die Übertragung von Sicherheitsaufgaben der Polizei auf Personen, die keine Beamten sind, ist nur in eingeschränktem Umfang möglich. Die Möglichkeiten der Privatisierung stoßen hier an Grenzen, die aus dem Rechtsstaatsprinzip einerseits und aus Art. 33 Abs. 4 GG andererseits abgeleitet werden. Soweit Privatpersonen mit der Ausübung von Hoheitsbefugnissen ausnahmsweise betraut werden sollen, z.B. mit der Durchführung von Ausweiskontrollen, von Platzverweisen o.Ä., so ist dies immer nur auf der Grundlage eines Gesetzes möglich, das ihnen die Ausübung dieser Befugnisse ausdrücklich gestattet. Dabei kann es sich aber immer nur um solche Befugnisse handeln, die nicht schwerwiegend in die Rechte der Bürger eingreifen. Alles andere wäre unverhältnismäßig.

Der gläserne Bürger: Abhören von Telefongesprächen (Großer Lauschangriff), Auskünfte von Banken über Konten, Kontoinhaber und Kontobewegungen, Terrorismusbekämpfungsgesetze, weitreichende Möglichkeiten der Datenerhebung und insbesondere des Datenaustauschs (Antiterrordatei) und die zunehmende Einebnung der Grenzen von nachrichtendienstlicher und von polizeilicher Tätigkeit, Videoüberwachung auf öffentlichen Plätzen, Online-Untersuchung von Computern, biometrische Methoden zur Identitätsfeststellung etc., der Einsatz von Körperscannern auf Flughäfen, demnächst vielleicht „Täterdatenbanken" mit Persönlichkeitsprofilen von zukünftigen Tätern (ähnlich wie in dem Film „Minority Report" von Steven Spielberg) – befinden wir uns nicht längst auf dem Weg in den so genannten Präventions- und Überwachungsstaat?

Wahr ist, dass die rechtlichen Möglichkeiten der Polizeikräfte und der Nachrichtendienste in den letzten Jahren im Zeichen der Gefahrenvorsorge und dabei insbesondere der Terrorismusbekämpfung erheblich ausgeweitet wurden. Manche sehen darin die Gefahr eines Überwachungsstaates bestätigt. Dem ist aber entgegen zu halten, dass die Verfassung keine abschließende Antwort darauf gibt, wie viele Eingriffsmöglichkeiten für die Polizei genug sind. Letztlich geht es in jeder Bedrohungslage immer darum, den Schutzauftrag des Staates für Leben, Gesundheit und Freiheit der Bürger einerseits und die möglichst weitgehende Schonung der Bürgerrechte beim Einsatz der staatlichen Ermittlungsmethoden andererseits in ein angemessenes Verhältnis zu bringen. *Wie* diese Balance genau aussieht, lässt sich nicht für alle denkbaren Fälle abstrakt bestimmen, sondern dabei kommt es entscheidend auf die Einschätzung der objektiven Bedrohungslage in der konkreten historischen Situation an. Im politischen Meinungskampf ist diese Einschätzung häufig nicht einheitlich, sondern heftig umstritten. Dabei gilt der ungeschriebene Grundsatz: Je größer und schwerwiegender die Gefahren sind, die unsere Sicherheit realistischerweise bedrohen, desto mehr Spielraum lässt die Verfassung bei der Einführung von (rechts)-staatlichen Methoden und Mitteln der Gefahrenabwehr. Dieser Spielraum ist allerdings nicht unbegrenzt. Die Grundrechte und das Rechtsstaatsprinzip, insbesondere der Verfassungsgrundsatz der Verhältnismäßigkeit, sind stets zu beachten. Ungezielte und voraussetzungslose Eingriffe in die Freiheit beliebiger Bürger sind damit nicht vereinbar, auch wenn es sich wie etwa bei der so genannten Rasterfahndung um eher geringfügige Eingriffe handelt. So hat das Bundesverfassungsgericht in seinem Beschluss vom 4. April 2006 (1 BvR 518/02) ausdrücklich festgestellt: Die Methode der polizeilichen Rasterfahndung darf der Staat nicht einfach vorsorglich einsetzen, sondern nur dann, wenn eine konkrete Gefahr für hochrangige Rechtsgüter besteht. Bei der Rasterfahndung wird ohne jeden Verdacht in das Grundrecht auf informationelle Selbstbestimmung (Datenschutz) zahlreicher Bürger eingegriffen, nur weil sie die Merkmale eines bestimmten Untersuchungsrasters erfüllen. Eine allgemeine Bedrohungslage, wie sie im Hinblick auf terroristische Anschläge seit dem 11. September 2001 durchgehend bestanden hat, oder außenpolitische Spannungslagen reichen nach Auffassung des Bundesverfassungsgerichts für die Anordnung der Rasterfahndung nicht aus. Diese Entscheidung hat allerdings auch Kritik erfahren, etwa von einer Verfassungsrichterin. Sie weist darauf hin, dass der Staat dadurch wehrlos gemacht werde.

Auch dem Abhören von Privatwohnungen hat das BVerfG Grenzen gezogen: Der Schutz eines letzten unantastbaren Bereichs der Lebensgestaltung gebietet eingehende Schutzvorkehrungen beim Abhören von Privatwohnungen (Urteil zum Großen Lauschangriff, BVerfGE 109, 279).

Weiter verstärkt wird diese bürgerfreundliche Tendenz im Urteil des Bundesverfassungsgerichts vom 2. März 2010 zur Vorratsdatenspeicherung (dazu oben 3.3.2.1).

Andere Staaten hören auch deutsche Staatsbürger ab und sammeln heimlich Informationen über sie. Muss der deutsche Staat die Bürger nicht vor solchen Übergriffen schützen?

Unter engen gesetzlichen Voraussetzungen darf der deutsche Staat – und nur der deutsche Staat – Daten seiner Bürger auch heimlich, also ohne deren Wissen, erheben und sammeln, zum Beispiel die Nachrichtendienste bei Bestrebungen gegen die freiheitliche demokratische Grundordnung oder die Staatsanwaltschaft beim Verdacht besonders schwerer Straftaten. Bei besonders schwerwiegenden Eingriffen in die Rechte der Bürger, insbesondere bei einem Eingriff in das Grundrecht des Post- und Fernmeldegeheimnisses (Art. 10 GG), bedürfen solche Maßnahmen der richterlichen Anordnung bzw. der Genehmigung durch die „G 10-Kommission" beim Deutschen Bundestag. Im Übrigen hat der Staat eine Schutzpflicht für seine Bürger, damit niemand sich unbefugt und heimlich deren Daten verschafft. Diese Schutzpflicht endet grundsätzlich nicht an den Grenzen des Staatsgebietes. Allerdings spionieren Staaten sich seit Urzeiten gegenseitig aus. Dies ist auch heute so. Wenn Deutsche Bürger oder Unternehmen durch andere Staaten ausspioniert werden – beispielsweise Industriespionage – stoßen die Möglichkeiten des deutschen Staates an faktische Grenzen. Wenn überhaupt können Lösungen dabei nur auf politischer Ebene erzielt werden. Wenn sich ein anderer Staat beispielsweise weigert, einem wechselseitigen „no spy" Abkommen zuzustimmen, ist das zwar bedauerlich, aber mit rein rechtlichen Mitteln nicht zu ändern.

„Rettungsfolter": Darf die Polizei bei einem Bombenleger oder bei einem Kidnapper, den sie in ihrer Gewalt hat, als letztes Mittel körperliche Gewalt oder andere willensbre-

chende Methoden anwenden, um so das Explodieren der Bombe an einem unbekanntem Ort oder den Tod der gekidnappten Person vielleicht noch zu verhindern?

Bei der Antwort auf diese Frage gibt es auch unter Verfassungsjuristen keine Einigkeit. Die überwiegende Meinung geht davon aus, dass die Menschenwürde hier eine absolute Sperre errichtet und der Staat keinesfalls Gewalt einsetzen darf, um den Willen des Täters zu brechen. Ergänzend dazu wird auch auf das völkervertragsrechtliche Verbot der Folter hingewiesen. Gesehen werden von diesen Autoren insbesondere die Missbrauchsgefahr beim Einsatz von Foltermethoden und das Prinzip „Wehret den Anfängen". Danach wäre jede Form von Folter in jedem Fall unzulässig, unabhängig davon, wie viele Menschen gefährdet sind.

Andere Autoren betonen demgegenüber stärker die Pflicht des Staates, auch die potenziellen Bombenopfer zu schützen und leiten daraus für extreme Lagen ein Recht zum Einsatz willensbrechender Mittel ab. Sie stellen sich die Frage, ob ein Mensch mit unbedingtem Tötungswillen tatsächlich unter allen Umständen durch seine Würde vor willensbrechenden Maßnahmen geschützt ist.

In einer solchen Lage, wenn der Tod vieler Menschen droht, steckt der handelnde Beamte jedenfalls in einem gewaltigen Dilemma. Die Verfassung gibt bei solchen grundsätzlichen Fragen keine abschließende Antwort, jedenfalls solange das Bundesverfassungsgericht einen vergleichbaren Fall noch nicht entschieden hat. Das mag gerade bei einer so grundsätzlichen Frage wie der so genannten Rettungsfolter für viele unbefriedigend erscheinen, zeigt aber andererseits sehr deutlich die Schwierigkeiten und die Grenzen dessen, was die Verfassung überhaupt leisten kann.

Darf die Polizei einen Schwerverbrecher (Entführung, Raubüberfall, Erpressung, Hasstäter etc.), der mit der Tötung anderer Menschen droht, im äußersten Fall selbst töten, um andere zu retten?

Diese unter Juristen lange Zeit heftig umstrittene Frage nach der Verfassungsmäßigkeit des so genannten „finalen Rettungsschusses" ist inzwischen durch das Bundesverfassungsgericht eindeutig mit einem „Ja" entschieden worden (BVerfGE 115, 118). Dahinter steht der Grundgedanke: Wer das Recht willentlich bricht und andere tötet bzw. töten will, der verliert den Anspruch auf den Schutz seines Lebensrechtes, wenn alleine dadurch die anderen noch gerettet werden können. Die Tötung verstößt dann insbesondere auch nicht gegen die Menschenwürde des Straftäters. Es entspricht, so das Bundesverfassungsgericht, gerade der Würde des Einzelnen, dass er für die Folgen seines selbstbestimmten Handelns einstehen muss, und sei es in diesem Fall mit dem eigenen Leben. Die Schutzpflicht des Staates für das Leben Dritter geht hier dem Recht auf Leben eines zu allem entschlossenen Täters vor. Verfassungswidrig bleibt aber in jedem Fall die Todesstrafe, vgl. Art. 102 GG: Die Tötung eines Täters ist niemals zur Bestrafung, sondern immer nur als letzte und einzige verbleibende Maßnahme zur Rettung des Lebens Dritter rechtlich zulässig.

7.1.6 Texte zur Vertiefung

Brugger, Winfried: Freiheit und Sicherheit, 2004.

Götz, Volkmar: Innere Sicherheit, in: Josef Isensee/Paul Kirchhof (Hrsg.), Handbuch des Staatsrechts der Bundesrepublik Deutschland, Bd. IV, 3. Aufl. 2006, § 85 (S. 671–699).

Gusy, Christoph: Polizeirecht, 6. Aufl. 2006.

Isensee, Josef: Das Grundrecht auf Sicherheit, 1983.

Nitschke, Peter (Hrsg.): Rettungsfolter im modernen Rechtsstaat? Eine Verortung, Bochum 2005.

Pitschas, Rainer: Neues Verwaltungsrecht im partnerschaftlichen Rechtsstaat? – Zum Wandel von Handlungsverantwortung und -formen der öffentlichen Verwaltung am Beispiel der Vorsorge für die innere Sicherheit in Deutschland, in: DÖV 2004, S. 231 ff.

Schoch, Friedrich: Abschied vom Polizeirecht des liberalen Rechtsstaats?, in: Der Staat 43 (2004), S. 347 ff.

Stober, Rolf/Olschok, Harald (Hrsg.): Handbuch des Sicherheitsgewerberechts, 2004.

7.2 Äußere Sicherheit (Wehr- und Notstandsverfassung)

7.2.1 Der Verfassungstext

Art. 4 ...

(3) Niemand darf gegen sein Gewissen zum Kriegsdienst mit der Waffe gezwungen werden. Das Nähere regelt ein Bundesgesetz.

Art. 12a (1) Männer können vom vollendeten achtzehnten Lebensjahr an zum Dienst in den Streitkräften, im Bundesgrenzschutz oder in einem Zivilschutzverband verpflichtet werden.

(2) Wer aus Gewissensgründen den Kriegsdienst mit der Waffe verweigert, kann zu einem Ersatzdienst verpflichtet werden. Die Dauer des Ersatzdienstes darf die Dauer des Wehrdienstes nicht übersteigen. Das Nähere regelt ein Gesetz, das die Freiheit der Gewissensentscheidung nicht beeinträchtigen darf und auch eine Möglichkeit des Ersatzdienstes vorsehen muss, die in keinem Zusammenhang mit den Verbänden der Streitkräfte und des Bundesgrenzschutzes steht.

(3) Wehrpflichtige, die nicht zu einem Dienst nach Absatz 1 oder 2 herangezogen sind, können im Verteidigungsfalle durch Gesetz oder aufgrund eines Gesetzes zu zivilen Dienstleistungen für Zwecke der Verteidigung einschließlich des Schutzes der Zivilbevölkerung in Arbeitsverhältnisse verpflichtet werden; Verpflichtungen in öffentlich-rechtliche Dienstverhältnisse sind nur zur Wahrnehmung polizeilicher Aufgaben oder solcher hoheitlichen Aufgaben der öffentlichen Verwaltung, die nur in einem öffentlich-rechtlichen Dienstverhältnis erfüllt werden können, zulässig. Arbeitsverhältnisse nach Satz 1 können bei den Streitkräften, im Bereich ihrer Versorgung sowie bei der öffentlichen Verwaltung begründet werden; Verpflichtungen in Arbeitsverhältnisse im Bereiche der Versorgung der Zivilbevölkerung sind nur zulässig, um ihren lebensnotwendigen Bedarf zu decken oder ihren Schutz sicherzustellen.

(4) Kann im Verteidigungsfalle der Bedarf an zivilen Dienstleistungen im zivilen Sanitäts- und Heilwesen sowie in der ortsfesten militärischen Lazarettorganisation nicht auf freiwilliger Grundlage gedeckt werden, so können Frauen vom vollendeten achtzehnten bis zum vollendeten fünfundfünfzigsten Lebensjahr durch Gesetz oder aufgrund eines Gesetzes zu derartigen Dienstleistungen herangezogen werden. Sie dürfen auf keinen Fall zum Dienst mit der Waffe verpflichtet werden.

(5) Für die Zeit vor dem Verteidigungsfalle können Verpflichtungen nach Absatz 3 nur nach Maßgabe des Artikels 80a Abs. 1 begründet werden. Zur Vorbereitung auf Dienstleistungen nach Absatz 3, für die besondere Kenntnisse oder Fertigkeiten erforderlich sind, kann durch Gesetz oder aufgrund eines Gesetzes die Teilnahme an Ausbildungsveranstaltungen zur Pflicht gemacht werden. Satz 1 findet insoweit keine Anwendung.

(6) Kann im Verteidigungsfalle der Bedarf an Arbeitskräften für die in Absatz 3 Satz 2 genannten Bereiche auf freiwilliger Grundlage nicht gedeckt werden, so kann zur Sicherung dieses Bedarfs die Freiheit der Deutschen, die Ausübung eines Berufs oder den Arbeitsplatz aufzugeben, durch Gesetz oder aufgrund eines Gesetzes eingeschränkt werden. Vor Eintritt des Verteidigungsfalles gilt Absatz 5 Satz 1 entsprechend. – *Vgl. auch Art. 17a (Grundrechtsbeschränkungen im Wehrbereich).*

Art. 24 ...

(2) Der Bund kann sich zur Wahrung des Friedens einem System gegenseitiger kollektiver Sicherheit einordnen; er wird hierbei in die Beschränkung seiner Hoheitsrechte einwilligen, die eine friedliche und dauerhafte Ordnung in Europa und zwischen den Völkern der Welt herbeiführen und sichern.

Art. 26 (1) Handlungen, die geeignet sind und in der Absicht vorgenommen werden, das friedliche Zusammenleben der Völker zu stören, insbesondere die Führung eines Angriffskrieges vorzubereiten, sind verfassungswidrig. Sie sind unter Strafe zu stellen.

(2) Zur Kriegsführung bestimmte Waffen dürfen nur mit Genehmigung der Bundesregierung hergestellt, befördert und in Verkehr gebracht werden. Das Nähere regelt ein Bundesgesetz.

Art. 35 (1) Alle Behörden des Bundes und der Länder leisten sich gegenseitig Rechts- und Amtshilfe.

(2) Zur Aufrechterhaltung oder Wiederherstellung der öffentlichen Sicherheit oder Ordnung kann ein Land in Fällen von besonderer Bedeutung Kräfte und Einrichtungen des Bundesgrenzschutzes zur Unterstützung seiner Polizei anfordern, wenn die Polizei ohne diese Unterstützung eine Aufgabe nicht oder nur unter erheblichen Schwierigkeiten erfüllen könnte. Zur Hilfe bei einer Naturkatastrophe oder bei einem besonders schweren Unglücksfall kann ein Land Polizeikräfte anderer Länder, Kräfte und Einrichtungen anderer Verwaltungen sowie des Bundesgrenzschutzes und der Streitkräfte anfordern.

(3) Gefährdet die Naturkatastrophe oder der Unglücksfall das Gebiet mehr als eines Landes, so kann die Bundesregierung, soweit es zur wirksamen Bekämpfung erforderlich ist, den Landesregierungen die Weisung erteilen, Polizeikräfte anderen Ländern zur Verfügung zu stellen, sowie Einheiten des Bundesgrenzschutzes und der Streitkräfte zur Unterstützung der Polizeikräfte einsetzen. Maßnahmen der Bundesregierung nach Satz 1 sind jederzeit auf Verlangen des Bundesrates, im übrigen unverzüglich nach Beseitigung der Gefahr aufzuheben.

Art. 45a (1) Der Bundestag bestellt einen Ausschuss für auswärtige Angelegenheiten und einen Ausschuss für Verteidigung.

(2) Der Ausschuss für Verteidigung hat auch die Rechte eines Untersuchungsausschusses. Auf Antrag eines Viertels seiner Mitglieder hat er die Pflicht, eine Angelegenheit zum Gegenstand seiner Untersuchung zu machen.

(3) Artikel 44 Abs. 1 findet auf dem Gebiet der Verteidigung keine Anwendung.

Art. 45b Zum Schutz der Grundrechte und als Hilfsorgan des Bundestages bei der Ausübung der parlamentarischen Kontrolle wird ein Wehrbeauftragter des Bundestages berufen. Das Nähere regelt ein Bundesgesetz.

Art. 65a Der Bundesminister für Verteidigung hat die Befehls- und Kommandogewalt über die Streitkräfte.

Art. 73 (1) Der Bund hat die ausschließliche Gesetzgebung über:

1. die auswärtigen Angelegenheiten sowie die Verteidigung einschließlich des Schutzes der Zivilbevölkerung;

...

Art. 80a (1) Ist in diesem Grundgesetz oder in einem Bundesgesetz über die Verteidigung einschließlich des Schutzes der Zivilbevölkerung bestimmt, dass Rechtsvorschriften nur nach Maßgabe dieses Artikels angewandt werden dürfen, so ist die Anwendung außer im Verteidigungsfalle nur zulässig, wenn der Bundestag den Eintritt des Spannungsfalles festgestellt oder wenn er der Anwendung besonders zugestimmt hat. Die Feststellung des Spannungsfalles und die besondere Zustimmung in den Fällen des Artikels 12a Abs. 5 Satz 1 und Abs. 6 Satz 2 bedürfen einer Mehrheit von zwei Dritteln der abgegebenen Stimmen.

Art. 87a (1) Der Bund stellt Streitkräfte zur Verteidigung auf. Ihre zahlenmäßige Stärke und die Grundzüge ihrer Organisation müssen sich aus dem Haushaltsplan ergeben.

(2) Außer zur Verteidigung dürfen die Streitkräfte nur eingesetzt werden, soweit dieses Grundgesetz es ausdrücklich zulässt.
(3) Die Streitkräfte haben im Verteidigungsfalle und im Spannungsfalle die Befugnis, zivile Objekte zu schützen und Aufgaben der Verkehrsregelung wahrzunehmen, soweit dies zur Erfüllung ihres Verteidigungsauftrages erforderlich ist. Außerdem kann den Streitkräften im Verteidigungsfalle und im Spannungsfalle der Schutz ziviler Objekte auch zur Unterstützung polizeilicher Maßnahmen übertragen werden; die Streitkräfte wirken dabei mit den zuständigen Behörden zusammen.
(4) Zur Abwehr einer drohenden Gefahr für den Bestand oder die freiheitliche demokratische Grundordnung des Bundes oder eines Landes kann die Bundesregierung, wenn die Voraussetzungen des Artikels 91 Abs. 2 vorliegen und die Polizeikräfte sowie der Bundesgrenzschutz nicht ausreichen, Streitkräfte zur Unterstützung der Polizei und des Bundesgrenzschutzes beim Schutze von zivilen Objekten und bei der Bekämpfung organisierter und militärisch bewaffneter Aufständischer einsetzen. Der Einsatz von Streitkräften ist einzustellen, wenn der Bundestag oder der Bundesrat es verlangen.

Art. 87b (1) Die Bundeswehrverwaltung wird in bundeseigener Verwaltung mit eigenem Verwaltungsunterbau geführt. Sie dient den Aufgaben des Personalwesens und der unmittelbaren Deckung des Sachbedarfs der Streitkräfte.
...

Art. 91 (1) Zur Abwehr einer drohenden Gefahr für den Bestand oder die freiheitliche demokratische Grundordnung des Bundes oder eines Landes kann ein Land Polizeikräfte anderer Länder sowie Kräfte und Einrichtungen anderer Verwaltungen und des Bundesgrenzschutzes anfordern.
(2) Ist das Land, in dem die Gefahr droht, nicht selbst zur Bekämpfung der Gefahr bereit oder in der Lage, so kann die Bundesregierung die Polizei in diesem Lande und die Polizeikräfte anderer Länder ihren Weisungen unterstellen sowie Einheiten des Bundesgrenzschutzes einsetzen. Die Anordnung ist nach Beseitigung der Gefahr, im übrigen jederzeit auf Verlangen des Bundesrates aufzuheben. Erstreckt sich die Gefahr auf das Gebiet mehr als eines Landes, so kann die Bundesregierung, soweit es zur wirksamen Bekämpfung erforderlich ist, den Landesregierungen Weisungen erteilen; Satz 1 und Satz 2 bleiben unberührt.

Art. 96 (2) Der Bund kann Wehrstrafgerichte für die Streitkräfte als Bundesgerichte errichten. Sie können die Strafgerichtsbarkeit nur im Verteidigungsfalle sowie über Angehörige der Streitkräfte ausüben, die in das Ausland entsandt oder an Bord von Kriegsschiffen eingeschifft sind. Das Nähere regelt ein Bundesgesetz. Diese Gerichte gehören zum Geschäftsbereich des Bundesjustizministers. Ihre hauptamtlichen Richter müssen die Befähigung zum Richteramt haben.

Art. 115a (1) Die Feststellung, dass das Bundesgebiet mit Waffengewalt angegriffen wird oder ein solcher Angriff unmittelbar droht (Verteidigungsfall), trifft der Bundestag mit Zustimmung des Bundesrates. Die Feststellung erfolgt auf Antrag der Bundesregierung und bedarf einer Mehrheit von zwei Dritteln der abgegebenen Stimmen, mindestens der Mehrheit der Mitglieder des Bundestages.

(2) Erfordert die Lage unabweisbar ein sofortiges Handeln und stehen einem rechtzeitigen Zusammentritt des Bundestages unüberwindliche Hindernisse entgegen oder ist er nicht beschlussfähig, so trifft der Gemeinsame Ausschuss diese Feststellung mit einer Mehrheit von zwei Dritteln der abgegebenen Stimmen, mindestens der Mehrheit seiner Mitglieder.

(3) Die Feststellung wird vom Bundespräsidenten gemäß Artikel 82 im Bundesgesetzblatte verkündet. Ist dies nicht rechtzeitig möglich, so erfolgt die Verkündung in anderer Weise; sie ist im Bundesgesetzblatte nachzuholen, sobald die Umstände es zulassen.

(4) Wird das Bundesgebiet mit Waffengewalt angegriffen und sind die zuständigen Bundesorgane außerstande, sofort die Feststellung nach Absatz 1 Satz 1 zu treffen, so gilt diese Feststellung als getroffen und als zu dem Zeitpunkt verkündet, in dem der Angriff begonnen hat. Der Bundespräsident gibt diesen Zeitpunkt bekannt, sobald die Umstände es zulassen.

(5) Ist die Feststellung des Verteidigungsfalles verkündet und wird das Bundesgebiet mit Waffengewalt angegriffen, so kann der Bundespräsident völkerrechtliche Erklärungen über das Bestehen des Verteidigungsfalles mit Zustimmung des Bundestages abgeben. Unter den Voraussetzungen des Absatzes 2 tritt an die Stelle des Bundestages der Gemeinsame Ausschuss.

Art. 115b Mit der Verkündung des Verteidigungsfalles geht die Befehls- und Kommandogewalt über die Streitkräfte auf den Bundeskanzler über.

- Einzelheiten vgl. Art. 115c bis 115i GG

Art. 140 GG in Verbindung mit Art. 141 WRV

Soweit das Bedürfnis nach Gottesdienst und Seelsorge im Heer, in Krankenhäusern, Strafanstalten oder sonstigen öffentlichen Anstalten besteht, sind die Religionsgesellschaften zur Vornahme religiöser Handlungen zuzulassen, wobei jeder Zwang fernzuhalten ist.

7.2.2 Die Leitideen

Die so genannte Wehr- und Notstandsverfassung ist entgegen dieser gängigen Bezeichnung keine Verfassung neben der eigentlichen Verfassung, sondern integrierter Bestandteil des Grundgesetzes. Inhaltlich geht es dabei um den gesamten Aufgabenkomplex der äußeren Sicherheit, also der Sicherung und notfalls der Wiederherstellung des Friedens im Verhältnis zu anderen Staaten mit militärischen Mitteln. Sie fasst diejenigen Verfassungsartikel zusammen, die die Aufgaben und die Stellung der Streitkräfte im staatlichen Machtgefüge betreffen, insbesondere bei internationalen bewaffneten Konflikten sowie bei schweren Katastrophen im Inland. Die zahlreichen, mit für das Grundgesetz sonst eher unüblicher Liebe zum Detail ausgeformten Artikel der Wehrverfassung waren allerdings nicht von Anfang an Bestandteil des Grundgesetzes. Sie sind erst im Zuge der Wiederbewaffnung 1954, 1956 und bei den Notstandsgesetzen 1968 nachträglich und an unterschiedlichen Stellen des Grundgesetzes eingefügt worden. Häufig handelt es sich dabei um „Buchstaben-Artikel“ (vgl. Kap. 1.1.).

Die Leitideen dieser Artikel sind nicht auf den ersten Blick klar erkennbar. Ihr systematischer Zusammenhang erschließt sich erst, wenn man sich vor Augen hält, dass die Artikel der Wehrverfassung ursprünglich im Wesentlichen auf die Zeit des Kalten Krieges zwischen Ostblock und NATO zugeschnitten sind. Sie verfolgen vier zentrale Ziele:

1. Die Festschreibung des Verteidigungsauftrages für die Streitkräfte, damit zugleich den Ausschluss von Angriffs- und Eroberungskriegen:
   Sicherstellung der Verteidigungsbereitschaft bei einem überfallartigen Angriff auf unser Land durch Bereitstellung einer Armee. Die Verfassung enthält eine Grundentscheidung für eine wirksame Landesverteidigung (BVerfGE 69, 1, 21) und beschreibt damit die „Primärfunktion" der Streitkräfte. Streitkräfte der Länder gibt es nicht. Zuständig für die Aufstellung und Unterhaltung der Armee ist ausschließlich der Bund.
2. Die Sicherstellung der Handlungsfähigkeit der staatlichen Institutionen sowie der Schutz und die Versorgung der Zivilbevölkerung in Krise und Krieg.
3. Die Sicherung des Vorrangs der Politik durch die rechtliche Disziplinierung und Einbindung des Machtfaktors Streitkräfte in den Verfassungsstaat.
4. Die enge Begrenzung der Einsatzmöglichkeiten der Streitkräfte im Innern auf Katastrophen und genau benannte Notstandslagen.

7.2.3 Die Verfassungswirklichkeit: Tiefgreifende Veränderungen der Sicherheitslage und der Streitkräfte

Die Sicherheitslage unseres Landes und infolge dessen auch die Organisation und die Aufgaben der Bundeswehr haben sich gegenüber dem Zeitpunkt der Entstehung der Wehr- und Notstandsverfassung grundlegend gewandelt. Dieser Wandel ist durch folgende Merkmale gekennzeichnet:

1. Der klassische Verteidigungsauftrag hat an Bedeutung verloren. Der Verfassungstext lässt allerdings keinen Zweifel daran, dass die Streitkräfte in erster Linie für die Verteidigung unseres Landes da sind, vgl. Art. 87a Abs. 1 GG. Über die Landesverteidigung hinaus war damit immer auch die sogenannte Verteidigung im Bündnis der NATO umfasst. Der Kalte Krieg wurde mit der Wiedervereinigung Deutschlands beendet. Die Bedrohung aus dem Osten existiert in dieser Form zwar nicht mehr. Allerdings ist die Friedenseuphorie nach der Wiedervereinigung („umzingelt von Freunden") seit den Ereignissen in der Ukraine einem deutlich nüchterneren Blick gewichen. Wir müssen erkennen, dass es keine Garantie für einen „ewigen Frieden" in Europa gibt – und dass die Geschichte keineswegs an ihrem Ende angekommen ist. Bedrohungen unserer Sicherheit lassen sich außerdem nur noch schwer räumlich lokalisieren: Globalisierung bedeutet auch, dass solche Bedrohungen von Krisenherden am anderen Ende der Welt oder von einem schwer fassbaren internationalen Terrorismus ausgehen können.

2. Militärische Einsätze der Bundeswehr zur Wiederherstellung und Sicherung des Friedens finden seit den 90er Jahren in unterschiedlichem Umfang im Ausland an allen möglichen Krisenherden der Welt statt. Eine Eingrenzung der Bedrohung der Sicherheit Deutschlands auf eine bestimmte Region der Welt ist nicht mehr möglich. Dies hat auch das Bundesverfassungsgericht inzwischen ausdrücklich bestätigt (Urteil zur Verfassungsmäßigkeit des Tornado-Einsatzes in Afghanistan vom 3. Juli 2007 – 2 BvE 2/07). Hinzu kommt, dass auch die Internationalisierung der Streitkräfte zunimmt. Militärische Auslandseinsätze finden praktisch nie im nationalen Alleingang, sondern ausschließlich gemeinsam mit anderen Armeen unter dem Dach der Vereinten Nationen, der NATO oder der Europäischen Union statt. Allerdings zieht das Grundgesetz der internationalen Kooperation bei den Streitkräften deutliche Grenzen. Einer echten Arbeitsteilung (z.B. Luftwaffe nur noch Frankreich, Marine nur noch Großbritannien, Heer nur noch Deutschland) steht die nationale Souveränität (übrigens nicht nur in Deutschland) entgegen.
3. In zahlreichen Krisenregionen der Welt erleben wir die Entstaatlichung von Gewalt. So genannte asymmetrische und diffuse Bedrohungslagen nehmen zu. Staatlich gesteuerte oder zumindest kontrollierte Gewalt wird durch den Einsatz privat gelenkter „Armeen“ von örtlichen „Warlords“ oder „Regionalfürsten“ überlagert und verdrängt. Als weitere große Tendenz kommt der international agierende Terrorismus hinzu. Im Gegensatz zu einem Staat ist ein international operierender terroristischer Gegner kaum greifbar. Terror bedient sich nicht großer Armeen, sondern agiert mit perfiden Anschlägen. Der moderne Terrorismus entdeckt wieder den alten Wortsinn: Verbreitung von Schrecken in der Bevölkerung. Er zielt deswegen nicht primär auf militärische Einrichtungen, sondern bewusst und gewollt vor allem auf die Zivilbevölkerung. Er nutzt die Verwundbarkeit offener Gesellschaften aus. Man kann sich dementsprechend viel schwerer auf ihn einstellen und gegen ihn zur Wehr setzen. Das Militär hat dabei kein Monopol. Es kann neben Polizei und Sicherheitsdiensten immer nur *ein* ergänzender Faktor im Kampf gegen den Terror sein, der strikten verfassungsrechtlichen Bindungen unterliegt.
4. Die Bewertung der Auslandseinsätze der Streitkräfte wird sowohl in tatsächlicher als auch in rechtlicher Hinsicht immer schwieriger: ob die Streitkräfte einen polizeiähnlichen Sicherheits- und „Stabilisierungsauftrag“ wahrnehmen oder ob sie sich in einem Krieg oder doch in einem „kriegsähnlichen“ Zustand befinden, ist nicht immer eindeutig. Die Übergänge können dabei fließend sein. Anschaulich wurde dies bei der Entwicklung des Einsatzes der Bundeswehr im Rahmen von ISAF in Afghanistan beginnend im Jahr 2002 bis zu der Bombardierung der Tanklastzüge bei Kundus am 4. September 2009.
5. Im Innern erleben wir zunehmend eine Verwischung der klaren Aufgabenteilung zwischen Polizei und Streitkräften. Von Verfassungs wegen gibt es eine klare Aufgaben- und Zuständigkeitsverteilung der Sicherheitskräfte. Im Unterschied zu vielen anderen Staaten geht das Grundgesetz von einem strikten Dualismus von Polizei und Militär aus. Die verfassungsrechtliche Formel dafür lautet: innere Sicherheit gleich Polizei, äußere Sicherheit gleich Bundeswehr. Abgeleitet wird sie

aus der zentralen Verfassungsbestimmung des Art. 87a Abs. 2 GG. Heute greift diese Sicherheitsformel bei bestimmten Bedrohungslagen jedoch nicht mehr richtig. Dies gilt insbesondere dann, wenn die Polizei mit ihren Mitteln überfordert ist. So besitzt die Polizei im Kampf gegen Terroristen keine Jagdflugzeuge, keine kampffähigen Schiffe und keine militärischen Waffen.

6. Transformation und Personalumfang der Streitkräfte: Die Struktur und die Organisation der Bundeswehr unterliegen einem permanenten Transformationsprozess. Schlagwortartig geht es darum, schneller, beweglicher und leichter zu werden, um jederzeit weltweit einen militärischen Einsatz durchführen zu können. Die personelle Stärke der Streitkräfte ist trotz des nach der Wiedervereinigung größer gewordenen Deutschlands erheblich gesunken. Inzwischen verfügt die Bundeswehr noch über knapp 180.000 aktive Soldaten (alte Bundesrepublik vor 1990: rund 500.000 aktive Soldaten).
7. Aussetzung der Wehrpflicht: Eine echte Zäsur stellt die Aussetzung der Wehrpflicht im Jahr 2011 dar. Die Bundeswehr ist damit faktische eine Berufsarmee geworden. Das bedeutet vor allem, dass sie auf dem Arbeitsmarkt so wie jedes andere Unternehmen auch um Mitarbeiter werben muss. Die demographische Entwicklung stellt dabei in der Zukunft eine große Herausforderung dar. Grundsätzlich können nur deutsche Staatsbürger Soldat werden. Einer „internationalen Söldnerarmee" steht das Soldatengesetz entgegen.

Diese Entwicklungen haben den Verfassungstext heute zum Teil überholt. Vor allem dem verfassungsrechtlichen Verteidigungsauftrag kommt heute nicht mehr der strukturbestimmende Charakter zu.

7.2.4 Praktische Bedeutung für die Bürger

Die meisten Bestimmungen der Wehr- und Notstandsverfassung lesen sich auf den ersten Blick zwar recht technisch und abstrakt. Der Betroffenheitsgrad der Bürger ist bei diesem Regelungskomplex aber in Wahrheit hoch. Hier müssen die Bürger bestimmte Grundrechtseingriffe dulden. Das Grundgesetz lässt in Verteidigungslagen eine massive Beschränkung der Freiheitsrechte zu.

Schließlich müssen die Bürger es hinnehmen, dass die Aufgaben der Polizei zur Aufrechterhaltung der öffentlichen Sicherheit und Ordnung unter engen Voraussetzungen von den Streitkräften wahrgenommen werden.

7.2.4.1 Der direkte staatliche Zugriff auf den Einzelnen: Dienstpflichten

Die Wehrpflicht stellt einer der schärfsten Eingriffe in die Freiheit des Bürgers überhaupt dar. Grundlage der Wehrpflicht ist Art. 12a GG. Allerdings legt die Verfassung sich nicht auf eine bestimmte Wehrform fest. Zulässig ist deswegen auch eine Berufsarmee (BVerfGE 105, 71f.). Allerdings gibt es Anzeichen dafür, dass der Verteidigungsauftrag neuerdings wieder an Bedeutung gewinnt. Für die faktische Abschaffung der Wehrpflicht und die Einführung einer Berufsarmee mit unterschiedlichem Dienststatus (von den freiwillig Wehrdienstleistenden bis hin zu Berufssoldaten) hat der Gesetzgeber sich 2011 entschieden.

Tatsächlich war es immer schwieriger geworden, die Wehrgerechtigkeit noch zu gewährleisten. Allgemeine Wehrpflicht bedeutet, dass Wehrpflichtige nicht willkürlich zum Wehrdienst herangezogen werden dürfen, sondern nur entsprechend dem Verfassungsgrundsatz der Wehrgerechtigkeit (BVerfGE 12, 45; 48, 127; 38, 154; 79, 1; auch BVerwGE 92, 153). Dies bedeutet, dass im Grundsatz jeder ohne Ansehen seiner Person und seiner Fähigkeiten zum Wehrdienst verpflichtet ist. Eine bloße Auswahlwehrpflicht, bei der nur noch ein mehr oder weniger beliebiger Teil eines Jahrganges je nach dem aktuellen Bedarf, etwa nach dem Grundsatz „Köche, IT-Spezialisten und Techniker ja, Abiturienten nein", ausgewählt wird, wäre demgegenüber mit der allgemeinen Wehrpflicht nicht vereinbar. Der Gesetzgeber muss sich also aus Gerechtigkeitsgründen für ein klares „Entweder-oder" entscheiden: entweder Wehrpflicht für alle oder Berufsarmee. Dazwischen gibt es kein Drittes. Allerdings hat der Gesetzgeber mit seiner Entscheidung für die Berufsarmee die rechtliche Möglichkeit zur Wiedereinführung der Wehrpflicht offen gelassen. Heute ist die Wehrpflicht zwar ausgesetzt, aber rein rechtlich betrachtet nicht ganz und gar abgeschafft. Art. 12a GG blieb unverändert. Das bedeutet, dass der Gesetzgeber die Wehrpflicht jederzeit wieder per Gesetz aktivieren kann. Eine andere Frage ist es, ob und unter welchen Voraussetzungen dies politisch durchsetzbar ist.

Im Verteidigungsfall, der in der Regel vom Bundestag förmlich festgestellt werden muss, vgl. Art. 115a GG, sind weitere zivile Dienstpflichten für Zwecke der Verteidigung einschließlich des Schutzes der Zivilbevölkerung möglich, vgl. Art. 12a Abs. 3 GG. Dann können auch Frauen unter engen Voraussetzungen in die Pflicht genommen werden, vgl. Art. 12a Abs. 4 bis 6 GG, allerdings auf keinen Fall zum Dienst mit der Waffe verpflichtet werden.

Frauen sind von der Wehrpflicht ausgenommen. Auf freiwilliger Grundlage können Frauen dagegen jederzeit Soldatinnen werden: Sie haben das gleiche Zugangsrecht zum Beruf des Soldaten wie Männer. Dies gilt auch und gerade in der Berufsarmee.

Für die Zeit des Wehr- und Ersatzdienstes können bestimmte Grundrechte eingeschränkt werden, vgl. Art. 17a GG.

7.2.4.2 Verfassungsrechtliche Schutzmechanismen für Soldaten

Soldaten sind Bürger in Uniform. Für sie gelten die Grundrechte wie für jeden anderen Bürger. Dies stellt Art. 1 Abs. 3 GG klar. Ausdrücklich binden die Grundrechte danach auch die „vollziehende Gewalt". Damit werden die Streitkräfte erfasst. Jeder Eingriff in Grundrechte der Bürger bedarf deswegen einer eindeutigen Rechtsgrundlage. Dem Schutz des einzelnen Soldaten vor unzulässigen staatlichen Freiheitsbeeinträchtigungen dienen insbesondere das Recht auf Kriegsdienstverweigerung und die Möglichkeit, sich an den Wehrbeauftragten zu wenden.

Der Schutz des Gewissens ist ein hohes Rechtsgut der Verfassung. Dies gilt ausdrücklich auch für den Dienst mit der Waffe, vgl. Art. 4 Abs. 3 GG. Die Gewissensfreiheit garantiert, dass der Staat niemanden zu Handlungen zwingen darf, die gegen die persönlichen ethischen Maßstäbe von Gut und Böse verstoßen. Den Dienst mit der

Waffe kann der Bürger jederzeit verweigern. Dieses Grundrecht gilt nicht nur für Wehrpflichtige, die ihren Grundwehrdienst leisten, sondern auch für Zeit- und Berufssoldaten während des Dienstes.

Soldaten gewährt die Verfassung besondere Schutzmechanismen. Neben den üblichen Möglichkeiten des Rechtsschutzes (Beschwerde, Klageweg) kommt insbesondere dem Wehrbeauftragten herausragende Bedeutung zu. Dieser Beauftragte des Bundestages ist ein Hilfsorgan des Bundestages, an den jeder Soldat sich jederzeit und ohne Einhaltung des „Dienstweges“, also ohne Einschaltung des Vorgesetzten, unmittelbar wenden kann. Er erfüllt die Funktion eines Ombudsmannes zum Schutz der Grundrechte der Soldaten. Der Wehrbeauftragte hat weitgehende Rechte, um Missstände aufzuklären und Abhilfe zu erreichen. Einzelheiten regelt das Wehrbeauftragtengesetz, insbesondere dessen § 3.

Schließlich kommt auch dem Art. 141 Weimarer Reichsverfassung (WRV) als Grundlage für die Militärseelsorge in Verbindung mit Art. 4 GG eine gewisse Schutzfunktion zu. Art. 141 WRV ist Bestandteil des Grundgesetzes, vgl. Art. 140 GG. Der Freiheit der Religionsgemeinschaften zur Vornahme religiöser Handlungen entspricht das Recht des Einzelnen, an Gottesdiensten teilzunehmen und die Seelsorge eines Geistlichen in Anspruch zu nehmen. Die Verfassung berücksichtigt mit dieser Ausformung die Besonderheiten der „Zwangsgemeinschaft“ Bundeswehr und will auch unter diesen Bedingungen die Freiheit der Religionsausübung für den Einzelnen erleichtern und sichern. Die institutionelle Garantie der Militärseelsorge schafft damit für den Einzelnen eine Art Schutzraum. Die praktische Bedeutung der Militärseelsorge zeigt sich heute insbesondere bei Auslandseinsätzen.

Das Recht auf „Seelsorge in den Streitkräften“ besteht allerdings nicht nur für die herkömmlichen christlichen Konfessionen, sondern bei Bedarf auch für andere Religionsgemeinschaften. Unter dem Grundgesetz haben alle Religionsgemeinschaften nicht nur das gleiche Recht auf Zugang zu den Streitkräften, sondern auch zu gleichen Bedingungen. Allerdings kann der Einzelne sich darauf nicht berufen, sondern nur die betreffende Religionsgemeinschaft (vgl. Kap. 6.2.11).

7.2.4.3 Schutzmechanismen für die Allgemeinheit

Neben den unmittelbar auf die Person des einzelnen Soldaten bezogenen Schutzmechanismen der Verfassung gibt es auch mittelbare Mechanismen zum Schutze der Allgemeinheit. Streitkräfte sind immer ein Machtfaktor, der im Verfassungsstaat rechtlich eingebunden, begrenzt und kontrolliert sein will. Auch die staatsorganisationsrechtlichen Bestimmungen dienen letztlich diesem Zweck und damit mittelbar auch jedem Bürger, damit die Streitkräfte sich nicht als ein „Staat im Staate“ verselbständigen und äußerstenfalls vielleicht sogar gegen die Bürger wenden, sondern ausschließlich im Rahmen ihres verfassungsmäßigen Auftrages tätig werden.

Ein wesentliches Element zur Einbindung der Streitkräfte in die Machtarchitektur des Grundgesetzes ist der so genannte Primat der Politik. Deswegen weist Art. 65a GG dem Bundesminister der Verteidigung die Befehls- und Kommandogewalt zu – und damit einem politisch verantwortlichen zivilen Minister (inoffiziell „IBUK“ für „Inhaber der Befehls- und Kommandogewalt“) und nicht einem obersten Soldaten (Generalinspekteur). Die Soldaten sind unter dem Grundgesetz vielmehr Befehlsempfänger der Politik. Dies gilt selbst noch im Verteidigungsfall, bei dem die Befehls- und Kommandogewalt auf den Bundeskanzler übergeht, Art. 115b GG. Der Verteidigungsfall muss ausdrücklich vom Bundestag festgestellt werden (vgl. Art. 115a Abs. 1 GG, Ausnahmen in Abs. 2 und Abs. 4).

Die Streitkräfte unterliegen im Übrigen scharfen Kontrollmechanismen durch das Parlament. So ist der Verteidigungsausschuss als einer der wenigen Ausschüsse des Bundestages überhaupt ausdrücklich in der Verfassung genannt und damit als notwendiger Ausschuss vorgegeben, Art. 45a GG. Der Verteidigungsausschuss ist auch inhaltlich privilegiert, denn er hat die Rechte eines Untersuchungsausschusses. So hat sich der Verteidigungsausschuss am 16. Dezember 2009 wegen der Bombardierung von zwei Tanklastzügen in Kundus (Afghanistan) als Untersuchungsausschuss konstituiert.

Schließlich begrenzt die Verfassung die Aufgaben der Streitkräfte. Von herausragender Bedeutung ist dabei die Bestimmung des Art. 87a Abs. 2 GG. Danach dürfen die Streitkräfte außer zu ihrem verfassungsmäßigen Hauptzweck, der Verteidigung, immer nur dann eingesetzt werden, wenn das Grundgesetz dies ausdrücklich zulässt. Konkret lassen sich drei verfassungsrechtliche Säulen unterscheiden, die die Aufgaben der Streitkräfte tragen:

Neben ihrem Hauptauftrag, der Verteidigung, vgl. Art. 87a Abs. 1 GG, kommt zweitens der Aufgabe zur Friedenssicherung im Ausland eine große Bedeutung zu. Verfassungsrechtliche Grundlage für solche bewaffneten Auslandseinsätze ist Art. 24 Abs. 2 GG. Das Bundesverfassungsgericht hatte 1994 in einem fast schon revolutionären Urteil entschieden, dass die Bundeswehr im Rahmen und unter dem Dach eines „Systems gegenseitiger kollektiver Sicherheit“ bewaffnete Auslandseinsätze durchführen darf (BVerfGE 90,286). Ein solches System gegenseitiger kollektiver Sicherheit stellen beispielsweise die Vereinten Nationen und die NATO dar, und wohl auch nicht die Europäische Union (anders das Bundesverfassungsgericht in seinem Urteil zum Vertrag von Lissabon vom 30. Juni 2009 – BVerfG 2 BvE 2/08, Abs. 255).

„Nationale Alleingänge“ werden nur ganz ausnahmsweise zur Rettung und Evakuierung deutscher oder „befreundeter“ Bürger aus kriegsähnlichen Krisen durchgeführt. Die verfassungsrechtlichen Grundlagen für solche Maßnahmen im nationalen Alleingang, etwa auch die Verhinderung der Proliferation von Massenvernichtungswaffen auf der Hohen See oder die Bekämpfung der Piraterie außerhalb eines Systems gegenseitiger kollektiver Sicherheit durch die Streitkräfte, sind immer noch nicht abschließend geklärt. Der verfassungsändernde Gesetzgeber konnte sich bislang nicht entschließen, eine klärende Verfassungsergänzung herbeizuführen.

Ein konkreter bewaffneter Auslandseinsatz unter dem verfassungsrechtlichen Dach des Art. 24 Abs. 2 GG setzt immer ein völkerrechtliches Mandat der internationalen Sicherheitsorganisation und die Zustimmung des Bundestages voraus (Parlamentsvorbehalt). Einzelheiten sind im Parlamentsbeteiligungsgesetz geregelt. Dadurch soll sichergestellt werden, dass deutsche Soldaten nicht ohne oder gar gegen den Willen des Bundestages in Krisenherde geschickt werden. Dahinter steckt der Gedanke, dass die Bundeswehr ein Parlamentsheer ist (BVerfGE 90, 286/383 ff.). Die grundlegende Entscheidung über das Ob und den Umfang eines militärischen Auslandseinsatzes der

Streitkräfte obliegt danach dem Bundestag. Aus der Sicht des betroffenen Bürgers bedeutet dies: Kein Auslandseinsatz ohne breite parlamentarische Zustimmung, was mittelbar wiederum dem Schutz des Einzelnen zugute kommt. Mit den Worten des Bundesverfassungsgerichts:

„Die Bundeswehr ist ein „Parlamentsheer", über dessen Einsatz das Repräsentationsorgan des Volkes zu entscheiden hat. Der Einsatz von Streitkräften ist für individuelle Rechtsgüter der Soldatinnen und Soldaten sowie anderer von militärischen Maßnahmen Betroffener wesentlich und birgt die Gefahr tiefgreifender Verwicklungen in sich." (Urteil zum Vertrag von Lissabon vom 30. Juni 2009 – BVerfG 2 BvE 2/08, Abs. 254).

Die Dritte Säule der verfassungsmäßigen Aufgaben der Streitkräfte bilden die Einsätze im Innern. Mit Einsatz gemeint sind dabei hoheitliche Maßnahmen gegenüber den Bürgerinnen und Bürgern, zum Beispiel Verkehrsregelung, Kontrollen, Zwangsräumungen bis hin zum Waffeneinsatz. Sie sind immer nur dann zulässig, wenn die Polizeikräfte bei bestimmten Katastrophenlagen aus eigener Kraft selbst nicht mehr Herr der Lage werden und durch die Streitkräfte unterstützt werden müssen. Dies gilt ausdrücklich bei Naturkatastrophen, bei anderen besonders schweren Unglücksfällen (vgl. Art. 35 Abs. 2 und 3 GG, z.B. riesige Giftwolke bei einem Großunfall in einer Chemiefabrik, Pandemie mit hochansteckender Krankheit, schwere Terrorwelle mit unberechenbaren Anschlägen auf Verkehrssysteme o.Ä.) oder in schweren politischen Krisen (sog. Spannungsfall, Verteidigungsfall, innerer Notstand, vgl. Art. 87a Abs. 2 und 3, 91, 115a ff. GG). Die Verfassung knüpft die Einsatzschwelle für die Streitkräfte dabei jeweils an unterschiedlich hohe Voraussetzungen. Es gilt die Faustregel: Je schwerwiegender der Einsatz für die Bürger, desto höher die verfassungsrechtlichen Anforderungen.

Bei einer überregionalen Großkatastrophe, die sich über das Gebiet mehrerer Bundesländer erstreckt, ist beispielsweise für einen Einsatz der Streitkräfte stets ein Beschluss der Bundesregierung erforderlich, vgl. Art. 35 Abs. 3 GG. Nicht erforderlich ist dagegen, dass die Katastrophe sich bereits in vollem Umfang verwirklicht hat. Auch bereits zur Abwehr einer unmittelbar drohenden Katastrophe dürfen die Streitkräfte eingesetzt werden. Neuerdings werden auch bestimmte Aspekte der Terrorismusbekämpfung auf den „Katastrophenartikel" 35 GG gestützt. So sieht das Luftsicherheitsgesetz von 2005 vor, dass die Streitkräfte zur Unterstützung der Polizei im Luftraum zur Verhinderung eines besonders schweren Unglücksfalles eingesetzt werden können.

Insgesamt allerdings will die Verfassung den Streitkräfteeinsatz im Inland erkennbar auf enge Ausnahmelagen beschränken. Grundsätzlich sollen die Streitkräfte kein Instrument der Gefahrenbekämpfung im Inneren sein. Aus der Sicht des Bürgers bedeutet dies: Der Bürger soll sich darauf verlassen können, dass er es in kritischen Lagen beim Einsatz staatlicher Gewalt mit professionellem, dafür speziell ausgebildetem Staatspersonal zu tun bekommt, nämlich mit der Polizei, und nicht mit Soldaten. Nur in engen Ausnahmelagen (Naturkatastrophen, besonders schwerer Unglücksfall) und auch nur dann, wenn die Polizeikräfte in der konkreten Situation überfordert sind, dürfen auch Soldaten zum Einsatz kommen.

Vom Einsatz der Streitkräfte mit hoheitlichen Mitteln zu unterscheiden sind schlichte Hilfsmaßnahmen der Streitkräfte, zum Beispiel das Aufschütten von Sandsäcken und die Errichtung von Dämmen bei extremem Hochwasser, das Errichten von Notunterkünften oder eines Lazaretts. Solche Hilfsmaßnahmen erfordern nicht den Einsatz von hoheitlichen und schon gar nicht von militärischen Mitteln. Hilfsmaßnahmen, die im Prinzip von jedermann bzw. von Hilfsorganisationen wie dem Technischen Hilfswerk erbracht werden dürfen, dürfen auch die Streitkräfte erbringen. Das gilt auch bei unbewaffneten, rein humanitären Hilfsleistungen im Ausland. Der Zustimmung des Parlaments bedarf es in diesen Fällen nicht.

7.2.5 Häufig gestellte Fragen

Wird die Sicherheit Deutschlands wirklich am Hindukusch verteidigt?

Der Satz, dass die Sicherheit Deutschlands auch am Hindukusch verteidigt wird, mag in einem politischen verstandenen Sinne zutreffen. Verfassungsrechtlich ist allerdings festzuhalten, dass es sich beim Einsatz deutscher Streitkräfte in Afghanistan *nicht* um einen Verteidigungseinsatz auf der Grundlage des Art. 87a Abs. 1 GG, sondern um einen bewaffneten Auslandseinsatz der Bundeswehr auf der Grundlage des Art. 24 Abs. 2 GG im Rahmen von „ISAF“ (jetzt „Resolute Support“) handelt. Auch dabei werden zwar Sicherheitsinteressen der NATO und auch von Deutschland wahrgenommen. Dies hat das Bundesverfassungsgericht bezogen auf die NATO in der Entscheidung zum Tornado-Einsatz in Afghanistan vom Juli 2007 anerkannt. Dies bedeutet aber keine Entgrenzung des verfassungsrechtlichen Verteidigungsbegriffs. Soweit kein Fall der Verteidigung vorliegt, ist die Wahrnehmung von deutschen Sicherheitsinteressen *nur* auf der Grundlage und unter den Voraussetzungen des Art. 24 Abs. 2 GG zulässig. Dies hat das Bundesverfassungsgericht in der bereits mehrfach erwähnten Lissabon-Entscheidung ausdrücklich festgestellt.

Geht die Befehls- und Kommandogewalt über die Streitkräfte auf die Bundeskanzlerin über, weil der Bundeswehreinsatz in Afghanistan sich zu einem „kriegsähnlichen“ Konflikt entwickelt hat?

Nein. Die Befehls- und Kommandogewalt geht nur dann auf die Bundeskanzlerin über, wenn der Verteidigungsfall verkündet wird. Der Verteidigungsfall ist die Feststellung, dass das Bundesgebiet mit Waffengewalt angegriffen wird oder ein solcher Angriff unmittelbar droht (Art. 115a Abs. 1 GG). Wenn die Streitkräfte im Rahmen eines Auslandseinsatzes (auf der verfassungsrechtlichen Grundlage des Art. 24 Abs. 2 GG) in einen kriegsähnlichen Einsatz bzw. in einen Krieg verwickelt werden, liegt deswegen noch nicht notwendigerweise der Verteidigungsfall vor.

Warum gibt es keine Dienstpflicht („soziales Jahr“) für alle (Männer und Frauen)?

Eine immer wieder einmal diskutierte allgemeine Dienstpflicht sieht das Grundgesetz nicht vor. Art. 12 Abs. 2 GG bestimmt im Übrigen, dass niemand zu einer bestimmten Arbeit gezwungen werden darf. Eine Dienstpflicht für alle könnte – wenn überhaupt – nur durch eine ausdrückliche Verfassungsänderung eingeführt werden.

Auch dann bliebe eine solche allgemeine Dienstpflicht allerdings im Hinblick das Verbot der Zwangsarbeit in internationalen Menschenrechtspakten problematisch.

Muss ein Soldat einen Befehl auch dann ausführen, wenn dies gegen sein Gewissen verstoßen würde?

Das ist grundsätzlich nicht der Fall. Das Grundrecht auf Gewissensfreiheit gilt für alle Bürger in gleicher Weise, auch für Soldaten – ohne Rücksicht darauf, ob es sich um freiwillig Wehrdienstleistende, um Zeit- oder Berufssoldaten handelt. Ein Befehl, dessen Ausführung gegen sein Gewissen verstoßen würde, ist grundsätzlich unverbindlich. Allerdings ist er dann verpflichtet, seine Gewissensgründe darzulegen. Nur in kritischen Lagen, wenn die Funktionsfähigkeit der Streitkräfte oder das Leben seiner Kameraden auf dem Spiel steht, muss er den Befehl trotz Gewissensnot ausführen.

Muss ich mir als Bürger gefallen lassen, dass die Streitkräfte beispielsweise bei Flutkatastrophen Zwangsräumungen in hochwassergefährdeten Gebieten vornehmen?

Grundsätzlich ja. In solchen Notlagen dürfen die Streitkräfte bei Vorliegen der übrigen verfassungsrechtlichen Voraussetzungen auf der Grundlage von Art. 35 Abs. 2 und 3 GG Funktionen der Polizei übernehmen, wenn die Polizei aus eigener Macht dazu nicht mehr in der Lage ist.

Dürfen die Streitkräfte zur Terrorismusbekämpfung im Innern eingesetzt werden?

Die klassische Juristenantwort lautet: Es kommt darauf an. Eine Generalbefugnis zur Terrorismusbekämpfung im Innern für die Streitkräfte gibt es unter dem Grundgesetz nicht. Wenn allerdings die besonderen Voraussetzungen des Art. 35 Abs. 2 und 3 GG für den Inneneinsatz vorliegen, dürfen die Streitkräfte zur Unterstützung der Polizei in begrtenztem Umfang auch bei der Terrorismusbekämpfung tätig werden, zum Beispiel durch den Einsatz von Jagdflugzeugen. Ein drohender oder erfolgter schwerer Terroranschlag ist ein „besonders schwerer Unglücksfall" im Sinne des Grundgesetzes.

Muss ich damit rechnen, dass die Streitkräfte auch bei Demonstrationen gegen die Bürger eingesetzt werden?

Nein. Ein solcher Einsatz käme allenfalls dann in Betracht, wenn eine Demonstration völlig aus dem Ruder läuft, es zu gewalttätigen Ausschreitungen kommt, die Polizei der Lage keinesfalls mehr Herr wird, weiterer Polizeiersatz von den anderen Ländern oder vom Bund nicht verfügbar ist und weitere besonders schwere Unglücksfälle drohen. Letztlich wäre dies nur bei einer bürgerkriegsähnlichen Situation denkbar.

Dürfen Streitkräfte öffentliche Gebäude, Fußballstadien oder Bahnhöfe etc. bewachen?

Im Normalfall nein. Die Streitkräfte sind keine Ersatz- oder Hilfspolizei zur Entlastung der Polizei. Solche Objektschutzmaßnahmen könnten allenfalls dann in Betracht kommen, wenn ein oder mehrere besonders schwere Unglücksfälle unmittelbar drohen und die Polizeikräfte aus eigener Kraft überfordert sind. Rechtsgrundlage wäre wiederum Art. 35 Abs. 2 bzw. 3 GG. Etwas anders gilt nur im Verteidigungs- und im

Spannungsfall, vgl. Art. 87a Abs. 3 GG, und bei bürgerkriegsähnlichen Lagen im inneren Notstand, vgl. Art. 87a Abs. 4 GG.

Dürfen die Streitkräfte bei einer Flugzeugentführung durch Terroristen dieses Flugzeug im Extremfall abschießen und dabei auch Unschuldige Töten, um ein noch größeres Unglück zu verhindern?

Im Grundsatz nein. Ein terroristischer Angriff ist rechtlich gesehen in der Regel ein „besonders schwerer Unglücksfall". Das Bundesverfassungsgericht hat entschieden, dass die Tötung Unschuldiger schlechterdings unzulässig ist und gegen Art. 2 Abs. 2 in Verbindung mit Art. 1 Abs. 1 GG (Recht auf Leben, Menschenwürde, vgl. Kap. 3.3.2.2) verstößt. Etwas anderes kann allenfalls in Extremlagen gelten, wenn der zu befürchtende Schaden kriegsähnliche Ausmaße annehmen würde. Wenn man beispielsweise mit allergrößter Wahrscheinlichkeit davon ausgehen müsste, dass ein Flugzeug gezielt auf ein Atomkraftwerk gelenkt wird und danach weite Teile des Bundesgebietes unbewohnbar wären, wäre ein Abschuss auch unschuldiger Personen wohl verfassungsrechtlich zulässig. Allerdings dringt man hier in Sphären des Verfassungsrechts und auch der Ethik vor, wo es einfache und eindeutige Antworten nicht mehr geben kann. Die Juristerei stößt an die Grenzen dessen, was man mit den Mitteln des Rechts noch bewältigen kann.

Etwas anderes kann allerdings dann gelten, wenn ein großflächiger terroristischer Angriff von einem anderen Staat gesteuert wird und einem Angriff von außen auf die Sicherheit Deutschlands entspricht. In einem solchen Fall sind die Streitkräfte im Rahmen ihres Verteidigungsauftrages auf der verfassungsrechtlichen Grundlage des Art. 87 a GG zur Abwehr berechtigt und verpflichtet. Die Tötung Unschuldiger kann in einem solchen Fall nicht in jeder Situation ausgeschlossen werden. Auch das „Kriegsvölkerrecht" geht davon aus, dass es in bestimmten Lagen zur Tötung von Zivilisten und Unschuldigen kommen kann. Dies darf allerdings niemals primäres Ziel einer Kampfhandlung sein.

Entspricht die Wehrverfassung heute noch den Aufgaben der Bundeswehr?

Diese Frage wird unterschiedlich beantwortet. Für ausreichend und für zeitangemessen halten die Wehrverfassung insbesondere diejenigen, die eine Erweiterung der Einsatzmöglichkeiten für die Streitkräfte im Innern strikt ablehnen. Andere meinen dagegen, dass die Wehrverfassung in Teilen überholt ist und insbesondere den Anforderungen der modernen „Kriegsführung" durch international operierende Terroristen nicht mehr gerecht wird. Unabhängig von diesem Meinungsstreit ist aber nicht zu übersehen, dass der eigentliche Verfassungsauftrag der Streitkräfte, nämlich die Verteidigung gegen einen mit militärischen Mitteln geführten Angriff eines anderen Staates, faktisch immer mehr in den Hintergrund getreten ist. In deutlicher Abweichung vom Verfassungstext ist die Bundeswehr in der Verfassungswirklichkeit längst zu einem Instrument internationaler (Friedens-)Politik geworden. Gerade bei der Wehrverfassung ist das Grundgesetz nicht auf der Höhe der Zeit. Dem Text fehlt es insoweit an Verfassungsehrlichkeit, was bei einem so sensiblen Thema wie dem Einsatz der Streitkräfte bedauerlich ist. Die Folgen sind mitunter recht „akrobatische" Auslegungen des Grundgesetzes, die mit dem Wortlaut nur noch schwer vereinbar sind, und ein Mangel an Rechtssicherheit.

7.2.6 Texte zur Vertiefung

von Arnauld, Andreas/Staack, Michael (Hg.), Sicherheit versus Freiheit?, 2009

Bundeszentrale für politische Bildung (Hrsg.) Europa kontrovers, Freiheit oder Sicherheit, http://www.bpb.de/internationales/europa/europa-kontrovers/38184/freiheit-oder-sicherheit

Gramm, Christof, Die Bundeswehr in der neuen Sicherheitsarchitektur, in: Die Verwaltung, Heft 3 2008.

Kirchhof, Ferdinand, Verteidigung und Bundeswehr, in: Josef Isensee/Paul Kirchhof (Hrsg.), Handbuch des Staatsrechts der Bundesrepublik Deutschland, Bd. IV, 3. Aufl. 2006, § 84 (S. 633–699).

Münkler, Herfried, Der Wandel des Krieges – Von der Symmetrie zur Asymmetrie, 2006.

Stein, Torsten, Grundrechte im Ausnahmezustand, in: Handbuch der Grundrechte, D. Merten/H.-J. Papier (Hg.), 1. Bd. 2003, S. 945-987.

Wiefelspütz, Dieter, Das Parlamentsheer – Der Einsatz bewaffneter deutscher Streitkräfte im Ausland, der konstitutive Parlamentsvorbehalt und das Parlamentsbeteiligungsgesetz, 2005.

Wieland, Joachim, in: Dieter Fleck (Hg.), Rechtsfragen der Terrorismusbekämpfung durch Streitkräfte, 2004, S. 167–181.

8. Recht haben, Recht bekommen und Justizgrundrechte

8.1 Der Verfassungstext

Art. 19 ...

(4) Wird jemand durch die öffentliche Gewalt in seinen Rechten verletzt, so steht ihm der Rechtsweg offen. Soweit eine andere Zuständigkeit nicht begründet ist, ist der ordentliche Rechtsweg gegeben. Artikel 10 Abs. 2 Satz 2 bleibt unberührt.

IX. Die Rechtsprechung

Art. 92 Die rechtsprechende Gewalt ist den Richtern anvertraut; sie wird durch das Bundesverfassungsgericht, durch die in diesem Grundgesetze vorgesehenen Bundesgerichte und durch die Gerichte der Länder ausgeübt.

Art. 93 (1) Das Bundesverfassungsgericht entscheidet:

1. über die Auslegung dieses Grundgesetzes aus Anlass von Streitigkeiten über den Umfang der Rechte und Pflichten eines obersten Bundesorgans oder anderer Beteiligter, die durch dieses Grundgesetz oder in der Geschäftsordnung eines obersten Bundesorgans mit eigenen Rechten ausgestattet sind;

2. bei Meinungsverschiedenheiten oder Zweifeln über die förmliche und sachliche Vereinbarkeit von Bundesrecht oder Landesrecht mit diesem Grundgesetze oder die Vereinbarkeit von Landesrecht mit sonstigem Bundesrechte auf Antrag der Bundesregierung, einer Landesregierung oder eines Drittels der Mitglieder des Bundestages;

2a. bei Meinungsverschiedenheiten, ob ein Gesetz den Voraussetzungen des Artikels 72 Abs. 2 entspricht, auf Antrag des Bundesrates, einer Landesregierung oder der Volksvertretung eines Landes;

3. bei Meinungsverschiedenheiten über Rechte und Pflichten des Bundes und der Länder, insbesondere bei der Ausführung von Bundesrecht durch die Länder und bei der Ausübung der Bundesaufsicht;

4. in anderen öffentlich-rechtlichen Streitigkeiten zwischen dem Bunde und den Ländern, zwischen verschiedenen Ländern oder innerhalb eines Landes, soweit nicht ein anderer Rechtsweg gegeben ist;

4a. über Verfassungsbeschwerden, die von jedermann mit der Behauptung erhoben werden können, durch die öffentliche Gewalt in einem seiner Grundrechte oder in einem seiner in Artikel 20 Abs. 4, 33, 38, 101, 103 und 104 enthaltenen Rechte verletzt zu sein;

4b. über Verfassungsbeschwerden von Gemeinden und Gemeindeverbänden wegen Verletzung des Rechts auf Selbstverwaltung nach Artikel 28 durch ein Gesetz, bei Landesgesetzen jedoch nur, soweit nicht Beschwerde beim Landesverfassungsgericht erhoben werden kann;

5. in den übrigen in diesem Grundgesetze vorgesehenen Fällen.

(2) Das Bundesverfassungsgericht entscheidet außerdem auf Antrag des Bundesrates, einer Landesregierung oder der Volksvertretung eines Landes, ob im Falle des Artikels 72 Abs. 4 die Erforderlichkeit für eine bundesgesetzliche Regelung nach Artikel 72 Abs. 2 nicht mehr besteht oder Bundesrecht in den Fällen des Artikels 125a Abs. 2 Satz 1 nicht mehr erlassen werden könnte. Die Feststellung, dass die Erforderlichkeit entfallen ist oder Bundesrecht nicht mehr erlassen werden könnte, ersetzt ein Bundesgesetz nach Artikel 72 Abs. 4 oder nach Artikel 125a Abs. 2 Satz 2. Der Antrag nach Satz 1 ist nur zulässig, wenn eine Gesetzesvorlage nach Artikel 72 Abs. 4 oder nach Artikel 125a Abs. 2 Satz 2 im Bundestag abgelehnt oder über sie nicht innerhalb eines Jahres beraten und Beschluss gefasst oder wenn eine entsprechende Gesetzesvorlage im Bundesrat abgelehnt worden ist.

(3) Das Bundesverfassungsgericht wird ferner in den ihm sonst durch Bundesgesetz zugewiesenen Fällen tätig.

Art. 94 (1) Das Bundesverfassungsgericht besteht aus Bundesrichtern und anderen Mitgliedern.

Die Mitglieder des Bundesverfassungsgerichtes werden je zur Hälfte vom Bundestage und vom Bundesrate gewählt. Sie dürfen weder dem Bundestage, dem Bundesrate, der Bundesregierung noch entsprechenden Organen eines Landes angehören.

(2) Ein Bundesgesetz regelt seine Verfassung und das Verfahren und bestimmt, in welchen Fällen seine Entscheidungen Gesetzeskraft haben. Es kann für Verfassungsbeschwerden die vorherige Erschöpfung des Rechtsweges zur Voraussetzung machen und ein besonderes Annahmeverfahren vorsehen.

Art. 95 (1) Für die Gebiete der ordentlichen, der Verwaltungs-, der Finanz-, der Arbeits- und der Sozialgerichtsbarkeit errichtet der Bund als oberste Gerichtshöfe den Bundesgerichtshof, das Bundesverwaltungsgericht, den Bundesfinanzhof, das Bundesarbeitsgericht und das Bundessozialgericht.

(2) Über die Berufung der Richter dieser Gerichte entscheidet der für das jeweilige Sachgebiet zuständige Bundesminister gemeinsam mit einem Richterwahlausschuß, der aus den für das jeweilige Sachgebiet zuständigen Ministern der Länder und einer gleichen Anzahl von Mitgliedern besteht, die vom Bundestage gewählt werden.

(3) Zur Wahrung der Einheitlichkeit der Rechtsprechung ist ein Gemeinsamer Senat der in Absatz 1 genannten Gerichte zu bilden. Das Nähere regelt ein Bundesgesetz.

Art. 96 (1) Der Bund kann für Angelegenheiten des gewerblichen Rechtsschutzes ein Bundesgericht errichten.

(2) Der Bund kann Wehrstrafgerichte für die Streitkräfte als Bundesgerichte errichten.

Sie können die Strafgerichtsbarkeit nur im Verteidigungsfalle sowie über Angehörige der Streitkräfte ausüben, die in das Ausland entsandt oder an Bord von Kriegsschiffen eingeschifft sind. Das Nähere regelt ein Bundesgesetz. Diese Gerichte gehören zum Geschäftsbereich des Bundesjustizministers. Ihre hauptamtlichen Richter müssen die Befähigung zum Richteramt haben.

(3) Oberster Gerichtshof für die in Absatz 1 und 2 genannten Gerichte ist der Bundesgerichtshof.
(4) Der Bund kann für Personen, die zu ihm in einem öffentlich-rechtlichen Dienstverhältnis stehen, Bundesgerichte zur Entscheidung in Disziplinarverfahren und Beschwerdeverfahren errichten.
(5) Für Strafverfahren auf den folgenden Gebieten kann ein Bundesgesetz mit Zustimmung des Bundesrates vorsehen, dass Gerichte der Länder Gerichtsbarkeit des Bundes ausüben:
1. Völkermord;
2. völkerstrafrechtliche Verbrechen gegen die Menschlichkeit;
3. Kriegsverbrechen;
4. andere Handlungen, die geeignet sind und in der Absicht vorgenommen werden, das friedliche Zusammenleben der Völker zu stören (Artikel 26 Abs. 1);
5. Staatsschutz.

Art. 97 (1) Die Richter sind unabhängig und nur dem Gesetze unterworfen.
(2) Die hauptamtlich und planmäßig endgültig angestellten Richter können wider ihren Willen nur kraft richterlicher Entscheidung und nur aus Gründen und unter den Formen, welche die Gesetze bestimmen, vor Ablauf ihrer Amtszeit entlassen oder dauernd oder zeitweise ihres Amtes enthoben oder an eine andere Stelle oder in den Ruhestand versetzt werden. Die Gesetzgebung kann Altersgrenzen festsetzen, bei deren Erreichung auf Lebenszeit angestellte Richter in den Ruhestand treten. Bei Veränderung der Einrichtung der Gerichte oder ihrer Bezirke können Richter an ein anderes Gericht versetzt oder aus dem Amte entfernt werden, jedoch nur unter Belassung des vollen Gehaltes.

Art. 98 (1) Die Rechtsstellung der Bundesrichter ist durch besonderes Bundesgesetz zu regeln.
(2) Wenn ein Bundesrichter im Amte oder außerhalb des Amtes gegen die Grundsätze des Grundgesetzes oder gegen die verfassungsmäßige Ordnung eines Landes verstößt, so kann das Bundesverfassungsgericht mit Zweidrittelmehrheit auf Antrag des Bundestages anordnen, dass der Richter in ein anderes Amt oder in den Ruhestand zu versetzen ist. Im Falle eines vorsätzlichen Verstoßes kann auf Entlassung erkannt werden.
(3) Die Rechtsstellung der Richter in den Ländern ist durch besondere Landesgesetze zu regeln, soweit Artikel 74 Abs. 1 Nr. 27 nichts anderes bestimmt.
(4) Die Länder können bestimmen, dass über die Anstellung der Richter in den Ländern der Landesjustizminister gemeinsam mit einem Richterwahlausschuß entscheidet.
(5) Die Länder können für Landesrichter eine Absatz 2 entsprechende Regelung treffen.
Geltendes Landesverfassungsrecht bleibt unberührt. Die Entscheidung über eine Richteranklage steht dem Bundesverfassungsgericht zu.

Art. 99 Dem Bundesverfassungsgerichte kann durch Landesgesetz die Entscheidung von Verfassungsstreitigkeiten innerhalb eines Landes, den in Artikel 95 Abs. 1 genannten obersten Gerichtshöfen für den letzten Rechtszug die Entscheidung in solchen Sachen zugewiesen werden, bei denen es sich um die Anwendung von Landesrecht handelt.

Art. 100 (1) Hält ein Gericht ein Gesetz, auf dessen Gültigkeit es bei der Entscheidung ankommt, für verfassungswidrig, so ist das Verfahren auszusetzen und, wenn es sich um die Verletzung der Verfassung eines Landes handelt, die Entscheidung des für Verfassungsstreitigkeiten zuständigen Gerichtes des Landes, wenn es sich um die Verletzung dieses Grundgesetzes handelt, die Entscheidung des Bundesverfassungsgerichtes einzuholen. Dies gilt auch, wenn es sich um die Verletzung dieses Grundgesetzes durch Landesrecht oder um die Unvereinbarkeit eines Landesgesetzes mit einem Bundesgesetze handelt.

(2) Ist in einem Rechtsstreite zweifelhaft, ob eine Regel des Völkerrechtes Bestandteil des Bundesrechtes ist und ob sie unmittelbar Rechte und Pflichten für den Einzelnen erzeugt (Artikel 25), so hat das Gericht die Entscheidung des Bundesverfassungsgerichtes einzuholen.

(3) Will das Verfassungsgericht eines Landes bei der Auslegung des Grundgesetzes von einer Entscheidung des Bundesverfassungsgerichtes oder des Verfassungsgerichtes eines anderen Landes abweichen, so hat das Verfassungsgericht die Entscheidung des Bundesverfassungsgerichtes einzuholen.

Art. 101 (1) Ausnahmegerichte sind unzulässig. Niemand darf seinem gesetzlichen Richter entzogen werden.

(2) Gerichte für besondere Sachgebiete können nur durch Gesetz errichtet werden.

Art. 102 Die Todesstrafe ist abgeschafft.

Art. 103 (1) Vor Gericht hat jedermann Anspruch auf rechtliches Gehör.

(2) Eine Tat kann nur bestraft werden, wenn die Strafbarkeit gesetzlich bestimmt war, bevor die Tat begangen wurde.

(3) Niemand darf wegen derselben Tat aufgrund der allgemeinen Strafgesetze mehrmals bestraft werden.

Art. 104 (1) Die Freiheit der Person kann nur aufgrund eines förmlichen Gesetzes und nur unter Beachtung der darin vorgeschriebenen Formen beschränkt werden. Festgehaltene Personen dürfen weder seelisch noch körperlich misshandelt werden.

(2) Über die Zulässigkeit und Fortdauer einer Freiheitsentziehung hat nur der Richter zu entscheiden. Bei jeder nicht auf richterlicher Anordnung beruhenden Freiheitsentziehung ist unverzüglich eine richterliche Entscheidung herbeizuführen.

Die Polizei darf aus eigener Machtvollkommenheit niemanden länger als bis zum Ende des Tages nach dem Ergreifen in eigenem Gewahrsam halten. Das Nähere ist gesetzlich zu regeln.

(3) Jeder wegen des Verdachtes einer strafbaren Handlung vorläufig Festgenommene ist spätestens am Tage nach der Festnahme dem Richter vorzuführen, der ihm die Gründe der Festnahme mitzuteilen, ihn zu vernehmen und ihm Gelegenheit zu Einwendungen zu geben hat. Der Richter hat unverzüglich entweder einen mit Gründen versehenen schriftlichen Haftbefehl zu erlassen oder die Freilassung anzuordnen.
(4) Von jeder richterlichen Entscheidung über die Anordnung oder Fortdauer einer Freiheitsentziehung ist unverzüglich ein Angehöriger des Festgehaltenen oder eine Person seines Vertrauens zu benachrichtigen.

8.2 Die Leitideen

Das Grundgesetz stellt mit seinen Grundrechten den Menschen in den Mittelpunkt der Verfassungsordnung. Der Staat ist um des Menschen willen da und nicht umgekehrt. Aber Rechte nutzen nicht viel, wenn sie nur auf dem Papier verbürgt sind. Um sich kraftvoll zu entfalten, bedürfen sie auch institutioneller Sicherungen, also solcher Institutionen, die sie im Streitfall gegen Beeinträchtigungen schützen. Dies gilt im Übrigen nicht nur für die Grundrechte, sondern für die Entfaltung von Rechten überhaupt. Die Abkehr vom Faustrecht, die Durchsetzung des Gewaltmonopols des Staates und die Einrichtung unabhängiger Gerichte, denen die Streitentscheidung obliegt, ist eine besondere zivilisatorische und kulturelle Leistung. Sie führt zur Befriedung der Konflikte innerhalb der Gesellschaft.

Das Grundgesetz nimmt diese besondere Leistung auf. Als Grundrecht legt es in Art. 19 Abs. 4 S. 1 GG fest: „Wird jemand durch die öffentliche Gewalt in seinen Rechten verletzt, so steht ihm der Rechtsweg offen". Das bedeutet, dass der Einzelne vor Gericht klagen kann, wenn seine Rechte beeinträchtigt wurden. Und im neunten Abschnitt widmet das Grundgesetz der Rechtsprechung einen eigenen Abschnitt, der mit der Vorschrift einsetzt, dass die rechtsprechende Gewalt den Richtern anvertraut ist. Das Grundgesetz richtet eine fünfgliedrige Gerichtsbarkeit ein, nämlich als ordentliche und Straf-, Verwaltungs-, Finanz-, Sozial- und Arbeitsgerichtsbarkeit. Und für die Kontrolle der Einhaltung der Grundrechte und anderer Verfassungsbestimmungen ist ein Verfassungsgericht zuständig, das Verfassungsorgan ist. Damit ist der Rechtsstaat auch ein Richterstaat.

Weiterhin finden sich im neunten Abschnitt die speziellen Justizgrundrechte, die die Stellung des Bürgers im gerichtlichen Verfahren bestimmen.

Rechtsprechung (Judikative) ist streitentscheidende Gesetzesanwendung im Konflikt zweier oder mehrerer Bürger durch einen neutralen Dritten. Rechtsprechung bedeutet auch verbindliche Festlegung bestrittenen oder verletzten Rechts in einem geordneten Verfahren durch eine selbstständige und neutrale Instanz, die ausschließlich nach Recht und Gesetz entscheidet. Die Rechtsprechung als dritte Gewalt konkretisiert die Rechtsgewährleistungsfunktion des Staates. Rechtsgewährleistungsfunktion bedeutet, dass der Staat die verbindliche, neutrale Feststellung von Rechtspflichten und Rechtsverletzungen in einem geordneten Verfahren ausschließlich nach Recht und

Gesetz sicherstellt und dem Einzelnen die Möglichkeit eingeräumt ist, diese Verfahren in Anspruch zu nehmen.

8.2.1 Die Rechtsweggarantie (Art. 19 Abs. 4 GG)

Die Rechtsweggarantie beschließt den Abschnitt des Grundgesetzes über den Grundrechtsteil. Art. 19 Abs. 4 GG garantiert jedem, der durch die öffentliche Gewalt in seinen Rechten verletzt wird, zumindest eine Rechtsschutzmöglichkeit vor den ordentlichen Gerichten. Die Rechtsweggarantie trägt dem abwehrrechtlichen Charakter der Grundrechte Rechnung (s.o. 3.2.8, 5.2.2), indem sie ein gerichtliches Verfahren nur für die Fälle verbürgt, in denen ein Eingriff durch die öffentliche Hand in Streit steht. Art. 19 Abs. 4 GG gibt dem Bürger einen echten Anspruch, denn die Regelungen gewährleisteten „nicht nur das formelle Recht und die theoretische Möglichkeit, die Gerichte anzurufen, sondern geben den Bürgern einen Anspruch auf tatsächlich wirksame Kontrolle" (vgl. BVerfGE 96, 27, 39; 100, 313, 364; 101, 397, 407). Sichergestellt werden muss ein zumutbarer Zugang zu staatlichen Gerichten. Nicht erforderlich ist, dass Rechtsschutz durch Verwaltungs- und andere Fachgerichte gewährleistet wird. Auch ein Instanzenzug – d.h. die Überprüfung eines Urteils durch ein höheres Gericht – wird nicht garantiert. Der Staat muss für den erforderlichen effektiven Rechtsschutz Organisation und Verfahren entsprechend auszugestalten. Zudem muss eine Rechtsschutzgewährung in angemessener Zeit und die Ermöglichung des einstweiligen Rechtsschutzes verbürgt werden. Der Gesetzgeber besitzt indes einen erheblichen Gestaltungsspielraum bei der Ausgestaltung des Rechtswegs (z.B. durch die üblichen prozessrechtlichen Vorschriften über die Zulässigkeit einer Klage, vgl. BVerfGE 101, 106, 123; 107, 395, 401f.).

Schon der Wortlaut von Art. 19 Abs. 4 GG („jemand") verdeutlicht den umfassenden Anspruch dieser Gewährleistung, die nicht auf Deutsche beschränkt ist. Der Begriff der Öffentlichen Gewalt bezieht sich ist in erster Linie auf die vollziehende Gewalt (s.o.). Denn das Bundesverfassungsgericht will – anders als weite Teile der staatsrechtlichen Literatur – die Gesetzgebung nicht als öffentliche Gewalt i.S.V. Art. 19 Abs. 4 GG anerkennen. Auch die Rechtsprechung selbst wird von der Rechtsweggarantie erfasst. Das Bundesverfassungsgericht hat seine frühere Rechtsprechung, nach der „Rechtsschutz durch den Richter, nicht gegen den Richter" (vgl. BVerfGE 15, 275, 280; 65, 76, 90) gewährt wird, modifiziert. Es hat ausgeführt:

„Der Rechtsweg steht im Rahmen des allgemeinen Justizgewährungsanspruchs auch zur Überprüfung einer behaupteten Verletzung des Anspruchs auf rechtliches Gehör durch ein Gericht offen. Dies folgt aus dem Rechtsstaatsprinzip in Verbindung mit Art. 103 Abs. 1 GG. Das Plenum gibt die vom Bundesverfassungsgericht bisher vertretene gegenteilige Auffassung auf. (...) Die Rechtsschutzgarantie des Grundgesetzes ist nicht auf Rechtsschutz gegen Akte der vollziehenden Gewalt im Sinne von Art. 19 Abs. 4 GG beschränkt, sondern umfassend angelegt. Sie sichert allerdings keinen Rechtsmittelzug.

1. Die Garantie wirkungsvollen Rechtsschutzes ist ein wesentlicher Bestandteil des Rechtsstaates (vgl. BVerfGE 88, 118 [123]; 96, 27 [39 f.]). Das Grundgesetz garantiert

Rechtsschutz vor den Gerichten nicht nur gemäß Art. 19 Abs. 4 GG, sondern darüber hinaus im Rahmen des allgemeinen Justizgewährungsanspruchs. Dieser ist Bestandteil des Rechtsstaatsprinzips in Verbindung mit den Grundrechten, insbesondere Art. 2 Abs. 1 GG (vgl. BVerfGE 93, 99 [107]). Die grundgesetzliche Garantie des Rechtsschutzes umfasst den Zugang zu den Gerichten, die Prüfung des Streitbegehrens in einem förmlichen Verfahren sowie die verbindliche gerichtliche Entscheidung." (BVerfGE 107, 395, 401).

Für den Zugang zu den Gerichten reicht es, dass der Betroffene mit plausiblen Gründen behauptet, in seinen Rechten verletzt zu sein.

8.2.2 Der Hüter der Verfassung – das Bundesverfassungsgericht

8.2.2.1 Allgemeines

Das Bundesverfassungsgericht ist Gericht (Art. 92 GG) und Verfassungsorgan.

Zwar steht es als Verfassungsgericht an der Spitze der dritten Gewalt. Aber es steht außerhalb der Gerichtsorganisation und ist nicht in den Rechtszug der Fachgerichte eingegliedert. Es legt nicht die einfachen Gesetze aus und entscheidet nicht die Streitigkeiten, die sich aus diesen Gesetzen (also z.B. Bürgerliches Recht, Handelsrecht, Bauordnungen, Strafrecht) ergeben. Es ist ausschließlich für verfassungsrechtliche Streitfragen zuständig, deren Entscheidungsmaßstab das spezifische Verfassungsrecht ist. In den Worten des Bundesverfassungsgerichts – es ist keine „Superrevisionsinstanz". Damit will es zum Ausdruck bringen, dass die Anwendung und Auslegung des „normalen" Gesetzesrechts Sache der Fachgerichte ist. Allerdings können auch Urteile der letztinstanzlichen Gerichte Gegenstand der verfassungsgerichtlichen Kontrolle sein. Dann prüft das Bundesverfassungsgericht, ob die Fachgerichte das Verfassungsrecht und vor allem die Grundrechte in angemessenen Umfang bei der Auslegung und Anlegung der Gesetze beachtet haben (s.o. Bsp. „Soldaten sind Mörder"). Es kann verfassungswidrige Entscheidungen anderer Gerichte in solchen Fällen aufheben. Die Auslegung der Verfassung durch das Bundesverfassungsgericht ist letztverbindlich; seine Entscheidungen müssen von allen anderen staatlichen Stellen beachtet werden. Sie haben Gesetzeskraft (§ 31 Abs. 1 BVerfGG).

Als Verfassungsorgan ist das Bundesverfassungsgericht selbständig und unabhängig. Seine Zuständigkeit besteht darin, verfassungsrechtliche Streitigkeiten zwischen den verschiedenen Verfassungsorganen einerseits und zwischen dem Staat und dem Bürger andererseits zu entscheiden, wenn es um dessen verfassungsmäßigen Rechte geht.

8.2.2.2 Zuständigkeiten und Verfahren

Das Bundesverfassungsgericht hat keine umfassende Zuständigkeit, vielmehr sind die Verfahren abschließend in Art. 93 GG bzw. in besonderen gesetzlichen Zuweisungen aufgeführt (vgl. § 13 BVerfGG). Unterschieden werden im Wesentlichen:

- Streitigkeiten zwischen Verfassungsorganen und föderale Streitigkeiten
- Streitigkeiten zum Schutz von verfassungsrechtlichen Rechten des Bürgers
- Normenkontrollen

Dabei handelt es sich – neben in der Praxis weniger wichtigen Verfahrensarten – um die folgenden Verfahren:

8.2.2.2.1 Streitigkeiten zwischen Verfassungsorganen und föderale Streitigkeiten

Das Organstreitverfahren (Art. 93 Abs. 1 Nr. 1 GG, §§ 13 Nr. 5, 63 ff. BVerfGG) dient zur Entscheidung von Streitigkeiten der obersten Bundesorgane (Bundestag, Bundesrat, Bundespräsident, Bundesregierung) oder anderer Beteiligter. Das sind Teile dieser Organe, soweit sie mit eigenen Rechten durch Grundgesetz oder die Geschäftsordnungen von Bundestag bzw. Bundesrat ausgestattet sind. Entschieden ist dies z.B. für Fraktionen (BVerfGE 67, 100, 124; 68, 1, 63; 70, 324, 350) oder den einzelnen Abgeordneten (vgl. BVerfGE 94, 351, 362), wenn es über den Umfang von ihnen zustehenden Rechten und Pflichten geht. Beim Bund-Länder-Streit gem. Art. 93 Abs. 1 Nr. 3 GG, §§ 13 Nr. 7 und 8, 68 ff. BVerfGG geht es um Rechte und Pflichten zwischen Bund und Ländern. Für die Länder und den Bund treten vor dem Bundesverfassungsgericht die Bundesregierung und die Landesregierung für das jeweilige Land auf. Prüfungsmaßstab sind vor allem die Kompetenzvorschriften des Grundgesetzes und der Grundsatz der Bundestreue.

8.2.2.2.2 Streitigkeiten zum Schutz von verfassungsrechtlichen Rechten des Bürgers

Besondere Bedeutung für die Verwirklichung der Grundrechte des Bürgers hat die Verfassungsbeschwerde (Art. 93 Abs. 1 Nr. 4 a GG, §§ 13 Nr. 8 a, 90 ff. BVerfGG): „Jedermann" kann, soweit er grundrechtsfähig ist, Verfassungsbeschwerde mit der Behauptung erheben, durch einen Akt der öffentlichen Gewalt in seinen Grundrechten verletzt zu sein. Beschwerdegegenstand können gem. § 90 Abs. 1 BVerfGG alle Akte, d.h. Handlungen und Unterlassungen der drei Gewalten, sein (Gesetze, Verordnungen, Satzungen, Verwaltungsakte, Urteile). Verfassungsbeschwerde kann erhoben werden, wenn der Betroffene vortragen kann, dass die Möglichkeit einer Verletzung von Grundrechten oder grundrechtsgleichen Rechten besteht; zudem muss der Beschwerdeführer durch den Akt der öffentlichen Gewalt selbst, gegenwärtig und unmittelbar betroffen sein. Bei einer Verfassungsbeschwerde gegen Urteile muss es sich (s.o.) um eine spezifische Verfassungsverletzung handeln. Erforderlich ist auch eine Rechtswegerschöpfung, also zunächst müssen das zuständige Fachgericht und die Instanzen mit dem Fall betraut werden (§ 90 Abs. 2 S. 1 BVerfGG). Verfassungsbeschwerden sind begründet, wenn der Beschwerdeführer in einem seiner Grundrechte oder grundrechtsgleichen Rechte tatsächlich verletzt ist (§ 95 Abs. 1 BVerfGG). Ist die Verfassungsbeschwerde begründet, stellt das Bundesverfassungsgericht entweder die Nichtigkeit des angegriffenen Aktes oder die Unvereinbarkeit mit dem GG fest (§ 31 Abs. 2 S. 2 BVerfGG).

8.2.2.2.3 Normenkontrollen

Eine abstrakte Normenkontrolle (Art. 93 Abs. 1 Nr. 2 GG, §§ 13 Nr. 6, 76 ff. BVerfGG) dient der Überprüfung der Vereinbarkeit von Bundes- oder Landesrecht mit dem Grundgesetz oder der Vereinbarkeit von Landes- mit sonstigem Bundesrecht. Abstrakt ist die Normenkontrolle, weil sie ohne einen konkreten Anwendungsfall oder Anlass erfolgt. Die abstrakte Normenkontrolle kann von der Bundes- oder einer Landesregierung sowie einem Drittel der Mitglieder des Bundestages eingeleitet werden. Gegenstand der Prüfung ist einfaches Gesetzesrecht, Rechtsverordnungen und Satzungen am Maßstab des Verfassungsrechts.

Konkrete Normenkontrollen sind Richtervorlagen, also die Überprüfung eines Gesetzes auf seine Verfassungsmäßigkeit hin auf Antrag eines Gerichts in einem konkreten Streitfall, der vor diesem Gericht anhängig ist (Art. 100 GG, §§ 13 Nr. 11, 80 ff. BVerfGG). Gerichte können das BVerfG nur anrufen, wenn und soweit es im konkreten Rechtsstreit auf die Verfassungsmäßigkeit die streitentscheidenden Rechtsnorm ankommt. Das ist dann der Fall, wenn die Entscheidung des Gerichts bei Gültigkeit der Norm anders ausfallen würde als bei deren Ungültigkeit. Prüfungsgegenstand sind nur Parlamentsgesetze. Das vorlegende Gericht muss von der Verfassungswidrigkeit der Norm überzeugt sein.

8.2.2.3 Aufbau und Organisation des Bundesverfassungsgerichts

Die Ansiedlung des Bundesverfassungsgerichts in Karlsruhe ist Ausdruck der föderativen Verteilung von Verfassungsorganen. Zudem ergibt sich daraus ein gewisser Abstand zu Tagespolitik. Das Bundesverfassungsgericht besteht aus zwei Senaten mit jeweils acht Richtern (§ 2 BVerfGG). Jeder der beiden Senate ist „das Bundesverfassungsgericht". Sie stehen gleichwertig nebeneinander, wobei der 1. Senat im Wesentlichen für Grundrechtsstreitigkeiten, der 2. Senat vorwiegend für verfassungs-organisationsrechtliche Streitigkeiten zuständig ist.

Zusätzlich besteht für die Verfassungsbeschwerdeverfahren – eingeführt wegen der besonders großen Anzahl der eingelegten Beschwerden – die Möglichkeit, Kammern zu je drei Richtern zu bilden (§§ 93a–c BVerfGG). Sie haben die Möglichkeit, eine Verfassungsbeschwerde als unzulässig oder offensichtlich unbegründet zurückzuweisen bzw. ihr stattzugeben, wenn sie offensichtlich begründet ist.

Die Richter werden je zur Hälfte von Bundestag und Bundesrat gewählt (Art. 94 Abs. 1 S. 2 GG). Die Amtszeit der Richter beträgt zwölf Jahre, ohne dass eine Möglichkeit der Wiederwahl besteht.

8.2.3 Gerichtsorganisation und Unabhängigkeit der Richter

Die Zuständigkeit für die dritte Gewalt ist föderativ zwischen Bund und Ländern verteilt. Nach Art. 92 GG wird die rechtsprechende Gewalt durch das Bundesverfassungsgericht, durch die im Grundgesetz vorgesehenen Bundesgerichte und durch die Gerichte der Länder ausgeübt. Der Schwerpunkt liegt hier bei den Ländern, deren Sache die Einrichtung der Gerichte ist. Dabei sind aber die Vorgaben des Gerichtsverfassungsgesetzes und der Gerichtsordnungen (Zivilprozess-, Strafprozess-, Arbeitsgerichts-, Veraltungsgerichts-, Finanzgerichts- und Sozialgerichtsordnung) zu beachten, für die der Bund die konkurrierende Rechtsetzungskompetenz besitzt (Art. 74 Abs. 1 Nr. 1). Der Bund unterhält nur die Bundesgerichte, den Bundesgerichtshof (Karlsruhe) für Zivil- und Strafsachen, das Bundesverwaltungsgericht (Leipzig), das Bundesarbeitsgericht (Erfurt), das Bundessozialgericht (Kassel) und den Bundesfinanzhof (München). Mit wenigen gesetzlichen Ausnahmen sind dies Rechtsmittelgerichte, d.h., dass diese Bundesgerichte allein streitige Rechtsfragen entscheiden, aber nicht die Sachverhaltsaufklärung betreiben. Diese ist den unteren Instanzen vorbehalten. Bundesgerichte sind als Rechtsmittelgerichte für die Sicherung einer bundeseinheitlichen Rechtsprechung verantwortlich. Für die einheitliche Auslegung des Landesrechts sind allein die Landesgerichte als letzte Instanz zuständig. Nach Art. 96 GG sind weitere Bundesgerichte möglich (insbesondere Bundespatentgericht für den Bereich des gewerblichen Rechtsschutzes).

Art. 97 und 98 GG regeln die Unabhängigkeit der Richter. In Art. 97 Abs. 1 GG wird im Kern die sachliche Weisungsfreiheit niedergelegt. Dem Richter darf in Bezug auf die von ihm zu treffenden Entscheidungen keinerlei Weisungen erteilt werden. Auch alle sonstigen Einflussnahmen sind unzulässig. Urteile dürfen sich nur am geltenden Recht orientieren, politische oder andere außerrechtliche Aspekte dürfen nicht für die Entscheidung herangezogen werden. Zudem müssen die Richter die dem Rechtsstaatsprinzip adäquate Unparteilichkeit besitzen (BVerfGE 60, 175, 214).

Art. 97 Abs. 2 GG legt die persönliche Unabhängigkeit der Richter nieder. Dies ist notwendig, damit Entscheidungen von Richtern nicht mittelbar beeinflusst werden können, indem man sie z.B. versetzt oder ein anderes Sachgebiet zuweist.

8.2.4 Die Justizgrundrechte

Die sog. Justizgrundrechte (Art. 101 ff. GG) regeln spezielle grundrechtliche Positionen des Bürgers im gerichtlichen Verfahren. Sie spielen in erster Linie im Strafprozess ein Rolle, haben aber auch Wirkung darüber hinaus.

8.2.4.1 Das Recht auf den gesetzlichen Richter (Art. 101 Abs. 1 S. 2 GG)

Art. 101 Abs. 1 S. 2 GG sichert die Neutralität und Unabhängigkeit der Gerichtsbarkeit. Die Norm verbietet es, bestimmte Richter speziell mit einem konkreten Verfahren zu betrauen. Denn dann wäre die Objektivität des Verfahrens nicht mehr gewährleistet.

Der gesetzliche Richter ist dann garantiert, wenn die sachliche, örtliche und instanzielle Zuständigkeit eines Richters für einen konkreten Fall im Voraus abstrakt-generell nach objektiven Kriterien festgelegt ist (BVerfGE 48, 246, 254). Dies ist gewährleistet, wenn durch Parlamentsgesetze, durch Rechtsverordnungen und Satzungen sowie die Geschäftsverteilungspläne der Gerichte vorab geregelt wird, welche Verfahren und Klagen von welchen Spruchkörpern behandelt werden. Die grundlegenden Zuständigkeitsregeln müssen durch ein Parlamentsgesetz normiert sein (BVerfGE 19, 52, 60).

8.2.4.2 Die Garantien des Art. 103 GG

8.2.4.2.1 Art. 103 Abs. 1 GG – Anspruch auf rechtliches Gehör

Der Anspruch auf rechtliches Gehör ist eine unmittelbare Folgerung aus dem Rechtsstaatsgedanken. Der Einzelne soll nicht bloßes Objekt des gerichtlichen Verfahrens sein, sondern er soll vor einer gerichtlichen Entscheidung die Gelegenheit erhalten, „sich zu dem einer gerichtlichen Entscheidung zugrunde liegenden Sachverhalt vor Erlass der Entscheidung zu äußern“ (BVerfGE 1, 418, 429). Mit diesem Recht geht das Recht auf Information einher: Das Gericht ist verpflichtet, den Betroffenen über alle relevanten Tatsachen zu informieren.

Rechtliches Gehör kann derjenige geltend machen, „der an einem gerichtlichen Verfahren als Partei oder in ähnlicher Stellung beteiligt ist oder unmittelbar rechtlich von dem Verfahren betroffen ist“ (BVerfGE 65, 227, 233).

8.2.4.2.2 Art. 103 Abs. 2 GG – Nulla poena sine lege

„Keine Strafe ohne Gesetz“ – niemand soll für etwas bestraft werden, das nicht gesetzlich mit Strafe bedroht ist. Das Verbot ist ein spezielle Ausformung des Gesetzesvorbehalts (s.o.). Der gesetzesunterworfene Bürger soll die Strafbarkeit aufgrund der normativen Regelung erkennen können. Strafen sind „eine missbilligende hoheitliche Reaktion auf ein schuldhaftes Verhalten“ (BVerfGE 26, 186, 203). Auch das Ordnungswidrigkeitenrecht, das Disziplinarrecht und ehrengerichtliche Maßnahmen zählen zum Anwendungsbereich des Verbots.

Eine Bestrafung muss immer an konkrete Handlungen anknüpfen. Das Gesetzlichkeitsprinzip und das Schuldprinzip verlangen, dass die Strafbarkeit in einem förmlichen Gesetz oder in einer Rechtsverordnung bestimmt ist. Gem. Art. 104 Abs. 1 GG ist zudem bei Freiheitsstrafen ein förmliches Gesetz erforderlich. Damit verbunden ist das Verbot der Strafbegründung oder -schärfung durch Analogie oder Gewohnheitsrecht. Das ebenfalls bei Art. 103 Abs. 2 GG anzusiedelnde Rückwirkungsverbot untersagt die rückwirkende Strafbegründung und -schärfung. Nicht in den Schutzbereich fallen aber die (nur die Verfolgbarkeit betreffenden) Verjährungsvorschriften.

8.2.4.2.3 Art. 103 Abs. 3 GG – Ne bis in idem

Das Verbot der Doppelbestrafung dient der individuellen Gerechtigkeit und dem Rechtsfrieden. „Dieselbe Tat“ ist der „geschichtliche Vorgang, auf welchen Anklage und Eröffnungsbeschluss hinweisen und innerhalb dessen der Angeklagte als Täter oder Teilnehmer einen Straftatbestand verwirklicht haben soll“ (BVerfGE 23, 191, 202). Der Anwendungsbereich des Verbots der Doppelbestrafung ist auf die allgemeinen Strafgesetze beschränkt und umfasst daher nur das Kriminalstrafrecht, nicht aber das Dienst-, Ordnungs- und Polizeistrafrecht (z.B. disziplinarrechtliche, berufs- oder ehrengerichtliche Verfahren)

8.3 Lebenswirklichkeit

8.3.1 Rechtsweggarantie

Die Garantie des Art. 19 Abs. 4 GG und die Ausgestaltung der Gerichtszweige hat sich hat als Erfolgsstory erwiesen. Wenn es heißt, der Deutsche klage gern, so ist das auch darauf zurückzuführen, dass wir ein ausziseliertes Rechtsschutzsystem haben. Angesichts der zunehmenden Klageflut haben die Deutschen offenbar Vertrauen in die Gerichtsbarkeit. Die Unabhängigkeit der Richter verschafft ihnen ein durchaus hohes Ansehen. Die Klageflut und auch der in vielen Bereichen bestehende dreizügige Instanzenzug haben aber auch eine Überlastung zur Folge. Langandauernde Verfahren sind durchaus an der Tagesordnung.

8.3.2 Das Bundesverfassungsgericht

Besonders hohes Ansehen in der Bevölkerung genießt das Bundesverfassungsgericht. Tatsächlich eröffnet es dem Bürger, staatliche Entscheidungen überprüfen zu lassen. Wenn auch erst nach Erschöpfung des Rechtsweges kann der Bürger in Karlsruhe eine letzte Entscheidung suchen. Für die Entfaltung der Grundrechte hat das Gericht in der Vergangenheit segensreich gewirkt, auch wenn die Erfolgsquote von Verfassungsbeschwerden eigentlich eher gering ist. 2014 hat das Bundesverfassungsgericht 6.292 Verfassungsbeschwerden entschieden. Davon waren 121 erfolgreich, was eine Quote von 1,92% % ist (Quelle: http://www.bundesverfassungsgericht.de/DE/Verfahren/Jahresstatistiken/2014/gb2014/A-IV-2.html). Dies ist auch der Ausweis dafür, dass vieles von dem, was die Bürger für verfassungswidrig halten, doch der Verfassung entspricht.

Das Bundesverfassungsgericht steht formell gesehen auf der gleichen Stufe wie die anderen Verfassungsorgane. Gleichwohl verfügt es über ein hohes Maß an „Macht", denn die umfassende Bindungswirkung seiner Entscheidungen, die alle anderen Verfassungsorgane verpflichtet (§ 31 Abs. 1 BVerfGG), gibt ihm eine starke Stellung. Zudem kann es mit seinen Entscheidungen in staatsorganisationsrechtlichen Verfahren auch die Befugnisse und Kompetenzen der übrigen Staatsorgane näher bestimmen. Zwar wird es nicht aus eigenem Antrieb tätig („Wo kein Kläger, da kein Richter"), aber die hohe Zahl von Verfassungsbeschwerden kompensiert diese Beschränkung. Die Menge der Verfassungsbeschwerden, die sich auf fast alle rechtserheblichen Fragen des gesellschaftlichen Lebens erstrecken, eröffnet dem Bundesverfassungsgericht faktisch die Möglichkeit, viele Fragen einer verfassungsrechtlichen Klärung zuzuführen, ohne dass dies willkürlich oder verfassungsrechtlich zu beanstanden wäre. Potentiell kann das Gericht damit auch zu jeder relevanten Frage Stellung nehmen. Dieses Machtpotential wird indes dadurch gemildert, dass es sich bei den Entscheidungen um Kollegialentscheidungen handelt. Auch wenn seine Entscheidungen eng am Recht orientiert sind, so hat das Bundesverfassungsgericht auch eine „politischen Rolle" (Limbach, Das Bundesverfassungsgericht als politischer Machtfaktor, Humbold Forum Recht 1996, Beitrag 12 (http://www.rewi.hu-berlin.de/HFR/12-1996)): Oft muss das

Gericht Entscheidungen zu Fragen treffen, die zuvor politisch heftig umstritten waren. Seine Entscheidungen sind damit auch politisch. Das Schlagwort, dieses oder jenes sei verfassungswidrig, der politische Gegner verstoße gegen die Verfassung und die Drohung mit dem Gang nach Karlsruhe hat deshalb Konjunktur. Dabei ist dies im politischen Streit nur von geringem Nutzen, denn nur selten entscheidet das Bundesverfassungsgericht so zeitnah, dass dies im Tagesgeschehen zum Tragen kommt.

Die Rechtsprechung des Bundesverfassungsgerichts betrifft den Bürger oft unmittelbar, und nicht nur den jeweiligen Beschwerdeführer. Die folgenden Beispiele verdeutlichen das anschaulich:

- Der Beschluss zur so genannten Rentenüberleitung-Ost (BVerfGE 100, 1) bestätigte die Entscheidung des Gesetzgebers, alle DDR-Rentensysteme in eine gesamtdeutsche gesetzliche Alterssicherung zu überführen.
- Für viele Menschen ist die Frage von Bedeutung, ob Mitglieder der Pflegeversicherung, die Kinder erziehen, angesichts dieses generativen Beitrages zur Pflegeversicherung nicht einen geringeren Geldbeitrag leisten müssten. Das Bundesverfassungsgericht ist dieser Rechtsauffassung gefolgt (BVerfGE 103, 242). Zudem hat das Gericht den Gesetzgeber zur Prüfung aufgefordert, ob dieser Gedanke nicht auch in anderen sozialen Sicherungssystemen angewendet werden müsse.
- Bahnbrechend war wohl auch die Entscheidung (BVerfGE 115, 25), nach welcher der gesetzliche Leistungskatalog der gesetzlichen Krankenversicherung in spezifischen Fällen auch um so genannte alternative medizinische Methoden erweitert werden muss.

Das Bundesverfassungsgericht hat seine Senatsentscheidungen in inzwischen über 120 amtlichen Bänden veröffentlicht. Sie alle sind bedeutsam, aber darunter finden sich gleichwohl „Leitentscheidungen“. Meist firmieren sie in der Rechtswissenschaft wie auch einer breiteren Öffentlichkeit unter einem Schlagwort. Eine – keine Vollständigkeit beanspruchende – kleine Übersicht:

Zur Menschenwürde

BVerfGE 30, 1 – Abhörurteil
BVerfGE 45, 187 – Lebenslange Freiheitsstrafe
BVerfGE 82, 60 – steuerfreies Existenzminimum
BVerfGE 96, 375 – Sterilisation
BVerfGE 115, 118 – Luftsicherheitsgesetz

Zur allgemeinen Handlungsfreiheit/Persönlichkeitsrecht

BVerfGE 6, 32 – Elfes
BVerfGE 80, 137 – Reiten im Walde
BVerfGE 90, 145 – Cannabis
BVerfGE 104, 337 – Schächten
BVerfGE 65, 1 – Volkszählung
BVerfGE 115, 320 – Rasterfahndung

Zum Lebensrecht/körperliche Unversehrtheit

BVerfGE 39, 1 – Schwangerschaftsabbruch I
BVerfGE 46, 160 – Schleyer
BVerfGE 56, 54 – Fluglärm
BVerfGE 115, 118 – Luftsicherheitsgesetz

Zum Gleichheitssatz

BVerfGE 48, 127 – Wehrgerechtigkeit
BVerfGE 84, 34 – Chancengleichheit bei Prüfungen
BVerfGE 97, 332 – einkommensabhängige Kindergartengebühr

Zur Religionsfreiheit

BVerfGE 32, 98 – Gesundbeter
BVerfGE 93, 1 – Kruzifix
BVerfGE 105, 279 – Sektenwarnung
BVerfGE 108, 282 – Kopftuch

Zu den Kommunikationsgrundrechten

BVerfGE 7, 198 – Lüth
BVerfGE 20, 162 – Spiegel
BVerfGE 25, 256 – Blinkfuer
BVerfGE 93, 266 – Soldaten sind Mörder
BVerfGE NJW 2007, 1117 – Cicero

Zur Kunstfreiheit

BVerfGE 30, 173 – Mephisto
BVerfGE 83, 130 – Josephine Mutzenbacher

Zu Ehe und Familie

BVerfGE 6, 55 – Ehegattensplitting
BVerfGE 47, 46 – Sexualkundeunterricht
BVerfGE 76, 1 – Familiennachzug
BVerfGE 105, 313 – Lebenspartnergesetz

Zur Versammlungsfreiheit

BVerfGE 69, 315 – Brokdorf

Zur Berufsfreiheit

BVerfGE 7, 377 – Apothekenurteil
BVerfGE 115, 276 – Sportwetten
BVerfGE 116, 202 – Tariftreue Berlin

Zum Schutz der Privatsphäre

BVerfGE 30, 1 – Abhörentscheidung
BVerfGE 109, 279 – Großer Lauschangriff
BVerfGE 115, 166 – Verbindungsdaten

Zur Eigentumsfreiheit

BVerfGE 24, 367 – Hamburgische Deichordnung

BVerfGE 58, 137 – Pflichtexemplar
BVerfGE 74, 264 – Boxberg
BVerfGE 115, 97 – Halbteilungsgrundsatz

Literaturhinweis:

Nadarzinski, Ulf, Die 10 beliebtesten BVerfG-Entscheidungen: Rauchverbot, Kopftuchverbot, Parteiverbot, Legal Tribune online vom 25.7.2014, http://www.lto.de/recht/hintergruende/h/bverfg-beliebteste-urteile-roland-rechtsreport/

8.3.3 Gerichtsorganisation

Der Aufbau der Gerichte, die Zusammensetzung der Spruchkörper und die Anforderungen an die Richter, die Zuständigkeiten und Instanzenzüge haben – wie das gerichtliche Verfahrensrecht allgemein – in hohem Maße freiheitssichernde Funktion (vgl. BVerfGE 54, 277, 291 f.; 65, 77, 91). Die Gerichtsorganisation und ihre Ausgestaltung in Instanzenzügen sind ein originäres Anliegen des Rechtsstaates, weil der grundgesetzliche Rechtsstaat der Möglichkeit von Fehlentscheidungen und Fehlentwicklungen in allen Teilbereichen der Ausübung staatlicher Gewalt begegnen will. Dabei ist ein Instanzenzug, der bei Bundesgesetzen eine letztinstanzliche Klärung durch ein Bundesgesetz vorsieht, für die Rechtsanwendungsgleichheit wichtig. Denn ansonsten kann sich die Rechtsprechung beispielsweise zum „Betrug" in Bayern und Hamburg unterschiedlich entwickeln. Deshalb sind Überlegungen, den Instanzenzug vor allem aus Kostengründen einzuschränken, mit Bedacht umzusetzen, auch wenn die Einrichtung eines hierarchischen Instanzenzugs allein unter dem Gesichtspunkt des Art. 19 Abs. 4 GG nicht erforderlich ist. Andererseits ist wegen der Unabhängigkeit der Gerichte (Art. 97 GG) eine „konstitutionelle" Uneinheitlichkeit der Rechtsprechung von Verfassungs wegen hinzunehmen ist (BVerfGE 78, 123, 126; 87, 273, 278).

8.3.4 Justizgrundrechte

Für den Bürger vor Gericht wirken sich die Justizgrundrechte unmittelbar aus. Denn Kläger wie Beklagte können davon ausgehen, dass ihr Fall von einem objektiven Richter entschieden wird. Und angesichts des Folterverbots (Art. 104 Abs. 1 GG) muss niemand damit rechnen, dass er einem „peinlichen" Verhör unterzogen wird, wenn er von der Polizei festgenommen wird.

8.4 Bürgerbetroffenheit

Recht zu haben nutzt nur dann etwas, wenn man es auch bekommt. Deshalb ist die Ausgestaltung des Justizsystems, die Möglichkeit, seine Rechte auch vor unabhängigen, objektiven und unparteilichen Gerichten durchzusetzen, für den Bürger besonders wichtig. Nur wenn er seine Rechtspositionen klageweise geltend machen kann und die stattgebenden Urteile beachtet und diese gegebenenfalls vollstreckbar sind, nutzen ihm Grundrechte und Rechtsansprüche überhaupt. Deshalb sind die Garantien des Art. 19 Abs. 4 GG und der Justizgrundrechte besonders wichtig für den Einzelnen. Das überaus hohe Ansehen des Bundesverfassungsgerichts rührt auch daher, dass der Einzelne letztlich jeden Akt der öffentlichen Gewalt auf seine Verfassungsmäßigkeit hin überprüfen kann. Die Rechtsprechung des Bundesverfassungsgerichts setzt dem Gesetzgeber, der Verwaltung und auch der Rechtsprechung Grenzen – auch wenn die gefühlte Erfolgsquote höher ist als die statistische.

8.5 Häufig gestellte Fragen

Warum kann ich nicht sofort in Karlsruhe klagen, wenn ich z.B. keine Baugenehmigung erhalte?

Das Bundesverfassungsgericht entscheidet nur Fragen, die verfassungsrechtlich relevant sind. Eine verwehrte Baugenehmigung kann zwar die Eigentumsgarantie des Art. 14 GG betreffen, aber vor Erhebung einer Verfassungsbeschwerde muss zunächst der Rechtsweg erschöpft sein. Das wäre im Fall einer verwehrten Baugenehmigung der Verwaltungsrechtsweg.

Wenn das Bundesverfassungsgericht befugt ist, Gesetze für verfassungswidrig zu erklären, greift es damit nicht in die gesetzgebende Gewalt des unmittelbar demokratisch legitimierten Bundestags ein?

Dies ist im Grundsatz richtig. Aber das Grundgesetz sieht dies selbst so vor. Denn es schreibt in Art. 93 GG dem Bundesverfassungsgericht die Kompetenz zur verfassungsgerichtlichen Kontrolle zu. Damit ist auch die Befugnis verbunden, ein vom Bundestag verabschiedetes Gesetz für nichtig zu erklären. Die Verfassungsgeber unterstellten, dass auch ein demokratisch legitimierter Bundestag (und Bundesrat) gegen die Verfassung verstoßen kann, zumal im politischen System oft andere Gesichtspunkte die Verfassungsmäßigkeit überlagern können. Auch die Verfassungsrichter sind demokratisch legitimiert, denn sie werden von Bundestag und Bundesrat je zur Hälfte gewählt.

Wird das Bundesverfassungsgericht nicht von den politischen Parteien instrumentalisiert, wenn die Opposition eine Klage in Karlsruhe einlegt?

Politisch umstrittene Vorhaben werden abschließend sehr oft in Karlsruhe entschieden. Aber hierin liegt keine unzulässige Instrumentalisierung. Denn es handelt sich nicht um eine Fortsetzung der Politik mit rechtlichen Mitteln: Voraussetzung für eine Normenkontrolle ist, dass das zur Überprüfung gestellte Gesetz tatsächlich verfassungsrechtlich bedenklich ist. Klagt die Opposition vor dem Bundesverfassungsgericht, muss die Verletzung von spezifischem Verfassungsrecht geltend gemacht werden. Es geht nicht um politische Alternativen.

Wie kommt es, dass das Bundesverfassungsgericht bei der Beurteilung von Gesetzen oft zu anderen Ergebnissen kommt – und ein Gesetz als verfassungswidrig qualifiziert – als die Politik, die das Gesetz in Bundestag und Bundesrat „gemacht hat"?

Treffend kann man diese Frage mit einem Statement des Präsidenten des Bundesverfassungsgerichts *Andreas Voßkuhle* beantworten (Der Spiegel 11/2010, S. 39, 40): „*Wir* (gemeint sind die Verfassungsrichter) *denken in anderen Kategorien. Wir denken in der Codierung: Verfassungsgemäß und nicht verfassungsgemäß. Der binäre Code der Politik heißt dagegen: Wahlen gewinnen – und Verantwortung tragen – oder verlieren. Diese, ich nenne es mal Machtorientiertheit wird den Politikern gerne vorgeworfen, sie ist aber konstituierend für den politischen Prozess. Weil Politiker an der Macht bleiben und gestalten wollen, sind sie bereit dem Wählerwillen zu folgen, da sie anderenfalls möglicherweise nicht wiedergewählt werden.*"

Unterstellt, die Bundesregierung würde ankündigen, ein von Bundestag und Bundesrat beschlossenes und in Kraft befindliches Gesetz nicht anzuwenden – verstößt dies nicht gegen das Grundgesetz? Könnte man dagegen klagen?

In der Tat verpflichtet Art. 20 Abs. 3 GG die Bundesregierung und die Verwaltung allgemein, die Gesetze anzuwenden. Im Hinblick auf Art. 20 Abs. 3 GG (Bindung der Gesetzgebung an die Verfassung, der Rechtsprechung und vollziehenden Gewalt an Gesetz und Recht) wäre die Nichtanwendung eines Gesetzes verfassungsrechtlich höchst bedenklich. Dies gilt selbst für den Fall, dass die Regierung bzw. die Verwaltung ein Gesetz deshalb nicht vollziehen wollen, weil sie der Auffassung sind, es sei verfassungswidrig. Eine sog. Normverwerfungskompetenz – die Befugnis, eine gesetzliche Norm wegen vermeintlicher Verfassungswidrigkeit anzuwenden – steht weder der Exekutive noch der Judikative zu, sondern ist allein dem Bundesverfassungsgericht, im Falle einer erfolgreichen Klage gegen das Gesetz, vorbehalten. Die Gerichte können, wenn sie der Auffassung sind, ein Gesetz sei verfassungswidrig, dieses im Wege der konkreten Normenkontrolle gem. Art. 100 GG dem BVerfG vorlegen. Dieses entscheidet dann. Der Gesetzgeber kann – auch auf eine Gesetzesinitiative der Regierung hin – ein nicht mehr genehmes Gesetz aufheben.

Weigern sich Regierung oder Verwaltung, ein Gesetz zu vollziehen, betrifft die in erster Linie die gesetzgebenden Organe – also Bundestag und Bundesrat. Möglicherweise könnten sie vor dem Bundesverfassungsgericht den Gesetzesvollzug einklagen. Dies setzt etwa im Falle des Organstreitverfahrens voraus, dass der Antragssteller die Verletzung eigener, aus der Verfassung herleitbarer Rechte hinreichend geltend macht. Der Antragssteller muss selbst in diesem Recht verletzt oder unmittelbar gefährdet sein und die Rechtsverletzung muss hinreichend plausibel geltend gemacht werden. Eine Antragsbefugnis ist daher allenfalls dann plausibel, wenn und soweit man einen Gesetzesvollziehungsanspruch bejaht. Gegen einen solchen spricht zunächst der Wortlaut des Art. 20 Abs. 3 GG, der lediglich das Wort „Bindung" (nicht aber Anspruch o.Ä.) verwendet. Dementsprechend hat das Bundesverfassungsgericht in seiner Rechtsprechung bisher zwar einige Male ausgesprochen, dass die Verwaltung zum Vollzug bestehender Gesetze verpflichtet ist (BVerfGE 25, 216, 228, 30, 292, 332) und ihren Regelungsgehalt nicht „unterlaufen" darf (BVerfGE 56, 216, 241). Den Weg einer Versubjektivierung des Art. 20 Abs. 3 GG ist es aber bisher nicht gegangen. Denn ansonsten ließe sich im Ergebnis jede einfach-rechtliche Rechtsverletzung durch die Exekutive zugleich als Verstoß gegen Art. 20 Abs. 3 GG vor dem Bundesverfassungsgericht rügen. Auch im Bürger-Staat Verhältnis wird ein allgemeiner Gesetzesvollziehungsanspruch i.d.R. abgelehnt.

Allenfalls ließe sich vielleicht ein Anspruch des Bundestages aus seiner Funktion als Legislative auf Vollzug der von ihm beschlossenen Gesetze begründen. Denn der Bundestag kann seiner Aufgabe, durch Schaffung von Gesetzen die Lebensverhältnisse im Gemeinwesen zu ordnen, nur gerecht werden, wenn diese grundsätzlich auch vollzogen werden. Dabei kann es jedoch nur um die Feststellung der grundsätzlichen Pflicht der Exekutive gehen, geltendes Recht auch anzuwenden, nicht um Streitigkeiten im Einzelfall. Der Ausgang eines derartigen Verfahrens vor dem Bundesverfassungsgericht wäre völlig ungewiss.

Literaturhinweise

Zu Art. 20 Abs. 3 GG vgl. Kap. 2.2.2 f.; zum Streit um die Nichtanwendung des Gesetzes zur Erschwerung des Zugangs zu kinderpornographischen Inhalten in Kommunikationsnetzen – sog. Zugangserschwerungsgesetz – vgl. etwa http://blog.beck.de/2010/02/21/und-ulla-lacht-nichtanwendung-des-zugangserschwerungsgesetzes; http://www.bfdi.bund.de/DE/Oeffentlichkeitsarbeit/Pressemitteilungen/2010/08_Zugangserschwerungsgesetz.html?nn=408908; Peter Schaar, (Bundesdatenschutzbeauftragter);

http://www.bfdi.bund.de/bfdi_forum/showthread.php?p=4952#post4952; http://www.zeit.de/digital/internet/2010-02/netzsperren-petition-ausschuss?page=all (alle abgerufen am 15.3.2010).

Immer wieder wird darüber berichtet, dass die Berliner Politik über die Rechtsprechung des Bundesverfassungsgerichts verärgert sei und die Kompetenzen des Bundesverfassungsgerichts beschneiden möchte. Ist das möglich?

Auch wenn sich das Bundesverfassungsgericht einer großen Zustimmung und eines hohen Ansehens in der Bevölkerung erfreut – es führt bei Umfragen zum Institutionenvertrauen (vgl., etwa http://www.infratest-dimap.de/service/presse/aktuell/vertrauen-der-buerger-in-die-politik-gestiegen/ [2009]; http://www.ifd-allensbach.de/uploads/tx_reportsndocs/FAZ_August_Justiz.pdf [2014]) –, sind Politiker, aber natürlich auch Bürger, mit dem Bundesverfassungsgericht und seiner Rechtsprechung nicht immer einverstanden. Wenn immer alle mit allem zufrieden wären, würde das Gericht wahrscheinlich etwas falsch machen, ließe sich dieser Befund beschreiben. Und in den Medien wird auch vereinzelt über Gedankenspiele berichtet, wie man die Befugnisse des Bundesverfassungsgerichts beschneiden könnte (vgl. etwa einen Spiegelbericht vom 6.4.2014, http://www.spiegel.de/politik/deutschland/cdu-will-rechte-des-bundesverfassungsgerichts-beschraenken-a-962804.html; auch http://www.berliner-zeitung.de/politik/kritik-am-bundesverfassungsgericht-hat-das-bvg-zu-viel-einfluss-auf-die-politik--,10808018,26622014.html; als Reaktion darauf vgl. etwa http://www.lto.de/recht/nachrichten/n/bverfg-politik-kritik-gesetzgebung-urteile-europa/).

Die Zuständigkeiten des Bundesverfassungsgerichts sind allerdings im Grundgesetz selbst niedergelegt, vgl. Art. 93 GG. Es bedürfte einer verfassungsändernden Mehrheit in Bundestag und Bundesrat, um die grundlegenden Vorschriften des Grundgesetzes zu ändern. Angesichts des hohen Ansehens dürfte es über ein solches Vorhaben eine breite öffentliche Debatte geben, so dass ein solches Vorhaben eher unrealistisch erscheint. Politischer Streit um das Bundesverfassungsgericht und seine Rechtsprechung ist in einer Demokratie auch normal – die Richter und das Gericht sind nicht sakrosankt, sie müssen für ihre Entscheidungen verfassungsrechtliche Begründungen finden, die Entscheidungen müssen überzeugen und Akzeptanz finden. Dies geschieht auch in einem zwar nicht echten öffentlichen Diskurs, aber in einer Auseinandersetzung mit den Entscheidungen in den Medien, der Politik, bei den Bürgern und der Fachöffentlichkeit. Zwischen BVerfG und Politik besteht zwangsläufig eine Wechselwirkung. Da die verfassungsrechtlich aufgeladenen Rechtsfragen, die Karlsruhe seiner Zuständigkeit wegen zwangsläufig zu entscheiden hat, meist auch oder gerade politisch sind, ist das Gericht auch ein politischer Akteur. Seine Urteile haben politische Wirkung, entscheidet es anders als Regierung und Parlament es sich vorstellen, bleibt Unmut nicht aus.

Warum kann man Straftäter, die besonders schwerwiegende Delikte begangen haben, nicht einfach dauerhalft wegsperren?

Dem Grundgesetzt liegt ein positives Menschenbild zugrunde. Der Mensch besitzt Menschenwürde, er darf nicht zum bloßen Objekt staatlichen Handelns herabgewürdigt werden. Deswegen muss auch jeder Straftäter als Individuum gesehen werden, seine persönliche Verantwortung für seine Taten und seine Schuld müssen festgestellt werden und strafrechtlich geahndet werden. Das Bundesverfassungsgericht hat dies so ausgedrückt:

„Achtung und Schutz der Menschenwürde gehören zu den Konstitutionsprinzipien des Grundgesetzes (vgl. BVerfGE 45, 187, 227; 87, 209, 228; 96, 375, 398; 109, 133, 149). Mit der Menschenwürde ist der soziale Wert- und Achtungsanspruch des Menschen geschützt, der es verbietet, den Menschen zum bloßen Objekt des Staates zu machen oder ihn einer Behandlung auszusetzen, die seine Subjektqualität prinzipiell in Frage stellt (vgl. BVerfGE 27, 1, 6; 45, 187, 228; 109, 133, 149 f.). Menschenwürde in diesem Sinne ist auch dem eigen, der aufgrund seines körperlichen oder geistigen Zustands nicht sinnhaft handeln kann. Selbst durch „unwürdiges“ Verhalten geht sie nicht verloren. Sie kann keinem Menschen genommen werden. Verletzbar ist aber der Achtungsanspruch, der sich aus ihr ergibt (vgl. BVerfGE 87, 209, 228; 109, 133, 150).

Für die Strafrechtspflege bedeutet das Gebot der Achtung der Menschenwürde insbesondere, dass grausame, unmenschliche und erniedrigende Strafen verboten sind. Der Täter darf nicht zum bloßen Objekt der Verbrechensbekämpfung unter Verletzung seines verfassungsrechtlich geschützten sozialen Wert- und Achtungsanspruchs gemacht werden (vgl. BVerfGE 45, 187, 228; 109, 133, 150). Die grundlegenden Voraussetzungen individueller und sozialer Existenz des Menschen müssen auch dann erhalten bleiben, wenn der Grundrechtsberechtigte seiner freiheitlichen Verantwortung nicht gerecht wird und die Gemeinschaft ihm wegen begangener Straftaten die Freiheit entzieht. Aus Art. 1 Abs. 1 GG folgt die Verpflichtung des Staates, auch die Freiheitsentziehung menschenwürdig auszugestalten. Mit der Garantie der Menschenwürde wäre es unvereinbar, wenn der Staat für sich in Anspruch nehmen würde, den

Menschen zwangsweise seiner Freiheit zu entkleiden, ohne dass zumindest die Chance für ihn bestehen würde, je wieder der Freiheit teilhaftig zu werden (vgl. BVerfGE 45, 187, 229; 109, 133, 150).

Für die Androhung und Vollstreckung der lebenslangen Freiheitsstrafe hat das Bundesverfassungsgericht entschieden, dass diese ihre verfassungsrechtlich notwendige Ergänzung in einem sinnvollen Behandlungsvollzug findet. Die Vollzugsanstalten sind im Blick auf die Grundrechte der eine lebenslange Freiheitsstrafe verbüßenden Gefangenen verpflichtet, schädlichen Auswirkungen des Freiheitsentzugs, vor allem deformierenden Persönlichkeitsveränderungen, die die Lebenstüchtigkeit ernsthaft in Frage stellen und es ausschließen, dass sich der Gefangene im Falle einer Entlassung aus der Haft im normalen Leben noch zurechtzufinden vermag, im Rahmen des Möglichen zu begegnen. Schäd- lichen Wirkungen für die körperliche und geistige Verfassung des Gefangenen ist entgegenzuwirken. Diese Maßstäbe gelten auch für die Unterbringung von Straftätern in der Sicherungsverwahrung (BVerfGE 109, 133, 150 f.).“ (BVerfGE 131, 268, 287 f.)

8.6 Texte zur Vertiefung

Papier, Hans-Jürgen, Justizgewährleistungsansprüche, Rechtsschutzgarantie gegen die öffentliche Gewalt, in: Josef Isensee/Paul Kirchhof (Hrsg.), Handbuch des Staatsrechts der Bundesrepublik Deutschland, Bd. VIII, 3. Aufl. 2010, §§ 176, 177 (S. 491 – 555).

Hufen, Friedhelm, Entstehung und Entwicklung der Grundrechte, Neue Juristische Wochenschrift 1999, S. 1504.

Wieland, Joachim, Der Zugang des Bürgers zum Bundesverfassungsgericht, 1999, http://www.uni-bielefeld.de/presse/fomag/S22_27.pdf.

Limbach, Jutta, Das Bundesverfassungsgericht, 2001.

Rüthers, Bernd, Methodenrealismus in Jurisprudenz und Justiz, Juristenzeitung 2006, S. 53.

Hassemer, Winfried, Gesetzesbindung und Methodenlehre, Zeitschrift für Rechtspolitik 2007, S. 213.

Hirsch, Günter, Auf dem Weg zum Richterstaat, Juristenzeitung 2007, S. 853.

Van Ooyen, Robert/Möllers, Martin, Das Bundesverfassungsgericht im politischen System, 2007.

Rüthers, Bernd, Gesetzesbindung oder freie Methodenwahl? – Hypothesen zu einer Diskussion, Zeitschrift für Rechtspolitik 2008, S. 48.

Hans Vorländer, Regiert Karlsruhe mit? Das Bundesverfassungsgericht zwischen Recht und Politik, APuZ 2011, http://www.bpb.de/apuz/33164/regiert-karlsruhe-mit-das-bundesverfassungs-gericht-zwischen-recht-und-politik?p=all

Rolf Lamprecht, Ich gehe bis nach Karlsruhe – Eine Geschichte des Bundesverfassungsgerichts, 2011

9. Die Bürger im Bundesstaat

9.1 Der Verfassungstext

Aus der Präambel:
Die Deutschen in den Ländern Baden-Württemberg, Bayern, Berlin, Brandenburg, Bremen, Hamburg, Hessen, Mecklenburg-Vorpommern, Niedersachsen, Nordrhein-Westfalen, Rheinland-Pfalz, Saarland, Sachsen, Sachsen-Anhalt, Schleswig-Holstein und Thüringen haben in freier Selbstbestimmung die Einheit und Freiheit Deutschlands vollendet. Damit gilt dieses Grundgesetz für das gesamte Deutsche Volk.

Art. 20 (1) Die Bundesrepublik Deutschland ist ein demokratischer und sozialer Bundesstaat.

...

Art. 22 (1) Die Hauptstadt der Bundesrepublik Deutschland ist Berlin. Die Repräsentation des Gesamtstaates in der Hauptstadt ist Aufgabe des Bundes. Das Nähere wird durch Bundesgesetz geregelt.

(2) Die Bundesflagge ist schwarz-rot-gold.

Art. 23 ... (2) In Angelegenheiten der Europäischen Union wirken der Bundestag und durch den Bundesrat die Länder mit.....

(– vgl. zur Mitwirkung des Bundesrates bzw. der Länder auch Absätze 4 bis 7)

Art. 28 (1) Die verfassungsmäßige Ordnung in den Ländern muss den Grundsätzen des republikanischen, demokratischen und sozialen Rechtsstaates im Sinne dieses Grundgesetzes entsprechen. In den Ländern, Kreisen und Gemeinden muss das Volk eine Vertretung haben, die aus allgemeinen, unmittelbaren, freien, gleichen und geheimen Wahlen hervorgegangen ist. Bei Wahlen in Kreisen und Gemeinden sind auch Personen, die die Staatsangehörigkeit eines Mitgliedstaates der Europäischen Gemeinschaft besitzen, nach Maßgabe von Recht der Europäischen Gemeinschaft wahlberechtigt und wählbar. In Gemeinden kann an die Stelle einer gewählten Körperschaft die Gemeindeversammlung treten.

(2) Den Gemeinden muss das Recht gewährleistet sein, alle Angelegenheiten der örtlichen Gemeinschaft im Rahmen der Gesetze in eigener Verantwortung zu regeln. Auch die Gemeindeverbände haben im Rahmen ihres gesetzlichen Aufgabenbereiches nach Maßgabe der Gesetze das Recht der Selbstverwaltung. Die Gewährleistung der Selbstverwaltung umfasst auch die Grundlagen der finanziellen Eigenverantwortung; zu diesen Grundlagen gehört eine den Gemeinden mit Hebesatzrecht zustehende wirtschaftskraftbezogene Steuerquelle.

(3) Der Bund gewährleistet, dass die verfassungsmäßige Ordnung der Länder den Grundrechten und den Bestimmungen der Absätze 1 und 2 entspricht.

Art. 29 (1) Das Bundesgebiet kann neu gegliedert werden, um zu gewährleisten, dass die Länder nach Größe und Leistungsfähigkeit die ihnen obliegenden Aufgaben wirksam erfüllen können. Dabei sind die landsmannschaftliche Verbundenheit, die geschichtlichen und kulturellen Zusammenhänge, die wirtschaftliche Zweckmäßigkeit sowie die Erfordernisse der Raumordnung und der Landesplanung zu berücksichtigen.

(2) Maßnahmen zur Neugliederung des Bundesgebietes ergehen durch Bundesgesetz, das der Bestätigung durch Volksentscheid bedarf. Die betroffenen Länder sind zu hören.

...

Art. 30 Die Ausübung der staatlichen Befugnisse und die Erfüllung der staatlichen Aufgaben ist Sache der Länder, soweit dieses Grundgesetz keine andere Regelung trifft oder zulässt.

Art. 31 Bundesrecht bricht Landesrecht.

Art. 32 (1) Die Pflege der Beziehungen zu auswärtigen Staaten ist Sache des Bundes.

...

Art. 35 (1) Alle Behörden des Bundes und der Länder leisten sich gegenseitig Rechts- und Amtshilfe.

...

Art. 36 (1) Bei den obersten Bundesbehörden sind Beamte aus allen Ländern in angemessenem Verhältnis zu verwenden. Die bei den übrigen Bundesbehörden beschäftigten Personen sollen in der Regel aus dem Lande genommen werden, in dem sie tätig sind.

...

Art. 37 (1) Wenn ein Land die ihm nach dem Grundgesetze oder einem anderen Bundesgesetze obliegenden Bundespflichten nicht erfüllt, kann die Bundesregierung mit Zustimmung des Bundesrates die notwendigen Maßnahmen treffen, um das Land im Wege des Bundeszwanges zur Erfüllung seiner Pflichten anzuhalten.

(2) Zur Durchführung des Bundeszwanges hat die Bundesregierung oder ihr Beauftragter das Weisungsrecht gegenüber allen Ländern und ihren Behörden.

Art. 50 Durch den Bundesrat wirken die Länder bei der Gesetzgebung und Verwaltung des Bundes und in Angelegenheiten der Europäischen Union mit.

Art. 70 (1) Die Länder haben das Recht der Gesetzgebung, soweit dieses Grundgesetz nicht dem Bunde Gesetzgebungsbefugnisse verleiht.

(2) Die Abgrenzung der Zuständigkeit zwischen Bund und Ländern bemisst sich nach den Vorschriften dieses Grundgesetzes über die ausschließliche und die konkurrierende Gesetzgebung.

Art. 76 (1) Gesetzesvorlagen werden beim Bundestage durch die Bundesregierung, aus der Mitte des Bundestages oder durch den Bundesrat eingebracht.

– Einzelheiten zu den Gesetzgebungsbefugnissen des Bundes vgl. Art. 72-74 GG

Art. 78 Ein vom Bundestage beschlossenes Gesetz kommt zustande, wenn der Bundesrat zustimmt, den Antrag gemäß Artikel 77 Abs. 2 nicht stellt, innerhalb der Frist des Artikels 77 Abs. 3 keinen Einspruch einlegt oder ihn zurücknimmt oder wenn der Einspruch vom Bundestage überstimmt wird.

Art. 83 Die Länder führen die Bundesgesetze als eigene Angelegenheit aus, soweit dieses Grundgesetz nichts anderes bestimmt oder zulässt.

Art. 84 (1) Führen die Länder die Bundesgesetze als eigene Angelegenheit aus, so regeln sie die Einrichtung der Behörden und das Verwaltungsverfahren. Wenn Bundesgesetze etwas anderes bestimmen, können die Länder davon abweichende Regelungen treffen. Hat ein Land eine abweichende Regelung nach Satz 2 getroffen, treten in diesem Land hierauf bezogene spätere bundesgesetzliche Regelungen der Einrichtung der Behörden und des Verwaltungsverfahrens frühestens sechs Monate nach ihrer Verkündung in Kraft, soweit nicht mit Zustimmung des Bundesrates anderes bestimmt ist. Artikel 72 Abs. 3 Satz 3 gilt entsprechend. In Ausnahmefällen kann der Bund wegen eines besonderen Bedürfnisses nach bundeseinheitlicher Regelung das Verwaltungsverfahren ohne Abweichungsmöglichkeit für die Länder regeln. Diese Gesetze bedürfen der Zustimmung des Bundesrates. Durch Bundesgesetz dürfen Gemeinden und Gemeindeverbänden Aufgaben nicht übertragen werden

...

– Weitere Einzelheiten zur Ausführung der Bundesgesetze und zur Bundesverwaltung vgl. Art. 84 – 91 GG

Art. 91a (1) Der Bund wirkt auf folgenden Gebieten bei der Erfüllung von Aufgaben der Länder mit, wenn diese Aufgaben für die Gesamtheit bedeutsam sind und die Mitwirkung des Bundes zur Verbesserung der Lebensverhältnisse erforderlich ist (Gemeinschaftsaufgaben):

1. Verbesserung der regionalen Wirtschaftsstruktur,
2. Verbesserung der Agrarstruktur und des Küstenschutzes.

...

– vgl. auch Art. 91b

Art. 92 Die rechtsprechende Gewalt ist den Richtern anvertraut; sie wird durch das Bundesverfassungsgericht, durch die in diesem Grundgesetz vorgesehenen Bundesgerichte und durch die Gerichte der Länder ausgeübt.

- vgl. auch Art. 95, 96

Art. 104a (1) Der Bund und die Länder tragen gesondert die Ausgaben, die sich aus der Wahrnehmung ihrer Aufgaben ergeben, soweit dieses Grundgesetz nichts anderes bestimmt.

...

Art. 125 a (1) Recht, das als Bundesrecht erlassen worden ist, aber wegen der Änderung des Artikels 74 Abs. 1, der Einfügung des Artikels 84 Abs. 1 Satz 7, des Artikels 85 Abs. 1 Satz 2 oder des Artikels 105 Abs. 2a Satz 2 oder wegen der Aufhebung der Artikel 74a, 75 oder 98 Abs. 3 Satz 2 nicht mehr als Bundesrecht erlassen werden könnte, gilt als Bundesrecht fort. Es kann durch Landesrecht ersetzt werden.

(2) Recht, das aufgrund des Artikels 72 Abs. 2 in der bis zum 15. November 1994 geltenden Fassung erlassen worden ist, aber wegen Änderung des Artikels 72 Abs. 2 nicht mehr als Bundesrecht erlassen werden könnte, gilt als Bundesrecht fort. Durch Bundesgesetz kann bestimmt werden, dass es durch Landesrecht ersetzt werden kann.

(3) Recht, das als Landesrecht erlassen worden ist, aber wegen Änderung des Artikels 73 nicht mehr als Landesrecht erlassen werden könnte, gilt als Landesrecht fort. Es kann durch Bundesrecht ersetzt werden.
– vgl. auch Art. 125b und Art. 125c GG

9.2 Die Leitideen

9.2.1 Gesamtstaat und Gliedstaaten: Der Bund und die Länder

Bundesbürger sind immer zugleich auch Bürger eines Bundeslandes – in Baden-Württemberg, Nordrhein-Westfalen, Mecklenburg-Vorpommern oder einem andern Land. Spürbar wird dies spätestens dann, wenn Bürgerinnen und Bürger eine Wahlbenachrichtigung im Vorfeld von Landtagswahlen oder bei Kommunalwahlen erhalten. Daran wird deutlich, dass die Bundesrepublik Deutschland kein Zentralstaat mit einem einheitlichen politischen Machtzentrum ist, sondern ein komplexer Bundesstaat. Die Staatsgewalt und die staatlichen Zuständigkeiten (Kompetenzen) sind darin auf den Bund als Gesamtstaat und auf die 16 Länder aufgeteilt. Die Länder sind deswegen auch keine bloßen Verwaltungsprovinzen unter der Weisungsgewalt des Bundes, sondern sie genießen – wenn auch beschränkte – eigene Staatsqualität. Sie sind *selbständige* politische Machtgebilde mit eigenen Parlamenten und Regierungen, mit eigener Verwaltung und eigenem Personal und vor allem mit eigenen politischen Gestaltungsmöglichkeiten. Ihre politische Gestaltungsfreiheit wird durch das gemeinsame Band des Grundgesetzes begrenzt, das für Bund und Länder gleichermaßen verbindlich ist. Das Grundgesetz teilt die Entscheidungszuständigkeiten auf den Bund und die Länder auf. Der Bundesstaat sichert damit nicht nur eine gewisse Vielfalt im Staat, sondern er verwirklicht auch ein wichtiges Element der Gewaltenteilung. Die gewaltenteilende Wirkung des Bundesstaates ergänzt damit die klassische Gewaltenteilung der drei staatlichen Gewalten Legislative, Exekutive und Judikative.

Ein solches Bundesstaatsmodell kann allerdings nur funktionieren, wenn Bund und Länder in ihrer politischen Architektur in ihren Grundzügen auch inhaltlich miteinander verzahnt sind. In ihrer Grundstruktur müssen die Länder deswegen mit den Grundsätzen des republikanischen, demokratischen und sozialen Rechtsstaates im Sinne des Grundgesetzes übereinstimmen, sog. Homogenitätsprinzip, vgl. Art. 28 Abs. 1 GG. Mit dem Grundgesetz nicht vereinbar wäre es deswegen, wenn ein Land die Monarchie einführen würde.

Schließlich gelten auch die Grundrechte des Grundgesetzes in allen Ländern gleichermaßen. Kein Land darf sich darüber hinwegsetzen. Auch dadurch wird eine wichtiges Stück Homogenität der rechtlichen Lebensverhältnisse sichergestellt: Die Meinungsfreiheit gilt in Hamburg in gleicher Weise wie in Bayern, und ein Satire-Künstler hat in Sachsen-Anhalt von Verfassungs wegen die gleichen Rechte wie im Saarland. Diese umfassende Geltung der Grundrechte schließen es zwar nicht aus, dass in den Landesverfassungen ebenfalls eigenständige Grundrechte enthalten sind. Diese Landesgrundrechte dürfen sich aber an keiner Stelle in Widerspruch zu den Grundrechten des Grundgesetzes setzen. Wohl aber können die Landesverfassungen weitergehende

(Grund-) Rechte gewährleisten, als dies im Grundgesetz der Fall ist. So stellen beispielsweise der Genuss der Naturschönheiten und die Erholung in der freien Natur ein Grundrecht nach der bayerischen Verfassung dar.

Allerdings setzt ein funktionsfähiger Bundesstaat auch eine *Konfliktregelung* voraus, wenn einmal Unklarheiten über die richtige Zuständigkeit von Bund oder Ländern bestehen. Dies gilt insbesondere für den Fall, dass Bundesrecht und Landesrecht sich wiedersprechen. In solchen Fällen muss von Verfassungs wegen feststehen, wer das Sagen hat. Diesen potenziellen Konflikt hat das Grundgesetz in der Weise entschieden, dass das Bundesrecht dem Landesrecht vorgeht. Art. 31 GG bringt diese Kollisionsregel kurz und bündig mit nur drei Wörtern zum Ausdruck: „*Bundesrecht bricht Landesrecht.*" Dies gilt nicht nur im Hinblick auf das Grundgesetz selbst, sondern für alles Bundesrecht, also auch für die so genannten einfachen Gesetze und sogar für Rechtsverordnungen des Bundes. Diese rechtliche Vorrangregelung für das Bundesrecht stellt grundsätzlich sicher, dass die Länder das Bundesrecht durch entgegenstehendes Landesrecht nicht unterlaufen können. Der Gestaltungsspielraum der Länder wird durch das geltende Bundesrecht begrenzt. Die Länder können insoweit nur ergänzende, nicht aber verändernde Regelungen erlassen. Allerdings gibt es zahlreiche Gebiete, für die der Bund überhaupt keine Zuständigkeit besitzt.

GEMEINDEN

Im Übrigen werden auch den Gemeinden durch das Grundgesetz eigene Rechte und insbesondere eigene, vom Volk gewählte Vertretungen garantiert, vgl. Art. 28 Abs. 2 GG. Die Gemeinden genießen jedoch im Unterschied zu den Ländern keine eigene Staatsqualität. Sie sind staatsrechtlich gesehen Teile der Länder mit bestimmten eigenen Aufgaben und Selbstverwaltungsrechten im kommunalen Wirkungskreis, zum Beispiel dem Recht der Bauplanung.

Es gibt allerdings keine verfassungsrechtliche Garantie für den Bestand konkreter Länder, ebenso wenig wie für eine bestimmte Anzahl von Ländern. Unter den Voraussetzungen des Art. 29 GG können Länder zusammengelegt oder räumlich neu geschnitten werden. Die Verfassung zementiert also keineswegs den Istzustand von 16 Ländern, sondern sie räumt erhebliche Gestaltungsspielräume für die Neuordnung des Bundesgebietes ein. Wenn gelegentlich beklagt wird, dass es zu viele und teilweise zu kleine Länder gibt, so bleibt festzuhalten, dass das Grundgesetz der politischen Gestaltung auch hier weitreichende Möglichkeiten einräumt. Da eine Neugliederung des Bundesgebietes der Bestätigung durch Volksentscheid bedarf, müssen sich dafür allerdings erst einmal entsprechende Mehrheiten finden.

9.2.2 Insbesondere: Gewaltenteilung zwischen Bund und Ländern

Ergänzend zur klassischen Gewaltenteilung zwischen Parlament, Regierung/Verwaltung und Justiz (vgl. Kap. 2.1.5) sind diese Funktionen im Bundesstaat noch einmal gebrochen und auf den Bund und die Länder aufgeteilt. Dies geschieht allerdings nicht schematisch in der Weise, dass der Bund nur für die Gesetzgebung und die Länder nur für die Verwaltung zuständig wären, sondern sowohl Bund als auch Länder verfügen über je eigene Gesetzgebungs-, Verwaltungs- und Gerichtszuständigkeiten. Dabei gilt die Faustregel: Der Schwerpunkt der Gesetzgebungskompetenzen liegt beim Bund, der Schwerpunkt in Verwaltung und Justiz dagegen bei den Ländern. Die Länder führen die meisten Bundesgesetze durch ihre Behörden aus. Deswegen hat der Bürger es in der Regel mit dem Land und seinen Behörden zu tun, wenn er unmittelbar mit dem Staat in Kontakt kommt.

Wichtige Gesetzgebungskompetenzen, die bei den Ländern liegen, sind insbesondere in den Bereichen innere Sicherheit und Kultur zu finden. So verfügt der Bund beispielsweise für die Schulpolitik über keinerlei Gesetzgebungskompetenz – und erst recht nicht über eine entsprechende Verwaltungskompetenz. Das Schulwesen ist Landessache

ZUR REGELUNGSTECHNIK DES GRUNDGESETZES

Die Gesetzgebungsmaterien, die *ausschließlich in der Zuständigkeit der Länder* liegen und bei denen der Bund deswegen keinerlei Mitspracherechte hat, sucht man im Text des Grundgesetzes vergeblich. Sie werden vom Grundgesetz nicht ausdrücklich genannt. Dies liegt an der Regelungstechnik des Grundgesetzes. Danach sind die *Länder immer dann* zuständig, wenn das Grundgesetz *keine andere Regelung* zugunsten des Bundes trifft. Dieser Grundsatz ist allgemein in Art. 30 GG formuliert. Er wird bezogen auf die Gesetzgebung in Art. 70 GG, bezogen auf die Verwaltung in Art. 83 GG und bezogen auf die Gerichte in Art. 92 GG wiederholt und konkretisiert. Faustregel: Alles, was das Grundgesetz nicht ausdrücklich dem Bund zuweist, ist Ländersache.

Dieser Regelungstechnik folgend enthält das Grundgesetz lange Kataloge mit Gesetzgebungsmaterien, für die der Bund zuständig ist, beispielsweise für Verteidigung, Staatsangehörigkeit, Luftverkehr, das bürgerliche Recht, das Strafrecht usw. Dabei unterscheidet die Verfassung jetzt nur noch zwischen den *ausschließlichen* Gesetzgebungskompetenzen des Bundes, für die *alleine* der Bund zuständig ist, und den *konkurrierenden* Gesetzgebungskompetenzen des Bundes, bei denen unter bestimmten Voraussetzungen *auch die Länder* Gesetze erlassen dürfen, vgl. Art. 72 bis 74 GG.

Die Verwaltungszuständigkeiten des Bundes sind insbesondere in den Art. 87 Abs. 1 bis 90 und Art. 108 GG aufgeführt. Dort sind konkrete Verwaltungsmaterien des Bundes benannt, etwa der Auswärtige Dienst, Bundesverfassungsschutz, Bundeswehrverwaltung oder Eisenbahnverkehrsverwaltung. Der Bund kann also nicht einfach ein flächendeckendes Netz an Bundesbehörden – etwa für den Katastrophenschutz, für den die Länder zuständig sind – gründen, weil die Länder es seiner Ansicht nach nicht richtig können. Er braucht vielmehr immer eine eigene, *verfassungsrechtliche* Verwaltungskompetenz. Sonst bleibt es bei der Zuständigkeit der Länder.

DIE GENERALKLAUSEL DES GRUNDGESETZES

Von dem Grundsatz der Länderzuständigkeit gibt es eine Ausnahme. Eine weitreichende Möglichkeit für die Einrichtung von Bundesbehörden trotz entsprechender Länderzuständigkeit auf dem Gebiete der Ausführung stellt Art. 87 Abs. 3 GG dar. Aufgrund dieser verfassungsrechtlichen „Verwaltungsgeneralklausel" kann der Bund durch einfaches Gesetz bestimmte Verwaltungsaufgaben, die in der Zuständigkeit der Länder liegen, an sich ziehen und eigene Bundesoberbehörden schaffen. Voraussetzung dafür ist allerdings, dass ihm die Gesetzgebung für diese Materie zusteht. Solche Bundesoberbehörden dürfen jedoch keinen eigenen Verwaltungsunterbau haben, sondern sie sind als so genannte einstufige Behörde grundsätzlich an einen Ort gebunden. Damit wollte der Verfassungsgesetzgeber verhindern, dass der Bund den Ländern Verwaltungsaufgaben wegnimmt und sich dann „in der Fläche" breit macht. Allerdings gibt es Bundesoberbehörden in großer Zahl, beispielsweise das Bundesumweltamt oder das Bundesamt für Bevölkerungsschutz und Katastrophenhilfe.

Auch in politischer Hinsicht ist das Modell der bundesstaatlichen Gewaltenteilung bedeutsam. Insgesamt betrachtet führt es auch zu einem gewissen *parteipolitischen* Machtausgleich. Dadurch wird sichergestellt, dass in Deutschland praktisch niemals nur eine Partei oder eine Regierungskoalition die *ganze* Macht im Staate in Händen halten kann, weil im Bund und jedenfalls in einigen Ländern regelmäßig unterschiedliche politische Machtkonstellationen herrschen. So stellen die großen Oppositionsparteien im Bundestag regelmäßig immer auch mächtige Ministerpräsidenten in den Ländern. Sie können bundespolitische Präsenz durch bekannte Persönlichkeiten zeigen und sich über diesen Umweg als zukünftige Regierungspartei im Bund empfehlen. Die Länderebene sichert der Opposition im Bund damit regelmäßig eine wichtige „Schau- und Übungsbühne" für eine spätere Verantwortlichkeit als Regierungspartei im Bund.

9.2.3 Verflechtung von Bund und Ländern

Die Aufteilung der Zuständigkeiten auf Bund und Länder bedeutet jedoch nicht, dass diese staatlichen Ebenen in jeder Hinsicht streng voneinander getrennt wären. Tatsächlich ist der Kommunikations- und Abstimmungsbedarf auf allen Ebenen enorm. Bund und Länder sind unter dem Grundgesetz deswegen nicht nur getrennt, sondern andererseits in vielfältiger Weise miteinander verflochten.

Dies gilt einmal im *Verhältnis Bund und Länder*. Der Bund ist im Grundgesetz keineswegs so stark, wie dies die kraftvollen Worte des Art. 31 GG („Bundesrecht bricht Landesrecht.") zunächst nahe legen mögen. Tatsächlich üben die Länder auf die Gesetzgebung des Bundes ihrerseits über den *Bundesrat* erheblichen Einfluss aus. Genauer gesagt handelt es sich dabei um die Landesregierungen der Länder. Sie – und nicht die Landtage – sind im Bundesrat vertreten. Der Bundesrat ist ein Verfassungsorgan des Bundes. Die Länder bzw. die Landesregierungen wirken durch den Bundesrat bei der Gesetzgebung des Bundes und in Angelegenheiten der Europäischen Union aktiv mit, vgl. Art. 50 GG. Der Bundesrat hat deswegen auch ein eigenes Gesetzesinitiativrecht. Die Länder können auf diesem Wege eigene Gesetzesvorstellungen im Bund einbringen, Art. 76 Abs. 1 GG.

Einige Gesetze kann der Bundestag sogar nur mit der ausdrücklichen Zustimmung des Bundesrates beschließen, d.h. es muss sich in diesen Fällen eine Mehrheit der im Bundesrat vertretenen Länder für das betreffende Bundesgesetz finden. Die Länder – genauer gesagt, die Mehrheit der Länder im Bundesrat – regieren auf diese Weise im Bund bei der Gesetzgebung immer mit. Auch im Vermittlungsausschuss regieren die Länder über den Bundesrat im Bund mit, vgl. Art. 77 GG.

Bund und Länder sind auch in finanzieller Hinsicht in vielfältiger Weise miteinander verflochten. Bei den so genannten Gemeinschaftsaufgaben wirkt der Bund an bestimmten Aufgaben der Länder finanziell unterstützend mit, vgl. Art. 91 a und 91b GG. Schließlich wird das Steueraufkommen zwischen Bund und Ländern verteilt.

Aber auch *untereinander* sind die Länder in vielfältiger Weise miteinander verknüpft. Hier besteht ebenfalls großer Kommunikations- und Abstimmungsbedarf, beispielsweise bei der Verfolgung eines Straftäters durch die Landespolizei über die Grenze eines Landes hinaus. Eine Fülle von Staatsverträgen, von Verwaltungsvereinbarungen, von Absprachen, von Mustergesetzentwürfen, von regelmäßigen Fachministerkonferenzen, Konsultationen, Arbeitsgruppen und informellen Erfahrungsaustauschen bewältigen die Querkoordinierung unter den Ländern („Länderselbstkoordinierung"). So erfolgt die Koordinierung der Kultusverwaltung sogar durch eine eigene Behörde, der Kultusministerkonferenz.

Alle diese Formen des Mit- und manchmal auch Gegeneinanders der Länder untereinander sind im Grundgesetz nicht geregelt, weil sie nicht zum Regelungsgegenstand der Bundesverfassung gehören. Lediglich an einer Stelle nennt das Grundgesetz Pflichten der Länder untereinander, nämlich beim Finanzausgleich der Steuereinnahmen. Dabei leisten finanzstarke Länder finanzschwachen Länder einen Finanzausgleich (vgl. dazu Kap. 11). Im Übrigen gilt sowohl im Bund-Länder-Verhältnis als auch bei den Ländern untereinander das Gebot der gegenseitigen Rücksichtnahme, so genannte Pflicht zur Bundestreue.

9.2.4 Leitgedanken der Verfassungsreform 2006: Entflechtung

Mit der Verfassungsreform von 2006 hat der verfassungsändernde Gesetzgeber das Generalziel einer stärkeren Entflechtung von Bund und Ländern verfolgt. Im Einzelnen geschieht dies durch folgende Strukturelemente:

Vereinfachung der Gesetzgebungskompetenzen. Von den ursprünglich drei Typen der Bundesgesetzgebung – neben der ausschließlichen und der konkurrierenden Gesetzgebung gab es als gemischte Gesetzgebung von Bund und Ländern früher auch noch die so genannte Rahmengesetzgebung – blieben nur noch zwei übrig.

Stärkung der Gesetzgebungskompetenzen der Länder. Einige Gesetzgebungsmaterien wurden vom Bund auf die Länder verlagert, etwa im Hochschulbereich. Andere Materien, etwa das Melde- und Ausweiswesen und der Schutz deutschen Kulturgutes, wurden in die ausschließliche Bundeskompetenz überführt. Dadurch sollen einerseits klare Verantwortlichkeiten von *Bund oder Ländern* hergestellt und andererseits innerhalb der Länder die Landtage gestärkt werden. Insbesondere die Bereiche schulische Bildung und Hochschule liegen mit wenigen Ausnahmen (vgl. Art. 74 Abs. 1 Nr. 33 GG) jetzt als zusammenhängender Politikbereich in der Hand der Länder.

Reduzierung der Mitwirkungsmöglichkeiten der Länder bzw. des Bundesrates bei der Bundesgesetzgebung. Die Zustimmung des Bundesrates zu bestimmten Bundesgesetzen wurde in den meisten Fällen durch Art. 84 GG ausgelöst. Diese Zustimmungsbedürftigkeit wurde jetzt zurückgeführt. Der Bund kann den Ländern Verwaltungszuständigkeit und Verwaltungsverfahren bei der Ausführung von Bundesgesetzen vorschreiben, ohne dass der Bundesrat solchen Regelungen zustimmen müsste. Allerdings haben die Länder im Gegenzug dafür das Recht erhalten, von entsprechenden bundesgesetzlichen Regelungen ihrerseits abweichende Regelungen zu treffen.

Stärkung der Gemeinden. Schließlich dürfen durch Bundesgesetz Gemeinden und Gemeindeverbänden Aufgaben nicht mehr zu deren finanziellen Lasten übertragen werden. Diese Bestimmung schont die Finanzen der Gemeinden.

9.3 Die Verfassungswirklichkeit

Die Wirklichkeit des Bundesstaates, seine Vorzüge und Probleme, erschließen sich nur schwer alleine aus dem Verfassungstext. Ein Schlüssel zum besseren Verständnis liegt in der bundesstaatlichen Mechanik der politischen Macht. Häufig geht es bei bundesstaatlichen Fragen in Wahrheit um Machtfragen, nämlich *wer setzt sich durch*: Bund oder Länder, diese oder jene politische Parteienkonstellation? Tatsächlich sind beide Fragen eng miteinander verwoben.

Die bundesstaatliche Mechanik der Macht ist freilich alles andere als leicht zu durchschauen. Dies gilt erst recht in einer zunehmend bunter werdenden Parteienlandschaft in Deutschland – mit der Möglichkeit ganz unterschiedlicher Regierungsbündnisse im Bund und in den verschiedenen Ländern.

Ganz entscheidend ist die Abhängigkeit des Bundesgesetzgebers von den Ländern. Ausgangspunkt dafür ist die Erkenntnis, dass der Bund bei seiner Gesetzgebung keineswegs immer frei, sondern in vielen Fällen auf die Zustimmung des Bundesrates angewiesen ist. Im Bundesrat sind nicht die Parlamente, sondern die Regierungen der Länder versammelt. Ob ein Gesetz der Zustimmung des Bundesrates unterliegt oder ob der Bundesrat nur ein Äußerungsrecht hat – das Grundgesetz spricht von Einspruchsgesetzen –, ergibt sich aus der Verfassung selbst. Die Verfassung kennt eine Vielzahl solcher Zustimmungsvorbehalte.

Für den Bundestag, genauer gesagt für die Mehrheitsparteien im Bundestag, bedeutet dies: Wenn Bundesgesetze der Zustimmung des Bundesrates unterliegen, kann der Bundestag diese Gesetze immer nur dann erlassen, wenn auch eine entsprechende Mehrheit der im Bundesrat vertretenen Landesregierungen sichergestellt ist. Das Zustimmungsrecht des Bundesrates bedeutet damit faktisch ein Vetorecht. Wenn die Länder – bzw. die Landesregierungen – in ihrer Mehrheit nicht zustimmen wollen, kann der Bund dann trotz entsprechender Mehrheit im Bundestag kein entsprechendes Gesetz erlassen. Das Parlament ist dann nur eingeschränkt handlungsfähig.

Große gesellschaftliche Reformvorhaben sind ohne die Zustimmung der Länder in der Regel kaum möglich. In gewisser Weise legt die Ausformung des Bundesstaates im Grundgesetz die Bundespolitik damit an die Kandare der Länder. Wenn im Bundestag *andere* politische Mehrheiten herrschen als im Bundesrat, bedeutet dies rein machtpolitisch betrachtet: Die regierende Mehrheit im Bundestag ist in Wahrheit auf die Zustimmung ihrer *eigenen* Opposition im *Bundestag* angewiesen, wenn diese ihrerseits über die Mehrheit im *Bundesrat* verfügt. Dies ist immer dann der Fall, wenn sie die entsprechende Mehrheit in den Ländern hat und die Landesregierungen stellt. Die Parlamentsmehrheit im Bundestag und die politisch davon abweichende Mehrheit der Landesregierungen müssen sich dann erst verständigen. Ohne diese „faktische große Koalition“ lässt sich im Bund damit politisch nichts oder jedenfalls nichts Großes bewegen. Tatsächlich bestand diese politische Konstellation in der Geschichte der Bundesrepublik sehr häufig. Vereinfacht gesagt bedeutet dies: *Egal, ob die Große Koalition im Bund tatsächlich regiert oder nicht – große Reformen gehen häufig nur mit der Zustimmung der großen Oppositionspartei.* Mitunter regieren dabei auch kleine Parteien in den Ländern kräftig auf der Bundesebene mit, nämlich immer dann, wenn sie als „Zünglein an der Waage“ als Mehrheitsbeschaffer für eine große Partei fungieren und damit faktisch eine Veto-Position einnehmen.

Man bezeichnet das deutsche bundesstaatliche System deswegen auch als Konsens- oder Verbundföderalismus. Der Zwang zur Verständigung und zum Kompromiss ist dadurch vorprogrammiert, ähnlich wie dies typischerweise bei einer Großen Koalition im Bund ohnehin der Fall ist. Umgekehrt heißt dies aber auch, dass eine Einigung häufig nur auf dem kleinsten gemeinsamen politischen Nenner – und öfter auch einmal gar nicht – stattfindet. Daran hat auch die Verfassungsänderung von 2006 nichts Wesentliches verändert.

Politisch hat der Bundesstaat in seiner deutschen Ausprägung noch einen weiteren Preis. Er ist jedenfalls aus länderübergreifender Sicht umständlich, er fördert die Rechtszersplitterung und eine gewisse Mentalität der politischen Introvertiertheit. Die Verantwortlichkeit eines Landes endet nun einmal an seinen Grenzen, was insbesondere bei kleineren Ländern von Nachteil ist. Lehrreich sind beispielsweise Katastrophenschutzpläne von einzelnen Ländern, die manchmal an den Landesgrenzen enden. Naturkatastrophen, etwa große Hochwasser, pflegen sich aber in den seltensten Fällen an die Landesgrenzen zu halten.

Manche betonen demgegenüber stärker den Aspekt, dass der Föderalismus den Wettbewerb der Länder untereinander befördere und deswegen für das Staatsganze von Vorteil sei. Auch wenn dieser Gedanke sich nicht von der Hand weisen lässt, trifft er doch nur zum Teil zu. Der Länderfinanzausgleich, bei dem die reichen Geberländer den Löwenanteil ihrer „Überschüsse“ an die ärmeren Länder abgeben müssen, lässt einen echten Wettbewerb kaum zu. Im Übrigen würde ein solcher Wettbewerb voraussetzen, dass die Bürger nicht nur mit ihren Stimmen, sondern auch mit den Füßen abstimmen und politisch und finanziell schlecht arbeitenden Ländern leicht den Rücken kehren könnten.

Aber nicht nur politisch, sondern auch finanziell hat der Bundesstaat seinen Preis. Mit seinen 16 Länderparlamenten, Regierungen und jeweiligen Verwaltungsbesonderheiten kostet er bei gesamtwirtschaftlicher Betrachtung viel Geld. Viele kleinere

Länder sind aus eigener Kraft ohne finanzielle Unterstützung im Wege des Finanzausgleichs durch die anderen überhaupt nicht lebensfähig. Hinzu kommt der enorme Verhandlungs- und Abstimmungsbedarf auf allen Ebenen, der seinerseits erhebliche finanzielle Kosten verursacht. Dieser so genannte kooperative Föderalismus ist daher in erster Linie ein Verhandlungs- und Aushandlungsföderalismus. Aus der Perspektive des Gesamtstaates ist der Bundesstaat teuer.

9.4 Praktische Bedeutung für die Bürger

Im Unterschied zu anderen verfassungsrechtlichen Themen erschließt sich die Bürgerbetroffenheit durch den Bundesstaat erst auf den zweiten Blick. Denn das Strukturprinzip des Bundesstaates mit all seinen Ausprägungen im Grundgesetz betrifft die Bürger eher mittelbar. Aus der Bürgerperspektive fällt die Bilanz dabei gemischt aus, und zwar abhängig davon, ob der prüfende Blick sich in erster Linie nur auf das jeweilige eigene Land richtet oder darüber hinaus auch auf die Länder in ihrer Gesamtheit und auf den Bund.

Ohne Frage hat der Bundesstaat für die Bürger Vorteile. Nicht nur an Staatsfeiertagen ist es üblich, die typisch deutsche Tradition des Bundesstaates und seine Ländervielfalt zu feiern. Gerne wird dabei die identitätsstiftende Kraft der Länder hervorgehoben. Im Zeichen von Europäisierung und Globalisierung verspricht die Verwurzelung in der Region ein gewisses Maß an Sicherheit und Geborgenheit. Die Länder tragen dazu bei, die Identität und das Heimatbewusstsein der Bürger zu stärken. Die Länder, aber auch die verfassungsrechtliche Stellung der Gemeinden sorgen für eine größere Nähe der Politik zum Bürger. Die Politik im Bundesstaat ist in wichtigen Bereichen dezentral und damit näher am Bürger dran. Land und Kommunen verfügen über eigenes, nicht von Berlin eingesetztes Personal und sichern damit die Ortsnähe von Politik und Verwaltung. Davon profitieren die Bürger.

In der Tat darf die Prägekraft des Bundesstaates für nahezu alle Lebensfelder nicht unterschätzt werden. Der Bundesstaat bietet die Gewähr dafür, dass es in Deutschland – im charakteristischen Unterschied zu manchen unserer Nachbarstaaten – eben nicht das eine machtpolitische, wirtschaftliche, finanzielle, kulturelle und geistige Zentrum gibt, sondern eine Reihe von Zentren oder doch „Nebenzentren" mit unterschiedlichen Ausrichtungen und Gewichtungen. Wer nicht in Berlin lebt, lebt deswegen noch lange nicht in der Provinz: Hamburg, Köln, Frankfurt, Stuttgart oder München, um nur einige zu nennen, haben durchaus erhebliches Eigengewicht, auch wenn von den Genannten nicht einmal alle Landeshauptstädte sind. Daran vermag auch der neue Art. 22 Abs. 1 GG mit der Hervorhebung von Berlin als Bundeshauptstadt nichts zu ändern. Diesem Artikel dürfte eher symbolische Kraft zukommen, jedenfalls nimmt er den anderen nichts. Der Bundesstaat sichert damit nicht nur regionale Vielfalt, sondern auch regionale Identität. Rein politisch betrachtet ist deswegen eine mit den schottischen Separatisten vergleichbare, in der Bevölkerung breit aufgestellte Unabhängigkeitsbewegung in Deutschland derzeit schwer vorstellbar.

Im Alltag wird der Bundesstaat als Ganzes für die Bürger häufig allerdings gar nicht spürbar. Wer in einem großen Flächenstaat wie Nordrhein-Westfalen oder Bayern lebt und in seinem Lebensradius wenig Berührungspunkte nach außen in andere Länder hat, wird als Bürger ohnehin nur wenig davon mitbekommen, dass er überhaupt in einem Bundesstaat lebt. Die Schwierigkeiten im bundesstaatlichen Alltag, ebenso wie die Regelungsvielfalt von 16 Ländern, bleiben ihm dann verborgen.

Anders ist dies unter Umständen für Bürgerinnen und Bürger in Grenzregionen und vor allem bei einem Umzug vom einen in das andere Land. Die konkreten Erfahrungen mit dem Bundesstaat fallen dabei nicht immer nur erfreulich aus. Vergleichsweise harmlos sind noch unterschiedliche Feiertage in den Ländern. Ernster werden die Unterschiede, wenn es ans Portemonnaie geht. So stellen Eltern manchmal mit Erstaunen fest, dass die Regelungen von Land zu Land recht unterschiedlich sein können. Im einen Land werden teilweise deftige Kindergartengebühren erhoben, im Nachbarland ist der Kindergartenbesuch dagegen gebührenfrei. Entsprechendes gilt für Lehrmittel in der Schule, für die Kosten des Schulweges und neuerdings auch für Studiengebühren. Auch unterschiedliche Ferienzeiten können lästig sein, wenn Kinder aus einer Familie in zwei Bundesländern zur Schule gehen. Die Höhe der Kirchensteuer ist je nach Land unterschiedlich. Unternehmer mögen sich wundern, wenn in unterschiedlichen Ländern unterschiedliche bauordnungsrechtliche Anforderungen und unterschiedliche Genehmigungsverfahren herrschen. Beamte werden in Zukunft immer öfter die Erfahrung machen, dass für die gleiche Tätigkeit unterschiedliche Arbeitszeiten und unterschiedliche Gehälter und Arbeitsbedingungen gelten. Sozialleistungen unterscheiden sich ebenfalls – im einen Land gibt es beispielsweise Blindengeld, im anderen nicht. Auch im Polizeirecht bestehen Unterschiede. Auch für Raucher in Gaststätten gelten unterschiedliche Regelungen. Solche im Vergleich der Länder untereinander bestehenden „Ungerechtigkeiten" verstoßen nicht gegen den Gleichheitsgrundsatz des Art. 3 Abs. 1 GG, sondern diese Unterschiede sind die Folge der Eigenstaatlichkeit und damit der verfassungsrechtlich garantierten Handlung- und Entscheidungsspielräume der Länder. Diese Vielfalt ist vom Grundgesetz durchaus gewollt.

Ungeachtet solcher spürbarer Unterschiede, die je nach Betroffenheit als angenehm oder als ärgerlich wahrgenommen werden, hat der Bundesstaat auch Nachteile, die die Bürger direkt allerdings kaum erreichen. So sind die finanziellen Kosten des Bundesstaates für die Bürger nicht unmittelbar sichtbar. Außerdem ist das Maß der Staatsverschuldung von Land zu Land recht unterschiedlich. Länder mit sehr hohen Schulden haben weniger politische Handlungsspielräume als Länder mit geringen Schulden. Diesen Aspekt bekommen die Bürger unter Umständen sehr deutlich zu spüren, wenn ein Land faktisch nur noch „Mangelwirtschaft" betreiben kann und nur noch das Allernötigste macht. Deswegen ist es für die Bürger tendenziell günstiger, in einem Land mit weniger Schulden zu leben.

Aber auch aus gesamtstaatlicher Sicht hat der Bundesstaat in seiner typisch deutschen Ausprägung seinen Preis für die Bürger. Dieser Preis lässt sich allerdings nur in politischen Größen berechnen.

Einerseits besteht er in unserem politischen System wegen der weitreichenden Mitwirkungsmöglichkeiten des Bundesrates bei der Gesetzgebung in der verhältnismäßig schwach ausgeprägten Gestaltungsfähigkeit des Bundes. Weil das Grundgesetz so viel Wert auf Gewaltentrennung und auf die Aufteilung der Macht auf Bund und Länder legt, ist der Bund, genauer gesagt die regierende Mehrheit, in vielen Fällen von der

Mehrheit der Länder in hohem Maße abhängig, wenn sie grundlegende Reformen durchsetzen will. Es ist ein zentrales Problem deutscher Politik, dass die regierende Mehrheit im Bund viel weniger tun kann, als sie vielleicht tun möchte und als die Wähler es erwarten.

Hinzu kommt, dass die politischen Entscheidungs- und Handlungsspielräume auch auf Bundesebene durch die Überlagerung der nationalen Rechtsordnung durch das europäische Recht (vgl. unten13.) zusätzlich eingeengt werden. Diese Strukturen verstärken die Schwerfälligkeit bei Reformen im Bund, aber auch bei der Mitwirkung des Bundes und der Länder auf europäischer Bühne. Dies bleibt den Bürgern allerdings weitgehend verborgen. Die Zusammenhänge sind so abstrakt, dass sie im politischen Alltag praktisch nicht zu vermitteln sind. Das Drei-Ebenen-Modell der Rechtsetzung von Ländern, Bund und Europa ist selbst für Experten nur mit Mühe zu durchschauen.

Schließlich sind die Beharrungskräfte, die auf Länderebene wirken, häufig gut verhüllt. Die Struktur unseres Bundesstaates begünstigt auch das Besitzstandswahrungsdenken. Kein Land wird beispielsweise seiner eigenen Auflösung bzw. Fusionierung mit einem anderen Land zustimmen, nur weil das politisch und wirtschaftlich sinnvoll ist. Es gehört zu den Reflexen deutscher Politik, dass jede Debatte über die Fusion von Ländern von den Betroffenen sofort mit viel Pathos erstickt wird. Bei Lichte betrachtet geht es dabei keineswegs immer nur um die Sicherung der regionalen und kulturellen Identität – der Rheinländer ist traditionell Rheinländer, auch wenn das Bundesland Nordrhein-Westfalen heißt –, sondern immer auch um Ämter, um Pfründe, um Einfluss und um Macht der politischen Kräfte vor Ort. Diese Kräfte entwickeln, insoweit vergleichbar mit den organisierten privaten Interessengruppen der Verbände, ein starkes Beharrungsvermögen und nicht minder starke Eigeninteressen. Landespolitiker werden den wahren Preis des Bundesstaates für die Bürger jedenfalls selten beim Namen nennen, ebenso wenig wie den Gewinn durch eine eventuelle Fusion von Ländern

Dies bedeutet freilich nicht, dass die Bürger den Preis für Fehlentwicklungen nicht zu zahlen hätten. Die Bürger erfahren den Bundesstaat häufig auch als eine undurchsichtige Machtmaschine, in der der Einzelne oft nicht so genau weiß, wen er eigentlich für Missstände verantwortlich machen soll: den Bund oder die Länder. Die politischen Verantwortlichkeiten sind oft unklar. Dies stärkt nicht gerade die Bereitschaft, sich an politischen Wahlen zu beteiligen. Eine wichtige Wurzel der vielbeschworenen Politikverdrossenheit liegt in der bundesstaatlichen Vermischung und „Verunklarung" der politischen Verantwortlichkeiten. Zugespitzt gesagt: *Wenn ich nicht weiß, wenn ich abwählen muss, damit sich etwas ändert, warum soll ich dann überhaupt wählen?*

Die wahren politischen Kosten des Bundesstaates werden deswegen nicht nur für den Einzelnen sichtbar, wenn er einmal mit unterschiedlichen landesrechtlichen Regelungen in Berührung kommt, sondern auch für die Gesamtheit der Bürger. Diese Kosten liegen aus Bürgersicht vor allem in der Schwerfälligkeit politischer Gestaltungsmacht des Bundes. Addiert man die Struktur der Machtverteilung unseres Bundesstaates mit der europäischen Rechtsüberlagerung und schließlich auch noch mit unserem Wahlsystem, das vor allem Koalitionsregierungen hervorbringt, so darf man die politische Reform- und Gestaltungskraft auf Bundesebene insgesamt nicht zu groß einschätzen. Alle Elemente zusammen machen es – völlig gleich, welche Regierungskoalition im Bund regiert – auf Bundesebene schwer, überhaupt größere Reformen auf den Weg zu bringen. Es liegt mithin nicht immer in erster Linie am Unvermögen oder am mangelnden Wollen unserer politischen Parteien, wenn politische Reformen eher langsam auf den Weg kommen, sondern an unserer verfassungsrechtlichen Mechanik der Machtverteilung. Diese Mechanik begünstigt tendenziell eine Blockade der Politik und einen gewissen „Reformstau". Anders ist dies nur, wenn im Bund eine große Koalition regiert, die zugleich über eine souveräne Mehrheit im Bundesrat verfügt. Auch dann müssen sich die beiden großen Parteien aber erst einmal intern einigen. Politisch gesehen bedeutet eine Große Koalition in unserem Land bisher keine klare Richtungsentscheidung, sondern die Richtungsfindung verlagert sich in einer Großen Koalition regelmäßig von den politischen Wahlen auf die konkreten Sachprobleme im Einzelfall. Man streitet dann innerhalb der Regierung über die großen Themen.

Aus der Sicht der Bürger ist der Bundesstaat in seiner jetzigen Form wenn nicht überholt, so doch intensiv reformbedürftig. Der Bundesstaat deutscher Prägung ist in seiner aktuellen Gestalt jedenfalls beim Blick über die Landesgrenzen hinaus trotz der Verfassungsreform von 2006 kaum besonders bürgerfreundlich. Der politische Preis dafür ist zwar sehr abstrakt, aber bezahlen müssen ihn alle. Immerhin trägt er dazu bei, dass Bürgerinnen und Bürger in einer sich immer schneller verändernden Welt eine – auch politische – Heimat finden können. Starke Länder können ein wichtiger Baustein für ein Europa der Regionen sein.

9.5 Häufig gestellte Fragen

Machen die deutschen Länder in einem immer mehr zusammenwachsenden Europa überhaupt noch Sinn oder sollte man die Länder nicht besser abschaffen?

Auch im Hinblick auf Europa ist der deutsche Bundesstaat „umständlich". Wenn bei Entscheidungen in Brüssel im Schwerpunkt die Länder betroffen sind, braucht die deutsche Meinungsbildung vor allem eines: *Zeit*. Die Gefahr, dass die Vertreter der Länder sich in dieser Zeit mehr mit sich selbst beschäftigen und um ihren Einfluss ringen – und weniger mit den Interessen potenzieller Verbündeter oder Gegner auf europäischer Bühne – ist dadurch vorprogrammiert. Der deutsche Einfluss in Europa wird durch die bundesstaatlichen Strukturen insgesamt gesehen jedenfalls nicht gestärkt. Unmittelbar bekommt der Bürger davon allerdings in der Regel nichts mit.

Auch wenn es um die Umsetzung von europäischen Rechtsvorgaben in das deutsche nationale Recht geht, hat der Bundesstaat Nachteile. Europa nimmt auf den Bundesstaat nämlich keine Rücksicht. Aufgrund der unterschiedlichen Gesetzgebungskompetenzen in Bund und Ländern kann es vorkommen, dass für die Umsetzung von bestimmten europäischen Richtlinien der Gesetzgeber sowohl im Bund als auch in den 16 Ländern zuständig ist, weil jeder nur für einen Teil der Vorgaben über die erforderliche Gesetzgebungskompetenz verfügt. Dass dies nicht immer ohne Friktionen und schon gar nicht immer zeitgerecht von statten geht, liegt auf der Hand.

Die Abschaffung sämtlicher Bundesländer lässt das Grundgesetz jedoch nicht zu. Selbst bei einer Änderung des Grundgesetzes darf die Gliederung des Bundes in Länder nicht aufgegeben werden, vgl. Art. 79 Abs. 3 GG.

Große Spielräume bestehen jedoch von Verfassungs wegen bei der Zusammenlegung von Ländern. Unter Beachtung der Voraussetzungen des Art. 29 GG ist eine weitreichende Neugliederung des Bundesgebietes durch Bundesgesetz und Bestätigung durch Volksentscheid möglich, „*um zu gewährleisten, dass die Länder nach Größe und Leistungsfähigkeit die ihnen obliegenden Aufgaben wirksam erfüllen können*".

Dabei lässt sich schwer sagen, wie viele Länder es mindestens noch geben müsste. Eine Umgliederung in etwa 5 bis 9 starke Länder wäre verfassungsrechtlich möglich. Sie ist aber, vor allem wegen der entgegenstehenden Besitzstandswahrungsinteressen derjenigen, die dabei ihre Macht und ihren Einfluss abgeben müssten, politisch auf absehbare Zeit nicht realistisch. Auch die Bürger sind häufig skeptisch, wie der gescheiterte Versuch einer Fusionierung von Berlin und Brandenburg in der Volksabstimmung vom 5. Mai 1996 gezeigt hat, bei der 62,7% sich gegen den Zusammenschluss ausgesprochen hatten.

Ist es nicht ungerecht, wenn im einen Land bestimmte Leistungen gewährt werden und im anderen nicht (z.B. Sozialleistungen, kostenloser Kindergarten, kostenfreies Studium etc.)?

Im Bundesstaat unterscheiden sich nicht nur die tatsächlichen, sondern auch die rechtlichen Lebensbedingungen teilweise empfindlich, und diese Unterschiede werden wohl auch bleiben. Aus der Sicht des betroffenen Bürgers sind solche unterschiedlichen Standards oft ein Ärgernis. Dies erfahren vor allem diejenigen Bürger, die in finanzschwachen Ländern leben oder die in ein anderes, weniger großzügiges Land umziehen. Dieser Nachteil und die damit verbundenen Unterschiede müssen die Bürger in Kauf nehmen, auch wenn dies nur schwer zu vermitteln ist. Für die Bürger sind solche Unterschiede auch deswegen schwer zu akzeptieren, weil die Alternative des „Auswanderns" in das reichere Nachbarland gerade bei komplexen Familienstrukturen realistischerweise häufig nicht besteht. Der so genannte Wettbewerbsföderalismus mag aus der Sicht der Politikbetrachter existieren; aus Sicht des Bürgers, der räumlich gebunden ist, existiert er kaum.

Nicht übersehen wird dabei, dass es im Bundesstaat sehr wohl zu Abwanderungsbewegungen aus einzelnen Ländern kommen kann, wenn die – keineswegs nur rechtlich und politisch geprägten – Lebensbedingungen dort *insgesamt* als unattraktiv wahrgenommen werden. Dies betrifft vor allem jüngere Menschen aus strukturschwachen Regionen und Ländern.

Hat die Verfassungsreform 2006 die Länder gestärkt und die Verflechtung von Bund und Ländern gelockert?

Dies erscheint zweifelhaft. Für eine endgültiges Urteil ist es immer noch zu früh. Manches, was unter dem Etikett der Vereinfachung und der Entflechtung geschaffen wurde, dürfte die Gesetzgebung in Wahrheit komplizierter machen. Auch die Rechtszersplitterung nimmt dadurch noch weiter zu. Die Länder können sich nämlich in Zukunft auch bestimmte bundesgesetzlich bereits geregelte Rechtsmaterien wieder „zurückholen" und ihrerseits davon abweichende Regelungen treffen, sog. Abweichungsgesetzgebung, verl. Art. 72 Abs. 3 GG. Verfassungsrechtliche Streitigkeiten sind dadurch vorprogrammiert. Der Bundesstaat wird in seiner praktischen Handhabung kaum einfacher. Die Regelungen in den Art. 72, 84, 125a bis c GG sind jedenfalls nicht gerade durchsichtig. Es droht durchaus eher der Rückfall in die Kleinstaaterei als dass mit der Reform ein mutiger Schritt in die Zukunft getan wäre. Vor allem das grundlegende Problem der „Politikblockade“ dürfte durch die Reform nicht überwunden werden.

Die Koordinierung der Schulferien unter den 16 Ländern ist aus Bürgersicht mitunter chaotisch. Die Sommerferien verschieben sich von Jahr zu Jahr, und wenn eine Familie Kinder auf Schulen in unterschiedlichen Länder hat, kann sie unter Umständen nur wenige gemeinsame Ferienzeiten verbringen.
In einigen Ländern braucht man bis zum Abitur 12, in anderen nach wie vor 13 Jahre. Für Familien, die umziehen müssen, ist das sehr unerfreulich.
Warum schafft der Bund kein Bundesschulamt und sorgt für einheitliche Standards?

Für das Schulwesen fehlt dem Bund jede Kompetenz. Dies gilt sowohl für die Gesetzgebung als auch für die Verwaltung. Er könnte deswegen auch auf der Grundlage des Art. 87 Abs. 3 GG kein „Bundesschulamt“ gründen, ebenso wenig wie beispielsweise ein „Bundesrundfunkamt“. Gerade am Schulwesen zeigt sich damit besonders spürbar, dass der Bundesstaat insgesamt betrachtet für die Bürger auch erhebliche Nachteile hat. Vielfalt hat ihren Preis.

9.6 Texte zur Vertiefung

Detterbeck, Klaus/ Renzsch, Wolfgang (Hg.): Föderalismus in Deutschland, 2009.
Holtschneider, Rainer/Schön, Walter (Hrsg.): Die Reform des Bundestaates, 2007.
Jestaedt, Matthias: Bundesstaat als Verfassungsprinzip, in: Josef Isensee/Paul Kirchhof (Hg.), Handbuch des Staatsrechts Bd. 2, 3. Aufl. 2004, § 29 (S. 785- 841).

10. Verfassungsorgane und das Personal des Staates

10.1 Verfassungsorgane

10.1.1 Verfassungstext

Art. 38 (1) Die Abgeordneten des Deutschen Bundestages werden in allgemeiner, unmittelbarer, freier, gleicher und geheimer Wahl gewählt. Sie sind Vertreter des ganzen Volkes, an Aufträge und Weisungen nicht gebunden und nur ihrem Gewissen unterworfen.

(2) Wahlberechtigt ist, wer das achtzehnte Lebensjahr vollendet hat; wählbar ist, wer das Alter erreicht hat, mit dem die Volljährigkeit eintritt.

(3) Das Nähere bestimmt ein Bundesgesetz.

Art. 39 (1) Der Bundestag wird vorbehaltlich der nachfolgenden Bestimmungen auf vier Jahre gewählt. Seine Wahlperiode endet mit dem Zusammentritt eines neuen Bundestages. Die Neuwahl findet frühestens sechsundvierzig, spätestens achtundvierzig Monate nach Beginn der Wahlperiode statt. Im Falle einer Auflösung des Bundestages findet die Neuwahl innerhalb von sechzig Tagen statt.

(2) Der Bundestag tritt spätestens am dreißigsten Tage nach der Wahl zusammen.

(3) Der Bundestag bestimmt den Schluß und den Wiederbeginn seiner Sitzungen. Der Präsident des Bundestages kann ihn früher einberufen. Er ist hierzu verpflichtet, wenn ein Drittel der Mitglieder, der Bundespräsident oder der Bundeskanzler es verlangen.

Art. 40 (1) Der Bundestag wählt seinen Präsidenten, dessen Stellvertreter und die Schriftführer. Er gibt sich eine Geschäftsordnung.

(2) Der Präsident übt das Hausrecht und die Polizeigewalt im Gebäude des Bundestages aus. Ohne seine Genehmigung darf in den Räumen des Bundestages keine Durchsuchung oder Beschlagnahme stattfinden.

Art. 41 (1) Die Wahlprüfung ist Sache des Bundestages. Er entscheidet auch, ob ein Abgeordneter des Bundestages die Mitgliedschaft verloren hat.

(2) Gegen die Entscheidung des Bundestages ist die Beschwerde an das Bundesverfassungsgericht zulässig.

(3) Das Nähere regelt ein Bundesgesetz.

Art. 42 (1) Der Bundestag verhandelt öffentlich. Auf Antrag eines Zehntels seiner Mitglieder oder auf Antrag der Bundesregierung kann mit Zweidrittelmehrheit die Öffentlichkeit ausgeschlossen werden. Über den Antrag wird in nichtöffentlicher Sitzung entschieden.

(2) Zu einem Beschlusse des Bundestages ist die Mehrheit der abgegebenen Stimmen erforderlich, soweit dieses Grundgesetz nichts anderes bestimmt. Für die vom Bundestage vorzunehmenden Wahlen kann die Geschäftsordnung Ausnahmen zulassen.

(3) Wahrheitsgetreue Berichte über die öffentlichen Sitzungen des Bundestages und seiner Ausschüsse bleiben von jeder Verantwortlichkeit frei.

Art. 43 (1) Der Bundestag und seine Ausschüsse können die Anwesenheit jedes Mitgliedes der Bundesregierung verlangen.

(2) Die Mitglieder des Bundesrates und der Bundesregierung sowie ihre Beauftragten haben zu allen Sitzungen des Bundestages und seiner Ausschüsse Zutritt. Sie müssen jederzeit gehört werden.

Art. 44 (1) Der Bundestag hat das Recht und auf Antrag eines Viertels seiner Mitglieder die Pflicht, einen Untersuchungsausschuß einzusetzen, der in öffentlicher Verhandlung die erforderlichen Beweise erhebt. Die Öffentlichkeit kann ausgeschlossen werden.

(2) Auf Beweiserhebungen finden die Vorschriften über den Strafprozeß sinngemäß Anwendung. Das Brief-, Post- und Fernmeldegeheimnis bleibt unberührt.

(3) Gerichte und Verwaltungsbehörden sind zur Rechts- und Amtshilfe verpflichtet.

(4) Die Beschlüsse der Untersuchungsausschüsse sind der richterlichen Erörterung entzogen. In der Würdigung und Beurteilung des der Untersuchung zugrunde liegenden Sachverhaltes sind die Gerichte frei.

Art. 45 Der Bundestag bestellt einen Ausschuß für die Angelegenheiten der Europäischen Union. Er kann ihn ermächtigen, die Rechte des Bundestages gemäß Artikel 23 gegenüber der Bundesregierung wahrzunehmen.

Art. 45a (1) Der Bundestag bestellt einen Ausschuß für auswärtige Angelegenheiten und einen Ausschuß für Verteidigung.

(2) Der Ausschuß für Verteidigung hat auch die Rechte eines Untersuchungsausschusses. Auf Antrag eines Viertels seiner Mitglieder hat er die Pflicht, eine Angelegenheit zum Gegenstand seiner Untersuchung zu machen.

(3) Artikel 44 Abs. 1 findet auf dem Gebiet der Verteidigung keine Anwendung.

Art. 45b Zum Schutz der Grundrechte und als Hilfsorgan des Bundestages bei der Ausübung der parlamentarischen Kontrolle wird ein Wehrbeauftragter des Bundestages berufen. Das Nähere regelt ein Bundesgesetz.

Art. 45c (1) Der Bundestag bestellt einen Petitionsausschuß, dem die Behandlung der nach Artikel 17 an den Bundestag gerichteten Bitten und Beschwerden obliegt.

(2) Die Befugnisse des Ausschusses zur Überprüfung von Beschwerden regelt ein Bundesgesetz.

Art. 45d (1) Der Bundestag bestellt ein Gremium zur Kontrolle der nachrichtedienstlichen Tätigkeit des Bundes.

(2) Das Nähere regelt ein Bundesgesetz.

Art. 46 (1) Ein Abgeordneter darf zu keiner Zeit wegen seiner Abstimmung oder wegen einer Äußerung, die er im Bundestage oder in einem seiner Ausschüsse getan hat, gerichtlich oder dienstlich verfolgt oder sonst außerhalb des Bundestages zur Verantwortung gezogen werden. Dies gilt nicht für verleumderische Beleidigungen.

(2) Wegen einer mit Strafe bedrohten Handlung darf ein Abgeordneter nur mit Genehmigung des Bundestages zur Verantwortung gezogen oder verhaftet werden, es sei denn, daß er bei Begehung der Tat oder im Laufe des folgenden Tages festgenommen wird.

(3) Die Genehmigung des Bundestages ist ferner bei jeder anderen Beschränkung der persönlichen Freiheit eines Abgeordneten oder zur Einleitung eines Verfahrens gegen einen Abgeordneten gemäß Artikel 18 erforderlich.

(4) Jedes Strafverfahren und jedes Verfahren gemäß Artikel 18 gegen einen Abgeordneten, jede Haft und jede sonstige Beschränkung seiner persönlichen Freiheit sind auf Verlangen des Bundestages auszusetzen.

Art. 47 Die Abgeordneten sind berechtigt, über Personen, die ihnen in ihrer Eigenschaft als Abgeordnete oder denen sie in dieser Eigenschaft Tatsachen anvertraut haben, sowie über diese Tatsachen selbst das Zeugnis zu verweigern. Soweit dieses Zeugnisverweigerungsrecht reicht, ist die Beschlagnahme von Schriftstücken unzulässig.

Art. 48 (1) Wer sich um einen Sitz im Bundestage bewirbt, hat Anspruch auf den zur Vorbereitung seiner Wahl erforderlichen Urlaub.

(2) Niemand darf gehindert werden, das Amt eines Abgeordneten zu übernehmen und auszuüben. Eine Kündigung oder Entlassung aus diesem Grunde ist unzulässig.

(3) Die Abgeordneten haben Anspruch auf eine angemessene, ihre Unabhängigkeit sichernde Entschädigung. Sie haben das Recht der freien Benutzung aller staatlichen Verkehrsmittel. Das Nähere regelt ein Bundesgesetz.

Art. 50 Durch den Bundesrat wirken die Länder bei der Gesetzgebung und Verwaltung des Bundes und in Angelegenheiten der Europäischen Union mit.

Art. 51 (1) Der Bundesrat besteht aus Mitgliedern der Regierungen der Länder, die sie bestellen und abberufen. Sie können durch andere Mitglieder ihrer Regierungen vertreten werden.

(2) Jedes Land hat mindestens drei Stimmen, Länder mit mehr als zwei Millionen Einwohnern haben vier, Länder mit mehr als sechs Millionen Einwohnern fünf, Länder mit mehr als sieben Millionen Einwohnern sechs Stimmen.

(3) Jedes Land kann so viele Mitglieder entsenden, wie es Stimmen hat. Die Stimmen eines Landes können nur einheitlich und nur durch anwesende Mitglieder oder deren Vertreter abgegeben werden.

Art. 52 (1) Der Bundesrat wählt seinen Präsidenten auf ein Jahr.

(2) Der Präsident beruft den Bundesrat ein. Er hat ihn einzuberufen, wenn die Vertreter von mindestens zwei Ländern oder die Bundesregierung es verlangen.

(3) Der Bundesrat faßt seine Beschlüsse mit mindestens der Mehrheit seiner Stimmen. Er gibt sich eine Geschäftsordnung. Er verhandelt öffentlich. Die Öffentlichkeit kann ausgeschlossen werden.

(3a) Für Angelegenheiten der Europäischen Union kann der Bundesrat eine Europakammer bilden, deren Beschlüsse als Beschlüsse des Bundesrates gelten; die Anzahl der einheitlich abzugebenden Stimmen der Länder bestimmt sich nach Artikel 51 Abs. 2.

(4) Den Ausschüssen des Bundesrates können andere Mitglieder oder Beauftragte der Regierungen der Länder angehören.

Art. 53 Die Mitglieder der Bundesregierung haben das Recht und auf Verlangen die Pflicht, an den Verhandlungen des Bundesrates und seiner Ausschüsse teilzunehmen. Sie müssen jederzeit gehört werden. Der Bundesrat ist von der Bundesregierung über die Führung der Geschäfte auf dem laufenden zu halten.

Art. 54 (1) Der Bundespräsident wird ohne Aussprache von der Bundesversammlung gewählt. Wählbar ist jeder Deutsche, der das Wahlrecht zum Bundestage besitzt und das vierzigste Lebensjahr vollendet hat.

(2) Das Amt des Bundespräsidenten dauert fünf Jahre. Anschließende Wiederwahl ist nur einmal zulässig.

(3) Die Bundesversammlung besteht aus den Mitgliedern des Bundestages und einer gleichen Anzahl von Mitgliedern, die von den Volksvertretungen der Länder nach den Grundsätzen der Verhältniswahl gewählt werden.

(4) Die Bundesversammlung tritt spätestens dreißig Tage vor Ablauf der Amtszeit des Bundespräsidenten, bei vorzeitiger Beendigung spätestens dreißig Tage nach diesem Zeitpunkt zusammen. Sie wird von dem Präsidenten des Bundestages einberufen.

(5) Nach Ablauf der Wahlperiode beginnt die Frist des Absatzes 4 Satz 1 mit dem ersten Zusammentritt des Bundestages.

(6) Gewählt ist, wer die Stimmen der Mehrheit der Mitglieder der Bundesversammlung erhält. Wird diese Mehrheit in zwei Wahlgängen von keinem Bewerber erreicht, so ist gewählt, wer in einem weiteren Wahlgang die meisten Stimmen auf sich vereinigt.

(7) Das Nähere regelt ein Bundesgesetz.

Art. 55 (1) Der Bundespräsident darf weder der Regierung noch einer gesetzgebenden Körperschaft des Bundes oder eines Landes angehören.

(2) Der Bundespräsident darf kein anderes besoldetes Amt, kein Gewerbe und keinen Beruf ausüben und weder der Leitung noch dem Aufsichtsrate eines auf Erwerb gerichteten Unternehmens angehören.

Art. 56 Der Bundespräsident leistet bei seinem Amtsantritt vor den versammelten Mitgliedern des Bundestages und des Bundesrates folgenden Eid:

„Ich schwöre, daß ich meine Kraft dem Wohle des deutschen Volkes widmen, seinen Nutzen mehren, Schaden von ihm wenden, das Grundgesetz und die Gesetze des Bundes wahren und verteidigen, meine Pflichten gewissenhaft erfüllen und Gerechtigkeit gegen jedermann üben werde. So wahr mir Gott helfe."

Der Eid kann auch ohne religiöse Beteuerung geleistet werden.

Art. 57 Die Befugnisse des Bundespräsidenten werden im Falle seiner Verhinderung oder bei vorzeitiger Erledigung des Amtes durch den Präsidenten des Bundesrates wahrgenommen.

Art. 58 Anordnungen und Verfügungen des Bundespräsidenten bedürfen zu ihrer Gültigkeit der Gegenzeichnung durch den Bundeskanzler oder durch den zuständigen Bundesminister.

Dies gilt nicht für die Ernennung und Entlassung des Bundeskanzlers, die Auflösung des Bundestages gemäß Artikel 63 und das Ersuchen gemäß Artikel 69 Abs. 3.

Art. 59 (1) Der Bundespräsident vertritt den Bund völkerrechtlich. Er schließt im Namen des Bundes die Verträge mit auswärtigen Staaten. Er beglaubigt und empfängt die Gesandten.

(2) Verträge, welche die politischen Beziehungen des Bundes regeln oder sich auf Gegenstände der Bundesgesetzgebung beziehen, bedürfen der Zustimmung oder der Mitwirkung der jeweils für die Bundesgesetzgebung zuständigen Körperschaften in der Form eines Bundesgesetzes. Für Verwaltungsabkommen gelten die Vorschriften über die Bundesverwaltung entsprechend.

Art. 60 (1) Der Bundespräsident ernennt und entläßt die Bundesrichter, die Bundesbeamten, die Offiziere und Unteroffiziere, soweit gesetzlich nichts anderes bestimmt ist.

(2) Er übt im Einzelfalle für den Bund das Begnadigungsrecht aus.

(3) Er kann diese Befugnisse auf andere Behörden übertragen.

(4) Die Absätze 2 bis 4 des Artikels 46 finden auf den Bundespräsidenten entsprechende Anwendung.

Art. 61 (1) Der Bundestag oder der Bundesrat können den Bundespräsidenten wegen vorsätzlicher Verletzung des Grundgesetzes oder eines anderen Bundesgesetzes vor dem Bundesverfassungsgericht anklagen. Der Antrag auf Erhebung der Anklage muß von mindestens einem Viertel der Mitglieder des Bundestages oder einem Viertel der Stimmen des Bundesrates gestellt werden. Der Beschluß auf Erhebung der Anklage bedarf der Mehrheit von zwei Dritteln der Mitglieder des Bundestages oder von zwei Dritteln der Stimmen des Bundesrates. Die Anklage wird von einem Beauftragten der anklagenden Körperschaft vertreten.

(2) Stellt das Bundesverfassungsgericht fest, daß der Bundespräsident einer vorsätzlichen Verletzung des Grundgesetzes oder eines anderen Bundesgesetzes schuldig ist, so kann es ihn des Amtes für verlustig erklären. Durch einstweilige Anordnung kann es nach der Erhebung der Anklage bestimmen, daß er an der Ausübung seines Amtes verhindert ist.

Art. 62 Die Bundesregierung besteht aus dem Bundeskanzler und aus den Bundesministern.

Art. 63 (1) Der Bundeskanzler wird auf Vorschlag des Bundespräsidenten vom Bundestage ohne Aussprache gewählt.

(2) Gewählt ist, wer die Stimmen der Mehrheit der Mitglieder des Bundestages auf sich vereinigt. Der Gewählte ist vom Bundespräsidenten zu ernennen.

(3) Wird der Vorgeschlagene nicht gewählt, so kann der Bundestag binnen vierzehn Tagen nach dem Wahlgange mit mehr als der Hälfte seiner Mitglieder einen Bundeskanzler wählen.

(4) Kommt eine Wahl innerhalb dieser Frist nicht zustande, so findet unverzüglich ein neuer Wahlgang statt, in dem gewählt ist, wer die meisten Stimmen erhält. Vereinigt der Gewählte die Stimmen der Mehrheit der Mitglieder des Bundestages auf sich, so muß der Bundespräsident ihn binnen sieben Tagen nach der Wahl ernennen. Erreicht der Gewählte diese Mehrheit nicht, so hat der Bundespräsident binnen sieben Tagen entweder ihn zu ernennen oder den Bundestag aufzulösen.

Art. 64 (1) Die Bundesminister werden auf Vorschlag des Bundeskanzlers vom Bundespräsidenten ernannt und entlassen.

(2) Der Bundeskanzler und die Bundesminister leisten bei der Amtsübernahme vor dem Bundestage den in Artikel 56 vorgesehenen Eid.

Art. 65 Der Bundeskanzler bestimmt die Richtlinien der Politik und trägt dafür die Verantwortung. Innerhalb dieser Richtlinien leitet jeder Bundesminister seinen Geschäftsbereich selbständig und unter eigener Verantwortung. Über Meinungsverschiedenheiten zwischen den Bundesministern entscheidet die Bundesregierung. Der Bundeskanzler leitet ihre Geschäfte nach einer von der Bundesregierung beschlossenen und vom Bundespräsidenten genehmigten Geschäftsordnung.

Art. 65a (1) Der Bundesminister für Verteidigung hat die Befehls- und Kommandogewalt über die Streitkräfte.

(2) (weggefallen)

Art. 66 Der Bundeskanzler und die Bundesminister dürfen kein anderes besoldetes Amt, kein Gewerbe und keinen Beruf ausüben und weder der Leitung noch ohne Zustimmung des Bundestages dem Aufsichtsrate eines auf Erwerb gerichteten Unternehmens angehören.

Art. 67 (1) Der Bundestag kann dem Bundeskanzler das Mißtrauen nur dadurch aussprechen, daß er mit der Mehrheit seiner Mitglieder einen Nachfolger wählt und den Bundespräsidenten ersucht, den Bundeskanzler zu entlassen. Der Bundespräsident muß dem Ersuchen entsprechen und den Gewählten ernennen.

(2) Zwischen dem Antrage und der Wahl müssen achtundvierzig Stunden liegen.

Art. 68 (1) Findet ein Antrag des Bundeskanzlers, ihm das Vertrauen auszusprechen, nicht die Zustimmung der Mehrheit der Mitglieder des Bundestages, so kann der Bundespräsident auf Vorschlag des Bundeskanzlers binnen einundzwanzig Tagen den Bundestag auflösen. Das Recht zur Auflösung erlischt, sobald der Bundestag mit der Mehrheit seiner Mitglieder einen anderen Bundeskanzler wählt.

(2) Zwischen dem Antrage und der Abstimmung müssen achtundvierzig Stunden liegen.

Art. 69 (1) Der Bundeskanzler ernennt einen Bundesminister zu seinem Stellvertreter.

(2) Das Amt des Bundeskanzlers oder eines Bundesministers endigt in jedem Falle mit dem Zusammentritt eines neuen Bundestages, das Amt eines Bundesministers auch mit jeder anderen Erledigung des Amtes des Bundeskanzlers.

(3) Auf Ersuchen des Bundespräsidenten ist der Bundeskanzler, auf Ersuchen des Bundeskanzlers oder des Bundespräsidenten ein Bundesminister verpflichtet, die Geschäfte bis zur Ernennung seines Nachfolgers weiterzuführen.

Art. 76 [Gesetzesvorlagen]

Gesetzesvorlagen werden beim Bundestage durch die Bundesregierung, aus der Mitte des Bundestages oder durch den Bundesrat eingebracht.

Vorlagen der Bundesregierung sind zunächst dem Bundesrat zuzuleiten. Der Bundesrat ist berechtigt, innerhalb von sechs Wochen zu diesen Vorlagen Stellung zu nehmen. Verlangt er aus wichtigem Grunde, insbesondere mit Rücksicht auf den Umfang einer Vorlage, eine Fristverlängerung, so beträgt die Frist neun Wochen. Die Bundesregierung kann eine Vorlage, die sie bei der Zuleitung an den Bundesrat ausnahmsweise als besonders eilbedürftig bezeichnet hat, nach drei Wochen oder, wenn der Bundesrat ein Verlangen nach Satz 3 geäußert hat, nach sechs Wochen dem Bundestag zuleiten, auch wenn die Stellungnahme des Bundesrates noch nicht bei ihr eingegangen ist; sie hat die Stellungnahme des Bundesrates unverzüglich nach Eingang dem Bundestag nachzureichen. Bei Vorlagen zur Änderung dieses Grundgesetzes und zur Übertragung von Hoheitsrechten nach Artikel 23 oder Artikel 24 beträgt die Frist zur Stellungnahme neun Wochen; Satz 4 findet keine Anwendung.

Vorlagen des Bundesrates sind dem Bundestag durch die Bundesregierung innerhalb von sechs Wochen zuzuleiten. Sie soll hierbei ihre Auffassung darlegen. Verlangt sie aus wichtigem Grunde, insbesondere mit Rücksicht auf den Umfang einer Vorlage, eine Fristverlängerung, so beträgt die Frist neun Wochen. Wenn der Bundesrat eine Vorlage ausnahmsweise als besonders eilbedürftig bezeichnet hat, beträgt die Frist drei Wochen oder, wenn die Bundesregierung ein Verlangen nach Satz 3 geäußert hat, sechs Wochen. Bei Vorlagen zur Änderung dieses Grundgesetzes und zur Übertragung von Hoheitsrechten nach Artikel 23 oder Artikel 24 beträgt die Frist neun Wochen; Satz 4 findet keine Anwendung. Der Bundestag hat über die Vorlagen in angemessener Frist zu beraten und Beschluß zu fassen.

Art. 77 [Gang der Gesetzgebung – Vermittlungsausschuß]

Die Bundesgesetze werden vom Bundestage beschlossen. Sie sind nach ihrer Annahme durch den Präsidenten des Bundestages unverzüglich dem Bundesrate zuzuleiten.

Der Bundesrat kann binnen drei Wochen nach Eingang des Gesetzesbeschlusses verlangen, daß ein aus Mitgliedern des Bundestages und des Bundesrates für die gemeinsame Beratung von Vorlagen gebildeter Ausschuß einberufen wird. Die Zusammensetzung und das Verfahren dieses Ausschusses regelt eine Geschäftsordnung, die vom Bundestag beschlossen wird und der Zustimmung des Bundesrates bedarf. Die in diesen Ausschuß entsandten Mitglieder des Bundesrates sind nicht an Weisungen gebunden. Ist zu einem Gesetze die Zustimmung des Bundesrates erforderlich, so können auch der Bundestag und die Bundesregierung die Einberufung verlangen. Schlägt der Ausschuß eine Änderung des Gesetzesbeschlusses vor, so hat der Bundestag erneut Beschluß zu fassen.breakable

(2a) Soweit zu einem Gesetz die Zustimmung des Bundesrates erforderlich ist, hat der Bundesrat, wenn ein Verlangen nach Absatz 2 Satz 1 nicht gestellt oder das Vermittlungsverfahren ohne einen Vorschlag zur Änderung des Gesetzesbeschlusses beendet ist, in angemessener Frist über die Zustimmung Beschluß zu fassen.

Soweit zu einem Gesetze die Zustimmung des Bundesrates nicht erforderlich ist, kann der Bundesrat, wenn das Verfahren nach Absatz 2 beendigt ist, gegen ein vom Bundestage beschlossenes Gesetz binnen zwei Wochen Einspruch einlegen. Die Einspruchsfrist beginnt im Falle des Absatzes 2 letzter Satz mit dem Eingange des vom Bundestage erneut gefaßten Beschlusses, in allen anderen Fällen mit dem Eingange der Mitteilung des Vorsitzenden des in Absatz 2 vorgesehenen Ausschusses, daß das Verfahren vor dem Ausschusse abgeschlossen ist.

Wird der Einspruch mit der Mehrheit der Stimmen des Bundesrates beschlossen, so kann er durch Beschluß der Mehrheit der Mitglieder des Bundestages zurückgewiesen werden. Hat der Bundesrat den Einspruch mit einer Mehrheit von mindestens zwei Dritteln seiner Stimmen beschlossen, so bedarf die Zurückweisung durch den Bundestag einer Mehrheit von zwei Dritteln, mindestens der Mehrheit der Mitglieder des Bundestages.

Art. 78 [Zustandekommen der Gesetze]

Ein vom Bundestage beschlossenes Gesetz kommt zustande, wenn der Bundesrat zustimmt, den Antrag gemäß Artikel 77 Abs. 2 nicht stellt, innerhalb der Frist des Artikels 77 Abs. 3 keinen Einspruch einlegt oder ihn zurücknimmt oder wenn der Einspruch vom Bundestage überstimmt wird.

Art. 79 [Änderung des Grundgesetzes]

Das Grundgesetz kann nur durch ein Gesetz geändert werden, das den Wortlaut des Grundgesetzes ausdrücklich ändert oder ergänzt. Bei völkerrechtlichen Verträgen, die eine Friedensregelung, die Vorbereitung einer Friedensregelung oder den Abbau einer besatzungsrechtlichen Ordnung zum Gegenstand haben oder der Verteidigung der Bundesrepublik zu dienen bestimmt sind, genügt zur Klarstellung, daß die Bestimmungen des Grundgesetzes dem Abschluß und dem Inkraftsetzen der Verträge nicht entgegenstehen, eine Ergänzung des Wortlautes des Grundgesetzes, die sich auf diese Klarstellung beschränkt.

Ein solches Gesetz bedarf der Zustimmung von zwei Dritteln der Mitglieder des Bundestages und zwei Dritteln der Stimmen des Bundesrates.

Eine Änderung dieses Grundgesetzes, durch welche die Gliederung des Bundes in Länder, die grundsätzliche Mitwirkung der Länder bei der Gesetzgebung oder die in den Artikeln 1 und 20 niedergelegten Grundsätze berührt werden, ist unzulässig.breakable

Art. 80 [Erlaß von Rechtsverordnungen]

Durch Gesetz können die Bundesregierung, ein Bundesminister oder die Landesregierungen ermächtigt werden, Rechtsverordnungen zu erlassen. Dabei müssen Inhalt, Zweck und Ausmaß der erteilten Ermächtigung im Gesetze bestimmt werden. Die Rechtsgrundlage ist in der Verordnung anzugeben. Ist durch Gesetz vorgesehen, daß eine Ermächtigung weiter übertragen werden kann, so bedarf es zur Übertragung der Ermächtigung einer Rechtsverordnung.
Der Zustimmung des Bundesrates bedürfen, vorbehaltlich anderweitiger bundesgesetzlicher Regelung, Rechtsverordnungen der Bundesregierung oder eines Bundesministers über Grundsätze und Gebühren für die Benutzung der Einrichtungen des Postwesens und der Telekommunikation, über die Grundsätze der Erhebung des Entgelts für die Benutzung der Einrichtungen der Eisenbahnen des Bundes, über den Bau und Betrieb der Eisenbahnen, sowie Rechtsverordnungen aufgrund von Bundesgesetzen, die der Zustimmung des Bundesrates bedürfen oder die von den Ländern im Auftrage des Bundes oder als eigene Angelegenheit ausgeführt werden.
Der Bundesrat kann der Bundesregierung Vorlagen für den Erlaß von Rechtsverordnungen zuleiten, die seiner Zustimmung bedürfen.
Soweit durch Bundesgesetz oder aufgrund von Bundesgesetzen Landesregierungen ermächtigt werden, Rechtsverordnungen zu erlassen, sind die Länder zu einer Regelung auch durch Gesetz befugt.

Art. 82 [Ausfertigung – Verkündung – Inkrafttreten]
Die nach den Vorschriften dieses Grundgesetzes zustande gekommenen Gesetze werden vom Bundespräsidenten nach Gegenzeichnung ausgefertigt und im Bundesgesetzblatte verkündet. Rechtsverordnungen werden von der Stelle, die sie erläßt, ausgefertigt und vorbehaltlich anderweitiger gesetzlicher Regelung im Bundesgesetzblatte verkündet.
Jedes Gesetz und jede Rechtsverordnung soll den Tag des Inkrafttretens bestimmen. Fehlt eine solche Bestimmung, so treten sie mit dem vierzehnten Tage nach Ablauf des Tages in Kraft, an dem das Bundesgesetzblatt ausgegeben worden ist.

10.1.2 Die Leitideen

10.1.2.1 Die Ausgangslage

Zentrale Norm für die Staatsorganisation und ihre Ausgestaltung ist Art. 20 Abs. 2 S. 2 GG. Danach wird die Staatsgewalt durch „besondere Organe der Gesetzgebung, Rechtsprechung und vollziehenden Gewalt“ ausgeübt. Im Dritten Abschnitt des Grundgesetzes finden sich die Bestimmungen über die obersten Bundesorgane: Bundestag (Art. 38-49), Bundesrat (Art. 50-53), Bundespräsident (Art. 54-61) und Bundesregierung (Art. 62-69). Die Bestimmungen über das fünfte Verfassungsorgan – das Bundesverfassungsgericht – finden sich erst im neunten Abschnitt über die Rechtsprechung (Art. 92-94 GG; vgl. Kap. 8).

Die Reihenfolge, in der die Verfassungsorgane im Grundgesetz aufgeführt werden, knüpft einerseits an die demokratische Legitimation an – nur der Bundestag wird unmittelbar durch das Volk gewählt – und bezieht andererseits die föderale Ordnung mit in die Organstruktur ein, indem der Bundesrat als föderales Organ an zweiter Stelle geregelt wird. Es folgen die exekutiven Organe Bundespräsident und Bundesregierung. Regelungen über das Bundesverfassungsgericht finden sich im IX. Abschnitt Titel über die Rechtsprechung.

10.1.2.2 Der Bundestag

10.1.2. 2.1 Bedeutung und Stellung im politischen System

Der Bundestag repräsentiert das Staatsvolk. Dies geschieht durch die 598 Abgeordneten (§ 1 BWG, gesetzliche Abgeordnetenzahl). Dem gegenwärtigen 18. Deutschen Bundestag gehören 631 Abgeordnete an.

Die gegenüber der gesetzlichen Zahl von Abgeordneten höhere Zahl der Abgeordneten ergibt sich aus den so genannten Überhang- und Ausgleichmandaten, vgl. § 6 Abs. 5 BWG (vgl. Kap. 5.2.1.1.2);.

„Ausgleichsmandate sind mit der Wahlrechtsänderung 2013 eingeführt worden. Dabei wurde die erste Stufe der Sitzverteilung durch direkt gewählte Wahlkreisabgeordnete und über die Landeslisten der Parteien ins Parlament eingezogene Abgeordnete erweitert. Anfallende Überhangmandate werden nun durch die sogenannten Ausgleichsmandate mit Blick auf den bundesweiten Zweitstimmenproporz vollständig ausgeglichen. Die Gesamtzahl der Sitze wird so lange vergrößert, bis alle Überhangmandate im Sinne dieses Proporzes ausgeglichen sind und die Überhangmandate für eine Partei keinen relativen Vorteil mehr darstellen. Die den einzelnen Parteien auf Bundesebene zugewiesenen Sitze werden auf die Landeslisten der Parteien nach ihrem dortigen Zweitstimmenanteil verteilt, wobei auf jede Landesliste mindestens so viele Sitze entfallen wie die Partei im Land Direktmandate erworben hat.“ (http://www.bundestag.de/service/glossar/A/ausgleichsmandat/259632)

Der 18. Deutsche Bundestag setzt sich wie folgt zusammen:

CDU/CSU	311
SPD	193
Die Linke	64
Bündnis 90/Die Grünen	63

Als das einzige unmittelbar in Wahlen vom Volk gewählte Bundesorgan ist der Bundestag auch das einzige *direkt* vom Souverän – dem Volk – demokratisch legitimierte oberste Verfassungsorgan. Diese Legitimationsbasis bildet die Grundlage dafür, dass der Bundestag als der zentrale Ort des politischen Lebens bezeichnet wird. Das Parlament ist der institutionelle Mittelpunkt der Politik: Der Bundestag hat die demokratische Gesamtleitung, Willensbildung und Kontrolle; er muss in diesem Rahmen die innere und äußere Politik maßgeblich gestalten und die für das Gemeinwesen wesentlichen Fragen und Probleme behandeln und lösen. Aber trotz dieses Legitimationsüberhangs normiert das Grundgesetz keine Überordnung des Bundestages gegenüber der Exekutive oder der Rechtsprechung. Das Verhältnis des Bundestages zu den übrigen Verfassungsorganen ist sowohl durch die verfassungsrechtlichen Regeln als auch durch die politischen Kräfteverhältnisse geprägt. Dies gilt vor allem im Verhältnis zu Bundesregierung und Bundesrat. Die parlamentarische Mehrheit trägt die Bundesregierung, in der Geschichte der Bundesrepublik regelmäßig durch Koalitionen.

Unter einer Koalitionsregierung versteht man eine Regierung, die sich auf ein Parteienbündnis stützt, das zur Regierungsbildung geschlossen wurde. Meist wird zu diesem Zweck zwischen den koalierenden Parteien ein Koalitionsvertrag geschlossen. Hierbei handelt es sich nicht um einen rechtsverbindlichen Vertrag, sondern vielmehr um eine Art gemeinsames Programm für die Regierungszeit. Er beruht in der Regel auf Kompromissen und beinhaltet auch Verfahrensregeln für den Fall koalitionsinterner Streitigkeiten. Fast alle Regierungen der Bundesrepublik stützten sich auf Koalitionen im Bundestag.

Angesichts dessen liegt die parlamentarische Kontrolle im Wesentlichen in den Händen der Minderheit im Parlament. Die „Opposition“ muss für Kritik, Kontrolle und politische Alternativen sorgen. Politisch kommt ihr eine wesentliche Rolle zu, weil sie jederzeit in der Lage sein muss, die Regierung zu übernehmen. Im Grundgesetz kommt der Begriff der Opposition nicht vor.

Die parlamentarische Opposition ist derjenige Teil der im Parlament vertretenen Parteien, die nicht an der Regierung beteiligt sind. Die Funktionen der Opposition im Parlament bestehen neben der Kritik der Regierung und dem Aufzeigen politischer Alternativen in der Integration und Repräsentation der Wähler und Gesellschaftsteile, die nicht die Regierung gewählt haben. Auch sie werden über die Opposition in das politische System eingebunden und finden in der Opposition ein Forum für ihre politischen Auffassungen. Dies kanalisiert und konzentriert die politische Auseinandersetzung und dient damit der Friedensfunktion, die eine Verfassung erfüllen soll.

Von einer Großen Koalition spricht man, wenn die Parteien im Parlament zusammenarbeiten und die Regierung bilden, die dort die meisten Sitze haben. Im Bundestag kam es bislang drei mal zu großen Koalitionen zwischen CDU/CSU und SPD, 1966-1966 (Regierung Kiesinger/Brandt), 2005-2009 (Regierung Merkel) und seit 2013 (Regierung Merkel).Die Besonderheit der derzeitigen Großen Koalition besteht darin, das ihr als Opposition zwei Parteien gegenüberstehen, die auch gemeinsam die im Grundgesetz und der Geschäftsordnung vorgesehenen Oppositionsrechte nicht wahrnehmen können, weil sie das dafür vorgesehene Quorum (Mindeststimmenzahl) nicht erreichen.

Vertiefende Literaturhinweis: Strohmeier, Gerd, Große Koalitionen in Österreich und Deutschland, Zeitschrift für politische Wissenschaft 2009, 1 ff.

Ennuschat, VR 2015, 1 ff.

Diese zentrale politische Stellung des Bundestages wird zudem teilweise relativiert. Im Gesetzgebungsverfahren (s.u. Kap. 10.1.2.2.3) ist der Bundesrat zu beteiligen und angesichts ihrer sachlichen und personellen Ausstattung kommt der Bundesregierung faktisch ein gewichtiges Maß an politischer Gestaltungskraft zu (s.u. Kap. 10.1.2.5). Gleichwohl geht das Grundgesetz davon aus, dass dem Bundestag als unmittelbar demokratisch legitimiertem Organ alle wesentlichen Entscheidungen vorbehalten sind (s. o. Gesetzesvorbehalt Kap. 2.2.6).

10.1.2.2.2 Rechte und Aufgaben des Bundestages

In vier wesentliche Funktionen lässt sich die demokratische Gesamtleitung des Bundestages unterteilen: Er ist zentrale Entscheidungsinstanz, er wählt weitere Organe, insbesondere den Bundeskanzler, er kontrolliert die Regierung und die Bürokratie und nimmt darüber hinaus eine Öffentlichkeitsfunktion wahr.

10.1.2.2.3 Gesetzgebungsfunktion als zentrale Entscheidungsbefugnis

Der Bundestag ist der Gesetzgeber und damit die zentrale Entscheidungsinstanz für den Beschluss aller Gesetze.

GESETZBEGRIFFE:

- Gesetz im formellen Sinn: jede vom zuständigen Gesetzgebungsorgan im von der jeweiligen Verfassung vorgesehenen Gesetzgebungsverfahren verabschiedete Norm
- Gesetz im nur formellen Sinn: Gesetz ohne Allgemeinverbindlichkeit = Organgesetz z.B. Haushaltsplan, Art. 110 Abs. 2 GG
- Gesetz im materiellen Sinn: jede abstrakt-generelle, auf hoheitlicher Anordnung beruhende Regel = Allgemeinverbindlichkeit
- Gesetze im materiellen Sinn sind
  - alle Gesetze im formellen Sinn, die allgemeinverbindlich sind
  - Rechtsverordnungen
  - Satzungen
  - Gewohnheitsrecht

Der Bundestag beschließt (vgl. Kap. 10.1.2.2.10) die Gesetze im formellen Sinn, die man deshalb auch als Parlamentsgesetze bezeichnet (Art. Art. 76-82 GG). Andere Gesetze im materiellen Sinn (Rechtsverordnungen usw.) bedürfen einer Ermächtigung durch ein Parlamentsgesetz (Art. 80 GG). Dies hat zur Folge, dass der Bundestag das

Rechtssetzungsmonopol auf der Bundesebene besitzt. Ohne seinen Beschluss kommt somit kein Parlamentsgesetz zustande.

Zudem steht dem Bundestag das Budgetrecht zu, also das Recht des Parlaments, den Haushaltsplan festzustellen. Der Haushaltsplan ist gem. Art. 110 GG ein Gesetz im nur formellen Sinne, weil es keine Außenwirkung gegenüber dem Bürger entfaltet. Das Budget ist das maßgebliche Instrument des Parlaments, mit deren Hilfe es die Finanzen und damit auch die Politik steuern kann. Denn der Bundestag kann – zumindest theoretisch – die Ansätze, welche die Regierung im Haushaltsentwurf angesetzt hat, ändern und damit das Handeln der Regierung beeinflussen und lenken.

10.1.2.2.4 Wahlfunktion

Der Bundestag wählt die so genannten Organwalter einiger anderer Bundesorgane. Organwalter sind diejenigen Personen, die ein Organ besetzen.

Ein wesentliches politisches Mittel ist die Wahl des Bundeskanzlers gem. Art. 63 GG. Zusätzlich hat der Bundestag allein das Recht, gem. Art. 67 GG den Bundeskanzler durch ein konstruktives Misstrauensvotum abzuwählen: Der Bundestag kann einen Kanzler und damit die Regierung nur dadurch stürzen, dass er zugleich einen neuen Kanzler wählt. Das Grundgesetz setzt damit auf möglichst stabile Regierungsverhältnisse – eine Lehre der Weimarer Republik, in der destruktive Parlamentsmehrheiten sich nicht auf eine Regierungskoalition einigen konnten und Regierungen daher oft vom Reichspräsidenten abhängig waren.

Weiterhin wirken bei der Wahl des Bundespräsidenten alle Bundestagsabgeordneten im Rahmen der Bundesversammlung mit, Art. 54 GG. Gem. Art. 61 GG hat der Bundestag das alleinige Recht zur Präsidentenanklage. Darüber hinaus ist das Parlament auch an der Bestellung der Bundesverfassungsrichter und der Bundesrichter beteiligt, Art. 94 Abs. 1, 95 Abs. 2 GG.

10.1.2.2.5 Kontrollrechte

Der Bundestag kontrolliert die Regierung. Neben dem Recht, sich mit jeder Angelegenheit parlamentarisch zu befassen (vgl. Kap. 10.1.2.2.6) kann der Bundestag gem. Art. 43 Abs. 1 GG jederzeit ein Mitglied der Bundesregierung in den Bundestag zitieren und befragen (Interpellationsrecht). Zu diesem Kontrollrecht zählt auch das Recht, kleine und große Anfragen an die Bundesregierung zu richten, die zu den Fragen Auskunft geben muss. Auch die Befassung mit Petitionen gem. Art. 45 c GG (vgl. Kap. 5.2.3) hat Kontrollcharakter. Die schärfste Waffe des Parlaments ist hingegen die Möglichkeit, gem. Art. 44 GG Untersuchungsausschüsse zu jeder relevanten Frage einzurichten. Dies ist auf Antrag eines Viertels aller Bundestagsabgeordneten möglich. Ihnen kommt Kontrollfunktion zu. Die Einzelheiten des Untersuchungsverfahrens werden durch das Untersuchungsausschussgesetz (Gesetz zur Regelung des Rechts der Untersuchungsausschüsse des Deutschen Bundestages (Untersuchungsausschussgesetz) vom 19. Juni 2001 (BGBl. I S. 1142), zuletzt geändert durch Artikel 4 Abs. 1 des Gesetzes vom 5. Mai 2004 (BGBl. I S. 718)) geregelt. Untersuchungsausschüsse haben sehr weitreichende Befugnisse, die denen eines Gerichts ähneln.

Korrespondierend zum Budgetrecht obliegt dem Bundestag die Rechnungskontrolle, Art. 114 GG, die auf der Grundlage der Rechnungsprüfung durch den Bundesrechnungshof erfolgt.

Den Informationsanspruch des Bundestages gegenüber der Bundesregierung hat das Bundesverfassungsgericht 2014 wie folgt charakterisiert:

„1. Aus Art. 38 Abs. 1 Satz 2 und Art. 20 Abs. 2 Satz 2 GG folgt ein Frage- und Informationsrecht des Deutschen Bundestages gegenüber der Bundesregierung, an dem die einzelnen Abgeordneten und die Fraktionen als Zusammenschlüsse von Abgeordneten nach Maßgabe der Ausgestaltung in der Geschäftsordnung des Deutschen Bundestages teilhaben und dem grundsätzlich eine Antwortpflicht der Bundesregierung korrespondiert (vgl. BVerfGE 124, 161, 188; stRspr). Aus dem Frage- und Interpellationsrecht des Parlaments folgt für die Mitglieder der Bundesregierung daher die verfassungsrechtliche Verpflichtung, auf Fragen Rede und Antwort zu stehen. Die Antworten der Bundesregierung auf schriftliche Anfragen und auf Fragen in der Fragestunde des Deutschen Bundestages sollen dazu dienen, dem Bundestag und den einzelnen Abgeordneten die für ihre Tätigkeit nötigen Informationen auf rasche und zuverlässige Weise zu verschaffen. Die Bundesregierung schafft mit ihren Antworten auf parlamentarische Anfragen so die Voraussetzungen für eine sachgerechte Arbeit innerhalb des Parlaments (...).

Das parlamentarische Regierungssystem wird auch durch die Kontrollfunktion des Parlaments geprägt. Die parlamentarische Kontrolle von Regierung und Verwaltung verwirklicht den Grundsatz der Gewaltenteilung, der für das Grundgesetz ein tragendes Funktions- und Organisationsprinzip darstellt. Der Gewaltenteilungsgrundsatz zielt dabei nicht auf eine absolute Trennung der Funktionen der Staatsgewalt, sondern auf die politische Machtverteilung, das Ineinandergreifen der drei Gewalten und die daraus resultierende gegenseitige Kontrolle und Begrenzung mit der Folge der Mäßigung der Staatsgewalt (...). Er gebietet gerade im Hinblick auf die starke Stellung der Regierung, zumal wegen mangelnder Eingriffsmöglichkeiten des Parlaments in den der Exekutive zukommenden Bereich unmittelbarer Handlungsinitiative und Gesetzesanwendung, eine Auslegung des Grundgesetzes dahin, dass parlamentarische Kontrolle auch tatsächlich wirksam werden kann. Ohne Beteiligung am Wissen der Regierung kann das Parlament sein Kontrollrecht gegenüber der Regierung nicht ausüben. Daher kommt dem parlamentarischen Informationsinteresse besonders hohes Gewicht zu, soweit es um die Aufdeckung möglicher Rechtsverstöße und vergleichbarer Missstände innerhalb von Regierung und Verwaltung geht (...).

Die Kontrollfunktion ist zugleich Ausfluss der aus dem Demokratieprinzip folgenden Verantwortlichkeit der Regierung gegenüber dem Parlament. Art. 20 Abs. 2 Satz 2 GG gestaltet den Grundsatz der Volkssouveränität aus. Er legt fest, dass das Volk die Staatsgewalt, deren Träger es ist, außer durch Wahlen und Abstimmungen durch besondere Organe der Gesetzgebung, der vollziehenden Gewalt und der Rechtsprechung ausübt. Das setzt voraus, dass das Volk einen effektiven Einfluss auf die Ausübung der Staatsgewalt durch diese Organe hat. Deren Akte müssen sich auf den Willen des Volkes zurückführen lassen und ihm gegenüber verantwortet werden (...). Dieser Zurechnungszusammenhang zwischen

Volk und staatlicher Herrschaft wird außer durch die Wahl des Parlaments, die vom Parlament beschlossenen Gesetze als Maßstab der vollziehenden Gewalt und die grundsätzliche Weisungsgebundenheit der Verwaltung gegenüber der Regierung auch durch den parlamentarischen Einfluss auf die Politik der Regierung hergestellt. Das „Ausgehen der Staatsgewalt" vom Volk muss für das Volk wie auch die Staatsorgane jeweils konkret erfahrbar und praktisch wirksam sein. Es muss ein hinreichender Gehalt an demokratischer Legitimation erreicht werden, ein bestimmtes Legitimationsniveau (...). Nur das vom Volk gewählte Parlament kann den Organ- und Funktionsträgern der Verwaltung auf allen ihren Ebenen demokratische Legitimation vermitteln. Im Fall der nicht durch unmittelbare Volkswahl legitimierten Amtswalter und Organe setzt die demokratische Legitimation der Ausübung von Staatsgewalt regelmäßig voraus, dass sich die Bestellung der Amtsträger auf das Staatsvolk zurückführen lässt und ihr Handeln eine ausreichende sachlich-inhaltliche Legitimation erfährt. In personeller Hinsicht ist eine hoheitliche Entscheidung demokratisch legitimiert, wenn sich die Bestellung desjenigen, der sie trifft, durch eine ununterbrochene Legitimationskette auf das Staatsvolk zurückführen lässt. Die sachlich-inhaltliche Legitimation wird durch Gesetzesbindung und Bindung an Aufträge und Weisungen der Regierung vermittelt. Letztere entfaltet Legitimationswirkung aufgrund der Verantwortlichkeit der Regierung gegenüber der Volksvertretung (...).

Geheimhaltung gegenüber dem Parlament beschränkt die parlamentarischen Kontrollmöglichkeiten und kann deshalb den notwendigen demokratischen Legitimationszusammenhang beeinträchtigen oder unterbrechen (...)." Urteil vom 21. Oktober 2014 – 2 BvE 5/11 -, http://www.bundesverfassungsgericht.de/SharedDocs/Entscheidungen/DE/2014/10/es20141021_2bve000511.html;

10.1.2.2.6 Sonstige Rechte

Aus der Stellung des Bundestages als institutioneller Mittelpunkt des politischen Lebens ergibt sich auch das Recht, alle politischen und letztlich auch alle sonstigen Fragen zu erörtern und zu ihnen Stellung zu beziehen. Voraussetzung ist, dass es sich um Bundesangelegenheiten handelt. Dies erfolgt im Wesentlichen in parlamentarischen Aussprachen (aktuelle Stunde), in denen über solche Fragen debattiert wird. Der Bundestag kann aber auch Stellung beziehen, in dem er zu kontroversen oder wichtigen Fragen Beschlüsse fast. Da er nicht in Form von Gesetzen tätig wird, hat sich hierfür der Begriff des „schlichten Parlamentsbeschlusses" herausgebildet.

10.1.2.2.7 Die Funktionsweise des Bundestages

Maßgeblich für die Arbeitsweise des Bundestages ist Art. 40 Abs. 1 S. 2 GG. Danach gibt sich der Bundestag eine Geschäftsordnung.

Die Geschäftsordnung des Deutschen Bundestages (in der Fassung der Bekanntmachung vom 2. Juli 1980, BGBl. I S. 1237, zuletzt geändert laut Bekanntmachung vom 23. April 2014 (BGBl. I S. 534) ist eine autonome Satzung, d. h. sie steht im Rang unter Verfassung und Gesetzen. Sie ist reines Innenrecht, das allein den Bundestag und seine Mitglieder bindet;

sie begründet keine Rechte und Pflichten für außerhalb des Bundestags stehende Personen. Die Geschäftsordnung regelt die Abwicklung der Parlamentsgeschäfte: Sie enthält insbesondere Regelungen zur Wahl des Bundestagspräsidenten und seiner Stellvertreter und Schriftführer sowie Bestimmungen zu den Aufgaben des Präsidiums, der Bildung der Fraktionen und der Rechte und Pflichten der Abgeordneten, wie etwa die Voraussetzungen für Anträge, die Redezeiten usw. (Die Geschäftsordnung ist abrufbar unter http://www.bundestag.de/bundestag/aufgaben/rechtsgrundlagen/go_btg/go_btg/197104)

Der Bundestag gliedert sich in Plenum, Präsidium (Art. 40 Abs. 1 S. 1 GG), Ältestenrat, Fraktionen und Ausschüsse. Alle Abgeordneten gemeinsam bilden den Bundestag, das Plenum. Auch wenn das Grundgesetz dies nicht ausdrücklich festlegt, muss das Plenum alle Entscheidungen selbst treffen. Damit ist eine Abgabe von Entscheidungen des Bundestages etwa an Ausschüsse (so genannte Ausschussdelegation) nur zulässig, sofern das Grundgesetz dies ausdrücklich erlaubt (vgl. Art. 42 Abs. 1, Abs. 2 GG sowie Art. 77 Abs. 1 GG).

Das Präsidium des Bundestages, Art. 40 GG (vgl. § 5 Geschäftordnung des Bundestages – GO-BT), und der Ältestenrat, § 6 GO-BT, führen alle Geschäfte und vertreten den Bundestag nach außen (vgl. §§ 19 ff. GO-BT).

- Das Bundestagspräsidium besteht aus dem Präsidenten und seinen Stellvertreterinnen und Stellvertretern. Es wird für die Dauer der Wahlperiode gewählt (vgl. § 2 GO-BT). Der Präsident setzt auf der Grundlage des Parteiengesetzes jährlich die Höhe der staatlichen Mittel zur Parteienfinanzierung fest.
- Die Aufgaben des Bundestagspräsidenten legt die Geschäftsordnung (§ 7 GO-BT) wie folgt fest: „Der Präsident vertritt den Bundestag und regelt seine Geschäfte. Er wahrt die Würde und die Rechte des Bundestages, fördert seine Arbeiten, leitet die Verhandlungen gerecht und unparteiisch und wahrt die Ordnung im Hause.“ Protokollarisch bekleidet er nach dem Bundespräsidenten das zweithöchste Amt im Staat. Zur Wahrung des parlamentarischen Ordnung darf der Präsident zum Beispiel Abgeordnete ermahnen, ihnen das Wort entziehen und sie sogar bis zu 30 Sitzungstage von Plenar- und Ausschusssitzungen ausschließen.
- Als Repräsentant des Bundestages vertritt er den Bundestag auch nach außen, bei offiziellen staatlichen Veranstaltungen wird er für den Bundestag eingeladen, hält Reden bei wichtigen politischen und gesellschaftlichen Anlässen und wahrt die Würde des Bundestages und die Rechte seiner Mitglieder.
- Der Bundestagspräsident leitet zugleich die Bundestagsverwaltung und ist der oberste Dienstherr der rund 2.500 Mitarbeiterinnen und Mitarbeiter des Bundestages. Er übt die Polizeigewalt und das Hausrecht in den Gebäuden des Parlaments aus.

Das Präsidium unterstützt den Bundestagspräsidenten bei seiner Arbeit. Dies gilt auch für den Ältestenrat. Der Ältestenrat besteht aus dem Bundestagspräsidenten, seinen Stellvertreterinnen und -vertretern sowie 23 weiteren Abgeordneten. Dabei handelt es sich um besonders erfahrene Parlamentarier oder solche, die besonderes Vertrauen genießen. Der Ältestenrat sorgt für einen koordinierten und möglichst reibungslosen

Arbeitsablauf im Bundestag. Namentlich die Terminierung der Sitzungswochen und die Festlegung der Tagesordnung wird von ihm vorgenommen. So legt er beispielsweise auf längere Sicht die Termine für die Sitzungswochen fest und einigt sich dann fortlaufend über die Tagesordnung. Außerdem ist der Ältestenrat der Ort, an dem aufgetretene Streitigkeiten besprochen und geschlichtet werden. Wegen der Aufgabenfülle setzt der Ältestenrat Kommissionen ein, die ihn fachlich unterstützen.

Fraktionen sind Zusammenschlüsse von Abgeordneten nach parteipolitischer Ausrichtung. Ihre Mindeststärke beträgt 5 % der gesetzlichen Abgeordnetenzahl (§ 10 GO-BT). Die Anzahl der Sitze bestimmt die Stärke der Fraktionen; sie ist für die Besetzung des Ältestenrates und der Ausschüsse entscheidend (§ 12 GO-BT).

Ausschüsse sind parlamentarische Hilfsorgane, die die Arbeit des Bundestages vorbereiten und bei der Entscheidungsfindung helfen (vgl. §§ 54 ff. GO-BT). Grundsätzlich haben sie nur beratende Funktion und schlagen dem Bundestagsplenum Beschlüsse vor (§ 62 GO-BT). Um sich ein Bild bestimmter Sachverhalte zu machen, lassen sich die Ausschüsse von Regierung und Sachverständigen informieren.

Das Grundgesetz verlangt lediglich vier Ausschüsse, nämlich den Ausschuss für Angelegenheiten der Europäischen Union (Art. 45 GG), für Verteidigung, für auswärtige Angelegenheiten (Art. 45 a GG) und den Petitionsausschuss (Art. 45 c GG). Darüber hinaus gibt es in der Regel pro Fachministerium einen Ausschuss.

In der 18. Wahlperiode hat der Bundestag folgende ständige Ausschüsse eingesetzt:

- Arbeit und Soziales
- Auswärtiges
- Bildung, Forschung und Technikfolgenabschätzung
- Digitale Agenda
- Ernährung und Landwirtschaft
- Europäische Union
- Familie, Senioren, Frauen und Jugend
- Finanzen
- Gesundheit
- Haushalt
- Inneres
- Kultur und Medien
- Menschenrechte und humanitäre Hilfe
- Petitionen
- Recht und Verbraucherschutz
- Sport
- Tourismus

- Umwelt, Naturschutz, Bau und Reaktorsicherheit
- Verkehr und digitale Infrastruktur
- Vermittlungsausschuss
- Verteidigung
- Wahlprüfung, Immunität und Geschäftsordnung
- Wirtschaft und Energie
- Wirtschaftliche Zusammenarbeit und Entwicklung

(Quelle: Homepage des Bundestags)

Untersuchungsausschüsse werden zur Ermittlung besonderer Sachverhalte eingesetzt. Gem. Art. 44 GG erfordert die Einsetzung eine Untersuchungsausschusses den Antrag eines Viertels aller Bundestagsabgeordneten. Untersuchungsausschüsse üben die oben beschriebene Kontrollfunktion aus. Sie werden nur für spezielle Untersuchungen eingesetzt. Die Ausschussarbeit endet, wenn die Untersuchung abgeschlossen ist. Die Einzelheiten des Untersuchungsverfahrens werden durch das Untersuchungsausschussgesetz (Gesetz zur Regelung des Rechts der Untersuchungsausschüsse des Deutschen Bundestages (Untersuchungsausschussgesetz) vom 19. Juni 2001 (BGBl. I S. 1142), zuletzt geändert durch Artikel 4 Abs. 1 des Gesetzes vom 5. Mai 2004 (BGBl. I S. 718)) geregelt.

„Das in Art. 44 GG gewährleistete Untersuchungsrecht gehört zu den ältesten und wichtigsten Rechten des Parlaments (...). Über das Zitierrecht nach Art. 43 Abs. 1 GG und das Interpellationsrecht nach §§ 105 f. GO-BT hinaus verschafft es die Möglichkeiten der Sachverhaltsaufklärung, die das Parlament zur Vorbereitung seiner Entscheidungen und vor allem zur Wahrung seiner Kontrollfunktion gegenüber der ihm verantwortlichen Regierung benötigt (vgl. BVerfGE 49, 70, 85). Die Auslegung des Art. 44 GG und der das Untersuchungsausschussrecht konkretisierenden Vorschriften des Untersuchungsausschussgesetzes hat, insbesondere bei der Frage, welche Befugnisse einem Untersuchungsausschuss zustehen, zu berücksichtigen, dass diese Bestimmungen die Voraussetzungen für eine wirksame parlamentarische Kontrolle schaffen sollen (vgl. BVerfGE 67, 100, 130; 68, 1, 87; 76, 363, 383 f.; 77, 1, 48).“ (BVerfG, 2 BvE 3/07 vom 17.6.2009, Absatz-Nr. 105, http://www.bverfg.de/entscheidungen/es20090617_2bve000307.html = BVerfGE 124, 78)

Auf Antrag eines Viertels seiner Mitglieder ist der Deutsche Bundestag verpflichtet, zur Vorbereitung von Entscheidungen über umfangreiche und bedeutsame Sachkomplexe Enquete-Kommissionen einzusetzen (§ 56 GO-BT). Die Mitglieder der Enquete-Kommission werden im Einvernehmen der Bundestagsfraktionen benannt. Enquete-Kommissionen bestehen aus Abgeordneten und externen Sachverständigen. Sie legen dem Bundestag Berichte und Empfehlungen bis zum Ende der Wahlperiode vor. Auf deren Grundlage kann der nächste Bundestag darüber entscheiden, ob die Enquete-Kommission ihre Arbeit fortsetzt.

Neben den genannten Untergliederungen gibt es weitere parlamentarische Einrichtungen, die z. T. durch das Grundgesetz selbst vorgesehen sind:

- Für die Kontrolle der Nachrichtendienste des Bundes – dies sind nach § 1 des Gesetzes über die parlamentarische Kontrolle nachrichtendienstlicher Tätigkeit des Bundes (PKGrG vom 29. Juli 2009, BGBl. I 2009, S. 2346) das Bundesamt für Verfassungsschutz, der Militärische Abschirmdienst und der Bundesnachrichtendienst – ist das Parlamentarische Kontrollgremium zuständig, vgl. Art. 45 d GG. Es kann von der Bundesregierung eine umfassende Unterrichtung über die allgemeine Tätigkeit der drei Nachrichtendienste einschließlich der Vorgänge von besonderer Bedeutung verlangen.
- Für die Kontrolle spezieller Grundrechtseingriffsmöglichkeiten sind die G 10-Kommission, das Gremium nach § 23 c Abs. 8 Zollfahndungsdienstgesetz (ZFdG-Gremium) sowie das Gremium nach Artikel 13 Abs. 6 GG zuständig: Die G 10-Kommission entscheidet über die Notwendigkeit und Zulässigkeit von Einschränkungen des Brief-, Post- und Fernmeldegeheimnisses nach Artikel 10 GG. Dies sind solche Beschränkungen der Grundrechte aus Art. 10 GG, die zum Schutz der freiheitlichen demokratischen Grundordnung oder des Bestandes oder der Sicherung des Bundes oder eines Landes erforderlich sind. Das ZFdG-Gremium dient der Kontrolle der Einschränkungen des Brief-, Post- und Fernmeldegeheimnis, die das Zollkriminalamt bei der Verfolgung von Straftaten nach dem Außenwirtschafts- oder dem Kriegswaffenkotrollgesetz vornehmen kann. Die Einrichtung des Gremiums nach Artikel 13 Absatz 6 GG geht auf die Grundgesetzänderung des Art. 13 GG 1998 und das Gesetz vom 24. Juni 2005 zur Umsetzung des Urteils des Bundesverfassungsgerichts vom 3. März 2004 (BGBl. I, S. 1841) zurück. Diese Regelungen erlauben zur Bekämpfung besonders schwerer Kriminalität das Abhören von Wohnungen mit technischen Mitteln. Das Bundestagsgremium (Art. 13 Abs. 6 S. 2) übt auf der Grundlage eines Berichts die parlamentarische Kontrolle aus (vgl. auch § 100e StPO). Die besondere parlamentarische Kontrolle ist dadurch begründet, dass Art. 13 GG einen besonderen Schutz der Privatsphäre konstituiert und ein Abhören als besonders intensiver Grundrechtseingriff anzusehen ist.
- Eine besondere Bedeutung hat der Wehrbeauftragte des Bundestages (vgl. Kap. 7.2.4.2.2). Er wird nach Art. 45 b GG zum Schutz der Grundrechte der Soldaten berufen. Er ist ein Hilfsorgan des Bundestages und soll die parlamentarische Kontrolle der Streitkräfte sicherstellen. Die Bundeswehr ist eine Parlamentsarmee (vgl. BVerfGE 90, 286, 382). So ist es nur konsequent, wenn das Parlament der Bundeswehr besondere Aufmerksamkeit zukommen lässt. Auch wegen der besonderen Verhältnisse einer auf Befehl und Gehorsam basierenden Organisation soll der Wehrbeauftragte Missständen innerhalb der Bundeswehr nachgehen. Der Wehrbeauftragte arbeitet auf Weisung des Bundestages, des Verteidigungsausschusses und aus eigener Initiative, wenn Hinweise auf die Verletzung von Grundrechten von Soldaten oder von Grundsätzen der Inneren Führung vorliegen. Die Soldaten haben die Möglichkeit, sich direkt an den Wehrbeauftragten zu wenden. Einzelheiten regelt das Gesetz über den Wehrbeauftragten des Deutschen Bundestages.

10.1.2.2.8 Arbeitsweise

Die Arbeitsweise des Bundestages wird durch die Grundsätze der Öffentlichkeit, Art. 42 Abs. 1 GG, der Unmittelbarkeit, der Mündlichkeit und der Mehrheit, Art. 42 Abs. 2 GG, beherrscht.

10.1.2.2.9 Wahl, Wahlperiode und Rechtstellung der Abgeordneten

Die Wahl der Mitglieder des Deutschen Bundestages erfolgt gem. Art. 38 Abs. 1 S. 1 GG (vgl. Kap. 5.2.1.1.2)

Gem. Art. 39 wird der Bundestag auf vier Jahre gewählt. Die Wahlperiode des Bundestages kann ordentlich durch Ablauf der Legislaturperiode beendet werden (Art. 39 Abs. 1 GG). Sie kann aber auch außerordentlich beendet werden durch Auflösung des Bundestages (Art. 63 Abs. 4 GG). Ein Selbstauflösungsrecht besteht nicht, eine Auflösung des Bundestages kann lediglich nach einem Scheitern der Vertrauensfrage durch den Bundespräsidenten erfolgen (Art. 68 GG). Als Rechtsfolge der Beendigung der Legislaturperiode ergeben sich die Grundsätze der personellen und sachlichen Diskontinuität. Das bedeutet einerseits, dass die Tätigkeit aller Organe und Sachwalter des Bundestages mit dem Ende der Legislaturperiode endet (Grundsatz der personellen Diskontinuität), anderseits, dass sämtliche Vorlagen, Anträge, Anfragen und Gesetzesvorhaben als erledigt gelten (Grundsatz der sachlichen Diskontinuität). In diesem Fall muss der neu gewählte Bundestag alle Vorhaben erneut beginnen.

Die Rechtsstellung der Abgeordneten ist – neben dem Grundsatz des freien Mandats (vgl. Kap. 5.2.1.1.3) – geprägt durch die Grundsätze der Indemnität (Art. 46 Abs. 1 GG): Ein Abgeordneter darf zu keiner Zeit, also auch nicht später wegen seiner Stimmabgabe, seiner Äußerung im Bundestag, in einem Ausschuss oder in einer Fraktionssitzung zur Verantwortung gezogen werden. Darüber hinaus genießen Abgeordnete Immunität, d. h. die Verfolgung eines Abgeordneten wegen einer strafbaren Handlung zur Zeit seines Mandates darf nur mit Genehmigung des Bundestages erfolgen (Art. 46 Abs. 2-4 GG). Hierzu zählen keine Ordnungswidrigkeiten. Der Zweck der Regelung besteht in der Sicherung der Funktionsweise des Parlaments und seines Ansehens. Die Abgeordneten verfügen angesichts von Art. 38 GG über einen eigenen verfassungsrechtlichen Status, der ihre Stellung auch gegenüber dem Bundestag bestimmt. Hierzu zählen das Rede- und Fragerecht sowie der Anspruch auf Mitgliedschaft in einem Ausschuss (BVerfGE 80, 188).

10.1.2.2.10 Gesetzgebungsverfahren

Das Zustandekommen von Gesetzen im formellen Sinne – Parlamentsgesetzen (vgl. Kap. 10.1.2.2.3) – bezeichnet man als Gesetzgebungsverfahren. Das Grundgesetz bestimmt, dass nur der Bundestag die Kompetenz besitzt, (Bundes-)Gesetze im formellen Sinne zu beschließen. Gesetze im materiellen Sinn können auch von anderen Stellen erlassen werden, wie etwa Rechtsverordnungen gem. Art. 80 GG von der Bundesregierung, einzelnen Ministern oder Landesregierungen. Vom Bundestag beschlossene Gesetze bedürfen für ihr Zustandekommen indes noch der Beteiligung des Bundesrates, vgl. Art. 78 GG. Das Gesetzgebungsverfahren ist in den Art. 76-78, 82 GG geregelt. Zudem finden sich in den Geschäftsordnungen von Bundesregierung, Bundestag und Bundesrat Verfahrensregelungen (insbesondere §§ 76 ff. GO-BT).

Das Gesetzgebungsverfahren gliedert sich in drei Abschnitte, nämlich

- Gesetzesinitiative,
- Beschlussfassung durch Bundestag und Bundesrat sowie
- Verkündung und Ausfertigung des Gesetzes.

Gesetzesinitiativen können gemäß Art. 76 Abs. 1 GG von der Bundesregierung, vom Bundesrat und aus der Mitte des Bundestages ausgehen. Mit Gesetzgebungsinitiative wird formell die Befugnis eines Organs bezeichnet, eine Gesetzgebungsvorlage in das Gesetzgebungsverfahren einzubringen. Sie ist nicht identisch mit der politischen Urheberschaft für einen Gesetzesvorschlag. Dieser stammt oft aus dem politischen Raum, von den Parteien oder der Anstoß für ein Parlamentsgesetz dient einer nationalen Umsetzung oder Ausgestaltung einer europäischen Vorgabe. Die überwiegende Zahl der förmlichen Gesetzgebungsvorschläge wird von der Bundesregierung eingebracht. In diesem Fall handelt die Bundesregierung als Kollegialorgan (§ 15 GO-BReg). Gesetzesvorlagen des Bundesrates bedürfen eines Mehrheitsbeschlusses (§ 30 GO BR), solche aus der Mitte des Bundestages müssen von mindestens 5 % der Mitglieder des Bundestages oder von einer Fraktion unterstützt werden (§ 76 Abs. 1 GO-BT).

Gesetzesinitiativen der Bundesregierung sind dem Bundesrat (Art. 76 Abs. 2 GG) und solche des Bundesrates sind der Bundesregierung zur obligatorischen Stellungnahme zuzuleiten (Art. 76 Abs. 3 GG). Bei Vorlagen aus der Mitte des Bundestages ist die Bundesregierung nicht beteiligt.

Die Kompetenzverteilung im Verhältnis zwischen den Gesetzgebungsorganen weist dem Deutschen Bundestag die entscheidende Funktion im Gesetzgebungsverfahren zu: Die Bundesgesetze werden nach Art. 77 Abs. 1 Satz 1 GG vom Bundestag beschlossen. Der Bundesrat ist demgegenüber auf die Mitwirkung bei der Gesetzgebung des Bundes beschränkt (Art. 50 GG); er kann durch einen Einspruch oder die Verweigerung einer erforderlichen Zustimmung Einfluss auf die Gesetzgebung nehmen (vgl. BVerfG, 2 BvR 758/07 vom 8.12.2009, Absatz-Nr. 58, http://www.bverfg.de/entscheidungen/rs20091208_2bvr075807.html = BVerfGE 125, 104; vgl. Kap. 9.3).

Art. 77 Abs. 1 S. 1 GG erfordert einen Gesetzesbeschluss des Bundestages. Dieser erfolgt – sofern es keine besonderen grundgesetzlichen Vorschriften gibt – gem. Art. 42 Abs. 2 S. 1 GG mit der Mehrheit der abgegebenen Stimmen. Dabei kommt dem Grundsatz der Parlamentsöffentlichkeit nach Art. 42 Abs. 1 Satz 1 GG ganz besondere Bedeutung zu. Er ist ein wesentliches Element des demokratischen Parlamentarismus. Er ermöglicht dem Bürger die Wahrnehmung seiner Kontrollfunktion und dient damit der effektiven Verantwortlichkeit des Parlaments gegenüber dem Wähler (vgl. BVerfGE 40, 296, 327; 70, 324, 355; 84, 304 329; BVerfG, 2 BvR 758/07 vom 8.12.2009, Absatz-Nr. 60, http://www.bverfg.de/entscheidungen/rs20091208_2bvr075807.html = BVerfGE 125, 104).

Wie die öffentliche Behandlung von Gesetzesvorlagen im Bundestag durchgeführt wird, regelt das Grundgesetz nicht. Sie werden im Bundestag in drei sog. Lesungen behandelt, vgl. § 78 ff. GO-BT.

1. Lesung

Mit der ersten Lesung wird der Gesetzentwurf eingebracht und man diskutiert in der Regel allgemein über das Ziel und die Grundsätze des Entwurfes (§ 79 GO-BT). Der Entwurf wird entweder an einen Ausschuss überwiesen oder man tritt sofort in die 2. Lesung ein (§ 80 Abs. 1, 2 GO-BT). Die Ausschüsse können Änderungen empfehlen, die in der zweiten Lesung beraten werden.

2. Lesung

Hier werden im Plenum des Bundestages Einzelbestimmungen des Entwurfes verhandelt (§ 81 Abs. 2 GO- BT). Werden alle Teile des Entwurfes abgelehnt, so ist das Gesetz gescheitert (§ 83 Abs. 3 GO-BT). Ansonsten wird das Gesetz mit oder ohne Änderungen gebilligt (§ 84 Abs. 1 GO-BT) oder an den bereits tätigen oder einen anderen Ausschuss zurückverwiesen (§ 82 Abs. 3 GO-BT). In diesem Fall wird die 2. Lesung nach Abschluss der Ausschussberatungen wiederholt. Im Falle der Billigung gelangt die Vorlage in die dritte Lesung.

3. Lesung

Gibt es zum Gesetzentwurf in der zweiten Lesung keine Änderungsanträge, so wird in dritten Lesung unmittelbar abgestimmt (§ 86 S. 2 GO-BT). Ansonsten wird erneut über die Bestimmungen der Vorlage beraten, die in der zweiten Lesung Änderungsanträgen unterlagen (§ 85 Abs. 1 GO-BT). Liegen keine weiteren Änderungsanträge in 3. Lesung vor, so wird abgestimmt (§ 86 S. 2 GO-BT). Änderungsanträge werden beraten (§ 85 Abs. 1 GO-BT): Entweder es wird über die Vorlage abgestimmt (§ 86 S. 1 GO-BT) oder die Vorlage wird erneut an einen Ausschuss verwiesen (§ 85 Abs. 2 S. 1 GO-BT). Schlägt der Ausschuss keine Änderungen vor, so wird über die Vorlage abgestimmt (§ 86 S. 1 GO-BT); schlägt er Änderungen vor, so wird das Verfahren zurückgestellt und die Vorlage wird erneut in zweiter Lesung beraten (§ 85 Abs. 2 S. 2 GO-BT, s. o.).

Wird das Gesetz in der Schlussabstimmung der dritten Lesung abgelehnt, ist es gescheitert.

Wird das Gesetz angenommen, so ist es dem Bundesrat zuzuleiten (Art. 77 Abs. 1 S. 2 GG). Die Beteiligung des Bundesrates richtet sich danach, ob es sich bei dem vom Bundestag beschlossenen Gesetz um ein Zustimmungs- oder Einspruchsgesetz handelt.

Zustimmungsgesetze sind nur diejenigen Gesetze, die das Grundgesetz ausdrücklich als solche bezeichnet. In der Regel formuliert das Grundgesetz „...mit Zustimmung des Bundesrates ...“ (z.B. Art. 84 Abs. 1 S. 6, Abs. 2; Art. 105 Abs. 3 GG).

Bei zustimmungsbedürftigen Gesetzen ist die positive Zustimmung des Bundesrates zum Gesetz erforderlich, damit es zustande kommt. In allen anderen Fällen spricht man von Einspruchsgesetzen, weil der Bundesrat gegen diese Gesetze Einspruch einlegen kann, der aber vom Bundestag überstimmt werden kann:

- Stimmt der Bundesrat einem einfachen Gesetz zu (Art. 78, 1. Fall), stellt keinen Antrag auf Anrufung des Vermittlungsausschusses (Art. 78, 2. Fall – s. u.) oder legt innerhalb von zwei Wochen keinen Einspruch ein, nimmt ihn zurück oder der Bundestag überstimmt ihn (78, 3. Fall), kommt das Gesetz zustande. Wird der Vermittlungsausschuss angerufen (Art. 77 Abs. 2 GG), ist ein Gesetz gescheitert, wenn dieser Änderungen beschließt und der Bundestag den Entwurf ablehnt (Art. 77 Abs. 2 S. 5). Beschließt der Vermittlungsausschuss keine Änderungen oder beschließt der Bundestag das Gesetz mit oder ohne die Änderungen des Vermittlungsausschusses, kommt das Gesetz zustande, es sei denn, der Bundesrat beschließt einen Einspruch (Art. 77 Abs. 3 S. 1 GG). Der Einspruch kann vom Bundestag überstimmt werden (Art. 77 Abs. 4 GG).
- Stimmt der Bundesrat der Gesetzesvorlage eines zustimmungsbedürftigen Gesetzes zu, so kommt das Gesetz zustande (Art. 78 GG). Der Bundesrat kann aber auch den Vermittlungsausschuss anrufen (Art. 77 Abs. 2 S. 1 GG). Bei Zustimmungsgesetzen ist eine Anrufung des Vermittlungsausschusses nicht obligatorisch. Lehnt der Bundesrat das Gesetz ab, kann der Bundestag oder die Bundesregierung den Vermittlungsausschuss anrufen (Art. 77 Abs. 4 S. 4 GG). Beschließt der Ausschuss Änderungen, so kommt das Gesetz zustande, wenn Bundestag und Bundesrat zustimmen. Beschließt der Ausschuss keine Änderungen, so kommt das Gesetz nur im Falle der Zustimmung des Bundesrates zustande. Das Gesetz ist gescheitert, wenn der Bundesrat den Entwurf ablehnt.

Der Vermittlungsausschuss setzt sich aus je 16 Mitgliedern des Bundestages und des Bundesrates zusammen, Art. 77 Abs. 2 GG. Eine eigene Geschäftsordnung regelt das Verfahren. Die Zusammensetzung soll die Kräfteverhältnisse des Bundestages und Bundesrates widerspiegeln.

Zur Funktion des Vermittlungsausschusses hat das Bundesverfassungsgericht ausgeführt:

„Die Einrichtung des Vermittlungsausschusses beruht auf der bundesstaatlichen Ausgestaltung des Gesetzgebungsverfahrens (...). Bundesgesetze werden zwar gemäß Art. 77 Abs. 1 Satz 1 GG vom Bundestag beschlossen. Dem Bundesrat kommen im Gesetzgebungsverfahren aber Mitwirkungsrechte zu, sodass er durch einen Einspruch oder die Verweigerung einer erforderlichen Zustimmung Einfluss auf die Gesetzgebung nehmen kann. In diesem System hat der Vermittlungsausschuss die Aufgabe, im Falle unterschiedlicher Auffassungen zwischen Bundestag und Bundesrat einen Einigungsvorschlag zu erarbeiten, über den der Bundestag sodann erneut zu beschließen hat (Art. 77 Abs. 2 Satz 5 GG). Der Vermittlungsausschuss hat demgemäß im Gesetzgebungsverfahren zwar keine Entscheidungskompetenz, wohl aber eine den Kompromiss vorbereitende, ihn aushandelnde und faktisch gestaltende Kompetenz. Diese jeder Vermittlungstätigkeit innewohnende faktische Gestaltungsmacht ist durch die verfassungsrechtliche Ausgestaltung des Gesetzgebungsverfahrens beschränkt.

So verfügt der Vermittlungsausschuss über kein eigenes Gesetzesinitiativrecht, sondern wird nur tätig, sofern er nach der Zustimmung des Bundestages zu einem Gesetzentwurf (Art. 77 Abs. 1 GG) von einem der in Art. 76 Abs. 1 GG genannten Initiativberechtigten angerufen wird. Ihm kommt daher lediglich die Aufgabe zu, auf der Grundlage dieses Gesetzesbeschlusses und des vorherigen Gesetzgebungsverfahrens Änderungsvorschläge zu erarbeiten, die sich sowohl im Rahmen der parlamentarischen Zielsetzung des Gesetzgebungsvorhabens bewegen als auch die jedenfalls im Ansatz sichtbar gewordenen politischen Meinungsverschiedenheiten zwischen Bundestag und Bundesrat ausgleichen. Andernfalls würde der von Verfassungs wegen gebotene Zusammenhang zwischen der öffentlichen Debatte im Parlament und der späteren Schlichtung zwischen den an der Gesetzgebung beteiligten Verfassungsorganen aufgelöst, und zwar zulasten der öffentlichen Beobachtung des Gesetzgebungsverfahrens, denn der Vermittlungsausschuss tagt im Interesse der Effizienz seiner Arbeit unter Ausschluss der Öffentlichkeit, er muss seine Empfehlungen auch nicht unmittelbar vor der Öffentlichkeit verantworten. Zur Wahrung der bundesstaatlichen Kompetenzverteilung, der Rechte der Abgeordneten, der Öffentlichkeit der parlamentarischen Debatte und damit der demokratischen Kontrolle der Gesetzgebung darf der Vermittlungsausschuss daher lediglich solche Änderungen, Ergänzungen oder Streichungen des Gesetzesbeschlusses vorschlagen, die sich im Rahmen des Anrufungsbegehrens und des Gesetzgebungsverfahrens bewegen. Der Vermittlungsvorschlag darf weder zu einer Verlagerung der Entscheidungen in den Ausschuss und damit zu einer Entparlamentarisierung führen noch dazu, dass der Bundesrat ohne Beteiligung des Bundestages Einfluss auf die Gesetzgebung nehmen kann. (...)

Die Kompetenz des Vermittlungsausschusses beschränkt sich danach darauf, mit dem Beschlussvorschlag eine Brücke zwischen Regelungsalternativen zu schlagen, die bereits zuvor in den Gesetzgebungsorganen erörtert worden oder jedenfalls erkennbar geworden sind. Der Vermittlungsausschuss darf mit seinem Vorschlag weder ein ihm nicht zustehendes Gesetzesinitiativrecht beanspruchen noch das parlamentarische Gesetzgebungsverfahren verkürzen und der öffentlichen Aufmerksamkeit entziehen. Der Vermittlungsvorschlag muss so ausgestaltet sein, dass er dem Bundestag aufgrund der dort zu führenden parlamentarischen Debatte zurechenbar ist. Er ist deshalb durch diejenigen Regelungsgegenstände begrenzt, die bis zur letzten Lesung im Bundestag in das jeweilige Gesetzgebungsverfahren eingeführt waren. Dies muss nicht in Form eines ausformulierten Gesetzentwurfs erfolgen. Der Regelungsgegenstand muss aber so bestimmt sein, dass seine sachliche Tragweite dem Grunde nach erkennbar wird. Eine allgemeine Zielformulierung genügt hierfür nicht."

BVerfG, 2 BvL 12/01 vom 15.1.2008, Absatz-Nr. 59 f., 62, http://www.bverfg.de/entscheidungen/ls20080115_2bvl001201.html = BVerfGE 120, 56; vgl. jetzt jüngst BVerfG, 2 BvR 758/07 vom 8.12.2009, Absatz-Nr. 54, http://www.bverfg.de/entscheidungen/rs20091208_ 2bvr075807.html = BVerfGE 125, 104.

Nachdem der Bundeskanzler und die zuständigen Bundesminister gegengezeichnet haben, wird das Gesetz vom Bundespräsidenten ausgefertigt (s. u. 10.1.2.4.5.) und im Bundesgesetzblatt verkündet(Art. 82 Abs. 1 S. 1 GG, § 29 Abs. 1 GO-BReg).

GESETZGEBUNGSVERFAHREN BEI ÄNDERUNGEN DES GRUNDGESETZES

Auch auf Änderungen des Grundgesetzes findet das oben beschriebene Gesetzgebungsverfahren Anwendung. Art. 79 GG stellt aber einige zusätzliche Erfordernisse auf: Das Gesetz muss den Wortlaut des Grundgesetzes selbst ändern (Art. 79 Abs. 1 S. 1 GG). Außerdem reicht eine einfache Mehrheit in Bundestag und Bundesrat nicht aus, vielmehr ist die Zustimmung von zwei Dritteln der Mitglieder des Bundestages und des Bundesrates notwendig (Art. 79 Abs. 2 GG). Unabänderlich sind Grundsätze aus Art. 1 und 20 GG (Art. 79 Abs. 3 GG), also insbesondere die bundesstaatliche Ordnung, die Mitwirkung der Länder an der Gesetzgebung, die Rechts- und Sozialstaatlichkeit sowie „freiheitlich-demokratische" Grundordnung und der Schutz der Menschenwürde.

10.1.2.3 Der Bundesrat

10.1.2.3.1 Zusammensetzung und Arbeitsweise des Bundesrates

Der Bundesrat ist oberstes Staatsorgan des Bundes. Er ist die Konkretisierung der Forderung des Art. 20 Abs. 1 GG nach Bundesstaatlichkeit und gestaltet diese in Form eines besonderen Bundesorgans aus. Damit ist der Bundesrat das föderative Verfassungsorgan (vgl. Kap. 9.1.3).

Die Bundesstaatlichkeit und mit ihr der Bundesrat haben in Deutschland Tradition. Schon das heilige Römische Reich deutscher Nation war ein Zusammenschluss von Landesherrschaften. In der Paulskirchenverfassung, der ersten modernen Verfassung in Deutschland, war ein Organ vorgesehen, das die Länder im Reich repräsentieren sollte. Das Staatenhaus (Art. II §§ 86 ff.) sollte sich aus „Vertretern der Deutschen Staaten" zusammensetzten, die zur Hälfte durch die Regierungen und zur Hälfte durch die Volksvertretungen der betreffenden Staaten ernannt werden sollten. Art. 60 der Weimarer Reichsverfassung sah einen Reichsart vor, der „Organ zur Vertretung der Länder bei der Gesetzgebung und Verwaltung" auf Reichsebene war. Seine Aufgaben und Befugnisse waren in vielerlei Hinsicht Vorbild für den Bundesrat des Grundgesetzes.

Zwar ist der Bundesrat ein Art zweite Kammer bei der Gesetzgebung. Allerdings bleibt seine demokratische Legitimation hinter der des aus unmittelbaren Wahlen hervorgegangenen Bundestages zurück. Im Bundesrat sind nicht die Länder Mitglieder, sondern lediglich einzelne Regierungsmitglieder. Damit besteht der Bundesrat aus Mitgliedern der Landesregierungen. Die Landtage sind darüber hinaus nicht an der Zusammensetzung des Bundesrates beteiligt. Die Opposition in den Landtagen hat damit keinen Einfluss auf die Politik des Landes im Bundesrat.

Von der Mitgliedschaft zu unterscheiden ist die Stimmenzahl, die ein Land im Bundesrat besitzt. Diese wird gem. Art. 51 GG nach der Höhe der Einwohnerzahl festgelegt, d.h. sie verfügen über ein nach ihrer Bevölkerung abgestuftes Stimmengewicht. Dieses orientiert sich an der Einwohnerzahl des jeweiligen Landes. Gemäß Art. 51 Abs. 2 hat jedes Land mindestens drei Stimmen, Länder mit mehr als zwei Millionen Einwohnern haben vier, Länder mit mehr als sechs Millionen Einwohnern fünf und Länder mit mehr als sieben Millionen Einwohnern sechs Stimmen.

Hieraus ergeben sich im Bundesrat z.Zt. insgesamt 69 Stimmen, die wie folgt verteilt sind:

- Baden-Württemberg, Bayern, Niedersachsen, Nordrhein-Westfalen verfügen über sechs Stimmen,
- Hessen verfügt über fünf Stimmen,
- Berlin, Brandenburg, Rheinland-Pfalz, Sachsen, Sachsen-Anhalt, Schleswig-Holstein, Thüringen über vier,
- Bremen, Hamburg, Mecklenburg-Vorpommern und das Saarland über drei.

Unabhängig von der Größe des Landes zählt die Staatlichkeit der Länder auch als solche, denn das Grundgesetz wollte es vermeiden, dass die großen Länder die übrigen übertrumpfen können; die kleinen Länder sollten die anderen allerdings ebenfalls nicht majorisieren können. Deshalb beträgt die für Beschlüsse des Bundesrates in der Regel erforderliche absolute Mehrheit 35 Stimmen und die Zweidrittelmehrheit 46 Stimmen. Die Stimmen eines Landes können nur einheitlich abgegeben werden (Art. 51 Abs. 3 S. 2 GG, vgl. BVerfGE 106, 310, 330 f. – Zuwanderungsgesetz). Das Stimmverhalten der jeweiligen Mitglieder im Bundesrat wird in der Regel durch Beschluss der Landesregierung festgelegt. Der Beschluss der Landesregierung bindet die Mitglieder des Bundesrates jedoch nicht im Außenverhältnis, sondern lediglich im Innenverhältnis gegenüber der Landesregierung. Die Mitgliedschaft im Bundesrat und Bundestag ist inkompatibel (§ 2 Geschäftsordnung Bundesrat).

10.1.2.3.2 Rechte und Aufgaben

Die autonomen Rechte des Bundesrates ergeben sich aus Art. 52 GG: Danach wählt der Bundesrat seinen Präsidenten auf ein Jahr. Dieser vertritt bei Verhinderung den Bundespräsidenten (Art. 57 GG). Diese Vertretungsaufgabe betont zum einen den föderativen Charakter des Bundesorgans Bundespräsident. Zudem ist der Bundesratspräsident in geringerem Maße als der Bundestagspräsident in die Tagespolitik eingebunden.

Der Bundesrat gibt sich eine Geschäftsordnung (Art. 52 Abs. 3 S. 2 GG).

Der Bundesrat ist – neben dem Bundestag – Gesetzgebungsorgan. Nach Art. 50 GG wirken die Länder durch den Bundesrat bei der Gesetzgebung und Verwaltung des Bundes und in Angelegenheiten der Europäischen Union mit (vgl. auch Art. 76, 77, 78 GG). Diese Mitwirkung erfolgt nicht unmittelbar, sondern vermittelt durch die aus dem Kreis der Landesregierungen stammenden Mitglieder des Bundesrates. Der Bundesrat besitzt im Rahmen der Gesetzgebung ein Initiativrecht, Einspruchs- bzw. Zustimmungsrecht. Zusätzlich wirkt der Bundesrat bei der Bundesverwaltung mit: Der Vollzug der Bundesgesetze ist im Grundsatz den Landesverwaltungen übertragen (Art. 83 ff. GG): Wenn der Bund aber verbindliche Regelungen für diesen Vollzug der Gesetze durch die Länder festlegen möchte (z. B. Art. 84 Abs. 1, 85 Abs. 1, 80 Abs. 2, 84 Abs. 2, 85 Abs. 2, 108 Abs. 7 GG), bedarf er für die beabsichtigten Regelungen einer Zustimmung des Bundesrates. Darüber hinaus ist der Bundesrat an der Wahl der Bundesrichter beteiligt (Art. 94 Abs. 1 GG).

In Angelegenheiten der Europäischen Union wirkt der Bundesrat gem. Art. 23 Absatz 2 GG mit. Der Bundesrat muss umfassend und frühzeitig über Vorhaben auf der europäischen Ebene in Kenntnis gesetzt werden. Die Informationspflicht der Bundesregierung erstreckt sich auf solche Vorhaben, die für die Länder von Interesse sein könnten und umfasst alle maßgeblichen Dokumente der Akteure auf der europäischen Ebene (Organe der Europäischen Union, Ständige Vertretung Deutschlands, Bundesregierung). Der Bundesrat muss auch an der Festlegung der deutschen Verhandlungsposition beteiligt werden, insbesondere dann, wenn Interessen der Länder berührt sind und der Bundesrat an einer innerstaatlichen Maßnahme mitzuwirken hätte oder die Länder innerstaatlich zuständig wären.

10.1.2.4 Der Bundespräsident

Das Grundgesetz schreibt für Deutschland eine repräsentative Demokratie vor. Staatsoberhaupt ist der Bundespräsident. Er hat im Wesentlichen eine repräsentative und integrative Stellung inne, er ist ein Verfassungsorgan, das aber politisch operativ nicht handeln soll: Der Bundespräsident hat keine verfassungsrechtlich verortete politische Macht. Das Grundgesetz gibt ihm nur ganz wenige verfassungsrechtliche Befugnisse. Diese finden sich in den Vorschriften der Art. 54-61, Art. 63 Abs. 1 und 4, 64 Abs. 1, 67 Abs. 1, Art. 68, Art. 69 Abs. 3, Art. 81 Abs. 1 sowie Art. 82 Abs. 1 GG.

Unterschieden werden drei Funktionen, die das Amt des Bundespräsidenten ausfüllt:

- Repräsentativfunktion
  Der Bundespräsident vertritt die Bundesrepublik Deutschland im völkerrechtlichen Bereich. Er repräsentiert die staatliche Einheit von Bund und Ländern, da er durch beide Ebenen legitimiert ist.
- Integrationsfunktion
  Durch seine Unterschriftsleistung unter Gesetze (Art. 82 GG) stellt der Bundespräsident die Einheit des Staates her. Er erklärt den politischen Willen für rechtlich verbindlich und macht ihn damit zum Staatswillen, der von allen Bürgern befolgt werden muss. Mit seiner Unterschrift dokumentiert er, dass die vom Grundgesetz geforderten Voraussetzungen für das Verbindlichwerden des partiellen (politischen Mehrheits-) Willens für den Gesamtstaat gegeben sind.
- Reservefunktion
  Der Bundespräsident trifft eigene politische Entscheidungen, wenn andere Verfassungsorgane funktionsunfähig sind, z.B. bei parlamentarischen Krisen durch Auflösung des Bundestages (Art. 68 GG) oder Einleitung des Gesetzgebungsnotstandes (Art. 81 GG). Hier kommen ihm z.T. eigene politische Entscheidungsbefugnisse zu.

Die verschiedenen Bundespräsidenten haben die repräsentative und integrative Funktion des Bundespräsidentenamtes durch ihre unterschiedlichen Persönlichkeiten ausgestaltet und ihm dadurch Kontur verliehen. Kennzeichnend hierfür ist die Aussage, dass die „Person das Amt prägt". Eine Reduktion auf eine bloße staatsnotarielle Aufgabe oder auf eine apolitische Stellung wird dem Amt nicht gerecht. Gleichwohl ist das Amt des Bundespräsidenten nach unserem Verfassungsverständnis nur in geringen Maße politisch geprägt. Sein Einfluss auf die Tagespolitik oder allgemeinpolitische Fragen sind begrenzt, im Wesentlichen deshalb, weil er vor allem ein Repräsentations- und Integrationsorgan sein soll.

2014 hatte das Bundesverfassungsgericht in zwei Entscheidungen Gelegenheit, sich mit der verfassungsrechtlichen Stellung des Bundespräsidenten zu befassen:

„bb) Aus der Sicht des Verfassungsgebers der Jahre 1948/49 hatte dieses Präsidialsystem mit seinen weitreichenden Machtbefugnissen jedoch entscheidend dazu beigetragen, der Diktatur den Weg zu bereiten (...). Bei der Schaffung des Grundgesetzes bestand deshalb weitgehend Einigkeit, dass der Bundespräsident nicht unmittelbar vom Volk gewählt (...) und nicht mit einer dem Reichspräsidenten vergleichbaren Machtfülle ausgestattet (...), auf dieses Amt aber auch nicht verzichtet werden sollte. Mit dem Bundespräsidenten sollte weiterhin ein „Repräsentant der Volkseinheit" (...) an der Spitze des Staates stehen.

Demgemäß sollte der Bundespräsident gegenüber anderen Organen möglichst unabhängig, insbesondere nicht verantwortlich im parlamentarischen Sinne sein (vgl. Carlo Schmid, in: Parlamentarischer Rat, Hauptausschuss, Protokoll, S. 116) und eine ausgleichende Stellung haben (vgl. Bericht über den Verfassungskonvent auf Herrenchiemsee, S. 41 f). Der Bundespräsident lässt sich nach der Ausgestaltung seines Amtes nicht einer der drei klassischen Gewalten zuordnen (...). Er verkörpert die Einheit des Staates. In diesem Sinne ist er das Staatsoberhaupt (...). Ihm kommen über die ihm von der Verfassung ausdrücklich zugewiesenen Befugnisse hinaus (vgl. insbesondere Art. 59 Abs. 1 GG – völkerrechtliche Vertretungsmacht -; Art. 60 Abs. 1 GG – Ernennung der Bundesbeamten und Soldaten -; Art. 63 Abs. 1, Art. 64 GG – Vorschlag zur Wahl und Ernennung des Bundeskanzlers, Ernennung und Entlassung der Bundesminister; Art. 82 Abs. 1 Satz 1 GG – Ausfertigung von Gesetzen) vor allem allgemeine Repräsentations- und Integrationsaufgaben zu. Im Krisenfall ist er zu politischen Leitentscheidungen berufen (...). Autorität und Würde seines Amtes kommen indes gerade auch darin zum Ausdruck, dass es auf vor allem geistig-moralische Wirkung angelegt ist.

Vor diesem Hintergrund entspricht es den verfassungsrechtlichen Erwartungen an das Amt des Bundespräsidenten und der gefestigten Verfassungstradition seit Bestehen der Bundesrepublik Deutschland, dass der Bundespräsident eine gewisse Distanz zu Zielen und Aktivitäten von politischen Parteien und gesellschaftlichen Gruppen wahrt (...)."

(BVerfG, Urteil v. 10. Juni 2014, – 2 BvE 2/09, 2 BvE 2/10 -, Rdnr. 93 ff., http://www.bundesverfassungsgericht.de/SharedDocs/Entscheidungen/DE/2014/06/es20140610_2bve000209.html; zur den Äußerungsbefugnissen des Bundespräsidenten vgl. BVerfG, Urteil v. 10. Juni 2014, 2 BvE 4/13 -, https://www.bundesverfassungsgericht.de/SharedDocs/Entscheidungen/DE/2014/06/es20140610_2bve000413.html)

10.1.2.4.1 Verfassungsrechtliche Stellung

Der Bundespräsident ist das Staatsoberhaupt der Bundesrepublik Deutschland. Dies kommt namentlich in der völkerrechtlichen Vertretung zum Ausdruck (Art. 59 GG), die Bezug auf die völkerrechtliche Lage nimmt und damit auf die Staatspraxis aller Staaten, nach der das Staatsoberhaupt im völkerrechtlichen Verkehr den Staat vertritt.

Der Bundespräsident genießt als Person Schutz vor strafrechtlicher Verfolgung (Immunität), Art. 60 Abs. 4 i.V.m. Art. 46 Abs. 2 GG. Sein Amt ist unvereinbar mit einer parallelen Tätigkeit in der Regierung oder einer gesetzgebenden Körperschaft des Bundes oder eines Landes, Art. 54 Abs. 1 GG; er darf auch kein anderes besoldetes Amt, kein Gewerbe und keinen Beruf ausüben und weder der Leitung noch dem Aufsichtsrat eines auf Erwerb gerichteten Unternehmens angehören, Art. 54 Abs. 2 (Grundsatz der Inkompatibilität). Die besondere Stellung des Bundespräsidenten als Integrationsfigur begründet die parteipolitische Neutralität des Bundespräsidenten, die allerdings in der Verfassung ausdrücklich nicht geregelt ist. In der Staatspraxis haben aber alle bisherigen Amtsinhaber ihre Parteimitgliedschaften ruhen lassen.

10.1.2.4.2 Wahl und Amtszeit

Der Bundespräsident wird durch die Bundesversammlung gewählt (Art. 54 Abs. 1 S. 1 GG), die aus den Mitgliedern des Bundestages und einer gleichen Anzahl von Mitgliedern, die von den Volksvertretungen der Länder nach den Grundsätzen der Verhältniswahl gewählt werden, besteht (Art. 54 Abs. 3 GG). Die Bundesversammlung ist ein Organ, das sich ausschließlich für die Wahl des Bundespräsidenten konstituiert. Seine Zusammensetzung spiegelt die föderale Struktur Deutschlands wieder. Eine Amtsperiode des Bundespräsidenten beträgt 5 Jahre, wobei eine anschließende einmalige Wiederwahl möglich ist (Art. 54 Abs. 2 GG).

10.1.2.4.3 Kompetenzen und Funktionen

Der Bundespräsident vertritt die Bundesrepublik Deutschland völkerrechtlich und schließt in ihrem Namen die Verträge mit ausländischen Staaten; er unterzeichnet die Ratifikationsurkunden. Die Ratifikation völkerrechtlicher Verträge bedeutet, dass für einen bereits unterzeichneten Vertrag nach Ausfertigung des innerstaatlichen Vertragsgesetzes nunmehr auf völkerrechtlicher Ebene die Erklärung abgegeben wird, an den Vertrag gebunden zu sein. Im Rahmen der Ausfertigung des Vertragsgesetzes und bei den Ratifikationen prüft der Bundespräsident zudem die Erfüllung der verfassungsrechtlichen Voraussetzungen. Außerdem beglaubigt er die eigenen und empfängt die ausländischen Gesandten.

Die operative Führung der Außenpolitik – die inhaltliche Außenpolitik – fällt in die Zuständigkeit der Bundesregierung. Der Bundespräsident ist in diese Außenpolitik eingebunden und kann sich nicht gegen die Außenpolitik der vom parlamentarischen Willen getragenen Regierung stellen. Aber er kann eigene Schwerpunkte setzen und etwa spezifischen außenpolitischen Zielen besondere Aufmerksamkeit schenken. Die Staatspraxis aller Bundespräsidenten hat bei aller Abstimmung mit der Bundesregierung eigene Züge gehabt.

Eine weitere Aufgabe, die in die Zuständigkeit des Bundespräsidenten fällt, ist die Ernennung und Entlassung anderer Amtsträger: Gem. Art. 63 Abs. 2 S. 2, Art. 64 Abs. 1 GG gilt dies für den Bundeskanzler und die Bundesminister sowie die Bundesrichter (Art. 95 Abs. 1, 96 GG); die Bundesbeamten (§ 2 BBG), die Offiziere und Unteroffiziere werden vom Bundespräsidenten ernannt und entlassen, er kann diese Befugnis jedoch auch an andere Behörden delegieren (Art. 60 Abs. 1, Abs. 3 GG). Zusätzlich beruft er Mitglieder zu anderen Institutionen, wenn dies einfachgesetzlich vorgeschrieben ist (z.B. Normenkontrollrat, § 3 Abs. 2 des Gesetzes zu Errichtung eines nationalen Normenkontrollrates). Bei allen Ernennungen und Berufungen nimmt der Bundespräsident die Auswahl der Personen nicht vor, er besitzt grundsätzlich kein politisches Entscheidungs- oder Prüfungsrecht. Allerdings kann er prüfen, ob die gesetzlichen Voraussetzungen für die Ernennung oder Berufung erfüllt sind. Hierzu gehören die verfassungsrechtlichen oder gesetzlichen Voraussetzungen.

10.1.2.4.4 Gnadenrecht (Art. 60 Abs. 2 GG)

Dem Bundespräsidenten steht im Einzelfall für den Bund das Begnadigungsrecht zu. Die Begnadigung bezieht sich lediglich auf solche Strafen, die von Bundesgerichten verhängt worden sind. Generalamnestien können nur durch den Gesetzgeber vorgenommen werden (Art. 74 S. 1 Nr. 1 GG).

10.1.2.4.5 Gesetzesausfertigung und -verkündung (Art. 82 Abs. 1 S. 1)

Der Bundespräsident ist auch am Gesetzgebungsverfahren beteiligt. Er fertigt nach Gegenzeichnung (durch den Bundeskanzler und den zuständigen Bundesminister) die von Bundestag und Bundesrat beschlossenen Gesetze aus und erteilt den Auftrag zur Verkündung im Bundesgesetzblatt.

Unter der Ausfertigung versteht man die Beurkundung der Übereinstimmung von Gesetzestext und dem vom Bundestag verabschiedeten Gesetzesinhalt (Echtheit des Gesetzestextes, ordnungsgemäßer Ablauf des Gesetzgebungsverfahrens und Verfassungsmäßigkeit). Verkündung im Bundesgesetzblatt ist die amtliche Bekanntgabe des Gesetzes.

Streitig ist, ob dem Bundespräsident ein Ausfertigungsverweigerungsrecht für den Fall zusteht, dass ein Gesetz seiner Auffassung nach nicht verfassungsgemäß ist. Weitgehend unumstritten ist heute ein Recht zur Verweigerung der Ausfertigung, soweit ein Gesetz nicht nach den Vorschriften dieses Grundgesetzes zustande gekommen ist (formelle Verfassungswidrigkeit). Teilweise umstritten in der verfassungsrechtlichen Literatur ist dagegen, ob der Bundespräsident die Ausfertigung verweigern kann, wenn es materiell verfassungswidrig ist, es also etwa gegen Grundrechte verstößt.

Fern des Streits in der Staatsrechtslehre kann man keinem Verfassungsorgan zumuten, einem Gesetz seinen Segen zu geben, wenn es zu der Auffassung kommt, es sei verfassungswidrig. Hierfür spricht vor allem auch die Bindung aller Verfassungsorgane an die verfassungsmäßige Ordnung (Art. 1 Abs. 3, Art. 20 Abs. 3 GG). In der Staatspraxis haben alle Bundespräsidenten ein (formelles und materielles) Prüfungsrecht ausgeübt und auch für den Fall der Verfassungswidrigkeit eines Gesetzes eine

Befugnis zur Ausfertigungsverweigerung. In bisher acht Fällen ist es in der Staatspraxis dazu gekommen, dass der Bundespräsident ein Gesetz nicht ausgefertigt hat:

- Theodor Heuss: Gesetz zur Durchführung des Art. 108 Abs. 2 GG (1951),
- Heinrich Lübke: Gesetz über den Betriebs- und Belegschaftshandel (1960),
- Gustav Heinemann: Gesetz zum Schutz der Berufsbezeichnung Ingenieur (1969),
- Gustav Heinemann: Architektengesetz (1970),
- Walter Scheel: Wehrpflichtnovelle (1976),
- Richard von Weizsäcker: Änderung des Luftverkehrsgesetzes (1991),
- Horst Köhler: Gesetz zur Privatisierung der Deutschen Flugsicherung und Verbraucherinformationsgesetz (2006).

Das Bundesverfassungsgericht hatte zwar bisher keine Gelegenheit, sich explizit mit dem Ausfertigungsverweigerungsrecht zu befassen, hat aber bereits am Rande dazu Stellung genommen: Danach ist der Bundespräsident die letzte Stelle im Gesetzgebungsverfahren, an der über die Verfassungsmäßigkeit eines Gesetzes „reflektiert und entschieden werde" (BVerfGE 34, 1).

Ein politisches Prüfungsrecht in Bezug auf den Inhalt eines Gesetzes hat der Bundespräsident nicht.

10.1.2.4.6 Sonstige Aufgaben

Der Bundespräsident schlägt den Bundeskanzler vor und ernennt ihn nach seiner Wahl durch den Bundestag (Art. 63). Zudem ernennt und entlässt er die Bundesminister (Art. 64). Verfassungsrechtlich bedeutsam, in der Geschichte bisher selten angewandt, ist die Befugnis des Bundespräsidenten, den Bundestag aufzulösen (Art. 68 GG). Dieses Auflösungsrecht ist aber nicht frei und voraussetzungslos. Es ist stark eingeschränkt. Das parlamentarische System des Grundgesetzes ist auf eine sehr hohe Stabilität ausgerichtet. Um einerseits eine Minderheitsregierung zu verhindern und andererseits die regelmäßigen Legislaturperioden zu gewährleisten, kann der Bundestag den Kanzler nur abwählen, indem er einen neuen Kanzler wählt (konstruktives Misstrauensvotum, Art. 67 GG). Ein Selbstauflösungsrecht für den Bundestag fehlt, eine Auflösung des Bundestages außerhalb der Legislaturperiode ist letztlich nur im Wege der sog. Vertrauensfrage (Art. 68 GG) oder nach einem gescheiterten Misstrauensvotum möglich.

Nur dreimal in der Geschichte der Bundesrepublik Deutschland kam es bisher zu vorgezogenen Neuwahlen des Bundestages:

Erstmals war dies am 19. November 1972 der Fall (die Legislaturperiode hätte bei normalem Verlauf bis Herbst 1973 gedauert). Wegen der umstrittenen Ostpolitik von Bundeskanzler Willy Brandt traten Mitglieder aus dem sozial-liberalen Regierungslager zur Opposition über. Zudem gab es Anhaltspunkte dafür, dass die Union gezielte Abwerbung betrieb. Am 23. April 1972 schien mit dem Parteiaustritts eines FDP-Abgeordneten Kanzler Willy Brandt nicht mehr die Mehrheit im Bundestag zu haben. Es wurde ein Misstrauensantrag von der CDU/CSU-Fraktion gestellt. Das konstruktive Misstrauensvotum gem. Art. 67 GG kam überraschend nicht zustande. Der Kanzlerkandidat Rainer Barzel verfehlte die absolute Mehrheit (247 statt der erforderlichen 249 Stimmen). Die Regierung Brandt hatte trotzdem keine Mehrheit mehr: Schon am folgenden Tag verfehlte der Haushalt der Bundesregierung die erforderliche Mehrheit. Am 16. Mai 1972 verminderte sich die Zahl der Koalitionsabgeordneten auf 248. Sie betrug damit genau die Hälfte der voll stimmberechtigten Abgeordneten. Es bestand ein Patt zwischen Regierung und Opposition. Kanzler Brandt stellte daraufhin am 20. September 1972 die Vertrauensfrage. Da die Mitglieder der Bundesregierung an der Abstimmung am 22. September 1972 nicht teilnahmen, erhielt Brandt nur 233 Ja- und 248 Nein-Stimmen bei einer Enthaltung. Damit war Brandt das Vertrauen nicht ausgesprochen worden. Bereits am Abend desselben Tages ließ Bundespräsident Gustav Heinemann dem Bundestagspräsidenten die vom Bundeskanzler gegengezeichnete Auflösungsanordnung überreichen.

Am 6. März 1983 kam es erneut zu vorgezogenen Neuwahlen (die Legislaturperiode hätte bei normalem Verlauf bis März 1984 gedauert). Bundeskanzler Helmut Schmidt stellte am 3. Februar 1982 die Vertrauensfrage. Am 5. Februar 1982 erhielt Schmidt die Stimmen aller anwesenden 269 Koalitionsabgeordneten; alle 225 anwesenden CDU/CSU-Abgeordneten stimmten gegen ihn. Trotzdem verschärften sich in der Folgezeit die SPD-internen Streitigkeiten und die Differenzen mit der FDP, die im Streit über den Bundeshaushalt 1983 schließlich zum Bruch der Koalition führte. Bundeskanzler Helmut Schmidt wurde durch ein konstruktives Misstrauensvotum von CDU/CSU und FDP am 1. Oktober gestürzt; Helmut Kohl wurde vom Bundestag zum Bundeskanzler gewählt. Alle im Bundestag vertretenen Parteien befürworteten von Anfang an die baldige Ausschreibung von Neuwahlen. Bereits am 13. Oktober 1982 erklärte Helmut Kohl im Bundestag für die Bundesregierung, dass sich die Koalition auf Neuwahlen am 6. März 1983 verständigt habe. Am 17. Dezember 1982 verlor Bundeskanzler Helmut Kohl die Vertrauensfrage bei 88 Ja-, 218 Nein-Stimmen und 248 Enthaltungen. Tags zuvor war der Bundeshaushalt 1983 mit 266 gegen 210 Stimmen bei vier Enthaltungen angenommen worden, so dass eigentlich von einer Mehrheit für die Bundesregierung ausgegangen werden konnte. Bundespräsident Karl Carstens unterzeichnete die vom Bundeskanzler gegengezeichnete Auflösungsanordnung am 6. Januar 1983 und ließ dies am folgenden Tage dem Bundestagspräsidenten mitteilen. In der Folge kam es zu einem verfassungsgerichtlichen Verfahren gegen die Auflösungsanordnung; das Bundesverfassungsgericht bestätigte die Bundestagsauflösung (BVerfGE 62, 1).

Zur dritten Auflösung des Bundestages kam es im Sommer 2005. Am Abend des 22.5.2005 kündigte zunächst der Vorsitzende der SPD, Franz Müntefering, und später der damalige Bundeskanzler Gerhard Schröder über die Medien an, dass sie nach der verlorenen Landtagswahl in Nordrhein-Westfalen vorgezogene Bundestagswahlen anstreben würden. Am 23.5. 2005 informiert der Bundeskanzler den Bundespräsidenten darüber, dass es an der aus seiner Sicht erforderlichen Zustimmung zu seiner Person und zu seinem Sachprogramm im Parlament mangele. Er werde eine Vertrauensfrage stellen und für den Fall, das er hiermit scheitere, den Bundespräsidenten um die Anordnung von Neuwahlen bitten. In der Öffentlichkeit kam es zu Diskussionen um die Frage, ob der Bundeskanzler noch die

Mehrheit besitze. Es wurde behauptet, es handele sich um eine fingierte Vertrauensfrage, der Bundespräsident dürfe den Bundestag nicht auflösen. Die Vertrauensfrage des Bundeskanzlers am 1. Juli 2005 verlor der Bundeskanzler. Der Bundespräsident prüfte, nachdem der Bundeskanzler um Auflösung des Bundestages gebeten hatte, anschließend in der Frist gem. Art. 68 Abs. 1 S. 1 GG sehr intensiv, ob der Bundeskanzler das erforderliche Vertrauen besaß. Nachdem der Bundespräsident zu der Überzeugung gelangt war, dass die verfassungsrechtlichen Voraussetzungen des Art. 68 erfüllt waren, machte er von seinem Recht gebrauch, Neuwahlen als politische Leitentscheidung anzuberaumen, die in seinem pflichtgemäßen Ermessen liegt. Wie bereits zuvor angekündigt, erhoben zwei Abgeordnete gegen diese Neuwahlanordnung vor dem Bundesverfassungsgericht Klage. Das Bundesverfassungsgericht folgte in seiner Entscheidung der verfassungsrechtlichen Begründung für die Neuwahlanordnung und bestätigte damit die verfassungsrechtliche Auffassung des Bundespräsidenten.

Im Übrigen sind Vertrauensfragen durch Bundeskanzler selten: Im Februar 1982 bat Bundeskanzler Helmut Schmidt den Bundestag, ihm das Vertrauen auszusprechen (im Zusammenhang mit NATO-Doppelbeschluss; Vertrauen wurde ausgesprochen). Und im November 2001 stellte sie Kanzler Gerhard Schröder im Zusammenhang mit der Bereitstellung von Bundeswehrkontingenten zum Einsatz im Kampf gegen den internationalen Terrorismus (Vertrauen wurde ausgesprochen).

10.1.2.4.7 Gegenzeichnungspflicht

Anordnungen und Verfügungen des Bundespräsidenten bedürfen zu ihrer Gültigkeit mit Ausnahme der Ernennung und Entlassung des Bundeskanzlers, der Auflösung des Bundestages gem. Art. 63 GG und des Ersuchens gem. Art. 69 Abs. 3 GG (Fortführung der Amtsgeschäfte) der Gegenzeichnung durch den Bundeskanzler oder den zuständigen Bundesminister (Art. 58).

Die in Art. 58 GG vorgesehene Gegenzeichnungspflicht ist der verfassungsrechtliche Ausweis dafür, das der Bundespräsident keine eigene operative Politik betreiben soll.

Unter die Anordnungen und Verfügungen fallen jedenfalls rechtlich verbindliche Akte und nach außen wirkende, schriftförmige Entscheidungen.

Zum Teil werden darüber hinausgehend auch alle amtlichen und politisch bedeutsamen Handlungen und Erklärungen des Bundespräsidenten, also auch Reden und Interviews hinzu gezählt. Dies widerspricht indes dem Wortlaut und entspricht auch nicht der Staatspraxis. Anordnungen und Verfügungen sind Handlungen mit rechtlicher Wirkung.

Die Gegenzeichnung ist in der Praxis auch eine Vorzeichnung, d.h. alle rechtlich relevanten Handlungen des Bundespräsidenten, etwa die Ernennungsurkunden, auszufertigende Gesetze usw. werden dem Bundespräsidenten erst vorgelegt, wenn die „Gegenzeichnung" vorliegt. Der Bundespräsident ist in der Entscheidung frei, ob er die Handlung vornimmt oder nicht. Zudem kann bei originär allein dem Bundespräsidenten zustehenden Befugnissen wie dem Gnadenrecht (Art. 60 Abs. 2 GG) die Gegenzeichnung nicht verweigert werden.

10.1.2.5 Die Bundesregierung

Die operative Politik wird maßgeblich von der Bundesregierung geführt. Die Bundesregierung besteht gem. Art. 62 GG aus dem Bundeskanzler und den jeweiligen Bundesministern. Sie ist Organ der politischen Staatsleitung, aber auch Teil der vollziehenden Gewalt und Spitze der Bundesverwaltung.

Das Grundgesetz unterscheidet zwischen Regierung (Art. 63 ff. GG) und Bundesverwaltung (Art. 83 ff. GG). In der verfassungssystematischen Trennung wird die Differenzierung im Hinblick auf Funktionen, Befugnisse und Verantwortlichkeiten deutlich. Die Trennung folgt dem tradierten Verständnis, das der Regierung eine eigene Sphäre gegenüber der eigentlichen Vollziehung der Gesetze durch die Verwaltung einräumt. Die Tätigkeit der Regierung reicht über bloße gesetzesgebundene Verwaltung hinaus. So kommen ihr etwa legislative Funktionen zu (Art. 76 GG, Initiativrecht). Darüber hinaus bedeutet Regierung einheitsstiftende, koordinierende und kontrollierende politische Gestaltung. Wesentliches Element der Regierung i.e.S. ist die politische Staatsführung. In ihr wird die konkrete politische Leitung der Staatsgeschäfte verbunden mit der politischen Willensbildung des Souveräns, dessen Entscheidung sich die Parteien in der Wahl stellen und aufgrund derer die Regierung gebildet wird. Im Rahmen dieser Rückkopplung von Bundestag und Regierung ist letztere dem Bundestag gegenüber verantwortlich, entfaltet aber ihre Aktivitäten durch die Leitung der inneren und äußeren Politik.

Die Bundesverwaltung vollzieht im Wesentlichen die Gesetze, während der Regierung die politische Führung obliegt.

Das Grundgesetz verleiht dem Bundeskanzler innerhalb der Exekutive eine besonders starke Stellung. Schlagwortartig spricht man von Kanzlerdemokratie. Nur er wird unmittelbar vom Bundestag gewählt und verfügt damit über eine unmittelbare demokratisch legitimierte Rückkopplung an den Souverän. Die Minister sind von seinem Vertrauen abhängig. Auch wenn das Grundgesetz ihre Verantwortung gegenüber dem Parlament festlegt, so besitzt der Bundestag nicht die Befugnis, einzelne Minister zu „stürzen“.

10.1.2.5.1 Kanzlerwahl und Regierungsbildung

Die Regierungsbildung erfolgt in zwei Stufen. Zunächst wird der Kanzler vom Bundestag gewählt. Erst dann werden die jeweiligen Minister auf seinen Vorschlag hin vom Bundespräsidenten ernannt.

Die Wahl des Bundeskanzlers gliedert sich in drei Wahlgänge. Im ersten Wahlgang erfolgt die Wahl auf Vorschlag des Bundespräsidenten gem. Art. 63 Abs. 1 GG durch eine Abstimmung ohne vorherige Aussprache. Der Vorschlag des Bundespräsidenten richtet sich danach, wer politisch die beste Aussicht für eine erfolgreiche Wahl bietet. Dies ist in der Praxis in der Regel der Spitzenkandidat der Partei, die als Sieger aus Bundestagswahlen hervorgegangen ist und erfolgreiche Koalitionsverhandlungen geführt hat.

Für den ersten Wahlgang ist gem. Art. 63 Abs. 2 S. 1 i.V.m. Art. 121 GG die Mehrheit der gesetzlichen Mitglieder des Bundestages (Kanzlermehrheit) erforderlich. Verfehlt der vom Bundespräsidenten vorgeschlagene Kandidat diese Mehrheit, so geht im zweiten Wahlgang das Initiativrecht auf den Bundestag über (Art. 63 Abs. 3 GG). Diese Wahlvorschläge aus dem Bundestag müssen von einem Viertel der Bundestagsmitglieder gestützt werden. Auch hier ist für die Wahl die Kanzlermehrheit erforderlich. Ist innerhalb von zwei Wochen noch kein Kanzler gewählt, so folgt der 3. Wahlgang (Art. 63 Abs. 4 GG).

Erreicht der Kandidat dabei die Kanzlermehrheit, so ist der Bundespräsident verpflichtet, ihn zu ernennen. Erreicht er hingegen nur eine relative Mehrheit, so kann der Bundespräsident im Rahmen seines politischen Ermessens entscheiden, den Gewählten zu ernennen oder aber den Bundestag aufzulösen.

Der gewählte Kanzler schlägt dem Bundespräsidenten die Minister seines Kabinetts vor. Der Kanzler ist verfassungsrechtlich frei, wie er die Geschäftsbereiche der Minister zuschneidet und wen er vorschlägt.

Die Minister werden gem. Art. 64 Abs. 1 GG vom Bundespräsidenten ernannt. Der Bundespräsident hat vor der Ernennung lediglich ein Prüfungsrecht dahingehend, ob die Vorgeschlagenen die rechtlichen Voraussetzungen – wie sie im Bundesministergesetz niedergelegt sind – erfüllen.

10.1.2.5.2 Aufgaben und Kompetenzen

Die Aufgabenverteilung innerhalb der Regierung wird gem. Art. 65 GG durch die drei Prinzipien – Kanzler-, Ressort- und Kabinettsprinzip – geprägt.

Nach dem Kanzlerprinzip bestimmt der Bundeskanzler die Richtlinien der Politik. Richtlinien werden als abstrakt generelle politische Entscheidungen verstanden und als grundlegende politische Leitentscheidungen, die einen durch die Minister ausfüllungsbedürftigen Rahmen setzen. Insoweit haben die Richtlinien eine auf die Kabinettmitglieder beschränkte politische Wirkung. Die Richtlinienkompetenz des Bundeskanzlers erlaubt es ihm wohl auch nicht, Beschlüsse des Kollegialorgans Bundesregierung durch ein Veto zu blockieren, etwa eine vom Kabinett gebilligte Gesetzesinitiative. Beamte und Amtsträger außerhalb des Kabinettbereiches unterliegen dieser direkten Bindung nicht. Richtlinienvorgaben des Bundeskanzlers sind ein regierungsinternes Steuerungsinstrument.

Das Ressortprinzip (Art. 65 S. 2 GG) berechtigt und verpflichtet die Minister, selbständig und eigenverantwortlich die ihnen zugewiesenen Ressorts zu leiten. Begrenzt wird diese Zuständigkeit lediglich durch die vom Kanzler gesetzten Richtlinien, innerhalb derer sich die Führung der Ressorts bewegen muss. Auch die Ausübung der den Ministern zugewiesenen Sonderrechte (z.B. des Verteidigungsministers gem. Art. 65 a, des Finanzministers gem. Art. 112 sowie der Justiz- und Innenminister gem. § 26 Abs. 1 GeschOBReg) muss sich im Rahmen der Richtlinien des Kanzlers bewegen. Die Ressortverantwortlichkeit hat auch eine nach außen wirkende Komponente: Die verfassungsrechtliche Aufgabenstellung der Bundesregierung und der einzelnen Minister als politische Staatsleitung begründet etwa eine Befugnis zur Öffentlichkeitsarbeit und zur Information des Bürgers über relevante Vorgänge (BVerfGE 105, 252 sowie 105, 279, 303).

Das Kabinetts- bzw. Kollegialprinzip begründet die Zuständigkeit der Bundesregierung als Kollegialorgan. Als solches entscheidet die Bundesregierung immer dann, wenn das Grundgesetz oder auch andere Rechtsvorschriften explizit von der „Bundesregierung" sprechen. Eine Kollegialentscheidung ist auch gem. Art. 65 S. 3 GG erforderlich bei ressortübergreifenden Streitigkeiten zwischen den Ministern.

10.1.2.5.3 Kompetenzen

Die einzelnen Kompetenzen der Bundesregierung ergeben sich entweder aus ausdrücklicher Zuweisung im Grundgesetz oder aber aus dem Wesen einer Regierung.

Explizit zugewiesen sind das Gesetzesinitiativrecht gem. Art. 76 Abs. 1 GG, der Erlass von Rechtsverordnungen gem. Art. 80 GG und von Verwaltungsvorschriften gem. Art. 84 Abs. 2, 85 Abs. 2, 86 S. 1, 108 Abs. 7 GG, Weisungsrechte gem. Art. 84 Abs. 5, 85 Abs. 3 GG, die Befugnisse im Rahmen des Bundeshaushaltes gem. Art. 111 f. GG und die Befugnisse im Verteidigungsfall gem. Art. 115 a f. GG.

Die verfassungspolitische Bedeutung der Bundesregierung als primäres Organ der Staatsleitung kommt in den Vorschriften des Grundgesetzes nur unzureichend zum Ausdruck. So wird der überwiegende Teil der Gesetze auf Initiative der Bundesregierung eingebracht, weil die Fachressorts über die dafür erforderliche Kompetenz verfügen. Deshalb ist der Einfluss der Bundesregierung auch im Gesetzgebungsverfahren durch die regelmäßige Mitwirkung etwa von Regierungsmitgliedern bzw. -beamten in den Ausschussberatungen erheblich.

10.1.2.5.4 Ende der Amtszeit

Die Amtszeit der Bundesregierung endet im Normalfall mit dem Zusammentritt des neu gewählten Bundestages, entweder gem. Art. 69 Abs. 3 GG nach Ablauf einer Legislaturperiode oder aber nach Neuwahlen, wenn der Bundestag nach Art. 68 GG aufgelöst wurde. Ferner endet die Amtszeit durch ein konstruktives Mißtrauensvotum gem. Art. 67 GG. Dabei spricht der Bundestag dem amtierenden Kanzler sein Misstrauen aus, indem er mit der Mehrheit seiner Mitglieder einen neuen Kanzler wählt. Der Bundespräsident ist verpflichtet, diesen Kandidaten zum Kanzler zu ernennen.

Mit dem Amt des Kanzlers endet nach Art. 69 Abs. 2 GG auch das der Minister. Schließlich besteht noch die Möglichkeit des Rücktritts des Kanzlers, einzelner Minister oder aber des gesamten Kabinetts. Einzelne Minister können auch auf Vorschlag des Kanzlers gem. Art. 64 Abs. 1 GG durch den Bundespräsidenten entlassen werden.

10.1.3 Lebenswirklichkeit

10.1.3.1 Bundestag

Der Bundestag soll das Repräsentationsorgan des Staatsvolkes sein. Das stimmt naturgemäß nur theoretisch, da der Bundestag das Volk und die gesellschaftlichen Verhältnisse nicht spiegelbildlich wiedergeben kann. Untersuchungen zufolge kommt der größte Teil der Mitglieder des Bundestages beruflich aus der Beamtenschaft bzw. dem öffentlichen Dienst, Arbeiter und Angestellte, aber auch Unternehmer und Freiberufler sind dagegen zahlenmäßig in weit geringerem Umfang im Parlament vertreten (eine umfangreiche Darstellung findet sich im Datenhandbuch zur Geschichte des Bundestages, http://daten.offenesparlament.de/datenhandbuch_1990-2010/03/03_11/03_11_01.html). Dies hängt damit zusammen, dass eine Abgeordnetenkarriere im Vorfeld einen hohen parteipolitischen (Zeit)Aufwand erfordert; dies ist etwa für Selbständige kaum mit ihrem beruflichen Engagement vereinbar. Auch ist für bildungsfernere Schichten der Zugang zur aktiven Politik schwierig. Die Repräsentation wird aber zumindest dadurch sichergestellt, dass die Parlamentarier parteipolitisch eingebunden sind und so auch Interessen vertreten, die nicht unmittelbar ihrer eigenen Lebenserfahrung entspringen.

Der Bundestag ist zudem vom Leitbild des Vollzeitpolitikers geprägt. Zum einen ist die parlamentarische Arbeit kaum anders zu bewältigen. Zum anderen führt dies – und daran knüpft eine häufig geäußerte Kritik – zu einer gewissen realitätsferne, weil die Probleme der Menschen „draußen im Lande" den Abgeordneten vielleicht nicht mehr gewünschtem Maße bewusst sind. Mitglieder des Bundestages unterhalten zwar in der Regel ein Wahlkreisbüro, aber zumindest in den Sitzungswochen (i.d.R. 22 pro Jahr) können sie nur selten vor Ort sein. So ist für Politiker wahrscheinlich eine der größten Herausforderungen, den „Kontakt zur Basis" zu halten. Da Politiker eben nicht immer in ihrem Wahlkreis sein können, sind sie möglicherweise auch in ihren Wahlkreisen nicht so bekannt, wie dies sachdienlich und wünschenswert wäre. Und manch ein Politiker hat einen Wahlkreis, in dem er nicht zu Hause ist.

Das Ansehen der Politik leidet auch darunter, dass Abgeordnete nicht immer über alle Fragen, die im Bundestag behandelt werden, voll informiert zu sein scheinen. Jedenfalls vermitteln etwa Fernsehberichte manchmal diesen Eindruck, wenn dort Politiker etwa zum Inhalt des gerade vom Bundestag verabschiedeten EU-Verfassungsvertrages befragt werden und kaum Auskunft geben können. Allerdings kann man auch nicht erwarten, dass jeder Abgeordnete über jede Vorlage, über jedes Thema, das im Bundestag oder in einem seiner Ausschüsse diskutiert wird, Bescheid weiß. Denn dazu werden zu viele, oft komplexe Angelegenheiten erörtert. Deshalb verläuft die parlamentarische Arbeit arbeitsteilig, und das ist auch angesichts komplexer und sehr schwieriger Fragestellungen kaum anders mehr denkbar. Der Abgeordnete des Ausschusses für Wirtschaft und Technologie muss sich letztlich darauf verlassen können, dass sein Fraktionskollege in einem anderen Ausschuss seine Arbeit kompetent, sachgerecht und auch in seinem politischen Sinne macht. Abgeordnete können naturgemäß nicht in allen Fragen gleich ausgewiesen sein. Auch in der Politik gehört die Spezialisierung zum täglichen Leben. Gleichwohl darf man von den Abgeordneten erwarten, dass sie sich in grundsätzlichen Fragen – etwa wenn es um den Einsatz der Bundeswehr im Ausland, um Fragen von Leben und Tod, die weitere Integration Deutschlands in Europa oder andere gesellschaftlich besonders strittige Punkte geht, selbst eine Meinung bilden. Art. 38 GG enthält diese Verfassungserwartung, wenn die Norm das freie Mandat betont und den Abgeordneten nur seinem Gewissen unterwirft.

10.1.3.2 Bundesrat

In der Theorie soll der Bundesrat – wie gezeigt – ein Instrument zur Mitwirkung bei Gesetzgebung und Verwaltung und in Angelegenheiten der EU für die Länder sein. Tatsächlich hat er sich zur einem Werkzeug der (partei-)politischen Einflussnahme auf die Politik auf Bundesebene entwickelt (vgl. Kap. 9.3). Die Mitwirkungsrechte des Bundesrates setzen von der Idee her da an, wo spezifische Länderinteressen berührt sind. Hier sollte der Bund keine Regelungen – ggf. sogar zulasten der Länder – treffen dürfen, ohne dass die Länder im Bundesrat zugestimmt hätten. Die vom Grundgesetz her wenigen Fälle der ausdrücklich erforderlichen Zustimmung im Bundesrat nahmen aber zu: Zum einen war daran die frühere Regelung des Art. 84 Abs. 1 GG schuld, weil eine Zustimmung des Bundesrates notwendig war, wenn der Bund in einem Gesetz Regelungen des Verwaltungsverfahren oder der Behördenorganisation regeln wollte. Damit wurde vom Grundsatz abgewichen, dass der Vollzug der Bundesgesetze eine eigenen Angelegenheit der Länder ist, bei der sie das Verfahren und die Behördenzuständigkeit selbst regeln dürfen. Weil der Bund aber den Einfluss auch auf den Vollzug der Bundesgesetze behalten wollte, verabschiedete er im zunehmenden Maße zustimmungspflichtige Gesetze. Außerdem galt nach der Rechtsprechung des BVerfG die sog. Einheitstheorie, nach der eine einzige zustimmungspflichtige Norm das ganze Gesetz zustimmungspflichtig macht. Bis zur Föderalismusreform 2006 waren auf diese Weise ca. 60 % aller Gesetze zustimmungspflichtig.

Diese Entwicklung machten sich die Regierungen der Länder politisch zu Nutze, um Einfluss auf die Gesetzgebung des Bundes zu gewinnen, in dem sie drohten, die erforderliche Zustimmung zu verweigern. Insbesondere in den Fällen, in denen entweder im Bundesrat die Länder die Mehrheit besaßen, die im Bundestag in der Opposition saßen, oder wenn die Landesinteressen es geboten, wurde das Zustimmungsrecht genutzt, um Gesetze im gewünschten eigenen Sinne zu beeinflussen.

Da Landespolitik mangels Gestaltungsmöglichkeiten oft wenig „spannend“ ist, bietet der Bundesrat in Berlin eine glamouröse Bühne für die „Landesfürsten“, in der Bundespolitik ein Wörtchen mitzureden. Dass der Auftritt in Berlin Charme hat, davon zeugen nicht zuletzt die Landesvertretungen in der Hauptstadt, die architektonisch, von der Größe und Ausstattung her einen Vergleich mit Botschaften großer Staaten nicht scheuen müssen.

10.1.3.3 Bundespräsident

Die Verfassung konstruiert den Bundespräsidenten als neutrales, repräsentatives Staatsoberhaupt. Er besitzt nur wenige Kompetenzen und damit nur eine geringe politische Macht. Angesichts dessen wird das Amt in besonderer Weise durch die Persönlichkeit des Amtsinhabers geprägt – von Heuss bis Gauck haben die Präsidenten ihre Rolle unterschiedlich interpretiert und ausgefüllt. Das Amt verleiht Autorität und der Inhaber verleiht dem Amt Autorität. Da der Bundespräsident nicht in das politische Tagesgeschäft eingebunden ist und neutral sein soll, kann er in besonderer Weise die unterschiedlichen gesellschaftlichen Strömungen integrieren und zum Ausgleich bringen. Macht er auf Missstände aufmerksam und stellt Themen zur Diskussion, hat sein Wort Gewicht. Sein Einfluss ist nicht gering, auch wenn er nicht über politische Macht verfügt. Aber anders als die operative Politik braucht er keine Rücksichten zu nehmen.

10.1.3.4 Bundesregierung

Nach dem Text der Verfassung führt der Bundeskanzler die Politik – indem er die Richtlinien bestimmt. Die Praxis hingegen sieht anders aus. Die Macht des Kanzlers wird angesichts der Wahlergebnisse in Deutschland durch die Koalitionen begrenzt, die für eine Regierungsbildung eingegangen werden. Auch ein Bundeskanzler ist durch Koalitionsvereinbarungen gebunden, will er seine Regierungsmehrheit nicht mittelfristig verlieren. Tatsächlich werden die Grundlinien der Politik – jedenfalls in der Regel des politischen Tagesgeschäfts – im Koalitionsausschuss festgelegt.

10.1.4 Bürgerbetroffenheit

Das Staatsorganisationsrecht betrifft den Bürger überwiegend allenfalls mittelbar. Die innere Organisation und das Zusammenspiel der Staatsorgane haben aber doch Auswirkungen. Denn letztlich mündet die Politik der Bundesregierung in Entscheidungen, die den Bürger unmittelbar betreffen oder in Vorschläge für Gesetze, die in Bundestag und Bundesrat beraten und ggf. beschlossen werden. Deshalb wirken sich die Organisationsstrukturen, die Arbeitsweisen und das Zusammenspiel auf das Leben der Bürger aus.

10.1.5 Häufig gestellte Fragen

Kann in einer großen Koalition die Opposition die Regierung wirksam kontrollieren?

Eine wirksame Kontrolle hängt davon ab, ob die Opposition ausreichend stark und – bei mehreren Oppositionsparteien – einig genug ist, um die Kontrollrechte zu nutzen. Dies gilt in der Regel für die geschäftsordnungsmäßigen Rechte etwa der kleinen und großen Anfrage. Soweit parlamentarische Rechte von einer bestimmten Zahl der Antragsteller (Quorum) abhängig sind, ist dies indes problematisch. So kann nur ein Drittel der Mitglieder des Bundestages die Einberufung zu einer Sitzung verlangen (Art. 39 Abs. 3 S. 3 GG) oder einen Normenkontrollantrag beim BVerfG stellen (Art. 93 Abs. 1 Nr. 2 GG). Angesichts der gegenwärtigen großen Koalition, bei der die letztgenannten Quoren von der Opposition nicht erreicht werden, werden Überlegungen diskutiert, diese Voraussetzungen zu ändern.

Wie ist das Verhältnis von Bundestag und Bundesregierung? Hat der Bundestag tatsächlich die volle demokratische Gesamtleitung oder hat nicht – diesen Eindruck kann man in der Tagespolitik oft gewinnen – die Bundesregierung „das Sagen"?

Der Bundestag ist das einzige unmittelbar durch den Souverän – die Deutschen – legitimierte Verfassungsorgan (Art. 38 ff. GG). Gleichwohl gibt es zwischen den Verfassungsorganen und namentlich zwischen Bundestag und Bundesregierung keine verfassungsrechtlich festgelegte Hierarchie. Vielmehr existiert ein System von „checks and balances", das eine gegenseitige Kontrolle bewirkt und eine Konzentration von politischer Macht in einer Hand verhindern soll. Zwar haben die Koalitionsparteien – diejenigen Parteien, die die Regierung bilden – in der Tagespolitik ein geringeres

Interesse an der Kontrolle der Regierung und diese kontrollierenden Aktivitäten gehen meist von der Opposition aus. Aber gleichwohl besteht die umfassende Kontrollkompetenz. Zudem benötigt die Regierung die fortwährende Zustimmung des Parlaments.

Deshalb hat Bundestagspräsident Norbert Lammert bei der Eröffnung des 17. Deutschen Bundestages zutreffend geäußert, das Parlament sei „Herz der politischen Willensbildung in unserem Land“ (vgl. auch Interview Blickpunkt Bundestag vom 17. Dezember 2009). In der Wahrnehmung der Bevölkerung dominiere indes die Regierung die mediale Berichterstattung. Das Parlament werde demgegenüber nur nachrangig wahrgenommen.

In der politischen Auseinandersetzung zwischen Regierung und Parlament ist es normal, dass die Regierung versucht, möglichst weitreichend den Einfluss und die Kontrolle des Parlaments zu reduzieren. Angesichts dessen ist die Rechtssprechung des Bundesverfassungsgerichts im Jahre 2009 bemerkenswert: Sie hat im Ergebnis zu einer Stärkung der parlamentarischen Rechte gegenüber der Regierung geführt.

In einem Beschluss vom 17. Juni 2009 – 2 BvE 3/07 – befasste sich das Bundesverfassungsgericht mit der Praxis der Bundesregierung, Aussagegenehmigungen im Rahmen von Untersuchungsausschüssen zu beschränken und die Herausgabe von Unterlagen an Untersuchungsausschüsse zu verweigern. Das Bundesverfassungsgericht kam bei einer eingehenden Sachverhaltswürdigung zu dem Ergebnis, dass die entsprechenden Anträge der Oppositionsparteien überwiegend begründet waren, weil die Bundesregierung den Informationsanspruch des Parlaments aus Art. 44 GG in unzulässiger Weise verkürzt habe. Die in den Aussagen enthaltenen Einschränkungen auf den Kernbereich der exekutiven Eigenverantwortung und Staatswohlbelange und die anlässlich der Vernehmung der Zeugen zutage getretene Auslegung dieser Einschränkungen verletzten das Beweiserhebungsrecht des Bundestages. Im Ergebnis sei die Bundesregierung vorbehaltlich verfassungsrechtlicher Grenzen zur Erteilung solcher Aussagegenehmigungen für Zeugen verpflichtet. Das Interesse der Bundesregierung an der Vertraulichkeit von Informationen sei nur dann schützwürdig, wenn ein Informationsbegehren in den innersten Bereich der Willensbildung der Bundesregierung eindringe (BVerfGE 124, 78).

Mit einer Entscheidung vom 1. Juli 2009 – 2 BvE 5/06 – hat das Bundesverfassungsgericht das parlamentarische Fragerecht gegenüber der Bundesregierung gestärkt (BVerfGE 124, 161). Dieses resultiert aus Art. 28 Abs. 1 Satz 2 GG und Art. 20 Abs. 2 S. 2 GG. Das Bundesverfassungsgericht betont, dass grundsätzlich eine Antwortpflicht der Bundesregierung bestehe. Selbst wenn parlamentarische Anfragen Umstände betreffen, die aus Gründen des Wohles des Bundes (Staatswohl) geheimhaltungsbedürftig sind, müsse grundsätzlich dieses Anliegen mit dem jeweiligen parlamentarischen Informationsanspruch in Einklang gebracht werden. Die Verweigerung von Auskünften kann danach nicht nur mit Geheimhaltungsbedürftigkeit begründet werden. Die Bundesregierung muss, im Hinblick auf das Gebot gegenseitiger Rücksichtnahme im Verhältnis zwischen Verfassungsorganen, den verfassungsrechtlichen Anforderungen gerecht werden und den Bundestag in die Lage versetzen, seine Aufgabe der parlamentarischen Kontrolle des Regierungshandelns effektiv wahrzunehmen. Abgesehen von Fällen evidenter Geheimhaltungsbedürftigkeit kann das Parlament nur anhand einer der jeweiligen Problemlage angemessenen, ausführlichen Begründung beurteilen und entscheiden, ob die Versagung der Beantwortung akzeptiert wird oder welche weiteren Schritte zu unternehmen sind, um sein Auskunftsverlangen ganz oder teilweise durchzusetzen. Pauschale Behauptungen der Bundesregierung sind danach nicht ausreichend. Insbesondere wegen der Unabhängigkeit der Abgeordneten und der Mitwirkung der betroffenen Parteien bei der Willensbildung (Art. 21 GG) – und damit für den Prozess demokratischer Willensbildung insgesamt – hat das diesbezügliche Informationsbedürfnis des Parlaments ein sehr hohes Gewicht. Geheimschutz als gegenläufiger Belang kann sich nur durchsetzen, wenn er einer besonderen Begründung zugänglich ist.

In seinem Beschluss vom 8. Dezember 2009 – 2 BvR 758/07 – hat das Bundesverfassungsgericht die Regelungen des § 45a Abs. 2 S. 2 Personenbeförderungsgesetz für verfassungswidrig erklärt, weil die entsprechenden Regelungen, ohne vorherige Beteiligung des Parlaments, erst im Rahmen eines Kompromisses im Vermittlungsausschuss beschlossen worden sind (BVerfGE 125, 104). Grundsätzlich müssten gesetzliche Bestimmungen durch den Bundestag als Plenum diskutiert und wahrgenommen werden. Eine Einführung in Vorschriften allein im Vermittlungsausschussverfahren, ohne dass diese Vorschriften vorher Gegenstand parlamentarischer Beratung gewesen seien, sei mit den Grundsätzen des Parlamentsrechts und der Stellung des Bundestages nicht vereinbar.

Eine ganz maßgebliche Stärkung der Rolle des Parlaments gegenüber der Exekutive ist durch die Lissabon-Entscheidung des Bundesverfassungsgerichts bewirkt worden (Urteil vom 30. Juni 2009 – 2 BvE 2/08 u.a.= BVerfGE 123, 267). Das Bundesverfassungsgericht hatte die entsprechenden Begleitgesetze, die das Verhältnis von Legislative und Exekutive in Deutschland regeln, für verfassungswidrig erklärt. Es hat weitreichende Einflussrechte des Parlaments im Hinblick auf die Politik der europäischen Organe und insbesondere das Verhalten der Exekutive in diesen Organen gefordert. In einigen Bereichen ist die Zustimmung der Bundesregierung in europäischen Organen nunmehr abhängig von einem konstitutiven Votum des Bundestages. Das Bundesverfassungsgericht hat dies mit der besonderen demokratischen Rolle und Verantwortung des Parlaments begründet. Der Bundestag hat die entsprechenden einfachgesetzlichen Regelungen in der Sommerpause 2009 verabschiedet. Ob und inwieweit sich die entsprechenden Verfahren bewährt haben, kann bislang noch nicht beurteilt werden.

Zum demokratischen Prozess hat das Gericht ausgeführt:

„Für die vom Grundgesetz verfasste Staatsordnung ist eine durch Wahlen und Abstimmungen betätigte Selbstbestimmung des Volkes nach dem Mehrheitsprinzip konstitutiv. Sie wirkt in einem Raum öffentlicher freier Meinungsbildung und im organisierten Wettbewerb politischer Kräfte im Verhältnis zwischen verantwortlicher Regierung und parlamentarischer Opposition. Die Ausübung öffentlicher Gewalt unterliegt dem Mehrheitsprinzip mit regulärer Bildung von verantwortlicher Regierung und einer unbehinderten Opposition, die die Chance auf Regierungsübernahme hat. Insbesondere in der Wahl der Repräsentativversammlung des Volkes oder bei der Wahl von Spitzenämtern der Regierung müssen ein personell oder sachlich generalisierter Mehrheitswille artikuliert und aus der Wahl heraus politische Richtungsentscheidungen herbeigeführt werden können.

Diese zentrale Demokratieanforderung kann auf der Grundlage verschiedener Modelle erfüllt werden. Nach Maßgabe des deutschen Wahlrechts wird die verfassungsrechtlich geforderte repräsentative Parlamentsherrschaft dadurch erreicht, dass der Wählerwille in der Sitzverteilung möglichst proportional abgebildet wird. Eine Mehrheitsentscheidung im Parlament repräsentiert zugleich die Mehrheitsentscheidung des Volkes. Jeder Abgeordnete ist Vertreter des ganzen Volkes und deshalb Mitglied in einer Vertretung der Gleichen (Art. 38 Abs. 1 GG), die unter gleichheitsgerechten Bedingungen zu ihrem Mandat gelangt sind. Das Grundgesetz verlangt, dass jeder Bürger frei und im Rechtssinne (vor dem Gesetz) gleich ist. Für das Demokratiegebot bedeutet dies, dass jedem Staatsangehörigen, der aufgrund seines Alters und ohne den Verlust seines aktiven Wahlrechts wahlberechtigt ist, ein gleicher Anteil an der Ausübung der Staatsgewalt zusteht (vgl. BVerfGE 112, 118, 133 f.). Die Gleichheit der Wahlbürger muss sodann auf weiteren Stufen der Entfaltung demokratischer Willensbildung, insbesondere im Status des Abgeordneten, fortwirken. Zum Status der Abgeordneten gehört deshalb das in Art. 38 Abs. 1 S. 2 GG gewährleistete Recht auf gleiche Teilhabe am Prozess der parlamentarischen Willensbildung (vgl. BVerfGE 43, 142, 149; 70, 324, 354; 80, 188, 218; 96, 264, 278; 112, 118, 133).

In Präsidialsystemen oder unter Geltung des Mehrheitswahlsystems kann die konkrete Ausgestaltung der zentralen Demokratieanforderung auch anders ausfallen. Eines ist aber allen Systemen repräsentativer Demokratie gemeinsam: Ein gleichheitsgerechter und frei zustande gekommener Mehrheitswille bildet sich – entweder im Wahlkreis oder in der proportional zustande gekommenen Versammlung. Die Richtungsentscheidung der Mehrheit der Wähler soll sich im Parlament und in der Regierung wiederfinden; der unterlegene Teil bleibt als politische Alternative sichtbar und im Raum freier Meinungsbildung wie auch in förmlichen Entscheidungsverfahren als Opposition wirksam, die bei späteren Wahlen die Chance hat, zur Mehrheit zu werden." (BVerfG, 2 BvE 2/08 vom 30.6.2009, Absatz-Nr. 213 ff., http://www.bverfg.de/entscheidungen/es20090630 _2bve000208.html = BVerfGE 123, 267, 341 ff.)

Fazit: Weder Bundesregierung noch Bundestag haben in tagespolitischen Fragen letztlich „das Sagen" – zumal auch der Bundesrat zumindest im Gesetzgebungsprozess ein erheblicher Einfluss zukommt. In letzter Konsequenz kann das Parlament (bzw. seine Mehrheit) aber die Regierung dadurch „zwingen", dass es der Regierung mit einem konstruktiven Misstrauensvotum droht.

Was geschieht, wenn die Stimmen eines Landes im Bundesrat nicht einheitlich abgegeben werden?

Das Bundesland hat dann nicht gültig abgestimmt.

Muss der Bundespräsident auch seine Reden von der Bundeskanzlerin gegenzeichnen lassen?

Nein, Art. 58 GG spricht allein von Anordnungen und Verfügungen. Damit sind rechtlich verbindliche Handlungen des Bundespräsidenten gemeint. Der Bundespräsident ist ein eigenständiges Verfassungsorgan.

Wie ist die protokollarische Reihenfolge der Verfassungsorgane?

Der protokollarische Rang der Verfassungsorgane ist nirgends ausdrücklich geregelt. Als Staatsoberhaupt steht der Bundespräsident an der Spitze. Art. 57 GG bestimmt, dass der Bundesratspräsident den Bundespräsidenten im Falle seiner Verhinderung vertritt. Dies spricht für den Bundesratspräsident als Nummer zwei. In der Staatspraxis hat sich eine andere Reihenfolge herausgebildet: Nummer zwei ist der Bundestagspräsident (weil er Präsident des direkt gewählten Bundestages ist), dann folgen die Bundeskanzlerin, der Bundesratspräsident und an fünfter Stelle der Präsident des Bundesverfassungsgerichts.

10.2 Das Personal des Staates

10.2.1 Der Verfassungstext

Art. 33 (1) Jeder Deutsche hat in jedem Lande die gleichen staatsbürgerlichen Rechte und Pflichten.

(2) Jeder Deutsche hat nach seiner Eignung, Befähigung und fachlichen Leistung gleichen Zugang zu jedem öffentlichen Amte.

(3) Der Genuß bürgerlicher und staatsbürgerlicher Rechte, die Zulassung zu öffentlichen Ämtern sowie die im öffentlichen Dienste erworbenen Rechte sind unabhängig von dem religiösen Bekenntnis. Niemandem darf aus seiner Zugehörigkeit oder Nichtzugehörigkeit zu einem Bekenntnisse oder einer Weltanschauung ein Nachteil erwachsen.

(4) Die Ausübung hoheitsrechtlicher Befugnisse ist als ständige Aufgabe in der Regel Angehörigen des öffentlichen Dienstes zu übertragen, die in einem öffentlich-rechtlichen Dienst- und Treueverhältnis stehen.

(5) Das Recht des öffentlichen Dienstes ist unter Berücksichtigung der hergebrachten Grundsätze des Berufsbeamtentums zu regeln und fortzuentwickeln.

10.2.2 Die Leitideen

Der Staat ist ein geistiges Konstrukt, das in der Lebenswirklichkeit durch sein Personal, die sog. Organ- und Amtswalter Gestalt erhält. Das politische Personal, das in den Verfassungsorganen wirkt, wird über die politischen Parteien und Wahlen bestimmt (s.o.). Für die übrigen Funktionen sieht das Grundgesetz vor, dass sie im Wesentlichen durch Beamte sowie Angestellte und Arbeiter im öffentlichen Dienst wahrgenommen werden. Die Kernbestimmung des Grundgesetzes, die den verfassungsrechtlichen Rahmen setzt, ist Art. 33 GG. Die Vorschrift umfasst mehrere unterschiedliche Regelkreise. Absatz 1 stellt fest, dass ganz allgemein gleiche staatsbürgerliche Rechte und Pflichten bestehen. Art. 33 Abs. 2 GG regelt den Zugang zu öffentlichen Ämtern, der gem. Absatz 3 unabhängig vom religiösen Bekenntnis zu gewährleisten ist. Die Absätze 2 und 3 regeln mit den Absätzen 4 und 5 zugleich die Grundlagen für die Ordnung des öffentlichen Dienstes. Art. 33 Abs. 4 und 5 betreffen die Organisation des öffentlichen

Dienstes, indem sie bestimmte Tätigkeiten den Beamten vorbehalten und Vorgaben für die Ordnung des Beamtenverhältnisses enthalten.

10.2.2.1 Das öffentliche Amt

Kernbestimmung ist das öffentliche Amt in Art. 33 Abs. 2 GG, das weit zu fassen ist. Die Norm erfasst alle Tätigkeitsbereiche im gesamten öffentlichen Dienst, beim Bund, den Ländern und Gemeinden sowie sonstigen juristischen Personen des öffentlichen Rechts. Dazu gehören auch die Rechtsprechung, die Verwaltung und die Bundeswehr.

Art. 33 Abs. 2 GG garantiert den gleichen Zugang zum öffentlichen Amt. Für den Zugang gelten Leistungsprinzip und Prinzip der Chancengleichheit. Maßstab für den Anspruch auf gleichen Zugang ist die positive Liste von Eignungsmerkmalen.

Das Leistungsprinzip dient dem öffentlichen Interesse an einer Besetzung öffentlicher Ämter mit möglichst leistungsfähigen Bewerbern, es gilt das Prinzip der Bestenauslese. Zugleich ist Art. 33 Abs. 2 GG ein Individualrecht, das die Interessen desjenigen schützt, der Zugang zum öffentlichen Dienst sucht. Art. 33 Abs. 2 GG vermittelt aber keinen Anspruch auf Übernahme in ein öffentliches Amt (BVerfGE 108, 282, 295). Für den Zugang zu einem öffentlichen Amt benennt Art. 33 Abs. 2 GG drei Auswahlkriterien der Eignung i.w.S.: Eignung, Befähigung und fachliche Leistung.

- Eignung
  Geeignet für ein öffentliches Amt i.S.v. Art. 33 Abs. 2 GG ist nur, wer dem angestrebten Amt in fachlicher sowie in körperlicher, psychischer und charakterlicher Hinsicht gewachsen ist (vgl. BVerfGE 96, 205, 211; 92, 140, 151, 155). Das Merkmal der Eignung bezieht sich auf die gesamte Persönlichkeit des Bewerbers, soweit sie nicht durch die beiden weiteren Kriterien erfasst werden. Zur Eignung zählt auch die gesundheitliche Eignung für ein Amt.
- Befähigung
  Die Befähigung stellt die allgemein der Tätigkeit zugute kommende Fähigkeiten eines Bewerbers dar, d.h. Merkmale wie Begabung, Allgemeinwissen, Lebenserfahrung und allgemeine Ausbildung (vgl. BVerfGE 110, 304, 322).
- Fachliche Leistung
  Fachliche Leistung bedeutet Fachwissen, Fachkönnen und Bewährung im Fach (BVerfGE 110, 304, 322). Insbesondere die für den Nachweis des Fachwissen erforderlichen Anforderungen werden häufig in den speziellen einfachgesetzlichen Vorschriften über das jeweilige Amt näher konkretisiert.

Die Kriterien des Art. 33 Abs. 2 GG sollen das öffentliche Interesse an der Funktionsfähigkeit des Öffentlichen Dienstes sicherstellen, die durch bestmögliche Besetzung der Stellen gewährleistet wird. Die ungeschmälerte Anwendung des Leistungsgrundsatzes gewährleistet das fachliche Niveau und rechtliche Integrität der Amtsträger.

10.2.2.2 Funktionsvorbehalt für Beamte

Art. 33 Abs. 4 GG enthält einen Funktionsvorbehalt, nach dem die Ausübung hoheitlicher Tätigkeiten Beamten vorbehalten ist.

Keine Einigkeit besteht über den Inhalt des Begriffs „hoheitliche Befugnisse"; es gibt lediglich einen Minimalkonsens, nach dem er auf Befugnisse der Exekutive und auf Eingriffsbefugnisse gegenüber dem Bürger (Befehl und Zwang) abstellt. Ausschlaggebend für den Funktionsvorbehalt sollen aber nicht einzelne, singuläre Befugnisse sein. Es kommt vielmehr darauf an, dass die Eingriffsbefugnisse geradezu prägend für die jeweilige Verwaltungstätigkeit ist. Dies ist der Fall bei der klassischen Eingriffsverwaltung, also bei Polizei, Justiz oder Finanzverwaltung.

Das Bundesverfassungsgericht hat zum Funktionsvorbehalt ausgeführt:

„a) Art. 33 Abs. 4 GG regelt nicht nur die Wahrnehmung hoheitlicher Aufgaben durch öffentliche Träger, sondern beansprucht Geltung auch für den Fall der Übertragung solcher Aufgaben auf Private. 135

Schon dem Wortlaut der Bestimmung ist nichts dafür zu entnehmen, dass sie im letzteren Fall unanwendbar sein soll. Eine insoweit einschränkende Auslegung wäre auch unvereinbar mit ihrem Sinn und Zweck. Der Funktionsvorbehalt des Art. 33 Abs. 4 GG soll gewährleisten, dass die Ausübung hoheitsrechtlicher Befugnisse als ständige Aufgabe regelmäßig den von Art. 33 Abs. 5 GG für das Berufsbeamtentum institutionell garantierten besonderen Sicherungen qualifizierter, loyaler und gesetzestreuer Aufgabenerfüllung unterliegt (vgl. BVerfGE 9, 268, 284; 119, 247, 260 f.; (...)). Zu diesem Zweck wird mit Art. 33 Abs. 4 GG dem Berufsbeamtentum ein Mindesteinsatzbereich institutionell gesichert (...). Diese Regelungsintentionen würden verfehlt, wenn hoheitliche Aufgabenwahrnehmung dem Anwendungsbereich des Art. 33 Abs. 4 GG dadurch entzogen werden könnte, dass sie privaten Trägern überantwortet wird.

Demgemäß entspricht es der vorherrschenden Auffassung in Rechtsprechung und Literatur, dass Art. 33 Abs. 4 GG unabhängig von der öffentlichrechtlichen oder privatrechtlichen Organisation des Aufgabenträgers anzuwenden ist (...).

b) Dem Funktionsvorbehalt des Art. 33 Abs. 4 GG ist nur die Ausübung hoheitsrechtlicher Befugnisse unterworfen und auch diese nur, soweit es um ihre Übertragung als ständige Aufgabe geht.

(...)

Um die Ausübung hoheitsrechtlicher Befugnisse handelt es sich jedenfalls, wenn Befugnisse zum Grundrechtseingriff im engeren Sinne (vgl. Dreier, in: ders., GG, Bd. I, 2. Aufl. 2004, Vorb. Rn. 124, m.w.N.) ausgeübt werden, die öffentliche Gewalt also durch Befehl oder Zwang unmittelbar beschränkend auf grundrechtlich geschützte Freiheiten einwirkt." (BVerfGE 130, 76, 112)

Art. 33 Abs. 3 GG verpflichtet alle Träger öffentlicher Gewalt, die dauernde Ausübung hoheitsrechtlicher Befugnisse in der Regel Beamten und nicht Angestellten und Arbeitern des öffentlichen Dienstes zu übertragen. Der Funktionsvorbehalt sichert die Kontinuität hoheitlicher Funktionen des Staates.

Zusammen mit Art. 33 Abs. 5 statuiert Art. 33 Abs. 4 GG das Berufsbeamtentum als institutionelle Garantie. Eine institutionelle Garantie hat zur Folge, dass das Berufsbeamtentum letztlich nur durch eine Verfassungsänderung abgeschafft werden kann. Der Wortlaut des Art. 33 Abs. 4 GG verdeutlicht aber zugleich, dass neben Beamten auch andere Beschäftigte im öffentlichen Dienst (Angestellte und Arbeiter) tätig sein können („sollen in der Regel ... übertragen werden“).

10.2.2.3 Das Beamtenverhältnis

Das Beamtenverhältnis zeichnet sich dadurch aus, dass es einseitig und verbindlich durch oder aufgrund eines Gesetzes geregelt wird. Das Dienstverhältnis der Arbeitnehmer im öffentlichen Dienst wird dagegen – wie Arbeitsverhältnisse der Wirtschaft auch – im Grundsatz vertraglich geregelt. Das Beamtenverhältnis wird geprägt durch ein öffentlich-rechtliches Dienst- und Treueverhältnis und unterscheidet sich somit formal vom privatrechtlichen Arbeitsverhältnis der Arbeitnehmer. Das öffentlich-rechtliche Dienst- und Treueverhältnis legt eine beiderseitige Treuepflicht fest, welche Dienstherr und Beamter einander schulden. Die Treuepflicht des Dienstherrn besteht in der Fürsorge- und Schutzpflicht (einfachgesetzliche Ausgestaltung § 48 BRRG, ab 2008 § 46 Beamtenstatusgesetz, § 78 BBG) gegenüber dem Beamten. Dazu zählt etwa das Alimentationsprinzip, das den Dienstherren zu einem angemessenen Unterhalt des Beamten auch in besonderen Lebenslagen garantiert (BVerfG, 2 BvR 556/04 vom 6.3.2007, Absatz-Nr.: 53, http://www.bverfg.de/entscheidungen/rs20070306_ 2bvr055604.html = BVerfGE 117, 330; BVerfGE 106, 225, 232). Die Treuepflicht des Beamten dagegen ist weitgehend einfachrechtlich ausgestaltet: Wichtig sind etwa die Amtsführungs- und Gehorsamspflicht (§§ 52 Abs. 1, 55 BBG) oder das Streikverbot (BVerfGE 18, 17; 44, 264; BVerwGE 53, 331).

Für die Stellung des Berufsbeamtentums wesentlich ist die Garantie der so genannten hergebrachten Grundsätze (Art. 33 Abs. 5 GG).

„Die Einrichtung des Berufsbeamtentums mit seinen wesensbestimmenden Merkmalen ist dem Gesetzgeber damit als verbindlicher Rahmen vorgegeben. Art. 33 Abs. 5 GG schützt mit den hergebrachten Grundsätzen des Berufsbeamtentums den Kernbestand von Strukturprinzipien, die allgemein oder doch ganz überwiegend während eines längeren, traditionsbildenden Zeitraums, mindestens unter der Reichsverfassung von Weimar, als verbindlich anerkannt und gewahrt worden sind (vgl. BVerfGE 8, 332, 342 f.; 114, 258, 281 f.; stRspr).

Art. 33 Abs. 5 GG bezweckt somit die Gewährleistung der Wesensmerkmale des Berufsbeamtentums. Die Vorschrift enthält das an den Gesetzgeber gerichtete Verbot, bei der Regelung des öffentlichen Dienstrechts von den hergebrachten und die Institution des Berufsbeamtentums prägenden Leitgedanken und Merkmalen abzuweichen. Solange eine strukturelle Veränderung an den für Erscheinungsbild und Funktion des Berufsbeamtentums wesentlichen Regelungen nicht vorgenommen wird, steht Art. 33 Abs. 5 GG einer Weiterentwicklung des Beamtenrechts nicht entgegen. Die für den Kerngehalt der beamtenrechtlichen Grundsätze geltende Beachtenspflicht versperrt jedoch den Weg zu tiefgreifenden strukturellen Veränderungen durch den einfachen Gesetzgeber. Die Unantastbarkeit der hergebrachten Grundsätze des Beamtenrechts ist kein Selbstzweck, sondern dient dazu, eine im politischen Kräftespiel stabile und gesetzestreue Verwaltung zu sichern. Die Bindung des Gesetzgebers an diese Grundsätze ist die Konsequenz der Einrichtungsgarantie, deren Sinn darin besteht, dem gestaltenden Gesetzgeber einen Kernbestand an Strukturprinzipien verbindlich vorzugeben (vgl. Urteil des Zweiten Senats des Bundesverfassungsgerichts vom 6. März 2007 – 2 BvR 556/04 –, S. 25 ff. = BVerfGE 117, 330)."

BVerfG, 2 BvL 11/04 vom 20.3.2007, Abs. 34 f., http://www.bverfg.de/entscheidungen/ls20070320_2bvl001104.html = BVerfGE 117, 372

Welche hergebrachten Grundsätze des Berufsbeamtentums zu Art. 33 Abs. 5 GG konkret zählen, ist Gegenstand vielfältiger Einzelfallentscheidungen der Gerichte und der Auseinandersetzung in der Literatur. Sie lassen sich – mit Einschränkungen – nach den folgenden Oberbegriffen unterscheiden: Hauptberufliche Tätigkeit mit Anstellung auf Lebenszeit, gegenseitiges Treueverhältnis zwischen Beamten und Dienstherrn, Alimentationsprinzip (im Zusammenhang damit Verpflichtung des Beamten zum Einsatz seiner ganzen Persönlichkeit), Leistungsgrundsatz, Streikverbot und Neutralitätspflicht der Beamten.

10.2.3 Die Lebenswirklichkeit

Der verfassungsrechtliche Rahmen für den öffentlichen Dienst hat sich weitgehend bewährt. Zu berücksichtigen ist dabei, dass der Staat ein Interesse am Berufsbeamtentum hat: Die Regelung des Beamtenverhältnisse durch Gesetz erspart dem Staat mühsame Tarifverhandlungen mit Gewerkschaften, weil er einseitig Regeln festlegen kann. Das Streikverbot sichert einen funktionierenden öffentlichen Sektor. Die Besoldung der Beamten ist in vielerlei Hinsicht auch günstiger als eine normale Bezahlung. Berechnungen zeigen, dass etwa die Beihilfe für Beamten im Krankheitsfall insgesamt für den Staat billiger ist als eine Einbeziehung in die gesetzlichen Sozialsysteme.

10.2.4 Bürgerbetroffenheit

Für den Bürger erweist sich die Kontinuität, die in einer auf Dauer beschäftigten Beamtenschaft unabhängig von der politischen Leitung gewährleistet wird, als Vorteil. Denn sie sichert die Neutralität des Staates jedem Einzelnen gegenüber. Der Beamte soll nur dem Gesetz und der Verfassung verpflichtet sein und nicht gesellschafts- oder parteipolitischen Interessen.

Aber auch die kritischen Töne sind nicht völlig verfehlt. Das Lebenszeitprinzip mag den Beamten dazu verleiten, sich in seiner Position einzurichten. Häufig fehlen auch

Anreize, die eigenen Kompetenzen ständig auf den Prüfstand zu stellen. Stetig steigende Zahlungen für Versorgungsbezüge an die Ruhestandsbeamten stellen ein Problem dar, das aber nicht zuletzt dadurch bewirkt wurde, dass die staatlichen Stellen in der Vergangenheit keine ausreichend hohen Rückstellungen gebildet haben. Erst in jüngster Zeit wurde – neben Absenkungen der Versorgung – damit begonnen, eine Versorgungsrücklage zu bilden.

Während in der „einfachen Verwaltung" parteipolitische Fragen keine oder allenfalls ein ganz untergeordnete Rolle spielen, besteht eine Tendenz, dass die Parteien ihren Einfluss in der Ministerialverwaltung, bei Leitungs- bzw. Führungspositionen, aber auch in der Justiz ausbauen. Die sog. Ämterpatronage beeinträchtigt die Funktionsfähigkeit des öffentlichen Dienstes und sein Ansehen, weil die Neutralität des Amtsinhabers infrage gestellt wird. Die parteipolitische Ausrichtung eines Bewerbers oder Beamten ist grundsätzlich keine Frage der in Art. 33 Abs. 2 GG genannten Eignung. Einstellungen oder Beförderungen von der Zugehörigkeit zu einer Partei abhängig zu machen, verstößt gegen Art. 33 Abs. 2 GG. Die Neutralitätspflicht verbietet es dem einzelnen Beamten jedenfalls, sein Amt parteipolitisch zu versehen. Trotzdem spielt die Parteizugehörigkeit der Bewerber gerade in Führungspositionen eine nicht zu vernachlässigende Rolle, wenn die übrige Eignung i.w.S. gegeben ist. Gegen eine ausufernde Ämterpatronage verspricht man sich Abhilfe durch Ausschreibungspflichten und die Möglichkeit zur Konkurrentenklage. Die praktischen Erfahrungen zeigen, dass Abhilfe nur bedingt möglich ist.

10.2.5 Häufig gestellte Fragen

Verdienen Beamte nicht zu viel Geld?

Diese Frage lässt sich kaum pauschal beantworten. Immerhin ist die Besoldung der Beamten sehr transparent, weil man in den Besoldungsgesetzen von Bund und Ländern nachlesen kann, wie ein bestimmtes Amt besoldet wird. Das Bundesverfassungsgericht hat dazu ausgeführt:

„Das Alimentationsprinzip gehört zu den hergebrachten Grundsätzen des Berufsbeamtentums (vgl. BVerfGE 8, 1, 14, 16 ff.; 99, 300, 314; 114, 258, 287; stRspr). Es verpflichtet den Dienstherrn, den Beamten und seine Familie lebenslang angemessen zu alimentieren und ihm nach seinem Dienstrang, nach der mit seinem Amt verbundenen Verantwortung und nach Maßgabe der Bedeutung des Berufsbeamtentums für die Allgemeinheit entsprechend der Entwicklung der allgemeinen wirtschaftlichen und finanziellen Verhältnisse und des allgemeinen Lebensstandards einen angemessenen Lebensunterhalt zu gewähren (vgl. BVerfGE 8, 1, 14; 107, 218, 237; 114, 258, 287 sowie den Beschluss des Zweiten Senats des Bundesverfassungsgerichts vom 20. März 2007 – 2 BvL 11/04 – juris -; stRspr). Der Beamte muss über ein Nettoeinkommen verfügen, das seine rechtliche und wirtschaftliche Sicherheit und Unabhängigkeit gewährleistet und ihm über die Befriedigung der Grundbedürfnisse hinaus ein Minimum an Lebenskomfort ermöglicht (vgl. BVerfGE 44, 249, 265 f.; 99, 300, 315; 107, 218, 237 sowie das Urteil des Zweiten Senats des Bundesverfassungsgerichts vom 6. März 2007 – 2 BvR 556/04 – juris). Hierbei hat der Besoldungsgesetzgeber auch die Attraktivität des Beamtenverhältnisses für überdurchschnittlich qualifizierte Kräfte, das Ansehen des Amtes in den Augen der Gesellschaft, die vom Amtsinhaber geforderte Ausbildung und seine Beanspruchung zu berücksichtigen (vgl. BVerfGE 44, 249, 265 f.; 114, 258, 288).

Bei der Konkretisierung der aus Art. 33 Abs. 5 GG resultierenden Pflicht zur amtsangemessenen Alimentierung hat der Gesetzgeber einen weiten Gestaltungsspielraum (vgl. BVerfGE 8, 1, 22 f.; 76, 256, 295; 81, 363, 375 f.; 114, 258, 288; stRspr)."

BVerfG, 2 BvR 1673/03 vom 24.9.2007, Absatz-Nr. 39 f., http://www.bverfg.de/entscheidungen/rk20070924_2bvr167303.html

---

Für die Frage nach einer zu hohen Bezahlung müsste man Vergleichsmaßstäbe haben. Nicht immer sind die Tätigkeiten im öffentlichen Dienst und der Wirtschaft vergleichbar. Richtig ist aber, dass die Angehörigen des öffentlichen Dienstes ein geringeres Arbeitsplatzrisiko haben.

Müssen Lehrer Beamte sein?

Das hängt davon ab, ob man die Lehrertätigkeit als hoheitliche Tätigkeit im Sinne des Art. 33 GG ansieht. Dies wird nach h. M. abgelehnt. Dafür spricht, dass Lehrer keine Tätigkeit ausüben, das sich auf ein klassisches Über-/Unterordnungsverhältnis zum Bürger bezieht, das durch Befehl und Zwang gekennzeichnet ist. Deshalb ist es nicht erforderlich, das Lehrer Beamte sein müssen.

Nimmt die Politisierung des Beamtentums nicht überhand?

Bestimmte Leitungspositionen werden mit politischen Beamten besetzt. Dies sind Beamte auf Lebenszeit, die mit Aufgaben betraut sind, von denen sie jederzeit und ohne Angabe von Gründen in den einstweiligen Ruhestand versetzt werden können. Es handelt sich hierbei i.d.R. um höchste Beamtenpositionen (z.B. Staatssekretäre, Leiter des Verfassungsschutzes, auch Pressesprecher etc.), deren Tätigkeit ein hohes Maß an politischer Übereinstimmung zwischen dem Beamten und der Regierung verlangt (z.B. im Auswärtigen Dienst). Der Kreis der politischen Beamten im Bundesbereich ist abschließend im § 36 Bundesbeamtengesetz geregelt. Deshalb zählt auch ein Regierungsdirektor nicht zum Kreis der «politischen Beamten», die man bei einem Regierungs- beziehungsweise Ministerwechsel versetzen könnte; sie sind grundsätzlich weiter zu beschäftigen (vgl. VG Berlin, Beschluss vom 26.1.2010 – VG 7 A 204.09).

In der Ministerialverwaltung des Bundes und der Länder spielt – ohne dass dies empirisch belegbar wäre – die parteipolitische Zugehörigkeit oft auch bei Positionen unter den höchsten Leitungsfunktionen eine Rolle.

10.2.6 Texte zur Vertiefung

Böckenförde, Ernst-Wolfgang, Die Organisationsgewalt im Bereich der Regierung, 2. Aufl. 1998

Bosch-Stiftung, Demographieorientierte Personalpolitik in der öffentlichen Verwaltung, 2009, http://www.bosch-stiftung.de/content/language2/downloads/Demographieorientierte_Personalpolitik_fuer_Internet.pdf

Busse, Volker / Hofmann, Hans, Bundeskanzleramt und Bundesregierung. Aufgaben – Organisation – Arbeitsweise, Heidelberg (5., neu bearbeitete und aktualisierte Auflage) 2010

Butzer, Hermann, Der Bundespräsident und sein Präsidialamt, Verwaltungsarchiv 1992 (Bd. 82), S. 497.

Detterbeck, Steffen, Innere Ordnung der Bundesregierung, HdBStR III, 3. Aufl. 2005, § 66

Diekmann, Marc, Das Verhältnis des Bundesrates zu Bundestag und Bundesregierung im Spannungsfeld von Demokratie- und Bundesstaatsprinzip – Versuch einer Konfliktlösung unter Berücksichtigung der historischen Entwicklung des Förderatorgans, 2007.

Franz, Wolfgang, Zur Geltung des Leistungsprinzips bei so genannten politischen Beamten, DÖV 2009, 1141.

Isensee, Josef, Öffentlicher Dienst, HdBVerfR 2. Aufl. 1994, § 32.

Ismayr, Wolfgang, Der Deutsche Bundestag im politischen System der Bundesrepublik Deutschland, 2000

Limbach, Jutta, Das Bundesverfassungsgericht, 2., überarbeitete Auflage, 2010

Linn, Susanne/Sobolewski, Frank, So arbeitet der Deutsche Bundestag. Organisation und Arbeitsweise. Die Gesetzgebung des Bundes (17. Wahlperiode). 23. Auflage, 2010

van Ooyen, Robert Chr./Möllers, Martin H. W. (Hrsg.), Das Bundesverfassungsgericht im politischen System, 2006,

van Ooyen, Robert Chr./Möllers, Martin H. W. (Hrsg.), Der Bundespräsident im politischen System, 2012

Reuter, Konrad, Praxishandbuch Bundesrat. Verfassungsrechtliche Grundlagen, Kommentar zur Geschäftsordnung, Praxis des Bundesrates. 2. Aufl. 2007.

Schröder, Meinhard, Aufgabe der Bundesregierung, HdBStR III, 3. Aufl. 2005, § 64.

11. Die Bürger und der Steuerstaat:

11.1 Der Verfassungstext

Art. 104a (1) Der Bund und die Länder tragen gesondert die Ausgaben, die sich aus der Wahrnehmung ihrer Aufgaben ergeben, soweit dieses Grundgesetz nichts anderes bestimmt.

(2) Handeln die Länder im Auftrage des Bundes, trägt der Bund die sich daraus ergebenden Ausgaben.

(3) Bundesgesetze, die Geldleistungen gewähren und von den Ländern ausgeführt werden, können bestimmen, daß die Geldleistungen ganz oder zum Teil vom Bund getragen werden. Bestimmt das Gesetz, daß der Bund die Hälfte der Ausgaben oder mehr trägt, wird es im Auftrage des Bundes durchgeführt.

(4) Bundesgesetze, die Pflichten der Länder zur Erbringung von Geldleistungen, geldwerten Sachleistungen oder vergleichbaren Dienstleistungen gegenüber Dritten begründen und von den Ländern als eigene Angelegenheit oder nach Absatz 3 Satz 2 im Auftrag des Bundes ausgeführt werden, bedürfen der Zustimmung des Bundesrates, wenn daraus entstehende Ausgaben von den Ländern zu tragen sind.

(5) Der Bund und die Länder tragen die bei ihren Behörden entstehenden Verwaltungsausgaben und haften im Verhältnis zueinander für eine ordnungsmäßige Verwaltung. Das Nähere bestimmt ein Bundesgesetz, das der Zustimmung des Bundesrates bedarf.

(6) Bund und Länder tragen nach der innerstaatlichen Zuständigkeits- und Aufgabenverteilung die Lasten einer Verletzung von supranationalen oder völkerrechtlichen Verpflichtungen Deutschlands. In Fällen länderübergreifender Finanzkorrekturen der Europäischen Union tragen Bund und Länder diese Lasten im Verhältnis 15 zu 85. Die Ländergesamtheit trägt in diesen Fällen solidarisch 35 vom Hundert der Gesamtlasten entsprechend einem allgemeinen Schlüssel; 50 vom Hundert der Gesamtlasten tragen die Länder, die die Lasten verursacht haben, anteilig entsprechend der Höhe der erhaltenen Mittel. Das Nähere regelt ein Bundesgesetz, das der Zustimmung des Bundesrates bedarf.

Art. 104b (1) Der Bund kann, soweit dieses Grundgesetz ihm Gesetzgebungsbefugnisse verleiht, den Ländern Finanzhilfen für besonders bedeutsame Investitionen der Länder und der Gemeinden (Gemeindeverbände) gewähren, die

1. zur Abwehr einer Störung des gesamtwirtschaftlichen Gleichgewichts oder
2. zum Ausgleich unterschiedlicher Wirtschaftskraft im Bundesgebiet oder
3. zur Förderung des wirtschaftlichen Wachstums

erforderlich sind. Abweichend von Satz 1 kann der Bund im Falle von Naturkatastrophen oder außergewöhnlichen Notsituationen, die sich der Kontrolle des Staates entziehen und die staatliche Finanzlage erheblich beeinträchtigen, auch ohne Gesetzgebungsbefugnisse Finanzhilfen gewähren.

(2) Das Nähere, insbesondere die Arten der zu fördernden Investitionen, wird durch Bundesgesetz, das der Zustimmung des Bundesrates bedarf, oder aufgrund des Bundeshaushaltsgesetzes durch Verwaltungsvereinbarung geregelt. Die Mittel sind befristet zu gewähren und hinsichtlich ihrer Verwendung in regelmäßigen Zeitabständen zu überprüfen. Die Finanzhilfen sind im Zeitablauf mit fallenden Jahresbeträgen zu gestalten.

(3) Bundestag, Bundesregierung und Bundesrat sind auf Verlangen über die Durchführung der Maßnahmen und die erzielten Verbesserungen zu unterrichten.

Art. 105 (1) Der Bund hat die ausschließliche Gesetzgebung über die Zölle und Finanzmonopole.

(2) Der Bund hat die konkurrierende Gesetzgebung über die übrigen Steuern, wenn ihm das Aufkommen dieser Steuern ganz oder zum Teil zusteht oder die Voraussetzungen des Artikels 72 Abs. 2 vorliegen.

(2a) Die Länder haben die Befugnis zur Gesetzgebung über die örtlichen Verbrauch- und Aufwandsteuern, solange und soweit sie nicht bundesgesetzlich geregelten Steuern gleichartig sind. Sie haben die Befugnis zur Bestimmung des Steuersatzes bei der Grunderwerbsteuer.

(3) Bundesgesetze über Steuern, deren Aufkommen den Ländern oder den Gemeinden (Gemeindeverbänden) ganz oder zum Teil zufließt, bedürfen der Zustimmung des Bundesrates.

Art. 106 (1) Der Ertrag der Finanzmonopole und das Aufkommen der folgenden Steuern stehen dem Bund zu:

1. die Zölle,
2. die Verbrauchsteuern, soweit sie nicht nach Absatz 2 den Ländern, nach Absatz 3 Bund und Ländern gemeinsam oder nach Absatz 6 den Gemeinden zustehen,
3. die Straßengüterverkehrsteuer, die Kraftfahrzeugsteuer und sonstige auf motorisierte Verkehrsmittel bezogene Verkehrsteuern,
4. die Kapitalverkehrsteuern, die Versicherungsteuer und die Wechselsteuer,
5. die einmaligen Vermögensabgaben und die zur Durchführung des Lastenausgleichs erhobenen Ausgleichsabgaben,
6. die Ergänzungsabgabe zur Einkommensteuer und zur Körperschaftsteuer,
7. Abgaben im Rahmen der Europäischen Gemeinschaften.

(2) Das Aufkommen der folgenden Steuern steht den Ländern zu:

1. die Vermögensteuer,
2. die Erbschaftsteuer,
3. die Verkehrsteuern, soweit sie nicht nach Absatz 1 dem Bund oder nach Absatz 3 Bund und Ländern gemeinsam zustehen,
4. die Biersteuer,
5. die Abgabe von Spielbanken.

(3) Das Aufkommen der Einkommensteuer, der Körperschaftsteuer und der Umsatzsteuer steht dem Bund und den Ländern gemeinsam zu (Gemeinschaftssteuern), soweit das Aufkommen der Einkommensteuer nicht nach Absatz 5 und das Aufkommen der Umsatzsteuer nicht nach Absatz 5a den Gemeinden zugewiesen wird. Am Aufkommen der Einkommensteuer und der Körperschaftsteuer sind der Bund und die Länder je zur Hälfte beteiligt. Die Anteile von Bund und Ländern an der Umsatzsteuer werden durch Bundesgesetz, das der Zustimmung des Bundesrates bedarf, festgesetzt. Bei der Festsetzung ist von folgenden Grundsätzen auszugehen:

1. Im Rahmen der laufenden Einnahmen haben der Bund und die Länder gleichmäßig Anspruch auf Deckung ihrer notwendigen Ausgaben. Dabei ist der Umfang der Ausgaben unter Berücksichtigung einer mehrjährigen Finanzplanung zu ermitteln.
2. Die Deckungsbedürfnisse des Bundes und der Länder sind so aufeinander abzustimmen, daß ein billiger Ausgleich erzielt, eine Überbelastung der Steuerpflichtigen vermieden und die Einheitlichkeit der Lebensverhältnisse im Bundesgebiet gewahrt wird.

Zusätzlich werden in die Festsetzung der Anteile von Bund und Ländern an der Umsatzsteuer Steuermindereinnahmen einbezogen, die den Ländern ab 1. Januar 1996 aus der Berücksichtigung von Kindern im Einkommensteuerrecht entstehen. Das Nähere bestimmt das Bundesgesetz nach Satz 3.

(4) Die Anteile von Bund und Ländern an der Umsatzsteuer sind neu festzusetzen, wenn sich das Verhältnis zwischen den Einnahmen und Ausgaben des Bundes und der Länder wesentlich anders entwickelt; Steuermindereinnahmen, die nach Absatz 3 Satz 5 in die Festsetzung der Umsatzsteueranteile zusätzlich einbezogen werden, bleiben hierbei unberücksichtigt. Werden den Ländern durch Bundesgesetz zusätzliche Ausgaben auferlegt oder Einnahmen entzogen, so kann die Mehrbelastung durch Bundesgesetz, das der Zustimmung des Bundesrates bedarf, auch mit Finanzzuweisungen des Bundes ausgeglichen werden, wenn sie auf einen kurzen Zeitraum begrenzt ist. In dem Gesetz sind die Grundsätze für die Bemessung dieser Finanzzuweisungen und für ihre Verteilung auf die Länder zu bestimmen.

(5) Die Gemeinden erhalten einen Anteil an dem Aufkommen der Einkommensteuer, der von den Ländern an ihre Gemeinden auf der Grundlage der Einkommensteuerleistungen ihrer Einwohner weiterzuleiten ist. Das Nähere bestimmt ein Bundesgesetz, das der Zustimmung des Bundesrates bedarf. Es kann bestimmen, daß die Gemeinden Hebesätze für den Gemeindeanteil festsetzen.

(5a) Die Gemeinden erhalten ab dem 1. Januar 1998 einen Anteil an dem Aufkommen der Umsatzsteuer. Er wird von den Ländern auf der Grundlage eines orts- und wirtschaftsbezogenen Schlüssels an ihre Gemeinden weitergeleitet. Das Nähere wird durch Bundesgesetz, das der Zustimmung des Bundesrates bedarf, bestimmt.

(6) Das Aufkommen der Grundsteuer und Gewerbesteuer steht den Gemeinden, das Aufkommen der örtlichen Verbrauch- und Aufwandsteuern steht den Gemeinden oder nach Maßgabe der Landesgesetzgebung den Gemeindeverbänden zu. Den Gemeinden ist das Recht einzuräumen, die Hebesätze der Grundsteuer und Gewerbesteuer im Rahmen der Gesetze festzusetzen. Bestehen in einem Land keine Gemeinden, so steht das Aufkommen der Grundsteuer und Gewerbesteuer sowie der örtlichen Verbrauch- und Aufwandsteuern dem Land zu. Bund und Länder können durch eine Umlage an dem Aufkommen der Gewerbesteuer beteiligt werden. Das Nähere über die Umlage bestimmt ein Bundesgesetz, das der Zustimmung des Bundesrates bedarf. Nach Maßgabe der Landesgesetzgebung können die Grundsteuer und Gewerbesteuer sowie der Gemeindeanteil vom Aufkommen der Einkommensteuer und der Umsatzsteuer als Bemessungsgrundlagen für Umlagen zugrunde gelegt werden.

(7) Von dem Länderanteil am Gesamtaufkommen der Gemeinschaftssteuern fließt den Gemeinden und Gemeindeverbänden insgesamt ein von der Landesgesetzgebung zu bestimmender Hundertsatz zu. Im übrigen bestimmt die Landesgesetzgebung, ob und inwieweit das Aufkommen der Landessteuern den Gemeinden (Gemeindeverbänden) zufließt.

(8) Veranlaßt der Bund in einzelnen Ländern oder Gemeinden (Gemeindeverbänden) besondere Einrichtungen, die diesen Ländern oder Gemeinden (Gemeindeverbänden) unmittelbar Mehrausgaben oder Mindereinnahmen (Sonderbelastungen) verursachen, gewährt der Bund den erforderlichen Ausgleich, wenn und soweit den Ländern oder Gemeinden (Gemeindeverbänden) nicht zugemutet werden kann, die Sonderbelastungen zu tragen. Entschädigungsleistungen Dritter und finanzielle Vorteile, die diesen Ländern oder Gemeinden (Gemeindeverbänden) als Folge der Einrichtungen erwachsen, werden bei dem Ausgleich berücksichtigt.

(9) Als Einnahmen und Ausgaben der Länder im Sinne dieses Artikels gelten auch die Einnahmen und Ausgaben der Gemeinden (Gemeindeverbände).

Art. 106a Den Ländern steht ab 1. Januar 1996 für den öffentlichen Personennahverkehr ein Betrag aus dem Steueraufkommen des Bundes zu. Das Nähere regelt ein Bundesgesetz, das der Zustimmung des Bundesrates bedarf. Der Betrag nach Satz 1 bleibt bei der Bemessung der Finanzkraft nach Artikel 107 Abs. 2 unberücksichtigt.

Art. 106b Den Ländern steht ab dem 1. Juli 2009 infolge der Übertragung der Kraftfahrzeugsteuer auf den Bund ein Betrag aus dem Steueraufkommen des Bundes zu. Das Nähere regelt ein Bundesgesetz, das der Zustimmung des Bundesrates bedarf.

Art. 107 (1) Das Aufkommen der Landessteuern und der Länderanteil am Aufkommen der Einkommensteuer und der Körperschaftsteuer stehen den einzelnen Ländern insoweit zu, als die Steuern von den Finanzbehörden in ihrem Gebiet vereinnahmt werden (örtliches Aufkommen). Durch Bundesgesetz, das der Zustimmung des Bundesrates bedarf, sind für die Körperschaftsteuer und die Lohnsteuer nähere Bestimmungen über die Abgrenzung sowie über Art und Umfang der Zerlegung des örtlichen Aufkommens zu treffen. Das Gesetz kann auch Bestimmungen über die Abgrenzung und Zerlegung des örtlichen Aufkommens anderer Steuern treffen. Der Länderanteil am Aufkommen der Umsatzsteuer steht den einzelnen Ländern nach Maßgabe ihrer Einwohnerzahl zu; für einen Teil, höchstens jedoch für ein Viertel dieses Länderanteils, können durch Bundesgesetz, das der Zustimmung des Bundesrates bedarf, Ergänzungsanteile für die Länder vorgesehen werden, deren Einnahmen aus den Landessteuern, aus der Einkommensteuer und der Körperschaftsteuer und nach Artikel 106b je Einwohner unter dem Durchschnitt der Länder liegen; bei der Grunderwerbsteuer ist die Steuerkraft einzubeziehen.

(2) Durch das Gesetz ist sicherzustellen, daß die unterschiedliche Finanzkraft der Länder angemessen ausgeglichen wird; hierbei sind die Finanzkraft und der Finanzbedarf der Gemeinden (Gemeindeverbände) zu berücksichtigen. Die Voraussetzungen für die Ausgleichsansprüche der ausgleichsberechtigten Länder und für die Ausgleichsverbindlichkeiten der ausgleichspflichtigen Länder sowie die Maßstäbe für die Höhe der Ausgleichsleistungen sind in dem Gesetz zu bestimmen. Es kann auch bestimmen, daß der Bund aus seinen Mitteln leistungsschwachen Ländern Zuweisungen zur ergänzenden Deckung ihres allgemeinen Finanzbedarfs (Ergänzungszuweisungen) gewährt.

Art. 108 (1) Zölle, Finanzmonopole, die bundesgesetzlich geregelten Verbrauchsteuern einschließlich der Einfuhrumsatzsteuer, die Kraftfahrzeugsteuer und sonstige auf motorisierte Verkehrsmittel bezogene Verkehrsteuern ab dem 1. Juli 2009 sowie die Abgaben im Rahmen der Europäischen Gemeinschaften werden durch Bundesfinanzbehörden verwaltet. Der Aufbau dieser Behörden wird durch Bundesgesetz geregelt. Soweit Mittelbehörden eingerichtet sind, werden deren Leiter im Benehmen mit den Landesregierungen bestellt.

(2) Die übrigen Steuern werden durch Landesfinanzbehörden verwaltet. Der Aufbau dieser Behörden und die einheitliche Ausbildung der Beamten können durch Bundesgesetz mit Zustimmung des Bundesrates geregelt werden. Soweit Mittelbehörden eingerichtet sind, werden deren Leiter im Einvernehmen mit der Bundesregierung bestellt.

(3) Verwalten die Landesfinanzbehörden Steuern, die ganz oder zum Teil dem Bund zufließen, so werden sie im Auftrage des Bundes tätig. Artikel 85 Abs. 3 und 4 gilt mit der Maßgabe, daß an die Stelle der Bundesregierung der Bundesminister der Finanzen tritt.

(4) Durch Bundesgesetz, das der Zustimmung des Bundesrates bedarf, kann bei der Verwaltung von Steuern ein Zusammenwirken von Bundes- und Landesfinanzbehörden sowie für Steuern, die unter Absatz 1 fallen, die Verwaltung durch Landesfinanzbehörden und für andere Steuern die Verwaltung durch Bundesfinanzbehörden vorgesehen werden, wenn und soweit dadurch der Vollzug der Steuergesetze erheblich verbessert oder erleichtert wird. Für die den Gemeinden (Gemeindeverbänden) allein zufließenden Steuern kann die den Landesfinanzbehörden zustehende Verwaltung durch die Länder ganz oder zum Teil den Gemeinden (Gemeindeverbänden) übertragen werden.
(5) Das von den Bundesfinanzbehörden anzuwendende Verfahren wird durch Bundesgesetz geregelt. Das von den Landesfinanzbehörden und in den Fällen des Absatzes 4 Satz 2 von den Gemeinden (Gemeindeverbänden) anzuwendende Verfahren kann durch Bundesgesetz mit Zustimmung des Bundesrates geregelt werden.
(6) Die Finanzgerichtsbarkeit wird durch Bundesgesetz einheitlich geregelt.
(7) Die Bundesregierung kann allgemeine Verwaltungsvorschriften erlassen, und zwar mit Zustimmung des Bundesrates, soweit die Verwaltung den Landesfinanzbehörden oder Gemeinden (Gemeindeverbänden) obliegt.

Art. 109 (1) Bund und Länder sind in ihrer Haushaltswirtschaft selbständig und voneinander unabhängig.
(2) Bund und Länder erfüllen gemeinsam die Verpflichtungen der Bundesrepublik Deutschland aus Rechtsakten der Europäischen Gemeinschaft aufgrund des Artikels 104 des Vertrags zur Gründung der Europäischen Gemeinschaft zur Einhaltung der Haushaltsdisziplin und tragen in diesem Rahmen den Erfordernissen des gesamtwirtschaftlichen Gleichgewichts Rechnung.
(3) Die Haushalte von Bund und Ländern sind grundsätzlich ohne Einnahmen aus Krediten auszugleichen. Bund und Länder können Regelungen zur im Auf- und Abschwung symmetrischen Berücksichtigung der Auswirkungen einer von der Normallage abweichenden konjunkturellen Entwicklung sowie eine Ausnahmeregelung für Naturkatastrophen oder außergewöhnliche Notsituationen, die sich der Kontrolle des Staates entziehen und die staatliche Finanzlage erheblich beeinträchtigen, vorsehen. Für die Ausnahmeregelung ist eine entsprechende Tilgungsregelung vorzusehen. Die nähere Ausgestaltung regelt für den Haushalt des Bundes Artikel 115 mit der Maßgabe, dass Satz 1 entsprochen ist, wenn die Einnahmen aus Krediten 0,35 vom Hundert im Verhältnis zum nominalen Bruttoinlandsprodukt nicht überschreiten. Die nähere Ausgestaltung für die Haushalte der Länder regeln diese im Rahmen ihrer verfassungsrechtlichen Kompetenzen mit der Maßgabe, dass Satz 1 nur dann entsprochen ist, wenn keine Einnahmen aus Krediten zugelassen werden.
(4) Durch Bundesgesetz, das der Zustimmung des Bundesrates bedarf, können für Bund und Länder gemeinsam geltende Grundsätze für das Haushaltsrecht, für eine konjunkturgerechte Haushaltswirtschaft und für eine mehrjährige Finanzplanung aufgestellt werden.

(5) Sanktionsmaßnahmen der Europäischen Gemeinschaft im Zusammenhang mit den Bestimmungen in Artikel 104 des Vertrags zur Gründung der Europäischen Gemeinschaft zur Einhaltung der Haushaltsdisziplin tragen Bund und Länder im Verhältnis 65 zu 35. Die Ländergesamtheit trägt solidarisch 35 vom Hundert der auf die Länder entfallenden Lasten entsprechend ihrer Einwohnerzahl; 65 vom Hundert der auf die Länder entfallenden Lasten tragen die Länder entsprechend ihrem Verursachungsbeitrag. Das Nähere regelt ein Bundesgesetz, das der Zustimmung des Bundesrates bedarf.

Art. 109a Zur Vermeidung von Haushaltsnotlagen regelt ein Bundesgesetz, das der Zustimmung des Bundesrates bedarf,

1. die fortlaufende Überwachung der Haushaltswirtschaft von Bund und Ländern durch ein gemeinsames Gremium (Stabilitätsrat),
2. die Voraussetzungen und das Verfahren zur Feststellung einer drohenden Haushaltsnotlage,
3. die Grundsätze zur Aufstellung und Durchführung von Sanierungsprogrammen zur Vermeidung von Haushaltsnotlagen.

Die Beschlüsse des Stabilitätsrats und die zugrunde liegenden Beratungsunterlagen sind zu veröffentlichen.

Art. 110 (1) Alle Einnahmen und Ausgaben des Bundes sind in den Haushaltsplan einzustellen; bei Bundesbetrieben und bei Sondervermögen brauchen nur die Zuführungen oder die Ablieferungen eingestellt zu werden. Der Haushaltsplan ist in Einnahme und Ausgabe auszugleichen.

(2) Der Haushaltsplan wird für ein oder mehrere Rechnungsjahre, nach Jahren getrennt, vor Beginn des ersten Rechnungsjahres durch das Haushaltsgesetz festgestellt. Für Teile des Haushaltsplanes kann vorgesehen werden, daß sie für unterschiedliche Zeiträume, nach Rechnungsjahren getrennt, gelten.

(3) Die Gesetzesvorlage nach Absatz 2 Satz 1 sowie Vorlagen zur Änderung des Haushaltsgesetzes und des Haushaltsplanes werden gleichzeitig mit der Zuleitung an den Bundesrat beim Bundestage eingebracht; der Bundesrat ist berechtigt, innerhalb von sechs Wochen, bei Änderungsvorlagen innerhalb von drei Wochen, zu den Vorlagen Stellung zu nehmen.

(4) In das Haushaltsgesetz dürfen nur Vorschriften aufgenommen werden, die sich auf die Einnahmen und die Ausgaben des Bundes und auf den Zeitraum beziehen, für den das Haushaltsgesetz beschlossen wird. Das Haushaltsgesetz kann vorschreiben, dass die Vorschriften erst mit der Verkündung des nächsten Haushaltsgesetzes oder bei Ermächtigung nach Artikel 115 zu einem späteren Zeitpunkt außer Kraft treten.

Art. 111 (1) Ist bis zum Schluß eines Rechnungsjahres der Haushaltsplan für das folgende Jahr nicht durch Gesetz festgestellt, so ist bis zu seinem Inkrafttreten die Bundesregierung ermächtigt, alle Ausgaben zu leisten, die nötig sind,

a) um gesetzlich bestehende Einrichtungen zu erhalten und gesetzlich beschlossene Maßnahmen durchzuführen,
b) um die rechtlich begründeten Verpflichtungen des Bundes zu erfüllen,

c) um Bauten, Beschaffungen und sonstige Leistungen fortzusetzen oder Beihilfen für diese Zwecke weiter zu gewähren, sofern durch den Haushaltsplan eines Vorjahres bereits Beträge bewilligt worden sind.

(2) Soweit nicht auf besonderem Gesetze beruhende Einnahmen aus Steuern, Abgaben und sonstigen Quellen oder die Betriebsmittelrücklage die Ausgaben unter Absatz 1 decken, darf die Bundesregierung die zur Aufrechterhaltung der Wirtschaftsführung erforderlichen Mittel bis zur Höhe eines Viertels der Endsumme des abgelaufenen Haushaltsplanes im Wege des Kredits flüssig machen.

Art. 112 Überplanmäßige und außerplanmäßige Ausgaben bedürfen der Zustimmung des Bundesministers der Finanzen. Sie darf nur im Falle eines unvorhergesehenen und unabweisbaren Bedürfnisses erteilt werden. Näheres kann durch Bundesgesetz bestimmt werden.

Art. 113 (1) Gesetze, welche die von der Bundesregierung vorgeschlagenen Ausgaben des Haushaltsplanes erhöhen oder neue Ausgaben in sich schließen oder für die Zukunft mit sich bringen, bedürfen der Zustimmung der Bundesregierung. Das gleiche gilt für Gesetze, die Einnahmeminderungen in sich schließen oder für die Zukunft mit sich bringen. Die Bundesregierung kann verlangen, daß der Bundestag die Beschlußfassung über solche Gesetze aussetzt. In diesem Fall hat die Bundesregierung innerhalb von sechs Wochen dem Bundestage eine Stellungnahme zuzuleiten.

(2) Die Bundesregierung kann innerhalb von vier Wochen, nachdem der Bundestag das Gesetz beschlossen hat, verlangen, daß der Bundestag erneut Beschluß faßt.

(3) Ist das Gesetz nach Artikel 78 zustande gekommen, kann die Bundesregierung ihre Zustimmung nur innerhalb von sechs Wochen und nur dann versagen, wenn sie vorher das Verfahren nach Absatz 1 Satz 3 und 4 oder nach Absatz 2 eingeleitet hat. Nach Ablauf dieser Frist gilt die Zustimmung als erteilt.

Art. 114 (1) Der Bundesminister der Finanzen hat dem Bundestage und dem Bundesrate über alle Einnahmen und Ausgaben sowie über das Vermögen und die Schulden im Laufe des nächsten Rechnungsjahres zur Entlastung der Bundesregierung Rechnung zu legen.

(2) Der Bundesrechnungshof, dessen Mitglieder richterliche Unabhängigkeit besitzen, prüft die Rechnung sowie die Wirtschaftlichkeit und Ordnungsmäßigkeit der Haushalts-und Wirtschaftsführung. Er hat außer der Bundesregierung unmittelbar dem Bundestage und dem Bundesrate jährlich zu berichten. Im übrigen werden die Befugnisse des Bundesrechnungshofes durch Bundesgesetz geregelt.

Art. 115 (1) Die Aufnahme von Krediten sowie die Übernahme von Bürgschaften, Garantien oder sonstigen Gewährleistungen, die zu Ausgaben in künftigen Rechnungsjahren führen können, bedürfen einer der Höhe nach bestimmten oder bestimmbaren Ermächtigung durch Bundesgesetz.

(2) Einnahmen und Ausgaben sind grundsätzlich ohne Einnahmen aus Krediten auszugleichen. Diesem Grundsatz ist entsprochen, wenn die Einnahmen aus Krediten 0,35 vom Hundert im Verhältnis zum nominalen Bruttoinlandsprodukt nicht überschreiten. Zusätzlich sind bei einer von der Normallage abweichenden konjunkturellen Entwicklung die Auswirkungen auf den Haushalt im Auf- und Abschwung symmetrisch zu berücksichtigen. Abweichungen der tatsächlichen Kreditaufnahme von der nach den Sätzen 1 bis 3 zulässigen Kreditobergrenze werden auf einem Kontrollkonto erfasst; Belastungen, die den Schwellenwert von 1,5 vom Hundert im Verhältnis zum nominalen Bruttoinlandsprodukt überschreiten, sind konjunkturgerecht zurückzuführen. Näheres, insbesondere die Bereinigung der Einnahmen und Ausgaben um finanzielle Transaktionen und das Verfahren zur Berechnung der Obergrenze der jährlichen Nettokreditaufnahme unter Berücksichtigung der konjunkturellen Entwicklung auf der Grundlage eines Konjunkturbereinigungsverfahrens sowie die Kontrolle und den Ausgleich von Abweichungen der tatsächlichen Kreditaufnahme von der Regelgrenze, regelt ein Bundesgesetz. Im Falle von Naturkatastrophen oder außergewöhnlichen Notsituationen, die sich der Kontrolle des Staates entziehen und die staatliche Finanzlage erheblich beeinträchtigen, können diese Kreditobergrenzen aufgrund eines Beschlusses der Mehrheit der Mitglieder des Bundestages überschritten werden. Der Beschluss ist mit einem Tilgungsplan zu verbinden. Die Rückführung der nach Satz 6 aufgenommenen Kredite hat binnen eines angemessenen Zeitraumes zu erfolgen.

11.2 Die Leitideen

Geld ist nicht alles, aber ohne Geld ist alles nichts, sagt der Volksmund. Das Grundgesetz befasst sich erst im hinteren Teil seines Textes – fast an versteckter Stelle – mit dem Geld und der Finanzverfassung. Dabei steht die Materie, die der Bürger unmittelbar spürt, die Steuern, keineswegs im Mittelpunkt. Vielmehr zeigt sich auch hier der bundesstaatliche Ansatz, der das Grundgesetz wie ein roter Faden durchzieht. Es regelt im zehnten Abschnitt die Aufteilung der Finanzverantwortung zwischen Bund und Ländern (Einnahmen und Ausgaben). Hier finden sich Vorschriften über die Aufgabenverteilung und Finanzhilfen (Art. 104a GG), die Gesetzgebungskompetenz für die verschiedenen Steuern (Art. 105 GG), die Verteilung des Steueraufkommens (Art. 106 GG), den Finanzausgleich zwischen Bund und Ländern (Art. 107 GG) sowie die Finanzverwaltung (Art. 108 GG). Außerdem enthält der zehnte Anschnitt weitere finanzverfassungsrechtliche Regelungen über die Grundsätze der Haushaltswirtschaft, Haushaltsplan und Gesetz (Art. 109 ff. GG), Rechnungslegung und Rechnungsprüfung (Art. 114 GG) sowie die Grenzen der Kreditaufnahme (Art. 115 GG).

Auch wenn sie wenig ausdrückliche Bezüge zum Bürger aufweist, hat das Bundesverfassungsgericht der bundesstaatlichen Finanzverfassung „Begrenzungs- und Schutzfunktion“ für den Bürger zugesprochen (BVerfGE 91, 392).

11.2.1 Die Verteilung der Finanzierungskompetenzen

Im Mittelpunkt der verfassungsrechtlichen Regelungen steht der Art. 104a Abs. 1 GG. Hier wird im Verhältnis von Bund und Ländern niedergelegt, wer für welche Aufgaben bezahlen muss. Für die Verteilung dieser sog. Finanzierungskompetenz gilt strikt das Prinzip, dass derjenige bezahlt, der die zu finanzierende Aufgabe auch als Verwaltungsaufgabe erfüllen muss. Man bezeichnet dies als bundesstaatliches Konnexitätsprinzip. Der Bund oder ein Land müssen eine staatliche Aufgabe nur dann bezahlen, wenn sie nach der grundgesetzlichen Verteilung der Verwaltungszuständigkeit auch für die Aufgabe zuständig sind. Zusätzlich gilt ein Verbot für Bund und Länder, die Aufgaben der jeweils anderen Gebietskörperschaften zu finanzieren. Für die Wahrnehmung von Finanzierungsaufgaben irrelevant ist damit die Verteilung der Gesetzgebungskompetenzen. Daraus ergibt sich eine relativ einfache Verteilung der Finanzierungsverantwortung:

- Kosten, die aus Landesgesetzen resultieren, sind auch von den Ländern zu finanzieren.
- Kosten, die sich aus Bundesgesetzen ergeben, die die Länder als eigene Aufgabe zu vollziehen haben (Art. 83, 84 GG, vgl. dazu Kap. 9), müssen von den Ländern getragen werden. Eine Ausnahme hiervon enthält Art. 104a Abs. 3 GG.
- Vollziehen die Länder Gesetze im Auftrag des Bundes (Bundesauftragsverwaltung) muss die Finanzierung gem. Art. 104a Abs. 2 GG durch den Bund erfolgen.
- Bei Bundeseigenverwaltung von Bundesgesetzen muss der Bund diesen Vollzug auch allein finanzieren (Art. 104 a Abs. 1 GG).
- Grundgesetzlich geregelt war früher auch noch eine „Mischfinanzierung" besonderer Aufgaben der Länder durch Bund und Länder (Abschnitt VIIIa des Grundgesetzes). Diese ist mit der Föderalismusreform 2006 eingeschränkt worden (dazu Kap. 9.2.4). Der Bund finanziert noch die Gemeinschaftsaufgaben „Forschungsförderung", „Verbesserung der regionalen Wirtschaftsstruktur" sowie „Verbesserung der Agrarstruktur und des Küstenschutzes" mit, wenn diese Aufgaben für die Gesamtheit bedeutsam sind und die Mitwirkung des Bundes zur Verbesserung der Lebensverhältnisse erforderlich ist (Gemeinschaftsaufgaben). Zudem können Bund und Länder bei Forschung und Wissenschaft zusammenarbeiten, Art. 91 b GG. In diesen Fällen trägt der Bund bei der Verbesserung der regionalen Wirtschaftsstruktur die Hälfte der Ausgaben in jedem Land (vgl. Art. 91a GG, Art. 91 b GG). Der Bund darf auch Finanzhilfen für besonders bedeutsame Investitionen der Länder und Gemeinden geben (Art. 104b GG).

Ebenfalls bundesstaatlich ausgerichtet ist die in Art. 105 GG geregelte Verteilung der Gesetzgebungskompetenz über Steuern und Abgaben. Der Bund hat die ausschließliche Gesetzgebung über die Zölle und Finanzmonopole und die konkurrierende Gesetzgebung über die übrigen Steuern, wenn ihm das Aufkommen dieser Steuern ganz oder zum Teil zusteht oder die Voraussetzungen des Artikels 72 Abs. 2 GG vorliegen. Die Länder können alle übrigen Steuern und Abgaben gesetzlich festlegen, insbesondere die örtlichen Verbrauchs- und Aufwandssteuern, solange und soweit sie nicht bundesgesetzlich geregelten Steuern gleichartig sind (Art. 105 Abs. 2 a GG). Zudem dürfen die Länder den Steuersatz der Grunderwerbssteuer festlegen. Nach Art. 105 Abs. 3 GG bedürfen Bundesgesetze über Steuern, deren Aufkommen den Ländern oder den Gemeinden (Gemeindeverbänden) ganz oder zum Teil zufließt, der Zustimmung des Bundesrates. Die Verteilung der Gesetzgebungsbefugnis ist also abhängig davon, ob dem Bund oder den Länden die Einnahmen zufließen. Dies ist abhängig von den verschiedenen Einkunftsarten: Bundessteuern, Landessteuern und Gemeinschaftssteuern, deren Aufkommen Bund und Ländern gemeinsam zufließen.

WOHER KOMMEN DIE HÖCHSTEN EINNAHMEN?

Die Steuern, die die höchsten Einnahmen erzielen, sind die Gemeinschaftssteuern, also solche, die Bund und Ländern gemeinsam zustehen. Dies sind gem. Art. 106 Abs. 3 GG die Einkommensteuer, die Körperschaftssteuer und die Umsatzsteuer.

Berichten zufolge hatten die obersten 10 Prozent der Einkommensteuerpflichtigen im Jahr 2011 einen Anteil von 54,6 Prozent am gesamten Lohn- und Einkommensteueraufkommen. Bei den untersten 50 Prozent waren es lediglich 5,4 Prozent (http://www.bpb.de/nachschlagen/zahlen-und-fakten/soziale-situation-in-deutschland/61772/einkommensteuer-anteile).; vgl. für die Verteilung der Steuereinnahmen nach Steuerarten http://www.bundesfinanzministerium.de/Content/DE/Standardartikel/Themen/Steuern/Steuerschaetzungen_und_Steuereinnahmen/2-kassenmaessige-steuereinnahmen-nach-steuerarten-1950-bis-2013.html).

Streitig ist regelmäßig die Verteilung der zur Verfügung stehenden Einnahmen. Auf der Grundlage der detaillierten Regelungen in den Vorschriften der Art. 106 – 107 gilt ein kompliziertes System des Finanzausgleichs (vgl. BMF, Bund/Länder-Finanzbeziehungen auf der Grundlage der Finanzverfassung, Ausgabe 2014, S. 16 ff. (http://www.bundesfinanzministerium.de/Content/DE/Standardartikel/Themen/Oeffentliche_Finanzen/Foederale_Finanzbeziehungen/Grundlagen/2014-11-20-grundlagen-der-foederalen-finanzbeziehungen-anlage1_2014.pdf?__blob=publicationFile&v=2): Zunächst erfolgt ein Finanzausgleich zwischen Bund und Ländern (vertikaler Finanzausgleich), wobei das Aufkommen bestimmter Steuern entweder dem Bund oder den Ländern ganz zusteht (Art. 106 Abs. 1, 2 GG). Die Verteilung des Aufkommens der Gemeinschaftssteuern richtet sich nach Art. 106 Abs. 3 GG, wobei das Aufkommen der einnahmestärksten Steuern – Einkommen- und Körperschaftssteuern – Bund und Ländern je zur Hälfte zustehen. Für die Umsatzsteuer ist die Verteilung gesetzlich zu regeln (Art. 106 Abs. 3 S. 4 GG).

Auf einer zweiten Stufe erfolgt der Finanzausgleich zwischen finanzstarken und finanzschwachen Ländern (horizontaler Finanzausgleich). Er dient der Herstellung und Wahrung gleichwertiger Lebensverhältnisse in allen Teilen Deutschlands und soll wirtschaftliche Benachteiligungen ausgleichen. Nach Art. 107 Abs. 2 Satz 1 GG soll „die unterschiedliche Finanzkraft der Länder angemessen ausgeglichen“ werden. Die Länder können einen verfassungsrechtlich garantierten Anspruch auf aufgabengerechte Finanzausstattung geltend machen, um die notwendigen Ausgaben zu tätigen, die finanzielle Leistungsfähigkeit ihrer Kommunen zu gewährleisten und einen Spielraum für eigenverantwortliche Gestaltung zu haben. Grundsätzlich folgt die Verteilung der eingenommen Steuern dabei nach dem örtlichen Aufkommen. Um die unterschiedliche Finanzkraft auszugleichen, wird die Umsatzsteuer horizontale unter den Ländern verteilt. Schlüssel ist die Einwohnerzahl, bis zu 25 Prozent können nach Steuerkraftgesichtspunkten (sog. Ergänzungsanteile). Steuerschwache Länder können Ergänzungsanteile erhalten.

Seit dem 1. Januar 2005 gilt für den Finanzausgleich das Maßstäbegesetz und das Finanzausgleichsgesetz (FAG). Das Maßstäbegesetz konkretisiert als längerfristig geltende Grundlage die verfassungsrechtlichen Vorgaben, während das FAG die aktuell geltenden Berechnungsschritte des Ausgleichsmechanismusses vorgibt. Mit dieser ungewöhnlichen Konstruktion entsprach der Gesetzgeber Vorgaben des Bundesverfassungsgerichts in seinem Urteil vom 11. November 1999 (BVerfGE 101, 158).

11.2.2 Steuern und Abgaben

11.2.2.1 Grundlagen

„*Die Steuern sind die Nerven des Staates*“ (Cicero). Umso mehr überrascht es, dass weder Steuer- noch Abgabenbegriff in der Verfassung selbst niedergelegt sind. Diese sind vielmehr einfachgesetzlich geregelt: Nach § 3 Abs. 1 Abgabenordnung (AO) sind Steuern Geldleistungen, die nicht Gegenleistung für eine besondere Leistung sind und von einem öffentlich-rechtlichen Gemeinwesen zur Erzielung von Einnahmen allen auferlegt werden, bei denen der Tatbestand zutrifft, an den das Gesetz die Geldleistungspflicht knüpft. Schon die Reichsabgabenordnung kannte diesen Steuerbegriff. Das Grundgesetz hat ihn angenommen mit der Folge, dass die Begriffsbestimmung für den Gesetzgeber verbindlich ist. Gegenüber allen anderen Formen öffentlicher Abgaben unterscheidet sich die Steuer dadurch, dass sie voraussetzungslos, also ohne besondere Staatsleistung, vom Bürger erhoben wird.

Klassische Typen der nichtsteuerlichen staatlichen Abgaben sind Gebühren und Beiträge.

Gebühren sind „öffentlich-rechtliche Geldleistungen, die aus Anlass individuell zurechenbarer, öffentlicher Leistungen dem Gebührenschuldner durch eine öffentlich-rechtliche Norm oder sonstige hoheitliche Maßnahme auferlegt werden und dazu bestimmt sind, in Anknüpfung an diese Leistung deren Kosten ganz oder teilweise zu decken“ (vgl. BVerfGE 50, 217, 226; 91, 207, 223). Gebühren lassen sich dadurch kennzeichnen, dass sie ein finanzieller Ausgleich für besondere Leistungen des Staates oder besonders verursachte Kosten sind. Dabei müssen sie die besondere Zweckbestimmung verfolgen, „um speziell die Kosten einer individuell zurechenbaren öffentlichen Leistung ganz oder teilweise zu decken“ (vgl. BVerfGE 50, 217, 226).

Beispiele: Gebühren für die Ausstellung eines Personalausweises; Benutzungsgebühren für öffentliche Einrichtungen.

Beiträge zeichnen sich dadurch aus, dass der Staat dem Betroffenen einen Sondervorteil gewährt, dieser aber tatsächlich nicht in Anspruch genommen werden muss. Es reicht die Möglichkeit zur Inanspruchnahme aus.

Beispiele: Die Rundfunk- und Fernseh-„gebühren" sind Beiträge. Denn Ihre Erhebung knüpft nicht an die tatsächliche Inanspruchnahme des öffentlich-rechtlichen Rundfunks an, sondern allein an die Möglichkeit. Dass der Teilnehmer ein zum Empfang bereites Gerät hat, reicht hierfür als Indiz aus.

Als Abgabetypen differenziert man korporativer Beitrage (Verbandslast), Beitrag als Pendant zur Gebühr (Vorzugslast), Sozialversicherungsbeitrage als Typus sui generis sowie die entschädigungsrechtliche Geldlast (vgl. § 64 Abs. 3 BauGB).

Verbandslasten weisen das Charakteristikum der korporationsrechtlichen Pflichtmitgliedschaft – etwa in einer Kammer – auf. Sie sind zudem dadurch gekennzeichnet, dass i.d.R. auch der konkrete, individualisierbare Vorteil, der die Vorzugslasten auszeichnet, fehlt.

Abgaben, die keine Steuer sind, dürfen nicht ohne weiteres vom Staat erhoben werden. Sie müssen durch einen Grund gerechtfertigt sein, der sowohl die Erhebung der Abgabe selbst als auch die Höhe rechtfertigt. Die Erhebung von Abgaben greift auch in Grundrechte ein, weshalb der Vorbehalt des Gesetzes (s.o. Kap. 2.2.6) gewahrt sein muss. Für eine Erhebung der Abgaben durch Satzung und Verordnung ist eine ausreichende gesetzliche Grundlage erforderlich. Einnahmen und Ausgaben müssen grundsätzlich im Haushaltsplan enthalten sein, um dem Parlament die Kontrolle zu ermöglichen (BVerfGE 91, 186, 202; 92, 292).

Als zulässig hat das Bundesverfassungsgericht in der Vergangenheit etwa die Fehlbelegungsabgabe im sozialen Wohnungsbau als Abschöpfungsabgabe erachtet (BVerfGE 78, 349) oder Ressourcennutzungsgebühren wie den Wasserpfennig (BVerfGE 92, 292).

- Steuern sind darauf gerichtet, den allgemeinen Finanzbedarf des Staates zu decken.
- Gebühren sind eine hoheitliche auferlegte Abgabe für eine individuell zurechenbare staatliche Leistung.
- Beiträge werden für eine konkrete staatliche Leistung erhoben.
  Weiterhin sind Sonderabgaben zu unterscheiden, die sich als Unterfall allgemeiner öffentlicher Abgaben darstellen. Sie werden dadurch charakterisiert, dass
  - sie der gestaltenden Einflussnahme auf einen bestimmten Sachbereich dienen, also nicht nur den allgemeinen Finanzbedarf des öffentlichen Gemeinwesens decken (keine Finanzierung der Gemeinlast);
  - die mit einer Sonderabgabe belastete Gruppe genau von der Allgemeinheit abgrenzbar ist (homogene Gruppe der Abgabenpflichtigen);

- die belastete Gruppe zum Sachbereich, an den die Sonderabgabe anknüpft, eine gewisse Nähe aufweisen muss; daraus ergibt sich eine besondere Verantwortung der betreffenden Gruppe für die Aufgabe, die mit der Abgabe finanziert wird (Gruppenverantwortung);
- das Abgabenaufkommen im überwiegenden Interesse der Gruppe der Abgabenpflichtigen, also gruppennützig, verwendet werden muss. Letztendlich werden die Belasteten durch das Abgabenaufkommen begünstigt;
- sich wegen der engen Grenzen, die die Art. 105 ff. GG aufweisen, die Kompetenz zur Regelung von Sonderabgaben nur im Zusammenhang mit den Sachsetzgebungsgkompetenzen der Art. 73 ff. GG ergeben kann.

In der Vergangenheit hat das Bundesverfassungsgericht den sog. „Kohlepfennig“ und die Feuerwehrabgabe für verfassungswidrig gehalten, weil die Voraussetzungen für eine Sonderabgabe nicht erfüllt waren (BVerfGE 91, 196; 92, 91).

Sozialversicherungsbeiträge nehmen im System der Abgaben insoweit eine Sonderstellung ein. Ihre Steuereigenschaft wird wegen der Verknüpfung von individueller Äquivalenz von Beitrag und Leistung einerseits und der Gruppensolidarität andererseits abgelehnt. Dabei findet sich die Abgabenkompetenz des Bundesgesetzgebers sachlich in Art. 74 Abs. 1 Nr. 12 GG (BVerfGE 75, 108, 148).

Die Sozialversicherung ist zwar durch das Versicherungsprinzip geprägt, unterscheidet sich aber gegenüber privaten Versicherungen. Während nämlich private Versicherungen maßgeblich auf dem Grundgedanken der gemeinsamen Selbsthilfe von gleichartig Gefährdeten durch einen Zusammenschluss geprägt sind, wird dieses Prinzip in der Sozialversicherung deutlich modifiziert. Die Modifikationen bestehen in der „zwangsweise“ erfolgenden Versicherung, der fehlenden Vertragsfreiheit, der die Sozialversicherungen prägenden Prinzipien des sozialen Ausgleichs und der Solidarität. Zudem werden die Sozialversicherungen u. U. aus Steuermitteln bezuschusst. Maßgeblich beim Abschluss von privaten Versicherungen ist das individuelle Schadensrisiko, das für die Sozialversicherungen irrelevant ist. In der privaten Versicherung besteht zwischen Beiträgen und Leistungen eine „versicherungsmathematische Äquivalenz“, d. h. das individuelle Risiko wird berechnet und versichert (BVerfGE 76, 256, 299-304). Demgegenüber fehlt es an einer entsprechenden individuellen versicherungsmathematischen Äquivalenz in der Sozialversicherung. Der jeweilige Leistungsanspruch ist kein Geschenk der Allgemeinheit, sondern die für die Zahlung der Beiträge im Rahmen des Sozialversicherungsverhältnisses gesetzlich zugesicherte Gegenleistung der Versichertengemeinschaft. In der Sozialversicherung rührt ein Teil des Kapitalzuflusses bei wirtschaftlicher Betrachtungsweise also aus dem eigenen Vermögen des Sozialversicherungsleistungsempfängers (vgl. BVerfGE 54, 11, 26, 29; 76, 256, 299 f.).

Die Höhe der Abgaben ist nicht frei bestimmbar (BVerfGE 97, 322; 108, 1). Allgemeine Prüfungsmaßstäbe sind das Kostendeckungs-, das Äquivalenz-, das Verhältnismäßigkeitsprinzip sowie der Wirklichkeits- und Wahrscheinlichkeitsmaßstab.

11.2.2.2 Die Steuern und Abgaben sind zu hoch

Die Steuern in Deutschland seien zu hoch, ist eine immer wieder zu hörende Klage. Weder im Detail noch so allgemein lässt sich diese Aussage eindeutig belegen. Zum einen kommt es natürlich immer auf den Vergleichsmaßstab an. Hier wird regelmäßig auf das Ausland verwiesen. Und tatsächlich lassen sich immer Staaten finden, in denen die Steuersätze – seien es die für Private, seien es die für Unternehmen – niedriger sind.

BEISPIEL: KÖRPERSCHAFTSSTEUERSÄTZE FÜR KAPITALGESELLSCHAFTEN AUSGEWÄHLTER LÄNDER IN PROZENT (31.13.2013, VEREINFACHTE DARSTELLUNG)

Deutschland	15
Frankreich	33,33
Großbritannien	23
Österreich	25,0
Tschechien	19
Polen	19,0
Rumänien	16,0
Lettland	15,0
Irland	12,5
Zypern	12,5

Quelle: Bundeszentralamt für Steuern, Die wichtigsten Steuern im internationalen Vergleich 2013, 2014, S. 11 ff.

Die Steuersätze besagen für sich genommen indes noch nichts, weil die Steuersysteme oft sehr verschieden sind und oft ganz unterschiedliche „Gestaltungen“ zulassen. Entscheidend ist die effektive Steuerbelastung. So gehört in Deutschland aller Aufwand, der dadurch entsteht, dass überhaupt ein Einkommen oder Gewinn erzielt wird, zu den Kosten, die von den Einkünften oder Überschüssen abgezogen werden können. Erst auf das, was dann übrig bleibt, wird der Steuersatz angewandt.

Ein immer wieder streitiger Punkt sind etwa die Fahrtkosten zum Arbeitsplatz (sog. Pendlerpauschale). In Deutschland sind sie grundsätzlich absetzbar, wenn auch die genaue Ausgestaltung – ab welcher Entfernung, in welcher Höhe – variiert. In den USA dagegen ist dieser Aufwand Privatsache.

Die Verfassung – und insbesondere die Normen der Art. 104 a ff. GG – enthalten keine ausdrückliche Regelung, die die Höhe der Steuern für die Bürger und Unternehmen zum Gegenstand hat. Verfassungsrechtlicher Maßstab sind die einschlägigen Grundrechte, steuerrechtlich bezeichnet man diesen Maßstab als Leistungsfähigkeitsprinzip. Es wurzelt im allgemeinen Gleichheitssatz des Art. 3 GG, nach dem Gleiches nicht willkürlich gleich und Verschiedenes seiner Eigenart nach behandelt werden soll. Auf die Besteuerung von Einkommen gewendet heißt dies vereinfacht, dass unterschiedlich hohe Einkommen auch unterschiedlich hoch besteuert werden müssen. Das Bundesverfassungsgericht rechtfertigt den in Deutschland geltenden progressiven Steuertarif unmittelbar mit Art. 3 GG (BVerfGE 8, 51).

Maßstab für die Höhe der Besteuerung sind Art. 14 und Art. 2 Abs. 1 GG. Aber auch aus diesen Grundrechten lässt sich eine absolute Grenze für die Höhe der Besteuerung nicht herleiten. Zwar wurde infolge einer Entscheidung des Bundesverfassungsgerichts zur Vermögenssteuer (BVerfGE 93, 121, 136 ff.) eine Zeitlang vom so genannten „Halbteilungsgrundsatz“ ausgegangen. Danach sollte die steuerliche Belastung ca. 50 % Einkommens nicht übersteigen dürfen. Das Bundesverfassungsgericht hat indes in einer weiteren Entscheidung aus dem Jahre 2006 klargestellt, dass die verfassungsrechtlichen Maßstäbe eine hälftige Teilung von Einkommen zwischen Staat und Bürger nicht hergeben und es damit keine Grenze einer 50-prozentigen Belastung gäbe.

„Den Ausführungen im Beschluss vom 22. Juni 1995 (BVerfGE 93, 121, 136 ff.) lässt sich keine Belastungsobergrenze entnehmen, die unabhängig von der dort allein streitgegenständlichen Steuerart – der Vermögensteuer – Geltung beanspruchen könnte und auf andere Steuerarten – wie die Einkommen- und Gewerbesteuer – übertragbar wäre. In der Entscheidung wird der „Halbteilungsgrundsatz“ allein aus der vermögensteuerspezifischen Belastungssituation entwickelt und bezieht sich daher nur auf solche Belastungen, die mitursächlich auf eine Vermögensteuerbelastung zurückzuführen sind, bei denen also die Vermögensteuer zu den übrigen Steuern „hinzutritt“ (vgl. BVerfGE 93, 121, 138). Es ging allein um die „Grenze der Gesamtbelastung des Vermögens“ (vgl. BVerfGE 93, 121, 136) durch eine Vermögensteuer, die neben der Einkommensteuer erhoben wird. (...)

Allerdings bietet die Belastung mit Steuern den im Verhältnismäßigkeitsprinzip enthaltenen Geboten der Eignung und der Erforderlichkeit kaum greifbare Ansatzpunkte für eine Begrenzung. Jenseits „erdrosselnder“, die Steuerquelle selbst vernichtender Belastung, die schon begrifflich kaum noch als Steuer qualifiziert werden kann (vgl. BVerfGE 16, 147, 161; 38, 61, 80 f.), werden Steuern mit dem Zweck, Einnahmen zur Deckung des staatlichen Finanzbedarfs zu erzielen, gemessen an diesem Zweck grundsätzlich immer geeignet und erforderlich sein (Birk, Das Leistungsfähigkeitsprinzip als Maßstab der Steuernormen, 1983, S. 189; Papier, Besteuerung und Eigentum, DVBl 1980, S. 787, 793). Allein aus der Verhältnismäßigkeit im engeren Sinne, im Rahmen einer Gesamtabwägung zur Angemessenheit und Zumutbarkeit der Steuerbelastung, können sich Obergrenzen für eine Steuerbelastung ergeben.

Auch hier stößt jedoch die verfassungsgerichtliche Kontrolle der Abwägungen des Gesetzgebers zum Verhältnis zwischen öffentlichen Interessen an der Steuererhebung und privaten Interessen an einer möglichst eigentumsschonenden Besteuerung auf besondere Schwierigkeiten. Jede wertende Einschränkung des staatlichen Finanzierungsinteresses durch Steuern läuft Gefahr, dem Gesetzgeber mittelbar eine verfassungsgerichtliche Ausgaben- und damit eine Aufgabenbeschränkung aufzuerlegen, die das Grundgesetz nicht ausdrücklich vorsieht. Die Finanzverfassung – mit Ausnahme der speziellen Regelung in Art. 106 Abs. 3 Satz 4 Nr. 2 GG zur Vermeidung einer „Überbelastung" der Steuerpflichtigen bei der Verteilung der Umsatzsteuer – erwähnt keine materiellen Steuerbelastungsgrenzen.

Immerhin zeigt gerade auch die spezielle Norm des Art. 106 Abs. 3 Satz 4 Nr. 2 GG, dass die Vermeidung einer Überbelastung der Steuerpflichtigen – gleichsam selbstverständlich – als verfassungsgerechter Grundsatz zu gelten hat. Die Gewährleistung einklagbarer, auch den Gesetzgeber bindender Grundrechte verbietet es, speziell für das Steuerrecht die Kontrolle verfassungsrechtlicher Mäßigungsgebote dem Bundesverfassungsgericht gänzlich zu entziehen. Dem entspräche weder der völlige Verzicht auf verfassungsgerichtliche Abwägungskontrolle zu übermäßigen Steuerlasten noch ein Rückzug auf mögliche Feststellungen schon „erdrosselnder" Wirkungen von Steuerlasten. Trotz mangelnder konkreter Verwaltungszwecke, die in ein Verhältnis zur Steuerbelastung gesetzt und bewertet werden könnten, bleibt die Möglichkeit, in Situationen zunehmender Steuerbelastung der Gesamtheit oder doch einer Mehrheit der Steuerpflichtigen, insbesondere etwa dann, wenn eine solche Belastung auch im internationalen Vergleich als bedrohliche Sonderentwicklung gekennzeichnet werden kann, vom Gesetzgeber die Darlegung besonderer rechtfertigender Gründe zu fordern, nach denen die Steuerlast trotz ungewöhnlicher Höhe noch als zumutbar gelten dürfe.

Dabei ist wesentlich zu berücksichtigen, dass die zu bewertende Intensität der Steuerbelastung insbesondere bei der Einkommensteuer nicht allein durch die Höhe des Steuersatzes bestimmt wird, sondern erst durch die Relation zwischen Steuersatz und Bemessungsgrundlage. Je breiter die Bemessungsgrundlage ausgestaltet ist, etwa durch Abschaffung steuerlicher Verschonungssubventionen oder Kürzung von Abzügen wegen beruflich oder privat veranlasster Aufwendungen, desto belastender wirkt sich derselbe Steuersatz für die Steuerpflichtigen aus. Entsprechend wirkt derselbe Steuersatz desto weniger belastend, je schmaler die Bemessungsgrundlage ausfällt, in je geringerem Umfang also die – durch großzügige Abzugstatbestände geminderten – Einnahmen in der Bemessungsgrundlage berücksichtigt werden.

Ferner ist zu bedenken, dass die Ausgestaltung der unterschiedlichen Steuersätze in Form eines Tarifs primär am Maßstab verfassungsrechtlich gebotener Lastengleichheit auch in vertikaler Richtung zu messen ist (vgl. BVerfGE 84, 239, 268 ff.): Die Besteuerung höherer Einkommen im Vergleich zur Besteuerung niedriger Einkommen ist angemessen auszugestalten (vgl. BVerfGE 82, 60, 89; 99, 236, 260; 107, 27, 47; 112, 268, 279). Weder dieses Gebot vertikaler Steuergerechtigkeit (Art. 3 Abs. 1 GG) noch das Verbot übermäßiger Steuerbelastung (Art. 14 GG) geben jedoch einen konkreten Tarifverlauf vor; vielmehr setzen beide den unmittelbar demokratisch legitimierten Entscheidungen des Parlaments einen äußeren Rahmen, der nicht überschritten werden darf. Bei der Einkommensteuer liegt es im Entscheidungsspielraum des Gesetzgebers, ob der Tarif linear oder progressiv ausgestaltet wird. Wählt der Gesetzgeber einen progressiven Tarifverlauf, ist es grundsätzlich nicht zu beanstanden, hohe Einkommen auch hoch zu belasten, soweit beim betroffenen Steuerpflichtigen nach Abzug der Steuerbelastung ein – absolut und im Vergleich zu anderen Einkommensgruppen betrachtet – hohes, frei verfügbares Einkommen bleibt, das die Privatnützigkeit des Einkommens sichtbar macht. Ist letzteres gewährleistet, liegt es weitgehend im Entscheidungsspielraum des Gesetzgebers, die Angemessenheit im Sinne vertikaler Steuergerechtigkeit selbst zu bestimmen. Auch wenn dem Übermaßverbot keine zahlenmäßig zu konkretisierende allgemeine Obergrenze der Besteuerung entnommen werden kann, darf allerdings die steuerliche Belastung auch höherer Einkommen für den Regelfall nicht so weit gehen, dass der wirtschaftliche Erfolg grundlegend beeinträchtigt wird und damit nicht mehr angemessen zum Ausdruck kommt (vgl. BVerfGE 14, 221, 241; 82, 159, 190; 93, 121, 137)."

BVerfG, 2 BvR 2194/99 vom 18.1.2006, Absatz-Nr. 27 f., 44 ff. http://www.bverfg.de/entscheidungen/rs20060118_2bvr219499.html = BVerfGE 117, 97

Insgesamt hat der Steuergesetzgeber damit einen recht großen Gestaltungsspielraum, der aber verfassungsrechtlich eingehegt ist. Dies kommt auch im Urteil des Ersten Senats vom 17. Dezember 2014 – 1 BvL 21/12 – zum Ausdruck, mit dem das BVerfG Teile der derzeitigen Erbschaftssteuer für verfassungswidrig erklärt hat. Aus den Leitsätzen:

„1. Art. 3 Abs. 1 GG verleiht Steuerpflichtigen keinen Anspruch auf verfassungsrechtliche Kontrolle steuerrechtlicher Regelungen, die Dritte gleichheitswidrig begünstigen, das eigene Steuerrechtsverhältnis aber nicht betreffen. Anderes gilt jedoch, wenn Steuervergünstigungen die gleichheitsgerechte Belastung durch die Steuer insgesamt in Frage stellen. (…)

3. Der Gleichheitssatz belässt dem Gesetzgeber im Steuerrecht einen weit reichenden Entscheidungsspielraum sowohl bei der Auswahl des Steuergegenstands als auch bei der Bestimmung des Steuersatzes. Abweichungen von der einmal getroffenen Belastungsentscheidung müssen sich ihrerseits am Gleichheitssatz messen lassen (Gebot der folgerichtigen Ausgestaltung des steuerrechtlichen Ausgangstatbestands). Sie bedürfen eines besonderen sachlichen Grundes. Dabei steigen die Anforderungen an die Rechtfertigung mit Umfang und Ausmaß der Abweichung.

4. Die Verschonung von Erbschaftsteuer beim Übergang betrieblichen Vermögens in §§ 13a und 13b ErbStG ist angesichts ihres Ausmaßes und der eröffneten Gestaltungsmöglichkeiten mit Art. 3 Abs. 1 GG unvereinbar. a.Es liegt allerdings im Entscheidungsspielraum des Gesetzgebers, kleine und mittelständische Unternehmen, die in personaler Verantwortung geführt werden, zur Sicherung ihres Bestands und damit auch zur Erhaltung der Arbeitsplätze von der Erbschaftsteuer weitgehend oder vollständig freizustellen. Für jedes Maß der Steuerverschonung benötigt der Gesetzgeber allerdings tragfähige Rechtfertigungsgründe.

b. Die Privilegierung des unentgeltlichen Erwerbs betrieblichen Vermögens ist jedoch unverhältnismäßig, soweit die Verschonung über den Bereich kleiner und mittlerer Unternehmen hinausgreift, ohne eine Bedürfnisprüfung vorzusehen.
c. Die Lohnsummenregelung ist im Grundsatz verfassungsgemäß; die Freistellung von der Mindestlohnsumme privilegiert aber den Erwerb von Betrieben mit bis zu 20 Beschäftigten unverhältnismäßig.
d. Die Regelung über das Verwaltungsvermögen ist nicht mit Art. 3 Abs. 1 GG vereinbar, weil sie den Erwerb von begünstigtem Vermögen selbst dann uneingeschränkt verschont, wenn es bis zu 50 % aus Verwaltungsvermögen besteht, ohne dass hierfür ein tragfähiger Rechtfertigungsgrund vorliegt.
5. Ein Steuergesetz ist verfassungswidrig, wenn es Gestaltungen zulässt, mit denen Steuerentlastungen erzielt werden können, die es nicht bezweckt und die gleichheitsrechtlich nicht zu rechtfertigen sind."
(http://www.bundesverfassungsgericht.de/SharedDocs/Entscheidungen/DE/2014/12/ls20141217_1bvl002112.html)

11.2.3 Die Verschuldung des Staates

Die Gesamtverschuldung des Staates (Bund, Länder und Gemeinden) betrug zum Ende des dritten Quartals 2014 einschließlich aller Kern- und Extrahaushalte in Deutschland 2 044,2 Milliarden Euro. Auch wenn die Gesamtverschuldung inzwischen – allerdings ganz gemächlich – abnimmt (https://www.destatis.de/DE/PresseService/Presse/Pressemitteilungen/2014/12/PD14_460_713.html), steht zu erwarten, dass noch unsere Kindeskinder diese Schuldenlast abtragen werden.

Das Grundgesetz kannte in der Vergangenheit kein absolutes Verbot für den Staat, Schulden zu machen. Dennoch begrenzte es die Kreditfinanzierung staatlicher Aufgaben. Die Einnahmen aus Krediten im Haushalt durfte gem. Art. 115 Abs. 1 Satz 2 GG nicht höher sein als die Summe der im Haushaltsplan veranschlagten Ausgaben für Investitionen. Anders als dies oft in den Medien undifferenziert und falsch dargestellt wurde, ergab sich aber aus einer Überschreitung dieser Grenzen nicht automatisch, dass ein Haushalt verfassungswidrig war oder gegen Art. 115 GG verstieß. Denn Art. 115 Abs. 1 Satz 2, 2. Halbsatz GG erlaubte ein Abweichen von der Regelverschuldungsgrenze zur Abwehr einer Störung des gesamtwirtschaftlichen Gleichgewichts. Da der Begriff im Grundgesetz nicht näher definiert war, wurde es meist mit den vier wirtschaftspolitischen Teilzielen des sog. „magischen Vierecks" gleichgesetzt, die in § 1 Satz 2 des Stabilitätsgesetzes (StabG – Gesetz zur Förderung der Stabilität und des Wachstums der Wirtschaft vom 8. Juni 1967) niedergelegt sind:

- Stabilität des Preisniveaus,
- hoher Beschäftigungsstand und
- außenwirtschaftliches Gleichgewicht bei
- stetigem und angemessenem Wirtschaftswachstum.

Wann eine Störung des gesamtwirtschaftlichen Gleichgewichts drohte oder bestand, war indes umstritten. Dabei kam es im Wesentlichen auf die Bewertung des Haushaltsgesetzgebers an, dem das Bundesverfassungsgericht einen erheblichen, nur begrenzt überprüfbaren *Einschätzungs- und Beurteilungsspielraum* zubilligte (BVerfGE 79, 311, 344). Der Haushaltsgesetzgeber hatte so einen zweifachen Einschätzungs- und Beurteilungsspielraum, nämlich

- hinsichtlich des Vorliegens einer Störung des gesamtwirtschaftlichen Gleichgewichts
- und der Beurteilung, ob die Kreditaufnahme zur Abwehr der Störung geeignet ist.

Von einem Einschätzungs- und Beurteilungsspielraum spricht man, wenn eine Entscheidung nicht oder allenfalls beschränkt (z.B. durch Gerichte) überprüfbar ist. Das Bundesverfassungsgericht hat dem Gesetzgeber neben Art. 115 GG auch für andere Materien einen solchen, nur ganz beschränkt gerichtlich überprüfbaren Einschätzungs- und Beurteilungsspielraum eingeräumt (vgl. etwa BVerfGE 49, 89 – friedliche Nutzung Kernenergie; 50, 290, 332 ff. – Mitbestimmungsgesetz; 61, 291, 313 f. – Tierschutz; 77, 170, 214 f. – NATO-Vertrag, Waffenstationierung; 88, 203, 262 – Schutz des ungeborenen Lebens; 90, 145,173 – Canabis; BVerfG, Urteil vom 16. März 2004, Az: 1 BvR 1778/01, = BVerfGE 110, 141 – Kampfhunde).

Der weite Einschätzungs- und Beurteilungsspielraum des Haushaltsgesetzgebers wurde nach der Entscheidung des Bundesverfassungsgerichts durch eine Darlegungslast des Haushaltsgesetzgebers kompensiert. Er musste eine eigene Beurteilung der gesamtwirtschaftlichen Lage vornehmen und die Eignung einer erhöhten Kreditaufnahme zur Störungsabwehr selbst einschätzen. Der Haushaltsgesetzgeber musste somit die höhere Nettokreditaufnahme nachvollziehbar und vertretbar begründen.

11.2.4 Föderalismusrefom II

Am 15. Dezember 2006 haben der Deutsche Bundestag und der Bundesrat beschlossen, die erste Föderalismusreform fortzusetzen und auch die föderalen Finanzbeziehungen zu reformieren. Die eingesetzte Kommission sollte Empfehlungen ausarbeiten, die Eigenverantwortung der Gebietskörperschaften und deren aufgabengerechte Finanzausstattung stärken. Insbesondere ging es um

- Vorbeugung und Bewältigung von Haushaltskrisen (s.o. 11.2.3),
- Entbürokratisierung und Effizienzsteigerung
- Entflechtung von Aufgaben in der öffentlichen Verwaltung,
- Stärkung der den Aufgaben entsprechenden Finanzausstattung und der Eigenverantwortung der Gebietskörperschaften,
- verstärkte Zusammenarbeit und Möglichkeiten eines erleichterten freiwilligen Zusammenschlusses von Ländern.

Die Kommission hat am 5. März 2009 auf Vorschlag der Vorsitzenden ein Maßnahmenbündel zur Reform der Bund-Länder-Finanzbeziehungen verabschiedet. Anschließend wurden die Ergebnisse in Gesetzgebungsvorschläge umgearbeitet. Wesentliches Ergebnis ist eine verbindliche Schuldenregel für Bund und Länder, die – im Grundgesetz verankert – bewirken soll, dass die Haushalte von Bund und Ländern grundsätzlich ohne Einnahmen aus Krediten auszugleichen sind.

Zu den Ergebnissen im Übrigen vgl. http://www.bundestag.de/bundestag/ausschuesse/gremien/ foederalisreform/beschluesse.html

So findet sich seit 2009 eine so genannte *Schuldenbremse* im Grundgesetz, die sowohl Bund wie Länder bindet. Artikel 109 GG gilt insoweit für die Länder; für den Bund wird sie durch eine Neufassung des Artikels 115 GG umgesetzt und konkretisiert. Die nähere Ausgestaltung soll in den Ländern im Rahmen des Landesrechts erfolgen. Mit Artikel 109 GG wird für die Haushalte von Bund und Ländern der Grundsatz eines ohne Einnahmen aus Krediten ausgeglichenen Haushalts festgeschrieben. Für den Bund ist diesem Grundsatz Rechnung getragen, wenn das strukturelle Defizit 0,35 vom Hundert des Bruttoinlandsproduktes nicht überschreitet. Für die Länder ist keine strukturelle Verschuldung zulässig. Abweichungen von diesem Grundsatz sind möglich, um zur Stabilisierung der Konjunkturentwicklung die Auswirkungen der konjunkturellen Entwicklung auf die Einnahmen und Ausgaben symmetrisch, d.h. im Auf- und Abschwung gleichartig, zu berücksichtigen.

Die Neuregelungen zur Begrenzung der Kreditaufnahme haben erstmals mit Wirkung für das Haushaltsjahr 2011 Anwendung gefunden. Vom Bund sollten sie in vollem Umfang ab dem Jahr 2016 und von den Ländern ab dem Jahr 2020 eingehalten werden. Da die vollständige Einhaltung der neuen Grenzen, insbesondere angesichts der Ausweitung der Staatsverschuldung im Rahmen der Bewältigung der aktuellen Finanz- und Wirtschaftskrise im Jahr 2011 noch nicht möglich war, sieht Artikel 143d zeitlich befristete Abweichungsrechte vor. Der Bund wurde hierdurch ermächtigt, von den Vorgaben zur strukturellen Verschuldungskomponente abzuweichen. Die Länder dürfen von den gesamten Vorgaben des neuen Artikels 109 Absatz 3 abweichen.

Die neue Schuldenbremse ist verfassungsrechtlich nicht unumstritten. Denn zumindest das absolute Verschuldungsverbot für die Länder greift in deren Verfassungs- und Finanzautonomie ein und beschränkt auch die politische Handlungsfähigkeit der Landtage, weshalb das Land Schleswig-Holstein gegen die Einführung eine Klage vor dem Bundesverfassungsgericht erhoben hatte, (http://www1.ndr.de/nachrichten/schleswig-holstein/schuldenbremse116.html) Die Schuldenbremse hat inzwischen zumindest insoweit Wirkung gezeigt, als die Sensibilität für die Staatsverschuldung zugenommen hat und 2014 keine neuen Schulden gemacht wurden und für den Haushalt 2015 eine „schwarze Null" erreicht wurde (http://www.bundesfinanzministerium.de/Content/DE/Standardartikel/Themen/Oeffentliche_Finanzen/Bundeshaushalt/Bundeshaushalt_2015/2015-01-01-HH2015.html, abgerufen März 2015).

Trotz des Erreichten – namentlich der Einführung der Schuldenbremse – bedürfen die föderalen Finanzbeziehungen einer Neuordnung, da die gesetzliche Grundlage für das bestehende System des Finanzausgleichs und die Förderung der neuen Länder im

Rahmen des Aufbaus Ost Ende 2019 außer Kraft treten (vgl. Deutsche Bundesbank, Monatsbericht September 2014, S. 35 ff., https://www.bundesbank.de/Redaktion/DE/Downloads/Veroeffentlichungen/Monatsberichtsaufsaetze/2014/2014_09_reform_finanzbeziehungen.pdf?__blob=publicationFile). Die notwendigen Grundlagen für eine Föderalismusreform III soll eine Kommission vorbereiten, die nach den Koalitionsvereinbarungen eingerichtet werden soll.

11.2.5 Haushaltswirtschaft in Bund und Ländern

Die Haushaltswirtschaft von Bund und Ländern muss den in Art. 110 GG niedergelegten Prinzipien der Vollständigkeit (auch „Klarheit und Wahrheit"), dem Brutto-Prinzip, dem Prinzip der formalen Ausgeglichenheit von Einnahmen und Ausgaben (einschließlich der Kredite) genügen. Außerdem ist erforderlich, dass Haushalte dem gesamtwirtschaftlichen Gleichgewicht Rechnung tragen müssen (Art. 109 Abs. 4 GG). Zudem gilt das Prinzip der Vorherigkeit (Aufstellung vor Beginn des Rechnungsjahres).

11.3 Die Lebenswirklichkeit

„Geld regiert die Welt." Das gilt auch im Staat. Und so geht es bei finanzpolitischen Fragen meist ums Geld – sowohl im Verhältnis des Bundes zu den Ländern, als auch im Verhältnis der Länder untereinander. Auf der Bundesebene wird politisch um teurere Sachpolitik gestritten, etwa um Betreuungsgeld, Elterngeld, Anspruch auf Krippenplätze, Wohnungsbau- und Eigenheimförderung – die Kette der Beispiele ist beliebig erweiterbar. Das alles kostet Geld.

Das oben beschriebene bundesstaatliche Konnexitätsprinzip, insbesondere das Auseinanderfallen von Gesetzgebungszuständigkeiten in Bund und Ländern einerseits und die davon abweichende Finanzierungsverantwortung für die Ausführung von Gesetzen, führt zu einem Ungleichgewicht. Verkürzt könnte man sagen: Wer bestellt, braucht nicht zu zahlen. Der Bund verabschiedet die Gesetze und er hat hier sogar, was die zu regelnden Bereiche angeht, ein deutliches Übergewicht. Die Länder müssen regelmäßig die Gesetze, die der Bund verabschiedet, vollziehen und damit auch bezahlen.

Ein Beispiel ist etwa der Anspruch auf einen Kindergartenplatz. Dieser Anspruch, den der Bund gesetzlich für jedes Kind ab dem dritten Lebensjahr eingeführt hat (Achtes Sozialgesetzbuch – SGB VIII, § 24 Kinder- und Jugendhilfegesetz), muss von den Ländern erfüllt und damit finanziert werden. Selbst wenn der Bund wollte, darf er diese Aufgabe nach dem Verbot fremder Aufgabenfinanzierung nicht mitfinanzieren.

Somit hat der Bund im Prinzip die Möglichkeit, Gesetze zulasten der Länder zu verabschieden, auch wenn die Verfassung hier Einschränkungen vorsieht (vgl. die Kostentragungsregel des Art. 104a Abs. 3, Abs. 2 GG; Zustimmungserfordernis der Länder im Bundesrat gem. Art. 104a Abs. 4 GG). In extremen Fällen bleibt also nur der Ausweg, die Verteilung der Steuererträge zu ändern. Indes hat man in der Vergangenheit andere Wege bestritten, etwa Fondslösungen usw., die aber verfassungsrechtlich eher fragwürdig sind. In der sog. Föderalismusreform II sollten Wege gefunden werden, das bisher geltende Konnexitätsprinzip modernen Anforderungen anzupassen.

In der Lebenswirklichkeit verläuft auch die Regelung des Finanzausgleichs anders. Das Bundesverfassungsgericht hatte in seiner Entscheidung vom 11.11.1999 davon gesprochen, die Maßstäbe, nach denen diese Verteilung zwischen Bund und Ländern erfolge, müssten vorab festgelegt werden.

„Diese Offenheit für die allgemeine, in die Zukunft vorausgreifende Regel bleibt erhalten, wenn der Gesetzgeber das Maßstäbegesetz beschließt, bevor ihm die Finanzierungsinteressen des Bundes und der einzelnen Länder in den jährlich sich verändernden Aufkommen und Finanzbedürfnissen bekannt sind. Deshalb muß dieses maßstabgebende Gesetz in zeitlichem Abstand vor seiner konkreten Anwendung im Finanzausgleichsgesetz beschlossen und sodann in Kontinuitätsverpflichtungen gebunden werden, die seine Maßstäbe und Indikatoren gegen aktuelle Finanzierungsinteressen, Besitzstände und Privilegien abschirmen. Auch wenn sich nicht ein allgemeiner „Schleier des Nichtwissens" (J. Rawls, Eine Theorie der Gerechtigkeit, 1. Aufl., 1975, S. 29 ff., 159 ff.) über die Entscheidungen der Abgeordneten breiten läßt, kann die Vorherigkeit des Maßstäbegesetzes eine institutionelle Verfassungsorientierung gewährleisten, die einen Maßstab entwickelt, ohne dabei den konkreten Anwendungsfall schon voraussehen zu können. Die klassische Zeitwirkung von Vor-Rang und Vor-Behalt des Gesetzes ist auch in den bundesstaatlichen Gesetzesvorbehalten erneut zur Wirkung zu bringen." (BVerfGE 101, 158, 218).

Zwar ist der Gesetzgeber seiner Pflicht zum Erlass eines Maßstäbegesetzes nachgekommen. Die Verhandlungen über den Finanzausgleich waren aber vorher bereits abgeschlossen und legten die Finanzierungsströme bis zum Jahre 2019 weitgehend unveränderbar fest.

Nicht selten wird gerade auch in finanziellen Fragen argumentiert, das Grundgesetz verlange „gleichwertige Lebensverhältnisse" im Bundesgebiet; deshalb müssten die ärmeren Länder von den Reichen unterstützt werden. Das Argument stammt aus der Formulierung des Art. 72 Abs. 2 GG. Dabei wird indes verkannt, dass der Art. 72 GG keinen Gesetzgebungsauftrag enthält, sondern besondere Anforderungen an die Wahrnehmung der konkurrierenden Gesetzgebungsbefugnisse des Bundes aufstellt. Der Bundesgesetzgeber wird aber nicht verpflichtet, tatsächlich „gleichwertige Lebensverhältnisse" herzustellen. Das Grundgesetz selbst, das von einem Bundesstaat ausgeht, ist geradezu auf Unterschiedlichkeit und Differenz angelegt.

Zudem lässt sich kaum verbindlich festlegen, was unter gleichwertigen Lebensverhältnissen zu verstehen ist.

Allerdings heißt dies nicht, dass der Bundesstaat nicht zu bündischer Solidarität verpflichtet. Hierfür sehen die finanzverfassungsrechtlichen Regelungen Ausgleichs- und Unterstützungspflichten vor (Art. 106, Art. 107 GG).

Steuern sollen der Finanzierung staatlicher Aufgaben dienen und keine anderen Zwecke verfolgen. Die Wirklichkeit hingegen sieht oft anders aus. Steuern oder ihre konkrete Höhe verfolgen Lenkungsziele. Niedrige Steuersätze sollen z. B. wirtschaftspolitisch wirken, Abschreibungsmöglichkeiten dienen der Eigenheimförderung und der Beschäftigungs- und Auftragslage im Bauwesen, eine hohe Tabaksteuer soll das Rauchen eindämmen und der allgemeinen Gesundheit nützen, die Ökosteuer den Energieverbrauch verteuern und damit senken (und das Aufkommen sollte zur Beitragssenkung in der Sozialversicherung beitragen). Nicht immer wird man diese Lenkungszwecke in der amtlichen Begründung finden. In der politischen Diskussion hingegen spielen sie häufig eine Rolle und sind nicht selten der ausschlaggebende Gesichtspunkt für die Steuer.

Ein Beispiel ist die Erhebung einer Sondersteuer auf die so genannten Alkopops (Gesetz über die Erhebung einer Sondersteuer auf alkoholhaltige Süßgetränke (Alkopops) zum Schutz junger Menschen vom 23. Juli 2004 (BGBl. I 2004, S. 1857), die besonders bei Jugendlichen sehr beliebt sind. Sie sollten durch eine hohe Besteuerung so verteuert werden, dass der Konsum bei Jugendlichen wegen des hohen Preises zurückgehen sollte.

11.4 Die Bürgerbetroffenheit

Selbst Staatsrechtlern sind die Regelungen der Finanzverfassung nicht immer so geläufig, wie man es erwarten könnte. Und das Steuerrecht hat sich zum einen zu einem Spezialgebiet entwickelt, zum anderen ist das Gesetzesgestrüpp für den Bürger kaum mehr zu durchschauen. Dabei sind oft die Steuern die Fälle, in denen der Bürger am intensivsten mit dem Staat in Kontakt steht. Die Höhe der Steuer ist mitbestimmend für das Einkommen, das dem Einzelnen zur freien Verfügung steht. Auch wenn der „Griff des Fiskus in die Tasche des Bürgers“ der vielleicht empfindlichste Eingriff des Staates ist – so jedenfalls empfinden es offensichtlich viele Bürger –, geben Verfassung und Grundrechte für die konkrete Steuerhöhe nur einen Rahmen vor. Steuerhöhe und auch die Verwendung der Staatseinnahmen sind ein maßgebliches Kriterium dafür, ob und auf wie viel Akzeptanz der Staat bei seinem Bürger bauen kann. Ein Gebot der politischen Klugheit ist es daher, die Steuerbelastungen möglichst niedrig zu halten und Steuerverschwendung zu vermeiden.

11.5 Häufig gestellte Fragen

Wie ist es zu dem hohen Schuldenstand gekommen?

Die Gründe hierfür sind komplex. So verursacht der Sozialstaat hohe Kosten, die bei sinkenden Einnahmen – etwa in wirtschaftlich schwachen Phasen – nicht ohne weiteres zurückgefahren werden können. Staatliche Zuschüsse zur Sozialversicherung steigen an. Dies macht die Aufnahme von Krediten notwendig. Auch der Versuch, die Konjunktur dadurch in Schwung zu bringen, dass der Staat – ggf. kreditfinanzierte –

öffentliche Investitionen forciert (sog. Nachfragepolitik), kann für eine hohe Staatsverschuldung mitverantwortlich sein. Bei hohen Kreditaufnahmen des Staates belasten die Zinszahlungen für diese Kredite zusätzlich den Staatshaushalt und können einen Stand erreichen, dass die Neuverschuldung nicht einmal die laufenden Zinsverpflichtungen deckt.

„Die Erfahrungen der Vergangenheit und polit-ökonomische Argumente (...) legen nahe, dass im politischen Prozess regelmäßig in später als zu hoch empfundenem Umfang auf Staatsverschuldung zurückgegriffen wird. Hierbei spielt insbesondere eine Rolle, dass häufig die in der Zukunft entstehenden Lasten aus der Kreditaufnahme nur unvollständig in das Kalkül eingehen, so dass hieraus eine übermäßige Belastung künftiger Steuerzahler resultiert. Auch besteht etwa vor Wahlen ein verstärkter Anreiz, durch erhöhte Kreditaufnahme Partikularinteressen zu befriedigen. Insofern können im Vorfeld beschlossene Haushaltsregeln der Neigung zur Kreditfinanzierung entgegen wirken. Sie haben somit letztlich eine ähnliche Begründung wie die Übertragung der Geldpolitik an eine unabhängige Notenbank."

Aus: Monatsberichte der Deutschen Bundesbank Oktober 2007, S. 49,

http://www.bundesbank.de/download/volkswirtschaft/mba/2007/200710mba_haushaltsrecht.pdf

---

Warum gab es bislang kein Verbot für den Fiskus, Schulden zu machen?

Das ist nicht ganz korrekt. Denn die Norm des Art. 115 Abs. 1 S. 2 GG wirkte als relatives Verbot. Bei seiner Einführung Ende der sechziger Jahre ist man davon ausgegangen, dass die Regelung die Kreditaufnahme begrenzen könne. Aber die Schulden, die man zur Überwindung einer Konjunkturschwäche machte, wurden in wirtschaftlichen Erholungsphasen nicht getilgt. Die Politik erwies sich unfähig, die notwendigen Einsparungen vorzunehmen. Man ist sich heute einig, dass die Norm des Art. 115 Abs. 1 S. 2 GG die Staatsverschuldung nicht verhindern konnte. Ob die neue Schuldenbremse funktionieren wird, muss sich erst noch zeigen.

Oft wird gesagt, wer bestelle, müsse auch bezahlen. Gilt das auch im Steuerstaat?

Nach dem grundgesetzlichen Konnexitätsprinzip (s.o. Kap. 11.2.1) gilt, wer eine Aufgabe zu erledigen hat, trägt auch die Kosten. Die Aussage, „wer bestelle, müsse auch bezahlen", hat das Gegenteil zum Inhalt. Danach müsste der Bund (als Besteller) die Kosten tragen, die ein Gesetz verursacht – unabhängig davon, ob der Bund oder die Länder das Gesetz zu vollziehen haben. Das ist aber nicht der Fall.

In den Länderverfassungen gilt in Bezug auf die Kommunen ein solches „Verursacherprinzip", das oft ebenfalls als Konnexitätsprinzip bezeichnet wird. Die Länder müssen den Kommunen die Kosten erstatten, die dadurch verursacht werden, dass die Kommunen für die Länder Gesetze ausführen.

Warum ist unser Steuersystem so unübersichtlich?

Die Grundsätze der Leistungsfähigkeit und der Steuergerechtigkeit haben im Ergebnis dazu geführt, dass im Steuerrecht nahezu jede Fallgestaltung des täglichen Lebens Berücksichtigung finden soll. Das Ziel ist die Herstellung einer weitestgehenden Einzelfallgerechtigkeit. Jeder noch so untypische Fall wird gesetzlich, durch Verordnungen oder Erlasse geregelt. Das führt zu einer Normenflut, die auch für den Fachmann kaum noch zu überschauen ist. Verfassungsrechtlich ist dies bedenklich, weil das Rechtsstaatprinzip (Art. 20 Abs. 3 GG; für das Strafrecht Art. 103 GG) verlangt, dass Normen und Regelungen hinreichend klar und bestimmt sind, so dass der Bürger die in ihnen enthaltenen Verhaltensanforderungen befolgen kann. Ob das noch für den gesamten Normenkomplex des Steuerrechts gilt, ist zweifelhaft. Vielleicht wäre es ja hilfreich, wenn das Bundesverfassungsgericht „einem Gesetz die Rechtswirksamkeit wegen Unklarheit der Regelung versagen" würde, wie der ehemalige Richter des BVerfG, Prof. Dr. Steiner, einmal äußerte (Neue Zeitschrift für Arbeitsrecht 2007, 4, 6).

Allerdings besitzt der Gesetzgeber gerade bei der Ausgestaltung des Steuerrechts einen weitgehenden Gestaltungsspielraum, weil die Verfassung hier nur wenige feste Vorgaben enthält (vgl. Kap. 1.9). Er wäre daher wohl kaum gehindert, ein Verfahren einzuführen, mit dessen Hilfe man auf dem sprichwörtlichen Bierdeckel die Steuererklärung machen könnte.

Warum wird die Erbschaft besteuert?

Art. 14 Abs. 1 S. 1 GG schützt das Erbrecht, verhindert indes nicht die Erhebung einer Steuer anlässlich eines Erbfalles. Lediglich eine konfiskatorischen Erbschaftssteuer, d.h. eine Abgabe, die quasi enteignende Wirkung hätte, wäre unzulässig (vgl. BverfGE 63, 312, 327). Die Erbschaftsteuer wird damit begründet, dass der Erbe für den Fall, dass er das Erbe antritt, eine höhere steuerliche Leistungsfähigkeit hat. Zudem werden auch Aspekte der Umverteilung zu ihrer Rechtfertigung angeführt.

Warum wird der Solidaritätszuschlag fast 20 Jahre nach der Wiedervereinigung immer noch erhoben? Wann wird er abgeschafft?

Die Einführung des Solidaritätszuschlages wurde 1991 mit den Kosten der Wiedervereinigung begründet. Der „Soli" ist ein Zuschlag auf die Einkommens- und Körperschaftssteuer, der seit 1998 5,5 % beträgt. Seine Abschaffung wird diskutiert, liegt aber im Ermessen des Gesetzgebers. Klagen in Karlsruhe gegen den Solidaritätszuschlag hat das Gericht abgewiesen (Beschluss vom 08. September 2010 – 2 BvL 3/10, http://www.bverfg.de/entscheidungen/lk20100908_2bvl000310).

Im Frühjahr 2015 wurde erneut über die Abschaffung des Zuschlages diskutiert, seine Erhebung bzw. Abschaffung bleibt politisch strittig. Realistisch scheint eine Entscheidung darüber erst 2020 zu sein (vgl. etwa http://www.spiegel.de/politik/deutschland/soli-abschaffung-spd-und-laender-gegen-plaene-der-union-a-1021827.html; http://www.wiwo.de/politik/deutschland/soli-merkel-will-solidaritaetszuschlag-abschaffen-in-ferner-zukunft/11455294.html).

Im Jahr 2008 und auch Anfang 2010 wurden den Finanzbehörden Daten-CDs zum Ankauf angeboten, auf denen sich Datensätze von Personen befinden sollen, die durch Geldanlagen in der Schweiz und Liechtenstein sich der Steuerverkürzung in Deutschland strafbar gemacht haben sollen. Ist es mit rechtsstaatlichen Grundsätzen vereinbar, dass der Staat solche Daten für hohe Geldbeträge ankauft, auch wenn sich die Anbieter die Daten illegal beschafft haben?

Man muss für die Antwort auf diese Frage differenzieren. Zunächst einmal ist festzustellen, dass Steuerverkürzung und Steuerhinterziehung Straftaten darstellen, die einen hohen Grad an Gemeinschaftsschädlichkeit aufweisen. In Deutschland wird Steuerhinterzeihung nach § 370 AO der Abgabenordnung (AO) mit einer Freiheitsstrafe von bis zu 10 Jahren oder einer Geldstrafe geahndet. Trotz vollendeter Steuerhinterziehung tritt allerdings dann Straffreiheit ein, wenn der Täter sich selbst anzeigt, bevor die Tat von der Finanzbehörde entdeckt worden wäre (§ 371 AO). Die strafbefreiende Selbstanzeige ist eine Form der „tätigen Reue“. Die Strafhöhe ist von der jährlichen Steuerschuld abhängig. Nach einer Grundsatzentscheidung des BGH vom 2. Dezember 2008 (Az: 1 StR 416/08) entspricht die Steuerhinterziehung ähnlichen Strafen wie Betrug, die Strafzumessung ist entsprechend zu handhaben und bemisst sich nach dem Steuerschaden:

- Bis 50.000 Euro werden normalerweise Geldstrafen verhängt.
- Ab 50.000 Euro kann auch eine Freiheitsstrafe (auf Bewährung) verhängt werden.
- Ab 100.000 Euro sollte in der Regel als besonders schwerer Fall eine Freiheitsstrafe verhängt werden.
- Ab 1.000.000 Euro ist mit mindestens 2 Jahren Gefängnis zu rechnen, welche in diesem Falle dann auch nicht mehr zur Bewährung ausgesetzt werden können.

Man kann dies auch mit den Worten von Bundeskanzlerin Angela Merkel zusammenfassen: „Steuerhinterziehung ist kein Kavaliersdelikt“(http://www.angela-merkel.de/page/102_390.htm: „(...)Steuerhinterziehung ist kein Kavaliersdelikt und muss hart bestraft werden, weil die Forderung nach mehr Ehrlichkeit natürlich für alle in unserer Gesellschaft gelten muss. Das Strafmaß für Steuerhinterzieher muss sich einfügen in die gesamte Rechtsordnung.“ – abgerufen am 2. März 2010).

Nach dem Legalitätsprinzip sind die Steuer- und Strafbehörden verpflichtet, diese Delikte von Amts wegen zu verfolgen und zur Anklage zu bringen. Wie in allen strafrechtlichen Ermittlungsverfahren kann für Hinweise auf die Täter auch eine Belohnung ausgelobt werden.

Die Besonderheit beim Ankauf der sog. Steuersünder-CD liegt darin, dass die die Daten auf der CD – aller Wahrscheinlichkeit nach – vom Anbieter illegal, möglicherweise unter Verstoß gegen Strafbestimmungen erlangt wurden. Aber darf der Staat sich solcher illegaler Hinweise bedienen?

Bei der Antwort auf diese Frage, muss man zunächst klären, ob und inwieweit sich derjenige strafbar gemacht hat, der die Daten anbietet. Auch wenn die konkreten Umstände weder für die Liechtensteiner Daten noch für die Fälle des Jahres 2010 nicht im Detail bekannt sind, ist das Speichern von Bankdaten durch den Anbieter der Daten auch nach deutschem Recht durchaus strafbar:

- nach § 17 Abs. 2 Nr. 1 Gesetz gegen den unlauteren Wettbewerb (UWG) macht sich strafbar, wer zu Zwecken des Wettbewerbs, aus Eigennutz, zugunsten eines Dritten oder in der Absicht, dem Inhaber des Unternehmens Schaden zuzufügen sich ein Geschäfts- oder Betriebsgeheimnis durch Anwendung technischer Mittel, Herstellung einer verkörperten Wiedergabe des Geheimnisses oder Wegnahme einer Sache, in der das Geheimnis verkörpert ist, unbefugt verschafft oder sichert. Der Täter muss dabei nicht zwangsläufig Beschäftigter des betroffenen Betriebs sein. Durch das Brennen der Daten auf einer CD-ROM liegen die Voraussetzungen vor. Gerade bei sensiblen Bankdaten ist es im wirtschaftlichen Interesse des Bankhauses, dass die Daten nicht an die Öffentlichkeit bzw. unbefugte Personen gegeben werden. Durch den Brennvorgang hat der Informant/Verkäufer eine verkörperte Wiedergabe hergestellt. Der Verkäufer handelte auch vorsätzlich und in der Absicht, dem Inhaber des Unternehmens Schaden zuzufügen. Auch wenn kein unmittelbarer Schaden eintreten wird, werden die Kunden, die auf die Nichtweitergabe der Daten vertraut haben, im Anschluss an eine Verfolgung durch die Behörden in Deutschland die Bankhäuser meiden, keine weiteren Investitionen dort tätigen und somit dem Unternehmen Schaden zufügen.
- § 202a StGB (Ausspähen von Daten): Der Tatbestand ist erfüllt, wenn sich der Verkäufer unbefugt, also rechtswidrig, Daten verschafft hat, die für ihn nicht bestimmt waren. Erforderlich ist insoweit, dass dem Betroffenen die Daten nach dem Willen des Berechtigten im Zeitpunkt der Tathandlung nicht zu Verfügung stehen sollten. Dieses wäre der Fall, wenn der Verkäufer nicht Mitarbeiter der Bank gewesen wäre oder der Arbeitsvertrag den Zugriff auf die Daten untersagte.

Auch die Amtsträger, die für den Staat den Ankauf der Datenträger tätigen, machen sich unter Umständen strafbar: Nach der wohl überwiegenden Auffassung der Literatur kann Begünstigung (§ 257 Abs. 1 StGB) vorliegen, aber auch eine Anklage wegen Beihilfe zum Verrat von Geschäfts- und Betriebsgeheimnissen (§ 17 Abs. 2 Nr. 2 UWG, § 27 StGB) scheint möglich.

Davon unabhängig ist das Problem, inwieweit sich der Rechtsstaat illegaler Methoden bedienen darf, um Straftaten zu verhindern oder aufzuklären. Im Strafprozess wird dies unter der Überschrift der Beweisverwertungsverbote behandelt: Gesetzlich nicht geregelt ist bislang, unter welchen Voraussetzungen aus einer möglichen Straftat erlangte Beweismittel oder Kenntnisse einem Verwertungsverbot unterliegen, d.h. also in einem Strafprozess nicht als Beweis benutzt werden dürfen. Ein allgemein geltender Grundsatz, dass jeder Verstoß gegen – mögliche – Beweiserhebungsvorschriften ein strafprozessuales Verwertungsverbot nach sich zieht, besteht nicht (vgl. BGHSt 44, 243, 249). Abgesehen von den gesetzlich ausdrücklich vorgesehenen absoluten Beweisverwertungsverboten hängt die Anwendbarkeit der relativen Beweisverwertungsverbote jeweils von den Umständen des Einzelfalles ab, insbesondere muss das Gericht nach der Art des Verbots und dem Gewicht des Verstoßes unter Abwägung der widerstreitenden Interessen entscheiden. Das Bundesverfassungsgericht hat sich zu der Frage, ob möglicherweise illegale Steuerdaten verwendet werden können, geäußert:

„bb) Bei der Frage, ob die aus Liechtenstein stammenden Daten für die Annahme eines hinreichenden Tatverdachts für eine strafprozessuale Durchsuchung zugrunde gelegt werden dürfen, geht es nicht um die unmittelbare Geltung eines Beweisverwertungsverbotes, denn dieses betrifft grundsätzlich lediglich die unmittelbare Verwertung von rechtswidrig erlangten Beweismitteln im Strafverfahren zur Feststellung der Schuldfrage (vgl. Meyer-Goßner, StPO, 53. Aufl. 2010, Einl. Rn. 55). Ob und inwieweit Tatsachen, die einem Beweisverwertungsverbot unterliegen, zur Begründung eines Anfangsverdachts einer Durchsuchung herangezogen werden dürfen, betrifft vielmehr die Vorauswirkung von Verwertungsverboten und gehört in den größeren Zusammenhang der Fernwirkung von Beweisverwertungsverboten (vgl. Beulke, in: Löwe-Rosenberg, StPO, 26. Aufl., § 152 Rn. 26 f.). Insoweit ist anerkannt, dass Verfahrensfehlern, die ein Verwertungsverbot für ein Beweismittel zur Folge haben, nicht ohne weiteres Fernwirkung für das gesamte Strafverfahren zukommt (vgl. auch BVerfGK 7, 61, 63).

cc) Unabhängig davon besteht von Verfassungs wegen kein Rechtssatz des Inhalts, dass im Fall einer rechtsfehlerhaften Beweiserhebung die Verwertung der gewonnen Beweise stets unzulässig wäre (... [Nachweise der Rspr. des BVerfGF]). Die Beurteilung der Frage, welche Folgen ein möglicher Verstoß gegen strafprozessuale Verfahrensvorschriften hat und ob hierzu insbesondere ein Beweisverwertungsverbot zählt, obliegt in erster Linie den zuständigen Fachgerichten (...). Die Strafgerichte gehen in gefestigter, verfassungsrechtlich nicht zu beanstandender Rechtsprechung davon aus, dass dem Strafverfahrensrecht ein allgemein geltender Grundsatz, demzufolge jeder Verstoß gegen Beweiserhebungsvorschriften ein strafprozessuales Verwertungsverbot nach sich zieht, fremd ist, und dass die Frage jeweils nach den Umständen des Einzelfalls, insbesondere nach der Art des Verbots und dem Gewicht des Verstoßes unter Abwägung der widerstreitenden Interessen zu entscheiden ist (...). Auch wenn die Strafprozessordnung nicht auf Wahrheitserforschung „um jeden Preis" gerichtet ist, schränkt die Annahme eines Verwertungsverbotes eines der wesentlichen Prinzipien des Strafverfahrensrechts ein, nämlich den Grundsatz, dass das Gericht die Wahrheit zu erforschen hat und dazu die Beweisaufnahme von Amts wegen auf alle Tatsachen und Beweismittel zu erstrecken hat, die von Bedeutung sind. Das Rechtsstaatsprinzip gestattet und verlangt die Berücksichtigung der Belange einer funktionstüchtigen Strafrechtspflege, ohne die der Gerechtigkeit nicht zum Durchbruch verholfen werden kann (vgl. BVerfGE 33, 367, 383; 46, 214, 222; 122, 248, 272). Der Rechtsstaat kann sich nur verwirklichen, wenn ausreichende Vorkehrungen dafür getroffen sind, dass Straftäter im Rahmen der geltenden Gesetze verfolgt, abgeurteilt und einer gerechten Bestrafung zugeführt werden (vgl. BVerfGE 33, 367, 383; 46, 214, 222; 122, 248, 272 f.; stRspr). Daran gemessen bedeutet ein Beweisverwertungsverbot eine Ausnahme, die nur nach ausdrücklicher gesetzlicher Vorschrift oder aus übergeordneten wichtigen Gründen im Einzelfall anzuerkennen ist (vgl. BGHSt 40, 211, 217; 44, 243, 249; 51, 285, 290). Die strafgerichtliche Rechtsprechung geht daher davon aus, dass insbesondere das Vorliegen eines besonders schwerwiegenden Fehlers ein Verwertungsverbot nach sich ziehen kann (...).

Die Unzulässigkeit oder Rechtswidrigkeit einer Beweiserhebung führt auch nach Auffassung des Bundesverfassungsgerichts nicht ohne weiteres zu einem Beweisverwertungsverbot (...[Nachweise aus der Rspr. des BverfG]). Dies gilt auch für Fälle einer fehlerhaften Durchsuchung (...). Ein Beweisverwertungsverbot ist von Verfassungs wegen aber zumindest bei schwerwiegenden, bewussten oder willkürlichen Verfahrensverstößen, bei denen die grundrechtlichen Sicherungen planmäßig oder systematisch außer acht gelassen worden sind, geboten (...). Ein absolutes Beweisverwertungsverbot unmittelbar aus den Grundrechten hat das Bundesverfassungsgericht nur in den Fällen anerkannt, in denen der absolute Kernbereich privater Lebensgestaltung berührt ist (vgl. BVerfGE 34, 238, 245 f.; 80, 367, 374 f.; 109, 279, 320). Ob ein Sachverhalt zum unantastbaren Bereich privater Lebensgestaltung oder zu jenem Bereich des privaten Lebens, der unter bestimmten Voraussetzungen dem staatlichen Zugriff offen steht, zuzuordnen ist, lässt sich nicht abstrakt beschreiben, sondern kann befriedigend nur unter Berücksichtigung der Besonderheiten des einzelnen Falls beantwortet werden (vgl. BVerfGE 34, 238, 248; 80, 367, 374).“ (http://www.bundesverfassungsgericht.de/SharedDocs/Entscheidungen/DE/2010/11/rk20101109_2bvr210109.html)

Fazit: Die einfach scheinende Frage, ob der Rechtsstaat sich auch illegaler Methoden bediene darf, hat viele Facetten, die Antwort ist diffizil.

11.6 Texte zur Vertiefung

Bundesministerium der Finanzen, Auf den Punkt. Bund/Länder-Finanzen, 2014, http://www.bundesfinanzministerium.de/Content/DE/Downloads/Broschueren_Bestellservice/2014-09-17-auf-den-punkt-bund-laender-finanzen.pdf?__blob=publicationFile&v=4

Lenk, Föderalismusreform III - Kritische Analyse der föderalen Finanzbeziehungen und aktuell diskutierte Reformansätze, Der Betrieb 2014, http://www.der-betrieb.de/content/dft,1026,670453

Deutsche Bundesbank, Monatsberichte Oktober 2007, http://www.bundesbank.de/download/volkswirtschaft/mba/2007/200710mba_haushaltsrecht.pdf.

Sachverständigenrat zur Begutachtung der gesamtwirtschaftlichen Entwicklung, (2007), Staatsverschuldung wirksam begrenzen, 2007.

Selmer, Peter, Zur Reform der bundesstaatlichen Finanzverfassung – Fragestellungen nach Föderalismusreform und Berlin-Urteil des BVerfG, Neue Zeitschrift für Verwaltungsrecht 2007, S. 872.

Buscher, Ekart, Föderalismusreform II: Reform der Finanzbeziehungen von Bund, Ländern und Kommunen, DÖV 2007, S. 89.

Vogel, Klaus, Grundzüge des Finanzrechts des Grundgesetzes, in: Josef Isensee/Paul Kirchhof (Hrsg.), Handbuch des Staatsrechts der Bundesrepublik Deutschland, Bd. IV, 1990, § 87.

Kirchhof, Ferdinand, Der notwendige Ausstieg aus der Staatsverschuldung, Deutsches Verwaltungsblatt 2002, S. 1569.

Kruis, Konrad, Finanzautonomie und Demokratie im Bundesstaat, Die öffentliche Verwaltung 2003, S. 10.

Weber-Grellet, Heinrich: Steuern im modernen Verfassungsstaat, 2001.

Wendt, Rudolf: Finanzhoheit und Finanzausgleich, in: Josef Isensee/Paul Kirchhof (Hrsg.), Handbuch des Staatsrechts der Bundesrepublik Deutschland, 3.Aufl., 2008, § 139 (S. 875–963).

Trips-Hebert, Roman „Ein Beweisverwertungsverbot besteht nicht“, Rechtsprechung zur Beweisverwertung bei „Datendiebstahl“ im „Fall Liechtenstein“, http://www.bundestag.de/dokumente/analysen/2010/beweisverwertungsverbot.pdf

12. Der Schutz der Zukunftsressourcen

12.1 Der Verfassungstext

Neben der Garantie der Menschenwürde, die unter anderem auch den genetischen Bestand des Menschen schützt, so wie er sich uns heute im Wesentlichen darstellt, und den sonstigen kulturschützenden Verfassungsbestimmungen (vgl. Kap. 5) sind vor allem folgende Grundgesetzbestimmungen einschlägig:

Aus der Präambel:

„Im Bewusstsein seiner Verantwortung vor Gott und den Menschen, von dem Willen beseelt, als gleichberechtigtes Glied in einem vereinten Europa dem Frieden der Welt zu dienen, hat sich das Deutsche Volk kraft seiner verfassungsgebenden Gewalt dieses Grundgesetz gegeben."

Art. 20a „Der Staat schützt auch in Verantwortung für die künftigen Generationen die natürlichen Lebensgrundlagen und die Tiere im Rahmen der verfassungsmäßigen Ordnung durch die Gesetzgebung und nach Maßgabe von Gesetz und Recht durch die vollziehende Gewalt und die Rechtsprechung."

– *Gesetzgebungskompetenzen* des Bundes für den Schutz der natürlichen und der kulturellen Lebensgrundlagen sind insbesondere:

Art. 73 (1) Der Bund hat die ausschließliche Gesetzgebung über:

...

5a. den Schutz deutschen Kulturgutes gegen Abwanderung ins Ausland;

...

14. die Erzeugung und Nutzung der Kernenergie zu friedlichen Zwecken, die Errichtung und den Betrieb von Anlagen, die diesen Zwecken dienen, den Schutz gegen Gefahren, die bei Freiwerden von Kernenergie oder durch ionisierende Strahlen entstehen, und die Beseitigung radioaktiver Stoffe.

...

Art. 74 (1) Die konkurrierende Gesetzgebung erstreckt sich auf folgende Gebiete:

...

24. die Abfallwirtschaft, die Luftreinhaltung und die Lärmbekämpfung (ohne Schutz vor verhaltensbezogenem Lärm);

...

28. das Jagdwesen;
29. den Naturschutz und die Landschaftspflege;
30. die Bodenverteilung;
31. die Raumordnung;
32. den Wasserhaushalt;...

Art. 72 (3) Hat der Bund von seiner Gesetzgebungszuständigkeit Gebrauch gemacht, können die Länder durch Gesetz hiervon abweichende Regelungen treffen über:

1. das Jagdwesen (ohne das Recht der Jagdscheine);

2. den Naturschutz und die Landschaftspflege (ohne die allgemeinen Grundsätze des Naturschutzes, das Recht des Artenschutzes oder des Meeresnaturschutzes);
3. die Bodenverteilung;
4. die Raumordnung;
5. den Wasserhaushalt (ohne stoff- oder anlagenbezogene Regelungen);
.....

Art. 115 (1) Die Aufnahme von Krediten sowie die Übernahme von Bürgschaften, Garantien oder sonstigen Gewährleistungen, die zu Ausgaben in künftigen Rechnungsjahren führen können, bedürfen einer der Höhe nach bestimmten oder bestimmbaren Ermächtigung durch Bundesgesetz.
(2) Einnahmen und Ausgaben sind grundsätzlich ohne Einnahmen aus Krediten auszugleichen. Diesem Grundsatz ist entsprochen, wenn die Einnahmen aus Krediten 0,35 vom Hundert im Verhältnis zum nominalen Bruttoinlandsprodukt nicht überschreiten. Zusätzlich sind bei einer von der Normallage abweichenden konjunkturellen Entwicklung die Auswirkungen auf den Haushalt im Auf- und Abschwung symmetrisch zu berücksichtigen. Abweichungen der tatsächlichen Kreditaufnahme von der nach den Sätzen 1 bis 3 zulässigen Kreditobergrenze werden auf einem Kontrollkonto erfasst; Belastungen, die den Schwellenwert von 1,5 vom Hundert im Verhältnis zum nominalen Bruttoinlandsprodukt überschreiten, sind konjunkturgerecht zurückzuführen. Näheres, insbesondere die Bereinigung der Einnahmen und Ausgaben um finanzielle Transaktionen und das Verfahren zur Berechnung der Obergrenze der jährlichen Nettokreditaufnahme unter Berücksichtigung der konjunkturellen Entwicklung auf der Grundlage eines Konjunkturbereinigungsverfahrens sowie die Kontrolle und den Ausgleich von Abweichungen der tatsächlichen Kreditaufnahme von der Regelgrenze, regelt ein Bundesgesetz. Im Falle von Naturkatastrophen oder außergewöhnlichen Notsituationen, die sich der Kontrolle des Staates entziehen und die staatliche Finanzlage erheblich beeinträchtigen, können diese Kreditobergrenzen aufgrund eines Beschlusses der Mehrheit der Mitglieder des Bundestages überschritten werden. Der Beschluss ist mit einem Tilgungsplan zu verbinden. Die Rückführung der nach Satz 6 aufgenommenen Kredite hat binnen eines angemessenen Zeitraumes zu erfolgen.

12.2 Die Leitideen

12.2.1 Auch Zukunftsressourcen sind ein verfassungsrechtliches Thema

Beim Thema Zukunftsressourcen geht es in erster Linie um die lebensnotwendigen natürlichen Ressourcen für die jetzt noch jungen und für die noch nicht geborenen Menschen in der Zukunft. Verfassungsrechtlich wird damit eine von der Gegenwart weit in die Zukunft hineinreichende Zeitperspektive eröffnet, die bereits in der Präambel mit der Formel vom „Bewusstsein der Verantwortung vor Gott und den Menschen" zum Ausdruck kommt. Im Verständnis des Grundgesetzes besteht ein Verantwortungszusammenhang, der über die Gegenwart und die jetzt Lebenden weit hinausgreift. Der Rechtshorizont des Grundgesetzes ist auch auf die Nachwelt und damit auf zukünftige Generationen gerichtet.

12.2.2 Keine Rechte zukünftiger Generationen, aber Staatsziel

Die Verfassung kennt allerdings keine subjektiven Rechte zukünftiger Generationen. Auch wenn künftige Generationen heute noch nicht existieren, wären solche Rechte unter Umständen dennoch vorstellbar, beispielsweise wenn sie heute stellvertretend durch einen „Zukunftsbeauftragten" wahrgenommen würden. Das Grundgesetz wählt demgegenüber einen anderen Weg. Es will den natürlichen Egoismus der jetzt lebenden und wirtschaftenden Generation nach Möglichkeit begrenzen und verpflichtet dafür den Staat und seine Organe auf den Schutz und die Schonung bestimmter Lebensgrundlagen. Der 1994 in das Grundgesetz eingefügte Art. 20a GG enthält deswegen ein Staatsziel zum Schutz der Umwelt und seit 2002 auch der Tiere.

Staatsziele enthalten keine Grundrechte. Sie verpflichten alleine den Staat, ohne dem Bürger auf der anderen Seite entsprechende Rechte einzuräumen. Dies bedeutet, dass es vor allem Sache des Gesetzgebers ist, das Schutzniveau für bestimmte Zukunftsgüter festzulegen und dabei selbst zu bestimmen, wie dieser Schutz konkret verwirklicht werden soll. Ihm – und nicht der Justiz, nicht den Verwaltungsbehörden und auch nicht den nichtstaatlichen Organisationen („NGOs") – obliegt die Führungsrolle bei der Verwirklichung des Staatsziels.

Die Verwaltung und die Gerichte berücksichtigen Staatsziele allerdings mittelbar, nämlich als Auslegungshilfe für die einfachen Gesetze bei der Anwendung des Rechts.

12.2.3 Nachhaltigkeit

Konkret richtet sich die Perspektive des Grundgesetzes auf diejenigen Güter, auf die auch zukünftige Generationen angewiesen sind, um ein gutes oder doch zumindest ein erträgliches Leben führen zu können. Seit einigen Jahrzehnten wissen wir, dass der Mensch Rohstoffreserven, Landschaften, Klimaqualitäten, Artenvielfalt bei Pflanzen sowie andere natürliche Lebensgrundlagen beeinträchtigt bzw. vernichtet. Diese Zukunftsgüter gilt es nicht nur um unserer selbst willen, sondern auch für die nach uns kommenden Generationen zu schützen und zu erhalten, beispielsweise durch Landschafts- und Naturschutz. Entsprechendes gilt für die Tiere. Dahinter steht letztlich das Leitbild des Nachhaltigkeitsgedankens. Der Begriff stammt ursprünglich aus der Forstwirtschaft und meint eine Waldbewirtschaftung, die dem Eigentümer *dauerhaft* eine gleichbleibende Menge und Güte der Holzerträge sichert. Nachhaltigkeit als politisches Gestaltungsprinzip bezeichnet heute ganz allgemein eine Entwicklung, die die Bedürfnisse der Gegenwart befriedigt, ohne die Fähigkeit künftiger Generationen zur Erfüllung ihrer eigenen Bedürfnisse zu beeinträchtigen. Es geht dabei um faire Lebenschancen für zukünftig lebende Menschen und damit auch um „Generationengerechtigkeit".

12.2.4 Nicht nur Umweltschutz

Zu den natürlichen Lebensgrundlagen gehört in einem weiteren Verständnis auch der menschliche Gensatz. Die Veränderung der menschlichen Gene ist nur eingeschränkt zulässig. Verfassungsrechtlich macht sich dies an der Menschenwürdegarantie fest (vgl. Kap. 3).

Aber nicht nur natürliche Lebensgrundlagen, sondern auch vom Menschen geschaffene Güter können Zukunftsressourcen darstellen. So sollen bedeutende kulturelle Güter als Zeugnisse der Vergangenheit und als „geistige" Lebensgrundlagen für spätere Generationen erhalten werden (vgl. dazu Kap. 6). Auch der Denkmalschutz ist in diesem Zusammenhang zu erwähnen. Allerdings kennt das Grundgesetz für diese Perspektive kein ausdrückliches Staatsziel als „Kulturstaat". Die Schaffung eines solchen Staatsziels wird allerdings immer wieder einmal gefordert. Im Übrigen liegt der Schwerpunkt auf dem Felde der Kultur bei den Ländern (vgl. Kap. 9).

12.2.5 Beschränkung von zulässigen Zukunftsbelastungen – Staatsverschuldung

Neben den natürlichen und den kulturellen Lebensgrundlagen gibt es schließlich auch noch andere künstlich geschaffene Zukunftsgüter, wie insbesondere finanzielle Reserven oder, in ihrer negativen Ausprägung, öffentliche Schuldenberge. Zukunftschancen kann man auch dadurch verspielen, dass man finanzielle Lasten in die Zukunft verlagert. Das Mittel dafür heißt Kreditaufnahme bzw. die gekonnte Tarnung derselben. Eine zu starke (Staats-)Verschuldung belastet zukünftige Staatshaushalte und Generationen, auch wenn diese Belastungen im Einzelnen schwer messbar sind. Eine hohe Staatsverschuldung ist deshalb gefährlich, weil sie die politischen Handlungs- und Gestaltungsspielräume in der Zukunft durch hohe Zins- und Schuldtilgungslasten auffrisst. Je weniger frei verfügbares Geld die Politik zur Verfügung hat, desto weniger kann sie gestalten. Heute wird ein großer Teil zukünftiger Haushalte durch Zins- und Tilgungslasten festgelegt. Auch dies soll durch die verfassungsrechtliche Begrenzung der zulässigen Staatsverschuldung eingeschränkt werden. Der verfassungsändernde Gesetzgeber hat durch den neu gefassten Art. 115 GG zum Schutz zukünftiger Generationen eine verpflichtende „Schuldenbremse" geschaffen. Die – komplizierte – Regelung will die Aufnahme von Schulden wirksam begrenzen, vgl. dazu im Einzelnen oben 11.2.3.

Der Schutz vor Zukunftslasten spielt schließlich bei der friedlichen Nutzung der Kernenergie und der Beseitigung radioaktiver Stoffe eine wichtige Rolle. Auch hier soll verhindert werden, dass zukünftige Generationen im Übermaß mit den Hinterlassenschaften der Jetzt-Zeit belastet werden. Auch wenn mit der sogenannten Energiewende der Ausstieg aus der Atomenergie beschlossene Sache ist, bleiben die Hinterlassenschaften des „Atomzeitalters" eine langfrsitige Herausforderung.

12.2.6 Kein Schutz sämtlicher Zukunftsgüter

Nicht alle Zukunftsgüter unterliegen einem spezifisch verfassungsrechtlichen Schutz. Keinen spezifischen *verfassungsrechtlichen* Schutzauftrag gibt es beispielsweise für den Erhalt unserer Krankenversorgung oder der Renten auf dem aktuellen Niveau. Daran ändert auch die Tatsache nichts, dass ein einfaches Gesetz eine Art Bestandsgarantie für die Höhe der Renten enthält. Wenn sich die Lebensbedingungen in unserem Land in der Zukunft deutlich verändern sollten, beispielsweise wegen des demographischen Wandels – auf viele Rentenempfänger werden voraussichtlich vergleichsweise wenig junge Beitragszahler kommen, oder wegen der regionalen Veränderung der Lebensverhältnisse – weite Regionen Deutschlands könnten nur noch dünn besiedelt sein und unattraktiv werden, oder vielleicht auch wegen wirtschaftlich weniger günstiger Rahmenbedingungen, in all diesen Fällen stößt der Staat schnell an die Grenzen seiner Leistungskraft. Gegen solche Risiken gibt es verfassungsrechtlich nur sehr eingeschränkte Gegenmittel und schon gar keine Garantien, dass sie nicht eintreten. Letztlich handelt es sich dabei um politische Probleme, die nur politisch gelöst werden können.

Zwar spricht Art. 72 Abs. 2 GG im Zusammenhang mit der Gesetzgebung von der „Herstellung gleichwertiger Lebensverhältnisse“ und Art. 106 Abs. 3 GG im Zusammenhang mit der Verteilung des Steueraufkommens zwischen Bund, Ländern und Gemeinden von der Wahrung der „Einheitlichkeit der Lebensverhältnisse“ (vgl. Kap. 11). Daraus folgt aber nicht, dass der Bund überall einheitliche und gleichwertige Lebensverhältnisse tatsächlich herstellen müsste, sondern es handelt sich dabei nur um ein anstrebenswertes Ziel neben anderen. Die verfassungsrechtliche Steuerungskraft dieser sehr allgemeinen Zielsetzungen für die Gesetzgebung ist deswegen gering.

12.3 Die Verfassungswirklichkeit

12.3.1 Auf den Gesetzgeber kommt es an

Von zentraler Bedeutung ist Art. 20a GG. Die Formulierung des Staatsziels „Schutz der natürlichen Lebensgrundlagen“ ist allerdings ausgesprochen breit und umständlich geraten. Wie weit der staatliche Schutzauftrag für die natürlichen Lebensgrundlagen rechtlich genau reicht, ist dennoch einigermaßen unklar. Die verschiedenen Elemente werden einmal im Sinne eines Verschlechterungsverbots von Umweltgütern beschrieben, sodann als Optimierungsgebot im Falle des Konflikts mit anderen Zielsetzungen und schließlich auch als Gebot der Vorsorge vor Umweltschäden. Letztlich bleibt es aber bei einem eher *allgemeinen* Auftrag an die Politik, den Umweltschutz auf hohem Niveau anzustreben. Daran zeigt sich ein charakteristisches Grundproblem von Staatszielen: Staatsziele haben generell eher programmatischen Charakter und sind durch eine gewisse Unbestimmtheit gekennzeichnet. Ohne Konkretisierung und ohne Präzisierung im Hinblick auf bestimmte Problemlagen bleibt das verfassungsrechtliche Schwert „Staatsziel“ einigermaßen stumpf.

Die „Übersetzung“ des großen, aber sehr abstrakten Staatsziels in praktisch wirksames Recht muss in erster Linie auf der Ebene des einfachen Gesetzes erfolgen. Maßgeblich für die Wirksamkeit des Staatsziels „Schutz der natürlichen Lebensgrundlagen“ und für des Konzept der nachhaltigen Entwicklung sind letztlich immer die konkreten, ins Detail gehenden einfachrechtlichen Anforderungen an den Umgang mit Umwelt. Diese Konkretisierung in Umweltgesetzen und Rechtsverordnungen nimmt häufig sehr kleinteilige und technische Züge an, aber nur so ist sichergestellt, dass das Staatsziel auch tatsächliche Wirkung entfalten kann. Diese Wirkung macht sich etwa an konkreten Messwerten fest und äußert sich beispielsweise in der Vorgabe bestimmter Grenzwerte oder der Bestimmung zulässiger und unzulässiger Stoffe usw.

Allerdings steht das Staatsziel Umweltschutz nicht isoliert. Das bedeutet insbesondere, dass die Gesetzgebung als Ganzes dadurch nicht unter den Vorbehalt permanenter Umweltfreundlichkeit gestellt wird. Aus dem Staatsziel lässt sich nicht ableiten, dass jedes Gesetz so umweltschützend wie möglich zu sein hat. Auch andere Zielsetzungen darf und muss der Gesetzgeber im Blick haben.

BEISPIEL

Gemäß § 1a Abs. 2 Baugesetzbuch ist mit Grund und Boden sparsam umzugehen. Weiterer Bedarf an Grund und Boden soll vorzugsweise durch „Flächenrecycling“ und Nachverdichtung in den Städten gedeckt werden. Dadurch wird der Schutz der natürlichen Lebensgrundlagen im einfachen Recht, hier im Baugesetzbuch, zwar konkretisiert. Dieses Gebot unterliegt aber der Abwägung mit zahlreichen anderen städtebaulichen Zielsetzungen und Ansprüchen, so dass trotz dieses Gebots täglich bis zu 100 Hektar zusätzlicher Freiflächen in Anspruch genommen werden.

Auch die Wirksamkeit des Staatsziels Tierschutz hängt nicht in erster Linie von der Verfassung, sondern entscheidend vom Gesetzgeber und von den konkreten Schutzstandards im Tierschutzgesetz ab. Das Tierschutzgesetz gab es bereits lange vor Einfügung des Staatsziels in das Grundgesetz im Jahr 2002. Für den Tierschutz geändert hat sich durch das neue Staatsziel tatsächlich nicht allzu viel. Insbesondere führt das Staatsziel keinesfalls dazu, dass fortan alle Gesetze unter dem Vorbehalt der größtmöglichen Verwirklichung des Tierschutzes stehen. Die Bedeutung des Staatsziels Tierschutz liegt heute vor allem darin, dass grundrechtlich garantierte Freiheiten, etwa bei der Forschung mit Tierversuchen, jetzt leichter eingeschränkt werden können. Das ist zwar nicht wenig, geht manchen aber nicht weit genug. Insbesondere engagierte Tierschützer hatten sich ursprünglich wohl deutlich mehr von dem lange geforderten Staatsziel versprochen.

An diesen Beispielen zeigt sich deutlich ein Grundproblem der sogenannten Staatsziele, die es auch in den Landesverfassungen in großer Zahl gibt. Das Gute und Erwünschte in die Verfassung hinein zu schreiben ist das eine; es dann im Wege der Gesetzgebung auch umzusetzen und zu konkretisieren das andere. Allgemein gilt dabei: Je mehr Ziele der Gesetzgeber bei der Umsetzung berücksichtigen muss, umso größer ist die Gefahr, dass diese Ziele sich gegenseitig in gewisser Weise wieder neutralisieren. Insbesondere dann, wenn bestimmte Ziele sich widerstreiten – klassisch ist etwa der Konflikt Umweltschutz gegen (kurzfristige) Wirtschaftlichkeit – kommt der Gesetzgeber um eine Abwägung der widerstreitenden Ziele nicht umhin. Das kann im Einzelfall bedeuten, dass Umweltinteressen trotz des entsprechenden Staatszieles im Ergebnis hinter anderen Zielen zurückstehen. Staatsziele führen gerade nicht zu einer isolierten Verpflichtung des Gesetzgebers auf dieses eine Staatsziel, sondern auch mit noch so vielen und wohlklingenden Staatszielen bleiben Politik und Gesetzgebung die Kunst des Möglichen im *Konflikt verschiedener Ziele* und im *Streit* der politischen Parteien.

Man tut deswegen gut daran, solche Staatsziele in ihrer praktischen Wirkung nicht zu überschätzen. Entsprechendes gilt für die in jüngster Zeit stark diskutierten Staatsziele „Kultur und Sport". Auch ohne entsprechende verfassungsrechtliche Vorgaben ist der Gesetzgeber schließlich nicht gehindert, „Gutes" für Umwelt, Kultur und Sport zu tun. Wenn er sich dazu nicht entschließen kann oder wenn einfach keine Mittel verfügbar sind, werden auch die schönsten Staatsziele nicht allzu viel Wirkung entfalten.

Allerdings können Staatsziele den Gerichten bei der Auslegung anderer rechtlicher Bestimmungen als Auslegungshilfe dienen. So legen die Gerichte das Tierschutzgesetz auch „im Lichte des Staatsziels Tierschutz" aus. Der Tierschutz kann dadurch eine deutliche Stärkung erfahren: In Zweifelsfragen kann dies bedeuten, dass dem Tierschutz bei der Abwägung mit anderen Rechtsgütern ein höheres Gewicht zukommt.

12.3.2 Auch auf die Gesetzgebungskompetenzen in Bund und Ländern kommt es an

Von praktisch nicht zu unterschätzender Bedeutung ist darüber hinaus das gesamtstaatliche Gewicht der Gesetzgebungskompetenzen. Gesetzgebungskompetenzen sind zwar keine Staatsziele und verpflichten den Staat zunächst einmal zu gar nichts. Sie legen aber den Handlungs- und Gestaltungsspielraum des (Bundes-) Gesetzgebers fest. Ohne entsprechenden Spielraum ist der Bundesgesetzgeber mangels Zuständigkeit handlungsunfähig. Die Zuständigkeit liegt dann ausschließlich bei den 16 Ländern (vgl. Kap. 9).

Hier hat die Föderalismusreform vom September 2006 einen wichtigen Schritt zur Stärkung des Bundes im Bereich der Umweltgesetzgebung unternommen. Bis dahin waren die einschlägigen Gesetzgebungskompetenzen für Umweltgüter teilweise, so etwa beim Naturschutz und beim Wasser, auf Bund und Länder aufgeteilt. Jetzt verfügt der Bund über die konkurrierende Gesetzgebungskompetenz für alle Umweltmaterien und kann auf dieser Grundlage endlich ein seit langem geplantes bundeseinheitliches Umweltgesetzbuch erlassen. Im Einzelnen sind die Regelungen allerdings sehr kompliziert. So können die Länder in bestimmten Bereichen – vgl. Art. 72 Abs. 2 – wieder von der bundeseinheitlichen Regelung abweichen und ihr eigenes Landesrecht schaffen. Es bleibt abzuwarten, wie sich dies in der Staatspraxis auswirken wird. Für den Bürger könnte die Rechtslage dadurch einigermaßen undurchsichtig werden.

Neu ist auch Art. Art. 73 Abs. 1 Nr. 5a GG, der dem Bund die Gesetzgebungskompetenz zum Schutz deutschen Kulturgutes gegen Abwanderung ins Ausland einräumt. Auch wenn dies natürlich kein Staatsziel darstellt, zeigt sich daran der hohe Stellenwert, den die Verfassung unserem kulturellen Erbe einräumt (vgl. Kap. 6.2.10).

12.3.3 Schulden sind verführerisch

Der Bewahrung der zukünftigen politischen Handlungsspielräume und damit dem Schutz zukünftiger Regierungen dient auch der Versuch, die zulässige Staatsverschuldung in der Verfassung selbst einzuschränken. Aus der Sicht der Politik sind Schulden zunächst immer viel attraktiver als die Sanierung des Staatshaushaltes durch – immer unpopuläre – Steuererhöhungen oder durch – ebenso unpopuläre – Einsparmaßnahmen. Steuererhöhungen stellen gerade auch unter dem Gesichtspunkt der Generationengerechtigkeit zwar den ehrlicheren Weg dar, weil die jetzt lebenden Bürger den „Kostendruck" für die aktuellen Staatsausgaben dabei unmittelbar zu spüren bekommen. Andererseits sind aber die *politischen* Kosten hierbei deutlich höher als bei der staatlichen Kreditaufnahme: Es droht der Verlust an potenziellen Wählern.

Die negativen Auswirkungen der Staatsverschuldung sind dagegen jedenfalls für die Bürger häufig nicht unmittelbar sichtbar. Oft treten sie erst dann mit voller Wucht ein, wenn die jetzt Regierenden nicht mehr an der Macht sind und deswegen politisch nicht mehr verantwortlich gemacht werden können.

Um den für die Politik bequemen Weg in die Kreditfinanzierung von Staatsausgaben zu begrenzen, sieht Art. 115 GG jetzt die bereits erwähnte Schuldenbremse vor (vgl. Kap. 11.2.3 f.).

WAS SIND INVESTITIONEN?

Investitionen sind beispielsweise Sachausgaben für Beschaffungsmaßnahmen oder für Vermögens- und Unternehmensbeteiligungen, nicht aber Personalausgaben, Ausgaben für die laufende Verwaltung und Zinstilgungen (vgl. § 10 Abs. 3 Nr. 2 Haushaltsgrundsätzegesetz).

Ergänzt wird diese Sperre auf europäischer Ebene durch die Begrenzung des jährlich zulässigen Haushaltsdefizits auf 3% des Bruttoinlandprodukts.

Wie wirksam die neue Regelung sein wird, bleibt abzuwarten. Auch im neuen Art. 115 GG gibt es Ausnahmetatbestände („Naturkatastrophen oder außergewöhnliche Notsituationen"). Gerade im Zeichen von Notlagen findet man in der Politik gar nicht so selten die Tendenz, die Verfassung an dieser Stelle „ausnahmsweise" einmal nicht ganz so ernst zu nehmen und einen „vorübergehend verfassungswidrigen Haushalt" hinzunehmen. Diese Tendenzen sind äußerst problematisch, denn sie weichen die Verbindlichkeit der Verfassung und damit ihre Steuerungskraft für den Staat insgesamt auf.

Auch noch aus einem anderen Grund lässt sich das Problem der Staatsverschuldung wohl nur schwer in den Griff bekommen. Viele langfristig wirksamen Verbindlichkeiten und Staatsausgaben werden als Schulden gar nicht richtig sichtbar. Dies gilt beispielsweise für Verpflichtungen des Staates zur Zahlung von in der Zukunft fälligen Renten- und Pensionsansprüchen („tickende Zeitbombe"). Auch diese Verpflichtungen schränken finanzielle Spielräume und damit die Handlungsfähigkeit der Politik in der Zukunft ein, denn sie binden vorhersehbar und vor allem langfristig erhebliche Teile der zukünftig zur Verfügung stehenden Haushaltsmittel. Auch wird immer wieder einmal versucht, Ausgaben in Neben- oder Schattenhaushalten zu verschleiern oder in speziellen „Fonds" zu verstecken.

Eine wirksame Reduzierung der Staatsverschuldung kann – ähnlich wie ein effektiver Umweltschutz – letztlich nur durch ein entschlossenes Handeln der Politik erreicht werden, die um zukünftiger Generationen willen die jetzt Lebenden für *ihren* „Konsum" belastet. Handlungsspielräume für den Gesetzgeber bestehen dabei theoretisch nicht nur bei den Abgaben, in erster Linie durch Erhöhung von Steuern und Gebühren (vgl. dazu Kap. 11), sondern auch bei der Reduzierung bzw. Straffung der Staatsaufgaben im Wege der Privatisierung, der Entbürokratisierung oder anderer Formen der Konzentration von Staatsaufgaben. Die meisten dieser Maßnahmen tun aber irgendeiner Gruppe weh.

12.4 Praktische Bedeutung für die Bürger

Da Staatszielbestimmungen sich in erster Linie an den Gesetzgeber richten, ist der Grad der Bürgerbetroffenheit für die jetzt Lebenden eher gering. Insbesondere der Präambel und Art. 20a GG kommt hier ein hoher Symbolwert zu. Die Verfassung bekennt sich darin zu dem, was ihr – unter anderem – wertvoll und teuer ist. Andererseits begründen diese Bestimmungen aber keine unmittelbar geltenden Rechte von lebenden oder noch nicht lebenden Personen. Der Einzelne kann sich deswegen nicht bzw. nur sehr eingeschränkt auf diese Verfassungsbestimmung berufen. Weil Staatsziele lediglich einen Auftrag an den Staat bzw. an den Gesetzgeber enthalten, aber dem Einzelnen keine subjektiven Rechte vermitteln, kann der Bürger die Erfüllung dieses Staatsziels auch nicht beim Bundesverfassungsgericht einklagen. Dies gilt entsprechend auch für Art. 115 GG und das Problem der Staatsverschuldung. Diese Artikel bilden in ihrer Gesamtheit eher den verfassungsrechtlichen Hintergrund für konkretes und entschlossenes politisches Handeln. Wohlklingende Staatsziele und andere Verpflichtungen dürfen nicht darüber hinwegtäuschen, dass der Grad ihrer Verwirklichung in der Verfassungswirklichkeit weitgehend auf die „Übersetzungsarbeit" des Gesetzgebers angewiesen bleibt.

Hohe Erwartungen, die besonders die in der Sache engagierten Bürger an neue Staatsziele knüpfen, bleiben dabei häufig unerfüllt. Aus der Bürgerperspektive betrachtet sind Staatsziele deswegen besonders *enttäuschungsanfällig*. Gesetzgeberisch sind sie ein wohlfeiles Instrument, damit das Gesetz gut aussieht, ohne den Staat letztlich zu allzu viel zu verpflichten.

Immerhin bedeutet der an den Gesetzgeber gerichtete Auftrag aus Art. 20a GG, den Schutz der natürlichen Lebensgrundlagen voran zu treiben, dass die Bürger sich auch längerfristig auf schärfere Umweltgesetze und dementsprechend auch auf Freiheitsbeschränkungen bzw. auf höhere Kosten einstellen müssen. Dem Gesetzgeber ist damit aber kein verfassungsrechtlicher Freibrief erteilt, unter dem Deckmantel des Umwelt- oder Tierschutzes beliebige Freiheitsbeschränkungen durchzusetzen. Staatsziele sprengen nicht das System und die verfassungsrechtlichen Maßstäbe, die für jede Gesetzgebung im Verfassungsstaat gelten. So müssen auch umweltschützende Gesetze, die den Auftrag des Art. 20a GG zum Schutz der natürlichen Lebensgrundlagen umsetzen, sich immer an den Maßstäben der Grundrechte und am Maßstab des Verfassungsgrundsatzes der Verhältnismäßigkeit messen lassen. Nur wenn auch solche Gesetze diesen Maßstäben Stand halten, sind sie verfassungsgemäß.

Auf sehr mittelbare Weise sind auch die zukünftigen Generationen von den ausdrücklich auf die Zukunftsressourcen bezogenen Verfassungsbestimmungen betroffen. Im Guten wie im Schlechten betroffen vom Handeln des Gesetzgebers sind auch schon die bereits jetzt lebenden, noch sehr jungen Menschen, die von der Teilhabe an der politischen Macht noch ausgeschlossen sind, die aber – jedenfalls statistisch gesehen – noch eine lange Lebensspanne vor sich haben. Nach Art. 20 Abs. 2 GG geht alle Staatsgewalt zwar vom Volke aus, allerdings nur dann, wenn die Bürger das 18. Lebensjahr vollendet haben und damit wahlberechtigt sind, Art. 38 Abs. 2 GG. Die unter 18-Jährigen nehmen dagegen an der politischen Teilhabe an der Macht nicht teil, auch wenn die Folgen des politischen Handelns sie auf der Zeitschiene besonders intensiv treffen mögen.

Letztlich gibt es aber gegen politische Entscheidungen und Fehlentscheidungen in der Gegenwart, die zulasten von bereits jetzt lebenden oder zukünftigen Generationen gehen, kaum wirksame rechtliche Mittel. Auch (zeit-)perspektivisch noch so weitreichende Staatszielbestimmungen machen hiervon keine Ausnahme. Ihr verfassungsrechtlicher Verpflichtungsgehalt bleibt praktisch schwach, weil in unserem Rechtssystem niemand außer dem Gesetzgeber selbst mit letztverbindlicher Autorität die Interessen zukünftiger Generationen vertreten kann. Von solchen Staatszielen, so gut sie auch klingen mögen, hat der Bürger nüchtern betrachtet letztlich wenig.

12.5 Häufig gestellte Fragen

Art. 20a GG macht den „Schutz der Schöpfung" zur Staatsaufgabe. Ist damit die in unserer Kultur traditionelle Vorrangstellung des Menschen vor der übrigen Schöpfung („Anthropozentrik") rechtlich gebrochen?

Verfassungsrechtlich ist diese Frage zu verneinen. Richtig ist, dass Art. 20a GG die belebte und unbelebte Mitwelt des Menschen in den Schutzradius staatlichen Handelns ausdrücklich mit einschließt. Natürliche Lebensgrundlagen und die Tiere sind dabei keineswegs nur als Mittel zum Zweck für zukünftige Generationen zu schützen, sondern gerade bei der belebten Natur auch um ihrer selbst willen. Ihnen kommt verfassungsrechtlich damit ein eigener Wert zu. Besonders anschaulich kommt dies in § 1 Tierschutzgesetz zum Ausdruck: „*Zweck dieses Gesetzes ist es, aus der Verant-*

wortung des Menschen für das Tier als Mitgeschöpf dessen Leben und Wohlbefinden zu schützen."

Dreh- und Angelpunkt des Verfassungsdenkens des Grundgesetzes bleibt allerdings der Mensch. Im Bekenntnis zur Würde des Menschen findet dies seinen rechtlich greifbaren Ausdruck. Dieser oberste Wert und Bezugspunkt wird durch das Staatsziel des Art. 20a GG und das verfassungsethische Bekenntnis zu den natürlichen Lebensgrundlagen und zu den Tieren nicht infrage gestellt oder relativiert. Schlagwortartig gesagt kann der Tierschutz deswegen nicht ohne wenn und aber vor „Menschenschutz" gehen. § 1 Tierschutzgesetz enthält deswegen auch den Satz: „*Niemand darf einem Tier ohne vernünftigen Grund Schmerzen, Leiden oder Schäden zufügen.*" (vgl. auch Kap. 5)

Kann ein Bürger gegen einen Hundehalter, der beispielsweise häufig seinen Hund mit einem Stock verprügelt, unter Berufung auf das Staatsziel Tierschutz gerichtlich vorgehen?

Ebenso wie die anderen Staatsziele vermittelt das Staatsziel Tierschutz keine subjektive Rechtsposition für die Bürger. Das bedeutet auch, dass es kein klagefähiges Recht für den Einzelnen gibt. Es stellt allerdings – je nach schwere der Tat – eine Straftat bzw. eine Ordnungswidrigkeit dar, wenn man Tieren ohne vernünftigen Grund erhebliche Schmerzen, Leiden oder Schäden zufügt. Ein Hinweis an die örtliche Polizeidienststelle ist in diesem Fall der richtige Weg.

Was kann ich tun, wenn ich der Meinung bin, dass der Staat viel zu wenig für die Umwelt tut und das Staatsziel „Schutz der natürlichen Lebensgrundlagen" nicht ausreichend verwirklicht?

Ähnlich wie beim Beispiel des Tierschutzes gibt es keine rechtlichen Instrumente, mit denen der Bürger den Staat zu „mehr Umweltschutz" bringen kann. Hier bleibt einzig der politische Weg des Bürgerengagements (vgl. Kap. 4). Entsprechendes gilt für den Klimaschutz. Allerdings haben Umweltverbände in bestimmten Gesetzen eine starke Stellung. Sie können bei Planungsmaßnahmen Einwände und gegebenenfalls auch bei den Gerichten Klage erheben.

Leisten die verfassungsrechtlichen Instrumente einen effektiven Schutz zukünftiger Generationen und Gerechtigkeit zwischen den jetzt lebenden und späteren Generationen?

Die Frage lässt sich nicht mit einem klaren ja oder nein beantworten. Richtig ist, dass die Leistungsfähigkeit der Verfassung auch im Hinblick auf die Steuerung der Zukunftsressourcen begrenzt ist. Letztlich kommt es maßgeblich immer auf das konkrete politische Handeln der jetzt agierenden Generation an. Andererseits enthält die Verfassung einen klaren Auftrag für den Schutz der Zukunftsressourcen, der im politischen Raum immer aufs Neue bei konkreten Entscheidungen gewichtet werden muss (vgl. zum Grundsatzproblem Kap. 1.9).

Wie sicher sind – insbesondere angesichts der demographischen Entwicklung – die Zukunftsressourcen „Rente“ oder „Gesundheitsversorgung“?

Renten- und gesetzliche Gesundheitsleistungen werden ganz überwiegend nicht aus einem individuell angesparten Kapitalstock finanziert, sondern aus Umlagen. Für die Rentenversicherung bedeutet dies: Die Beiträge der jetzt im Arbeitsleben stehenden Generation werden unmittelbar an die Rentnergeneration weiter geleitet, wobei der Staat noch ganz erheblich Zuschüsse leistet. Die Versicherung funktioniert nach dem Prinzip „von der Hand in den Mund“. Man nennt dies den Generationenvertrag. Ob – und vor allem auf welchem finanziellen Rentenniveau – dieses System angesichts der demographischen Entwicklung auch in der Zukunft noch funktionieren wird, weiß heute so richtig niemand. Eine Gesellschaft mit vielen Rentenempfängern, aber mit vergleichsweise wenig Beitragszahlern hat in diesem umlagenfinanzierten System jedenfalls vorhersehbar ein Problem. Verfassungsrechtliche Garantien, dass das Rentenniveau ungefähr auf dem heutigen Niveau bleibt, gibt es nicht. Die Lösung kann wiederum nur auf politischem Wege erfolgen. Denkbar sind dabei viele Lösungsmöglichkeiten. So könnte der Gesetzgeber beispielsweise auch zu einem „Rentenmix“ übergehen, bei dem sich die Altersversorgung aus den Bestandteilen Rente, betriebliche Altersversorgung und einer Pflicht zur privaten Vorsorge zusammen setzt. Verfassungsrechtlich garantiert ist lediglich das so genannte Existenzminimum, das aus der Menschenwürdegarantie des Art. 1 Abs. 1 GG und aus dem Sozialstaatsprinzip des Art. 20 Abs. 1 GG abgeleitet wird. Freilich wird immer umstritten bleiben, wo dieses Existenzminimum genau liegt.

Warum können nicht wenigstens die jetzt schon lebenden Menschen mitentscheiden, wenn es um ihre Zukunftsinteressen geht, zumal der Anteil der älteren Wähler wegen des demographischen Wandels immer größer wird?

Eine Herabsetzung des Wahlalters wird zwar immer wieder einmal gefordert, aber zurzeit nicht mit Nachdruck diskutiert. Das Problem würde dadurch auch nur zum Teil gelöst werden, denn jede neue Altersgrenze scheidet die neuerdings Wahlberechtigten von den immer noch nicht Wahlberechtigten.

Weitergehende Vorstellungen zielen deswegen auf ein Familienwahlrecht, bei dem die Altersgrenze ganz abgeschafft und das Wahlrecht der Kinder stellvertretend durch ihre Eltern ausgeübt wird. Bei dem Prinzip „Eltern wählen für ihre Kinder“ würde sich der Stimmenanteil der Eltern entsprechend ihrer Kinderzahl vermehren. Auch wenn es dabei nicht die Kinder selbst sind, die ihre Stimme abgeben, könnten Zukunftsinteressen dadurch möglicherweise gestärkt werden. Brisant ist das Thema des Familienwahlrechts insbesondere vor dem Hintergrund einer immer stärker alternden Gesellschaft. Es liegt auf der Hand, dass alte Menschen am Ende ihres Lebens andere Interessen haben als junge, am Anfang ihres Lebens stehende. Ohne Verfassungsänderung lässt sich ein solches Familienwahlrecht allerdings nicht einführen (vgl. Kap. 5.4).

12.6 Texte zur Vertiefung

Bundesministerium der Finanzen (Hg.): Nachhaltigkeit in der Finanzpolitik. Konzepte für eine langfristige Orientierung öffentlicher Haushalte, 2001.

Caspar, Johannes: Tierschutz im Recht der modernen Industriegesellschaft, 1999.

Kloepfer, Michael: Umweltrecht, 3. Aufl. 2004.

Murswiek, Dietrich: Umweltschutz als Staatszweck. Die ökologischen Legitimitätsgrundlagen des Staates, 1995.

Puhl, Thomas: Budgetflucht und Haushaltsverfassung, 1995.

Salzwedel, Jürgen: Schutz natürlicher Lebensgrundlagen, in: Josef Isensee/Paul Kirchhof (Hrsg.), Handbuch des Staatsrechts der Bundesrepublik Deutschland, Bd. IV, 3. Aufl. 2006, § 97 (S. 1109-1157).

Scholz, Rupert: Kommentierung des Art. 20a GG, in: Maunz/Dürig/Herzog/Scholz/Herdegen/Klein (Hrsg.), Grundgesetz Kommentar (Loseblatt), Juni 2002.

Sommermann, Karl-Peter: Staatsziele und Staatszielbestimmungen, 1997.

13. Bürger Europas, Völkerrecht

13.1 Der Verfassungstext

Art. 23 (1) Zur Verwirklichung eines vereinten Europas wirkt die Bundesrepublik Deutschland bei der Entwicklung der Europäischen Union mit, die demokratischen, rechtsstaatlichen, sozialen und föderativen Grundsätzen und dem Grundsatz der Subsidiarität verpflichtet ist und einen diesem Grundgesetz im wesentlichen vergleichbaren Grundrechtsschutz gewährleistet. Der Bund kann hierzu durch Gesetz mit Zustimmung des Bundesrates Hoheitsrechte übertragen. Für die Begründung der Europäischen Union sowie für Änderungen ihrer vertraglichen Grundlagen und vergleichbare Regelungen, durch die dieses Grundgesetz seinem Inhalt nach geändert oder ergänzt wird oder solche Änderungen oder Ergänzungen ermöglicht werden, gilt Artikel 79 Abs. 2 und 3.

(1a) Der Bundestag und der Bundesrat haben das Recht, wegen Verstoßes eines Gesetzgebungsakts der Europäischen Union gegen das Subsidiaritätsprinzip vor dem Gerichtshof der Europäischen Union Klage zu erheben. Der Bundestag ist hierzu auf Antrag eines Viertels seiner Mitglieder verpflichtet. Durch Gesetz, das der Zustimmung des Bundesrates bedarf, können für die Wahrnehmung der Rechte, die dem Bundestag und dem Bundesrat in den vertraglichen Grundlagen der Europäischen Union eingeräumt sind, Ausnahmen von Artikel 42 Abs. 2 Satz 1 und Artikel 52 Abs. 3 Satz 1 zugelassen werden.

(2) In Angelegenheiten der Europäischen Union wirken der Bundestag und durch den Bundesrat die Länder mit. Die Bundesregierung hat den Bundestag und den Bundesrat umfassend und zum frühestmöglichen Zeitpunkt zu unterrichten.

(3) Die Bundesregierung gibt dem Bundestag Gelegenheit zur Stellungnahme vor ihrer Mitwirkung an Rechtsetzungsakten der Europäischen Union. Die Bundesregierung berücksichtigt die Stellungnahme des Bundestages bei den Verhandlungen. Das Nähere regelt ein Gesetz.

(4) Der Bundesrat ist an der Willensbildung des Bundes zu beteiligen, soweit er an einer entsprechenden innerstaatlichen Maßnahme mitzuwirken hätte oder soweit die Länder innerstaatlich zuständig wären.

(5) Soweit in einem Bereich ausschließlicher Zuständigkeiten des Bundes Interessen der Länder berührt sind oder soweit im übrigen der Bund das Recht zur Gesetzgebung hat, berücksichtigt die Bundesregierung die Stellungnahme des Bundesrates. Wenn im Schwerpunkt Gesetzgebungsbefugnisse der Länder, die Einrichtung ihrer Behörden oder ihre Verwaltungsverfahren betroffen sind, ist bei der Willensbildung des Bundes insoweit die Auffassung des Bundesrates maßgeblich zu berücksichtigen; dabei ist die gesamtstaatliche Verantwortung des Bundes zu wahren. In Angelegenheiten, die zu Ausgabenerhöhungen oder Einnahmeminderungen für den Bund führen können, ist die Zustimmung der Bundesregierung erforderlich.

(6) Wenn im Schwerpunkt ausschließliche Gesetzgebungsbefugnisse der Länder auf den Gebieten der schulischen Bildung, der Kultur oder des Rundfunks betroffen sind, wird die Wahrnehmung der Rechte, die der Bundesrepublik Deutschland als Mitgliedstaat der Europäischen Union zustehen, vom Bund auf einen vom Bundesrat benannten Vertreter der Länder übertragen. Die Wahrnehmung der Rechte erfolgt unter Beteiligung und in Abstimmung mit der Bundesregierung; dabei ist die gesamtstaatliche Verantwortung des Bundes zu wahren.

(7) Das Nähere zu den Absätzen 4 bis 6 regelt ein Gesetz, das der Zustimmung des Bundesrates bedarf.

Art. 24 (1) Der Bund kann durch Gesetz Hoheitsrechte auf zwischenstaatliche Einrichtungen übertragen.

(1a) Soweit die Länder für die Ausübung der staatlichen Befugnisse und die Erfüllung der staatlichen Aufgaben zuständig sind, können sie mit Zustimmung der Bundesregierung Hoheitsrechte auf grenznachbarschaftliche Einrichtungen übertragen.

(2) Der Bund kann sich zur Wahrung des Friedens einem System gegenseitiger kollektiver Sicherheit einordnen; er wird hierbei in die Beschränkungen seiner Hoheitsrechte einwilligen, die eine friedliche und dauerhafte Ordnung in Europa und zwischen den Völkern der Welt herbeiführen und sichern.

(3) Zur Regelung zwischenstaatlicher Streitigkeiten wird der Bund Vereinbarungen über eine allgemeine, umfassende, obligatorische, internationale Schiedsgerichtsbarkeit beitreten.

Art. 25 Die allgemeinen Regeln des Völkerrechtes sind Bestandteil des Bundesrechtes. Sie gehen den Gesetzen vor und erzeugen Rechte und Pflichten unmittelbar für die Bewohner des Bundesgebietes.

Art. 26 (1) Handlungen, die geeignet sind und in der Absicht vorgenommen werden, das friedliche Zusammenleben der Völker zu stören, insbesondere die Führung eines Angriffskrieges vorzubereiten, sind verfassungswidrig. Sie sind unter Strafe zu stellen.

(2) Zur Kriegsführung bestimmte Waffen dürfen nur mit Genehmigung der Bundesregierung hergestellt, befördert und in Verkehr gebracht werden. Das Nähere regelt ein Bundesgesetz.

Art. 32 (1) Die Pflege der Beziehungen zu auswärtigen Staaten ist Sache des Bundes.

(2) Vor dem Abschlusse eines Vertrages, der die besonderen Verhältnisse eines Landes berührt, ist das Land rechtzeitig zu hören.

(3) Soweit die Länder für die Gesetzgebung zuständig sind, können sie mit Zustimmung der Bundesregierung mit auswärtigen Staaten Verträge abschließen.

Art. 59 (1) Der Bundespräsident vertritt den Bund völkerrechtlich. Er schließt im Namen des Bundes die Verträge mit auswärtigen Staaten. Er beglaubigt und empfängt die Gesandten.

(2) Verträge, welche die politischen Beziehungen des Bundes regeln oder sich auf Gegenstände der Bundesgesetzgebung beziehen, bedürfen der Zustimmung oder der Mitwirkung der jeweils für die Bundesgesetzgebung zuständigen Körperschaften in der Form eines Bundesgesetzes. Für Verwaltungsabkommen gelten die Vorschriften über die Bundesverwaltung entsprechend.

Art. 73 (1) Der Bund hat die ausschließliche Gesetzgebung über:
die auswärtigen Angelegenheiten (...);

Art. 87 (1) In bundeseigener Verwaltung mit eigenem Verwaltungsunterbau werden geführt der Auswärtige Dienst (...)

13.2 Die Leitideen

Deutschland ist nicht allein in der Welt. Das Grundgesetz erkennt dies an, auch wenn sich nur wenige Normen ausdrücklich mit der Rolle Deutschlands in Europa und in der Welt befassen. Das Grundgesetz schottet Deutschland nicht ab. Vielmehr kommt in den verfassungsrechtlichen Regeln der Grundsatz der Europa- und Völkerrechtsfreundlichkeit zum Ausdruck. Deutschland ist durch eine offene Staatlichkeit geprägt (*Klaus Vogel*).

Fundament für diesen Grundsatz ist das Bekenntnis zum Frieden in der Präambel. Diesem Bekenntnis liegt die Erkenntnis zugrunde, das Deutschland für zwei Weltkriege verantwortlich war. Das Bekenntnis zum Frieden ist eine Absage an eine Gewaltpolitik jeder Form und stimmt so mit dem völkerrechtlichen Gewaltverbot des Art. 2 Nr. 4 der Charta der Vereinten Nationen überein.

Der Grundsatz der Friedlichkeit und der Völkerrechtsfreundlichkeit findet sich in Art. 1 Abs. 2 (Bindung der staatlichen Gewalt an Grundrechte), Art. 9 Abs. 2 (Völkerverständigung), Art. 23 (Mitwirkung bei der Integration Europas), Art. 24 (Mitwirkung in internationalen Organisationen), Art. 25 (Inkorporation allgemeiner Regeln des Völkerrechts in das Bundesrecht) und Art. 26 (Verbot des Angriffskrieges) GG.

Das Bundesverfassungsgericht hat die Offenheit des Grundgesetzes für eine zwischenstaatliche Kooperation vor allem in Bezug auf die Europäische Union – in seiner Lissabonentscheidung vom 30.6.2009 betont:

„Die Präambel des Grundgesetzes betont nach den Erfahrungen verheerender Kriege, gerade auch unter den europäischen Völkern, nicht nur die sittliche Grundlage verantworteter Selbstbestimmung, sondern auch den Willen, als gleichberechtigtes Glied in einem vereinten Europa dem Frieden der Welt zu dienen. Dies wird konkretisiert durch die Ermächtigungen zur Integration in die Europäische Union (Art. 23 Abs. 1 GG), zur Beteiligung an zwischenstaatlichen Einrichtungen (Art. 24 Abs. 1 GG) und zur Einfügung in Systeme gegenseitiger kollektiver Sicherheit (Art. 24 Abs. 2 GG) sowie durch das Verbot von Angriffskriegen (Art. 26 GG). Das Grundgesetz will die Mitwirkung Deutschlands an internationalen Organisationen, eine zwischen den Staaten hergestellte Ordnung des wechselseitigen friedlichen Interessenausgleichs und ein organisiertes Miteinander in Europa. (...) Der aus Art. 23 Abs. 1 GG und der Präambel folgende Verfassungsauftrag zur Verwirklichung eines verein-

ten Europas (vgl. Schorkopf, Grundgesetz und Überstaatlichkeit, 2007, S. 247) bedeutet insbesondere für die deutschen Verfassungsorgane, dass es nicht in ihrem politischen Belieben steht, sich an der europäischen Integration zu beteiligen oder nicht. Das Grundgesetz will eine europäische Integration und eine internationale Friedensordnung: Es gilt deshalb nicht nur der Grundsatz der Völkerrechtsfreundlichkeit, sondern auch der Grundsatz der Europarechtsfreundlichkeit." (BVerfG, 2 BvE 2/08 vom 30.6.2009, Absatz-Nr. 222, 225, http://www.bverfg.de/entscheidungen/es20090630_2bve000208.html = BVerfGE 123, 267; vgl. auch BVerfGE 111, 307, 318f; 126, 286, 303; 129, 124, 172.)

13.2.1 Die Verfassung und das Völkerrecht

13.2.1.1 Innerstaatliche Zuständigkeit

Innerstaatlich ist für auswärtigen Angelegenheiten der Bund zuständig, er hat grundsätzlich die sog. Verbandskompetenz, Art. 32 GG. Alle staatlichen, d.h. politischen, diplomatischen und konsularischen Beziehungen zur anderen Staaten und internationalen Organisationen fallen hierunter. Dem entspricht es, dass Art. 59 Abs. 1 S. 1 GG die völkerrechtliche Vertretungsbefugnis als Organkompetenz dem Bundespräsidenten zuweist. Seine umfassende Vertretungsmacht ist immer dann erforderlich, wenn sich die Bundesrepublik im internationalen Verkehr rechtlich binden will. Die operative Außenpolitik wird hingegen – wie allgemein auch – von der Bundesregierung betrieben. Allerdings erfährt dieses außenpolitische Vorrecht der Exekutive zunehmend Einschränkungen durch stärkere Mitspracherechte des Parlaments. Wesentliche Entscheidungen bedürfen einer parlamentarischen Mitwirkung – namentlich in europa- und in verteidigungspolitischen Angelegenheiten (vgl. zu letzterem BVerfGE 90, 286, 381 f.; 100, 266, 269; 104, 151, 208; 108, 34, 43; 121, 135, 153 f.; stRspr; allgemein: „*Mit der Ratifikation von völkerrechtlichen Verträgen, die politische Beziehungen des Bundes regeln (Art. 59 Abs. 2 GG), wird die verfassungsrechtlich gebotene Beteiligung der Gesetzgebungsorgane an der auswärtigen Gewalt allgemein gewährleistet (vgl. BVerfGE 104, 151, 194) und der innerstaatliche Rechtsanwendungsbefehl für das von der Exekutive vereinbarte Vertragsrecht erteilt (vgl. BVerfGE 99, 145, 158; BVerwGE 110, 363, 366)*", BVerfG, 2 BvE 2/08 vom 30.6.2009, Absatz-Nr. 242, http://www.bverfg.de/entscheidungen/es20090630_2bve000208.html = BVerfGE 123, 267; vgl. etwa jüngst Urteil des Zweiten Senats vom 21. Oktober 2014 – 2 BvE 5/11 -, http://www.bundesverfassungsgericht.de/SharedDocs/Entscheidungen/DE/2014/10/es20141021_2bve000511.html).

Auch die Gesetzgebungskompetenz in auswärtigen Angelegenheiten steht dem Bund zu (Art. 70, 71, 73 Nr. 1 GG). Und der Auswärtige Dienst wird in bundeseigener Verwaltung geführt, Art. 87 Abs. 1 GG.

Die Zuständigkeit des Bundes wird allerdings in Art. 32 Abs. 3 GG zugunsten der Länder dann durchbrochen, wenn ihnen innerstaatlich das Recht der Gesetzgebung zusteht. Bedeutsam ist hier vor allem der Bereich der Kulturpolitik. Zudem sind die Länder durch den Bundesrat gem. Art. 59 Abs. 2 GG dann im Wege der Zustimmung zu beteiligen, wenn bei einer entsprechenden innerstaatlichen Regelung auch die Zustimmungsbedürftigkeit gegeben wäre.

13.2.1.2 Die Übertragung von Hoheitsrechten – Art. 24 GG

Art. 24 GG bestimmt, was der der Bund inhaltlich im Rahmen der zwischenstaatlichen Kooperation regeln darf. Es geht vor allem darum, inwieweit der Bund – untechnisch gesagt – Hoheitsrechte aus der Hand geben und es erlauben darf, dass der Deutsche Bürger hoheitliche Regelungen befolgen muss, die nicht auf deutsche Gesetze zurückzuführen sind.

Hoheitsrechte sind Rechte des Staates und anderer Gebietskörperschaften, die öffentlich-rechtliche Befugnisse gegenüber der Allgemeinheit und den Bürgern (natürliche und juristische Personen) verleihen und mit Hilfe derer öffentliche Aufgaben ausgeübt werden – ggf. mit Befehl und Zwang. Hoheitsrechte sind also originär staatliche Rechte. Bürger können grundsätzlich keine Hoheitsrechte ausüben, sondern sie stehen exklusiv der gesetzgebenden, vollziehenden und rechtsprechenden Gewalt zu.

Hoheitsrechte werden in Personal-, Gebiets- und der Organisationshoheit unterteilt.

- Die Personalhoheit bezeichnet das Recht des Staates, seine eigenen Staatsangehörigen sowohl im Inland als auch im Ausland einseitig zu berechtigen und zu verpflichten.
- Als Gebietshoheit bezeichnet man die umfassende und ausschließliche Zuständigkeit des Staates, innerhalb der Grenzen seines Territoriums tätig zu sein und insbesondere Hoheitsakte vorzunehmen.
- Die Organisationshoheit umfasst in erster Linie die Verfassungsautonomie. Ein Staat besitzt nur dann eine vollständige innere Souveränität, wenn er über die Organisation seines staatlichen Lebens selbst entscheiden kann. Danach ist im innerstaatlichen Bereich nur solches Recht gültig, das von dem Staat selbst erzeugt worden ist oder das er durch seine Verfassung in seinem Staat zugelassen hat.

Welche und wie viele Hoheitsrechte der Staat „übertragen“ darf, hängt vom Einzelfall ab. Die Übertragung kann sich auf einzelne Sachbereiche beziehen, wie z. B. bei EUROCONTROL, einer europäischen Einrichtung, die Luftverkehrsicherungsdienste (Fluglotsendienste) versieht (vgl. BVerfGE 58, 131 ff.). Sie kann aber auch darüber hinausgehen und weite Bereiche erfassen wie etwa im Fall der Europäischen Integration, die ursprünglich auch auf Art. 24 GG gestützt war und heute auf Art. 23 GG fußt (s.u. Kap. 13.2.2). Allerdings unterliegt auch die „Europafreundlichkeit“ des Grundgesetzes rechtlichen Grenzen. Vor allem die Identität der Verfassungsordnung, d.h., dass die Bundesrepublik ihre Selbstständigkeit, ihren Charakter als Rechtsstaat verlöre oder die Grundrechte keine effektive Wirkung mehr entfalten könnten, beschränkt die Übertragungsbefugnis. Wo genau diese Grenze liegt, ist nicht leicht zu bestimmen. Das Bundesverfassungsgericht formuliert diese Schranken so:

„Die Vorschrift ermächtigt nicht dazu, im Wege der Einräumung von Hoheitsrechten für zwischenstaatliche Einrichtungen die Identität der geltenden Verfassungsordnung der Bundesrepublik Deutschland durch Einbruch in ihr Grundgefüge, in die sie konstituierenden Strukturen, aufzugeben. (...) Dies gilt namentlich für Rechtsetzungsakte der zwischenstaatlichen Einrichtung, die (...) wesentliche Strukturen des Grundgesetzes aushöhlten. Ein unverzichtbares, zum Grundgefüge der geltenden Verfassung gehörendes Essentiale sind jedenfalls die Rechtsprinzipien, die dem Grundrechtsteil des Grundgesetzes zugrunde liegen. (...) Art. 24 Abs. 1 GG gestattet nicht vorbehaltlos, diese Rechtsprinzipien zu relativieren. Sofern und soweit mithin einer zwischenstaatlichen Einrichtung im Sinne des Art. 24 Abs. 1 GG Hoheitsgewalt eingeräumt wird, die im Hoheitsbereich der Bundesrepublik Deutschland den Wesensgehalt der vom Grundgesetz anerkannten Grundrechte zu beeinträchtigen in der Lage ist, muss (...) eine Grundrechtsgeltung gewährleistet sein, die nach Inhalt und Wirksamkeit dem Grundrechtsschutz, wie er nach dem Grundgesetzes unabdingbar ist, im Wesentlichen gleichkommt.“ (BVerfGE 73, 339, 375 f. – Solange II)

Für den Beitritt zu zwischenstaatlichen Systemen gegenseitiger kollektiver Sicherheit gilt Art. 24 Abs. 2 GG. Es handelt sich um eine besondere Form der zwischenstaatlichen Kooperation in der Sicherheitspolitik und der militärischen Kooperation. Zu den kollektiven Sicherheitssystemen gehören die Vereinten Nationen. Auch die NATO-Mitgliedschaft Deutschlands wird sowohl auf Art. 24 Abs. 1 wie auch auf Art. 24 Abs. 2 GG gestützt, weil der Bund Letztentscheidungsbefugnisse für auf dem Bundesgebiet stationierte Streitkräfte „übertragen“ habe (BVerfGE 68,1, 97 ff.; 77, 120, 232).

13.2.1.3 Die Geltung der allgemeinen Regeln des Völkerrechts – Art. 25 GG

Eine Regel des Völkerrechts ist dann allgemein im Sinne des Art. 25 GG, wenn sie von der überwiegenden Mehrheit der Staaten anerkannt wird. Die Allgemeinheit der Regel bezieht sich auf deren Geltung, nicht auf den Inhalt, wobei eine Anerkennung durch alle Staaten nicht erforderlich ist. Ebenso wenig ist es erforderlich, dass die Bundesrepublik Deutschland die Regel anerkannt hat.

„Allgemeine Regeln des Völkerrechts sind Regeln des universell geltenden Völkergewohnheitsrechts, ergänzt durch aus den nationalen Rechtsordnungen tradierte allgemeine Rechtsgrundsätze (vgl. BVerfGE 15, 25, 32 ff.; 16, 27, 33; 23, 288, 317; 94, 315, 328; 96, 68, 86). Ob eine Regel eine solche des Völkergewohnheitsrechts ist oder ob es sich um einen allgemeinen Rechtsgrundsatz handelt, ergibt sich aus dem Völkerrecht selbst, welches die Kriterien für die Völkerrechtsquellen vorgibt. Nach einhelliger Auffassung bezieht sich Art. 25 GG dagegen nicht auf völkervertragliche Regelungen. Völkerrechtliche Verträge sind von den Fachgerichten selbst anzuwenden und auszulegen (vgl. BVerfGE 15, 25, 32 f., 34 f.; 16, 27, 33; 18, 441, 450; 59, 63, 89; 99, 145, 160; Beschluss der 4. Kammer des Zweiten Senats des Bundesverfassungsgerichts vom 12. Dezember 2000 – 2 BvR 1290/99 -, JZ 2001, S. 975; stRspr).“ BVerfG, 2 BvM 9/03 vom 6.12.2006, Abs. 25 f., http://www.bverfg.de/entscheidungen/ms20061206_ 2bvm000903.html = BVerfGE 117, 141

Liegt eine allgemeine Regel des Völkerrechts vor, so gilt sie als „Bundesrecht". Sie verdrängt damit kollidierende innerstaatliche Normen. Und sie gelten für den Bürger, d.h. er hat ihren Normbefehl zu befolgen.

13.2.1.4 Das Verbot des Angriffskrieges – Art. 26 GG

Art. 26 Abs. 1 GG verbietet alle Handlungen, die dazu geeignet sind und in der Absicht vorgenommen werden, das friedliche Zusammenleben der Völker zu stören. Insbesondere verbietet die Norm einen Angriffskrieg. Nach der Resolution Nr. 3314 (XXIX) der Generalversammlung der UN vom 14.12.1974, auf die für die Definition des Angriffskrieges üblicherweise zurückgegriffen wird, handelt es sich dann um einen Angriffskrieg, wenn „...the first use of armed force by a state in contravention of the Charter shall constitute prima facie an evidence of an act of aggression..." (Art. 2 der Resolution). Von einem act of agression ist auszugehen, wenn ungeachtet einer Kriegserklärung eine Invasion/Angriff der bewaffneten Macht eines Staats gegen das Gebiete eines anderen Staates, Bombardements und ähnliche Maßnahmen gegen fremdes Staatsgebiet erfolgen oder der Missbrauchs eigenen, aber fremder Verfügung überlassenen Gebiets als Basis für eine Aggression gegen einen dritten Staat geduldet wird (Art. 3 der Resolution). Das Grundgesetz erlaubt also Verteidigungskriege und die Nothilfe für andere Staaten, die angegriffen werden (vgl. Art. 87a Abs. 2 GG, s.o.). Auch Auslandseinsätze im Rahmen und nach den Regeln eines Systems gegenseitiger kollektiver Sicherheit sind auf der Grundlage von Art. 24 Abs. 2 GG zulässig (vgl. Kap. 7.2.5).

Das grundgesetzlich Verbot des Angriffskrieges ist strafrechtlich durch die Verbotsnorm des §§ 80, 80a Strafgesetzbuch ausgestaltet.

---

§ 80 StGB – Vorbereitung eines Angriffskrieges

Wer einen Angriffskrieg (Artikel 26 Abs. 1 des Grundgesetzes), an dem die Bundesrepublik Deutschland beteiligt sein soll, vorbereitet und dadurch die Gefahr eines Krieges für die Bundesrepublik Deutschland herbeiführt, wird mit lebenslanger Freiheitsstrafe oder mit Freiheitsstrafe nicht unter zehn Jahren bestraft.

§ 80a StGB – Aufstacheln zum Angriffskrieg

Wer im räumlichen Geltungsbereich dieses Gesetzes öffentlich, in einer Versammlung oder durch Verbreiten von Schriften (§ 11 Abs. 3) zum Angriffskrieg (§ 80) aufstachelt, wird mit Freiheitsstrafe von drei Monaten bis zu fünf Jahren bestraft.

13.2.2 Deutschland als Mitglied in einem Integrierten Europa

Europa kommt im Grundgesetz nur an wenigen Stellen vor. Gleichwohl ist Deutschland einer der Hauptakteure in den Europäischen Institutionen. Zudem bestimmen Entscheidungen, die auf Europäischer Ebene getroffen werden, in einem ganz erheblichen Umfang unser Leben. Es gibt kaum noch einen Bereich, in dem die rechtlichen

Rahmenbedingungen nur durch den Deutschen Gesetzgeber allein bestimmt werden. Viele nationale Gesetze sind inhaltlich nicht durch Bundestag und Bundesrat ausgestaltet worden, sondern folgen allein Vorgaben, die in Brüssel für alle Mitgliedstaaten entschieden werden.

13.2.2.1 Die grundgesetzliche Integrationsnorm des Art. 23 GG

Verfassungsrechtliche Grundlage für die Integration der Bundesrepublik ist Art. 23 GG: Hoheitsrechte können danach auf europäische Einrichtungen, etwa auf die Europäische Union, durch Gesetz übertragen werden. Art. 23 Abs. 1 GG stellt die spezielle Verfassungsbestimmung für die deutsche Mitwirkung an der Begründung der Europäischen Union dar und ist Ausdruck der Europarechtsfreundlichkeit Deutschlands. Man spricht von den supranationalen Europäischen Gemeinschaften bzw. Union. Unter einer supranationalen Organisation versteht man einen zwischenstaatlichen Zusammenschluss, der hinsichtlich der Reichweite und Geltung des materiellen Rechts und der Befugnisse gegenüber den Mitgliedstaaten und den Bürgern, mit denen die Organe der Gemeinschaft ausgestattet wurden, über die herkömmlichen internationalen Organisationen qualitativ und quantitativ weit hinausgeht.

SUPRANATIONALITÄT DES UNIONSRECHTS

- Maßgebliches Kennzeichen der Supranationalität ist die Befugnis zur Rechtsetzung (Sekundärrecht) mit unmittelbarer Bindungswirkung für die Mitgliedstaaten und deren Bürger . Für diese Rechtsetzung hält das Primärrecht bestimmte Handlungsmittel vor (früher Art. 249 EGV, heute Art. 288 AEUV), nämlich Verordnungen und Richtlinien . Verordnungen haben allgemeine Geltung; sie sind in allen ihren Teilen verbindlich und gelten unmittelbar in jedem Mitgliedstaat. Die Verordnung ist damit das europäische „Gesetz“. . Ihre Regelungen sind für Mitgliedstaaten, ihre Behörden, Gerichte und die Individuen verbindlich. Die Richtlinien sind verpflichtend für die Mitgliedstaaten, an den sie gerichtet sind, und belassen ihnen die Freiheit für Form und Mittel, wie sie die Richtlinienziele in nationales Recht einfügen wollen. In den Mitgliedstaaten entfalten Richtlinien prinzipiell erst aufgrund einer besonderen Übernahme in einem nationalen Gesetz Bindungswirkung. Die Regelungen der Richtlinie treten damit erst nach einem zweistufigen Rechtsetzungsverfahren in Kraft.
- Weiterhin charakteristisch ist die unmittelbare Anwendbarkeit und Wirkung des Unionsrechts. Es entfaltet unmittelbar anwendbare und wirkende Rechte und Pflichten für den Einzelnen ohne weitere Vermittlung durch die Mitgliedstaaten.
- Mehrheitsprinzip: Die durch die Verträge geschaffenen Unionsorgane (Kommission, Rat, Parlament) können ohne weitere Mitwirkung der Mitgliedstaaten und in der überwiegenden Zahl der in den Gründungsverträgen vorgesehenen Fällen gegen den Willen einzelner Mitgliedstaaten nach dem Mehrheitsprinzip verbindliches Recht setzen.

- Vorrang des supranationalen Rechts: Widersprechen sich Unionsrechtsnormen und mitgliedstaatlichen Rechtsvorschriften, genießt das europäische Recht sog. Anwendungsvorrang (EuGH 1964, 1251 – Costa./. ENEL; EuGH 1970, 1125 – Internationale Handelsgesellschaft; EuGH 1978, 629 – Simmenthal II). Das entgegenstehende nationale Recht darf nicht angewendet werden.
- Zusätzlich werden als Kennzeichen der Supranationalität die Selbständigkeit der Unionsorgane, die finanzielle Unabhängigkeit der Union, die obligatorische Gerichtsbarkeit und der unmittelbare unionseigene Vollzug des Unionsrechts genannt.

Für die Befugnisse, die die europäischen Institutionen gegenüber den Mitgliedstaten und damit auch gegenüber Deutschland eingeräumt wurde, ist die „Übertragung" von Hoheitsrechten gem. Art. 23 Abs. 1 GG erforderlich. Dies kann sogar unter den Voraussetzungen des Art. 23 Abs. 1 S. 2 GG mit verfassungsändernder Mehrheit erfolgen. Die deutsche Rechtsordnung hat sich damit für Europäisches Recht weit geöffnet. Art. 23 Abs. 1 GG enthält als Grenze eine so genannte Struktursicherungsklausel. Die Struktur der Europäischen Union muss danach solchen Grundsätzen entsprechen, die auch für die Ausübung der Hoheitsgewalt in Deutschland maßgeblich sind: Rechtsstaatlichkeit, Demokratie, soziale und föderale Ordnung sowie Grundrechtsgeltung. Zudem sieht Art. 23 Abs. 1 GG eine Zustimmung des Bundesrates bei Hoheitsrechtsübertragung auf die Europäische Union vor, im Falle von grundgesetzändernden Begründungs- oder Änderungsakten sogar die Erfordernisse gem. Art. 79 Abs. 2 und 3 GG.

Das Grundgesetz trägt den weitreichenden Einflüssen der europäischen Rechts Rechnung, und legt in Art. 23 Abs. 2-7 GG Beteiligungs- und Mitwirkungsrechte von Bundestag, Bundesrat und den Ländern fest.

13.2.2.2 Europäische Integration und Identität Deutschland

13.2.2.2.1 Entwicklung

Als die Europäischen Gemeinschaften in den fünfziger Jahren gegründet wurden, ging es nicht um die Gründung von „Vereinigten Staaten von Europa". Hierauf konnten sich die Gründungsmitglieder nicht einigen. Der Europäische Bundesstaat blieb unvollendet (*Walter Hallstein*). Trotzdem war die Integration eine Erfolgsstory, denn sie sichert seither den Frieden und fördert den wirtschaftlichen Wohlstand. Der Gemeinsame Markt, also die Freiheit des Waren-, Personen-, Dienstleistungs- sowie die Kapital- und Zahlungsverkehrsfreiheit und die Angleichung aller relevanten Wirtschaftsbereiche haben zu einer einheitlichen integrierten Wirtschaftsrechtsordnung geführt. Der Vertrag über die Europäische Union, der am 1.11.1993 in Kraft trat und zwischenzeitlich mehrfach revidiert wurde, rundete die wirtschaftliche Integration durch eine gemeinsame Außen- und Sicherheitspolitik (GASP) sowie die polizeiliche und justitielle Zusammenarbeit in Strafsachen ab. Der von den inzwischen 27 Mitgliedstaaten ausgehandelte so genannte Verfassungsvertrag scheiterte zwar in Volksabstimmungen in Frankreich und in den Niederlanden und trat nicht wie vorgesehen am 1. November

2006 in Kraft. Das Projekt „Verfassungsvertrag" ließ die Politik fallen, auch weil die Widerstände und Befürchtungen gegen einen Europäischen Superstaat in den Mitgliedstaaten zu groß waren und sind. Viele Ergebnisse der politischen Einigung um den Verfassungsvertrag flossen in den Vertrag von Lissabon ein, der zum 1.1.2009 in Kraft trat und nunmehr die Grundlage der Europäischen Union darstellt. Der Vertrag von Lissabon gibt der Union eine einheitliche Struktur und einen einheitlichen Namen (Europäische Union). Ihr wird eine einheitliche Rechtspersönlichkeit und Völkerrechtsfähigkeit verliehen. Die EU beruht jetzt auf zwei Verträgen:

- dem Vertrag über die Europäische Union (EUV) und
- dem Vertrag über die Arbeitsweise der Europäischen Union (AEUV)·.

Damit enthält das Lissabon-System anders als der gescheiterte EU-Verfassungsvertrag aus dem Jahre 2005 weiterhin ein zweigliedriges Vertragssystem (Vertragstexte abrufbar unter http://eur-lex.europa.eu/JOHtml.do?uri=OJ:C:2008:115:SOM: DE:HTML). Elemente, die man unmittelbar mit einer Verfassung im herkömmlichen Sinne in Verbindung bringen könnte, fehlen: Der Begriff Verfassung wird in den geänderten Verträgen *vermieden*. Verfassungs- bzw. Staatselemente wie Hymne, Fahne u.ä. finden sich in den geänderten Verträgen nicht mehr. Die Handlungsmittel, Verordnung, Richtlinie usw., werden beibehalten. Insbesondere wurde die europäische Rechtsquelle „EU-Verordnung" nicht in „EU-Gesetz" umbenannt.

Die EU bekennt sich explizit zu Menschenwürde, Freiheit, Gleichheit, Rechtsstaatlichkeit, zur Wahrung der Menschenrechte und zum Prinzip der repräsentativen Demokratie. Wichtig ist, dass nach Art. 6 Abs. 1 Satz 1 des EUV die Charta der Grundrechte der Europäischen Union vom 7. Dezember 2000 in der Fassung vom 12. Dezember 2007 als mit EUV und AEUV rechtlich gleichrangig erklärt wird: Hieraus leitet die einschlägige juristische Literatur nach einhelliger Meinung die Rechtsverbindlichkeit der Grundrechts-Charta im Rang europäischen Primärrechts ab.

13.2.2.2.2 Verlust nationaler Entscheidungsfreiheit

Europäische Integration bedeutet Ein- und Unterordnung unter eine gemeinsame Rechtsordnung. Diese wird von allen beteiligten Mitgliedstaaten ausgeformt, mit der Folge, dass nationale Gestaltungs- und Entscheidungsspielräume zugunsten der gemeinsamen und einheitlichen Regelung abnehmen. Nicht die deutsche Regierung, der Bundestag und der Bundesrat treffen in den Materien die Letztentscheidung, sondern die Bundesrepublik hat das von den Europäischen Organen gesetzte Recht zu befolgen. Die Leugnung des Staatscharakters der EU kann nicht darüber hinwegtäuschen, dass die supranationale Organisationsform damit in wesentlichen Lebensbereichen Hoheitsgewalt ausübt, die letztlich der des Staates faktisch entspricht.

Die europäische Rechtsetzung und der gemeinschafts-/unionseigene Vollzug erfassen unmittelbar Rechtspositionen des Einzelnen. Die Entwicklung der europäischen Integration hatte eine weitreichende Vergemeinschaftung der bisher der nationalen Gesetzgebung und der nationalen Politik vorbehaltenen Felder bewirkt. Erstreckte sich die Gemeinschaftsrechtsetzung bis zum Ende der achtziger Jahre nur auf wirtschaftsrelevante Materien, so haben der Gemeinsame Markt, der Vertrag von Maastricht mit seinen Änderungen im Vertrag von Amsterdam, Vertrag von Nizza und zuletzt Vertrag von Lissabon die Kompetenzen von EG und EU erheblich ausgeweitet. Betrachtet man die verschiedenen Politikbereiche, für die die europäischen Verträge Befugnisse der Union vorsehen, so wird die quantitative wie qualitative Wirkungsbreite deutlich. Auch wenn europäische Institutionen Befugnisse nur nach dem Prinzip der begrenzten Einzelermächtigung ausüben dürfen – also dann, wenn ihnen die Europäischen Verträge ausdrücklich eine Befugnis verleihen –, so schränkt die Summe der Sachmaterien, die – so der Fachbegriff – „vergemeinschaftet" sind, die nationalen Regelungsbefugnisse ganz erheblich ein: Das Tätigkeitsgebiet der EU umfasst nach Art. 3 und 4 des Vertrages über die Arbeitsweise der Europäischen Union die Herstellung der Grundfreiheiten, die Zollunion, Landwirtschaftspolitik, Verkehrspolitik, Wettbewerbspolitik, steuerliche Vorschriften, Rechtsangleichung, Koordinierung der Wirtschaftspolitik/WWU, Außenhandelspolitik, Sozialpolitik, Sozialfonds, Mobilität/Bildung der Jugend, Kultur, Gesundheit, Verbraucherschutz, Transeuropäische Netze, Industrie, Wirtschaftlicher und sozialer Zusammenhalt, Forschung/Technologie, Umwelt, Entwicklungszusammenarbeit und Assoziierung. Diese Aufzählung spricht für sich. Und auch klassisch-staatliche Bereiche wie Justiz, Polizei und Verwaltungsverfahren werden durch die europäische Gesetzgebung erfasst.

Im Ergebnis wird eine sehr große Zahl der Entscheidungen in Brüssel gefällt. Hier entscheidet Deutschland gemeinsam mit den 26 anderen Mitgliedern. Der Verlust an eigener Gestaltungsfreiheit wird kompensiert durch Mitentscheidungsbefugnisse am gemeinsamen Entscheidungsprozess – allerdings mit der Gefahr, entsprechend dem Mehrheitsprinzip auch überstimmt zu werden. Im Rat ist die Bundesregierung vertreten, sie stimmt dort im Wesentlichen für Deutschland ab. Bundestag und Bundesrat sind zwar informiert, aber an der Entscheidung sind sie nur mittelbar über ihren Einfluss auf die Bundesregierung beteiligt. Der Vertrag von Lissabon sieht indes erstmals direkte Mitwirkungsrechte der nationalen Parlamente der Mitgliedstaaten, in Deutschland des Bundestages und des Bundesrates, am europäischen Gesetzgebungsprozess vor. Bei diesen Mitwirkungsrechten handelt es sich um:

- das Recht auf Zuleitung der Entwürfe aller europäischen Gesetzgebungsakte,
- die Befugnis, die Einhaltung des im Protokoll über die Anwendung der Grundsätze der Subsidiarität und der Verhältnismäßigkeit vorgesehenen Verfahrens zu erzwingen (z.B. durch Subsidiaritätsrüge und Subsidiaritätsklage),
- die Befugnis sich im Rahmen des Raums der Freiheit, der Sicherheit und des Rechts an den Mechanismen zur Bewertung der Durchführungen der Unionspolitiken in diesem Bereich nach Art. 70 AEUV zu beteiligen,
- den Anspruch, in die politische Kontrolle von Europol und die Bewertung der Tätigkeit von Eurojust gemäß Art. 88, 85 AEUV einbezogen zu werden,
- den Anspruch auf Beteiligung an Vertragsänderungsverfahren nach Art. 48 EUV,
- den Anspruch, über Anträge auf Beitritt zur EU gemäß Art. 49 EUV unterrichtet zu werden sowie

- das Recht, sich an der interparlamentarischen Zusammenarbeit zwischen den nationalen Parlamenten und mit dem Europäischen Parlament gemäß dem Protokoll über die Rolle der nationalen Parlamente in der Europäischen Union zu beteiligen.

Der Anwendungsvorrang des Europäischen Rechts hat zur Folge, dass das Unionsrecht entweder wie im Falle von Verordnungen unmittelbar gilt: hier sind nationale Parlament gar nicht mehr beteiligt. Aber auch bei der Umsetzung von Richtlinien in nationales Recht bleiben für den Gesetzgeber auf der mitgliedstaatlichen Ebene nur wenige inhaltliche Gestaltungsmöglichkeiten. Die Mitentscheidungsbefugnisse des Europäischen Parlaments – in dem auch deutsche direkt gewählte Abgeordnete sitzen – vermögen den nationalen Entscheidungsverlust nicht voll zu kompensieren. Der Preis der europäischen Integration ist eine teilweise *Entparlamentarisierung* von Entscheidungen auf nationaler Ebene.

Ob die Grenze des verfassungsrechtlich Zulässigen erreicht ist, ist umstritten. Eine echte Diskussion um diese Fragen gibt es in Deutschland indes nicht. Das Bundesverfassungsgericht hat sich beim Vertrag von Maastricht 1993 auf die Klagen Einzelner hin damit befasst und festgestellt:

„1. Im Anwendungsbereich des Art. 23 GG schließt Art. 38 GG aus, die durch die Wahl bewirkte Legitimation und Einflußnahme auf die Ausübung von Staatsgewalt durch die Verlagerung von Aufgaben und Befugnissen des Bundestages so zu entleeren, daß das demokratische Prinzip, soweit es Art. 79 Abs. 3 in Verbindung mit Art. 20 Abs. 1 und 2 GG für unantastbar erklärt, verletzt wird.

2. Demokratieprinzip hindert die Bundesrepublik Deutschland nicht an einer Mitgliedschaft in einer – supranational organisierten – zwischenstaatlichen Gemeinschaft. Voraussetzung der Mitgliedschaft ist aber, daß eine vom Volk ausgehende Legitimation und Einflußnahme auch innerhalb des Staatenverbundes gesichert ist.

3. a) Nimmt ein Verbund demokratischer Staaten hoheitliche Aufgaben wahr und übt dazu hoheitliche Befugnisse aus, sind es zuvörderst die Staatsvölker der Mitgliedstaaten, die dies über die nationalen Parlamente demokratisch zu legitimieren haben. Mithin erfolgt demokratische Legitimation durch die Rückkopplung des Handelns europäischer Organe an die Parlamente der Mitgliedstaaten; hinzu tritt – im Maße des Zusammenwachsens der europäischen Nationen zunehmend – innerhalb des institutionellen Gefüges der Europäischen Union die Vermittlung demokratischer Legitimation durch das von den Bürgern der Mitgliedstaaten gewählte Europäische Parlament.

   b) Entscheidend ist, daß die demokratischen Grundlagen der Union schritthaltend mit der Integration ausgebaut werden und auch im Fortgang der Integration in den Mitgliedstaaten eine lebendige Demokratie erhalten bleibt.

4. Vermitteln – wie gegenwärtig – die Staatsvölker über die nationalen Parlamente demokratische Legitimation, sind der Ausdehnung der Aufgaben und Befugnisse der Europäischen Gemeinschaften vom demokratischen Prinzip her Grenzen gesetzt. Dem Deutschen Bundestag müssen Aufgaben und Befugnisse von substantiellem Gewicht verbleiben.

5. Art. 38 GG wird verletzt, wenn ein Gesetz, das die deutsche Rechtsordnung für die unmittelbare Geltung und Anwendung von Recht der – supranationalen – Europäischen Gemeinschaften öffnet, die zur Wahrnehmung übertragenen Rechte und das beabsichtigte Integrationsprogramm nicht hinreichend bestimmbar festlegt (vgl. BVerfGE 58, 1 [37]). Das bedeutet zugleich, daß spätere wesentliche Änderungen des im Unions-Vertrag angelegten Integrationsprogramms und seiner Handlungsermächtigungen nicht mehr vom Zustimmungsgesetz zu diesem Vertrag gedeckt sind. Das Bundesverfassungsgericht prüft, ob Rechtsakte der europäischen Einrichtungen und Organe sich in den Grenzen der ihnen eingeräumten Hoheitsrechte halten oder aus ihnen ausbrechen (vgl. BVerfGE 75, 223).
6. Bei der Auslegung von Befugnisnormen durch Einrichtungen und Organe der Gemeinschaften ist zu beachten, daß der Unions-Vertrag grundsätzlich zwischen der Wahrnehmung einer begrenzt eingeräumten Hoheitsbefugnis und der Vertragsänderung unterscheidet, seine Auslegung deshalb in ihrem Ergebnis nicht einer Vertragserweiterung gleichkommen darf; eine solche Auslegung von Befugnisnormen würde für Deutschland keine Bindungswirkung entfalten.
7. Auch Akte einer besonderen, von der Staatsgewalt der Mitgliedstaaten geschiedenen öffentlichen Gewalt einer supranationalen Organisation betreffen die Grundrechtsberechtigten in Deutschland. Sie berühren damit die Gewährleistungen des Grundgesetzes und die Aufgaben des Bundesverfassungsgerichts, die den Grundrechtsschutz in Deutschland und insoweit nicht nur gegenüber deutschen Staatsorganen zum Gegenstand haben (Abweichung von BVerfGE 58, 1 [27]). Allerdings übt das Bundesverfassungsgericht seine Rechtsprechung über die Anwendbarkeit von abgeleitetem Gemeinschaftsrecht in Deutschland in einem „Kooperationsverhältnis" zum Europäischen Gerichtshof aus.
8. Der Unionsvertrag begründet einen Staatenverbund zur Verwirklichung einer immer engeren Union der – staatlich organisierten – Völker Europas, keinen sich auf ein europäisches Staatsvolk stützenden Staat.
9. a) Art. F Abs. 3 EUV ermächtigt die Union nicht, sich aus eigener Macht die Finanzmittel oder sonstige Handlungsmittel zu verschaffen, die sie zur Erfüllung ihrer Zwecke für erforderlich erachtet.

   b) Art. L EUV schließt die Gerichtsbarkeit des Europäischen Gerichtshofs nur für solche Vorschriften des Unions-Vertrags aus, die nicht zu Maßnahmen der Union mit Durchgriffswirkung auf den Grundrechtsträger im Hoheitsbereich der Mitgliedstaaten ermächtigen.

c) Die Bundesrepublik Deutschland unterwirft sich mit der Ratifikation des Unions-Vertrags nicht einem unüberschaubaren, in seinem Selbstlauf nicht mehr steuerbaren „Automatismus" zu einer Währungsunion; der Vertrag eröffnet den Weg zu einer stufenweisen weiteren Integration der europäischen Rechtsgemeinschaft, der in jedem weiteren Schritt entweder von gegenwärtig für das Parlament voraussehbaren Voraussetzungen oder aber von einer weiteren, parlamentarisch zu beeinflussenden Zustimmung der Bundesregierung abhängt."

(BVerfGE 89, 155)

Auch mit dem Lissabon-Vertrag hatte sich das Bundesverfassungsgericht auseinanderzusetzen. Es führte seine Rechtsprechung fort und führte aus:

„1. Das Grundgesetz ermächtigt mit Art. 23 GG zur Beteiligung und Entwicklung einer als Staatenverbund konzipierten Europäischen Union. Der Begriff des Verbundes erfasst eine enge, auf Dauer angelegte Verbindung souverän bleibender Staaten, die auf vertraglicher Grundlage öffentliche Gewalt ausübt, deren Grundordnung jedoch allein der Verfügung der Mitgliedstaaten unterliegt und in der die Völker – das heißt die staatsangehörigen Bürger – der Mitgliedstaaten die Subjekte demokratischer Legitimation bleiben.

2. a) Sofern die Mitgliedstaaten das Vertragsrecht so ausgestalten, dass unter grundsätzlicher Fortgeltung des Prinzips der begrenzten Einzelermächtigung eine Veränderung des Vertragsrechts ohne Ratifikationsverfahren herbeigeführt werden kann, obliegt neben der Bundesregierung den gesetzgebenden Körperschaften eine besondere Verantwortung im Rahmen der Mitwirkung, die in Deutschland innerstaatlich den Anforderungen des Art. 23 Abs. 1 GG genügen muss (Integrationsverantwortung) und gegebenenfalls in einem verfassungsgerichtlichen Verfahren eingefordert werden kann. b) Ein Gesetz im Sinne des Art. 23 Abs. 1 Satz 2 GG ist nicht erforderlich, soweit spezielle Brückenklauseln sich auf Sachbereiche beschränken, die durch den Vertrag von Lissabon bereits hinreichend bestimmt sind. Auch in diesen Fällen obliegt es allerdings dem Bundestag und – soweit die Gesetzgebungsbefugnisse der Länder betroffen sind, dem Bundesrat – seine Integrationsverantwortung in anderer geeigneter Weise wahrzunehmen.

3. Die europäische Vereinigung auf der Grundlage einer Vertragsunion souveräner Staaten darf nicht so verwirklicht werden, dass in den Mitgliedstaaten kein ausreichender Raum zur politischen Gestaltung der wirtschaftlichen, kulturellen und sozialen Lebensverhältnisse mehr bleibt. Dies gilt insbesondere für Sachbereiche, die die Lebensumstände der Bürger, vor allem ihren von den Grundrechten geschützten privaten Raum der Eigenverantwortung und der persönlichen und sozialen Sicherheit prägen, sowie für solche politischen Entscheidungen, die in besonderer Weise auf kulturelle, historische und sprachliche Vorverständnisse angewiesen sind, und die sich im parteipolitisch und parlamentarisch organisierten Raum einer politischen Öffentlichkeit diskursiv entfalten.

4. Das Bundesverfassungsgericht prüft, ob Rechtsakte der europäischen Organe und Einrichtungen sich unter Wahrung des gemeinschafts- und unionsrechtlichen Subsidiaritätsprinzips (Art. 5 Abs. 2 EGV; Art. 5 Abs. 1 Satz 2 und Abs. 3 des Vertrags über die Europäische Union in der Fassung des Vertrags von Lissabon – EUV-Lissabon) in den Grenzen der ihnen im Wege der begrenzten Einzelermächtigung eingeräumten Hoheitsrechte halten (vgl. BVerfGE 58, 1, 30 f.; 75, 223, 235, 242; 89, 155, 188: dort zum ausbrechenden Rechtsakt). Darüber hinaus prüft das Bundesverfassungsgericht, ob der unantastbare Kerngehalt der Verfassungsidentität des Grundgesetzes nach Art. 23 Abs. 1 Satz 3 in Verbindung mit Art. 79 Abs. 3 GG gewahrt ist (vgl. BVerfGE 113, 273, 296). Die Ausübung dieser verfassungsrechtlich radizierten Prüfungskompetenz folgt dem Grundsatz der Europarechtsfreundlichkeit des Grundgesetzes, und sie widerspricht deshalb auch nicht dem Grundsatz der loyalen Zusammenarbeit (Art. 4 Abs. 3 EUV-Lissabon); anders können die von Art. 4 Abs. 2 Satz 1 EUV-Lissabon anerkannten grundlegenden politischen und verfassungsmäßigen Strukturen souveräner Mitgliedstaaten bei fortschreitender Integration nicht gewahrt werden. Insoweit gehen die verfassungs- und die unionsrechtliche Gewährleistung der nationalen Verfassungsidentität im europäischen Rechtsraum Hand in Hand."

BVerfG, 2 BvE 2/08 vom 30.6.2009, Leitsätze, http://www.bverfg.de/entscheidungen/es20090630_2bve000208.html = BVerfGE 123, 267.

13.2.3 Staatsschulden- und Eurokrise

Eine besondere Rolle im Rahmen der Europäischen Integration spielen Staatsschulden- und Eurokrise. Zur Bewältigung der Ende des letzten Jahrzehnts ausgebrochenen Staatsschuldenkrise beschloss der Europäische Rat, den Stabilitäts- und Wachstumspakt aus den neunziger Jahren zu reformieren. Das Ziel, solide öffentliche Finanzen und eine stabilitätsorientierte Geldpolitik der EZB sicherzustellen, sollte durch schnellere Sanktionen verbesserter Entscheidungsverfahren verbessert werden. Zudem wurde eine intensive Überwachung der wirtschaftlichen Entwicklung der Euroländer vorgesehen. (Euro plus Pakt) zudem wurde der europäische Stabilitätsmechanismus in 2012 in Kraft gesetzt. Zuvor waren bereits Unterstützungsprogramme für Griechenland und Irland aufgelegt worden, die durch die europäische Finanzstabilisierungsmechanismus und die europäischen Finanzstabilisierungsfaszilität finanziert wurden.

Bei diesen europäischen Unterstützungs- und Finanzierungsprogrammen handelt es sich um eigenständige zwischenstaatliche Vereinbarungen zwischen den Euro-Mitgliedstaaten, die wirtschaftswissenschaftlich und auch politisch durchaus umstritten sind. Ihre Vereinbarkeit mit Art. 125 Abs. 1 AEUV (no bail out-Klausel, Verbot der Haftung für Schulden eines anderen Mitgliedstaat) ist fraglich. In Deutschland wurde gegen die Beteiligung Deutschlands an dem Euro Rettungsschirm vor dem Bundesverfassungsgericht geklagt. Im Ergebnis hat das Bundesverfassungsgericht die Beteiligung für zulässig erachtet, aber an enge formale und materielle Auflagen gebunden.

Weiterführende Literatur: Stichworte Euro, Euro-Plus-Pakt, Stabilitäts- und Wachstumspakt, der europäische Stabilitätsmechanismus, Europäischer Finanzstabilisierungsmechanismus, Europäischer Finanzstabilisierungsfaszilität, in: *Bergmann* (Hrsg.), Handlexikon der Europäischen Union, 5. Aufl. 2015;

Rechtsprechung: BVerfGE 129, 124 – Griechenland/EFSF; BVerfGE 130, 318 – Neuner-Gremium; BVerfGE 131, 152 – ESM und parlamentarische Kontrolle; BVerfGE 132, 195 – ESM und Fiskalvertrag (einstweiliger Rechtsschutz) und BVerfG, 2 BvR 1390/12 u. a. Urt. v. 18.3.2014 – ESM/Fiskalvertrag (Hauptsache =http://www.bverfg.de/entscheidungen/rs20140318_2bvr139012.html).

Lesenswert: *Mayer, Franz C.*, Rebels without a cause? Zur OMT-Vorlage des Bundesverfassungsgerichts, EuR 2014, 473

13.3 Die Lebenswirklichkeit

13.3.1 Auswärtige Beziehungen

Grenzüberschreitende Kontakte sind nicht mehr bei der Bundesregierung konzentriert. Pluralistische Gesellschaften werden nach außen hin schon lange nicht mehr einheitlich nur durch die verfassten Staaten tätig. Auf allen Ebenen der Gesellschaft gibt es heute Kontakte mit dem Ausland. Interessengruppen organisieren sich grenzüberschreitend, Gemeinden und Städte knüpfen Partnerschaften mit ausländischen Partnern, Länder engagieren sich in der Entwicklungshilfe, Gewerkschaften und Arbeitgeberverbände pflegen transnationale Beziehungen, Parteien unterhalten institutionalisierte Verbindungen zu Schwesterparteien in anderen Staaten. Und Bürger können sich für ihre Beziehungen zum Ausland auch auf ihre Grundrechte berufen. Werden sie grenzüberschreitend tätig, bedürfen staatliche Beschränkungen zumindest einer ausreichenden verfassungsrechtlichen Rechtfertigung. Nur wenn es um für den Staat verbindliche Rechtsbeziehungen geht, kann der Bund sein Monopol behaupten. Aber auch hier gibt es schon lange keine „Handlungsfreiheit“ mehr. Das Geflecht internationaler Verträge und die faktischen Zwänge machen ein völlig freies Agieren der Außenpolitik unmöglich. Zudem handelt in vielen Bereichen die EU für die Mitgliedstaaten.

13.3.2 Europäische Integration

Die Europäische Integration hat viele Facetten und entzieht sich einer einfachen Beurteilung. Europa beeinflusst unser tägliches Leben auf vielfältige Weise – egal, ob es um den Urlaub im europäischen Ausland und die Reisefreiheit geht, die Verlagerung von Produktionsstandorten ins Ausland, wo Lohnkosten niedriger sind, ob es um das vielfach beschworene Reinheitsgebot für Bier geht, das die Gemüter in der Vergangenheit erhitzte oder die Brüsseler Regulierungswut. Viele Vorteile wie das grenzlose Reisen nehmen wir inzwischen als selbstverständlich hin wie andere Vorteile auch. Und dass die Integration zu Frieden und Freiheit beigetragen hat, bezweifelt niemand.

Andererseits nehmen die demokratischen Mitsprache und Mitwirkungsmöglichkeiten – der unmittelbare Einfluss des Bürgers auf Entscheidungen – zwangsläufig ab:

Je größer eine Einheit wird und je mehr Entscheidungen auf eine obere Ebene verlagert werden, umso schwieriger wird es für den Einzelnen, sich im Prozess der Entscheidungsfindung wieder zu finden. Bürgernähe bleibt so eine wohl immer weniger erfüllbare Forderung.

Realistisch betrachtet, existiert die parlamentarische Freiheit des Bundestags nur noch theoretisch. In der Wirklichkeit gibt es sie nicht mehr – jedenfalls nicht mehr in dem Umfang, den der alleinige Blick in das Grundgesetz suggeriert. Die bereits beschriebene Kompetenzverschiebung auf europäische Organe macht trotz der Grenzen, die das Bundesverfassungsericht mit seiner Lissabon-Entscheidung eingezogen hat, die gesetzgebenden Verfassungsorgane Bundestag und Bundesrat in vielen Fällen zu bloßen Vollzugsorganen europäischer Entscheidungen.

Im Sommer 2006 gab es auch in der Öffentlichkeit viel Aufregung um das so genannte Allgemeine Gleichstellungsgesetz (auch als Antidiskriminierungsgesetz bezeichnet). Den einen ging es nicht weit genug, den anderen zu weit. Der politische Streit – auch im Bundestag – war groß.

Weniger bekannt war, dass der Regelungsinhalt des Gesetzes weitgehend durch Vorgaben der Europäischen Gemeinschaft in vier Richtlinien vorgegeben war und die Mitgliedstaaten hiervon gar nicht abweichen dürfen. Es handelt sich um folgende Richtlinien:

- Richtlinie 2000/43/EG des Rates vom 29. Juni 2000 zur Anwendung des Gleichbehandlungsgrundsatzes ohne Unterschied der Rasse oder der ethnischen Herkunft (ABl. EG Nr. L 180 S. 22) – so genannte Antirassismus-Richtlinie
- Richtlinie 2000/78/EG des Rates vom 27. November 2000 zur Festlegung eines allgemeinen Rahmens für die Verwirklichung der Gleichbehandlung in Beschäftigung und Beruf (ABl. EG Nr. L 303 S. 16) – so genannte Rahmenrichtlinie Beschäftigung
- Richtlinie 2002/73/EG des Europäischen Parlaments und des Rates vom 23. September 2002 zur Änderung der Richtlinie 76/207/EWG des Rates zur Verwirklichung des Grundsatzes der Gleichbehandlung von Männern und Frauen hinsichtlich des Zugangs zur Beschäftigung, zur Berufsbildung und zum beruflichen Aufstieg sowie in Bezug auf die Arbeitsbedingungen (ABl. EG Nr. L 269 S. 15) – so genannte Gender-Richtlinie
- Richtlinie 2004/113/EG des Rates vom 13. Dezember 2004 zur Verwirklichung des Grundsatzes der Gleichbehandlung von Männern und Frauen beim Zugang zu und bei der Versorgung mit Gütern und Dienstleistungen (ABl. Nr. L 373 vom 21/12/2004, S. 37)

Deutschland ist im Rat durch die Bundesregierung vertreten. Wie sie sich dort verhält, unterliegt theoretisch der parlamentarischen Kontrolle. Aber bei nichtöffentlichen Ratstagungen in Brüssel läuft diese Kontrolle faktisch leer, selbst wenn man davon ausgehen muss, dass Minister nicht gegen etwaige Vorgaben des Bundestages handeln. Zudem gibt es in Deutschland eine *Wahrnehmungslücke*. Nur selten wird in den Medien berichtet, was auf europäischer Ebene zur Entscheidung ansteht. Die Kontrolle durch die vierte Gewalt versagt, und dem Bürger wird gar nicht bewusst, was und wie viel durch Europa entschieden wird.

Dass hier ein Defizit herrscht, ist auch dem Bundestag bewusst geworden. Seit einiger Zeit unterhält er in Brüssel ein Verbindungsbüro, dessen Aufgabe darin besteht, frühzeitig Informationen zu erhalten und Abstimmungen mit dem Europäischen Parlament herbeiführen zu können.

Auch wenn die Koordinations- und Kooperationsmechanismen inzwischen vielfältig sind, bleibt es bei dem Grundproblem, das Entscheidungen nicht mehr auf nationaler Ebene, sondern zunehmend in Brüssel gefällt werden, ohne dass diese Verlagerung zumindest in Deutschland den Bürger hinreichend klar wäre und in entsprechender Deutlichkeit diskutiert und damit auch die notwendig bewusste Zustimmung erfahren hätte.

13.4 Die Bürgerbetroffenheit

Die zuvor beschriebene Entwicklung wäre dann nicht so bemerkenswert, wenn der Bundestag nochmals maßgeblich darüber befinden könnte, ob europäische Entscheidungen für Deutschland verbindlich sind – wie dies bei sonstigen völkerrechtlichen Verträgen der Fall ist. Der Anwendungsvorrang und die Befolgungspflicht des europäischen Rechts schließen dies aber aus. Die Entscheidungen – also konkret die Rechtsakte der Europäischen Institutionen, betreffen etwa bei Erlass von Verordnungen (Art. 288 Vertrag über die Arbeitsweise der EU) die Bürger unmittelbar ohne weitere Einschaltung nationaler Organe. Die europäische Rechtsetzung erfasst unmittelbar Rechtspositionen des Einzelnen. Bei aller Kritik soll indes auch nicht verschwiegen werden, dass die Bürger durch europäische Rechtsentwicklungen nicht nur Nachteile erlangen. Oft wird eine Rechtslage für den Einzelnen auch günstiger.

13.5 Häufig gestellte Fragen

Ist es zulässig, dass die Bundesrepublik anderen Staaten Überflugrechte und Militärbasen zur Verfügung stellt, wenn diese sich im Krieg mit einem anderen Staat befinden?

Dies hängt davon, um welche Art von kriegerischer Auseinandersetzung es sich handelt. Prüfungsmaßstab wäre das Verbot eines Angriffskrieges gem. Art. 26 GG. Wenn mit der Zurverfügungstellung von Überflugmöglichkeiten, Auftankmöglichkeiten bzw. generell die Nutzung von Militärbasen ein Angriffskrieg unterstützt würde, wäre dies sicher unzulässig. Sofern kriegerische Handlungen eines Drittstaates völkerrechtlich zulässig sind und keinen Angriff darstellen, ist eine Beteiligung der Bundesrepublik – zumal in einem System kollektiver Sicherheit wie den Vereinten Nationen erlaubt.

Ist die EU nicht schon ein Staat?

Anlässlich der gegen das Vertragsgesetz zum Unionsvertrag gerichteten Verfassungsbeschwerden (BVerfGE 89, 155; vgl. auch BVerfGE 97, 350 – Euroeinführung) hat das Bundesverfassungsgericht u. a. ausgeführt, dass die Union (noch) keinen Staat darstelle, sondern einen „Staatenverbund“. Bezüglich der Rechtsakte der europäischen Organe prüfe das Bundesverfassungsgericht, ob sich diese innerhalb der Grenzen der eingeräumten Hoheitsbefugnisse hielten. Bei der Rechtsprechung über die Anwendbarkeit von Sekundärrecht in der Bundesrepublik bestehe ein „Kooperationsverhältnis“ zum Europäischen Gerichtshof. Insgesamt sei sowohl unter dem Gesichtspunkt der demokratischen Legitimation als auch hinsichtlich der Gewährleistung eines ausreichenden Rechtsschutzes der Vertrag von Maastricht mit dem Grundgesetz vereinbar.

Die bisherige Rücknahme eigener Hoheitsgewalt zugunsten der Ausübung von Unionshoheitsrechten, die den deutschen Bürger unmittelbar berechtigen oder verpflichten, steht mit den dafür vorhandenen verfassungsrechtlichen Grundlagen des Art. 23 und 24 GG in Einklang.

Auch wenn die Befugnisse der Europäischen Union sich denjenigen eines Staates annähern, fehlt ihr die so genannte Kompetenz-Kompetenz: Sie kann nicht jede beliebige Materie regeln, sondern ist strikt an die ihr übertragenen Befugnisse gebunden. Eine Übertragung der Kompetenz-Kompetenz – der Befugnis, eigenständig weitere Zuständigkeiten und Hoheitsrechte zu begründen, also jede beliebige Aufgabe zu übernehmen und einer rechtlichen Regelung zuzuführen – von Deutschland auf die Europäische Union wäre unzulässig. Die Zuständigkeiten der Europäischen Union sind sachlich und gegenständlich auf das begrenzt, was die Gründungsverträge festgelegt haben.

Könnte Deutschland aus der EU (und der NATO oder den Vereinten Nationen) austreten?

Grundsätzlich ist die Bundesrepublik Deutschland ein souveräner Staat und insoweit hinsichtlich seiner völkerrechtlichen Bindungen frei. Hierher gehört im Grundsatz auch der Verbleib in einer internationalen Organisation. Allerdings ist hierbei auch danach zu differenzieren, ob die jeweilige Internationale Organisation ein Austritts- oder Kündigungsrecht kennt, was in der Regel der Fall ist.

Die Verträge über die Europäische Union kennen inzwischen ein Austritts- oder Kündigungsrecht (Art. 50 EUV). Zudem geht man davon aus, dass die Mitgliedstaaten die „Herren der Verträge“ sind und damit auch über das Schicksal bestimmen. So sei es auch möglich, in Anwendung des Völkerrechts auszutreten.

Wie kann sich der Bürger gegen europäische Rechtsakte zur Wehr setzen?

Soweit es sich um den Vollzug von europäischem Recht durch die Behörden und Gerichte der Mitgliedstaaten – bei uns also deutsche Maßnahmen handelt –, kann Rechtsschutz durch die deutschen Gerichte erlangt werden. Handelt es sich dagegen um eine unmittelbare europäische Maßnahme – etwa um ein in einer EG-Verordnung enthaltenes Verbot, dem der Bürger zu gehorchen hat –, kann Rechtsschutz vor Europäischen Gerichten (Gericht erster Instanz, Europäischer Gerichtshof) in Luxemburg gesucht werden, wenn man der Auffassung ist, das die Maßnahme rechtswidrig ist (Art. 263 Vertrag über die Arbeitsweise der EU).

Kann man auch Verfassungsbeschwerde beim BVerfG gegen europäische Maßnahmen einlegen?

Die Verfassungsbeschwerde setzt voraus, dass eine Verletzung von Grundrechten geltend gemacht wird. Auch europäische Maßnahmen können Grundrechte verletzen. Das Bundesverfassungsgericht ist indes der Auffassung, dass europäische Maßnahmen an Europäischen Grundrechten zu messen sind und das Bundesverfassungsgericht seine Zuständigkeit solange nicht mehr ausübt, wie der Europäische Gerichtshof in Luxemburg einen Grundrechtsschutz gewährleistet, der dem des Bundesverfassungsgerichts entspricht (BVerfGE 73, 339 – Solange II). Damit scheidet eine Verfassungsbeschwerde faktisch aus.

Warum werden die Bürger in Deutschland nicht an der Weiterentwicklung der EU beteiligt?

Eine Beteiligung ist grundsätzlich nicht ausgeschlossen. Aber eine Volksabstimmung, wie sie in anderen Mitgliedstaaten vorgesehen ist, kennt das Grundgesetz nicht.

Das Bundesverfassungsgericht hat für eine über den gegenwärtigen Stand hinausgehende Integration eine verfassunggebende Entscheidung des Volkes für erforderlich gehalten (BVerfG, 2 BvE 2/08 vom 30.6.2009, Absatz-Nr. 217 f, 228, 263, http://www.bverfg.de/entscheidungen/es20090630_2bve000208.html). Eine solche ist gem. Art. 146 GG verfassungsrechtlich möglich.

13.6 Texte zur Vertiefung

Bruha, Thomas/Tams, Christian Die Vereinten Nationen und das Völkerrecht, Aus Politik und Zeitgeschichte (APuZ 22/2005).

Bergmann, Bericht aus Europa: Vertrag von Lissabon und aktuelle Rechtssprechung, DÖV 2008.

Deutscher Bundestag, Bundestag und Europa – Europäische Union und Europapolitik im Parlament, 2007.

Dörr, Oliver „Privatisierung" des Völkerrechts, Juristenzeitung 2005, 905

Epping, Volker, Die Außenwirtschaftsfreiheit, 1998.

Gauweiler, Peter, Klageschrift gegen des Verfassungsvertrag, http://www.peter-gauweiler.de/pdf/themen/EU-Verf-Klage-27-5.pdf

Hofmann, Andreas/Wessels, Wolfgang, Der Vertrag von Lissabon – eine tragfähige und abschließende Antwort auf konstitutionelle Fragen, integration 2008, S. 3.

Knop, Daniel Völker- und Europarechtsfreundlichkeit als Verfassungsgrundsätze 2013

Mayer, Franz C., Rashomon in Karlsruhe, NJW 2010, 714

Ders., Legal Science Fiction! Vortrag zum Thema „Die europäische Integration im Jahre 2050. Ein antizipierter Rückblick", http://www.jura.uni-bielefeld.de/lehrstuehle/mayer/dokumente/EU_2050_Vortrag_KA_Version_1_1_P_FM.pdf

Müller-Graff, Der Vertrag von Lissabon auf der Systemspur des Europäischen Primärrechts, Integration 2008, 123 ff.

Weber, Albrecht, Vom Verfassungsvertrag zum Vertrag von Lissabon, Zeitschrift für Europäisches Wirtschaftsrecht (EuZW) 2008, S. 7.

Pescatore, Pierre, Die Geschichte der europäischen Einigung zwischen Realität und Utopie, 2007

Pieper, Stefan, Stichworte Hoheitsrechte, Völkerrecht und Gemeinschafts-/Unionsrecht; Völkerrechtssubjektivität der EG/EU; in: Mickel/Bergmann (Hrsg.), Handlexikon der Europäischen Union, 5. Aufl. 2015.

Rabe, Zur Metamorphose des Europäischen Verfassungsvertrages, NJW 2007, 3153 ff.

Richter, Die EU-Verfassung ist tot, es lebe der Reformvertrag, EuZW 2007, 631 f.

Streinz, Rudolf, Europarecht, 6. Auflage 2003.

Tönnies, Sybille, Souveränität und Angriffskriegsverbot, Aus Politik und Zeitgeschichte (APuZ 22/2005).

Voßkuhle, Andreas, Der europäische Verfassungsgerichtsverbund, NVwZ 2010, 1

Voßkuhle, Andreas/ Kaufhold, Ann-Katrin, Grundwissen – Öffentliches Recht: Offene Staatlichkeit, JuS 2013, 309

14. Ist das Grundgesetz zukunftsfähig?

14.1 Alte und neue Herausforderungen

Unser Grundverständnis von den historischen Umbrüchen und von der Änderungsgeschwindigkeit der Geschichte wird in der jüngeren Vergangenheit durch die revolutionären Umbrüche in der ersten Hälfte des 20. Jahrhunderts geprägt. Vom Ende des Kaiserreichs ist es über die Weimarer Republik, das Dritte Reich und über zwei Weltkriege in etwas mehr als 30 Jahren zeitlich gesehen ein vergleichsweise kurzer Weg zum Bonner Grundgesetz. Dennoch waren die Umbrüche und die Änderungsgeschwindigkeit von 1914 bis 1949 in fast allen Lebensverhältnissen immens, entsprechend verunsichert war das Lebensgefühl der betroffenen Generationen. Gemessen an den tiefen Einschnitten und Umbrüchen in der ersten Hälfte des 20. Jahrhunderts scheint – jedenfalls auf den ersten Blick – in der zweiten Hälfte des Jahrhunderts bis zu unseren Tagen nicht viel passiert zu sein.

Dieser Blick ist allerdings ganz und gar trügerisch. Angesichts der bildgewaltigen Schrecken in der ersten Hälfte des 20. Jahrhunderts wird leicht übersehen, dass sich auch seit dem Inkrafttreten des Grundgesetzes im Mai 1949 bis heute die deutsche Gesellschaft stark verändert hat. Von der Nachkriegszeit, die vor allem die menschlichen, die wirtschaftlichen und die moralischen Folgen des Zweiten Weltkrieges zu verarbeiten hatte, bis in unsere Tage hat sich ebenfalls vieles grundlegend gewandelt: die gesellschaftlichen und die politischen Themen, die wirtschaftlichen und technologischen Möglichkeiten und Herausforderungen, die Währung, das Staatsgebiet, die Einbindung Deutschlands in Europa und die Welt, eine völlig veränderte Sicherheitslage und nicht zuletzt das kollektive Wertempfinden und die moralischen Maßstäbe, um nur einige Aspekte zu nennen. Allerdings, und dies markiert den entscheidenden Unterschied zu den ersten 50 Jahren des 20. Jahrhunderts, vollzog sich dieser Wandel vergleichsweise schleichend und vor allem bislang, jedenfalls in unserem Land, ohne größere Katastrophen. Das Lebensgefühl der Menschen hat sich dadurch substanziell verändert. Für die Bürger im Westen gilt, dass der gesellschaftliche Wandel überwiegend als eine einigermaßen kontinuierliche Veränderung ohne revolutionäre Sprünge in Freiheit und in relativ großer Sicherheit erlebt wurde. Dies gilt – mit gewissen Einschränkungen – selbst noch für die Zeit des Terrors durch die Rote Armee Fraktion (RAF). Gewiss sah dies für die Zeit bis zur Wiedervereinigung für die Bürger der ehemaligen DDR anders aus, aber selbst dort gilt: Das Ende der DDR erfolgte bei aller Dramatik der Ereignisse im Ergebnis friedlich und katastrophenfrei. Auch die Beteiligung im Kampf gegen den Terrorismus, für den insbesondere der Einsatz der Bundeswehr in Afghanistan steht, hat bei aller persönlichen Dramatik und Tragik der Beteiligten keine tiefgreifenden Zäsuren in unserer Gesellschaft hinterlassen. Eher gilt hier das Wort des ehemaligen Bundespräsidenten Köhler vom freundlichen Desinteresse.

Gewachsen ist schließlich im ganzen Deutschland trotz aller rasanten technologischen und ökonomischen Veränderungen ein Grundgefühl von Kontinuität. Dieses Grundgefühl wurde zwar keineswegs nur, aber jedenfalls auch durch die ununterbrochene Geltung des Grundgesetzes möglich gemacht. Dabei soll nicht übersehen werden, dass auch das Grundgesetz über fünfzigmal geändert wurde. Trotzdem erleben viele Bürger den Staat des Grundgesetzes als eine kontinuierliche und verlässliche Größe, und im Großen und Ganzen vertrauen sie den staatlichen Organen. Dabei stehen die Verfassung und ihre Institutionen nicht nur auf dem Papier. Die wirklichkeitssteuernde Kraft des Grundgesetzes steht im Wesentlichen außer Frage; dies gilt auch deswegen, weil die Verfassung nicht auf jede politische Frage eine Antwort gibt, sondern weil sie in weiten Lebensbereichen viele denkbare Antworten zulässt und so den politischen Prozess offen hält. Zur politischen Heimstatt aller – oder jedenfalls der ganz überwiegenden Zahl der Bürgerinnen und Bürger – konnte dieser Staat insbesondere deswegen werden, weil das Grundgesetz einerseits kraftvolle und effektive Verfassungsorgane geschaffen hat und andererseits deren Macht und Einflussmöglichkeiten überall eingegrenzt hat: Erinnert sei hier nur beispielhaft an das spezifisch deutsche Modell des Bundesstaates oder an die herausragende Rolle des Bundesverfassungsgerichts. Vor allem aber ist das Grundgesetz in der Wahrnehmung der meisten Bürger Garant für eine freiheitliche und menschenwürdige Grundordnung.

Trotz einiger hier schon angesprochenen Fehlentwicklungen bleibt das Grundgesetz vor dem Hintergrund der letzten zwei Jahrhunderte aus der Bürgerperspektive eine Erfolgsgeschichte. Seit der Französischen Revolution haben die Deutschen politisch von Freiheit, Gleichheit, Recht und Einheit geträumt. Mit der Wiedervereinigung am 3. Oktober 1990 hat sich dieser Traum rund 200 Jahre später auf allen Feldern im Staat des Grundgesetzes erfüllt. Daran hat das Grundgesetz einen wesentlichen Anteil.

Für uns heute stellt sich allerdings die Frage, ob das Grundgesetz seine wirklichkeitsprägende Kraft auch in der Zukunft erhalten kann. Wie die Zukunft aussehen wird, weiß niemand genau, aber klar ist: Sie wird anders sein als die Vergangenheit, alleine schon deswegen, weil die Geschichte nicht zum Stillstand kommt. Überall stellen wir fest, dass die Veränderungsgeschwindigkeit zunimmt. Die Gesellschaft steht dabei vor großen Herausforderungen.

ALS NEUE HERAUSFORDERUNGEN SIND BEISPIELSWEISE ERKENNBAR:

- Internationalisierung, Europäisierung und Globalisierung drängen den Einfluss und die Handlungsmöglichkeiten des traditionellen Nationalstaates zurück.
- Terroristische Bedrohungslagen stellen die freiheitliche Gesellschaft vor die Frage, wie man ihnen wirksam begegnen kann, ohne dass die Freiheit dabei im Übermaß beeinträchtigt wird. Die Sicherheit in der Welt wird auch dadurch infrage gestellt, dass immer mehr Staaten über Atomwaffen verfügen oder demnächst verfügen werden. Auch der für immer überwunden geglaubte „Kalte Krieg“ scheint wieder möglicher.
- Technologischen Entwicklungen krempeln die Lebens- und Arbeitsverhältnissse radikal um. Das gilt beispielsweise nicht nur im Hinblick auf „big data“, sondern auch in biotechnologischer Hinsicht. Bringen diese Entwicklungen Chancen oder auch neues Unglück?

- Die wirtschaftlichen und sozialen Unterschiede (Arbeit, Vermögen, Bildung und Bildungschancen) nehmen in unserer Gesellschaft zu; dies kann den sozialen Frieden infrage stellen.
- Die relative Homogenität der gemeinsamen Grundüberzeugungen in einer „christlich imprägnierten" Gesellschaft nimmt ab, die weltanschauliche Vielfalt – und damit auch die gesellschaftlichen Gegensätze und die Gefahr von Spannungen – nehmen zu.
- Die Gesellschaft wird aufgrund der demographischen Entwicklung älter: Der Generationenvertrag steht dadurch zur Disposition, wenige junge werden für viele alte Menschen sorgen müssen; und eine gealterte Gesellschaft wird auch angstanfälliger und sicherheitsbedürftiger.
- Der absehbare klimatische Wandel sowie die Sicherstellung der Energie- und Rohstoffversorgung werden gewaltige Anstrengungen erfordern; hinzu kommt, dass der Nationalstaat bei der Lösung dieser Probleme alleine überfordert ist.
- Im Zeichen der Finanzkrise und ihrer Bewältigung haben sich die ohnehin stark angespannten staatlichen Haushalte dramatisch überschuldet.
- Die Finanzkrise hat zugleich gezeigt, dass der Egoismus einiger das gesamte Wirtschaftssystem infrage stellen kann. Wird es dem Staat gelingen, solche gemeinwohlschädigenden Verhaltensweisen so einzubremsen, dass unser Wirtschaftssystem stabil bleibt?
- Der Schutz zukünftiger Generationen wird vor diesem Hintergrund immer wichtiger.

Und das sind nur *einige* Herausforderungen, die wir bereits heute erkennen können.

14.2 Was kann die Verfassung leisten?

Greifen wir noch einmal unsere Ausgangsfrage am Beginn dieses Buches nach der Leistungskraft von Recht und Verfassung für die Bürger auf. Kann das Grundgesetz angesichts der skizzierten Herausforderungen den geeigneten verfassungsrechtlichen Rahmen für die notwendigen politischen Antworten bieten, damit der gesellschaftliche, der wirtschaftliche, der technologische, der demographische, der ökologische und der geistige Wandel von den Bürgern in der Zukunft ähnlich kontinuierlich und freiheitlich erlebt wird wie in der Vergangenheit?

Wir meinen ganz entschieden: Ja. Trotz beachtlicher Schwächen, ist das Grundgesetz eine zukunftsfähige Verfassung. Eine Alternative dazu ist nicht in Sicht. Insbesondere wird Deutschland nach dem grundlegenden Lissabon-Urteil des Bundesverfassungsgerichts jedenfalls auf absehbare Zeit nicht in einem europäischen Staat („Vereinigte Staaten von Europa") aufgehen. Das Bundesverfassungsgericht hat damit einen Meilenstein in der Geschichte des Verfassungsrechts geschrieben. Die vielleicht wichtigste Aussage lautet, dass der Staat des Grundgesetzes und seine demokratisch legitimierten Staatsorgane für zentrale Fragen des politischen Zusammenlebens auch weiter in der Verantwortung bleiben. Die von einigen befürchtete, von anderen erhoffte Erosion deutscher Staatlichkeit zugunsten eines übergeordneten europäischen Staates wird es unter dem Grundgesetz in seiner gegenwärtigen Fassung nicht geben. Nur der Weg über Art. 146 GG – und damit eine unmittelbare Beteiligung des Souveräns – erlaubt weitere, tiefere Integration oder in letzter Konsequenz eine europäische Staatsgründung.

Ein Blick in einige Nachbarländer macht im Übrigen deutlich, dass das Grundgesetz mit seiner dezidiert föderalen Verfassung sich auch in anderer Richtung bewährt. Die Gefahr einer Auflösung von Staatlichkeit durch separatistische Tendenzen, so wie beispielsweise in Großbritannien oder Spanien, besteht in Deutschland nicht – und dies liegt gewiss nicht am fehlenden Eigensinn einiger Bundesländer, sondern an der unter dem Strich ausgewogenen Balance von regionaler Macht und Identität einerseits und kraftvollen Institutionen im Bund andererseits.

Gewiss dürfen wir die Leistungskraft der Verfassung nicht überschätzen. Dennoch gilt, dass das Grundgesetz auch für möglicherweise schwieriger werdende Zeiten kraftvolle Institutionen, Machtmechanismen und Entscheidungsstrukturen bereitstellt und so politisches Handeln auf der Grundlage von Menschenwürde, Recht und Freiheit ermöglicht. Dass dabei beispielsweise das Verhältnis von Freiheit und Sicherheit von Zeit zu Zeit neu austariert wird, stellt die grundsätzliche Leistungskraft der Verfassung nicht infrage. Ganz im Gegenteil, es ist auch hier die Aufgabe des verfassungsrechtlichen Rahmens, der Politik Spielräume zu eröffnen, damit Staat und Recht auf eine sich verändernde Welt mit den Mitteln und in den Bahnen des Rechts angemessen reagieren können. Ebenso ist es Aufgabe der Verfassung, der Politik Grenzen zu ziehen, wo sie diese Spielräume überschreitet. Das Grundgesetz jedenfalls wird dieser Aufgabe gerecht.

Tatsächlich schafft das Grundgesetz mit seinen Institutionen und mit seiner Ausrichtung auf die Menschenwürde eine Art Mehrwert. Dieser Mehrwert lässt sich schlagwortartig als Wertschöpfungsfunktion umschreiben. Auch wenn die Begrifflichkeit der 50er Jahre heute deutlich zurückhaltender gepflegt wird, hat sich an diesem Grundfaktum nicht viel geändert, im Gegenteil. Die Tendenz der Werteschöpfung und Wertevermittlung durch staatliche Institutionen und insbesondere durch das Recht haben eher zugenommen. Zugespitzt formuliert: Was die gesellschaftlichen Kräfte – das schließt gerade auch die großen christlichen Kirchen ein - aus eigener Macht flächendeckend nicht mehr leisten können, wird zunehmend von staatlichen Entscheidungsträgern und dabei insbesondere vom Recht erwartet. Das Recht entscheidet nicht nur, was im konkreten Fall rechtens ist, sondern es verwaltet gar nicht so selten auch säkulare Wahrheitsansprüche. Allerdings kann das Recht dabei heute nur eingeschränkt auf moralisch und religiös *allgemein* akzeptierte Standards zurückgreifen, weil es diese zunehmend weniger gibt. Trotzdem oder gerade deswegen wächst die Wertschöpfungsaufgabe des Rechts, beispielsweise bei der verfassungsrechtlichen Neubewertung der Begriffe Ehe und Familie, die heute sehr viel offener verstanden werden als vor 50 Jahren.

Gerade weil es jenseits der Grenzen des Rechts heute wenig Einigkeit in der Gesellschaft gibt, wächst dem Recht immer mehr die Aufgabe der Bereitstellung des gemeinsamen Nenners für das Zusammenleben aller zu. Dabei muss es versuchen, Brücken zwischen den verschiedenen Sichtweisen und Weltbildern zu schlagen. Diese

Brückenfunktion in einem säkularen Gemeinwesen mit weltanschaulicher Vielfalt stellt eine enorme Herausforderung dar. Umgekehrt gilt aber auch: Wenn Menschen mit ganz unterschiedlichen Auffassungen sich unter dem Dach des Rechts wiederfinden können, wächst dem Recht eine eminent sinnstiftende Funktion. Das Bundesverfassungsgericht erfüllt diese Aufgabe bislang ziemlich gut. Dies gilt gerade auch bei Grenzfragen des Rechts (Beispiel: Luftsicherheitsgesetz). Die Neutralität, zu der die Verfassung die Gerichte verpflichtet, bedeutet eben nicht Wertneutralität oder Sinn-Distanz. Ganz im Gegenteil geht es um die Bereitstellung von Sinnangeboten und von Wahrheitsansprüchen durch das Recht, die für alle oder doch für die meisten losgelöst von ihrer spezifischen weltanschaulichen Herkunft akzeptabel sein sollen. Diese Sinnfragen betreffen keineswegs nur die öffentliche Existenz und die Stellung des Einzelnen im Staate, sondern sie können auch tief in die Sphäre der Privatheit eingreifen. Das gilt nicht nur bei der rechtlichen Grenzvermessung von Schutz und Selbstbestimmung, sondern etwa auch im Grenzgebiet von Recht und Religion. Die Eröffnung von Wert- und Sinnhorizonten für viele Menschen mit ganz unterschiedlichem weltanschaulichem Hintergrund ist damit längst zu einer zentralen Aufgabe des modernen Rechts geworden. Vor allem die wichtigsten Interpreten der Verfassung, nämlich die Richterinnen und Richter des Bundesverfassungsgerichts, stoßen in die Deutungs- und Wertungslücken vor, die gesellschaftliche Platzhalter hinterlassen. Sie entwickeln sich dadurch zu rechtlichen und moralischen Instanzen, und dies gerade da, wo die Grenzen zwischen Recht und anderen Normregionen unsicher sind und verschwimmen. Es ist deswegen auch kein Zufall, wenn das Bundesverfassungsgericht bei den Institutionen des Staates auf der Beliebtheitsskala bei den Bürgerinnen und Bürgern traditionell ganz oben rangiert. Die Popularität gilt dabei interessanterweise tatsächlich der Institution und weniger den Personen: Im Unterschied zu populären Politikern würden die wenigsten Bürger einen Verfassungsrichter am Nachbartisch in der Pizzeria überhaupt erkennen. Die Popularität des Verfassungsgerichts erklärt sich vielmehr aus seiner Funktion als „Akzeptanzmaschine“ (Christian Rath) und als sakraler Hüter der grundlegenden Verfassungswerte unseres Zusammenlebens. Diese Funktion wird umso wichtiger, je pluralistischer die Gesellschaft sich in weltanschaulicher Hinsicht darstellt und je mehr das Recht an seinen Grenzen gefordert ist.

Dass die Herausforderungen an das Rechts keineswegs ab-, sondern sogar eher zunehmen, zeigt sich etwa beim technischen und insbesondere beim medizinischen Fortschritt, der immer wieder neue Grenzfragen auch im Rechtlichen aufwirft. Wo die medizinischen Möglichkeiten wachsen, stellt sich stets die Frage, wie weit die Veränderung des Menschen durch medizinische Methoden gehen darf. Schon die erweiterten Möglichkeiten der Diagnostik – beispielsweise bei der Früherkennung von schweren Erbkrankheiten – können erhebliche Folgefragen aufwerfen. Auch die gewaltigen technischen Möglichkeiten der Datenerhebung und -verarbeitung werfen grundlegende Fragen für unser Zusammenleben auf. Wir beginnen gerade erst zu erkennen, was dies für eine Gesellschaft bedeuten könnte, wenn wir, gewollt oder ungewollt, überall unseren digitalen Fußabdruck hinterlassen. Diese und andere Grenzfragen lassen sich bei aller Komplexität im Detail letztlich nur auf der Grundlage einer gewissen Grundorientierung lösen. Hier leistet das Bundesverfassungsgericht regelmäßig Pionierarbeit – in der Vergangenheit beispielsweise bei der „Erfindung“ des Grundrechts auf informationelle Selbstbestimmung und neuerdings des sogenannten „IT-Grundrechts" (Grundrecht auf Gewährleistung der Vertraulichkeit und Integrität informationstechnischer Systeme).[1] Auch bei der Entwicklung von neuartigen Waffensystemen ist das Recht gefordert, wie beispielsweise die Debatte um bewaffnete Drohnen zeigt.

Der Bedarf an rechtlich begründeter Wert- und Sinngebung dürfte auch vor diesem Hintergrund in der Zukunft nicht ab, sondern deutlich zunehmen. Dabei reicht es nicht aus, die Unantastbarkeit der Menschwürde als dem höchsten Wert des Grundgesetzes einfach nur zu beschwören, sondern die Menschenwürde muss auf neuartige Herausforderungen projiziert und in diesem Horizont weiterentwickelt werden. Diese Weiterentwicklung stellt das Recht oft genug vor erhebliche Schwierigkeiten, weil gerade *nicht* von vornherein klar ist, was aus der Menschenwürde für die eine oder andere neuartige Herausforderung, beispielsweise am Beginn und am Ende des Lebens, eigentlich folgt. Nicht immer wird es dabei möglich sein, tiefgreifende Wertkonflikte in der Gesellschaft rechtlich aufzulösen. Ein prominentes Beispiel dafür ist die Frage nach dem richtigen Schutz des ungeborenen Lebens. Die Gesellschaft ist hier in Wahrheit keineswegs versöhnt. Abtreibungsbefürworter und -gegner stehen sich nach wie vor unversöhnt gegenüber. Trotz dieses ungelösten Konfliktes leben beide Seiten unter dem Recht immerhin in einem Friedenszustand. Die Funktion des Rechts verlagert sich damit in die Richtung einer pragmatisch-moderierenden Rolle. Nicht die Heiligung und die Letztentscheidung von Unlösbarem, sondern das Moderieren von eigentlich unlösbaren Problemen rückt dann in den Vordergrund. Das Beispiel zeigt auch noch eine weitere Grenze des Rechts: Der Griff nach dem Absoluten bleibt im Recht riskant. Das Recht muss sich gerade an seinen Grenzen davor hüten, mehr zu versprechen, als es halten kann. Auch darin besteht die Kunst des Rechts unter dem Grundgesetz.

Diese Aussage steht nicht im Widerspruch zu der hier diagnostizierten Tendenz einer wachsenden Wertschöpfungsfunktion des Rechts. Vielmehr ist das Gegenteil der Fall. Gerade *weil* dem Recht in unserer Gesellschaft zunehmend die Aufgabe der Bereitstellung von Wert-, Sinn und Wahrheitsangeboten zukommt, sollte das Recht Behutsamkeit und Zurückhaltung an den Tag legen, wenn es um vermeintlich absolute Bezugspunkte geht. Andernfalls drohen empfindliche Legitimationsverluste. Besonders an seinen Grenzen tut das Recht deswegen gut daran, sich mit der Friedens- und Toleranzfunktion des Rechts zu bescheiden. Damit soll die Leistung des Rechts in einer weltanschaulich immer bunter werdenden Gesellschaft keineswegs geschmälert werden. Vor allem ist nicht ersichtlich, welche anderen gesellschaftlichen Institutionen, Kräfte oder „Systeme" weltanschauliche Eckpfeiler im Sinne einer Grundorientierung für alle überhaupt bereit stellen, geschweige denn verbindlich in Kraft setzen könnten. Allerdings ist dabei Zurückhaltung geboten. Andernfalls stellt das Recht seine Glaubwürdigkeit und damit seine Akzeptanz in der Gesellschaft auf Dauer leicht selbst in Frage. Auf diese Glaubwürdigkeit können die Bürgerinnen und Bürger in einer weltanschaulich pluralistischen und oft genug heterogenen Welt nicht verzichten.

Eine andere Frage ist es, ob die Menschen, die letztlich in den Regierungen, den Parlamenten und den Gerichten, allen voran dem Bundesverfassungsgericht, agieren, dabei immer eine glückliche Hand beweisen. Als realistische Verfassung kalkuliert das

1 BVerfGE 120, 274.

Grundgesetz aber auch hier Fehlentscheidungen ein. Zu seinen Stärken gehört eine gewisse Fehlertoleranz: Es gibt zahlreiche Möglichkeiten, falsche politische Entscheidungen zu korrigieren und notfalls umzukehren – nicht nur durch politischen Entscheid über Wahlen und Abstimmungen, sondern gelegentlich auch durch die Einschaltung des Bundesverfassungsgerichts.

Nicht verhindern kann die Verfassung allerdings ein Versagen der Mitspieler auf der internationalen Bühne. Wenn sich die Staats- und Regierungschefs über wichtige Ziele und wie man sie erreicht, nicht oder doch nur sehr mühsam verständigen können, so liegt dies außerhalb des Regelungsbereichs des Grundgesetzes.

Aber auch nach innen gibt es Grenzen der Leistungskraft der Verfassung. Die beste Verfassung kann letztlich nicht klüger sein als die Summe der Bürgerinnen und Bürger. Das Grundgesetz drückt dies in Art. 20 Abs. 2 GG bekanntlich so aus: „Alle Staatsgewalt geht vom Volke aus." Weniger staatstragend kann man das auch so formulieren: Auf die Bürgerinnen und Bürger kommt es an. Der Staat des Grundgesetzes ist ihr Staat, ihn mitzugestalten und mitzuformen bleibt die Aufgabe aller Staatsbürger. Noch einmal: Staatsbürger sollten eine gewisse *innere Abhärtung* einüben. *Nüchternheit und Wirklichkeitsbezug schützen vor überzogenen Erwartungen* und sind gerade in Bezug auf Staat, Politik und Verfassung nicht die schlechtesten Ratgeber. Die Demokratie braucht Staatsbürger ohne Illusionen, die die Realität erkennen, die diese Realität auch in ihren Schattenseiten aushalten, die dennoch vom Wert der Demokratie überzeugt sind und die ihre Verantwortung als Staatsbürger wahrnehmen.[2] Deswegen kann es zuletzt nie alleine um die Leistungskraft der Verfassung, sondern es muss immer auch um die Leistungsbereitschaft und den Leistungswillen der Bürgerinnen und Bürger in Staat und Gesellschaft gehen.

2 Dazu Christof Gramm, Schlüsselqualifikationen für Staatsbürger – Politik verstehen, Demokratie bejahen, 2010.

Stichwortverzeichnis